Studien zum Medizin- und Gesundheitsrecht

herausgegeben von

Steffen Augsberg, Karsten Gaede, Jens Prütting

14

Philipp Kaiser

Wandel der Freiberuflichkeit im Vertragsarztrecht

Am Beispiel des kontrafaktischen Verbots des Zulassungshandels

Mohr Siebeck

Philipp Kaiser, geboren 1991; Studium der Rechtswissenschaften in Hamburg und New York; Venture Development bei myRight; 2023 Promotion; Rechtsreferendariat am Oberlandesgericht Celle.

ISBN 978-3-16-162711-8 / eISBN 978-3-16-163367-6
DOI 10.1628/978-3-16-163367-6

ISSN 2699-6855 / eISSN 2699-6863 (Studien zum Medizin- und Gesundheitsrecht)

Die Deutsche Nationalbibliothek verzeichnet diese Publikation in der Deutschen Nationalbibliographie; detaillierte bibliographische Daten sind über *https://dnb.dnb.de* abrufbar.

Das Buch wurde von Gulde Druck in Tübingen gesetzt, auf alterungsbeständiges Werkdruckpapier gedruckt und gebunden.

Printed in Germany.

Vorwort

Die vorliegende Arbeit wurde im Herbsttrimester 2022 von der Bucerius Law School – Hochschule für Rechtswissenschaft – als Dissertation angenommen. Die mündliche Prüfung fand am 14. September 2023 statt. Rechtsprechung und Literatur konnten für die Drucklegung bis September 2023 berücksichtigt werden.

Zunächst möchte ich herzlich meinem Doktorvater, Professor Dr. *Jens Prütting*, danken. Er hat nicht nur den Anstoß zu dieser Arbeit gegeben, sondern ihre Entstehung jederzeit hervorragend betreut sowie mir das für ihr Gelingen maßgebliche Vertrauen entgegengebracht. Bei Professor Dr. *Jörn Axel Kämmerer* bedanke ich mich für die freundliche Übernahme des Zweitgutachtens und dessen zügige Erstellung. Zudem danke ich Professor Dr. *Jens Prütting*, Professor Dr. *Karsten Gaede* sowie Professor Dr. *Steffen Augsberg* für die Aufnahme in die Schriftenreihe.

Bei Dr. *Max Georg Hügel* möchte ich mich für seine wertvollen Hinweise und sein kritisches Feedback, die die Qualität und Klarheit meiner Arbeit erhöht haben, bedanken. Darüber hinaus möchte ich meinen Freunden, die mich auf unterschiedlichste Weise bei der Entstehung dieser Arbeit begleitet haben, danken.

Ganz besonderer Dank gilt meinen Eltern Dr. *Berta* und Dr. *Michael Kaiser* für ihr Vertrauen und die immerwährende Unterstützung in jeglicher Hinsicht. Insbesondere meinem Vater möchte ich für seine sorgfältige Durchsicht meiner Arbeit und seine hilfreichen Anmerkungen meinen Dank aussprechen.

Hamburg, im Oktober 2023

Inhaltsübersicht

Inhaltsverzeichnis

A. Einführung

In der Rechtswissenschaft und der Lebensrealität der Ärzte geht die Wahrnehmung der Praxisnachfolge weit auseinander. Während die Rechtsprechung den Konzessionshandel unterbinden will[1], findet man im Ärzteblatt Anzeigen, die suggerieren, die Zulassung sei ohne weiteres handelbar: „Wir suchen KV Sitze im Bereich Hamburg [...] Unkomplizierte und einfache Sitzabgabe sowie Vertraulichkeit garantiert. Sollten Sie an einem Verkauf an ein inhabergeführtes MVZ interessiert sein, so kontaktieren sie uns bitte“[2]. Derartige Anzeigen sind keineswegs Einzelfälle[3]. Selbst der Spitzenverband der gesetzlichen Krankenversicherung (GKV) behauptete 2011 auf seiner Homepage, der Arzt könne seine Zulassung zum Karriereende verkaufen[4]. Vergleichbar ist die Situation im Hinblick auf die ärztliche Freiberuflichkeit: Die letzte Bundesregierung betonte in ihrem Koalitionsvertrag die Bedeutung der Freiberuflichkeit im System der Gesundheitsversorgung: Demnach seien „Stärken unseres Gesundheitswesens [...] die Freiberuflichkeit der Heilberufe, freie Arzt- und Krankenhauswahl, die Therapiefreiheit und gut qualifizierte Gesundheitsberufe“[5]. Auch § 1 I 3 MBO-Ä und § 1 II Hs. 2 BÄO statuieren, der Beruf des Arztes sei seiner Natur nach ein freier Beruf. Gleichzeitig wurde schon um die Jahrtausendwende zunehmend infrage gestellt, ob es sich beim Vertragsarzt überhaupt noch um einen Freiberufler handelt[6]. Auffällig ist daher, dass Unterschiede zwischen den Narrativen festzustellen sind, die in Bezug auf beide Institute – Freiberuflichkeit sowie Praxisnachfolge – angelegt werden. So findet sich stets eine offizielle Version des jeweiligen Narrativs, die der Erzählweise der tatsächlich Betroffenen diametral entgegenläuft.

Die Freiberuflichkeit und Praxisnachfolge hängen direkt miteinander zusammen: So prägt die „Veräußerungsfähigkeit der eigenen Praxis“ die Freiberuflich-

---

[1] Hierzu im Detail s.u., insbes. unter D. I. 2. c).

[2] Hamburger Ärzteblatt, 2019, Heft 10, 53.

[3] Vgl. schon *Cramer/Maier*, MedR 2002, 616, 621.

[4] *Kanter*, Zulassung im Wandel, 2013, S. 107 f. Fn. 287.

[5] Koalitionsvertrag zw. CDU, CSU und SPD 19. Legislaturperiode, S. 100, Rn. 4649.

[6] *Quaas*, MedR 2001, 34, 37; *Zuck*, in: FS Geiß, 2000, S. 323, 332 Fn. 45; vgl. zudem B. III. Fn. 633.

keit des Vertragsarztes[7]. Andersherum findet sich ebenfalls die Feststellung, dass es für Freiberufler typisch ist, dass sie ihr Unternehmen zum Ende ihrer Laufbahn veräußern können[8]. Historisch war die Veräußerbarkeit der eigenen Praxis aber keinesfalls schon immer Bestandteil der ärztlichen Freiberuflichkeit[9]. Am Ende des neunzehnten Jahrhunderts untersagten die Standesordnungen diverser deutscher Staaten die Veräußerung der Praxis, um das Gewinnstreben der Ärzte – insbesondere in Verbindung mit dem Werbeverbot[10] – zu beschränken und so die freien Berufe vom Gewerbe abzugrenzen[11]. Daher erklärten die Gerichte des Kaiserreichs Praxiskaufverträge gem. § 134 BGB i. V. m. der Standesordnung als nichtig[12]. Das Reichsgericht zog damals hauptsächlich § 138 BGB[13] heran, wenn der Kaufpreis für die Praxis den Wert des Inventars und der Räumlichkeiten bei weitem überstieg, da es nach dem Reichsgericht gegen die guten Sitten verstieß, wenn das von den Patienten gesammelte Vertrauen zu einem Kaufgegenstand und der Praxiskäufer wirtschaftlich zu stark unter Druck gesetzt wurde[14]. Zu Zeiten der Weimarer Republik und im Dritten Reich weichte es seine Rechtsprechung zum Praxiskauf jedoch tendenziell auf[15]. Nachdem den meisten Freiberuf-

---

7 *Dahm*, MedR 1998, 567, 569.

8 *Paßmann*, ZMGR 2014, 149.

9 *Dahm*, MedR 1998, 567, 569.

10 Zum Werbeverbot s. auch *Kämmerer*, Freie Berufe, 2010, H 92 ff.

11 *Taupitz*, Standesordnungen, 1991, S. 271 f., insbes. Fn. 389.

12 S. hierzu die Bezugnahme auf das Urteil des Landgerichts in RGZ 66, 139.

13 Zu den heutigen Anschauungen hinsichtlich der Unwirksamkeit vertraglicher (Satzungs-) Vereinbarungen im Zusammenhang mit §§ 134, 138 BGB i. V. m. vertragsarztrechtlichen, kammergesetzlichen Regelungen sowie Bestimmungen der Berufsordnung s. *Treptow*, Mitgliedschaft in der MVZ-GmbH, 2011, S. 124 ff.

14 In RGZ 66, 139 ff. verstieß der Verkauf einer Arztpraxis zum Preis von 70.000 M daher gegen die guten Sitten; in RGZ 75, 120 ff. sowie in drei weiteren im Rahmen dieses Urteils zitierten Fällen, in denen der Kaufpreis für die Arztpraxen zwischen 8.000 und 14.000 M lag, kam das RG jedoch zu dem Ergebnis, dass die Verträge wirksam waren.

15 Erstmals lockerte das RG seine Rechtsprechung zugunsten der minderjährigen Erbin einer Praxis, welche durch die zum Zeitpunkt der Urteilsverkündung verstorbene Witwe eines Arztes verkauft wurde in RGZ 115, 172 ff., wo es den Verkauf einer Praxis zum Preis von 400.000 M als rechtmäßig erachtete, indem es darauf abhob, der Praxisverkauf dürfe nur ausnahmsweise unzulässig sein. Anders als in den vorherigen Urteilen waren aber fortan „nicht bloß körperliche Sachen wie Instrumente und Einrichtungsgegenstände, sondern auch gewisse durch die Ausübung der Praxis geschaffene und in der Gewöhnung des Publikums begründete Beziehungen der wirtschaftlichen Ausbeutung, also auch der Veräußerung fähig“ (RGZ 115, 172, 175), zudem sah das Gericht den Verkauf als Erwerbsgeschäft i. S. d. § 1822 Nr. 3 BGB; im Anschluss an diese neue Rechtsprechung ließ es auch den Verkauf einer Anwaltspraxis durch die Witwe eines Anwalts gegen Zahlung einer (pauschalierten) Gewinnbeteiligung von 50 Prozent in den ersten sieben und 15 Prozent in den nächsten acht Jahren zu s. RGZ 153, 280 ff.; im Rahmen eines weiteren Urteils zum Verkauf einer Arztpraxis führte das RG in RGZ 153, 294, 298 sogar aus, „es würde dem Volksempfinden widersprechen, wenn sich jemand die

lern infolge der Zerstörungen durch den Zweiten Weltkrieg nicht viel mehr zur Alters- und Hinterbliebenenfürsorge blieb als ihre Praxis[16], ließ der BGH die Praxisnachfolge schließlich grundsätzlich zu[17]. Als problematisch galt nur noch die Höhe des Kaufpreises, der für die Praxis entrichtet werden musste. So sollte der Nachfolger des Arztes infolge des zu zahlenden Kaufpreises finanziell nicht so stark unter Druck gesetzt werden, als dass ihm der Praxiskauf zum Antrieb werden könnte, seine beruflichen Pflichten zu vernachlässigen[18]. Mittlerweile hat sich eine differenzierte Rechtsprechung um die Praxisnachfolge aufgebaut[19], die den Verkauf der Praxis an andere Kriterien bindet und sich den stetigen Änderungen des Zulassungsrechts der Ärzte immer wieder anpassen muss.

Beide Themenfelder – Praxisnachfolge und Freiberuflichkeit – sind historisch eng miteinander verknüpft und gewinnen vor dem Hintergrund aktueller Entwicklungen besondere Relevanz[20]: So ließ sich über die letzten Jahre beobachten, wie zunehmend institutionelle Investoren über krankenhausgetragene medizinische Versorgungszentren (MVZ) in die ambulante Versorgung einsteigen[21],

---

Praxis verschaffte, ohne den Hinterbliebenen ein entsprechendes Entgelt zukommen zu lassen"; daraufhin wurden die Berufsordnung für Ärzte und Anwälte geändert. Gem. Nr. 62 der von der Reichsrechtsanwaltskammer aufgestellten Richtlinien für die Ausübung des Anwaltsberufs waren Kauf und Verkauf einer Rechtsanwaltspraxis nicht länger „im Allgemeinen missbilligt", sondern „grundsätzlich unzulässig". Ausnahmen hierzu waren die Sicherstellung der Hinterbliebenenversorgung oder die Unterstützung eines arbeitsunfähig gewordenen Anwalts. Bei den Ärzten änderte sich § 49 II, III RÄrzteO. Fortan war die Übernahme der Praxis im Gegenzug zu einer Entschädigung für die übernommenen Gegenstände und Räumlichkeiten zulässig, weitere Entschädigungen könnten nur im Ausnahmefall rechtskräftig vereinbart werden, insbesondere wenn sich Hinterbliebene in Notlage befänden. Im Zusammenhang mit diesen Änderungen änderte das RG seine vorherige Rechtsprechung bezüglich der Veräußerung einer Praxis in RGZ 161, 153 ff. wieder: „Die neuere Rechtsauffassung geht keineswegs dahin, die Ausnahmefälle zu erweitern, sondern im Gegenteil dahin sie einzuschränken". Der Verkäufer der (Rechtsanwalts-)Praxis könne nur „in ganz schwerwiegenden Ausnahmefällen" für den ideellen Wert entlohnt werden.

16 *Kalsbach*, AnwBl 1954, 37.

17 BGHZ 16, 71 ff.

18 Vgl. parallel hierzu die Entscheidung des BGH zum Verkauf einer Anwaltskanzlei BGHZ 43, 46; *K. Redeker*, NJW 1956, 348.

19 Grundlegend BSGE 85, 1 ff.; zu den Details s.u. unter D.

20 S. bspw. *Rybarczyk*, Hamburger Abendblatt 1.10.2022, 10 „Medizinische Versorgungszentren (MVZ), die von Privatkapitalgebern gesteuert werden, heimsen sich in Hamburg einen nach dem anderen Arztsitz ein. Lüder: ‚Diese Entwicklung ist unumkehrbar.' Dadurch verschlechtere sich die Grundversorgung. In den MVZ bekommen Patienten zwar Termine, aber die Fluktuation bei den Ärzten und die Motivation sei eine ganz andere als in inhabergeführten Praxen".

21 *Sodan*, Gefährdung der Freiberuflichkeit in der vertragsärztlichen Versorgung durch medizinische Versorgungszentren, 2021 (https://www.kvb.de/fileadmin/kvb/Ueber-uns/Gesundheitspolitik/Gutachten/KVB-Rechtsgutachten-MVZ-2021.pdf), S. 7 (geprüft am 19.9.2023).

was einerseits als Bedrohung für die ärztliche Freiberuflichkeit gesehen werden kann[22] und andererseits (jedenfalls über einen Preisanstieg vertragsärztlicher Zulassungen[23]) Auswirkungen auf die Praxisnachfolge zeitigt.

Die nachfolgende Untersuchung setzt die vertragsärztliche Freiberuflichkeit in ein Verhältnis zur Praxisnachfolge und beschäftigt sich vor allem mit der Frage, wie sich Veränderungen des Freiberuflichkeitsgedankens auf das Konzessionshandelsverbot auswirken und welche Schlüsse sich hieraus für das Vertragsarztrecht bzw. Konzessionshandelsverbot ziehen lassen. Ausgehend von Änderungen der vertragsärztlichen Freiberuflichkeit soll die Wandlung der vertragsärztlichen Zulassung und ihrer Derivate (in Form der MVZ-Zulassung und Anstellungsgenehmigung) nachvollzogen werden, woraufhin ihre einfachrechtliche Übertragbarkeit beleuchtet wird. Hierfür gliedert sich die Arbeit im Wesentlichen in drei Teile, die sowohl die vertragsärztliche Freiberuflichkeit als auch die Veräußerungsfähigkeit der Praxis in den Blick nehmen, aber unterschiedliche Schwerpunkte setzen.

Der erste Teil dieser Arbeit setzt den Schwerpunkt auf die Einrichtung der ärztlichen Freiberuflichkeit. Diese hat das Recht im Allgemeinen und die Regelungen zur Praxisnachfolge im Speziellen nicht nur beeinflusst, sondern sich selbst und damit auch das Recht im Laufe der Zeit verändert. Um ein tiefergehendes Verständnis für diese Entwicklung zu schaffen, wird nach einer begrifflichen Einordnung der Freiberuflichkeit im juristischen Diskurs ein Exkurs in die Soziologie unternommen, da sich bis zuletzt auch in der Rechtswissenschaft der Hinweis findet, dass es sich bei der Freiberuflichkeit in erster Linie um ein soziologisches Konstrukt handelt[24] (hierzu B. I.). Hier gilt die Freiberuflichkeit als Ordnungsmodel, das die Arbeitsweise individueller Akteure in einer Gesellschaft strukturiert. Dabei hat sich das Bild der Freiberuflichkeit in der Soziologie verschoben: Waren zunächst naive Betrachtungen vorherrschend, gewannen im weiteren Verlauf zynische Perspektiven auf die Freiberuflichkeit an Aufwind. Dieser soziologische Wandel lässt sich im Recht nachzeichnen: Zunächst wirkten die Ansätze der älteren soziologischen Theorien auf die rechtlich anerkannten Typusmerkmale der Freiberuflichkeit sowie die Regelungen zur Praxisnachfolge ein, weil der Ansatz der Freiberuflichkeit als Begründung für die grundsätzliche Haltung in Bezug auf die Einrichtung der Praxisnachfolge wirkte (hierzu B. II.). Spätere Reformen wie die Einführung der Bedarfsplanung sowie des MVZ, die die Zulassung und damit das regulative Umfeld der Praxisnachfolge betreffen,

---

[22] *Ders.*, Gefährdung der Freiberuflichkeit in der vertragsärztlichen Versorgung durch medizinische Versorgungszentren, 2021 (https://www.kvb.de/fileadmin/kvb/Ueber-uns/Gesundheits politik/Gutachten/KVB-Rechtsgutachten-MVZ-2021.pdf), S. 30 (geprüft am 19.9.2023).

[23] *Willaschek*, GuP 2020, 63, 67.

[24] *Lindenau*, MVZ, 2008, S. 47; s. hierzu noch B. Fn. 2.

wurden hingegen von der zynischen Perspektive auf die Freiberuflichkeit geprägt (hierzu B. III.).

Der zweite Teil dieser Arbeit stellt die vertragsärztliche Zulassung in ihren Mittelpunkt. Damit dient er einerseits als Anknüpfungspunkt für die Erkenntnisse des ersten Kapitels: Die vertragsärztliche Freiberuflichkeit wirkt nicht nur auf die aus der Zulassung resultierenden Rechte und Pflichten ein. Auch beeinflusst der Bewusstseinswandel im Hinblick auf die Freiberuflichkeit die Einbindung der Zulassung in eine Berufsausübungsgemeinschaft (BAG) sowie die Einrichtungen der MVZ-Zulassung und Anstellungsgenehmigung: Die Zulassung wird immer stärker an Kollektive angebunden, sodass sich der Anknüpfungspunkt vertragsärztlicher Rechte und Pflichten ändert, was nicht ohne Auswirkung auf die Höchstpersönlichkeit der Lizenz zur Teilnahme an der vertragsärztlichen Versorgung bleiben kann (hierzu C. II.). Während diese Höchstpersönlichkeit das Konzessionshandelsverbot auf einfachrechtlicher Ebene verankert, gilt der Eigentumsschutz der Zulassung über das Recht an der eingerichteten und ausgeübten Arztpraxis als verfassungsrechtliches Rückgrat der Praxisnachfolge nach §§ 103 IIIa, IV SGB V (hierzu C. III.). Dabei ist die Verfassungsmäßigkeit der Bedarfsplanung bzw. der Regeln zur Praxisnachfolge kein Schwerpunkt dieser Arbeit[25]. Vielmehr soll eine alternative Betrachtungsweise zur Eröffnung des Schutzbereichs von Art. 14 I GG im Hinblick auf die Zulassung dargestellt werden, die die Handelbarkeit der Zulassung in ihren Mittelpunkt stellt und aufzeigt, inwieweit das Konzessionshandelsverbot verfassungsrechtliche Relevanz entfalten könnte. Hierdurch und indem zuvor die Höchstpersönlichkeit der vertragsärztlichen Zulassung, MVZ-Zulassung und Anstellungsgenehmigung hinterfragt wird, fungiert dieser zweite Teil der Arbeit als Vorbereitung für den dritten Teil.

Im dritten Teil liegt das Hauptaugenmerk auf den einfachrechtlichen Grundlagen der Zulassungsübertragung, wobei schwerpunktmäßig die Frage beantwortet werden soll, inwieweit die Zulassung als handelbar gelten kann. Hierfür wird zunächst das gewöhnliche Verfahren der Praxisnachfolge gem. § 103 IIIa, IV SGB V anhand seiner Voraussetzungen dargestellt (hierzu D. II.). Neben dem Telos des Konzessionshandelsverbots liegt der Fokus an dieser Stelle darauf, dass das BSG den unzulässigen Konzessionshandel mit den Erfordernissen des Praxissubstrats und Fortführungswillens vom zulässigen Praxiskauf abgrenzt und sich hierbei an Strukturmerkmalen bedient, die insbesondere der freiberuflich tätige Vertragsarzt aufweist. Daher stößt man auf Schwierigkeiten, wenn man versucht, das Konzessionshandelsverbot für MVZ (hierzu D. III.) und BAG (hierzu D. IV.) umzusetzen. Diese treten zu Tage, wenn ein Vertragsarzt auf seine

---

[25] Hierzu zuletzt *Fickentscher*, Eigentumsschutz in der Bedarfsplanung, 2022; zuvor schon *Reuter*, Schutz der Zulassung, 2013.

Zulassung verzichtet, um als Angestellter im MVZ oder in einer BAG tätig zu werden, ebenso wie beim Verkauf des MVZ-Trägers ggf. i. V. m. der Verlegung von Anstellungsgenehmigungen sowie i. R. d. Konzeptbewerbung. In den Schlussbetrachtungen finden sich Lösungsansätze dafür, wie den Unzulänglichkeiten des Konzessionshandelsverbots beizukommen sein könnte (hierzu E).

Der Untersuchungsgegenstand dieser Arbeit soll in mehrere Richtungen begrenzt werden: Anderen höchstpersönlichen Genehmigungen[26] fehlt das spezifische Element des Vertrauens zwischen Arzt und Patient, das den schnellen Verfall des Goodwills in der Praxis bedingt[27]. Ein Vergleich zu den Übertragungsmöglichkeiten dieser Genehmigungen soll daher ebenso ausbleiben wie Vergleiche zu Zulassungen anderer Freiberufler, da diese eher der ärztlichen Approbation ähneln als der vertragsärztlichen Zulassung[28]. Weitere Teilnahmeformen in der GKV, die nicht nachfolgefähig oder statistisch weniger relevant sind (als Vertragsarzt-, MVZ-Zulassung sowie die Anstellungsgenehmigung), wie Sonderbedarfszulassungen oder Ermächtigungen sind im Hinblick auf den Konzessionshandel nicht bzw. weniger relevant und werden daher nicht gesondert behandelt. Zudem droht ein Handel mit Zulassungen nur im gesperrten Bereich, sodass die Praxisnachfolge im nicht-gesperrten bzw. gerade entsperrten (hierzu § 26 BedPl-RL)[29] Gebiet sowie unter Zahnärzten (s. § 104 III SGB V) kein Thema dieser Arbeit ist.

Weitere Einschränkungen des Untersuchungsgegenstands erfolgen im Zusammenhang mit der Freiberuflichkeit. Diese ist nur schwer zu definieren, weil sich ihre rechtliche Betrachtung über drei Ebenen erstreckt. Auf jeder dieser Ebenen wird der Untersuchungsgegenstand weiter begrenzt.

Auf der ersten Ebene unterscheiden sich die konkreten Erwerbstätigkeiten, die unter dem Begriff der freien Berufe zusammengefasst werden[30]. Die Schwierigkeit der gemeinsamen Kategorisierung besteht darin, Berufe, deren Arbeitsinhalt sowie Arbeitsweise stark voneinander abweichen, unter einem Begriff zusam-

---

[26] Als solche gelten bspw. die Fahrerlaubnis, der Waffenschein, die Erlaubnis zum Geschäftsbetrieb für Banken und Finanzdienstleister, die Erlaubnis zum gewerblichen Güterkraftverkehr, die Gaststättenkonzession, die Erlaubnis nach GewO für Spielhallenbetreiber, sowie Genehmigungen für Pfandleiher, Versteigerer, Makler, Bauträger, Baubetreuer sowie die Taxikonzession, s. *Schmidt-Kötters*, in: Posser/Wolff (Hrsg.), BeckOK VwGO, 1.10.2019, § 42 VwGO Rn. 120.2.

[27] Gegen eine Vergleichbarkeit zwischen vertragsärztlicher Zulassung und anderen „Gegenständen staatlicher Mangelverwaltung" auch *Cramer/Maier*, MedR 2002, 549, 553.

[28] *Kanter*, Zulassung im Wandel, 2013, S. 120; *Treptow*, Mitgliedschaft in der MVZ-GmbH, 2011, S. 81.

[29] Hierzu zuletzt *Gebhardt*, GesR 2021, 205 ff.

[30] *Gesellensetter*, Freier Arztberuf, 2010, S. 31; *Quaas*, MedR 2001, 34; *Taupitz*, Standesordnungen, 1991, S. 11, 30; *Fleischmann*, Die freien Berufe im Rechtsstaat, 1970, S. 16, 106.

menzufassen: Ärzte[31] und Hebammen[32] teilen sich die Gesundheit ihrer Auftraggeber als Gegenstand ihrer Arbeit, wobei die Unterschiede vor allem in der Dauer der Ausbildung zum Vorschein kommen. Anwälte leisten zwar Rechtsberatung, haben aber immer einen konkreten Mandanten als Entsprechung zum Patienten. Künstler werden hingegen nicht zwingend für einen Auftraggeber tätig[33], wobei die künstlerische Tätigkeit noch nicht einmal eine standardisierte Ausbildung erfordert. Im Zusammenhang mit diesen Differenzen wird versucht, die Einheitlichkeit innerhalb der Freiberuflichkeit über Subtypen herzustellen[34]. Die Mitte der Freiberuflichkeit bilden nach allgemeiner Auffassung jedoch Anwälte und Ärzte[35]. Im Rahmen der Praxisnachfolge ist nur die ärztliche Freiberuflichkeit von Bedeutung, sodass die Frage der Freiberuflichkeit anderer Berufsgruppen im Rahmen dieser Arbeit weitestgehend ausgeklammert werden kann.

Die zweite Ebene, die die konkrete Definition der Freiberuflichkeit betrifft, stellt die anzuwendende Norm und das Rechtsgebiet dar, innerhalb dessen auf die Freiberuflichkeit rekurriert wird[36]. Der Gesetzgeber findet freie Berufe in der sozialen Realität vor, bestimmt, welche Aspekte freiberuflicher Betätigung für die Rechtsordnung von Belang sind, gießt diese in ein Gesetz und formt die Freiberuflichkeit innerhalb der unterschiedlichen Rechtsgebiete hiermit aus, wobei sich die Aspekte der Freiberuflichkeit, auf die sich der Gesetzgeber bezieht, von Rechtsgebiet zu Rechtsgebiet unterscheiden können[37]. Der deutlichste Unterschied besteht zwischen dem Berufsrecht, in dem die wirtschaftliche Selbständigkeit für die Beurteilung eines Berufs als freiberuflich für weitestgehend unbeachtlich gehalten wird[38], und dem Steuerrecht, in dem Freiberufler i. S. d. § 18 I Nr. 1 S. 1 EStG nur ist, wer wirtschaftlich selbständig auf eigene Rechnung ar-

---

31 Angesichts der diversen Umstände juristischer und wirtschaftlicher Natur unter denen Ärzte tätig sind, fällt es bereits schwer, ein einheitliches Bild ihrer Gruppe zu zeichnen, s. schon *Deneke*, Individuelle Freiheit in sozialer Sicherheit, 1985, S. 411.

32 Vgl. *Fleischmann*, Die freien Berufe im Rechtsstaat, 1970, S. 29 m. w. N. in Fn. 73, S. 103 ff. gegen die Einordnung der Hebamme als Freiberufler.

33 Vgl. *Taupitz*, Standesordnungen, 1991, S. 97.

34 *Taupitz*, Standesordnungen, 1991, S. 96 ff. unterscheidet zwischen künstlerischen, wissenschaftlichen, klientenabhängigen und verkammerten freien Berufen, wobei ein Beruf mehreren Subtypen unterfallen kann; *Michalski*, Freie Berufe, 1989, S. 15 unterscheidet zwischen einem engen und weiten Verständnis der Freiberuflichkeit; vgl. *Deneke*, Die freien Berufe, 1956, S. 117.

35 *Sodan*, Freie Berufe, 1997, S. 66 f.; *Taupitz*, Standesordnungen, 1991, S. 34.

36 *Gesellensetter*, Freier Arztberuf, 2010, S. 31; *Sodan*, Freie Berufe, 1997, S. 43 m. w. N. in Fn. 176; *Taupitz*, Standesordnungen, 1991, S. 21; diesbezüglich kritisch *Fleischmann*, Die freien Berufe im Rechtsstaat, 1970, S. 17 f.

37 *Taupitz*, Standesordnungen, 1991, S. 96.

38 S.u. B. III. 3. c).

beitet[39]. Auf dieser zweiten Ebene beschränkt sich die vorliegende Arbeit auf Rechtsgebiete, deren Normen Auswirkungen auf die Praxisnachfolge und ihren Zusammenhang mit der Freiberuflichkeit haben. Der ärztlichen Zulassung kommt i. R. d. Konzessionshandels im Speziellen und bei der Praxisnachfolge im Allgemeinen eine besondere Bedeutung zu. Dementsprechend soll der Fokus dieser Arbeit auf dem Zulassungsrecht der Ärzte liegen. Da das Zulassungsrecht regelmäßig mit dem Berufsrecht zusammenhängt[40], wird auch auf das Berufsrecht einzugehen sein. Weitere Rechtsgebiete werden nur herangezogen, wenn sie mit dem Zulassungs- und Berufsrecht interagieren.

Um die Freiberuflichkeit erfassen zu können, braucht es noch eine dritte Dimension: Diese bildet die zeitlich-historische Schiene, auf der die Freiberuflichkeit definiert werden soll[41]. Schon die Heterogenität der innerhalb der freien Berufe zusammengefassten Tätigkeiten ergibt sich aus historischen Gründen: Mitte des neunzehnten Jahrhunderts schlossen sich die damals geistig tätigen Berufsgruppen unter Berufung auf liberale Grundsätze[42] sowie einer Rückbesinnung auf die artes bzw. operae liberales[43] der Antike zusammen, um ihren eigenen Ruf innerhalb der Gesellschaft aufzuwerten und sich so von staatlicher Kontrolle loszusagen[44]. Die Besonderheiten ihres Berufsstandes einten die damalige Gruppe, im Wandel von der Industrie- zur Dienstleistungsgesellschaft kamen jedoch nicht nur neue, potenziell freiberufliche Betätigungsmöglichkeiten hinzu[45], auch die Arbeit der damals schon bestehenden Berufsgruppen vergeistigte sich immer weiter[46]. Dadurch verschwammen und verschwimmen die konkreten Grenzen zwischen den Berufen, sodass es immer schwieriger wird, zu bestimmen, was den freien Beruf als solchen ausmacht, was den Kern der freiberuflichen Betätigung darstellen soll und wer den Freiberuflern daher angehört. Gleichzeitig verändern sich die gesellschaftlichen und politischen Ideale. In Zeiten, in denen „sich viele Bürger vom Konzept des liberalen Rechtsstaates ab- und dem der

---

39 *Taupitz*, Standesordnungen, 1991, S. 21; vgl. *Deneke*, Die freien Berufe, 1956, S. 116.

40 *Schneider*, Handbuch des Kassenarztrechts, 1994, S. 7.

41 *Taupitz*, Standesordnungen, 1991, S. 31.

42 *Sodan*, Freie Berufe, 1997, S. 22 ff.; *Taupitz*, Standesordnungen, 1991, S. 111; *Fleischmann*, Die freien Berufe im Rechtsstaat, 1970, S. 13.

43 *Michalski*, Freie Berufe, 1989, S. 6 verortet die Schwierigkeiten mit der Definition der freien Berufe in der „ohne Rücksicht auf den historischen Sinngehalt der antiken artes liberales vorgenommene(n) beinahe wortgenaue(n) Übersetzung"; vgl. auch *Taupitz*, Standesordnungen, 1991, S. 12.

44 *Taupitz*, Standesordnungen, 1991, S. 112.

45 *Wasilewski*, in: FS Deneke, 1985, S. 26, 34; vgl. auch *Taupitz*, Standesordnungen, 1991, S. 15, 42.

46 *Sodan*, Freie Berufe, 1997, S. 86; *Fleischmann*, Die freien Berufe im Rechtsstaat, 1970, S. 30; *Deneke*, Die freien Berufe, 1956, S. 97.

Stammesgesellschaft zuwenden"[47], klingt der Liberalismus des späten achtzehnten und neunzehnten Jahrhunderts „oft verbraucht und […] irgendwie hölzern"[48]. „Freiheit ist zu einem ‚konträren' Standpunkt geworden, der unter Rechtfertigungsdruck gesetzt wird"[49]. Im Rahmen dieser Arbeit wird die zeitliche Schiene als Vergleichsmaßstab genutzt, um die Freiberuflichkeit zu beschreiben. Da der Fokus hier im Besonderen auf dem ärztlichen Zulassungsrecht liegt, setzt der zeitliche Rahmen, innerhalb dessen die Freiberuflichkeit beschrieben werden soll, im Schwerpunkt an der Einführung des GSG an, das einen „Paradigmenwechsel"[50] in der Gesundheitsversorgung einleitete, indem es auf das ärztliche Vergütungs- und Zulassungsrecht einwirkte. Hiernach sollen die wichtigsten nachfolgenden Reformen im Zulassungsrecht mit ihren Einflüssen auf die Freiberuflichkeit der Ärzte nachgezeichnet werden, um auf dieser Basis aktuelle Fragen der Praxisnachfolge beantworten zu können.

---

47 *Mayer*, FAS 16.4.2017, 34.

48 *Schwarz*, Der Liberale misstraut den grossen Erklärungen – und bleibt dabei ein heiterer Skeptiker, 2018 (https://www.nzz.ch/feuilleton/der-liberale-misstraut-den-grossen-erklaerungen-und-bleibt-dabei-ein-heiterer-skeptiker-ld.1432399, geprüft am 19.9.2023).

49 *Liessmann*, Woher dieser fanatische Hass auf jene, die für sich die Freiheit des Denkens noch in Anspruch nehmen wollen?, 2019 (https://www.nzz.ch/meinung/kolumnen/woher-dieser-fanatische-hass-auf-jene-die-fuer-sich-die-freiheit-des-denkens-noch-in-anspruch-nehmen-wollen-ld.1478273, geprüft am 19.9.2023).

50 *Taupitz*, in: Binnenmarkt, 1997, S. 19, 22.

B. Freiberuflichkeit

Will man die Praxisnachfolge und die Freiberuflichkeit miteinander in Relation setzen, ergibt sich die Schwierigkeit, dass es sich bei der Praxisnachfolge um einen klar umrissenen und der Rechtswissenschaft entstammenden Begriff handelt, die Freiberuflichkeit hingegen – obwohl sich der Gesetzgeber in zahlreichen Normen wie § 1 PartGG oder § 15 EStG auf sie bezieht und sie als Ideal diverser Berufsordnungen dient[1] – der Soziologie zugeordnet wird[2] und weitere Interpretationsspielräume eröffnet. Um einen Zusammenhang zwischen Praxisnachfolge und Freiberuflichkeit herzustellen, ist es daher erforderlich, die Freiberuflichkeit selbst näher zu umreißen (hierzu I.). Ihre rechtlich anerkannten Typusmerkmale leiten sich einerseits aus der Soziologie der 1950er und 1960er Jahre ab, andererseits liegen sie diversen Normen des Berufs- und Vertragsarztrechts zu Grunde und strukturieren im Ausgangspunkt die Regelung der Praxisnachfolge (hierzu II.). Im Laufe der Zeit hat sich die konkrete Ausgestaltung der Freiberuflichkeit im Vertragsarztrecht parallel zu den Wandlungen in der Soziologie aber verändert (hierzu III.), was sich auf die Vehikel zur Teilnahme an der GKV und damit die Praxisnachfolge ausgewirkt hat (hierzu C. und D.).

---

[1] § 1 I 3 MBO-Ä, § 2 BRAO; vgl. auch § 1, 2 S. 3 BNotO.

[2] s. BVerfGE 10, 355, 364; *Clemens*, in: Quaas/Zuck/Clemens (Hrsg.), Medizinrecht, ⁴2018, § 19 Rn. 24 lässt die Frage, ob die Verweisung des Bundesverfassungsgerichts in die Soziologie noch zeitgemäß ist, ausdrücklich offen; *Maydell*, NZS 1996, 243 spricht sich gegen einen juristischen Begriff der Freiberuflichkeit aus; *Michalski*, Freie Berufe, 1989, S. 4 stellt dar, wie sowohl das BVerfG, als auch der Reichs- und Bundesfinanzhof an der Definition der Freiberuflichkeit scheitern und auf die Soziologie verweisen; symptomatisch daher auch der Titel der Arbeit von *Steindorff*, Freie Berufe – Stiefkinder der Rechtsordnung?, 1980; *Fleischmann*, Die freien Berufe im Rechtsstaat, 1970, S. 105 verstand die Freiberuflichkeit jedoch nicht als rein soziologisches Phänomen; die Diskussion um die Natur und Bedeutung der Freiberuflichkeit reicht noch länger zurück: *Heuß*, in: FS Brentano, 1916, 237 bezeichnet die Freiberuflichkeit in einem der meistzitierten Artikel zur Freiberuflichkeit als „überlieferte Sprachgewöhnung, mit der man in concreto nicht viel anfangen kann".

I. Grundsätze der Freiberuflichkeit

1. Einleitung

Die Freiberuflichkeit ist nicht mithilfe einer Definition einzufangen (hierzu 2.) und gilt in der Rechtswissenschaft als (axiologischer Ideal-)Typus (hierzu 3.). Das konkrete Bild vom Typusbegriff der Freiberuflichkeit hängt von den in einer Gesellschaft verankerten Idealen ab. Diese Ideale fußen auf unterschiedlichen, sich wandelnden Konzepten, die in der Soziologie abgebildet sind (hierzu 4.).

2. Definitionsschwierigkeiten

Der Begriff der Freiberuflichkeit deckt diverse Berufsgruppen ab, wird in unterschiedlichen Rechtsgebieten benutzt und ändert sich im Laufe der Zeit[1], sodass er zu komplex wird, um ihn einfach zu definieren. Zudem bestehen kaum feste Anhaltspunkte für eine rechtliche Definition der freien Berufe[2]: Der Katalog des § 18 I Nr. 1 S. 2 EStG erlaubt keine Rückschlüsse auf eine entsprechende Definition[3] und der Negativabgrenzung zum Gewerbe[4], zum Angehörigen des öffentlichen Dienstes[5], Beliehenen[6] oder zum staatlich gebundenen Beruf[7] fehlt eine positive Komponente[8]. § 1 II 1 PartGG zählt zwar Kriterien auf, anhand derer sich die Freiberuflichkeit einer Tätigkeit bemessen lassen soll, eine trennscharfe Definition bietet er indes nicht[9]. Auch die Definitionen aus der Wissenschaft[10]

---

[1] S.o. A.

[2] Hierzu auch *Kämmerer*, Freie Berufe, 2010, H 12 ff.

[3] *Michalski*, Freie Berufe, 1989, S. 5.

[4] *Gesellensetter*, Freier Arztberuf, 2010, S. 31, 35.

[5] *Sodan*, Freie Berufe, 1997, S. 95 ff.

[6] *Ders.*, Freie Berufe, 1997, S. 102 ff.

[7] *Weiß*, NZG 2005, 67, 70 f.; *Sodan*, Freie Berufe, 1997, S. 136 ff.

[8] Vgl. im Bezug auf diese Kategorien auch *Fickentscher*, Eigentumsschutz in der Bedarfsplanung, 2022, S. 45 ff.

[9] *Schäfer*, in: Säcker/Rixecker/Oetker u. a. (Hrsg.), MüKoBGB, [8]2018, § 1 PartGG Rn. 35 f.

[10] Hierzu *Sodan*, Freie Berufe, 1997, S. 40 ff.; *Taupitz*, Standesordnungen, 1991, S. 22; *Fleischmann*, Die freien Berufe im Rechtsstaat, 1970, S. 109.

sowie die des Bundesverbands der freien Berufe[11] vermögen es nicht, die Heterogenität der freien Berufe zu überwinden[12].

3. Freiberuflichkeit als Typusbegriff

Aufgrund der Definitionsschwierigkeiten wird mittlerweile mehrheitlich vertreten, dass es sich bei der Freiberuflichkeit um einen Typusbegriff handelt[13]. Der Typusbegriff, der in der rechtswissenschaftlichen Literatur in verschiedenen Ausprägungen vertreten wird[14] und als Spezialfall des unbestimmten Rechtsbegriffs gilt[15], wird üblicherweise in einer Gegenüberstellung zum Klassenbegriff beschrieben[16]: Der Klassenbegriff besteht aus einzelnen Tatbestandsmerkmalen, die jeweils kumulativ oder zumindest alternativ erfüllt sein müssen, um eine Subsumtion unter ihn zu ermöglichen, während sich der Typusbegriff dadurch auszeichnet, dass nicht jeder seiner Typusmerkmale vollständig vorliegen muss, um zu bejahen, dass eine Sache einem Typus zuzuordnen ist[17]. Die Typusmerkmale müssen „in mehr oder minder starker Ausprägung [vorliegen], wobei ein-

[11] „Angehörige Freier Berufe erbringen auf Grund besonderer beruflicher Qualifikation persönlich, eigenverantwortlich und fachlich unabhängig geistig-ideelle Leistungen im gemeinsamen Interesse ihrer Auftraggeber und der Allgemeinheit. Ihre Berufsausübung unterliegt in der Regel spezifischen berufsrechtlichen Bindungen nach Maßgabe der staatlichen Gesetzgebung oder des von der jeweiligen Berufsvertretung autonom gesetzten Rechts, welches die Professionalität, Qualität und das zum Auftraggeber bestehende Vertrauensverhältnis gewährleistet und fortentwickelt", *Metzler*, Informationen zu den Freien Berufen und Statements zu den aktuellen Herausforderungen, 19.7.2012 (https://www.eesc.europa.eu/sites/default/files/resources/docs/tag-der-freien-berufe-2012_statement-ra-arno-metzler.pdf), S. 1 (geprüft am 19.9.2023); diese Definition bildet auch die Grundlage für die Definition in § 1 PartGG, s. https://slidex.tips/download/60-jahre-bundesverband-der-freien-berufe (geprüft am 19.9.2023); s. *Quaas*, MedR 2001, 34, 35 zu den Schwächen der Definition.

[12] *Sodan*, Freie Berufe, 1997, S. 43 ff.

[13] *Gesellensetter*, Freier Arztberuf, 2010, S. 37; *Quaas*, MedR 2001, 34, 35; *Butzer*, MedR 2001, 604, 610; *Sodan*, Freie Berufe, 1997, S. 63 f.; s. ausführlich zu den Vorteilen des typologischen Denkens für die rechtswissenschaftliche Betrachtung der Freiberuflichkeit *Taupitz*, Standesordnungen, 1991, S. 26 ff.; a.A.: *Michalski*, Freie Berufe, 1989, S. 5.

[14] *Gesellensetter*, Freier Arztberuf, 2010, S. 36.

[15] *Schünemann*, in: FS Kaufmann, 1993, S. 299, 307; vgl. *Engisch*, Einführung in das juristische Denken, [12]2018, S. 158 Fn. 6.

[16] *Puppe*, in: FS Schünemann, 2014, 221; *Schenke*, Die Rechtsfindung im Steuerrecht, 2012, S. 160; *Rüthers/Fischer/Birk*, Rechtstheorie mit juristischer Methodenlehre, [6]2011, S. 542; *Pahlke*, DStR-Beih 2011, 66, 67; *Taupitz*, Standesordnungen, 1991, S. 23 ff.

[17] Statt vieler *Schenke*, Die Rechtsfindung im Steuerrecht, 2012, S. 160.

zelne dieser Züge auch ganz fehlen können"[18]. Typusbegriffe sind häufig im Steuerrecht zu finden, da es als „Massenfallrecht" auf „Typisierung und Pauschalierung" angewiesen ist, sodass der BFH bspw. „den Begriff des Mitunternehmers, das häusliche Arbeitszimmer oder den bewertungsrechtlichen Wohnungsbegriff als Typusbegriff eingeordnet" hat[19]. Mit der konkludenten Täuschung i. R. d. Betrugs[20] sowie dem Begriff der Sozialversicherung in Art. 120 GG[21] finden sich Typenbegriffe aber auch außerhalb des Steuerrechts.

Die Subsumtion unter einen Klassenbegriff gilt im Ausgangspunkt als technisch und wertfrei, während die Zuordnung zu einem Typusbegriff als wertbehaftet gilt[22]. Dementsprechend weist der Typusbegriff ein Defizit hinsichtlich der mit seiner Anwendung verbundenen Rechtssicherheit auf, das verfassungsrechtlich Reibungen mit dem Bestimmtheitsgebot verursacht[23]. Fragwürdig ist aber, ob ein kategorischer Unterschied zwischen Klassen- und Typusbegriff besteht. Schon *Larenz* merkte an, dass „‚Typus' und ‚Begriff' im Übrigen keine starren Gegensätze"[24] sind, wobei er dies darauf zurückführt, dass unbestimmte Rechtsbegriffe i. R. v. Definitionen bestimmter Tatbestandsmerkmale aufgegriffen werden[25]. Die Unterteilung von Tatbestandsmerkmalen in Begriffskern und -hof spiegelt diese Argumentation und impliziert ebenfalls eine Graduierung der Bestimmtheit von Tatbestandsmerkmalen[26].

Als polarisierend gilt die – mit dem Typusbegriff mehr oder weniger exklusiv assoziierte[27] – Verbindung der empirischen und normativen Ebene, die *Larenz* vornimmt, indem er den „hermeneutischen Zirkel" beschreibt, der entsteht, wenn tatsächliche Rechtsgebräuche Einfluss auf die Bildung des Typus haben, der dann im Wege des Vergleichs mit anderen Typen Rückauswirkungen auf den tatsächlichen Rechtsgebrauch zeitigt[28]. Der Rechtsanwender verfügt insoweit

---

[18] *Larenz/Canaris*, Methodenlehre der Rechtswissenschaft, 1995, S. 297 zur Zuordnung eines Vertrags zum Typus der Gesellschaftsverträge.

[19] *Pahlke*, DStR-Beih 2011, 66, 67 f.

[20] *Hefendehl*, in: Hefendehl/Hohmann (Hrsg.), MüKoStGB, ³2019, § 263 StGB Rn. 115.

[21] *Butzer*, in: Maunz/Dürig (Begr.), Grundgesetz, Art. 120 GG Rn. 186 (Stand: September 2017, EL: 81).

[22] *Schenke*, Die Rechtsfindung im Steuerrecht, 2012, S. 160.

[23] *Puppe*, in: FS Schünemann, 2014, S. 221, 231, die die Anzahl der zulässigen Typusmerkmale auf zwei bis drei begrenzen will, um eine „rationale Verrechnung ihrer verschiedenen Ausprägungen miteinander" zu ermöglichen.

[24] *Larenz/Canaris*, Methodenlehre der Rechtswissenschaft, 1995, S. 44; a. A. *Pahlke*, DStR-Beih 2011, 66, 67.

[25] *Dies.*, Methodenlehre der Rechtswissenschaft, 1995, S. 44.

[26] *Puppe*, in: FS Schünemann, 2014, S. 221, 226; zur Entwicklung dieser Idee s. *Schünemann*, in: FS Kaufmann, 1993, S. 299, 304 Fn. 30.

[27] *Pawlowski*, Methodenlehre für Juristen, ³1999, S. 82 Rn. 151.

[28] *Larenz/Canaris*, Methodenlehre der Rechtswissenschaft, 1995, S. 298.

über die Befugnis, bei der Zuordnung eines Sachverhalts zu einem Typus Schlüsse von der empirischen Ebene auf die normative zu ziehen – anders als i. R. d. Klassenbegriffs schließt er nicht nur vom Sollen auf das Sein, sondern auch vom Sein aufs Sollen[29]. Hiermit geht die Gefahr einher, dass er die einzelnen Typusmerkmale und damit den Typus selbst im Rahmen seiner Wertvorstellungen (und nicht denen des Gesetzgebers) definiert und gewichtet. So schwingt sich der Rechtsanwender in die Rolle eines Ersatzgesetzgebers auf und unterläuft die Grundsätze des Demokratieprinzips[30].

Die Verknüpfung zwischen empirischen und normativen Aspekten spielt im Rahmen der Freiberuflichkeit eine wichtige Rolle. Dies folgt schon daraus, dass die erste Auswahl freier Berufe auf empirischer Ebene der Berufslandschaft Mitte des neunzehnten Jahrhunderts entsprang, wobei die Mitglieder der entsprechenden Berufsgruppen auf normativer Ebene festlegten, welche berufspolitisch vorteilhaften Eigenschaften sie miteinander verband[31].

Die einzelnen Merkmale freier Berufe sind entwicklungsoffen[32], sodass sich die freien Berufe gesellschaftlichen Wandlungen anpassen können. Gleichzeitig handelt es sich bei der Freiberuflichkeit um einen axiologischen Idealtypus[33], weil die Feststellung des § 1 I 3 MBO-Ä (bzw. § 1 II Hs. 2 BÄO), nach der der Beruf des Arztes seiner Natur nach ein freier Beruf ist, dem Arzt konstitutiv wirkend ein Ideal vorschreiben und nicht lediglich sämtliche Tätigkeiten des Arztes als freiberuflich deklarieren soll[34]. Daher entspricht nicht jede Handlung eines Arztes automatisch dem freiberuflichen Ideal, dieses begrenzt die Handlungsalternativen des Arztes vielmehr. Die Offenheit neuen Entwicklungen gegenüber widerspricht der konstitutiven Natur der Freiberuflichkeit jedoch: Wenn sich die Freiberuflichkeit gesellschaftlichen Wandlungen anpassen soll und sich hierdurch ständig ändert, bleibt sie am Ende doch nur deklaratorisch.

Dementsprechend braucht die Freiberuflichkeit einen Fixpunkt, der sowohl beim Schluss vom Sein aufs Sollen als auch über die Zeit hinweg als Orientie-

---

29 *Wernsmann*, DStR-Beih 2011, 72, 76; *Pawlowski*, Methodenlehre für Juristen, ³1999, S. 82 Rn. 151.

30 *Wernsmann*, DStR-Beih 2011, 72, 76.

31 S. o. A.

32 *Scholz*, in: Maunz/Dürig (Begr.), Grundgesetz, Art. 12 GG Rn. 269 (Stand: Juni 2006, EL: 47).

33 *Taupitz*, Standesordnungen, 1991, S. 34 ff.

34 „Nach § 1 Abs. 2 Halbs. 2 BÄO, ist der ärztliche ein ‚seiner Natur nach' freier Beruf, dies bedeutet: seinem inneren Wesen, seinem eigentlichen Sinn gemäß. Die Formel schwächt nicht, sondern verstärkt die dem Arztberuf immanente Freiheit. Verlöre die Ärzteschaft diese Freiheit, so büßte sie damit ihre Eigenart ein. Die Freiheit des ärztlichen Berufs muss darum institutionell gesichert bleiben", *Kern*, in: Laufs/Kern/Rehborn (Hrsg.), ArztR-HdB, ⁵2019, § 3 Rn. 13; *Taupitz*, Standesordnungen, 1991, S. S. 35 f.

rungshilfe dient – die Bezeichnung der Freiberuflichkeit als Idealtypus suggeriert, dass dieser Fixpunkt in dem Ideal selbst liegt, an dem sich der Typus ausrichtet[35]. Darin offenbart sich das dem Typusbegriff inhärente normative Element, das von *Larenz* als „leitender Wertgesichtspunkt“ oder als „Rechtsgedanke“ bezeichnet wird[36].

In dem Bezug auf den Rechtsgedanken liegt das Einfallstor für die Ideale des Rechtsanwenders. Dementsprechend wird kritisiert, dass nur die eigene Ideologie „hinter scheinbar ‚logischen‘, ‚sachlogischen‘ und ‚objektiven‘ Schlussfolgerungen und Ableitungen“ versteckt werden soll[37]. „Die ‚Natur der Sache‘ ist kein Auslegungs-, sondern Einlegungsmittel“[38]. Hierin liegt die bereits angesprochene Gefahr für das Demokratieprinzip, die aus der dem Rechtsanwender eingeräumten Befugnis zur Mitbestimmung über den Obersatz resultiert. Der wissenschaftliche Wert des Typusbegriffs wird zudem infrage gestellt, da er im Verdacht steht, über „keinen verlässlichen, intersubjektiv gültigen Bedeutungsgehalt“[39] zu verfügen[40].

Wertende Entscheidungen spielen jedoch auch in der sonstigen Rechtsanwendung eine wichtige Rolle[41]. Erkennbar wird dies schon an dem fließenden Übergang zwischen Klassen- und Typusbegriff, der mit dem unterschiedlichen Grad an Bestimmtheit[42] einhergeht, den ein Begriff leisten kann. Bei dem Klassenbegriff können teleologische Argumente eine Rolle spielen, wenn es darum geht, Tatbestandsmerkmale (die der Gesetzgeber nur selten abschließend festgelegt) auszulegen, beim Typusmerkmal bestimmt das teleologische Moment des Begriffs hingegen die einzelnen Merkmale[43]. Teleologische Erwägungen kommen im Rahmen beider Begriffe zum Tragen[44], Unterschiede bestehen lediglich hinsichtlich der Reihenfolge, in der sie auf den Begriff einwirken.

---

[35] *Pahlke*, DStR-Beih 2011, 66, 68.

[36] *Larenz/Canaris*, Methodenlehre der Rechtswissenschaft, 1995, S. 43 ff.

[37] *Rüthers/Fischer/Birk*, Rechtstheorie mit juristischer Methodenlehre, [6]2011, § 23 Rn. 924.

[38] *Dies.*, Rechtstheorie mit juristischer Methodenlehre, [6]2011, § 23 Rn. 929.

[39] *Dies.*, Rechtstheorie mit juristischer Methodenlehre, [6]2011, § 23 Rn. 916.

[40] Zur Bedeutung der Intersubjektivität für Wissenschaftlichkeit s. *Adrian*, Grundprobleme einer juristischen (gemeinschaftsrechtlichen) Methodenlehre, 2009, S. 35 Fn. 9.

[41] *Engisch*, Einführung in das juristische Denken, [12]2018, S. 190 bezeichnet „das ‚subjektive Fürrichtighalten‘“ sogar als „ein bejahungswürdiges Element der rechtlichen Kultur“.

[42] Vgl. hierzu *Adrian*, Grundprobleme einer juristischen (gemeinschaftsrechtlichen) Methodenlehre, 2009, S. 299 Fn. 340.

[43] *Pahlke*, DStR-Beih 2011, 66, 68.

[44] Vgl. *Engisch*, Einführung in das juristische Denken, [12]2018, S. 158 Fn. 6, der auf „starke Berührungspunkte mit der teleologischen Rechtsanwendung“ hinweist; so auch *Pahlke*, DStR-Beih 2011, 66, 68 m. w. N. in Fn. 32, der zudem Parallelen zur Analogiebildung sieht.

Von besonderer Bedeutung ist daher der Kontext, in dem ein Typusbegriff verwendet wird. Im Strafrecht, in dem das Bestimmtheitsgebot und die Entscheidung des demokratisch legitimierten Gesetzgebers bezüglich der Strafwürdigkeit eines Vorgangs besondere Bedeutung einnehmen, sind Typenbegriffe restriktiver zu verwenden als in anderen Rechtsgebieten[45]. Als allgemein unbedenklich gelten Typusbegriffe, wenn sie i. R. v. Typenreihen als reines Erkenntnismittel verwendet werden[46]. Das ist konsequent, denn wenn dem Typusbegriff keine normative Macht zukommt, können verfassungsrechtliche Prinzipien nicht verletzt werden. Der Typusbegriff der Freiberuflichkeit wird in dieser Kategorie eingeordnet[47]. Diese Kategorisierung ist jedoch schwierig, weil die Freiberuflichkeit axiologischer und nicht nur logischer Idealtypus sein und damit konstitutiv wirken soll[48]. Insoweit offenbart die Wahrnehmung der Freiberuflichkeit in der rechtswissenschaftlichen Literatur einen schizophrenen Charakterzug.

Die Bedenken gegen Typenbegriffe, die vor dem Hintergrund des Bestimmtheitsgebots sowie des Demokratieprinzips geäußert werden, betreffen im Grundsatz dasselbe Problem: Verwendet der Gesetzgeber Begriffe wie die Freiberuflichkeit, die kaum klar einzugrenzen sind, führt dies mangels Bestimmtheit zu Unsicherheiten auf Ebene der Rechtsanwendung. Versucht der Rechtsanwender dieser Problematik beizukommen, indem er das normative Element im Obersatz beeinflusst, ergeben sich Spannungen mit dem Demokratieprinzip. Indem er den Begriff des freien Berufs (z. B. in § 1 I 1 PartGG, aber auch in § 1 I 3 MBO-Ä bzw. den entsprechenden Berufsordnungen der Länder[49] oder § 1 II Hs. 2 BÄO) verwendet, bezieht sich der Gesetzgeber aber selbst auf ein gesellschaftlich bereits vorhandenes (normativ geprägtes) Konstrukt[50], ohne dieses exakt vorzu-

---

[45] Vgl. *Puppe*, in: FS Schünemann, 2014, S. 221, 231; vgl. *Sodan*, Freie Berufe, 1997, S. 65.

[46] *Schenke*, Die Rechtsfindung im Steuerrecht, 2012, S. 161; *Sodan*, Freie Berufe, 1997, S. 65; *Taupitz*, Standesordnungen, 1991, S. 29; vgl. *Pahlke*, DStR-Beih 2011, 66, 68.

[47] *Sodan*, Freie Berufe, 1997, S. 65 f.

[48] *Taupitz*, Standesordnungen, 1991, S. 34 ff.

[49] Dieses Argument scheint in Bezug auf § 1 I 3 MBO-Ä (sowie die hieraus folgenden Berufsordnungen der Länder) zunächst als schwierig, als dass nicht der demokratisch legitimierte Gesetzgeber Autor der Norm ist (und es sich auch nicht um ein Gesetz, sondern nur einen Vorschlag an die Landeskammern handelt), sondern sich die Ärzte ihre Berufsordnung selbst geben, s. Präambel zur MBO-Ä. Der Passus, nach dem der Beruf des Arztes seiner Natur nach ein freier Beruf ist, geht aber auf den Vorschlag des Ausschusses für das Gesundheitswesen (und damit nicht auf die Bundesärztekammer oder den Deutschen Ärztetag) zurück, BT-Drs. 3/2810, S. 1; zudem haben die Landesministerien die aus der MBO-Ä abgeleiteten Berufsordnungen zu genehmigen (s. *Kern/Rehborn*, in: Laufs/Kern/Rehborn [Hrsg.], ArztR-HdB, [5]2019, § 5 Rn. 14) sodass auch insoweit ein Zusammenhang zum demokratisch legitimierten Gesetzgeber gezogen werden kann; darüber hinaus finden sich auch außerhalb der MBO-Ä diverse freiberufliche Strukturmerkmale, s.u. insbes. unter B. II.

[50] Vgl. *Kämmerer*, Freie Berufe, 2010, H 11.

zeichnen und stellt den Rechtsanwender vor das soeben beschriebene Dilemma. Auflösen lässt sich dieses nur, indem man versucht, zumindest die subjektive Teleologie hinter dem Idealtypus zu erfassen. Hierzu ist es erforderlich, das Ideal hinter dem Idealtypus darzustellen[51]. Dies stellt die Intersubjektivität des jeweiligen Typusbegriffs wieder her, sodass die folgende Diskussion wissenschaftlichen Anforderungen besser entsprechen kann. Dementsprechend soll im Folgenden dargestellt werden, auf welches Ideal sich der Typus der Freiberuflichkeit einst bezog und wie sich dieses Ideal gewandelt hat.

4. Professions und Freiberuflichkeit

a) Einleitung

Der Begriff der Freiberuflichkeit ist seitens der Rechtsprechung häufig der Soziologie zugeordnet worden[52]. Um den Kern der gesellschaftlichen Modelle, die hinter der Freiberuflichkeit stehen, besser erfassen zu können, muss nachvollzogen werden, wie sich die geistigen Grundlagen der Freiberuflichkeit vom Strukturfunktionalismus (hierzu b)) hin zur Theorie der sozialen Schließung (hierzu c)) verschoben haben. Hierzu wird die internationale Literatur zu den Professions herangezogen, die immer häufiger im europäischen Kontext aufgegriffen wird[53]. Zwischen dem deutschen Modell der Freiberuflichkeit und den angelsächsischen Professions bestehen im Ausgangspunkt erhebliche Unterschiede[54]. Dennoch bietet die angelsächsische Debatte einen interessanten Ausgangspunkt, von dem aus die Entwicklung der deutschen Freiberuflichkeit betrachtet werden kann[55]. Zudem stellen sich nahezu allen Industrieländern vergleichbare Finanzie-

---

[51] *Pahlke*, DStR-Beih 2011, 66, 68.

[52] S.o. B. Fn. 2.

[53] *Brock/Saks*, European Management Journal 2016, 1, 1 f.

[54] *Taupitz*, Standesordnungen, 1991, S. 73 ff. weist darauf hin, dass die Angehörigen der Professions in anglo-amerikanischen Ländern traditionell freier von staatlicher Kontrolle sind als Freiberufler in Deutschland, deren Ausbildung und Kontrolle stärker in öffentlich-rechtliche Strukturen eingebunden ist. Dieser Unterschied wird durch die unterschiedlichen Rechtssysteme weiter verstärkt: Während im anglo-amerikanischen case-law System Gerichte einzelne Handlungen im Nachhinein ahnden, verbieten Normen Handlungen im deutschen Recht bereits präventiv. Hierdurch ist der Handlungsspielraum in anglo-amerikanischen Systemen zunächst weiter und wird im Laufe der Zeit durch gerichtliche Entscheidungen eingeengt, während im deutschen System schon von Anfang an weniger Spielräume bestehen.

[55] *Taupitz*, Standesordnungen, 1991, S. 70, 103; vgl. zudem *Freidson*, Professionalism, 2001, S. 209, der im Rahmen eines Prognoseversuchs zur Zukunft der Freiberuflichkeit ausführt, dass sich die Entwicklungen von Ort zu Ort unterscheiden werden, allerdings nicht substantiell, sondern lediglich graduell.

rungsprobleme in der Gesundheitsversorgung[56], sodass die hieraus entstehende internationale Diskussion das deutsche Gesundheitswesen erfasst und die Freiberuflichkeit beeinflusst: Ebenso wie die Theorie der sozialen Schließung entstand die Theorie der anbieterinduzierten Nachfrage zunächst im angelsächsischen Raum[57] und ist erst später nach Deutschland importiert worden.

b) Strukturfunktionalismus

Historische Betrachtungen der soziologischen Theorien über die Professions setzen häufig Mitte des zwanzigsten Jahrhunderts an[58]. Zu dieser Zeit dominierten taxonomische Betrachtungsweisen die Soziologie der Professions: Einige Soziologen versuchten allein die Wesenszüge, die Professions von anderen Berufsträgern abgrenzten, herauszuarbeiten[59], wobei Schwächen dieses Ansatzes in der mangelnden Einigkeit der Vertreter dieser Theorien untereinander sowie darin lagen, dass er die Rolle des Staates bei der Schaffung der Professions außer Acht ließ[60]. Andere Soziologen vertraten hingegen die funktionale Theorie, deren Zweck vor dem Hintergrund der Soziologie der Professions darin bestand, den Professions eine gesellschaftliche Funktion zuzuschreiben[61].

Als Ausgangspunkt für die funktionale Theorie soll im Folgenden das Weltbild von *Talcott Parsons* dienen, der als Begründer und prominentester Vertreter der strukturfunktionalen (bzw. strukturfunktionalistischen) Theorie gilt[62]. *Parsons* widmete seine Arbeit der Erstellung einer allgemeinen Theorie, welche

---

56 *Henderson*, Health economics and policy, ⁵2012, S. 388, 420.

57 S.u. B. III. 2. f) aa).

58 *Saks*, Journal of Professions and Organization 2016, 170, 172; *Nolin*, Professions, 2008, S. 16; *Krause*, Death of the guilds, 1996, S. 14; *Taupitz*, Standesordnungen, 1991, S. 70 Fn. 234; andere Autoren setzen noch früher an: *Brante*, Acta Sociologica 1988, 119, 120 führt die Entstehung der Professions als Gegenstand der soziologischen Forschung bspw. auf eine Vorlesung von *Herbert Spencer* aus dem Jahr 1928 zurück.

59 *Saks*, Journal of Professions and Organization 2016, 170, 172; *Abel*, Legal Profession, 1988, S. 6 m. w. N.; diese Ansätze basieren auch auf einem klassenbegrifflichen Verständnis der Freiberuflichkeit, vgl. *Taupitz*, Standesordnungen, 1991, S. 18 ff.

60 *Saks*, Journal of Professions and Organization 2016, 170, 172.

61 *Saks*, Journal of Professions and Organization 2016, 170, 172 f.; *Taupitz*, Standesordnungen, 1991, S. 70.

62 *Nolin*, Professions, 2008, S. 10, 17; *Brante*, Acta Sociologica 1988, 119, 120; *Abel*, Legal Profession, 1988, S. 5 f. führt die funktionalistische Betrachtung der Professionen auf *Durkheim* zurück, sieht in *Parsons* jedoch ihren prominentesten Vertreter; a. A. *Luhmann/Baecker*, Einführung in die Systemtheorie, ²2004, S. 18 ff., der die Arbeiten *Parsons'* aus den 40er und 50er Jahren, auf die hier besonders Bezug genommen wird, aber auch in der Nähe zum Strukturfunktionalismus verordnet.

menschliche Handlungen umfassend erklären soll[63]. Um diese zu verstehen, analysierte er die soziale Struktur einer Gesellschaft, wobei *Parsons* in Institutionen denkt[64]. Institutionen beinhalten normativ vorgegebene, nicht-zufällige Handlungsabläufe, die sich an moralischen Maßstäben ausrichten, ohne aber moralisch überhöht und dadurch unerreichbar zu sein[65]. Durch die ihnen zugrundeliegende Struktur definieren Institutionen bestimmte Rollen[66] (als Idealtypen[67]), die durch die individuellen Akteure einer Gesellschaft ausgeführt werden[68]. Die Institution strukturiert so die Motivation und die Handlungen[69] der ihr angehörenden Individuen sowie die Erwartungshaltung der Gesellschaft ihnen gegenüber[70], wobei Änderungen ihrer Struktur von moralischen Vorstellungen abhängen[71]. Beispiele für Institutionen sind demnach diverse Berufe wie Bankier, Handwerker oder Bauer[72]; auch die Eigenschaft als Patient[73] oder familiäre Beziehungen[74] sind strukturell institutionalisiert. Die Professionen stellen für *Parsons* die zentrale Institution einer Gesellschaft dar. Nach *Parsons* ist ihre Existenz das wesentliche Strukturelement moderner westlicher Gesellschaften, die wissenschaftliche Erkenntnisse praktisch verwerten[75]. Indem sie die Gesundheit der Individuen einer Gesellschaft verbessern, erhöhen Mitglieder der ärztlichen Profession die Funktionsfähigkeit aller Institutionen und stellen damit das Rückgrat moderner Gesellschaften dar[76]. Die Institution der ärztlichen Profession prägt das Rollenbild des Arztes als emotional neutral (nicht affektiv), universalistisch (nicht partikularistisch), gemeinwohlorientiert (nicht egoistisch) und funktional spezi-

---

[63] *Jensen*, in: Zur Theorie sozialer Systeme, 1976, S. 9, 19.

[64] *Parsons*, Essays on sociological theory, 1954, S. 53.

[65] *Ders.*, Essays on sociological theory, 1954, S. 53 f.

[66] *Siegrist*, Bundesgesundheitsblatt, Gesundheitsforschung, Gesundheitsschutz 2012, 1100.

[67] *Saks*, Journal of Professions and Organization 2016, 170, 172.

[68] *Parsons*, Essays on sociological theory, 1954, S. 54.

[69] *Luhmann/Baecker*, Einführung in die Systemtheorie, ^{2}2004, S. 20 ff.

[70] Vgl. *Zuck*, in: FS Geiß, 2000, 323.

[71] *Parsons*, Essays on sociological theory, 1954, S. 56, 60.

[72] *Ders.*, Essays on sociological theory, 1954, S. 55.

[73] *Ders.*, The social system, 1966, S. 440 ff.; hierzu auch *Koch-Gromus/Kreß*, Bundesgesundheitsblatt, Gesundheitsforschung, Gesundheitsschutz 2012, 1081: „Mit der Arztrolle korrespondierend, beschrieb *Parsons* die Krankenrolle durch die Merkmale: Entbindung des Kranken von normalen Rollenverpflichtungen, Nicht-Verantwortlichkeit für den Krankheitszustand, die Anerkennung der sozialen Unerwünschtheit der Krankheit und Wille zur Gesundung".

[74] *Parsons*, Essays on sociological theory, 1954, S. 39.

[75] *Ders.*, Essays on sociological theory, 1954, S. 34.

[76] *Ders.*, The social system, 1966, S. 430.

fisch (nicht diffus), zudem werden die Meriten des Berufs leistungsabhängig verdient (und nicht leistungsunabhängig zugeschrieben)[77].

Im Rahmen einer rechtlichen Diskussion um die Bedeutung der Freiberuflichkeit ist die funktionale Theorie für die Autonomie der Freiberufler von Bedeutung[78]. Anknüpfungspunkt ist das Problem, dass das Expertenwissen der Freiberufler durch die Gesellschaft, die größtenteils aus Laien besteht, nur schwer zu kontrollieren ist, dieser Kontrolle – aufgrund des „Zentralwertbezugs" der freiberuflichen Leistung – jedoch eine besondere Bedeutung zukommt[79]. Aus Perspektive der Strukturfunktionalisten löst sich dieses Problem bereits durch die Struktur der Profession. Demnach ist der Schutz des Patienten zwar durch Gesetze und Standesregeln abgesichert[80], allerdings greifen vorher schon soziale Mechanismen: In der Erwartung, von anderen Teilnehmern der Institution geringgeschätzt zu werden, falls er dem Rollenbild der Profession zuwiderhandelt, passt der Einzelne sein Verhalten im Voraus an dieses Rollenbild an[81] oder kommt erst gar nicht auf die Idee, entgegen dem Rollenbild zu handeln[82]. Indem altruistische Grundsätze internalisiert und Teil der Nutzenfunktion des Individuums werden, wird die Dichotomie zwischen altruistischen und egoistischen Elementen aufgehoben. Infolge dieses Gedankens haben die Anhänger der funktionalen Theorie kein Problem damit, allein den Freiberuflern die Befugnis zur Kontrolle über ihren Stand zu übertragen[83]. Hiermit geht die für die funktionale Theorie typische

---

[77] *Brante*, Acta Sociologica 1988, 119, 121; s. auch *Koch-Gromus/Kreß*, Bundesgesundheitsblatt, Gesundheitsforschung, Gesundheitsschutz 2012, 1081; *Siegrist*, Bundesgesundheitsblatt, Gesundheitsforschung, Gesundheitsschutz 2012, 1100, 1101.

[78] *Taupitz*, Standesordnungen, 1991, S. 70.

[79] *Taupitz*, Standesordnungen, 1991, S. 65, 71 f.; *Rüschemeyer*, in: FS König, 1973, 250; vgl. hierzu die Darstellung bei *Freidson*, Professionalism, 2001, S. 122 f.

[80] *Parsons*, The social system, 1966, S. 464; vgl. hierzu aus dem deutschsprachigen Raum *Deneke*, Die freien Berufe, 1956, S. 105 f.: „Diese Art der verpflichteten und verpflichtenden Freiheit gründet sich also auf einer Selbstverantwortung, die im Prinzip weder der traditionellen Sitte als Richtschnur, noch des kodifizierten Gesetzes bedarf. Der Einzelne, wie übrigens auch die freiberuflichen Stände als solche, schaffen und anerkennen ihre Ideale, die Leitbilder für ihr Handeln und Verhalten aus sich, finden und bestimmen ihren selbstverantwortlichen Standort in Gesellschafts- und Berufsordnung aus eigener Einsicht und innerer Berufung in persönlicher Entscheidungsfreiheit. Die Grenzen seiner Freiheit selbst zu bestimmen, ist in diesem Sinne die höchste Freiheit und zugleich die schwerste Verpflichtungslast; sie ist die menschliche Freiheit und stellt auch für die Freiheitsphilosophie und -ethik der freien Berufe eine unspezifische Überhöhung ihrer ganzen berufsethischen Systeme dar. ‚Der Gehorsam gegen das selbst gegebene Gesetz ist Freiheit', formulierte Rousseau".

[81] *Parsons*, Essays on sociological theory, 1954, S. 60 f.

[82] *Parsons*, Essays on sociological theory, 1954, S. 63 f.; s. auch *Siegrist*, Bundesgesundheitsblatt, Gesundheitsforschung, Gesundheitsschutz 2012, 1100, 1101, der zwischen äußerer und innerer sozialer Kontrolle unterscheidet.

[83] *Rüschemeyer*, in: FS König, 1973, 250.

Autonomie der anglo-amerikanischen Professionals von staatlicher Kontrolle einher[84]. Zwar versteht *Parsons* selbst die Funktionsfähigkeit der Professions nicht als Automatismus, sondern sieht sie in Abhängigkeit zu den moralischen Werten des Einzelnen bzw. der Integration des Individuums in der Institution[85]. Fundamental für sein Verständnis ist dennoch ein hohes Maß an Vertrauen in die Funktionsfähigkeit der Institutionen und damit der Professionen.

Dieses Modell weist Überschneidungen mit dem rechtlichen Verständnis der Freiberuflichkeit auf[86]: Wie in der internationalen Soziologie findet eine typologische Betrachtungsweise statt, die nicht versucht, eine Definition zu finden, sondern Wesenszüge bzw. Typusmerkmale zu etablieren. Der Gedanke des Vertrags zwischen Freiberufler und Gesellschaft, der der funktionalen Theorie entspringt, bietet der rechtswissenschaftlichen Ausgestaltung der Freiberuflichkeit einen legitimen Ansatzpunkt, denn es bietet ein gedankliches Band, das über alle Ebenen erhalten bleibt, von denen die Freiberuflichkeit betrachtet werden kann: Er gilt für alle freien Berufe, kann in verschiedenen Rechtsgebieten relevant werden und bietet – zumindest potenziell – unabhängig von der zeitlichen Dimension eine Lösung für die Kontrolle von Freiberuflern. Die funktionale Theorie der freien Berufe verzichtet auf eine Definition, die einzelne Merkmale festlegt und abgrenzt. Stattdessen beschreibt sie die freien Berufe anhand ihrer gesellschaftlichen Funktion, die je nach Kontext variieren kann. So erfasst sie die Vielfalt und Dynamik der freien Berufe besser als eine starre Definition.

c) Theorie der sozialen Schließung

In der soziologischen Literatur der Professions sieht sich die funktionale Theorie seit den 1970er Jahren schwerer Kritik ausgesetzt[87]. Gemein ist den Kritikern eine skeptische Haltung gegenüber den Berufsträgern der Professions, die am Umgang der Freiberufler mit dem ihnen zugesprochenen Vertrauen ansetzt. So lässt sich bezweifeln, ob sich die Freiberufler gegenseitig überprüfen[88]. Die

---

84 *Taupitz*, Standesordnungen, 1991, S. 73 ff.

85 *Parsons*, Essays on sociological theory, 1954, S. 56, 66.

86 So auch *Taupitz*, Standesordnungen, 1991, S. 103.

87 *Nolin*, Professions, 2008, S. 20 ff.; *Rüschemeyer*, in: FS König, 1973, S. 250, 251; vgl. *Hoppe*, in: Bild des Arztes, 2009, S. 1, 1 f., der erste Änderungen im Arzt-Patienten-Verhältnis ebenfalls den 70ern und 80ern zuschreibt; zu den allgemeinen Schwächen des strukturfunktionalen Ansatzes, die aber schon lange vor den 70er Jahren bekannt waren, s. *Luhmann/Baecker*, Einführung in die Systemtheorie, [2]2004, S. 13 ff.

88 *Taupitz*, Standesordnungen, 1991, S. 72; *Freidson*, Dominanz der Experten, 1975, S. 68 geht bspw. davon aus, dass integre Ärzte nicht-integre Ärzte schlicht meiden, was dazu führt, dass sich die nicht-integren Ärzte verbünden und so innerhalb eines autonomen Netzes ungestört von den Einflüssen integrer Ärzte arbeiten können.

Zweifel hieran werden zusätzlich dadurch genährt, dass die funktionale Theorie kein Instrument enthält, um zu überprüfen, ob sich die Mitglieder der Professions effektiv kontrollieren, und um mögliche Verfehlungen zu ahnden[89].

Die Kritiker der funktionalen Theorie beziehen sich auf alternative Erklärungen, die sich an den Systemen anderer großer Soziologen orientieren. So versuchten einige Soziologen den Marxismus für die Professions fruchtbar zu machen, wobei die Schwierigkeit hierbei darin bestand, die Professions den Kapitalisten oder dem Proletariat zuzuordnen[90]. Der überwiegende Teil der Kritiker der funktionalen Theorie bezog sich jedoch (und bezieht sich weiterhin) auf die Theorie der sozialen Schließung[91]. Ursprünglich von *Max Weber* angelegt, stellt diese Theorie darauf ab, dass sich bestimmte soziale Gruppen von der Gesamtgesellschaft abspalten und sich Vorteile durch die Errichtung künstlicher Eintrittsbarrieren verschaffen[92]. Als Motivationsfaktor gilt für *Weber* i.d.R. ein wirtschaftlicher Vorteil für die sich schließende Gruppe[93]. „Dabei kann zwar überall auch das Interesse an der Sicherung der guten Leistung mitspielen, an welcher alle Beteiligten unbeschadet ihrer eventuell fortbestehenden Konkurrenz untereinander ideell und materiell mitinteressiert sein können [...]. Normalerweise aber steht voran das Interesse an der Einschränkung des Angebots von Anwärtern auf die Pfründen und Ehren der betreffenden Berufsstellung“[94]. Der „machttheoretische Fokus“, der die Theorie der sozialen Schließung auszeichnet, führt dazu, dass sie „eine generell konflikttheoretische Perspektive einnimmt“[95]. Im weiteren Verlauf wurde die Theorie der sozialen Schließung fortentwickelt. Dabei wurde dem Marxismus das ausbeuterische Element, das hier lediglich zwischen Bourgeoisie und Proletariat wirkte, entnommen und auf alle Verhältnisse angewandt, in denen Schließungen beobachtet werden konnten[96], insbesondere in

---

89 *Taupitz*, Standesordnungen, 1991, S. 72 f.; *Rüschemeyer*, in: FS König, 1973, S. 250, 251.

90 *Saks*, Journal of Professions and Organization 2016, 170, 173 f.; *Abel*, Legal Profession, 1988, S. 5, 21 ff.; vgl. *Freidson*, Professionalism, 2001, S. 150 f.

91 *Saks*, Journal of Professions and Organization 2016, 170, 175; *Brock/Saks*, European Management Journal 2016, 1, 2.

92 *Weber/Winckelmann*, Wirtschaft und Gesellschaft, 52009, S. 201 ff.

93 *Dies.*, Wirtschaft und Gesellschaft, 52009, S. 201 f.: „Um den nach außen geschlossenen, monopolistischen Zusammenschluss [ ] etwa um die Bildung eines ‚Verbandes der Diplomingenieure‘, welcher das rechtliche oder faktische Monopol auf bestimmte Stellen für seine Mitglieder gegen die Nichtdiplomierten zu erzwingen sucht [ ] – stets ist dabei als treibende Kraft die Tendenz zum Monopolisieren bestimmter, und zwar der Regel nach ökonomischer Chancen beteiligt“.

94 *Dies.*, Wirtschaft und Gesellschaft, 52009, S. 203.

95 *Mackert*, in: Die Theorie sozialer Schließung, 2004, S. 9, 11.

96 *Ders.*, in: Die Theorie sozialer Schließung, 2004, S. 9, 17.

Fällen, in denen der Ausschluss „auf der Grundlage rassischer, geschlechtsspezifischer, ethnischer oder anderer kollektivistischer Kriterien“[97] beruhte.

Im Rahmen der Diskussion um die Profession, legen die Neo-Weberianer den Schwerpunkt auf die Diskussion, wie ein Beruf zu einer Profession wird[98]. Die Frage, ob ein Beruf als Profession gewertet werden kann, hängt demnach weniger von bestimmten Kriterien ab, die sich bestimmte Berufe systematisch teilen, sondern von der Frage, ob die Mitglieder der Gruppe über hinreichende Macht verfügen, um sich infolge staatlicher Intervention bestimmte Privilegien zu verschaffen. Die Teilnahme am Gesundheitssystem oder die Fähigkeit, Medikamente zu verschreiben, sind Beispiele, wie sich die ärztliche Profession exklusive Rechte durch staatliche Intervention verschafft hat[99]. Typischerweise wird auch die Kontrolle des Standes über die Ausbildung des eigenen Nachwuchses angeführt[100].

Die Grundannahmen, die von den Kritikern der funktionalen These getroffen werden, stehen denen der Befürworter dieser These diametral entgegen. Deutlich wird dies daran, dass sie die Tätigkeit des Freiberuflers im Vergleich zur Tätigkeit anderer Berufsträger nicht als besondere Leistung begreifen[101]. Das für die Professionals typische Programm aus Rechten und Pflichten[102] lässt sich damit inhaltlich nicht mehr rechtfertigen, sondern nur darauf zurückführen, dass diese die ihnen gesellschaftlich zukommende Macht missbrauchen. Im Extremfall werden mögliche Sachgründe für Abweichungen zwischen Professionals und anderen Berufsträgern gar nicht in Betracht gezogen. Wo *Max Weber* den Qualitätsschutz der Leistung und damit den Schutz der von der Leistung betroffenen Rechtsgüter als zumindest plausible Nebenerwägung zur Marktschließung zulässt, lehnen die Soziologen, die die Theorie der sozialen Schließung vorantrieben, dieses Argument ab: Auch der Ausschluss von Minderheiten, wie der von Sklaven, Frauen oder Arbeitern sei auf scheinbar gute Erwägungen gestützt worden, zudem hätten Ärzte bereits in Zeiten, in denen sie kaum über fachliches Knowhow verfügten, ein zur Marktschließung genutztes Ansehen genossen, dieses könne daher nichts mit ihren medizinischen Fähigkeiten zu tun haben[103].

---

97 *Parkin*, in: Die Theorie sozialer Schließung, 2004, 45.

98 *Nolin*, Professions, 2008, S. 20.

99 *Freidson*, Dominanz der Experten, 1975, S. 60.

100 *Abel*, Legal Profession, 1988, S. 11; *Freidson*, Dominanz der Experten, 1975, S. 61.

101 *Nolin*, Professions, 2008, S. 22; *Dietrich/Roberts*, in: The End of the Professions?, 2005, S. 14, 23; vgl. *Freidson*, Professionalism, 2001, S. 17.

102 Hierzu s.u. C. I. 2. b) bb).

103 *Brante*, Acta Sociologica 1988, 119, 128.

Ein zentraler Angriffspunkt liegt darüber hinaus in der Ausbildung der Professionals[104]. Diese soll nicht der Komplexität der Leistung geschuldet sein, sondern nur als vorgeschobenes Argument genutzt werden, um die Marktschließung durchzusetzen[105]. Die als schmerzhaft und entbehrungsreich beschriebene Ausbildung dient dazu, die späteren Vorteile im Berufsleben zu rechtfertigen[106]. Bei ihr handelt es sich um „eine spezifisch moderne und säkularisierte Form des Rituals“[107], „Ausbildung in der Medizin [...] ist dennoch im Grunde nicht fachlich“[108]. Erklären lässt sich dieser Angriff auf die freiberufliche Ausbildung anhand des Ausbildungsnachweises, der den Schlüssel zum Zutritt in den geschlossenen Markt darstellt[109]. Darüber hinaus wird in der (langen) Ausbildung der Freiberufler ein Zusammengehörigkeitsgefühl unter den Teilnehmern der Profession sowie die Identifikation mit dem Fach selbst erzeugt, während die ausbildenden Institutionen den Machterhalt der Freiberufler sichern[110]. Auch andere Aspekte der freiberuflichen Betätigung werden durch die Schließungstheoretiker attackiert: Die Einteilung freiberuflicher Domänen wie der Medizin in Unterfächer wird nicht damit begründet, dass einige freie Berufe aufgrund immer neuer wissenschaftlicher Erkenntnisse so komplex werden, dass ein einzelner nicht in der Lage ist das gesamte Feld zu überblicken und die Spezialisierung daher un-

---

[104] Dementsprechend bezeichnet *Taupitz*, Standesordnungen, 1991, S. 49 in seiner Aufzählung freiberuflicher Typusmerkmale die Ausbildung als das erste kontroverse Typusmerkmal.

[105] Vgl. schon *Weber/Winckelmann*, Wirtschaft und Gesellschaft, [5]2009, S. 577: „Wenn wir auf allen Gebieten das Verlangen nach der Einführung von geregelten Bildungsgängen und Fachprüfungen laut werden hören, so ist selbstverständlich nicht ein plötzlich erwachender ‚Bildungsdrang‘, sondern das Streben nach Beschränkung des Angebots für die Stellungen und deren Monopolisierung zugunsten der Besitzer von Bildungspatenten der Grund“; weniger polemisch, aber dennoch kritisch äußert sich *Freidson*, Professionalism, 2001, S. 95, der ausführt, das in der Ausbildung erlernte Wissen habe häufig nichts mit der praktischen Tätigkeit zu tun, sondern diene dem sozialen Status des Freiberuflers.

[106] *Abel*, Legal Profession, 1988, S. 17: „The lengthy training professionals must complete perhaps better be understood not as the acquisition of technical skills but as a sacrifice necessary to justify future privilege; only this can make sense of the relative poverty endured by students, their prolonged celibacy, the tedium of study, the indignities of apprenticeship, the anxiety inflicted by examinations and the lengthy postponement of adulthood“; vgl. hierzu hingegen die positivere Darstellung bei *Deneke*, Die freien Berufe, 1956, S. 201: „Für die Persönlichkeitsentwicklung des Einzelnen ist diese jahrelange Entbehrung nicht ohne Einfluß im positiven aber auch in negativem Sinne, denn für den Prozeß geistiger Reifung bedarf es auch der Zeit und der Muße“.

[107] *Collins*, in: Die Theorie sozialer Schließung, 2004, 67.

[108] *Ders.*, in: Die Theorie sozialer Schließung, 2004, S. 67, 79.

[109] *Freidson*, Professionalism, 2001, S. 84.

[110] *Ders.*, Professionalism, 2001, S. 96 ff.

umgänglich wird[111]. Vielmehr soll die Spezialisierung einzig auf einem Machtkampf der Freiberufler untereinander beruhen, die lediglich versuchen, ihren eigenen Einflussbereich zu erweitern[112]. Letztlich dienen die Standesehre[113] sowie die selbst gesetzten ethischen Standesregeln[114] nur der Schließung des eigenen Markts.

Um die Kritik an der funktionalen Theorie einordnen zu können, sind die Entwicklungen der allgemeinen Ansichten innerhalb der Soziologie von besonderer Bedeutung[115]. In den späten 1960er und über die 1970er Jahre hinweg erfassten poststrukturalistische bzw. postmoderne Strömungen die Soziologie, wodurch *Talcott Parsons* als Anhänger des Strukturalismus und damit seine Theorien in Verruf gerieten[116]. Im Rahmen der Soziologie der Professions wurde die hiermit einhergehende Kritik an der als naiv empfundenen[117] funktionalen Theorie durch

---

111 So aber *Wasilewski*, in: FS Deneke, 1985, S. 26, 30; *Vilmar*, in: FS Deneke, 1985, S. 40, 41; *Kuhlendahl*, in: FS Deneke, 1985, S. 388, 390 f.; *Kremer*, GmbHR 1983, 259, 260.

112 *Bucher/Strauss*, in: Berufssoziologie, 1972, S. 182, 184; vgl. *Freidson*, Professionalism, 2001, S. 59.

113 *Collins*, in: Die Theorie sozialer Schließung, 2004, S. 67, 78.

114 *Abel*, Legal Profession, 1988, S. 30; vgl. auch die Kritik an Standesordnungen in der Einleitung zu *Taupitz*, Standesordnungen, 1991, S. 1 ff.; s. aber auch *Deneke*, Individuelle Freiheit in sozialer Sicherheit, 1985, S. 374: „Nach marxistischer Philosophie sind ethische Normen als Überbau ökonomischer Realitäten zu verstehen. Danach gäbe es zwar ethische Theoreme ärztlichen Handelns, nicht aber dieses Handeln motivierende ethische Grundsätze. Ärztliche Ethik ist nach diesem Verständnis nichts anderes als die Rechtfertigung für gruppenegoistisches Streben nach mehr Herrschaft durch mehr wirtschaftliche Verfügungsmacht. In der Zielvorstellung einer klassenlosen Gesellschaft erübrigt sich das Spezifikum ärztlicher Ethik. Aus der ideologischen Position des Marxismus ist mithin das Thema ‚Ethische Grundsätze ärztlichen Handelns' falsch formuliert; ein einschlägiges Thema müsste demnach etwa lauten: ‚Ärztliche Ethik als Instrument im Verteilungs- und Klassenkampf der kapitalistischen Gesellschaft'"; im funktionalistischen Bild hingegen ist „ärztliche Ethik als Postulat ärztlicher Berufspolitik auch Garant des wissenschaftlichen Fortschrittes in der praktizierten Medizin" *ders.*, Individuelle Freiheit in sozialer Sicherheit, 1985, S. 359.

115 Vgl. *Miranowicz*, MedR 2018, 131, 132, die den Wandel des Arztbilds auf den Contergan-Skandal sowie die Studentenbewegung zurückführt.

116 *Nolin*, Professions, 2008, S. 22 f.; *Luhmann/Baecker*, Einführung in die Systemtheorie, ²2004, S. 16 f.: „Die Ablehnung beruhte vor allem auf der Vermutung, dass man von diesen Theoriegrundlagen aus nicht zu einer hinreichend radikalen Kritik der modernen Gesellschaft kommen würde. [ ] Es gab, um dies zusammenzufassen und abzuschließen, mithin verschiedene Gründe für einen Stopp in der Weiterentwicklung des Bestandsfunktionalismus oder der strukturfunktionalen Theorie, einerseits immanente Schwächen, aber andererseits, und das war das Dominierende, eben auch eine ideologische Kritik, einen Bedarf an einer modernen Verhältnissen entsprechenden kritischen Gesellschaftstheorie – der dann aber nur mit relativ kruden Rückgriffen auf marxistisches Gedankengut eingelöst wurde".

117 *Brante*, Acta Sociologica 1988, 119, 120, 137; *Rüschemeyer*, in: FS König, 1973, S. 250, 256.

Entgleisungen und Skandale, in denen Freiberufler mitgewirkt haben, weiter befeuert[118]. Zudem forschten viele Kritiker der funktionalen Theorie vormals an der Theorie der occupations – einer allgemeineren Theorie der Berufe – sodass die Vermutung naheliegt, dass sie ihre wissenschaftliche Einflusssphäre erweitern wollten, indem sie argumentierten, die Professions unterschieden sich im Wesentlichen nicht von anderen Berufen[119]. Im Gegensatz hierzu idealisiert die funktionale Lehre die Berufsträger der Professions, indem sie ein Bild (über-)zeichnet, in dem diese als vorderste Front die Werte der Aufklärung verteidigen[120]. Ein Wesensmerkmal der Postmoderne ist jedoch, dass sie sich gegen die Werte der Aufklärung stellt[121], was die Abneigung gegen die funktionale Theorie weiter erklärt[122].

Infolge dieser Gegensätzlichkeit ist es schwierig, eine die beiden Ansichten vereinende Theorie zu bilden[123]. Während der funktionalen Theorie ein liberales (nicht aber liberalistisches[124]) Verständnis zugrunde liegt, nach dem Parteien – beidseits nutzenmaximierend – Verträge auf freiwilliger Basis miteinander abschließen, zeichnet sich die Theorie der sozialen Schließung durch ihren Fokus auf den Kampf zwischen diversen Gruppen aus, der die Vorstellung der beidseitigen Nutzenmaximierung zugunsten des dem Marxismus entliehenen Ausbeutungselements verwirft[125]. Aus einer strukturalistischen Perspektive nehmen die Neo-Weberianer eine Position ein, die sich spiegelbildlich zu der *Parsons'* verhält, indem sie die Professions als emotional affektiv, partikularistisch, egoistisch und funktional diffus beschreiben, sowie davon ausgehen, dass die Meriten des Berufs leistungsunabhängig zugeschrieben werden[126]. Tatsächlich wollen sie aber nur die Entstehung und Wandlungen der Professions erklären, diese aber

[118] *Adams*, Journal of Professions and Organization 2016, 70, 78 f.

[119] *Nolin*, Professions, 2008, S. 22.

[120] *Parsons*, Essays on sociological theory, 1954, S. 34.; vgl. hierzu auch das freiberufliche Rollenbild bei *Deneke*, Die freien Berufe, 1956, S. 342 ff.

[121] Bezeichnend hierfür bspw. *Collins*, in: Die Theorie sozialer Schließung, 2004, S. 67, 84: „Nun, für die vorrevolutionären ‚Philosophen' des späten 20. Jahrhunderts, sind es Wissenschaft, Vernunft und die Professionen selbst, die als Unterdrücker überwunden werden sollen".

[122] *Leicht*, Journal of Professions and Organization 2016, 103, 107.

[123] A.A. wohl *Taupitz*, Standesordnungen, 1991, S. 109.

[124] Vgl. *Deneke*, Individuelle Freiheit in sozialer Sicherheit, 1985, S. 414.

[125] *Parkin*, in: Die Theorie sozialer Schließung, 2004, S. 45, 62; kritisch diesbzgl. *Bourmer*, in: FS Deneke, 1985, S. 10, 21: „Die Strategie einer ständigen Entlarvung von Abhängigkeitsverhältnissen und Ausbeutungsinstrumenten, von Interessengegensätzen und Systemen struktureller Gewalt verkürzt die Wirklichkeit des Lebens auf Konflikt und Kritik, zeichnet also ein überaus einseitiges und zweifellos fehlerhaftes Bild vom Menschen und von seiner Gesellschaft".

[126] *Brante*, Acta Sociologica 1988, 119, 135.

nicht definieren[127]. Dies würde schließlich dazu führen, dass sie sich doch von anderen Berufen unterscheiden und in irgendeiner Form besonders sind. Infolgedessen bietet die Theorie der sozialen Schließung der Rechtswissenschaft keinen Anknüpfungspunkt für eine Definition bzw. Typenbeschreibung der Freiberuflichkeit[128]: Geht man davon aus, dass Berufstätige dann der Gruppe der Freiberufler angehören, wenn sie sich durch die Rechtsordnung Privilegien einräumen lassen, führt dies rechtswissenschaftlich zu einem Zirkelschluss. Denkbar ist insofern nur, dass der Gesetzgeber einzelne Regeln schafft, die bestimmte Berufsfelder regeln, ohne dass diese Regeln zusammenhängen müssen. Das Meta-Narrativ[129] der Freiberuflichkeit entfällt damit, die freiberuflichen Typusmerkmale verblassen, § 1 I 3 MBO-Ä und vergleichbaren Normen käme demnach eine deklaratorische Funktion zu. Die Norm wäre dann aber entbehrlich[130].

Die schließungstheoretische Perspektive ist mittlerweile selbst in Kritik geraten. Fraglich ist, inwieweit sie als wissenschaftliche Theorie eingeordnet werden kann. Zweifeln lässt einen ihre mangelnde empirische Genauigkeit gepaart mit der häufig polemisch dekonstruktivistischen Rhetorik auf der einen Seite[131]. Andererseits wird vorgebracht, die Theorie der sozialen Schließung sei ein Prokrustesbett – so kann sogar die Evolution als Schließung einzelner Spezies interpretiert werden[132]. Trotz dieser Kritik beeinflussen die Neo-Weberianer die Diskussion um die Professions bis heute. Durch ihren ausschließlichen Fokus auf machttheoretische Entwicklungen entsteht in der Soziologie eine Sackgasse hinsichtlich einer Definition der Professions[133]. Dies hat dazu geführt, dass die meisten Autoren ihren Fokus – schon seit den 80ern – weg von den Professions und hin zum Themenkomplex des Professionalism verschoben haben, wobei Professionalism die Verhaltensmuster bezeichnet, die sich die Berufsträger der Professions im Rahmen ihrer Professionalisierung angeeignet haben, die aber von ihnen lösbar sind und daher auf andere Berufe angewendet werden können[134].

---

[127] Vgl. *Taupitz*, Standesordnungen, 1991, S. 109.

[128] Vgl. *ders.*, Standesordnungen, 1991, S. 69.

[129] Postmoderne Theorien sind Narrativen gegenüber grundsätzlich skeptisch, grundlegend hierfür *Lyotard/Bennington*, The postmodern condition, 1992, S. 27: „Narratives are fables, myths, legends, fit only for women and children".

[130] *Taupitz*, Standesordnungen, 1991, S. 35 f.; a.A. *Zwingel/Preißler*, MVZ, ²2008, S. 95 mit Bezugnahme auf die Rechtsprechung des BGH; vermittelnd *Kroel*, in: Isringhaus/Kroel/Wendland (Hrsg.), MVZ-Beratungshandbuch, 2004), 12, der animmt, die Norm entfalte eine konstitutive Bedeutung ausschließlich im Bezug auf die Freiheit der ärztlichen Behandlung; ähnlich argumentiert i.E. auch *Kaya*, MVZ auf Gründungs- und Zulassungsebene, 2011, S. 204 f.

[131] *Saks*, Journal of Professions and Organization 2016, 170, 178.

[132] *Brante*, Acta Sociologica 1988, 119, 135 f.

[133] *Nolin*, Professions, 2008, S. 10, 26.

[134] *Nolin*, Professions, 2008, S. 13 f.; s. bspw. *Siegrist*, Bundesgesundheitsblatt, Gesund-

d) Zwischenergebnis

Bei der Freiberuflichkeit (bzw. den Professions) handelt es sich um einen (dritten) Idealtypus, der neben den Idealtypen der marktwirtschaftlichen und der administrativen Logik die Art und Weise, Arbeit zu strukturieren, beeinflusst[135]. Dieser Ansatz weist auf den Unterschied zwischen marktwirtschaftlicher und staatlicher Kontrolle hin und schafft infolge der Einführung der Professions in dieses Bild ein Machtdreieck[136]. Innerhalb dieses Dreiecks führt eine Neigung zur funktionalen Theorie dazu, dass den Professionals mehr Kontrolle zukommt. Die Theorie der sozialen Schließung führt hingegen dazu, dass ihnen die Kontrolle entzogen und durch die „Kontrolle durch öffentliche oder quasi-öffentliche Verwaltung“[137] ersetzt wird[138].

5. Zwischenergebnis

Die soziologische Perspektive, aus der man die Freiberuflichkeit betrachtet, hat Auswirkungen auf das Ideal bzw. den Rechtsgedanken, das bzw. der beim Schluss vom Sein aufs Sollen und andersherum auf den rechtswissenschaftlichen Typus der Freiberuflichkeit einwirkt. Um diese These zu überprüfen, soll die Entwicklung der ärztlichen Freiberuflichkeit innerhalb des Zulassungsrechts nachgezeichnet werden.

---

heitsforschung, Gesundheitsschutz 2012, 1100, der auf Faktoren wie den Erhalt einer Lizenz, ein gesellschaftliches Mandat, die Eigenkontrolle sowie einen hohen Grad an Autonomie und Sozialprestige abstellt; vgl. *Taupitz*, Standesordnungen, 1991, S. 16, 30; zur Definition der Professionalisierung s. auch *Deneke*, Individuelle Freiheit in sozialer Sicherheit, 1985, S. 496 f.

[135] *Freidson*, Professionalism, 2001, S. 1 f., 8 ff.

[136] *Krause*, Death of the guilds, 1996, S. 1 f.; vgl. *Deneke*, Individuelle Freiheit in sozialer Sicherheit, 1985, S. 315, der den Kampf des Freiberuflers gegen Kommerzialisierung auf der einen und Verbeamtung auf der anderen Seite beschreibt.

[137] *Rüschemeyer*, in: FS König, 1973, S. 250, 252.

[138] *Freidson*, Professionalism, 2001, S. 197 (vgl. Zudem S. 208 f., 220): „I will suggest that the major consequence of their assault is to create an atmosphere of distrust that has weakend the credibility of professional claims to an independant moral voice in evaluating social policies. This strenghtens the power of capital and the state to control the use to which professionalized disciplines are put. Contrary to many prophets, I will suggest that the assault on professionalism will not in fact seriously weaken the organization and operation of professional institutions but rather the control over their ends“.

II. Typusmerkmale und ihr Zusammenhang mit der Praxisnachfolge

1. Einleitung

Anhand der rechtlich anerkannten freiberuflichen Typusmerkmale muss hierzu dargestellt werden, wie das strukturfunktionale Ideal zunächst auf das Vertragsarztrecht im Allgemeinen und auf die Regelung zur Praxisnachfolge im Besonderen eingewirkt hat. Im nächsten Kapitel[1] wird dann darauf eingegangen, wie zulassungsrechtliche Änderungen mit der Theorie der sozialen Schließung zusammenhängen und die von der funktionalen Theorie ausgestaltete Freiberuflichkeit verändert haben.

Ein abschließender Katalog der einzelnen Typusmerkmale, die die Freiberuflichkeit im rechtswissenschaftlichen Bereich ausmachen sollen, besteht ebenso wenig wie eine einheitliche Definition. Sieht man die Freiberuflichkeit wie vorliegend als Typus, muss dies aber nicht schädlich sein: Solange sich die Merkmale an derselben Rechtsidee ausrichten, wird sich das Ergebnis trotz unterschiedlich formulierter Merkmale gleichen, weil sich die in den einzelnen Merkmalen niedergelegten Ideen überschneiden[2]. Die Besonderheit des Typus tritt noch an einer weiteren Stelle hervor: Einige Typusmerkmale, wie Werbeverbote oder die Verkammerung bestimmter freier Berufe, sind sowohl Bestandteile des Seins als auch des Sollens. Bei einem rein klassenbegrifflichen Verständnis der Freiberuflichkeit würde man vom Vorliegen des Tatbestands „Freiberufler" auf Rechtsfolgenseite darauf schließen, dass die Freiberufler nicht für sich werben dürfen[3] oder sich in Kammern zusammenschließen sollen. Lässt man sich hingegen von der Idee des Typusbegriffs leiten, kommt man zu spiralförmigen und zirkulären Gedankengängen: Dann ist der Freiberufler deshalb Freiberufler, weil er einem Werbeverbot unterliegt, gleichzeitig unterliegt er einem Werbeverbot, weil er Freiberufler ist.

---

[1] S.u. B. III.

[2] Vgl. *Taupitz*, Standesordnungen, 1991, S. 39 f.

[3] *Michalski*, Freie Berufe, 1989, S. 3.

Die Darstellung in diesem Kapitel orientiert sich an der Bedeutung der Typusmerkmale für die Praxisnachfolge: Der Arzt erbringt eine ideelle, geistige Leistung persönlich an den Patienten (hierzu 2.), wobei die beiden Parteien ein Vertrauensverhältnis aufbauen (hierzu 3.), das für den Goodwill der Praxis und damit für die Praxisnachfolge zentral ist. Seine Praxis kann der Arzt nur veräußern, wenn er wirtschaftlich selbständig ist (hierzu 4.), wobei er jedoch altruistisch handeln muss (hierzu 5.). Zuletzt sind diverse Organe der Selbstverwaltung in das Verfahren der Praxisnachfolge eingebunden (hierzu 6.).

Weitestgehend ausgeklammert wird die qualifizierte Ausbildung des Arztes[4]: Geht man von einer funktionalen Sichtweise aus, ist diese für die Kategorisierung einer Betätigung als freier Beruf zwar zentral. Auch kann die Arbeit als angestellter Arzt am Anfang der Karriere noch ein Element der Ausbildung enthalten: Dieses bezieht sich sowohl auf die berufliche Praxis, als auch auf die unternehmerischen Fähigkeiten, die erforderlich sind, um die Praxis in Zukunft selbständig zu führen[5]. Allerdings hat die Ausbildung keinen direkten Bezug zum Erwerb oder Verkauf der Praxis. Das geistige Kapital, das der Freiberufler während der Ausbildung und im Laufe des Berufslebens erwirbt, kann bei der Praxisnachfolge nicht übertragen werden.

Lediglich kurz angeschnitten sei, dass der Erwerber einer Praxis Zugriff auf den Patientenstamm erhält, den er sich zu erhalten hofft. Insoweit wohnt der Praxisnachfolge ein werbendes Element inne. Dabei sind Ärzte in den Möglichkeiten beschränkt, für ihre Tätigkeit zu werben (s. bspw. § 27 I MBO-Ä). Diese Beschränkung wird häufig als eigenständiges Typusmerkmal der Freiberuflichkeit aufgefasst[6]. Der isolierte Verkauf des Patientenstamms ohne entsprechende Praxisnachfolge verstößt dementsprechend gegen das Zuweisungsverbot aus § 8 V BO (für die bayrischen Zahnärzte)[7]. Das Werbeverbot wird daher nur relevant, wenn gar keine Praxisnachfolge im Raum steht, sodass es im Rahmen dieser Arbeit zur Praxisnachfolge nicht als eigenständiges Typusmerkmal dargestellt wird.

2. Ideelle, geistige Leistung, die persönlich erbracht wird

Versucht man die Gruppe der Freiberufler typologisch ein- und von anderen Berufsgruppen abzugrenzen, bietet sich ihre Tätigkeit selbst als erster Anknüp-

[4] *Sodan*, Freie Berufe, 1997, S. 77 ff.

[5] So für den Bereich der Zahnmedizin noch BSG, SozR 3-2500 § 95 Nr. 10, Rn. 14.; a.A. mittlerweile hingegen SG Marburg, MedR 2018, 1002, 1004.

[6] *Sodan*, Freie Berufe, 1997, S. 73 ff.

[7] BGH, MedR 2022, 576 ff.

fungspunkt an. Diese lässt sich am ehesten als vergeistigte Leistung ideeller Natur verstehen[8]. Bei dieser Beschreibung handelt es sich schon um eine Ansammlung zweier miteinander verbundener Merkmale: Bei der Leistung des Freiberuflers handelt es sich einerseits um eine Leistung ideeller Natur. Hiermit wird der – rechtswissenschaftlich anerkannte – Zentralwertbezug der freiberuflichen Tätigkeit hergestellt[9], der mit der funktionalen Theorie und *Parsons* Idee von der zentralen Rolle der Professions gleichläuft, aber von gesellschaftlichen Anschauungen abhängig und dementsprechend stark durch Wertvorstellungen geprägt und schwammig ist. Infolge des modernen Weltbilds, das der funktionalen Theorie zugrunde liegt und das den Menschen als vernunftbegabtes Wesen in sein Zentrum stellt, prägt „‚geistige Arbeit' als Ideal und Leitbild [...] die Berufsbilder der freien Berufe"[10]. Am Beispiel des Künstlers, der seine Bilder verkauft, wird deutlich, dass hierin keine rechtliche Beschränkung der Freiberuflichkeit auf Dienstverträge und Aufträge zu sehen ist. Die geistige Leistung muss lediglich im Vordergrund stehen. Um festzustellen, ob die geistige Leistung im Vorder- oder Hintergrund steht, wird eine Wertung erforderlich, im Rahmen derer es darauf ankommt, inwieweit der Freiberufler Fähigkeiten einsetzt, die er in der wissenschaftlichen Ausbildung erlernt hat[11]. Bei den künstlerischen Berufen wird hingegen auf eine qua Geburt erworbene Begabung abgestellt, die sich in der Leistung manifestiert[12]. Sowohl die Ausbildung als auch die Begabung ermöglichen es dem Freiberufler – unter Hinzuziehung des Erfahrungswissens, das er im Laufe seiner Tätigkeit erwirbt[13] – eine geistige Leistung zu erbringen, die ein schöpferisches Element[14] enthält. Mithilfe dieses Elements versucht der Arzt den Ungewissheiten zu begegnen, die daraus resultieren, dass er Entscheidungen fällen muss, die „das naturwissenschaftlich bisher nicht Erfaßbare" betreffen[15]. Diese geistig-schöpferische Leistung ist in unterschiedlicher Ausprägung jeder freiberuflichen Betätigung immanent[16] und im Rahmen ärztlicher Tätigkeit unverzichtbar, um auf die Erkrankung des Patienten, die von Fall zu Fall unter-

[8] *Kämmerer*, Freie Berufe, 2010, H 18 hält diese Begrifflichkeit für zu unbestimmt; *Sodan*, Freie Berufe, 1997, S. 86 f. bezieht sich in der Überschrift auf ideelle Leistungen und Lieferungen und unter derselben Überschrift auch auf die geistige Leistung.

[9] S. hierzu *Gesellensetter*, Freier Arztberuf, 2010, S. 38, die auf BVerfGE 9, 338 ff., BVerfGE 15, 226, 234 und BVerfGE 17, 232, 239 f. abstellt; *Kämmerer*, Freie Berufe, 2010, H 23 f.

[10] *Deneke*, Die freien Berufe, 1956, S. 99.

[11] *Fleischmann*, Die freien Berufe im Rechtsstaat, 1970, S. 23 f., 28.

[12] *Ders.*, Die freien Berufe im Rechtsstaat, 1970, S. 24.

[13] *Freidson*, Professionalism, 2001, S. 24 ff.

[14] *Deneke*, Die freien Berufe, 1956, S. 100.

[15] *Ders.*, Individuelle Freiheit in sozialer Sicherheit, 1985, S. 354.

[16] *Ders.*, Die freien Berufe, 1956, S. 209.

schiedlich und abhängig von der Persönlichkeit des Kranken sein kann[17], eingehen zu können. Sie ist so komplex, dass die Leistung des Freiberuflers nicht „standardisierbar" ist und daher nicht „kommodifiziert" werden kann[18]. Um sicherzustellen, dass dieses schöpferische Element Teil der Leistung des Arztes ist, ist es erforderlich, dass die (ideelle, geistige) Leistung unter Einsatz der eigenen Persönlichkeit erbracht wird[19].

Daran (implizit) anknüpfend stellt die persönliche und eigenverantwortliche Leistungserbringung durch den Freiberufler ein eigenständiges Typusmerkmal dar[20]. Zwar können auch Angehörige anderer Berufsgruppen Leistungen persönlich erbringen. Während es dem Kunden eines Gewerbetreibenden jedoch freisteht, die Persönlichkeit seines Vertragspartners in den Hinter- oder Vordergrund zu stellen, steht ihm diese Möglichkeit im Bereich freiberuflicher Leistungen nicht offen[21]. Dies gilt insbesondere für Ärzte: „Der Grundsatz der persönlichen Leistungserbringung ist für die vertragsärztliche und die privatärztliche Versorgung in verschiedenen Normen als tragendes Prinzip zu erkennen"[22]. Vertragsrechtlich schlägt sich dies über §§ 630a I, 630b BGB in § 613 S. 1 BGB nieder[23]. Auch das fünfte Sozialgesetzbuch spiegelt die persönliche Leistungs-

---

[17] *Bourmer*, in: FS Deneke, 1985, S. 10, 18.

[18] *Freidson*, Professionalism, 2001, S. 17.

[19] *Quaas*, MedR 2001, 34, 35 sieht „aufgrund qualifizierter Ausbildung bzw. schöpferischer Befähigung die Erbringung persönlicher ideeller Leistungen" daher als eigenes Typusmerkmal; *Fleischmann*, Die freien Berufe im Rechtsstaat, 1970, S. 36.

[20] BSGE 39, 288, 289 zur persönlichen Leistungserbringung im Zusammenhang mit Hilfeleistungen; BSGE 20, 52, 54 ff. zur persönlichen Leistungserbringung im Kontext der übergroßen Praxis; grundlegend BSGE 8, 256, 260 f. zur Beschäftigung von Hilfspersonen; *Hartmannsgruber*, in: Ratzel/Luxenburger (Hrsg.), Handbuch Medizinrecht, [4]2020, Kap. 8 Rn. 302; *Gesellensetter*, Freier Arztberuf, 2010, S. 40; *Sodan*, Freie Berufe, 1997, S. 67 ff.; *Taupitz*, Standesordnungen, 1991, S. 40 ff.; *Fleischmann*, Die freien Berufe im Rechtsstaat, 1970, S. 35 ff.; kritisch *Kämmerer*, Freie Berufe, 2010, H 20.

[21] Vgl. *Bäune*, MedR 2014, 76; im Rahmen der künstlerischen Tätigkeit schließen sich persönliche und gewerbliche Leistung denklogisch aus: Sobald die Persönlichkeit des Künstlers in den Hintergrund rückt, gilt die Leistung als gewerblich, s. *Fleischmann*, Die freien Berufe im Rechtsstaat, 1970, S. 25. Im Bereich der medizinischen Dienstleistungen ist dieser denklogische Bruch schon rechtlich ausgeschlossen: Faktisch beschränken die berufsrechtlichen Sanktionen, die den Arzt bei Verstößen gegen die persönliche Leistungserbringung treffen, auch den Patienten in seiner Vertragsfreiheit. Umgekehrt gibt es jedoch kein Verbot der persönlichen Leistungserbringung für Gewerbetreibende.

[22] *Steinhilper*, in: Rieger/Dahm/Steinhilper (Hrsg.), HK-AKM, März 2014, 4060 Rn. 5; vgl. auch *Bundesärztekammer und kassenärztliche Bundesvereinigung*, Persönliche Leistungserbringung, 29.8.2008 (https://www.bundesaerztekammer.de/fileadmin/user_upload/downloads/Empfehlungen_Persoenliche_Leistungserbringung.pdf), S. 1 (geprüft am 19.9.2023).

[23] *Achterfeld*, Aufgabenverteilung im Gesundheitswesen, 2014, S. 35 f.

erbringung mit dem allgemeinen Arztvorbehalt in § 15 I SGB V[24] wider, spezielle Arztvorbehalte finden sich darüber hinaus bspw. in § 7 II TFG, § 9 ESchG, § 7 GenDG, § 24 S. 1 IfSG, § 48 I AMG und § 13 I BtmG. Das Prinzip der persönlichen Leistungserbringung gilt auch in der privaten Krankenversorgung (§ 4 II GOÄ)[25] und zieht sich durch diverse weitere Normen des Vertragsarzt- und Berufsrechts[26] (z. B. § 15 I 1 BMV-Ä[27]). Die Bedeutung der persönlichen Leistungserbringung wird nicht nur anhand der Vielzahl an Vorschriften deutlich, die auf sie Bezug nehmen, sondern auch an den Folgen, die eintreten, sollte der Arzt gegen sie verstoßen: Erbringt der Arzt die Leistung nicht persönlich, drohen ihm schwerwiegende Konsequenzen, angefangen bei Disziplinar- und berufsgerichtlichen Verfahren, über den Entzug der Zulassung bis hin zum Widerruf der Approbation[28]. Zudem darf er unpersönlich erbrachte Leistung nicht abrechnen (Ziff. 2.2 d EBM), will er sich nicht im schlimmsten Fall strafrechtlichen Vorwürfen wegen eines Abrechnungsbetrugs aussetzen[29]. Insoweit unterscheidet sich der ambulante Sektor vom stationären, innerhalb dessen zwar ebenfalls eine medizinische, aber nicht zwingend persönliche Leistung erbracht wird[30]. Im stationären Sektor wirkt der Grundsatz der persönlichen Leistungserbringung vor allem dort, wo Leistungen, die über das gewöhnliche stationäre Maß hinausgehen, erbracht werden und wo (z.T. deshalb) Überschneidungen zum ambulanten Sektor[31] bestehen, weil z. B. ermächtigte Ärzte oder Chefärzte ambulante Leistungen erbringen, die persönliche Leistungserbringung als Wahlleistung (§ 17 KHEntG) vereinbart wird, oder Leistungen durch nicht im Krankenhaus angestellte (Beleg-, Konsiliar- und Honorar-)Ärzte erbracht werden[32].

Das persönliche Element bezieht sich im ambulanten Bereich ausschließlich auf die Leistung im Arzt-Patienten-Verhältnis. Indem das finanzielle Risiko der ärztlichen Behandlung durch Zwischenschaltung der Krankenkasse kollektiviert

---

[24] Hierzu auch *dies.*, Aufgabenverteilung im Gesundheitswesen, 2014, S. 36.

[25] S. auch *dies.*, Aufgabenverteilung im Gesundheitswesen, 2014, S. 37.

[26] § 28 I SGB V; §§ 19 I 1, 30 I 1 MBO; §§ 1a Nr. 24, 15 I 1 (11 I 2, 14 I 3, 1a Nr. 25, 14a, 4 I 2), 45 I BMV-Ä; § 24 III, IV Ärzte-ZV; für ermächtigte Ärzte §§ 95 IV, 116 SGB V, 1a Nr. 5 BMV-Ä, § 32a I 1 Ärzte-ZV.

[27] *Achterfeld*, Aufgabenverteilung im Gesundheitswesen, 2014, S. 37.

[28] *Steinhilper*, in: Laufs/Kern/Rehborn (Hrsg.), ArztR-HdB, [5]2019, § 30 Rn. 75 ff.

[29] *Steinhilper*, in: Rieger/Dahm/Steinhilper (Hrsg.), HK-AKM, März 2014, 4060 Rn. 96 ff., insbes. Rn. 111 ff.; *Bäune*, MedR 2014, 76, 77.

[30] BVerfGE 16, 286, 299 f.; *Steinhilper*, in: Rieger/Dahm/Steinhilper (Hrsg.), HK-AKM, März 2014, 4060 Rn. 3.

[31] Zu weiteren Durchbrechungen der Trennung zwischen ambulanter und stationärer Versorgung s. *Ricken*, GesR 2016, 265 ff.

[32] *Bäune*, MedR 2014, 76, 76 ff.

wird[33], wird der wirtschaftliche Aspekt der Arzt-Patientenbeziehung entpersönlicht[34].

Das Prinzip der persönlichen Leistungserbringung gilt ausschließlich für ärztliche Leistungen. Nicht-ärztliche Leistungen (Leistungen, im Rahmen derer der Arzt das Wissen aus seiner qualifizierten Ausbildung nicht einbringen muss) können dementsprechend von ärztlichem Hilfspersonal erbracht werden und werden dem Arzt dann zugerechnet (§ 28 I 2 SGB V)[35]. Parallel hierzu gelten labor- und gerätebezogene Leistungen, bei denen nicht die Person des Arztes, sondern der jeweilige Apparat im Vordergrund steht, sodass kein Raum für die schöpferische Leistung des Arztes gegeben ist, qua Gesetz ebenfalls als persönliche Leistung des Arztes (§§ 15 III, 25 II BMV-Ä).

Es bestehen jedoch auch direkte Ausnahmen bezüglich der persönlichen Erbringung medizinischer Leistungen wie die Vertretung (§ 32 I 2, 3 Ärzte-ZV) sowie die Anstellung eines Assistenten (§ 32 II, III Ärzte-ZV). Beide Ausnahmen von der persönlichen Leistungserbringung können an andere Merkmale der Freiberuflichkeit rückangebunden werden: Die Anstellung eines Assistenzarztes sowie die Vertretung eines Arztes, die es diesem ermöglicht, an einer Fortbildung teilzunehmen, dienen der Ausbildung. Sieht man den Urlaub als Maßnahme zur Wiederherstellung des geistigen Kapitals des Arztes[36], dient die Urlaubsvertretung der geistigen Leistung und damit der Freiberuflichkeit. Voraussetzung, um von diesen Ausnahmen Gebrauch machen zu können, ist die sorgfältige Auswahl und Überwachung des nachgeschalteten Arztes. Hierdurch wird die persönliche Leistungserbringung „gewahrt“[37].

Zudem ist die Anzahl der Ärzte begrenzt, die ein Arzt bzw. eine BAG anstellen kann (§ 32b I 2 Ärzte-ZV i. V. m. § 14a BMVÄ)[38]. „Der Arzt kann daher, anders als der gewerbliche Unternehmer, den Leistungsumfang seiner Praxis durch die Anstellung von Mitarbeitern nicht beliebig vermehren“[39]. Er erbringt eine ideelle und daher geistige Leistung, die er – damit sie als geistig-schöpferisch und

---

[33] *Deneke*, Individuelle Freiheit in sozialer Sicherheit, 1985, S. 449.

[34] *Maydell*, NZS 1996, 243, 244; *Deneke*, Die freien Berufe, 1956, S. 259; im Gegensatz hierzu richtete sich das Entgelt für die ärztliche Leistung vor Einführung der Krankenkasse häufig nach der Leistungsfähigkeit des Patienten, bezog hierdurch also seine Person mit ein, *Deneke*, Die freien Berufe, 1956, S. 234.

[35] Zu den Voraussetzungen der Delegation ärztlicher Leistungen ausführlich *Achterfeld*, Aufgabenverteilung im Gesundheitswesen, 2014, S. 39 ff.

[36] *Deneke*, Die freien Berufe, 1956, S. 231.

[37] *Bristle*, in: Sodan (Hrsg.), Krankenversicherungsrecht, ³2018, § 17 Rn. 135.

[38] Zu den Gefahren, die von einer übergroßen Praxis auf die persönliche Leistungserbringung ausgehen, s. auch BSGE 20, 52, 55; vgl. auch *Kamps*, MedR 2003, 63, 70.

[39] BSGE 8, 256, 260; vgl. *Bundesärztekammer und kassenärztliche Bundesvereinigung*, Persönliche Leistungserbringung, 29.8.2008 (https://www.bundesaerztekammer.de/fileadmin/

daher von seiner Persönlichkeit geprägt gelten kann – persönlich erbringen muss[40], was ihn daran hindert, seine Leistung zu skalieren. Dies wirkt sich auf die Übertragung der Praxis aus. Bei dieser steht die Übertragung eines funktionierenden Unternehmens im Vordergrund: Die Motivation des Erwerbers wird i.d.R. darin liegen, eine Praxis mit bereits gemieteten Räumlichkeiten, eingearbeitetem Personal, verfestigten Geschäftsbeziehungen zu anderen Anbietern medizinischer Dienstleistungen (wie z. B. Laboren oder Überweisern) sowie einem Patientenstamm zu erwerben[41]. Die letzten drei Kriterien werden nur erfüllt sein, wenn der Verkäufer den Praxisbetrieb weiterführt, bis die Transaktion beendet ist. Anders als bei vielen gewerblichen Unternehmen, bei denen ein Produkt oder eine Dienstleistung skalierbar und damit unabhängig vom Inhaber des Unternehmens erzeugt wird[42], hängt das ärztliche Produkt eng mit der Person des Arztes zusammen, das dieser mit jeder Untersuchung bzw. Therapie neu herstellt[43]. Die Arbeitsabläufe und der Patientenstamm bzw. der im Patientenstamm manifestierte Goodwill degenerieren in Abwesenheit des Arztes[44], sodass die (fortgesetzte) persönliche Leistungserbringung (und über diese Ecke die ideelle, vergeistigte Leistung) Bestandteil der Praxisnachfolge ist. Die freiberufliche Logik setzt sich damit in der Praxisnachfolge fort.

3. Vertrauen

Der Goodwill bildet den ideellen Wert der Praxis ab und besteht aus dem gesammelten Vertrauen der Patienten zum Arzt[45], das als eigenständiges Typusmerkmal[46] der freiberuflichen Leistung gedeutet wird. Die besondere Bedeutung die-

user_upload/downloads/Empfehlungen_Persoenliche_Leistungserbringung.pdf), S. 1 (geprüft am 19.9.2023); vgl. hierzu schon *Deneke*, Die freien Berufe, 1956, S. 181 ff.

40 Dementsprechend handelt es sich auch um eine non-repetitive Tätigkeit, *Taupitz*, Standesordnungen, 1991, S. 42 f.

41 Vgl. *Steinbrück*, Praxisabgabe und Praxisübernahme, ²2009, S. 8 f., der den Erhalt der Zulassung in den Vordergrund stellt – diese wird hier (noch) ausgeblendet.

42 *Fleischmann*, Die freien Berufe im Rechtsstaat, 1970, S. 36.

43 *Deneke*, Die freien Berufe, 1956, S. 180 schließt daraus: „Der berufsethisch verpönte Praxisverkauf ist eben nicht nur ethisch, sondern auch praktisch unmöglich".

44 In diesem Zusammenhang lehnte das RG die Möglichkeit des Praxisverkaufs nach dem Tod des Arztes ab, RGZ 144, 1; anders hingegen noch RGZ 115, 172, 175 f.; vgl. auch *Kalsbach*, AnwBl 1954, 37, 38.

45 *Rehborn*, in: Laufs/Kern/Rehborn (Hrsg.), ArztR-HdB, ⁵2019, § 23 Rn. 27.

46 *Quaas*, MedR 2001, 34, 35 definiert dieses Typusmerkmal weitergehend als „Wissensgefälle zum Auftraggeber und dadurch hervorgerufenes besonderes Vertrauensverhältnis"; mit diversen Beispielen auch *Kämmerer*, Freie Berufe, 2010, H 22, der das Vertrauen zwischen

ses Vertrauens ist nicht nur höchstrichterlich anerkannt[47], sondern wird auch in (S. 3) der Präambel der MBO-Ä ersichtlich: So stellt seine Erhaltung nicht nur den zuerst genannten Zweck der MBO-Ä dar. Auch die anderen Ziele der MBO-Ä (Qualität der Behandlung, Ansehen des Arztberufs und berufswürdiges Verhalten) dienen dem Zweck, das Vertrauen in den Arzt zu stärken.

Das Vertrauen, das der Patient dem Arzt entgegenbringt, manifestiert sich in der Rechtsordnung dort anschaulich, wo es geschützt wird, bspw. in der als Basis[48] für das Vertrauensverhältnis geltenden ärztlichen Schweigepflicht (§ 9 I 1 MBO, strafrechtlich gesichert über § 203 I 1 StGB)[49], aber auch in der Androhung des Approbationsentzugs bei Handlungen, die zur Unwürdigkeit[50] des Arztes führen oder seine Unzuverlässigkeit vermuten lassen (§§ 3 I 1 Nr. 2, 5 II BÄO)[51]. Als Grundlage für das Vertrauen im Arzt-Patienten-Verhältnis dient zudem die freie Arztwahl (s. § 7 II 1 MBO-Ä)[52]. Verfassungsrechtlich ist sie als Ergebnis der Vertragsfreiheit in Art. 2 I GG verankert, darüber hinaus lässt sie sich aus dem Selbstbestimmungsrecht des Patienten aus Art. 2 I, II GG herleiten[53]. Die freie Arztwahl dient dem System der Gesundheitsversorgung als Kontroll- und Lenkmechanismus[54]: Der Patient kann den Markt für medizinische Dienstleistungen beeinflussen, indem er sich selbst aussucht, welchem Arzt er sein Vertrauen schenken will. Dies fördert nicht nur den geistigen Wettbewerb unter den Ärzten[55], sondern auch die Qualität des Behandlungsverhältnisses, weil sich freie Arztwahl und „ärztliche Unabhängigkeit" gegenseitig bedingen[56].

freiberuflichem Auftragnehmer und -geber aber nicht als spezifisches Merkmal freier Berufe begreift.

[47] BGHZ 29, 46, 53.

[48] *Deneke*, Individuelle Freiheit in sozialer Sicherheit, 1985, S. 395.

[49] Hierzu auch *Fleischmann*, Die freien Berufe im Rechtsstaat, 1970, S. 53.

[50] *Braun/Gründel*, MedR 2001, 396, 398; vgl. *Taupitz*, Standesordnungen, 1991, S. 67.

[51] Primär schützen diese Vorschriften die Gesundheit des Patienten, indem sie sicherstellen, dass die Wahrscheinlichkeit des Heilerfolgs nicht durch persönliche Defizite des Arztes verschlechtert wird. Sekundär legen sie jedoch auch fest, dass Vertrauen nur in Ärzte investiert werden kann, die hinreichend zuverlässig und würdig sind, um ihrer Tätigkeit nachgehen zu können. Somit verhindern sie, dass das Vertrauen in die Ärzteschaft durch persönliche Defizite einzelner Ärzte kompromittiert wird und wirken so vertrauensschützend.

[52] *Fiedler*, in: FS Deneke, 1985, S. 62, 67.

[53] *Hartmannsgruber*, in: Ratzel/Luxenburger (Hrsg.), Handbuch Medizinrecht, [4]2020, Kap. 8 Rn. 293.

[54] *Rüschemeyer*, in: FS König, 1973, S. 250, 254.

[55] *Lindenau*, MVZ, 2008, S. 188 f. Rn. 490; vgl. zum geistigen Wettbewerb, der auch durch das Monopol der Freiberufler über ihren Markt gefördert werden kann *Freidson*, Professionalism, 2001, S. 203.

[56] *Laufs/Katzenmeier*, in: Laufs/Katzenmeier/Lipp (Hrsg.), Arztrecht, [8]2020, I. Rn. 20.

Dieses dem Arzt entgegengebrachte Vertrauen ist zentral dafür, dass die Behandlung erfolgreich verlaufen kann[57]. Während die persönliche Leistungserbringung das Arzt-Patienten-Verhältnis aus der Perspektive des Arztes beschreibt, charakterisiert das Vertrauensverhältnis dieses aus der Perspektive des Patienten, der dem Arzt seine persönliche Sphäre im Vertrauen öffnet[58]. Dementsprechend handelt es sich beim Vertrauen im Arzt-Patienten Verhältnis nicht nur um ein „funktionales" Vertrauen „in die Berufsfunktion des Arztes", sondern darüber hinaus um ein personelles Vertrauen in die konkrete Person des behandelnden Arztes[59]: Vertrauen bzw. „Autorität ist jedoch nicht in erster Linie Besitz des Arztes [...] In erster Linie ist sie eine Gabe der Patienten [...] etwas, das von anderen geschenkt oder gegeben wird, ein Schatz, der vor allem zu Anfang nur mühsam zusammengehalten werden kann, nur allmählich wächst und erst im weiteren Verlaufe des Lebens als gesicherter Besitz des Menschen gelten kann, erst von einer bestimmten Größe an gleichsam automatisch wächst, weil er schon da ist. Und wie leicht kann dieser Schatz wieder verloren gehen!"[60]

Aus diesem Grund kann das personelle Vertrauen, das eng mit der persönlichen Leistungserbringung zusammenhängt, nicht übertragen werden. Dort, wo Ausnahmen zur persönlichen Leistungserbringung bestehen – insbesondere im Rahmen der Vertretung und der Anstellung – eröffnet die sorgfältige Auswahl und Überwachung des vertretenden oder assistierenden Arztes die Möglichkeit, dass sich der vertretende oder assistierende Arzt das Vertrauen des Patienten erarbeitet[61].

Einer der Gründe, die in der Rechtsprechung des Reichsgerichts dazu führten, den Praxisverkauf an § 138 BGB scheitern zu lassen, lag darin, dass das Vertrauen der Patienten nicht zum Gegenstand eines Geschäfts gemacht werden soll-

---

[57] *Maydell*, NZS 1996, 243, 244; *Fleischmann*, Die freien Berufe im Rechtsstaat, 1970, S. 53.

[58] *Taupitz*, Standesordnungen, 1991, S. 52, 57 f.; vgl. *Deneke*, Die freien Berufe, 1956, S. 83, 85 f.; vgl. BSGE 8, 256, 260.

[59] *Deneke*, Individuelle Freiheit in sozialer Sicherheit, 1985, S. 330.

[60] *Ders.*, Die freien Berufe, 1956, S. 86 f. vgl. auch *ders.*, Individuelle Freiheit in sozialer Sicherheit, 1985, S. 142 f.; dass es sich bei dieser Autorität keineswegs um eine Schreckensherrschaft des Arztes über den Pateinten handeln kann, zeigt bereits die Diskussion um die Aufklärungspflicht des Arztes, die einen selbstverantwortlichen Patienten voraussetzt *ders.*, Individuelle Freiheit in sozialer Sicherheit, 1985, S. 333; vielmehr nutzt Deneke den Begriff der Autorität synonym mit dem des Vertrauens, wofür auch spricht, dass die Autorität auf der fachlichen Überlegenheit und der Erfahrung des Arztes beruht, *ders.*, Individuelle Freiheit in sozialer Sicherheit, 1985, S. 453 f.

[61] Als Zeichen dieses Vertrauens muss sich der Patient (ggf. konkludent, indem er in der Sprechstunde des Vertreters Leistungen entgegennimmt) als damit einverstanden erklären, dass die Behandlung durch den vertretenden Arzt durchgeführt wird, *Hartmannsgruber*, in: Ratzel/Luxenburger (Hrsg.), Handbuch Medizinrecht, [4]2020, Kap. 8 Rn. 313.

te[62]. Dieser Grundsatz gilt fort, der BGH rückte den Praxisverkauf jedoch in ein anderes Licht: Der Praxiskäufer erwerbe i.R.d. Kaufs nicht das Vertrauen der Patienten selbst, sondern lediglich die Chance, sich dieses Vertrauen erneut zu erarbeiten[63]. Die ehemals bestehenden Bedenken zum Verkauf des Vertrauens waren hiernach ausgeräumt.

Der BGH ging zunächst davon aus, die Praxisnachfolge finde auch im Interesse der Patienten statt, sodass ihr Einverständnis hinsichtlich der Übergabe ihrer Akten an den Erwerber der Praxis gegeben und nicht explizit einzuholen war (um vor dem Hintergrund von § 134 BGB i.V.m. § 300 StGB a.F. den Bestand eines Kaufvertrags zu gewährleisten, in dem die Übergabe der Patientenkartei zugesagt wurde)[64]. Es entstand aber ein zweites, vertrauensbezogenes Hindernis für den Verkauf einer Praxis, nachdem das BVerfG im Volkszählungsurteil[65] das Recht auf informationelle Selbstbestimmung aus Art. 2 I GG i.V.m. Art. 1 I GG herleitete. Im Anschluss an dieses Urteil änderte der BGH seine Rechtsprechung zur Praxisnachfolge[66]: Seitdem darf der Verkäufer der Praxis nicht mehr dazu verpflichtet werden, die Patientenkartei ohne die Zustimmung seiner Patienten an den Erwerber auszuhändigen, eine derartige Klausel ist gem. § 134 BGB wegen Verstoßes gegen Art. 2 I GG, § 203 I Nr. 1 StGB unwirksam[67]. Aufgrund der hohen Bedeutung der Patientenkartei bzw. des in ihr verkörperten Goodwills im Rahmen der Praxisnachfolge ist gem. § 139 BGB zudem der gesamte Vertrag nichtig[68] – z.T., selbst wenn eine salvatorische Klausel vereinbart wurde[69]. Diese strenge Rechtsprechung hat jedoch Einschränkungen erfahren: So führte der

---

[62] In RGZ 66, 139, 141 f. versagte das Gericht dem Arzt den Verkauf der Praxis unter dem Aspekt, dass er „das ihm entgegengebrachte Vertrauen dadurch täuscht, dass er seine Praxis an eine andere Person unter Umständen überträgt, die eine Bewertung dieses Vertrauens zum Zwecke reinen Vermögensgewinns dartun" – insoweit sei „das Vertrauen [ ] zum Gegenstand eines Gewinns gemacht und in gewinnsüchtiger Absicht ausgenutzt worden"; vgl. hierzu auch schon Urt. d. Ehrengerichtshofs für Anwälte vom 29.1.1886 in Bd. 2 S. 7 ff. und Urteil des Ehrengerichtshofs für die preuß. Ärzte vom 12.1.1904 im Ministerialblatt 1904 S. 379 zit. bei RGZ 66, 143, 146.

[63] BGHZ 16, 71, 75; zu Anwaltspraxen s. BGH, DB 1957, 116; BGHZ 43, 46, 48 f.; BGH, NJW 1973, 98, 100.

[64] BGH, NJW 1974, 602.

[65] BVerfGE 65, 1 ff.

[66] Hierzu auch *Möller*, in Dahm/Möller/Ratzel (Hrsg.), Rechtshandbuch MVZ, 2005, Kap. X Rn. 16 ff.

[67] BGHZ 116, 268, 272 ff.; *Steinbrück*, Praxisabgabe und Praxisübernahme, ²2009, S. 56 Rn. 151.

[68] Vgl. zum Fall einer Steuerberaterpraxis BGH, NJW 1996, 2087 f.

[69] Hierzu näher *Möller*, in: Ehlers (Hrsg.), Fortführung von Arztpraxen, ³2009, Kap. 4 Rn. 529 ff.; in BGHZ 116, 268, 277 fand § 139 BGB angesichts einer solchen Klausel hingegen keine Anwendung.

BGH in seinem Urteil selbst aus, dass die Patienten der Weitergabe ihrer Akte konkludent zustimmten, indem sie zur Sprechstunde des Praxiskäufers erscheinen, da sie in diesem Fall sogar erwarten würden, dass der neue Arzt sich mit ihrer Akte vertraut macht[70]. Zudem ist die Einwilligung (zumindest für Anwaltskanzleien) nicht erforderlich, wenn der Erwerber (z.B. als Angestellter des Veräußerers) bereits vor der Transaktion Kenntnis vom Inhalt der Unterlagen erlangt hat[71].

In der Praxis führte die neue Rechtsprechung des BGH zum sog. Zwei-Schrank-Modell, das aus der „Münchener Empfehlung zur Wahrung der ärztlichen Schweigepflicht bei Veräußerung einer Arztpraxis"[72] folgt und die Wirksamkeit des Praxiskaufs gewährleisten soll: Demnach sollen der Käufer und Verkäufer der Praxis im Kaufvertrag eine Verwahrungsvereinbarung (§§ 688 ff. BGB können insoweit angepasst werden[73]) treffen, nach der der Käufer die Kartei des Veräußerers separat von seiner eigenen verwahrt. Nur wenn ein Patient explizit oder konkludent durch Besuch der Sprechstunde erklärt, dass er der Verwertung seiner Daten durch den Erwerber zustimmt, kann dieser die Patientenakte in seine Kartei übernehmen. Für den Fall, dass er ohne die entsprechende Erklärung Einsicht in die Akte nimmt, soll eine Vertragsstrafe vereinbart werden.

Auf diese Art und Weise wird dem Vertrauen, das der Patient dem Arzt schenkt, im Rahmen der Praxisnachfolge Rechnung getragen. Für die Praxisnachfolge ist aber nicht nur diese Mikro-Perspektive auf die einzelnen Verhältnisse zwischen Ärzten und Patienten von Bedeutung. In der Mikro-Perspektive greift der Arzt im Rahmen der Behandlung in höchstpersönliche Rechtsgüter seines Patienten ein, was Vertrauen erfordert. Aber auch aus der Makro-Perspektive greift die Ärzteschaft in Rechtsgüter mit Zentralwertbezug der Patienten ein[74]. Dies bringt es mit sich, dass ein Vertrauens- und Autoritätsverhältnis nicht nur zwischen dem einzelnen Patienten und seinem konkreten Arzt besteht, sondern auch zwischen der Gesellschaft und dem behandelnden Arzt[75]. Dem entspricht, dass § 1 I BÄO

---

[70] BGHZ 116, 268, 275.

[71] BGH, NJW 2001, 2462 ff.

[72] S. MedR 1992, 207 f.; hierzu auch *Steinbrück*, Praxisabgabe und Praxisübernahme, ²2009, S. 57 f. Rn. 156 ff.; krit. *Römermann*, NJW 2012, 1694, 1696, der findet, dass dieses Modell „jeden praktischen Bezug vermissen lässt".

[73] *Möller*, in: Ehlers (Hrsg.), Fortführung von Arztpraxen, ³2009, Kap. 4 Rn. 525.

[74] *Fleischmann*, Die freien Berufe im Rechtsstaat, 1970, S. 79; *Deneke*, Die freien Berufe, 1956, S. 343: „Der Dienst am Einzelnen ist in der Sozialsphäre zugleich Dienst an der Allgemeinheit und umgekehrt".

[75] Vgl. RGZ 66, 139, 141, nachdem der Praxisverkauf „die sittliche Empfindung der Gesamtheit verletze; vgl. *Gesellensetter*, Freier Arztberuf, 2010, S. 39 f.; nach *Deneke*, Individuelle Freiheit in sozialer Sicherheit, 1985, S. 451 ff. befindet sich der Arzt insoweit in einer „Mittlerrolle", als dass er einerseits den Kranken vor der Beanspruchung durch die Gesell-

anordnet, der Arzt habe der Gesundheit des einzelnen Menschen und des gesamten Volkes zu dienen (vgl. § 1 I 1 MBO-Ä). Ein Vertrauensverhältnis besteht daher auch zwischen der Gesellschaft und der Gesamtgruppe der Ärzte[76] (sowie zwischen Ärzten und der KV[77]). Hierin spiegelt sich das mit der strukturfunktionalen Betrachtungsweise verbundene Vertrauen in die Institutionen[78]. Die Praxisnachfolge, im Sinne der Chance des Praxiserwerbers den Goodwill seines Vorgängers wieder zu erwerben, ist mithin als Rechtsinstitut, das notwendigerweise auf der Makroebene angesiedelt ist, abhängig vom institutionellen Vertrauen der Gesellschaft in die Ärzteschaft.

4. Wirtschaftliche Selbständigkeit

Vereinzelt wurde vertreten, der Arzt müsse wirtschaftlich selbständig[79] eine eigenverantwortliche Leistung erbringen, um negative Einflüsse anderer Akteure abzuwehren und so das Vertrauen, das der Patient dem Arzt entgegenbringt, zu schützen[80]. Die wirtschaftliche Selbständigkeit beschreibt einen Teil der intrinsischen Motivation des Freiberuflers im klassischen Bild, das den Liberalismus des 19ten Jahrhunderts widerspiegelt, denn „zu den die innere Berufung für einen freien Beruf begründenden Charakteranlagen gehört in erster Linie eine gewisse Freiheitsliebe, der Drang zur Selbständigkeit und zu eigenverantwortlichem Handeln und Verhalten. Es ist die Grundstimmung des Individualismus, das Vertrauen auf die eigene Kraft und Fähigkeit, die in dieser Freiheitsliebe anklingen“.[81] Als Kehrseite der Freiheitsliebe und des Vertrauens in die eigenen Kräfte, die aus der wirtschaftlichen Selbständigkeit folgt, gilt die ständige, den Freiberufler antreibende „Berufsangst“[82]. Im Gegensatz zum Beamten oder Angestellten, ist es dieser Zwiespalt zwischen Drang zu und Angst vor der Selbstän-

---

schaft schützt, um seine Genesung voranzutreiben, sowie andererseits die Gesellschaft vor dem Kranken bewahrt.

[76] Vgl. *Taupitz*, Standesordnungen, 1991, S. 58 f.; vgl. *Bourmer*, in: FS Deneke, 1985, S. 10, 11; *Deneke*, Individuelle Freiheit in sozialer Sicherheit, 1985, S. 454; *Deneke*, Die freien Berufe, 1956, S. 89 f., 105 der das Autoritätsverhältnis durch ein Verantwortungsverhältnis stützt und dieses sowohl auf den Patienten als auch die Gesamtgesellschaft bezieht.

[77] BSG, Urt. v. 4.11.2021 – B 6 KA 9/20 R, juris Rn. 29.

[78] S.o. B. I. 4. b); vgl. zudem *Taupitz*, Standesordnungen, 1991, S. 58 f.

[79] *Fleischmann*, Die freien Berufe im Rechtsstaat, 1970, S. 78 ff. m. w. N. in Fn. 316.

[80] Vgl. *Fiedler*, in: FS Deneke, 1985, S. 62, 67 f.

[81] *Deneke*, Die freien Berufe, 1956, S. 67 f.; vgl. BVerfGE 10, 354, 364 f.; vgl. *Freidson*, Professionalism, 2001, S. 217 „the freedom to judge and choose the ends of work is what animates the institutions of the third logic".

[82] *Quaas*, MedR 2001, 34.

digkeit, der die spezifische Motivationslage des freiberuflich tätigen Arztes schafft. Der ambulant tätige Arzt ist weder Angestellter (bzw. Beauftragter) der Krankenkasse[83] noch Angestellter des Staats[84], obwohl seine persönliche Unabhängigkeit in einem solchen Verhältnis möglicherweise höher ist als die in selbständiger Position[85]. Diese starke Unabhängigkeit, die in übersteigerter Form in Gleichgültigkeit umschlagen kann, soll nicht im Verhältnis zum Patienten gegeben sein[86]. Unter dieser Prämisse erfüllt die wirtschaftliche Selbständigkeit eine Doppelfunktion, indem sie die Autonomie des Arztes sicherstellt, ihm diese Autonomie – unter Zuhilfenahme seines Eigeninteresses – aber nicht im Verhältnis zum Patienten zugesteht. Hierdurch stärkt die wirtschaftliche Selbständigkeit das Vertrauen, das der Patient seinem Arzt entgegenbringt[87]. Die wirtschaftliche Selbständigkeit des Freiberuflers wird jedoch auch begrenzt: So nehmen Honorarordnungen dem Arzt die Möglichkeit, das Entgelt für seine Dienstleistung frei mit seinem Patienten zu verhandeln. Befürchtet wird, ein Preiskampf unter Ärzten könne sich negativ auf das schöpferische Element ihrer Leistung auswirken[88]. Honorar- bzw. Gebührenordnungen sollen ein race-to-the-bottom verhindern, im Rahmen dessen die Qualität der Dienstleistung degeneriert[89].

---

[83] BGHSt 57, 202, 211 ff.; *Deneke*, Die freien Berufe, 1956, S. 125 f.; *Heuß*, in: FS Brentano, 1916, S. 237, 239.

[84] BGHSt 57, 202, 206 ff.; *Gesellensetter*, Freier Arztberuf, 2010, S. 47; *Fleischmann*, Die freien Berufe im Rechtsstaat, 1970, S. 81 ff.; *Quaas*, MedR 2001, 34, 36 rückt den (stationär tätigen) Arzt im Licht der Rechtsprechung des BVerfG jedoch wieder in die Nähe des Beliehenen.

[85] *Fleischmann*, Die freien Berufe im Rechtsstaat, 1970, S. 75; *Deneke*, Die freien Berufe, 1956, S. 102, 177; vgl. *Kremer*, GmbHR 1983, 259, 267.

[86] Dementsprechend warnt *Dahm*, in: Dahm/Möller/Ratzel (Hrsg.), Rechtshandbuch MVZ, 2005, Kap. II Rn. 28 vor dem Einzug einer „Angestelltenmentalität" im Gesundheitswesen, die die Effizienz der Versorgung voraussichtlich stark begrenzen würde vgl. Fn. 20.

[87] Vgl. auch BSG, MedR 2014, 421, 424, in dem das BSG ausführt, dass es für die Entwicklung des Arzt-Patienten-Verhältnisses unerlässlich sei, dass „für den Patienten unmittelbar erkennbar" ist, „wer die Verantwortung für die Behandlung trägt und wer mit dieser welche wirtschaftlichen Interessen verfolgt".

[88] *Deneke*, Individuelle Freiheit in sozialer Sicherheit, 1985, S. 392; *Deneke*, Die freien Berufe, 1956, S. 245; vgl. *Taupitz*, Standesordnungen, 1991, S. 48, der hier stärker auf die Unabhängigkeit vom Auftraggeber und im Ergebnis daher auch auf die Entpersönlichung des wirtschaftlichen Verhältnisses (s.o.) abstellt.

[89] S. bspw. BT-Drs. 18/5217, S. 5; vgl. auch zur HOAI BVerfGE 58, 283, 291; s. *Kämmerer*, Freie Berufe, 2010, H 84, H 87, der darüber hinaus auch auf eine „Quersubventionierungsfunktion" von Gebührenordnungen hinweist, die es dem Freiberufler (bzw. im konkreten Fall dem Anwalt) erlauben, mehr Zeit für kleine Fälle aufzuwenden, als dies ökonomisch sonst sinnvoll wäre, was die Qualität der Versorgung sichern kann (wobei *Kämmerer* gegen die Erforderlichkeit dieser Mindestpreise argumentiert).

Das im letzten Absatz beschriebene Bild ist, um den Typus der Freiberuflichkeit aufrecht zu erhalten, nicht unbedingt von jedem Arzt zu erfüllen: So muss zwischen der Freiheit in der Berufsstellung sowie der Freiheit in der Berufsausübung unterschieden werden[90]. Die über § 1 I 3 MBO-Ä bzw. § 1 II Hs. 2 BÄO gesicherte Freiheit in der Berufsausübung[91] entspricht der durch Art. 12 I GG sowie Art. 5 III GG[92] geschützten Therapiefreiheit des Arztes, die als fremdnütziges Recht[93] im Selbstbestimmungsrecht des Patienten aus Art. 1, 2 GG wurzelt[94]. Die Gewährleistung der Freiheit in der Berufsausübung ist für die freiberufliche Stellung des Arztes und für die Rechtsordnung von zentraler Bedeutung[95]: Ist der Arzt im Rahmen der Behandlung durch Maßgaben Dritter beschränkt, ist seine Person der falsche Anknüpfungspunkt für das Vertrauen des Patienten (vielmehr müsste der Patient dem Dritten vertrauen). Hierdurch würde das geistig-schöpferische Element der persönlich erbrachten Tätigkeit entwertet[96], zudem kann nur ein nach eigenen Maßgaben handelnder Arzt altruistisch tätig sein. Ohne die Freiheit in der Berufsausübung fällt die Freiberuflichkeit ihrem Sinngehalt nach in sich zusammen.

In der Rechtsordnung zeichnet sich die Freiheit in der Berufsstellung (also die wirtschaftliche Selbständigkeit) lediglich – vermengt mit dem auf persönlicher Leistungserbringung beruhenden Vertrauensverhältnis des Auftraggebers zum Auftragnehmer – in den erweiterten Kündigungsmöglichkeiten des § 627 BGB ab[97]. Im Gegensatz zur Freiheit in der Berufsausübung wird sie im vertragsarztrechtlichen Kontext häufig ausgeklammert: Die Freiheit in der Berufsausübung soll (korrekterweise) selbständigen und angestellten Ärzten gleichermaßen zukommen[98]. Die Freiheit in der Berufsstellung scheint im ersten Moment nicht als schutzbedürftig, denn solange sichergestellt ist, dass der behandelnde Arzt bei der konkreten Behandlung nicht an fachliche Weisungen Dritter gebunden ist, ist sie nicht erforderlich, um die Freiheit in der Berufsausübung zu gewährleisten[99].

---

90 *Taupitz*, Standesordnungen, 1991, S. 44; *Deneke*, Individuelle Freiheit in sozialer Sicherheit, 1985, S. 313 f.; *Fleischmann*, Die freien Berufe im Rechtsstaat, 1970, S. 57; *Deneke*, Die freien Berufe, 1956, S. 318.

91 BT-Drs. 3/2810, S. 1.

92 *Heyers/Bergmann*, in: Bergmann/Pauge/Steinmeyer (Hrsg.), Gesamtes Medizinrecht, ³2018, § 1 BÄO Rn. 47.

93 *Kern*, in: Laufs/Kern/Rehborn (Hrsg.), ArztR-HdB, ⁵2019, § 3 Rn. 23.

94 *Felix*, NZS 2012, 1, 5.

95 *Lipp*, in: Laufs/Katzenmeier/Lipp (Hrsg.), Arztrecht, ⁸2020, II. Rn. 4.

96 Vgl. *Taupitz*, Standesordnungen, 1991, S. 45.

97 *Ders.*, Standesordnungen, 1991, S. 48, 53.

98 *Lipp*, in: Laufs/Katzenmeier/Lipp (Hrsg.), Arztrecht, ⁸2020, II. Rn. 3.

99 *Lipp*, in: Laufs/Katzenmeier/Lipp (Hrsg.), Arztrecht, ⁸2020, II. Rn. 4; vgl. *Kämmerer*, Freie Berufe, 2010, H 20.

Dieser Gedankengang ermöglicht die Anstellung eines Arztes bei einem anderen selbständigen, ambulant tätigen Arzt. Im klassischen Bild der Freiberuflichkeit dient die Anstellung ambulant tätiger Ärzte aber in erster Linie der Ausbildung bzw. der Vorbereitung auf die spätere selbständige Tätigkeit[100]. Die Bedeutung dieser Anstellungsmöglichkeit hat sich in den vergangenen 30 Jahren grundlegend gewandelt. Dies macht es erforderlich, die Bedeutung der Freiheit in Berufsstellung für die Freiheit der Berufsausübung herauszuarbeiten: Im nächsten Teil dieser Arbeit, in dem die Entwicklung der Freiberuflichkeit dargestellt wird, wird daher darauf einzugehen sein, wie die Freiheit in der Berufsstellung die Freiheit in der Berufsausübung strukturell absichert[101].

Kurz hingewiesen sei darauf, dass die besondere Unabhängigkeit, die dem Arzt durch die wirtschaftliche Selbständigkeit gewährt werden soll, sich nicht in der Beeinflussung durch eine hierarchisch übergeordnete Entität wie dem Staat erschöpft, sondern auch innerhalb einer Praxis von Bedeutung ist. Damit das schöpferische Element der Leistung von der Persönlichkeit des Arztes geprägt wird, den sich der Patient ausgesucht hat, muss der behandelnde Mediziner seine Entscheidungen frei von Beeinflussungen seiner Kollegen vornehmen können[102]. „In den geistigen Dienstleistungsberufen zerbricht das Person-zu-Person-Verhältnis zwischen Arzt und Patient, Anwalt und Klient in der Teamarbeit“[103]. Dieser Grundsatz ist jedoch zugunsten anderer freiberuflicher Typusmerkmale zu relativieren. So hat die immer weiter zunehmende Spezialisierung von Ärzten zu neuen Problemen geführt: Einerseits ist das Risiko gewachsen, dass der Arzt allgemeines medizinisches Wissen zugunsten seiner Spezialisierung vernachlässigt, und daher nicht mehr in der Lage ist, den Patienten im Falle seiner Unzuständigkeit an den korrekten Facharzt zu überweisen[104]. Andererseits erscheint die Ärzteschaft infolge der Aufsplitterung in diverse Teildisziplinen nicht mehr als Einheit, was zu einem Vertrauensverlust der Allgemeinheit führen kann[105]. Praxen, in denen Ärzte verschiedener Fachrichtungen selbständig und eigenverantwortlich zusammenarbeiten, können ein Mechanismus sein, mit dem sich diesen Schwierigkeiten beikommen lässt[106]. Dementsprechend haben die Einschrän-

---

[100] *Taupitz*, Standesordnungen, 1991, S. 105 m. w. N. in Fn. 5; *Fleischmann*, Die freien Berufe im Rechtsstaat, 1970, S. 77; *Deneke*, Die freien Berufe, 1956, S. 187 f.

[101] S.u. B. III. 3.

[102] Vgl. *Deneke*, Die freien Berufe, 1956, S. 189 f.

[103] *Ders.*, Die freien Berufe, 1956, S. 189.

[104] *Büschges*, in: FS Deneke, 1985, S. 172, 177.

[105] *Kuhlendahl*, in: FS Deneke, 1985, S. 388, 392.

[106] *Büschges*, in: FS Deneke, 1985, S. 172, 179 ff.; *Deneke*, Individuelle Freiheit in sozialer Sicherheit, 1985, S. 318 lehnt „Teamarbeit … eines anonymen Kollektivs“ ab und tendiert zu einer „konsiliarischen Zusammenarbeit“, in der der behandelnde Arzt weiterhin selbst verantwortlich bleibt.

kungen der Gesellschaftsformen, in denen Ärzte tätig werden können, über die Jahre immer weiter abgenommen[107].

Unter den Verbindungen zwischen den Typusmerkmalen der Freiberuflichkeit und der Praxisnachfolge ist der Konnex zur wirtschaftlichen Selbständigkeit der offensichtlichste: Ohne einen wirtschaftlich selbständig tätigen Arzt kann es keine Veräußerung der Praxis und damit keine Praxisnachfolge im herkömmlichen Sinne geben. In der Betrachtung des hermeneutischen Zirkels, der die Freiberuflichkeit bestimmt, dient die Praxisnachfolge dem Beweis, dass der ausscheidende sowie der nachfolgende Arzt wirtschaftlich selbständig waren bzw. sein werden. Die Praxisnachfolge gewährleistet die Unabhängigkeit des ausscheidenden Arztes zum Karriereende, indem sie ihm als Altersversorgung, als Invaliden- und als Hinterbliebenenfürsorge dient[108]. Für den Erwerber dient sie als Tor in die wirtschaftliche Selbständigkeit. Das Institut der Praxisnachfolge garantiert den Bestand einer unabhängigen Ärzteschaft und wird damit zu einem der Grundpfeiler ärztlicher Freiberuflichkeit[109]. Dennoch wird die Praxisnachfolge nicht bedingungslos gewährleistet, vielmehr wird sie durch andere Aspekte der freiberuflichen Logik beschränkt.

5. Altruismus/Sachbezogenheit

Um das dem Arzt seitens der Patienten entgegengebrachte Vertrauen abzusichern, soll seine Integrität im funktionalen Bild neben der wirtschaftlichen Selbständigkeit durch das Typusmerkmal des Altruismus[110] gestützt werden[111]. Die wirtschaftliche Selbständigkeit führt dazu, dass die ärztliche Nutzenfunktion nicht durch Interessen Dritter tangiert und der Arzt selbst incentiviert wird, die Interessen seines Patienten zu achten. In einer übersteigerten Form kann es aber dazu kommen, dass die Interessen des Arztes die Interessen seines Patienten

---

[107] *Ganster*, Freier Beruf und Kapitalgesellschaft, 2000, S. 135 ff., 148 ff.; s. zudem unten B. III. 4. b) bb).

[108] Vgl. *Deneke*, Die freien Berufe, 1956, S. 312 ff.

[109] Selbst wenn man also wie bspw. das RG in Teilen seiner Rechtsprechung (s.o. A.) davon ausgeht, dass der Praxisverkauf dem Typusmerkmal des Vertrauens schadet, wird dieser Schaden durch die verstärkte wirtschaftliche Selbständigkeit des Arztes kompensiert.

[110] *Gesellensetter*, Freier Arztberuf, 2010, S. 42 f.; *Sodan*, Freie Berufe, 1997, S. 70 ff.; *Taupitz*, Standesordnungen, 1991, S. 59 ff.

[111] *Taupitz*, Standesordnungen, 1991, S. 64 zeichnet nach, wie auch der freiberufliche Altruismus eine individuelle sowie gesellschaftliche Schutzrichtung aufweist, die die Mikro- und Makroebene spiegeln, die auf Vertrauens- und Leistungsebene bestehen; kritisch *Kämmerer*, Freie Berufe, 2010, H 20, der Gebührenordnungen bei diesem Typusmerkmal und nicht wie in dieser Arbeit im Rahmen der wirtschaftlichen Selbständigkeit verortet.

nicht mehr nur in die Nutzenfunktion integrieren, sondern innerhalb dieser überlagern. Aus dieser Gefahr, die durch den Wissensvorsprung des Arztes gegenüber seinem Patienten intensiviert wird[112], folgt die Notwendigkeit, die freien Berufe vom Gewerbe abzugrenzen[113]: Im Gewerbe erfolgt die Tätigkeit zur Gewinnerzielung, also einem außerhalb der Tätigkeit liegenden Ziel, im freien Beruf hingegen soll die Tätigkeit selbst priorisiert werden und um ihrer selbst willen erfolgen[114], wodurch ein „Sachbezug"[115] entsteht[116]. Damit der Arzt seine wirtschaftlichen Partikularinteressen nicht über die gesundheitlichen Interessen seines Patienten stellt, ist es erforderlich, dass er seine ärztliche Tätigkeit in den Vordergrund stellt. Unter der Einbeziehung und der Ausrichtung der Behandlung auf die Person des Patienten wird aus dem Sachbezug der ärztlichen Tätigkeit das Typusmerkmal des Altruismus. Um die Behandlung an der Person des Patienten ausrichten zu können, wird der persönliche Einsatz des Mediziners erforderlich. Die persönliche Leistungserbringung hängt neben dem Vertrauen daher eng mit der altruistischen Berufseinstellung zusammen. Diese Gemengelage führt dazu, dass der Freiberufler seine Leistung nur beschränkt skalieren kann, wodurch sich die freien Berufe vom Gewerbe abgrenzen. Dabei ist es von herausragender Bedeutung, diese Abgrenzung aufrechtzuerhalten, um das Vertrauen und die damit einhergehende Autorität der freien Berufe zu rechtfertigen, denn „nur wer zu selbstloser Hingabe bereit ist, darf für sich in Anspruch nehmen, aus eigener Entscheidungsgewalt wie ein Herr und Herrscher zu handeln (Dominanzproblem in den zwischenmenschlichen Beziehungen der freien Berufe)"[117]. Historisch gesehen war diese Grenzziehung daher der Grundstein für die Ausdifferenzierung der freien Berufe[118].

Der Altruismus bzw. der Sachbezug des Arztes stellen das Gegengewicht zur wirtschaftlichen Selbständigkeit dar. Je mehr man zu dem funktionalen Bild der Freiberuflichkeit tendiert, desto weniger muss man wirtschaftliche Selbständig-

---

112 *Taupitz*, Standesordnungen, 1991, S. 64.

113 *Kämmerer*, Freie Berufe, 2010, H 44 ff. stellt dar, wie sich die freien Berufe dem Gewerbe, aber auch das Gewerbe der Freiberuflichkeit nähert.

114 *Taupitz*, Standesordnungen, 1991, S. 59 m. w. N. in Fn. 153; *Fleischmann*, Die freien Berufe im Rechtsstaat, 1970, S. 46 f.; kritisch unter Einbeziehung aktueller Entwicklungen hingegen *Gesellensetter*, Freier Arztberuf, 2010, S. 58 f.; vgl. auch die bei *Woopen*, in: Bild des Arztes, 2009, S. 181, 185 f. dargestellte und auf *Aristoteles* zurückgehende Unterteilung in (standardisierbares und überprüfbares) Herstellen sowie (nicht replizierbares und überprüfbares) Handeln, nach der der Arzt eine Doppelrolle einnimmt, was zu einem Doppelcharakter der Bewertung ärztlichen Handelns nach Gesichtspunkten der Zweckrationalität und Ethik führt.

115 *Deneke*, Die freien Berufe, 1956, S. 70.

116 S. auch *Freidson*, Professionalism, 2001, S. 107 ff.

117 *Deneke*, Die freien Berufe, 1956, S. 106.

118 *Taupitz*, Standesordnungen, 1991, S. 112.

keit und Altruismus als Gegensätze sehen[119]. Aus rechtlicher Perspektive sollen die sozialen Normen der Institution jedoch in ein Gesetz gegossen werden. Selbst ein rechtliches Bild der Freiberuflichkeit, das auf der funktionalen Theorie aufsetzt, muss Regeln für den Fall entwickeln, dass die sozialen Normen der Institution nicht greifen. Daher ist es sinnvoll, den Antagonismus zwischen wirtschaftlicher Selbständigkeit und Altruismus für die rechtliche Betrachtung wieder aufzunehmen, allerdings mit der Einschränkung, dass die Rechtsordnung dazu dienen soll, die Institution der Freiberuflichkeit zu schützen und nur deren äußere Rahmenbedingungen abzustecken[120]. Der freiberufliche Altruismus (sowie das Vertrauensverhältnis zwischen Arzt und Patient) hat umso mehr Platz, umso weniger er gesetzlich angeordnet wird[121].

Im Typusmerkmal der wirtschaftlichen Selbständigkeit geht regelmäßig die unternehmerische Freiheit des Arztes auf, die verfassungsrechtlich durch Art. 12 I GG geschützt wird, während das Typusmerkmal des Altruismus gemeinhin mit den Interessen der Gemeinschaft aufgeladen wird, die im medizinischen Bereich durch Art. 2 II 1 GG (ggf. zusammen mit dem Sozialstaatsprinzip) gewahrt sind[122]. Dementsprechend hat „die Einbindung des Arztes in das System der gesetzlichen Krankenversicherung (GKV) […] ein weiteres Merkmal des Freien Berufs – die Gemeinwohlbindung – zur Rechtfertigung der Begrenzung der Berufsfreiheit des Arztes werden lassen“[123]. Ähnliches gilt für das Werbeverbot, das – statt als eigenes Typusmerkmal – als Ausfluss des freiberuflichen Altruismus[124] und hierüber als vertrauensbildendes Element[125] gesehen werden kann. I. R. d. funktionalen Weltbilds wäre es dennoch zu kurz gedacht, Art. 12 I GG und Art. 2 II 1 GG ausschließlich den Ärzten respektive den Patienten zuzuordnen. Um die Freiberuflichkeit zu erfassen, bedarf es differenzierterer Abwägungsmechanismen. Ebenso wie „menschliche Individualität und menschliche Sozietät einander

---

119 S.o. B. I. 4. b), allerdings stellt auch Deneke ein Spannungsverhältnis zwischen „individueller Freiheitsliebe“ und „Objektivismus“ des Arztes her, *Deneke*, Die freien Berufe, 1956, S. 70.

120 *Taupitz*, Standesordnungen, 1991, S. 181, 185; vgl. *Deneke*, Individuelle Freiheit in sozialer Sicherheit, 1985, S. 321.

121 Vgl. *Deneke*, Individuelle Freiheit in sozialer Sicherheit, 1985, S. 358; dies erklärt auch, warum es an klaren Regeln zum Gewinnstreben im Rahmen der ärztlichen Tätigkeit fehlt, vgl. *Gesellensetter*, Freier Arztberuf, 2010, S. 63 f.

122 Vgl. *Rixen*, MedR 2018, 667, 669.

123 *Quaas*, MedR 2001, 34, 36.

124 *Taupitz*, Standesordnungen, 1991, S. 62 f.

125 In Bezug auf Ärzte verwies das BVerfG zunächst nur auf die Abgrenzung zum Gewerbe (und damit implizit auf das Typusmerkmal des Altruismus), BVerfGE 33, 125, 170; später stellte das BVerfG auch auf das Vertrauen sowie die Gesundheit der Patienten ab, BVerfGE 71, 162, 174 und BVerfGE 85, 248, 260; in Bezug auf Apotheker BVerfGE 94, 372, 391; in Bezug auf Anwälte BVerfGE 76, 196, 207 f.

wechselseitig bedingen“[126], sodass weder ein übersteigert individualistischer noch ein rein (staatlich oder kapitalistisch orientierter[127]) kollektivistischer Ansatz die Freiberuflichkeit einfangen kann[128], bedingen sich die Rechte von Patienten und Ärzten gegenseitig. Die Rechtsprechung[129] hat so bezüglich der Therapiefreiheit anerkannt, dass die Freiheit des Arztes im Rahmen der Berufsausübung mit der Freiheit des Patienten korreliert[130]. Bei der Abwägung zwischen der Berufsfreiheit der Ärzte und der Volksgesundheit handelt es sich nicht um ein Nullsummenspiel, da die spezifische Motivationslage des selbständigen Arztes der optimalen Versorgung der Patienten dient. Diese Abwägung ist jedoch so dynamisch, dass sie sich einer Definition entzieht und nicht in ein starres Gesetz gegossen werden kann[131], was erklärt, weshalb sich die Rechtswissenschaft so schwer mit dem Begriff tut.

So kann die Rechtsprechung zum Praxisverkauf als Ergebnis der Abwägung zwischen Gewinnerzielungsabsicht im Rahmen der wirtschaftlichen Selbständigkeit und dem freiberuflichen Altruismus gesehen werden. Dies ist insoweit ungewöhnlich, als dass sich die Sachbezogenheit und der Altruismus auf die Heilbehandlung am Patienten beziehen und so das Verhältnis zwischen den Ärzten nicht direkt betreffen. Der Praxisverkauf zum überhöhten Preis kann aber Rückwirkungen auf die Behandlung der Patienten entfachen, sodass die Rechtsprechung den abgebenden Arzt nach Legalisierung der Praxisnachfolge zunächst dazu verpflichtete, sein Gewinnstreben gegenüber der nächsten Generation im Rahmen der Praxisnachfolge zurückzustellen[132]. Dabei muss man nicht wie das Reichsgericht in Teilen seiner Rechtsprechung zwingend davon ausgehen, dass mit jedem Praxisverkauf gegen altruistische Grundsätze verstoßen wird. Im Gegenteil: Die Ursprünge der Praxisnachfolge liegen in der Invaliden-, Hinterbliebenen- und Altersfürsorge und damit in altruistischen Motivationen[133]. Die Praxisnachfolge sollte als Teil eines Generationenvertrags unter Freiberuflern gesehen werden, im Rahmen derer sich Verkäufer und Käufer altruistisch verhalten können. Seitens des verkaufenden Arztes muss gewährleistet werden, dass kein überhöhter Kaufpreis gefordert wird, sodass sich der Nachfolger nicht gezwungen sieht, fragwürdigen Geschäftspraktiken zulasten seiner Patienten

---

126 *Deneke*, Individuelle Freiheit in sozialer Sicherheit, 1985, S. 397.

127 Vgl. das unter B.I. 4. d) dargestellte Dreieck zwischen Freiberuflichkeit, Staat und Marktwirtschaft.

128 *Deneke*, Individuelle Freiheit in sozialer Sicherheit, 1985, S. 445.

129 BSGE 73, 66, 73.

130 *Gesellensetter*, Freier Arztberuf, 2010, S. 47 f.

131 *Deneke*, Individuelle Freiheit in sozialer Sicherheit, 1985, S. 445.

132 S.o. A.

133 S.o. A.

nachzugehen, damit sich der Kaufpreis für die Praxis amortisiert[134]. Andererseits sollte der Erwerber nicht die Notsituation des Veräußerers nutzen, um den Preis unangemessen zu drücken[135].

6. Selbstverwaltung

Beispiele wie die Praxisnachfolge – aber auch die Berufs- und Honorarordnung – zeigen wie schwierig es ist, die wirtschaftliche Selbständigkeit und den Altruismus des Freiberuflers in ein angemessenes Verhältnis zu bringen. Einerseits soll der Arzt in der Sache möglichst frei und selbständig entscheiden, andererseits bedarf es eben doch gewisser Eingriffe, um sicherzustellen, dass die wirtschaftliche Freiheit in die richtigen Bahnen geleitet wird. Wie die Einrichtung der ärztlichen Freiberuflichkeit selbst muss daher ihre Erhaltung und die hierzu erforderlichen Abwägungen primär Aufgabe der Ärzteschaft selbst sein[136]. Dies wird der Natur des Art. 12 I GG als freiheitsgewährleistendem Grundrecht eher gerecht als die Regulierung durch den Staat[137].

In Korrelation mit dem funktionalen Verständnis des institutionell geprägten, ärztlichen Altruismus darf die ärztliche Selbstverwaltung aber nicht als reiner Konfliktbewältigungsmechanismus für Interessengegensätze zwischen Ärzteschaft und Gesellschaft gesehen werden. „Das Koalitionsstreben ‚von unten‘, das Koalitionsstreben der Angehörigen eines freien Berufes begegnet also der Tendenz der Gemeinschaft, die individuelle sittliche Bindung des einzelnen freiberuflich Tätigen in eine allgemeinverbindliche rechtliche Verpflichtung zu ver-

---

[134] BGH, NJW 1989, 763; LG Mannheim, NJW 1961, 2064; vgl. zum Verkauf einer Rechtsanwaltskanzlei BGHZ 43, 46 ff. sowie BGH, NJW 1973, 98, 100; unter diesem Aspekt untersagte das RG (bzw. schon der Berufungsrichter, auf den sich das RG bezieht) zuvor noch den Verkauf der Arztpraxis, s. RGZ 66, 139, 140, nach dem der Praxisbetrieb beim Käufer „von der Notwendigkeit, hierbei unter allen Umständen möglichst hohe Einnahmen zu erreichen, in einem für die Hilfesuchenden sehr nachteiligen Grade beeinflusst sein musste, ganz abgesehen davon, dass auch sonst einem unter so drückenden Verhältnissen arbeitenden Arzte die Arbeitsfreudigkeit und die Geneigtheit, bei seiner Tätigkeit zugleich dem Allgemeinwohl zu dienen in erheblichem Maße abgehen werde. Die hieraus sich ergebenden Umstände träten im vorliegenden Falle noch hinzu zu dem an sich bei jedem Verkaufe der ärztlichen Praxis gegebenen Nachteil, dass der Verkäufer weniger auf die wissenschaftliche und sittliche Befähigung seines Nachfolgers als auf die Höhe des Kaufpreises Rücksicht nehme, und trotzdem zu einer Empfehlung seines Nachfolgers, den der alte Kundenkreis aus Gewöhnung und Bequemlichkeit aufsuche, durch rein pekuniäres Interesse geradezu genötigt sei“.

[135] Vgl. *Kalsbach*, AnwBl 1954, 37, 39.

[136] Dies gewährleistet auch eine höhere Akzeptanz der Regeln unter den Ärzten selbst *Taupitz*, Standesordnungen, 1991, S. 545 f.

[137] *Schirmer/Fuchs*, in: Bild des Arztes, 2009, S. 121, 138.

festigen und zu diesem Zwecke Organisation ‚von oben' zu bilden"[138]. Insofern ist die Selbstverwaltung das Mittel, mithilfe dessen die Anhänger der freien Berufe das für sie spezifische Programm aus Pflichten, die mit dem ihnen gesellschaftlich zukommenden Vertrauen einhergehen[139], und Rechten, die die Freiheit in der Berufsausübung gewährleisten, ausgestalten[140]. Die Selbstverwaltung ist damit eines der strukturbildenden Typusmerkmale, die die Freiberuflichkeit prägen[141]. Sie basiert auf der Vorstellung, dass die Ärzteschaft die Institution darstellt, die den Patienten am nächsten steht und daher organisatorisch am ehesten dazu in der Lage ist, die Versorgung der Patienten regulativ zu gewährleisten[142]. Indem die von den jeweiligen Regelungen betroffenen Personengruppen – hier die Ärzte – in die Ausgestaltung eben dieser Regelungen einbezogen werden, wird das Demokratieprinzip (Art. 20 II GG) nicht etwa unterlaufen, sondern im Gegenteil „ergänzt und verstärkt"[143].

Für die zulassungsrechtlichen Aspekte der Praxisnachfolge ist zunächst die Selbstverwaltung in der gesetzlichen Krankenversicherung von besonderer Bedeutung, sodass auf die Kammern an dieser Stelle nicht weiter eingegangen wird. Im System der gesetzlichen Krankenversicherung übernehmen die kassenärztlichen Vereinigungen (KVen) als Körperschaften des öffentlichen Rechts (§ 77 V SGB V) sowohl die Sicherstellung der vertragsärztlichen Versorgung (§ 75 I SGB V)[144] als auch die Interessenvertretung der Ärzte (§ 75 II 1 SGB V). Die meisten im System der gesetzlichen Krankenversicherung tätigen Ärzte sind gem. § 77 III 1 SGB V zur Mitgliedschaft in der KV verpflichtet. Die KVen erlassen Richtlinien für ihre Mitglieder (§ 75 VII, VIIa SGB V) und schließen Kollektivverträge mit den Krankenkassen (§§ 82 ff. SGB V), bei deren Abschluss sie sich an den Bundesmantelverträgen orientieren und die zum Bestandteil ihrer Satzungen und damit für alle Kassenärzte verpflichtend werden (§ 81 III 1 Nr. 1 SGB V). Die Bundesmantelverträge werden zwischen der Kassenärztlichen

---

138 *Deneke*, Die freien Berufe, 1956, S. 279.

139 *Taupitz*, MedR 1998, 1, 3.

140 *Schirmer/Fuchs*, in: Bild des Arztes, 2009, S. 121, 140.

141 *Fleischmann*, Die freien Berufe im Rechtsstaat, 1970, S. 137 sieht die Verkammerung eines Berufs daher als den wesentlichen Schritt, der ihn zu einem freien Beruf im rechtlichen und nicht nur soziologischen Sinn macht; vgl. auch *Freidson*, Professionalism, 2001, S. 55; a. A. hingegen *Kämmerer*, Freie Berufe, 2010, H 16, der die Verkammerung freier Berufe angesichts „Handwerker- und Arbeiterkammern" nicht als spezifisches Merkmal freier Berufe versteht (s. H 23).

142 Vgl. *Ziegler*, MedR 2018, 645, 654.

143 BVerfGE 107, 59, 91 f.

144 Daneben besteht noch der allgemeinere Sicherstellungsauftrag, der den KVen und Krankenkassen gemeinschaftlich zukommt (§§ 70, 72 SGB V), *Hartmannsgruber*, in: Ratzel/Luxenburger (Hrsg.), Handbuch Medizinrecht, ⁴2020, Kap. 8 Rn. 441.

Bundesvereinigung (die sich aus den einzelnen KVen auf Landesebene zusammensetzt, § 77 IV 1 SGB V) und dem Spitzenverband Bund der Krankenkassen ausgehandelt, § 82 I 1 SGB V. Mitglied der KV wird der Arzt über seine Zulassung (§ 95 III 1 SGB V), die als Scharnier fungiert, um den Arzt der Satzung der KV zu unterstellen.

In den Kollektivverträgen werden die ärztlichen Honorare mit den Krankenkassen ausgehandelt, § 82 II 1 SGB V. Schon rein historisch[145] dient die KV dem Schutz des Arztes vor der Verhandlungsmacht der Krankenkassen, erhält hiermit die wirtschaftliche Selbständigkeit des Arztes und fördert schlussendlich das Arzt-Patienten-Verhältnis. Insofern besteht ein Konnex der Selbstverwaltung und der wirtschaftlichen Selbständigkeit. Die KVen empfangen die mit den Krankenkassen vereinbarten Zahlungen (§ 87a III 1 SGB V) und teilen diese auf die Ärzte auf, § 87b I 1 Hs. 1 SGB V. Obwohl die KV die Ärzteschaft in Verhandlungen auf Augenhöhe mit den Krankenkassen gebracht hat, hat ihre Beliebtheit unter den Ärzten infolge des Kostendrucks und dementsprechend stetig sinkender Auszahlungsbeträge an die Ärzte immer weiter abgenommen[146].

Für die Praxisnachfolge sind die Zulassungs- und Berufungsausschüsse von besonderer Relevanz. Gem. § 96 I, II SGB V, § 34 I Ärzte-ZV setzen sich die Zulassungsausschüsse aus drei Vertretern der KV und drei Vertretern der Krankenkasse zusammen (bei Sonderbedarfszulassung und Ermächtigungen kommt noch ein Vertreter der Patienten hinzu, § 140f III SGB V). Die Berufungsausschüsse sind indes „autonome Gremien ohne körperschaftlichen Status"[147]. Sie setzen sich ebenfalls aus drei Vertretern der KV und 3 Vertretern der Krankenkasse zusammen, hinzu kommt ein Vorsitzender mit der Befähigung zum Richteramt, § 35 I Ärzte-ZV. Zu erwähnen sind zuletzt noch die Landesausschüsse, die gem. § 90 I 1 SGB V ebenfalls aus Mitgliedern der KVen und Krankenkassen bestehen (zur genauen Zusammensetzung s. § 90 II SGB V). Die Landesausschüsse beeinflussen die Praxisnachfolge über die Bedarfsplanung[148]: Gem. § 99

---

[145] Ursprünglich schlossen die Ärzte – untereinander unkoordiniert – Einzelverträge mit den Krankenkassen. Die KVen wurden 1931 im Rahmen der Brüningschen Notverordnung (RGBl. 699) reformiert. Sie übernahmen fortan die Gehaltsverhandlungen und schlossen Gesamtverträge mit den Krankenkassen. Hiermit beendeten sie die Konflikte zwischen Ärzten und Kassen, die seit der Einführung der Krankenversicherung einer der Hauptursachen für die ärztlichen Arbeitskämpfe und hiermit zusammenhängende Versorgungsengpässe darstellten, s. hierzu *Hungeling*, in: Die Regulierung der Gesundheit, 1993, S. 63, 71.

[146] *Gesellensetter*, Freier Arztberuf, 2010, S. 142; *Muschallik*, in: FS Deneke, 1985, S. 52, 52 f.

[147] *Hartmannsgruber*, in: Ratzel/Luxenburger (Hrsg.), Handbuch Medizinrecht, ^{4}2020, Kap. 8 Rn. 108.

[148] S. im Detail B. III. 2. c).

III SGB V beraten sie die Bedarfspläne und treffen Feststellungen zur Unter- (§ 100 SGB V) und Überversorgung (§ 103 I SGB V).

Im Kontext der Bedarfsplanung nimmt der Gemeinsame Bundesausschuss (GBA) wesentliche Funktionen der ärztlichen Selbstverwaltung wahr, indem er die Bedarfsplanungsrichtlinie festlegt, § 92 I 2 Nr. 9 SGB V. Die Besetzung des GBA ist in § 91 II 1 SGB V geregelt: Ähnlich wie die Zulassungs- und Berufungsausschüsse ist er paritätisch besetzt – der Spitzenverband Bund der Krankenkassen stellt fünf Mitglieder, auf der anderen Seite stehen zwei Mitglieder der kassenärztlichen Bundesvereinigung, zwei Mitglieder der Deutschen Krankenhausgesellschaft sowie ein Mitglied der Kassenzahnärztlichen Bundesvereinigung, hinzu kommen drei unparteiische Mitglieder, von denen einer die Rolle des Vorsitzenden wahrnimmt. Zusätzlich zur Bedarfsplanung bestimmt der GBA die Richtlinien, an denen sich die ärztliche Behandlung zu orientieren hat, § 92 I 2 Nr. 5 SGB V und die gem. § 92 VIII SGB V Bestandteil der Bundesmantelverträge werden. Diese Richtlinien beschränken die ärztliche Therapiefreiheit immer weiter[149]. Der GBA greift in einen weiteren Aspekt der ärztlichen Freiberuflichkeit ein, indem er den Umfang der Verpflichtung zur persönlichen Leistungserbringung (§ 16 BMV-Ä, zur Vertretung § 14 BMV-Ä) festlegt. Stark umstritten ist seit jeher die Frage, ob es an einer Ermächtigungsgrundlage für die Richtlinien des GBA mangelt und ob er demokratisch hinreichend legitimiert ist[150]. Angemerkt sei an dieser Stelle nur, dass auch diese Frage[151] vor dem Hintergrund der unterschiedlichen soziologischen Theorien erörtert werden kann: Aus einer strukturfunktionalen Perspektive besteht kein wesentlicher Unterschied zwischen den Interessen der Ärzte und denen der Patienten. Dementsprechend spricht nichts dagegen, dass die Patienten im GBA durch die Ärzte repräsentiert werden[152]. Geht man jedoch von einer schließungstheoretischen Perspektive aus,

---

[149] *Hartmannsgruber*, in: Ratzel/Luxenburger (Hrsg.), Handbuch Medizinrecht, ^{4}2020, Kap. 8 Rn. 167.

[150] Kritisch hierzu BVerfGE 140, 229 = NJW 2016, 1505, 1507; *Hartmannsgruber*, in: Ratzel/Luxenburger (Hrsg.), Handbuch Medizinrecht, ^{4}2020, Kap. 8 Rn. 170; s. auch *Treptow*, Mitgliedschaft in der MVZ-GmbH, 2011, S. 53 m. w. N. in Fn. 130.

[151] Der GBA ist in dieser Arbeit vor allem im Kontext der Bedarfsplanung bedeutsam. Da diese die Rechte der Patienten laut BSG nicht berührt, zieht das Gericht die demokratische Legitimation des GBA nicht in Zweifel (BSGE 121, 154 ff. = NZS 2017, 65, 66 f.). Die Frage nach der demokratischen Legitimation des GBA muss im Rahmen dieser Arbeit daher nicht beantwortet werden.

[152] Vgl. hierzu die Sichtweise in *Schirmer/Fuchs*, in: Bild des Arztes, 2009, S. 121, 144 f., nach dem Berufsregeln „die medizinische Unabhängigkeit [ ] im Interesse der Patienten [ ] sichern“ können, gleichzeitig besteht aber „eine überzogene Haltung, Verbraucherschutzverbänden und Patientenschutzverbänden eine unmittelbare Beteiligung an der Normsetzung im Berufsrecht zu ermöglichen“.

stimmen die Interessen nicht überein. Dann sind die Patienten im GBA nicht hinreichend vertreten, sodass der GBA nicht als Organ der Selbstverwaltung angesehen werden kann[153].

7. Zwischenergebnis

An den zitierten Normen und Urteilen wird deutlich, dass der Gesetzgeber und die Rechtsprechung die den Typusmerkmalen der Freiberuflichkeit zugrundeliegenden Gedanken regelmäßig aufgreifen, häufig ohne sie explizit als Grund hierfür zu nennen. Die Freiberuflichkeit des Arztes hängt auch grundrechtlich nicht in der Luft: Diverse Aspekte wie die freie Arztwahl sowie die Therapiefreiheit des Arztes können an die Verfassung rückangebunden werden. Dennoch vermag es die Rechtswissenschaft nicht, die Freiberuflichkeit mithilfe einer Definition einzufangen.

Die strukturfunktionale Perspektive eröffnet diesbezüglich eine tiefergehende Erklärung: Nach ihr stellt die Freiberuflichkeit (neben der Marktwirtschaft und Administrative) eine Institution dar, mit deren Hilfe Güter hergestellt und aufrechterhalten werden sollen, die für die Gesellschaft besonders bedeutsam sind und die zur Überwindung von Ungewissheiten eine besondere geistige Unabhängigkeit seitens des Produzenten fordern. Hierzu stellt sie verschiedene Merkmale auf, die die Verhaltensmuster der Freiberufler abbilden und so strukturieren, dass sie den Erhalt dieser Güter bestmöglich gewährleisten. Die Rechtswissenschaft dient dazu, diese Konstruktion zu untermauern, indem sie einige Eckpunkte sozial gefestigter Verhaltensmuster fixiert. Die Vorstellungen davon, wie diese Güter effizient[154] gewährleistet werden können, wandeln sich und sind so politisch, dass sie der gerichtlichen Kontrolle nicht unterliegen sollen und können – weil sie kaum subsumtionsfähig sind. Handfester sind hingegen die Typusmerkmale der Freiberuflichkeit, weshalb sich die Soziologie und ihr folgend die Rechtswissenschaft auf diese stützt. Hierzu werden einige Typusmerkmale – z. B. der freiberufliche Altruismus – direkt in die Rechtswissenschaft überführt. Bei anderen Merkmalen ist der Zusammenhang weniger direkt: So manifestiert sich der Zentralwertbezug der ärztlichen Leistung in der ideellen, geistigen Leistung, die rechtlichen Vorgaben entsprechend persönlich erbracht werden muss.

Die Freiberuflichkeit stellt mehr dar als die Summe ihrer Typusmerkmale. Diese werden einzeln aufgezählt, um Anhaltspunkte für eine Typisierung zu bie-

---

153 *Franzius*, VSSR 2012, 49, 68.

154 Aus schließungstheoretischer Perspektive ist die Vorstellung davon, was als effizient gilt, indes nicht nur willkürlich, sondern auch abhängig von der jeweiligen ideologischen Vorprägung der Mächtigen, s. *Freidson*, Professionalism, 2001, S. 45 f.

ten. Zwischen den einzelnen Typusmerkmalen besteht aber ein geistiges Band[155]. Die Typusmerkmale existieren nicht isoliert voneinander: Um die Funktionsfähigkeit der Institution zu gewährleisten, müssen sie sich aufeinander beziehen, sich gegeneinander stützen und so ein logisches Gesamtkonstrukt bilden[156]: Die Persönlichkeit der Leistungserbringung folgt aus der Natur der erbrachten Leistung und ist Grundlage für das Vertrauensverhältnis zwischen Arzt und Patient, innerhalb dessen die geistig ideelle Leistung erbracht wird. Das Vertrauensverhältnis ist erforderlich, um das zwischen Arzt und Patient bestehende Wissensgefälle zu überwinden, welches aus der qualifizierten Ausbildung folgt, die die Leistung erst ermöglicht. Um die Qualität der Leistung und das Vertrauensverhältnis weiter zu stützen, geht der Freiberufler seiner Tätigkeit in wirtschaftlicher Selbständigkeit und altruistisch nach. Dies versetzt ihn in eine Lage, in der er weder nach einer rein staatlichen noch einer rein marktwirtschaftlichen Logik operiert. Die Regelungen diesbezüglich werden weitestgehend durch die Selbstverwaltung getroffen, was das Vertrauensverhältnis zwischen Arzt und Patient auf das Verhältnis zwischen Ärzteschaft und Gesamtgesellschaft projiziert.

Dieses Verständnis von Freiberuflichkeit zeichnet sich dadurch aus, dass es die Freiheit des Arztes als Freiheit des Patienten begreift[157]. Die Freiberuflichkeit fungiert als Mechanismus gesellschaftlicher Risikodiversifikation: Die Freiheit in der Berufsausübung erlaubt es dem Arzt, Entscheidungen, deren Folgen er ex ante selbst nur abschätzen kann, anhand seiner eigenen Risikoanalyse zu treffen und hiermit verbundene individuelle Probleme mithilfe seiner geistig schöpferi-

---

155 *Taupitz*, Standesordnungen, 1991, S. 40; vgl. *Kämmerer*, Freie Berufe, 2010, H 30, der feststellt, dass sich „die Ansatzpunkte für regulative Intervention in ihrem funktionalen Zusammenhang wie bunte Steinchen in einem Kaleidoskop“ anordnen.

156 Vgl. *Bourmer*, in: FS Deneke, 1985, S. 10, 23: „An dieses System ist daher auch die Forderung zu stellen, dass es die Freiberuflichkeit ärztlicher Tätigkeit garantiert. Die soziale Verpflichtung gegenüber dem Individuum, gegenüber der Gemeinschaft und auch gegenüber dem eigenen Berufsstand verliert ihren Wertgehalt, wenn sie nicht gekoppelt ist an die ärztliche Freiheit in Diagnostik und Therapie, an die ärztliche Schweigepflicht und an die unabhängige Verantwortung des Arztes. Nur dieser unabdingbare Zusammenhang zwischen sozialer Bindung und ärztlicher Freiheit lässt auf der Basis der freien Arztwahl das persönliche Vertrauensverhältnis zwischen Patient und Arzt entstehen und gibt dem Patienten die Gewissheit, dass der ihn behandelnde Arzt in seiner diagnostischen und therapeutischen Entscheidung frei und unabhängig ist, also persönlich die Verantwortung für seine Handlungen trägt. Jede Einschränkung der beruflichen Entscheidungsfreiheit des Arztes beinhaltet damit zugleich eine Beschneidung des Freiheitsraumes jedes Patienten in unserer Gesellschaft. Die Freiberuflichkeit des Arztes ist nicht der Ausdruck eines speziellen Gruppenegoismus, sondern der Garant für eine bestmögliche gesundheitliche Versorgung aller Bürger“.

157 *Bourmer*, in: FS Deneke, 1985, S. 10, 23; *Vilmar*, in: FS Deneke, 1985, S. 40, 44; *Deneke*, Individuelle Freiheit in sozialer Sicherheit, 1985, S. 323.

schen Lösung zu überwinden[158]. Der staatlichen oder marktwirtschaftlichen Logik folgende, bürokratische Richtlinien begrenzen diesen Spielraum naturgemäß. Man mag dem Richtliniengeber, der sich durch entsprechende Gremien beraten lassen kann, zwar eine im Vergleich zum einzelnen Arzt erhöhte Kompetenz zusprechen[159]. Die Folgen einer falschen Entscheidung seitens dieses Richtliniengebers sind gesamtgesellschaftlich jedoch ungleich gravierender, wenn man zum Vergleich eine Konstellation heranzieht, in der sich verschiedene Freiberufler untereinander unkoordiniert unterschiedlich entscheiden und nur einige von ihnen die falsche Entscheidung treffen. Zwar kann so nicht jedem Patienten die scheinbar „beste Behandlungsmethode" garantiert werden[160]. Dies liegt jedoch an der Natur der ärztlichen Leistung und wird durch das Recht auf freie Arztwahl aufgewogen. Die freie Arztwahl fordert jedoch eine eigenverantwortliche Entscheidung des Patienten. Um die mit dieser Entscheidung einhergehende Last abzufedern, relativieren ärztliche Standards sowie die staatliche Qualitätskontrolle diesen Grundgedanken.

[158] „Aus der Individualität jeder Erkrankungssituation und aus der Notwendigkeit einer auf jeden einzelnen Menschen ausgerichteten Form der Begegnung resultiert eben die Notwendigkeit der Freiberuflichkeit, da nur der in Fragen der Therapie freie Arzt die jeweils angemessene Therapieform wählen kann", *Bundesärztekammer*, Gesundheitspolitische Leitsätze der deutschen Ärzteschaft. Ulmer Papier (https://www.bundesaerztekammer.de/fileadmin/user_upload/downloads/UlmerPapierDAET111.pdf), S. 5 (geprüft am 19.9.2023); immer wenn diese Unsicherheit entfällt, steht auch die Freiberuflichkeit des Berufstätigen in Frage, s. bspw. BFHE 177, 377 ff. = NJW 1995, 3078, 3080; dementsprechend bestehen aktuell Ansichten, nach denen die Professionen in Zukunft keine Rolle mehr spielen, da ihre Arbeit komplett durch machine-learning Algorithmen übernommen wird, s. hierzu bspw. (sehr weit in die Zukunft gedacht) *Susskind/Susskind*, The Future of the Professions, 2015, S. 272 ff., insbes. 292; dies entspricht im Wesentlichen der ehemals aus dem marxistischen Spektrum kommenden Ansicht, nach der die Professionals im Laufe der Zeit selbst immer weiter proletarisiert werden und daher dem Proletariat zuzuordnen sind, hierzu *Saks*, Journal of Professions and Organization 2016, 170, 174 m. w. N.; es bestehen jedoch bis heute Zweifel daran, dass sich menschliche Arbeit komplett durch Algorithmen ersetzen lässt, s. bspw. *Kaulen*, Sind Algorithmen tatsächlich die besseren Ärzte?, 4.5.2020 (https://www.faz-biblionet.de/faz-portal/document?uid=FAZN__20200504_6754548&token=651eda82-1331-4b08-b4b0-189cc59b99d7&p._scr=faz-archiv&p.q=deep+learning&p.source=&p.max=10&p.sort=&p.offset=0&p._ts=1600005310381&p.DT_from=01.11.1949&p.timeFilterType=0, geprüft am 19.9.2023); kritisch hierzu auch *Laufs/Katzenmeier*, in: Laufs/Katzenmeier/Lipp (Hrsg.), Arztrecht, [8]2020, I. Rn. 69.

[159] In diesem Kontext stellt sich dann aber die Frage, ab wann „eine solche Entwicklung hin zur Techno- und Expertokratie mit dem demokratischen Selbstverständnis unserer Gesellschaft nicht vereinbar ist", *Quante*, in: Bild des Arztes, 2009, S. 171, 175.

[160] Je stärker der Entscheidungsspielraum des Freiberuflers durch Richtlinien beschränkt ist, desto weniger kann er eine individuell auf seinen Dienstgeber zugeschnittene Leistung erbringen, *Freidson*, Professionalism, 2001, S. 218.

Als typologische Konstruktionen handelt es sich bei der Freiberuflichkeit um ein labiles Gebilde, das eine Eigendynamik entfaltet: Der Typus ist zu seinem Erhalt auf sich selbst angewiesen: Schwächt sich der Typus auf der empirischen Ebene ab, ändert sich das Berufsbild. Dies erhöht die Wahrscheinlichkeit für normative Änderungen[161]. Ändern sich die regulatorischen Rahmenbedingungen, passen die Freiberufler ihr Verhalten an. Dies kann zu Änderungen des Berufsbilds führen, sodass der freiberufliche Typus auf der normativen Ebene als weniger gerechtfertigt erscheint, was wieder regulatorische Änderungen einleitet, die wiederum die empirische Ebene beeinflussen. Es besteht also eine Spirale von Wechselwirkungen zwischen empirischer und normativer Ebene, die an die Dynamik zwischen Recht und Moral[162] erinnert und für den Typusbegriff kennzeichnend ist. Nachvollziehen lässt sich dieser Wandel an den einzelnen Typusmerkmalen. Dadurch, dass die einzelnen Merkmale untereinander konnex sind, führen Änderungen bezüglich eines Merkmals zu Verschiebungen anderer Merkmale[163].

Die Praxisnachfolge knüpft an die wirtschaftliche Selbständigkeit des Arztes sowie an den Goodwill und damit an das Vertrauensverhältnis zwischen Arzt und Patient an. Sie setzt die freie Arztwahl (und hierüber die Therapiefreiheit, die der freien Arztwahl erst ihren Sinn gibt) voraus, ansonsten wäre der Goodwill für den Arzt wirtschaftlich nicht von Bedeutung. Die Praxisnachfolge ist als Institution für das Vertrauensverhältnis zwischen Arzt und Patient nicht erforderlich. Sie ist aber Annex dieses Vertrauens, da die Praxisnachfolge es dem nachrückenden Arzt erleichtert, sich dieses Vertrauen erneut zu erarbeiten. Das Vertrauensverhältnis befindet sich in der Krise[164]. Um die Transformation der Freiberuflichkeit unter dem Einfluss dieser Krise nachzuzeichnen, werden im Folgenden wesentliche gesetzliche Änderungen und ihr Einfluss auf die Freiberuflichkeit dargestellt.

---

161 *Wasilewski*, in: FS Deneke, 1985, S. 26, 31 sagte bspw. voraus, aggressivere Marketingstrategien führten zu Änderungen hinsichtlich des Werbeverbots; passend hierzu führen *Schirmer/Fuchs*, in: Bild des Arztes, 2009, S. 121, 121, 141 aus, wie das BVerfG das Werbeverbot angesichts des nun „überkommenen Berufsbilds“ „auflockert“; s. auch *Laufs*, in: Bild des Arztes, 2009, S. 9, 18.

162 *Taupitz*, Standesordnungen, 1991, S. 185.

163 Vgl. *Taupitz*, Standesordnungen, 1991, S. 33; vgl. *Deneke*, Die freien Berufe, 1956, S. 241.

164 *Taupitz*, Standesordnungen, 1991, S. 55 ff.

III. Entwicklung der Freiberuflichkeit

1. Einleitung

Das bisher gezeichnete Bild der Freiberuflichkeit setzt im Wesentlichen auf liberalen Grundvorstellungen des 19ten Jahrhunderts auf, im Rahmen derer die Freiheit vom Staat in der Berufsstellung eine zentrale Rolle einnimmt[1]. Im Gegensatz zu diesem Bild hat die Anzahl der gesetzgeberischen Eingriffe in das Zulassungs- und Vergütungsrecht der Ärzte in den letzten 30 Jahren jedoch immer weiter zugenommen[2]. Der Hauptgrund für die entsprechenden Reformen wird im steigenden Kostendruck in der gesetzlichen Krankenkasse verortet[3]. Wie eine Gesellschaft mit Problemen wie dem Kostendruck in der gesetzlichen Krankenkasse umgeht, ist stark abhängig von den allgemeinen, in ihr bestehenden Ansichten[4], die zur Willensbildung des Gesetzgebers führen. Diese Ansichten werden in den soziologischen Theorien zur Freiberuflichkeit gespiegelt.

Der Kostendruck in der GKV wird zumeist auf äußere Faktoren zurückgeführt, die von dem Institut der freiberuflichen Ärzteschaft kaum beeinflusst werden können. Zu diesen gehören der demographische Wandel[5] sowie erhöhte Behandlungskosten als Folge der wissenschaftlich-technischen Entwicklung[6]. Ein ergänzender Erklärungsansatz für die Finanzierungsschwierigkeiten liegt im Hinweis auf eine typische Entwicklung in kapitalistisch organisierten Systemen: In ihnen besteht die Tendenz, dass im Rahmen der Generierung von Einkommen

---

[1] S. hierzu auch *Fleischmann*, Die freien Berufe im Rechtsstaat, 1970, S. 80 f.

[2] *Laufs*, in: Bild des Arztes, 2009, S. 9, 10 zählte im Jahr 2009 „zehn teils tief einschneidende und umfängliche Novellen", seitdem sind mit dem GKV-VStG, dem GKV-VSG und dem TSVG mindestens drei weitere ergangen.

[3] *Laufs*, in: Bild des Arztes, 2009, S. 9, 13 f.; *Freidson*, Professionalism, 2001, S. 194; dabei bestehen zahllose weitere Einflüsse auf die Freiberuflichkeit, die mit der Praxisnachfolge (zumindest noch) nicht im Zusammenhang stehen und hier daher nicht erwähnt werden wie bspw. die „Europäisierung des Dienstleistungsrechts", s. hierzu *Kämmerer*, Freie Berufe, 2010, H 49 ff.

[4] Hierzu schon *Deneke*, Die freien Berufe, 1956, S. 106 ff.

[5] *Ders.*, Individuelle Freiheit in sozialer Sicherheit, 1985, S. 226 f.

[6] *Schmitz-Luhn*, in: FS Dahm, 2017, S. 437, 438; *Maydell*, NZS 1996, 243, 244 f.; *Hufen*, MedR 1996, 394, 395.

Arbeit gegenüber Kapital immer mehr an Bedeutung verliert, was sich nachteilig für die gesetzliche Krankenversicherung auswirkt, die überwiegend aus dem Arbeitseinkommen der Versicherten finanziert wird[7]. Die steigenden Behandlungskosten führen dazu, dass die beste Behandlung nicht für jeden einzelnen Patienten gewährleistet werden kann[8], es also zu einer Rationierung der ärztlichen Leistungen kommt. Hierdurch kommt es zu Änderungen des klassisch freiberuflichen Verständnisses vom Vertrauensverhältnis zwischen Arzt und Patient[9]. Dies ist umso mehr der Fall, als dass neben den äußeren, kostenerhöhenden Faktoren, noch innere, aus der Ärzteschaft kommende Faktoren hinzugezogen werden, um die Finanzierungsprobleme der Krankenversicherung zu erklären, wie die Akademiker-[10] bzw. Ärzteschwemme[11] der 1980er Jahre.

Rechtlich hat die Ärzteschwemme zur Bedarfsplanung geführt (hierzu 2.). Indem der Gesetzgeber die Anzahl der Sitze begrenzt, wandelt sich der Zweck der Praxisnachfolge. Zwar ist die vertragsärztliche Zulassung laut BSG nicht übertrag- und damit nicht handelbar[12]. Mit Einführung der Regelung des § 103 IV SGB V nimmt die Übertragung bzw. erneute Vergabe der Zulassung praktisch aber eine zentrale Rolle im Rahmen der Praxisnachfolge ein[13]. Die zunehmende – ebenfalls mit der technischen Entwicklung zusammenhängende – Spezialisierung des einzelnen Arztes führt in Verbindung mit Effizienz- und Kostengesichtspunkten zur verstärkten Kooperation unter Ärzten und größeren Praxen mit angestellten Medizinern[14]. Diese Entwicklung führt zu Herausforderungen für die freiberufliche Ordnung der ambulanten Versorgung[15]: So wurde nicht nur die Anstellung von Ärzten legalisiert (hierzu 3.), sondern auch das MVZ eingeführt, in dem Ärzte innerhalb großer Strukturen kooperieren sollen (hierzu 4.). Beide Themenkomplexe sind im Zusammenhang mit der Praxisnachfolge bedeutsam[16].

---

[7] *Gesellensetter*, Freier Arztberuf, 2010, S. 24 f. Fn. 19; vgl. auch *Schirmer/Fuchs*, in: Bild des Arztes, 2009, S. 121 ff.

[8] *Deneke*, Individuelle Freiheit in sozialer Sicherheit, 1985, S. 227.

[9] *Siegrist*, Bundesgesundheitsblatt, Gesundheitsforschung, Gesundheitsschutz 2012, 1100, 1102.

[10] *Wasilewski*, in: FS Deneke, 1985, S. 26, 27 ff.

[11] *Fiedler*, in: FS Deneke, 1985, S. 62, 64.

[12] S. nur BSGE 86, 121, 123.

[13] *Cramer/Maier*, MedR 2002, 549, 551.

[14] *Vilmar*, in: FS Deneke, 1985, S. 40, 41 ff.

[15] Hierzu s.o. B. II. 4.

[16] Hierzu s.u. unter B. III. 3. a) und B. III. 4. a).

2. Budgetierung und Bedarfsplanung

a) Einleitung

Die Bedarfsplanung (zu ihrer konkreten Ausgestaltung und aktuellen Problemen s. c) und d)) ist direkt kausal für das Konzessionshandelsverbot und daher von herausragender Bedeutung für diese Arbeit: Erst sie führte zur Einführung von § 103 IV SGB V und nur sie schaffte die Motivation, überhaupt mit der Konzession zu handeln. Betrachtet man die Historie der Bedarfsplanung (hierzu b)) zusammen mit der Budgetierung der Ausgaben in der GKV (hierzu e)) lässt sich über die Theorie der anbieterinduzierten Nachfrage (hierzu f)) nachzeichnen, wie ökonomische Konzepte mit den zuvor beschriebenen soziologischen Theorien zusammenhängen (hierzu g)) und so auf die Freiberuflichkeit im Recht einwirken (hierzu h)).

b) Historische Herleitung

aa) Verhältniszahl in der Kaiserzeit

Die mengenbezogene Regulierung des Angebots ärztlicher Leistungen durch die öffentliche Gewalt ist fast so alt wie die sozialversicherungsrechtlichen Instrumentarien im deutschen Gesundheitssystems selbst[17]. Die erste Zahl, die das Verhältnis zwischen Patienten und Ärzten festlegte, ging auf das Berliner Abkommen von 1913 zurück[18]. Hier ging die Begrenzung der Arztzahl noch von der Ärzteschaft selbst aus: Nach Gründung der Krankenversicherung (durch das Gesetz betreffend die Krankenversicherung der Arbeiter[19] im Jahr 1883) sowie der Einführung des Sachleistungsprinzips[20] in Verbindung mit der Erweiterung des Versichertenkreises (als Folge der Begründung der Pflichtversicherung durch das Krankenversicherungsgesetz [KVG][21] im Jahr 1892) war eine erhebliche Anzahl der Patienten gesetzlich versichert, wobei die Krankenkassen frei ent-

---

[17] *Deneke*, Die freien Berufe, 1956, S. 16 setzt noch viel früher an und führt die ersten Formen der Bedarfsplanung auf die Herrschaft Antonius Pius im antiken Rom zurück; auch die Logik der anbieterinduzierten Nachfrage (s.u. B. III. 2. f)) ist nicht neu, wie ein *Heinrich von Kleist* zugeschriebenes Zitat belegt: „Die zahllosen Krankheiten wundern dich? Zähle die Ärzte!".

[18] *Ostertag*, in: Körner/Leitherer/Mutschler u. a. (Hrsg.), KassKomm, Mai 2021, § 72 SGB V Rn. 6; *Lindenau*, MVZ, 2008, S. 12 Rn. 30; *Schneider*, Handbuch des Kassenarztrechts, 1994, S. 20; *Schneider*, MedR 1994, 383.

[19] RGBl. I 1883, S. 73–104.

[20] *Clemens*, in: Laufs/Kern/Rehborn (Hrsg.), ArztR-HdB, [5]2019, § 26 Rn 8.

[21] RGBl. I 1892, S. 417–465.

scheiden konnten, mit welchen Ärzten sie einen Vertrag abschlossen[22]. Die Ärzteschaft – zu dieser Zeit noch kaum organisiert und daher in einer schwachen Verhandlungsposition – konnte ihre Gehaltsvorstellungen nicht durchsetzen, was über die Jahre zu diversen Ärztestreiks führte[23]. Sie forderte die freie Arztwahl, die im System dieser Einzelverträge dazu geführt hätte, dass die Krankenkassen dazu verpflichtet gewesen wären, mit jedem einzelnen Arzt einen Vertrag abzuschließen[24]. Mit dieser Maximalforderung konnten sich die Ärzte zwar nicht überall durchsetzen. Wo dies nicht der Fall war, wurde i. R. d. Berliner Abkommens mit der Festlegung einer Verhältniszahl jedoch vereinbart, dass die Krankenkassen mit einer gewissen Zahl von Ärzten (nach festgelegten Kriterien) Verträge abschließen mussten, was zu einer Aufwertung der ärztlichen Verhandlungsposition führte[25].

bb) Die Verhältniszahl im weiteren Verlauf der Geschichte und ihr vorläufiges Ende

Nach dem Ablauf des Berliner Abkommens enthielt auch die Sozialgesetzgebung der Weimarer Republik, in der nun allerorts die freie Arztwahl galt[26], eine entsprechende Regel[27]. Eine Verhältniszahl bestand zudem – nach dem Wechsel zu einem System der Gesamtverträge im Jahr 1932[28] – zuzeiten des Dritten Reichs[29]. In den Verhandlungen zum Kassenarztrecht der jungen Bundesrepublik vermochte es die Ärzteschaft, die Verhältniszahl, die fortan in § 368a RVO i. d. F. des GKAR vom 17. August 1955 geregelt war, zugunsten der Ärzte abzuschwächen[30]. Sie wurde als erforderlich angesehen, da nach dem Zweiten Weltkrieg Ärzte ihre Anstellung bei der Wehrmacht sowie anderen nicht mehr vorhandenen Institutionen verloren hatten, weitere Ärzte aus der russisch besetzten

---

22 *Schnapp*, in: Schnapp/Wigge (Hrsg.), Vertragsarztrecht, 2017, § 1 Rn. 4.

23 *Clemens*, in: Laufs/Kern/Rehborn (Hrsg.), ArztR-HdB, ⁵2019, § 26 Rn. 12 f.; *Schnapp*, in: Schnapp/Wigge (Hrsg.), Vertragsarztrecht, 2017, § 1 Rn. 4 ff.; *Kanter*, Zulassung im Wandel, 2013, S. 15 f.

24 *Schnapp*, in: Schnapp/Wigge (Hrsg.), Vertragsarztrecht, 2017, § 1 Rn. 4 f.

25 *Ders.*, in: Schnapp/Wigge (Hrsg.), Vertragsarztrecht, 2017, § 1 Rn. 9.

26 *Ders.*, in: Schnapp/Wigge (Hrsg.), Vertragsarztrecht, 2017, § 1 Rn. 14.

27 Zunächst infolge der Fortgeltung des Berliner Abkommens gem. § 45 I Zulassungsordnung, *Schneider*, Handbuch des Kassenarztrechts, 1994, S. 24 f., 28; dann in § 368b RVO i. d. F. der Verordnung vom 8. Dezember 1931 (wirksam zum 14. Januar 1932), hierzu auch *Ruhberg*, Probleme der Bedarfsplanung, 2014, S. 12.

28 Hierzu s. u. C. I. 2. a).

29 § 11 I Zulassungsordnung 1934, s. *Schneider*, Handbuch des Kassenarztrechts, 1994, S. 47.

30 *Gerst*, Standesorganisation, 2004, S. 248 f., 255; vgl. auch *Ruhberg*, Probleme der Bedarfsplanung, 2014, S. 12 f.

Zone nach Westdeutschland geflüchtet waren und junge Ärzte ihr kriegsbedingt unterbrochenes Studium abgeschlossen hatten[31], sodass die Zahl der potenziell neu zuzulassenden Ärzte als zu hoch erachtet wurde[32]. Auf den Druck der zulassungslosen Ärzte hin kam es zu einer Verfassungsbeschwerde des Marburger Bundes[33]. In diesem Rahmen erließ das Bundesverfassungsgericht 1960 das Kassenarzturteil, in welchem es § 368a RVO i. d. F. GKAR wegen Verstoßes gegen Art. 12 I GG für verfassungswidrig erklärte[34], sodass die Verhältniszahl zunächst entfiel.

Die Festlegung der zulässigen Anzahl von Ärzten hat im Laufe der Historie einen Bedeutungswandel erfahren: Galt sie im System der Einzelverträge noch als Befreiungsschlag der Ärzte gegen die übermächtigen Krankenkassen, stellt sie im System des Gesamtvertrags ein Instrument dar, das zulasten der (noch nicht zugelassenen) Ärzte die Finanzen der Krankenkasse schützen soll.

cc) Die stille Einführung der Bedarfsplanung

Sechzehn Jahre nach der Entscheidung des BVerfG fanden erste Vorläufer der aktuellen Bedarfsplanung i. R. d. Krankenversicherungsweiterentwicklungsgesetzes (KVWG)[35] wieder Einzug in das deutsche Gesundheitssystem[36]. Infolge dieses Veränderungsgesetzes verpflichtete § 368 IV RVO i. d. F. des KVWG die kassenärztliche Vereinigung dazu, einen Bedarfsplan aufzustellen. Die im KVWG angelegte Bedarfsplanung, die es den Landessausschüssen ermöglichte, Gebiete für weitere Zulassungen zu sperren (s. §§ 368c III, 368r III RVO i. d. F. KVWG), richtete sich in erster Linie gegen die Unterversorgung im ländlichen Bereich[37]. Da den meisten Gebieten nach dem Erlass des KVWG aber keine Unter-, sondern eine Überversorgung attestiert wurde und das Gesetz diverse Ausnahmen enthielt, kam es kaum zu Sperrungen[38].

Mit dem zunehmenden Finanzierungsdruck der gesetzlichen Krankenkassen und der als Ärzteschwemme bezeichneten Niederlassungswelle von Medizinern

---

31 *Schnapp*, in: Schnapp/Wigge (Hrsg.), Vertragsarztrecht, 2017, § 1 Rn. 37.

32 Hierzu sowie zur rechtlichen Situation zwischen 1945 und 1955 s. *Gerst*, Standesorganisation, 2004, S. 36 ff.; vgl. zudem die analoge Situation im Jahr 1931, *Karter*, Zulassung im Wandel, 2013, S. 23.

33 *Gerst*, Standesorganisation, 2004, S. 244 f.

34 BVerfGE 11, 30 ff.

35 BGBl. I 51 vom 30.12.1976, S. 3871 ff.

36 *Möller*, MedR 1994, 218.

37 *Frehse*, in: Rieger/Dahm/Steinhilper (Hrsg.), HK-AKM, Juni 2014, 720 Rn. 6; *Schneider*, Handbuch des Kassenarztrechts, 1994, S. 60.

38 *Clemens*, in: Laufs/Kern/Rehborn (Hrsg.), ArztR-HdB, [5]2019, § 25 Rn. 30; *Möller*, MedR 1994, 218; *Molinaro*, Kostendämpfung, 1986, S. 15.

im Laufe der 80er Jahre, sah sich der Gesetzgeber veranlasst, die Bedarfsplanung zu nutzen, um dem Problem der Überversorgung Herr zu werden[39]. Das Gesetz zur Verbesserung der kassenärztlichen Bedarfsplanung[40] von 1986 erweiterte die RVO daher um § 368t RVO, der die Anordnung von (zeitlich beschränkten[41]) Zulassungsbeschränkungen explizit für den Fall der Überversorgung zuließ, diese aber ins Ermessen der Landesausschüsse stellte[42]. Einen besonderen Einfluss auf die allgemeinen Entwicklungen konnte diese Reform aber nicht nehmen[43].

dd) Die verschärfte Bedarfsplanung des GSG

Die Finanzierungsprobleme der gesetzlichen Krankenkassen und die negative Entwicklung[44] blieben mithin bestehen, sodass sich der Gesetzgeber 1993 i. R. d. Gesundheitsstrukturgesetzes[45] (GSG) dazu entschied, die Ausgaben für ärztliche Behandlungen mithilfe der Budgetierung[46] zu deckeln und die Bedarfsplanung zu verschärfen, die infolge des Gesundheitsreformgesetzes (GRG)[47] von 1989 ohne inhaltliche Änderungen von §§ 368 ff. RVO in die §§ 102 ff. SGB V überführt wurde. Die Budgetierung sorgte für einen „Paradigmenwechsel"[48] in der deutschen Gesundheitspolitik. Sie verwandelte das marktwirtschaftliche System in ein planwirtschaftliches und erlegte den niedergelassenen Ärzten das Morbiditätsrisiko[49] auf. Die Budgetierung hängt unmittelbar mit der Niederlassungsbeschränkung zusammen[50]: Während die Budgetierung die Gesamtausgaben be-

---

39 Vorher versuchte man der steigenden Anzahl von Ärzten mit einer Anhebung der Prüfungserfordernisse sowie einer Verlängerung der Ausbildung beizukommen, s. *Hungeling*, in: Die Regulierung der Gesundheit, 1993, S. 63, 73 f.

40 BGBl. 69 vom 30.12.1986, S. 2593 ff.

41 *Kanter*, Zulassung im Wandel, 2013, S. 35.

42 *Clemens*, in: Laufs/Kern/Rehborn (Hrsg.), ArztR-HdB, 52019, § 26 Rn. 38.

43 *Kanter*, Zulassung im Wandel, 2013, S. 85.

44 S. bspw. *Schneider*, Handbuch des Kassenarztrechts, 1994, S. 67 f.

45 BGBl. 59 vom 29.12.1992, S. 2266 ff.

46 Zum Begriff des Budgets *Gesellensetter*, Freier Arztberuf, 2010, S. 95.

47 BGBl. 62 vom 29.12.1988, S. 2477.

48 *Taupitz*, in: Binnenmarkt, 1997, S. 19, 22.

49 Hierzu sogleich unter B. III. 2. e); eine vergleichbare Situation bestand vormals bereits infolge der Brüningschen Notverordnung, in der der Gesetzgeber die Entwicklung der Ausgaben für die Gesundheitsversorgung an die Entwicklung der Grundlohnsumme koppelte. Der Gesetzgeber löste diese Verbindung 1955 mit dem GKAR jedoch auf, da die Belastung der Ärzte mit dem Morbiditätsrisiko angesichts der kriegsbedingt stark erhöhten Morbidität der Patienten in Verbindung mit der unausgewogenen Entwicklung von Löhnen und Preisen nach der Währungsreform sowie stark steigenden Zulassungszahlen zu intensiv wurde, s. *Schneider*, Handbuch des Kassenarztrechts, 1994, S. 41 f., 54, 58.

50 *Dirk Heinrich* bezeichnet die Bedarfsplanung als siamesischen Zwilling der Budgetie-

grenzt, begrenzen die Niederlassungsschranken die potenzielle Anzahl der Ärzte, sodass das Budget nicht auf zu viele Ärzte aufgeteilt werden muss. Die Budgetierung macht die Gesundheitsausgaben für den Gesetzgeber planbar, während die Niederlassungsschranken dazu führen, dass der Budgetrahmen nicht aufgrund der Ärzteschwemme angehoben werden muss, um die wirtschaftliche Überlebensfähigkeit der einzelnen Praxen und damit die Leistungsfähigkeit der ambulanten Versorgung selbst zu gewährleisten[51]. Der Gesetzgeber des GSG ging davon aus, dass Ärzte sich die Nachfrage nach ihrer Leistung selbst schaffen können[52]. Dies machte es erforderlich, die Zahl der neu vergebenen Zulassungen effektiv zu begrenzen. Daher verschärfte der Gesetzgeber mit dem GSG die Beschränkung der Niederlassungsmöglichkeiten für Ärzte, indem er die Grenze für die Überversorgung von 150 Prozent auf 110 Prozent herabsetzte und vorher bestehende Ermessens- und Beurteilungsspielräume bezüglich der Feststellung der Überversorgung abschaffte[53]. Vor allem hob der Gesetzgeber eine in § 368t IV 4 RVO a. F. enthaltene Regelung auf, nach der Überversorgung nur in der Hälfte aller Planungsbereiche festgestellt werden sollte[54].

ee) Die Weiterentwicklung der Bedarfsplanung

Der Grundstein für die aktuelle Bedarfsplanung und für die Praxisnachfolge i. S. d. § 103 (IIIa,) IV SGB V war damit gelegt. § 102 SGB V i. d. F. d. GSG sah aber vor, dass die Bedarfsplanung zum 1.1.2000 zu überarbeiten sei: Gesetzlich vorgegebene, feste Verhältniszahlen sollten demnach die regionale Bedarfsplanung ersetzen, die Praxisnachfolge als Institut stand aber nicht zur Disposition[55]. Zu dieser Überarbeitung kam es jedoch nicht, sodass der Gesetzgeber die in § 102 SGB V a. F. verankerte Frist im Jahr 2000 auf das Jahr 2003 verschob, um § 102 SGB V zum Jahr 2007 aufzuheben. So geht die aktuell gültige Version der Bedarfsplanung weiterhin auf das GSG von 1993 zurück. Dennoch besticht die Bedarfsplanung keinesfalls durch besondere Kontinuität. So wurde sie in der Zwischenzeit immer wieder modifiziert, wobei einige dieser Veränderungen

---

rung, *Heinrich*, Über die Folgen der Budgetierung, 1.11.2018 (https://www.bdc.de/ueber-die-folgen-der-budgetierung, geprüft am 19.9.2023); vgl. auch *Pawlita*, in: Schlegel/Voelzke (Hrsg.), jurisPK-SGB V, ^{4}25.10.2021, § 101 SGB V Rn. 29: „Im Konzept des SGB V flankieren Zulassungsbeschränkungen damit die Budgetierung der Gesamtausgaben".

51 Vgl. BT-Drs. 12/3608 S. 99.; *Riedel*, NZS 2009, 260, 263; a. A. *Hungeling*, in: Die Regulierung der Gesundheit, 1993, S. 63, 76, der die Zulassungssperre dementsprechend als reinen Konkurrenzschutz wertet.

52 BT-Drs. 12/3608 S. 97 ff.

53 *Frehse*, in: Rieger/Dahm/Steinhilper (Hrsg.), HK-AKM, Juni 2014, 720 Rn. 10.

54 *Seer*, MedR 1995, 131.

55 BT-Drs. 14/1245, S. 80.

mittlerweile aufgehoben sind. 1997 wurde mit § 101 II 1 Nr. 3 SGB V a. F. bspw. eine Vorschrift eingeführt, die die Folgen der Bedarfsplanung für die Ärzteschaft abschwächen sollte. Demnach hatten die Bundesausschüsse die Verhältniszahlen anzupassen, wenn dies zur Gewährleistung des Zugangs einer ausreichenden Mindestzahl von Ärzten in den einzelnen Arztgruppen zur vertragsärztlichen Versorgung erforderlich war. Art. 1 Nr. 41 a) aa) GKV-Gesundheitsreform hob die Vorschrift jedoch ersatzlos auf, was auf der Sorge beruhte, dass sich der i. R. d. GSG auftretende Effekt des Seehofer-Bauchs[56] bzw. „Vorzieheffektes" i. R. d. ab 2003 geltenden § 102 SGB V wiederholen könnte[57]. Die Bedarfsplanung wurde infolge dieser Gesetzesänderung zwar nicht verfassungswidrig[58], mit ihr gewann aber die Praxisnachfolge im Kontext von Art. 12 I GG an Bedeutung: Neben der Sonderbedarfszulassung konnte man sie fortan als das Institut wahrnehmen, welches gewährleistet, dass die Bedarfsplanung nicht die „absolute Zugangssperre für einzelne Arztgruppen" zur Folge hat[59].

Die meisten weiteren Änderungen der Bedarfsplanung betrafen die Praxisnachfolge lediglich im Detail: So brachte das Vertragsarztrechtsänderungsgesetz (VÄndG)[60] 2007 die Möglichkeit der halben Zulassung (§ 95 III 1 SGB V, § 19a II, III Ärzte-ZV), die gem. § 103 IV 2 SGB V ebenfalls ausgeschrieben werden kann. Ebenfalls 2007 schaffte das GKV-Wettbewerbsstärkungsgesetz (GKV-WSG)[61] die Bedarfsplanung im zahnärztlichen Bereich ab[62], sodass § 103 IIIa, IV SGB V sowie die anderen Übertragungstatbestände hier keine Bedeutung entfalten. Der Gesetzgeber plante zwar, die Bedarfsplanung für Humanmediziner abzuschaffen und die Ärzte rein durch Vergütungsanreize in unterversorgte Gebiete zu lenken, diese Pläne hat er jedoch verworfen[63].

---

[56] *Cramer/Maier*, MedR 2002, 549, 550, 558, die diese Sorge jedoch nicht teilten.

[57] *Haage*, MedR 2000, 262, 265.

[58] BSGE 94, 181, 187 ff.

[59] *Ders.*, MedR 2000, 262, 265; a. A. *Cramer/Maier*, MedR 2002, 549, 555, die bereits infolge der Streichung von § 103 II 1 Nr. 3 SGB V von einer absoluten Zulassungssperre ausgehen; a. A. zudem *Igl*, MedR 2000, 157, 162 ff. der daher zu dem Ergebnis kommt, dass es sich bei der Bedarfsplanung nun nicht mehr nur um eine Berufsausübungs-, sondern eine objektive Berufswahlregelung handelt, die – vor dem Hintergrund „der generationsüberschreitenden Solidarität beim Zugang zur Ressource ‚Erwerbstätigkeit'" – nicht durch ein überragend wichtiges Gemeinschaftsgut, sondern nur durch die finanzielle Stabilität der GKV als Gemeinschaftsgut mit großer Bedeutung gedeckt und damit verfassungsrechtlich bedenklich ist.

[60] BGBl. I 66 vom 30.12.2006, S. 3439–3449.

[61] BGBl. 11 vom 30.3.2007, S. 378.

[62] Zu den Hintergründen s. *Kanter*, Zulassung im Wandel, 2013, S. 172 ff.

[63] *Dies.*, Zulassung im Wandel, 2013, S. 168 ff.

c) Systematik der Bedarfsplanung

Geregelt ist die Bedarfsplanung in den §§ 99 ff. SGB V, §§ 12 ff. Ärzte-ZV sowie in der Bedarfsplanungsrichtlinie (BedPlRL), die auf § 92 I 2 Nr. 9 SGB V beruht. Die BedPlRL enthält die maßgeblichen Kriterien, an denen sich die Verteilung der Ärzte auszurichten hat. Erstellt wird sie gem. §§ 92 I 5 Nr. 9, 101 I SGB V durch den GBA. Dieser legt in der BedPlRL fest, wie sich die bedarfsgerechte Anzahl von Patienten pro Arzt bestimmen lässt (vgl. § 8 I BedPlRL).

aa) Versorgungsebene und Arztgruppen

Hierzu werden die Ärzte auf der Versorgungsebene (s. § 5 I BedPlRL) der hausärztlichen (§ 11 BedPlRL) sowie allgemeinen (§ 12 BedPlRL), speziellen (§ 13 BedPlRL) und gesonderten (§ 14 BedPlRL) fachärztlichen Versorgung zugeordnet. Der erste Absatz der §§ 11–14 BedPlRL führt die Arztgruppen auf, die der jeweiligen Versorgungsebene entsprechen. Absatz 2 der §§ 11–14 BedPlRL definiert die im Absatz 1 dieser Vorschriften aufgelisteten Arztgruppen – zumeist in Orientierung an der Weiterbildungsordnung, s. § 6 I BedPlRL. Die jeweilige Arztgruppe, die i. R. d. Praxisnachfolge bei der Bewertung des Fortführungswillens von Bedeutung ist[64], stellt für den GBA den zentralen Anknüpfungspunkt für die Beeinflussung der Arztzahlen dar: Um den gesetzgeberischen Auftrag einer ausgewogenen Versorgung umzusetzen, soll z. B. die Arztgruppe der Hausärzte die anderen Arztgruppen gem. § 48 S. 2 BedPlRL wesentlich überwiegen[65]. Seit dem Terminservice- und Versorgungsgesetz (TSVG)[66] kann der GBA gem. § 101 I 8 SGB V jedoch Versorgungsparameter innerhalb der Arztgruppen feinjustieren[67]. Über § 103 IIIa 3 Hs. 2 SGB V[68] wirkt sich dies auf die Praxisnachfolge aus.

Arztgruppen sind im Rahmen der Bedarfsplanung zwingend zu erfassen, wenn die Anzahl der ihr zuzuordnenden Ärzte 1000 übersteigt, § 101 II Nr. 2 SGB V. Ob der GBA auch kleinere Arztgruppen beplanen kann, hängt davon ab, wie man § 101 II Nr. 2 SGB V versteht. Liest man § 101 I Nr. 1 SGB V i. V. m. § 101 II Nr. 2 SGB V gemeinsam als Ermächtigungsgrundlage für die Erschaffung von Arztgruppen, ist die Einbeziehung kleinerer Arztgruppen in die Bedarfsplanung

---

64 S.u. D. I. 2. c) cc) (3); um bedarfsplanungsrechtlichen Vorgaben zu genügen, muss der nachfolgende Arzt zur selben Arztgruppe gehören wie der ausscheidende Arzt, s. *Fickentscher*, Eigentumsschutz in der Bedarfsplanung, 2022, S. 114 m. w. N. in Fn. 542.

65 Diese Vorgabe wurde jedoch nie erreicht und (deswegen) modifiziert, *Pawlita*, in: Schlegel/Voelzke (Hrsg.), jurisPK-SGB V, 4 25.10.2021, § 101 SGB V Rn. 156.

66 BGBl. I 2019 S. 646–691.

67 Im Detail *Ladurner*, in: FS Plagemann, 2020, S. 467, 475 ff.

68 Zur Vorschrift s.u. D. I. 2. b).

vor dem Hintergrund des Wesentlichkeitsvorbehalts rechts- (im Verhältnis zu § 101 II Nr. 2 SGB V) bzw. verfassungswidrig (im Verhältnis zu Art. 12 I GG)[69]. Hierfür spricht historisch, dass sich der GBA einst in § 4 V BedPlRL a. F. (bzw. vorher Nr. 7 S 4 BedPlRL vom 9.3.1993) dazu verpflichtete, Arztgruppen erst ab 1000 Mitgliedern zu beplanen, sodass man meinen könnte, der GBA hätte seine Ermächtigungsgrundlage selbst in § 101 I Nr. 1 SGB V i.V.m. § 101 II Nr. 2 SGB V gesehen[70]. Allerdings trat § 101 II Nr. 2 SGB V erst 1997 – mithin erst nach Nr. 7 S 4 BedPlRL vom 9.3.1993 – in Kraft, was in Verbindung mit dem modifizierten Wortlaut des § 101 II Nr. 2 SGB V[71] dafür spricht, dass der Gesetzgeber die Kompetenz des GBA aus § 101 I Nr. 1 SGB V nicht mit § 102 II Nr. 2 SGB V beschneiden wollte[72]. Dementsprechend übertrug der parlamentarische Gesetzgeber die Kompetenz, die Verhältniszahlen festzulegen, mit § 101 I Nr. 1 SGB V im Ganzen auf den GBA und gab ihm i. R. v. § 101 II Nr. 2 SGB V nur einen Fall vor, in dem er gezwungen ist, diese Kompetenz zu nutzen, sodass die Planungen, die Ärztegruppen mit weniger als 1000 Mitgliedern einbeziehen, rechts- bzw. verfassungsgemäß sind[73]. Als Grund für die Einbeziehung kleinerer Arztgruppen nennt der GBA die Entwicklung, nach der junge Ärzte verstärkt in immer stärker spezialisierten Fachgebieten tätig werden[74]. Insofern wird nicht nur die Freiberuflichkeit von der Spezialisierung beeinflusst – auch die Bedarfsplanung wird durch sie immer kleinteiliger.

bb) Planungsbereiche

Parallel zur Einteilung der Ärzte in Gruppen wird das gesamte Bundesgebiet topographisch in Planungsbereiche zerteilt. Um der geänderten Zielrichtung der Bedarfsplanung Rechnung zu tragen, hat der Gesetzgeber des VStG die strikte Orientierung der Planungsbereiche an Stadt- und Landkreise zugunsten einer flexibleren Struktur aufgegeben[75]. Gem. § 7 S. 1 BedPlRL stellen der Größe nach tendenziell aufsteigend erstens der Mittelbereich, zweitens die kreisfreie Stadt, der Landkreis oder die Kreisregion, drittens die Raumordnungsregion sowie

---

69 So *Wigge/Remmert*, MedR 2013, 228, 234 f.

70 *Dies.*, MedR 2013, 228, 234 f.

71 Dieser formuliert positiv, dass Verhältniszahlen ab 1000 Mitgliedern vorgegeben werden sollen, statt der negativen Formulierung der Nr. 7 S 4 Bedarfsplanungs-Richtlinie vom 9.3.1993 zu folgen, nach der Verhältniszahlen für Arztgruppen unter 1000 Mitglieder nicht festgelegt werden sollten.

72 BSGE 121, 154 ff. = NZS 2017, 65, 67.

73 BSGE 121, 154 ff. = NZS 2017, 65, 67.

74 *GBA*, Tragende Gründe, 18.6.2013 (https://www.g-ba.de/downloads/40-268-2154/2012-12-20_Bedarfsplanung-Neufassung-VStG_TrG.pdf), S. 13 (geprüft am 19.9.2023).

75 *Kaltenborn/Völger*, GesR 2012, 129, 132.

viertens der KV-Bezirk die entsprechenden Planungseinheiten dar. Entsprechend dieser Reihenfolge teilt der dritte Absatz der §§ 11–14 BedPlRL den vier Versorgungsebenen ihr jeweiliges Planungsgebiet zu. Dieser Mechanismus beruht auf dem Gedanken, dass die wohnortnahe Versorgung und der Patientenkontakt im Rahmen der hausärztlichen Versorgung den höchsten und im Rahmen der gesonderten fachärztlichen Versorgung den niedrigsten Stellenwert einnimmt[76]. Dementsprechend wird die Planung der Versorgungsebenen im Gesetz der Reihenfolge nach immer großflächiger. Die kleinteilige Planung für Hausärzte erklärt den Mangel an entsprechenden Landärzten: Je kleinteiliger die Planung ist, desto schwieriger wird es naturgemäß, jedes Gebiet ärztlich befriedigend auszustatten.

cc) Verhältniszahl

Der vierte Absatz der §§ 11–14 BedPlRL knüpft zur Bestimmung der allgemeinen Verhältniszahlen zwischen Bewohnern in einem Gebiet und den entsprechenden Ärzten an die Arztgruppen des jeweiligen ersten Absatzes an[77]. Gem. § 8 III BedPlRL sind diese allgemeinen Verhältniszahlen noch nach den Vorgaben in § 9 VIII-X BedPlRL zu modifizieren, um die Verhältniszahlen dem tatsächlichen Bedarf anzunähern[78] und so die regionalen Verhältniszahlen zu errechnen. Im Rahmen dieser Modifikationen, die ebenfalls auf das GKV-VStG zurückgehen und die Vorgaben aus § 101 II 2 SGB V umsetzen, sollen Entwicklungen der Morbidität der Versicherten in einem Planungsgebiet berücksichtigt werden[79].

---

[76] *Spindler/Clemens*, in: Laufs/Kern/Rehborn (Hrsg.), ArztR-HdB, [5]2019, § 33 Rn. 42.

[77] Gem. § 8 II BedPlRL basieren diese allgemeinen Verhältniszahlen bei den meisten Arztgruppen auf den in Anlage 5 der BedPlRL genannten Arztzahlen, die anhand § 9 IV-VII BedPlRL anzupassen sind. Die Zahlen der Anlage 5 beziehen sich auf die Ist-Zahlen niedergelassener Ärzte zum Stichtag der Einführung der Bedarfsplanung in der jeweiligen Arztgruppe, § 1 I 1 Anlage 5 zur BedPlRL. Insoweit lässt sich monieren, der Begriff der Bedarfsplanung sei euphemistisch, eigentlich handele es sich mehr um eine Kapazitätsplanung, vgl. *Wasem/Vogel*, Zur Zukunft der Bedarfsplanung – über den Tag hinaus gedacht (https://www.dgvt-bv.de/news-details/?tx_ttnews%5Btt_news%5D=3296&cHash=a101ff01b0ebd0f2ee3a0e32e5569278, geprüft am 19.9.2022). Dieser Vorwurf ist durch die stärkere Berücksichtigung der Morbidität der Versicherten zwar abgeschwächt, ähnlich wie im Falle der Budgetierung (s.u. B. III. 2. e)) nicht gänzlich entkräftet worden, da die alten Zahlen weiterhin die Basis für die Festlegung der neuen Zahlen darstellen, *Pawlita*, in: Schlegel/Voelzke (Hrsg.), jurisPK-SGB V, [4]25.10.2021, § 101 SGB V Rn. 106, 120.

[78] Hierzu im Detail *Ladurner*, in: FS Plagemann, 2020, S. 467, 471 ff.

[79] Vgl. GBA, Tragende Gründe zum Beschl. v. 16.5.2019, S. 5 ff.

dd) Ausfertigung des Bedarfsplans

Anhand dieser Kriterien erstellen die KVen einen Bedarfsplan im Einvernehmen mit den Landesverbänden der Krankenkassen und der Ersatzkassen, § 99 SGB V i. V. m. §§ 12–14 Ärzte-ZV und § 4 I BedPlRL. Die Bedarfspläne sind den für die Sozialversicherung zuständigen obersten Landesbehörden vorzulegen, § 90 I 5 SGB V. Die ausgefertigten Bedarfspläne enthalten Soll-Zahlen für die einzelnen Planungsgebiete, entfalten aber ausschließlich Innen- und keine Außenwirkung gegenüber Dritten[80], sodass es regelmäßig nur zu einer inzidenten gerichtlichen Kontrolle der Pläne im Rahmen der Anfechtung einer Entscheidung der Zulassungsausschüsse kommen wird[81]. Sie sind auch nicht maßgeblich, wenn es darum geht, festzustellen, dass ein Gebiet überversorgt ist[82].

Im nächsten Schritt wird das tatsächliche Verhältnis zwischen der Anzahl von Ärzten und Einwohnern geprüft, § 17 I 1 BedPlRL. Abhängig vom Ergebnis dieser Prüfung entfaltet die Bedarfsplanung Rechtsfolgen. Weicht die Soll-Zahl in hinreichendem Maß von der Ist-Zahl ab, kommt im Falle einer negativen Abweichung eine Unterversorgung, andersherum eine Überversorgung in Betracht.

ee) Unterversorgung

Hinsichtlich der Unterversorgung hält sich der parlamentarische Gesetzgeber i. R. d. § 100 SGB V, der im Wesentlichen noch auf dem durch das KVWG eingeführten § 368r RVO beruht[83], in weiten Teilen zurück. Wann ein Gebiet unterversorgt ist, definiert dementsprechend der GBA in § 28 BedPlRL. Zudem legt er in § 29 BedPlRL quantifizierbare Grenzen fest: Demnach ist ein Planungsgebiet unterversorgt, wenn der Stand der hausärztlichen Versorgung den in den Planungsblättern ausgewiesenen Bedarf um mehr als 25 Prozent und der Stand der fachärztlichen Versorgung den ausgewiesenen Bedarf um mehr als 50 Prozent unterschreitet. Bestehen Anhaltspunkte für eine Unterversorgung, haben die KVen und Kassen gem. § 30 BedPlRL (s. auch § 16 I 1 Ärzte-ZV) innerhalb von 3 Monaten eine genauere Prüfung nach den Kriterien des § 31 BedPlRL vorzunehmen, deren Ergebnisse gem. § 32 BedPlRL den Landesausschüssen zu übermitteln sind. Anhand der Ergebnisse der KVen und GKVen nehmen die Landesausschüsse gem. § 33 BedPlRL nochmals eine eigene, maximal 3 Monate andau-

---

[80] *Pawlita*, in: Schlegel/Voelzke (Hrsg.), jurisPK-SGB V, ^{4}25.10.2021, § 101 SGB V Rn. 136.

[81] *Pawlita*, in: Schlegel/Voelzke (Hrsg.), jurisPK-SGB V, ^{4}16.12.2021, § 100 SGB V Rn. 34; *Frehse*, in: Schnapp/Wigge (Hrsg.), Vertragsarztrecht, 2017, § 5 C. Rn. 9; *Wahrendorf*, VSSR 2015, 241, 251, 258.

[82] *Frehse*, in: Schnapp/Wigge (Hrsg.), Vertragsarztrecht, 2017, § 5 C. Rn. 11.

[83] *Pawlita*, in: Schlegel/Voelzke (Hrsg.), jurisPK-SGB V, ^{4}16.12.2021, § 100 SGB V Rn. 5.

ernde Prüfung vor. Stellen auch die Landesausschüsse eine Unterversorgung fest, haben sie den für die betroffenen Gebiete zuständigen KVen eine angemessene Frist zur Beseitigung oder Abwendung der Unterversorgung einzuräumen, § 34 BedPlRL i. V. m. § 101 I 2 SGB V. Die KV soll dann innerhalb der Frist entsprechende Fördermaßnahmen wie die Ausschreibung von Vertragsarztsitzen in den für ihre amtlichen Bekanntmachungen vorgesehenen Blättern (§ 15 Ärzte-ZV) oder die in § 105 SGB V aufgezählten – meist finanzielle Anreize setzenden – Maßnahmen einleiten, um Ärzte dazu zu bewegen, sich im unterversorgten Gebiet niederzulassen. Als Ultima Ratio haben die Landesausschüsse den in anderen, normal oder überversorgten Planungsgebieten ansässigen Zulassungsausschüssen gem. §§ 100 II, 104 I SGB V i. V. m. § 16 III 1 Ärzte-ZV Zulassungssperren anzuordnen, falls die Unterversorgung nach Ablauf der der KV gesetzten Frist andauert.

ff) Überversorgung

Im Zusammenhang mit dem Wesentlichkeitsgrundsatz[84] ist die Überversorgung, die im Ergebnis zur Ablehnung eines Zulassungsgesuchs und damit zu einem Eingriff in Art. 12 I GG des niederlassungswilligen Arztes führt[85], im Vergleich zur Unterversorgung vermehrt durch den parlamentarischen Gesetzgeber geregelt worden: Nach § 101 I 3 SGB V, § 16b I 2 Ärzte-ZV sowie § 24 BedPlRL ist ein Planungsgebiet überversorgt, wenn der allgemeine bedarfsgerechte Versorgungsgrad um 10 Prozent überschritten ist. Die Feststellung hierzu treffen nach § 103 I 1 SGB V, § 16b I 1 Ärzte-ZV die Landesausschüsse der Ärzte und Krankenkassen. Als Steigerungsform zur Überversorgung legt § 103 I 4 SGB V zudem fest, dass eine separate Feststellung zu treffen ist, wenn der allgemeine bedarfsgerechte Versorgungsgrad um 40 Prozent überschritten ist.

Um einen weiteren Zulauf von Ärzten in überversorgte Gebiete zu verhindern, werden sie für neue Niederlassungen gesperrt, sodass die Zulassungsausschüsse Anträge auf Zulassungen ablehnen müssen, §§ 103 I 2, 104 II SGB V, § 16b II Ärzte-ZV. Gebiete können darüber hinaus gesperrt werden, wenn der Versorgungsgrad zwischen 100 und 110 Prozent liegt, § 101 I 12 SGB V und § 67 BedPlRL[86]. Sollte ein Arzt seine Praxis veräußern wollen, wird er seinen Sitz regelmäßig gem. § 103 IIIa, IV SGB V ausschreiben müssen. Gem. § 16 I 1 BedPlRL kann die Praxis für Ärzte ausgeschrieben werden, welche ganz oder teilweise in

---

[84] *Ders.*, in: Schlegel/Voelzke (Hrsg.), jurisPK-SGB V, [4]25.10.2021, § 101 SGB V Rn. 28.

[85] BVerfG, DVBl. 2002, 400 Rn. 3.

[86] Hierzu *Pawlita*, in: Schlegel/Voelzke (Hrsg.), jurisPK-SGB V, [4]25.10.2021, § 101 SGB V Rn. 45 ff.

einem Fachgebiet tätig sind, welches mit dem Fachgebiet des abgebenden Arztes übereinstimmt.

d) Zweck und Probleme der Bedarfsplanung

Mittlerweile sind die Schwierigkeiten der Gesundheitsversorgung wieder vergleichbar mit denen der 70er Jahre[87]: Die Probleme um die finanzielle Entwicklung der gesetzlichen Krankenkassen im Zusammenhang mit der Ärzteschwemme und der damit zusammenhängenden Überversorgung treten in den Hintergrund. In den Vordergrund tritt hingegen, dass städtische Regionen tendenziell über- und ländliche eher unterversorgt sind[88], wobei viele der derzeit tätigen Landärzte demnächst das Rentenalter erreichen, was diversen Prognosen zufolge die bereits bestehenden Versorgungsdefizite in Ermangelung junger, nachrückender Landärzte verschärfen wird[89]. Im Gegensatz zu der Situation der 70er Jahre hat sich die Logik der Bedarfsplanung mit weiterem zeitlichem Abstand zum Kassenarzturteil jedoch gewandelt. So wird die Überversorgung in den Großstädten doch wieder problematisch: Jeder besetzte Kassenarztsitz im überversorgten Bereich ist danach kausal dafür, dass ein Kassenarztsitz im unterversorgten Bereich unbesetzt bleibt[90]. Der Beschränkung der Niederlassungsmöglichkeit im überversorgten meist städtischen Bereich liegt die Hoffnung zugrunde, eine Umverteilung der Ärzte auf den unterversorgten meist ländlichen Bereich erreichen zu können[91]. Dementsprechend hat der Gesetzgeber der Bedarfsplanung mit dem GKV-VStG einen neuen Zweck verliehen: Sie soll die gleichmäßige Verteilung der Ärzte im Bundesgebiet gewährleisten[92].

Die Bedarfsplanung ist aber weiterhin ungeeignet, die Probleme in der medizinischen Versorgung zu lösen. Die Ungleichverteilung der Ärzte ist einerseits auf die Landflucht zurückzuführen[93]. Andererseits überrascht der (lokale) Ärz-

---

[87] *Schröder-Printzen*, in: Ratzel/Luxenburger (Hrsg.), Handbuch Medizinrecht, [4]2020, Kap. 8 Rn. 478; vgl. *Franzius*, VSSR 2012, 49, 50.

[88] *Heun*, VSSR 2015, 215 m. w. N. in Fn. 1.

[89] *Nimz*, Die Generation der Selbstausbeuter geht in Rente, 2018 (https://www.sueddeutsche.de/gesundheit/aerztemangel-die-generation-der-selbstausbeuter-geht-in-rente-1.3937178, geprüft am 19.9.2023); Der Ärztemangel ist kaum aufzuhalten, 2018 (www.welt.de/regionales/nrw/article173462873/Der-Aerztemangel-wird-zum-handfesten-Problem.html, geprüft am 19.9.2023).

[90] Vgl. *Stackelberg*, GuP 2016, 24, 25.

[91] *Ladurner*, in: FS Plagemann, 2020, 467 Fn. 4.

[92] BT-Drs. 17/6906, S. 1 ff. und S. 42 zum allgemeinen Zweck des GKV-VStG, sowie praktisch S. 72 f. zur Abweichungsbefugnis von der BedPlRL und S. 76 zum Vorkaufsrecht der KVen bezüglich Kassenarztsitzen.

[93] So schon *Deneke*, Individuelle Freiheit in sozialer Sicherheit, 1985, S. 299.

temangel[94] zwar in Anbetracht der Tatsache, dass es so viele Ärzte gibt wie noch nie zuvor[95]. Allerdings arbeiten – auch im Zusammenhang mit der Feminisierung in der Medizin – Ärzte immer mehr in Anstellung oder Teilzeit und damit am Tag durchschnittlich weniger als der klassisch freiberuflich tätige Arzt[96]. Die Versorgungslücken lassen sich dementsprechend mit der Veränderung der Freiberuflichkeit in Verbindung bringen, da angestellte Ärzte sich nicht in der typischen freiberuflichen Motivationslage befinden[97]. Die Ansätze, mithilfe derer der Landarztmangel behoben werden soll, konzentrieren sich aber auf andere Gesichtspunkte: Einerseits gibt es Bestrebungen, weitere monetäre Anreize zu setzen, indem bspw. eine Bürgerversicherung das duale System aus privater und gesetzlicher Krankenversicherung ersetzen soll[98]. Dies soll Ärzte dazu bewegen, sich vermindert im städtischen Bereich niederzulassen, in dem die Konzentration privatversicherter Patienten höher sein soll[99]. Andererseits soll die in § 3 I Approbationsordnung für Ärzte verankerte Möglichkeit, 16 Wochen des praktischen Jahres in der allgemeinmedizinischen Praxis zu verbringen, die Wahrscheinlichkeit dafür erhöhen, dass ein Student sich für die entsprechende fach-

---

94 Hierzu auch *Achterfeld*, Aufgabenverteilung im Gesundheitswesen, 2014, S. 1.

95 S. auch *Laufs*, in: Bild des Arztes, 2009, S. 9, 10.

96 *Beerheide*, DÄ 2019, A 183; *Steinhilper*, MedR 2018, 639, 640 m. w. N. in Fn. 12; in der Schweiz bestehen vergleichbare Probleme, sodass teils vorgeschlagen wird, eine Männerquote für das Medizinstudium einzuführen *Hehli*, Braucht es jetzt eine Männerquote für das Medizinstudium? (https://www.nzz.ch/schweiz/numerus-clausus-kritik-an-selektionskriterien-fuer-aerzte-waechst-ld.1638530, geprüft am 19.9.2023).

97 Hierzu s.o. B. II. 4.

98 *Lauterbach/Vetter*, Interview mit Karl Lauterbach – „Deutschland steuert auf einen Ärztemangel zu", 4.5.2019 (https://www.saarbruecker-zeitung.de/nachrichten/politik/inland/interview-mit-karl-lauterbach-zum-thema-aerztemangel-in-deutschland_aid-38552507, geprüft am 19.9.2023); zum gescheiterten Versuch eine einheitliche Krankenversicherung in den Nachkriegsjahren einzuführen, s. *Gerst*, Standesorganisation, 2004, S. 72 ff.

99 Ebenda; hiergegen lässt sich jedoch anführen, dass Ärzte an privatversicherten Patienten auf dem Land besser verdienen als in der Stadt: Das liegt einerseits daran, dass Patienten auf dem Land älter sind als in der Stadt und dementsprechend vermehrt Leistungen nachfragen, die nach der GOÄ einzeln vergütet werden. Andererseits sind die Lebenshaltungskosten des Arztes und die Betriebskosten einer Praxis auf dem Land geringer als in der Stadt, sodass vom entsprechenden Honorar mehr für den Arzt übrig bleibt, *Niendorf*, Ländliche Regionen profitieren von Privatpatienten, 1.9.2019 (https://www.faz.net/aktuell/rhein-main/aerztemangel-laendliche-regionen-profitieren-von-privatpatienten-16360752.html, geprüft am 19.9.2023); die PKV nimmt eine zentrale Rolle in der Finanzierung des Gesundheitswesens ein, was sich daran zeigt, dass zwar nur 11 Prozent der Patienten privatversichert sind, aber 24 Prozent der Praxisumsätze aus Zahlungen der PKVen stammen, *Hess/Thüsing/Ulrich u. a.*, Einheitliche Vergütung im dualen Krankenversicherungssystem?, 2018 (https://www.bundesaerztekammer.de/fileadmin/user_upload/downloads/pdf-Ordner/Politik/Memorandum_Krankenversicherungssystem.pdf), S. 6 (geprüft am 19.9.2023).

ärztliche Ausbildung und spätere Tätigkeit entscheidet[100]. Ferner können sich in Nordrhein-Westfalen und Bayern Medizinstudenten vor dem Studium verpflichten, später für zehn Jahre als Hausarzt tätig zu werden, um so von einer Herabsetzung des Numerus Clausus zu profitieren, s. § 2 Gesetz zur Sicherstellung der hausärztlichen Versorgung in Bereichen besonderen öffentlichen Bedarfs des Landes Nordrhein-Westfalen (LAG NRW)[101] sowie Art. 1 Bayerisches Lands- und Amtsarztgesetz (BayLArztG). Ob derartige Zwangsmaßnahmen einer leistungsfähigen ambulanten Versorgung zuträglich sind, wird schon seit den Zeiten des vorangegangenen Ärztemangels bezweifelt[102].

Diskutiert werden mithin größtenteils invasive Maßnahmen, mit denen der Staat weiter lenkend in der Gesundheitsvorsorge tätig wird. Dass nach bisheriger Erfahrung staatlichen Maßnahmen immer weitere staatliche Maßnahmen folgen, wird kaum in Ansatz gebracht. Dennoch gibt es keinerlei Anzeichen für einen Systemwechsel, obwohl sich die Niederlassungsmöglichkeiten für Ärzte stetig verschlechtern[103], was die Freiheit in der Berufsstellung und damit die Selbständigkeit der Ärzteschaft schädigt: Im Laufe der Zeit füllten sich die Plangebiete immer weiter mit Ärzten, sodass die Bedarfsplanung diese zunehmend daran hinderte, sich mit einer eigens beantragten Zulassung in einer Praxis niederzulassen. Im Jahr 2002 gab es noch diverse offene Planungsbereiche, z. B. 54 offene

[100] Diese Hoffnung teilt bspw. *Wenner*, in: FS Eichenhofer, 2015, S. 697, 710.

[101] Der Trend zur Feminisierung in der Medizin schlug sich auch im Rahmen der ersten Vergabe von Studienplätzen nach dieser Regel nieder, s. Landarztstudienplätze in Nordrhein-Westfalen gehen zum großen Teil an Frauen, 2019 (https://www.aerzteblatt.de/nachrichten/105662/Landarztstudienplaetze-in-Nordrhein-Westfalen-gehen-zum-grossen-Teil-an-Frauen, geprüft am 19.9.2023); kritisch vor dem Hintergrund des Art. 12 GG *Rixen*, MedR 2018, 667, 674.

[102] S. schon *Deneke*, Individuelle Freiheit in sozialer Sicherheit, 1985, S. 304 f.: „Auch wer voll und ganz die Sozialverpflichtung des ärztlichen Berufs bejaht, muss im Interesse der Patienten gegenüber allen Zwangsmaßnahmen zur Steuerung der Niederlassung sehr kritisch bleiben. Denn nur auf Zeit zur ärztlichen Versorgung aufs Land abkommandierte Ärzte sollten der ländlichen Bevölkerung nicht zugemutet werden. Schließlich zeigen auch alle Gesundheitssysteme sozialistischer Planwirtschaft – trotz der in diesen Systemen gebotenen Möglichkeit zu zwangsweiser Versetzung – in aller Regel weit größere Versorgungslücken in der stationären und ambulanten Behandlung der ländlichen Bevölkerung als dies in der Bundesrepublik Deutschland der Fall ist. Nur wer sich am Ort seiner Berufstätigkeit eingewöhnt und wohlfühlt, bietet die Gewähr für eine kontinuierliche ärztliche Versorgung".

[103] Mit der neuen Bedarfsplanungsrichtlinie aus dem Jahr 2019 kamen zwar 3.470 neue Versorgungsaufträge hinzu, s. *Ladurner*, in: FS Plagemann, 2020, S. 467, 480, der (zurecht) anmahnt, es brauche eine hinreichende Anzahl von Studienplätzen und Weiterbildungskapazitäten – solange sich auf diesen Sitzen jedoch gewinnbringend keine Praxis betreiben lässt, wird auch dies die Versorgung der Patienten nicht verbessern können, weil ein solcher Sitz keine echte Niederlassungsmöglichkeit darstellt.

in der Radiologie[104]. Zwischenzeitlich existierte bundesweit keine freie Stelle für einen Radiologen[105]. Schon im Jahr 2014 gab es für „Anästhesisten, Fachinternisten, Humangenetiker, Pathologen und Strahlentherapeuten" keine Niederlassungsmöglichkeiten mehr[106]. Trotz dieser Knappheit an freien Stellen[107] sieht das BSG die Bedarfsplanung (unter dem Hinweis auf die Möglichkeiten im Rahmen einer Sonderbedarfszulassung, des Job-Sharings oder im Rahmen einer Praxisnachfolge tätig zu werden) als bloße Berufsausübungsregelung an[108] – auch nach Aufhebung des § 101 I Nr. 3 SGB V a. F.[109]. Kämen die Gerichte zu dem Ergebnis, dass es sich vorliegend um objektive Berufswahlschranken handelte, wäre es zwar denkbar, diese wie bisher[110] mithilfe der finanziellen Stabilität der gesetzlichen Krankenversicherung zu rechtfertigen. Erforderlich wäre es hierfür jedoch, den großen Senat einzuberufen, da nur diesem die Befugnis zukommt, das Kassenarzturteil partiell aufzuheben[111].

e) Budgetierung

Neben der Bedarfsplanung führte der Gesetzgeber i. R. d. GSG die Budgetierung des vertragsärztlichen Gesamthonorars ein. Die Budgetierung bezeichnet jedoch nicht einen „Haushaltsplan", der geplante Ein- und Ausgaben auflistet, sondern

---

104 *Cramer/Maier*, MedR 2002, 549, 551.

105 *Köhler/Trittmacher/Kaiser*, Hessisches Ärzteblatt 2007, 423 ff. errechnen, dass zur Besetzung zweier Arztsitze drei Frauen zu Ärztinnen ausgebildet werden müssen.

106 *Pawlita*, in: Schlegel/Voelzke (Hrsg.), jurisPK-SGB V, [4]25.10.2021, § 101 SGB V Rn. 30, der zudem darauf hinweist, dass 2018 nur noch 66 Niederlassungsmöglichkeiten für Augenärzte gegeben waren; laut *Wenner*, in: FS Eichenhofer, 2015, S. 697, 704 konnten sich Ärzte 2015 vor allem noch im Gebiet der Augenheilkunde niederlassen, in der 166 Sitze unbesetzt waren – dieses Beispiel zeigt, wie rapide sich die Niederlassungsmöglichkeiten für (Augen-)Ärzte verschlechtern.

107 S. zuletzt *Fickentscher*, Eigentumsschutz in der Bedarfsplanung, 2022, S. 19 f.; dabei verknappen institutionelle Investoren, die über Krankenhäuser MVZ gründen, die Stellen potenziell noch weiter, s. SG Dresden, Beschl. v. 9.5.2022 – S 25 KA 20/22 ER, juris Rn. 69.

108 Vgl. BSGE 94, 181, 187 ff.; s. hierzu auch *Kanter*, Zulassung im Wandel, 2013, S. 123.

109 S.o. B. III. 2. b) ee); a.A. *Reiter*, MedR 2001, 624, 627 und wohl auch *Hildebrandt*, MedR 2003, 705.

110 BVerfG, DVBl. 2002, 400; vgl. BVerfGE 103, 172, 184; a.A. *Seer*, MedR 1995, 131, 134, der eine spürbare Beteiligung der Patienten an den verursachten Kosten als milderes Mittel wertet.

111 *Sodan*, NJW 2003, 257, 259; hierbei wäre dann auch zu berücksichtigen, dass die Bedarfsplanung im Laufe der Zeit intensiver auf die Berufsfreiheit des einzelnen Arztes wirkt, weil bspw. die Altersgrenze, nach der Ärzte im Alter von 68 aus der Versorgung auszuscheiden hatten, als „Gegengewicht" zur Beschränkung der Zulassungsmöglichkeiten von Jungärzten entfernt wurde, s. *Kanter*, Zulassung im Wandel, 2013, S. 247 f.

die „Festlegung von Ausgabengrenzen“[112]. So koppelte § 85 IIIa SGB V i. d. F. d. GSG die Ausgabenentwicklung der gesetzlichen Krankenversicherung hinsichtlich des Honorars von Ärzten in der Zeit von 1993 bis 1995 an die Entwicklung der Grundlohnsumme. Für das Jahr 1999 galt gem. Art. 14 GKV-SolG eine ähnliche Regelung.

Die strikte Anbindung zwischen Entwicklung der Grundlohnsumme und Entwicklung der Ausgaben der gesetzlichen Krankenversicherung für das Gesamthonorar führte dazu, dass die Ärzteschaft mit dem Morbiditätsrisiko belastet war[113]. § 85 IIIa SGBV i. d. F. d. GSG und Art. 14 GKV-SolG konkretisierten aber nur den Grundsatz der Beitragsstabilität, der seit dem GKV-Gesundheitsreformgesetz (GRG)[114] in § 71 SGB V (damals i. V. m. § 142 II SGB V i. d. F. d. GSG) – sowie speziell für die Krankenkassen in § 4 IV 1 SGB V – geregelt ist[115]. Im Jahr 2000, also nachdem Art. 14 GKV-SolG ausgelaufen war, gestaltete der Gesetzgeber § 71 SGB V i. R. d. GRG um, indem er in § 71 II, III SGB V festlegte, dass die Ausgaben der Krankenversicherung fortan von den durchschnittlichen Veränderungsraten der beitragspflichtigen Einnahmen aller Mitglieder der Krankenkassen abhängig sein sollten[116]. Infolge dieser Regelung sowie der Berechnung der Gesamtvergütung im Wege der Kopfpauschale[117] lag das Morbiditätsrisiko weiterhin bei der Ärzteschaft, obwohl die Budgetierung zunächst nicht als dauerhaftes Instrument, sondern nur als vorläufiges Mittel gesehen wurde, um die Finanzierung der GKV vorläufig und für eine begrenzte Zeit aufrechtzuerhalten, in der andere Mittel gefunden werden konnten, um die Kosten in der Gesundheitsversorgung zu dämpfen[118].

Eine offene Rationierung ärztlicher Leistungen wurde zwar „parteiübergreifend strikt abgelehnt“[119]. Die Belastung der Ärzte mit dem Morbiditätsrisiko läuft im Ergebnis aber auf eine heimliche[120] Rationierung hinaus, die dem Be-

---

[112] *Böcken*, MedR 2000, 165, 166; zum Begriff der Budgetierung s. auch *Gesellensetter*, Freier Arztberuf, 2010, S. 95.

[113] Vgl. BT-Drs. 16/3100, 119.

[114] BGBl. 59 vom 29.12.1999, S. 2626 ff.

[115] Vorläufer dieses spezifischen Grundsatzes der Beitragsstabilität fanden sich schon in der RVO. Gem. § 368f III 2 RVO a. F. war bei der Vereinbarung der Gesamtvergütung die Entwicklung der durchschnittlichen Grundlohnsumme der beteiligten Krankenkassen zu berücksichtigen.

[116] *Ebsen*, in: Berchtold/Huster/Rehborn (Hrsg.), Gesundheitsrecht, ²2018, § 71 SGB V Rn. 2.

[117] Hierzu *Freudenberg*, in: Schlegel/Voelzke (Hrsg.), jurisPK-SGB V, ⁴15.6.2020, § 85 SGB V Rn. 67.

[118] *Schneider*, Handbuch des Kassenarztrechts, 1994, S. 70.

[119] BT-Drs. 15/1525 S. 1.

[120] *Schirmer/Fuchs*, in: Bild des Arztes, 2009, S. 121, 122.

darfsprinzip widerspricht[121]. Dies klingt auch in der Gesetzesbegründung zum GKV-WSG an[122], im Rahmen dessen der Gesetzgeber das Morbiditätsrisiko wieder auf die Krankenkassen übertragen wollte[123]. Hierzu legt § 87a III 2 Hs. 2, S. 4 SGB V den Behandlungsbedarf als maßgebliche Größe für die Gesamtvergütung fest, wobei der Behandlungsbedarf von den Kriterien des § 87a IV SGB V abhängig ist, die die Morbidität der Gesamtbevölkerung abbilden sollen. Die Morbiditätsbewertung des § 87a IV SGB V stellt zwar nicht auf die Morbiditätsbewertung des GBA im Rahmen der Bedarfsplanung aus § 9 BedPlRL ab. Ein Zusammenhang zwischen den beiden Instrumenten besteht aber an anderer Stelle: Gem. § 87b III 1 SGB V sollen in unterversorgten Gebieten keine Maßnahmen zur Fallzahlbegrenzung oder -minderung angewendet werden, hier soll die Budgetierung der Gesamtvergütung im Rahmen der Honorarverteilung also nicht weitergegeben werden.

Parallel hierzu lockerte der Gesetzgeber den Grundsatz der Beitragsstabilität: Zwar bleibt die Verknüpfung von Grundlohnsumme und Ausgaben der Krankenversicherung bestehen, ein gestiegener Behandlungsbedarf i. S. d. § 87a I 1 SGB V gilt jedoch als Ausnahme zu diesem Grundsatz, sodass außerplanmäßige Erhöhungen der Gesamtausgaben möglich werden[124]. Dementsprechend sollte das Morbiditätsrisiko wieder bei den Krankenkassen liegen. Nachdem § 87d II SGB V durch das TSVG aufgehoben wurde, gilt dies umso mehr, da es dem Gesetzgeber seitdem nicht mehr möglich ist, den Behandlungsbedarf selbst im Voraus zu bestimmen[125].

Vor dem Hintergrund der Änderungen, die durch das GKV-WSG herbeigeführt worden sind, sowie der entsprechenden Gesetzesbegründung überraschen die Forderungen aus der Politik[126] und Ärzteschaft[127], die Budgetierung abzuschaffen. Tatsächlich weisen die Methoden, die die aktuelle Morbidität bestim-

---

121 So schon *Böcken*, MedR 2000, 165, 167 f.; vgl. auch *Igl*, MedR 2000, 157, 157 f.

122 „Das von Budgets und veralteten – oftmals nicht mehr leistungsgerechten – Mitglieder-Kopfpauschalen geprägte Vergütungssystem, in dem ein Großteil des Morbiditätsrisikos bei den Ärzten liegt, wird durch ein neues Vergütungssystem abgelöst, in dem das Morbiditätsrisiko auf die Krankenkasse übergeht", BT-Dr. 16/3100, S. 119.

123 S. hierzu unter dem Aspekt der Orientierungswerte (§ 87 IIg Nr. 3 SGB V) *Kanter*, Zulassung im Wandel, 2013, S. 238 f.

124 *Engelmann*, in: Schlegel/Voelzke (Hrsg.), jurisPK-SGB V, ⁴15.2.2021, § 71 SGB V Rn. 26 ff.

125 *Hartmannsgruber*, in: Ratzel/Luxenburger (Hrsg.), Handbuch Medizinrecht, ⁴2020, Kap. 8 Rn. 843.

126 BT-Drs. 19/4833, S. 2.

127 SpiFa fordert: Budgetierung ärztlicher Leistungen abschaffen! (https://www.aerztezeitung.de/Politik/SpiFa-fordert-Budgetierung-aerztlicher-Leistungen-abschaffen-427113.html, geprüft am 19.9.2023).

men und den Krankenkassen die entsprechenden Risiken auferlegen sollen, einen Mangel auf: So basieren die Werte, die der Änderung der Morbiditätsstruktur zugrunde gelegt werden, auf den alten, zu niedrig angesetzten Werten, die aus der Budgetierung resultierten[128]. Insofern ist zwar ein Teil des Morbiditätsrisikos an die Krankenkassen übergegangen, keinesfalls jedoch das gesamte Morbiditätsrisiko, wie es die Gesetzesbegründung zum GKV-WSG nahelegt[129]. Bestätigt wird dieser Befund mittlerweile durch Urteile des BSG zu den Regelleistungsvolumina[130].

Festzuhalten bleibt somit, dass die Reformen des GSG bis in die Gegenwart fortwirken: Einerseits besteht die Bedarfsplanung fort. Diese hat lediglich ihre Zielrichtung geändert: Statt der Überversorgung durch Ärzte entgegenzuwirken, soll sie nun (zumindest auch) die gleichmäßige territoriale Verteilung der Ärzte gewährleisten. Andererseits ist die Budgetierung nur pro forma aufgehoben worden. Die Steigerungsrate des vertragsärztlichen Honorars wird zwar anhand von Kriterien festgelegt, die an den Bedarf anknüpfen. Dieser Bedarf ist jedoch infolge der auf das GSG zurückgehenden Budgetierung zu niedrig angesetzt, sodass der nach den gesetzlichen Bestimmungen vorgesehene Bedarf dem tatsächlichen Bedarf hinterherhinkt und daher ein Teil des Morbiditätsrisikos bei der Ärzteschaft verbleibt.

Beide Reformen sind durch die Logik der Theorie der anbieterinduzierten Nachfrage gedeckt. Für die Bedarfsplanung geht dies aus der Gesetzesbegründung hervor[131]. Die Regelungen zur Vergütung der Vertragsärzte haben häufig das Ziel, den Anreiz zur Leistungsausweitung zu begrenzen[132]. Die Gesamtvergütung soll sich am Behandlungsbedarf orientieren, mithilfe dessen versucht wird, die Anzahl der für die Patienten notwendigen Leistungen abzuschätzen. Insoweit erfasst der Behandlungsbedarf anbieterinduzierte und daher für Patienten überflüssige Leistungen nicht. Mit dieser Trennung zwischen notwendigen und überflüssigen Leistungen folgt auch die Budgetierung der Logik der anbieterinduzierten Nachfrage. Dementsprechend soll im nachfolgenden Teil erörtert

---

[128] *Drösler/Neukirch/Ulrich u. a.*, Weiterentwicklungsbedarf des Versichertenklassifikationsverfahrens im Anwendungskontext der vertragsärztlichen Versorgung, 2016 (https://zi.de/fileadmin/Downloads/Service/Gutachten/KBV-Zi-Gutachten_Klassifikationsverfahren_2016-10-31.pdf), S. 12 f. (geprüft am 19.9.2023); ebenso basieren die neuen Verhältniszahlen i. R. d. Bedarfsplanung ebenfalls auf den Zahlen zu Zeiten des GSG *Ladurner*, in: FS Plagemann, 2020, S. 467, 469.

[129] Vgl. *Kanter*, Zulassung im Wandel, 2013, S. 258 f.

[130] *Hartmannsgruber*, MedR 2015, 50.

[131] BT-Drs. 12/3608 S. 97 ff.; *Cramer/Maier*, MedR 2002, 549, die zudem auf die Gesetzesbegründung zu § 102 SGB V verweisen.

[132] So z. B. bei den Vorschriften zu Regelleistungsvolumina, s. BT-Drs. 14/157, S. 34 und BT-Drs. 15/1525, S. 101.

werden, was die Theorie der anbieterinduzierten Nachfrage, deren Prämissen häufig voraussetzungslos übernommen werden[133], besagt, auf welchen Überlegungen sie beruht (hierzu f) aa) und bb)) und welche Kritikpunkte an ihr geäußert wurden (hierzu f) cc)–ee)). Zuletzt soll der Frage nachgegangen werden, wie sie und die mit ihr einhergehenden Reformen die ärztliche Freiberuflichkeit beeinflusst hat (hierzu g) und h)).

f) Theorie der anbieterinduzierten Nachfrage

aa) Erläuterung

Die Theorie der anbieterinduzierten Nachfrage, im englischsprachigen Raum als supplier oder physician induced demand (SID oder PID) bezeichnet, geht auf einen Aufsatz des Gesundheitsökonomen Evans[134] aus dem Jahr 1974 zurück[135], in welchem dieser zum ersten Mal versuchte, die anbieterinduzierte Nachfrage statistisch zu belegen[136]. In dieser Arbeit stellte Evans fest, dass es eine positive Korrelation zwischen der Arztdichte in einem Gebiet und der Höhe der Gesundheitsausgaben in diesem Gebiet gibt, dass also die Menge sowie die Preise medizinischer Dienstleistungen mit zunehmender Arztdichte steigen[137]. In effizienten Märkten ist das Angebot der Neoklassik zufolge unabhängig von der Nachfrage[138]. Nimmt das Angebot hier in der Form der Anzahl niedergelassener Ärzte zu, steigt die Quantität der abgesetzten Produkte bzw. der Behandlungen. Allerdings sinkt der Preis pro Produkt, sodass die Gesamtausgaben (abhängig von der

---

[133] *Hufen*, MedR 1996, 394, 400 m. w. N. in Fn. 67; zuletzt auch bei *Fickentscher*, Eigentumsschutz in der Bedarfsplanung, 2022, S. 22 f.

[134] *Evans*, in: Economics of Health, 1974, S. 162 ff.

[135] *Johnson*, in: Encyclopedia of Health Economics, 2014, 77; *Richardson*, The Australian Economic Review 2001, 336, 340; die theoretischen Grundlagen der anbieterinduzierten Nachfrage wurden jedoch bereits vorher gelegt: In Aufsätzen aus den Jahren 1959 und 1961 vertrat *Roemer* die Ansicht, Krankenhäuser könnten ihre Betten auch bei einer Erweiterung der Bettenzahl stets füllen *Kern*, Arztinduzierte Nachfrage in der ambulanten Versorgung (https://vwl.wiwi.uni-augsburg.de/vwl/institut/paper/225.pdf), S. 10 (geprüft am 19.9.2023) Fn. 21; *Dranove/Wehner*, Journal of Health Economics 1994, 61; in Abgrenzung zum Supplier Induced Demand wird diese Entdeckung teilweise auch als Supply-Induced Demand also als angebotsinduzierte Nachfrage bezeichnet *Bickerdyke/Dolamore/Monday u. a.*, Supplier Induced Demand for Medical Services. Productivity Commission Staff Working Paper, 2002 (https://www.pc.gov.au/research/supporting/supplier-induced-medical-demand/sidms.pdf), S. 3 (geprüft am 19.9.2023).

[136] *Kern*, Arztinduzierte Nachfrage in der ambulanten Versorgung (https://vwl.wiwi.uni-augsburg.de/vwl/institut/paper/225.pdf), S. 15 (geprüft am 19.9.2023).

[137] *Evans*, in: Economics of Health, 1974, S. 162, 171 f.

[138] *Kern*, Arztinduzierte Nachfrage in der ambulanten Versorgung (https://vwl.wiwi.uni-augsburg.de/vwl/institut/paper/225.pdf), S. 10 (geprüft am 19.9.2023).

Elastizität der Nachfrage) am Markt in etwa dieselben bleiben (s. figure 1 in der Abbildung). Nach der Theorie der anbieterinduzierten Nachfrage sind Angebot und Nachfrage aber keineswegs unabhängig: Als Reaktion auf den Preisverfall ihrer Leistungen sollen die Ärzte derart auf die Nachfrage ihrer Patienten einwirken, dass diese mehr ärztliche Leistungen zu höheren Preisen nachfragen (s. figure 2 in der Abbildung), sodass der Arzt sein Einkommen stabilisieren kann[139]. Gleichzeitig steigen hierdurch aber die Gesamtausgaben für medizinische Leistungen im Vergleich zu dem Zeitpunkt vor der Erhöhung der Ärztezahlen. Dementsprechend wird das Gemeinwesen belastet.[140]

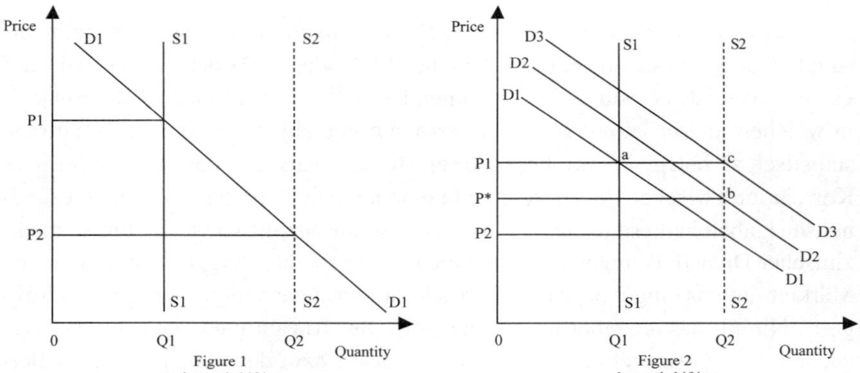

Figure 1
no demand shifting

Figure 2
demand shifting

Evans und die Befürworter der Theorie der anbieterinduzierten Nachfrage führen den Zusammenhang zwischen Angebot und Nachfrage auf die Besonderheiten des Marktes für Gesundheitsleistungen zurück, die es dem Arzt erlauben, die Nachfrage seines Patienten zu manipulieren. Sie betrachten das Arzt-Patienten-Verhältnis als Prinzipal Agenten Beziehung, in dem der Patient als Prinzipal dem Arzt als Agenten die Verantwortung dafür überträgt, die für ihn beste Behandlung zu wählen[141]. Im Fokus steht die strukturelle Unterlegenheit des Patienten, der die Qualität und Notwendigkeit der ärztlichen Leistung als Laie ex

139 *Evans*, in: Economics of Health, 1974, S. 162, 164.

140 Darstellung übernommen aus *Bickerdyke/Dolamore/Monday u. a.*, Supplier Induced Demand for Medical Services. Productivity Commission Staff Working Paper, 2002 (https://www.pc.gov.au/research/supporting/supplier-induced-medical-demand/sidms.pdf), S. 23 (geprüft am 19.9.2023).

141 *Bickerdyke/Dolamore/Monday u. a.*, Supplier Induced Demand for Medical Services. Productivity Commission Staff Working Paper, 2002 (https://www.pc.gov.au/research/supporting/supplier-induced-medical-demand/sidms.pdf), S. 16 (geprüft am 19.9.2023); *Kern*, Arztinduzierte Nachfrage in der ambulanten Versorgung (https://vwl.wiwi.uni-augsburg.de/vwl/institut/paper/225.pdf), S. 8 (geprüft am 19.9.2023); *Evans*, in: Economics of Health, 1974, S. 162 f.

ante (und ex post) nicht kontrollieren[142] und bewerten kann[143]. Der Effekt dieser Informationsasymmetrie, der potenziell bei jeder Dienstleistung durch einen Experten entsteht[144], soll im medizinischen Bereich besonders ausgeprägt sein: Markteintrittsbarrieren, die aus der langen Ausbildungszeit vor Erhalt der Approbation resultieren, und das persönliche Verhältnis zwischen Arzt und Patient, das dazu führt, dass Patienten andere Ärzte nicht zwingend als Substitut wahrnehmen, führen zu einem verringerten Wettbewerb zwischen Ärzten, was die Marktmacht des einzelnen Arztes erhöht[145]. Zudem wird die anbieterinduzierte Nachfrage durch Unwägbarkeiten im Rahmen der Diagnose begünstigt[146]. Diese Faktoren sollen in einer Weise zusammenwirken, die dazu führen, dass der Markt für Gesundheitsleistungen nicht mehr wettbewerblich geprägt ist[147].

bb) Auswirkung unterschiedlicher Rahmenbedingungen eines Gesundheitssystems

Die Reichweite der anbieterinduzierten Nachfrage ist stark von den Rahmenbedingungen des jeweiligen Gesundheitssystems abhängig – insbesondere von der Art der Bezahlung sowie dem zahlenden Vertragspartner. Die Preise ärztlicher Leistungen sind im deutschen Gesundheitssystem in den Gebührenordnungen geregelt und unterliegen keinen marktwirtschaftlichen Preisschwankungen. Nimmt die Anzahl an Ärzten jedoch zu, führt dies zu einer stärkeren Verteilung der Patienten zwischen den Ärzten, was den einzelnen Arzt dazu motivieren könnte, mehr Leistungen pro Patient zu erbringen, um sein Einkommen stabil zu

---

142 *Mooney/Ryan*, Journal of Health Economics 1993, 125, 132 ff.

143 *Bickerdyke/Dolamore/Monday u. a.*, Supplier Induced Demand for Medical Services. Productivity Commission Staff Working Paper, 2002 (https://www.pc.gov.au/research/supporting/supplier-induced-medical-demand/sidms.pdf), S. 13 (geprüft am 19.9.2023); *Kern*, Arztinduzierte Nachfrage in der ambulanten Versorgung (https://vwl.wiwi.uni-augsburg.de/vwl/institut/paper/225.pdf), S. 8 (geprüft am 19.9.2023).

144 *Freebairn*, The Australian Economic Review 2001, 353, 354 nennt als weitere Beispiele Kfz- und Computerreparaturen sowie den Bildungssektor; *Bradford/Martin*, Eastern Economic Journal 1995, 491.

145 *Bickerdyke/Dolamore/Monday u. a.*, Supplier Induced Demand for Medical Services. Productivity Commission Staff Working Paper, 2002 (https://www.pc.gov.au/research/supporting/supplier-induced-medical-demand/sidms.pdf), S. 19 (geprüft am 19.9.2023); vgl. *Kern*, Arztinduzierte Nachfrage in der ambulanten Versorgung (https://vwl.wiwi.uni-augsburg.de/vwl/institut/paper/225.pdf), S. 34 f. (geprüft am 19.9.2023).

146 *Bickerdyke/Dolamore/Monday u. a.*, Supplier Induced Demand for Medical Services. Productivity Commission Staff Working Paper, 2002 (https://www.pc.gov.au/research/supporting/supplier-induced-medical-demand/sidms.pdf), S. 17 f. (geprüft am 19.9.2023); *Richardson*, The Australian Economic Review 2001, 336, 346 f.; *Wennberg/Barnes/Zubkoff*, Social Science & Medicine 1982, 811, 812.

147 Vgl. *Bradford/Martin*, Eastern Economic Journal 1995, 491, 492.

halten, sodass Raum für das Phänomen der anbieterinduzierten Nachfrage besteht[148].

Einzelleistungsvergütungen sind am ehesten dazu geeignet, den Arzt dazu zu motivieren, Einfluss auf seinen Patienten zu nehmen[149]. Die Entlohnung des Arztes mittels einer Kopfpauschale[150] oder mittels eines festen Gehalts nimmt ihm hingegen die Möglichkeit, sein Einkommen durch die Erweiterung seiner Leistungen zu vermehren, sodass diese Zahlungsmodalitäten der anbieterinduzierten Nachfrage entgegenwirken können[151]. Als Alternative oder Ergänzung zu Änderungen in der Vergütungsstruktur der Ärzte wird vorgeschlagen, die Patienten staatlicherseits besser über medizinische Vorgänge aufzuklären, um so die Informationsasymmetrie auszugleichen[152]. Zwar handelt es sich hierbei um eine im Vergleich zur Bedarfsplanung weniger eingriffsintensive Maßnahme, allerdings lässt sich bezweifeln, ob diese ähnlich wirksam ist[153]. Dass die Ärzteschaft im deutschen System schon vor dem GSG in Form einer für die Zukunft zwischen KV und Kasse auszuhandelnden Gesamtvergütung kompensiert wurde, hatte zur Folge, dass nicht jede Mehrleistung, die durch einen Arzt erbracht wurde, unmittelbar gewinnwirksam wurde. Der Gesetzgeber des GSG wirkte der Gefahr, dass die Verhandlungen zwischen Kassen und KV Jahr für Jahr zu

---

[148] *Cassel/Wilke*, Journal of Public Health 2001, 331, 333; *Grytten/Sørensen*, Journal of Health Economics 2001, 379, 380; *Grytten/Carlsen/Sørensen*, Journal of Health Economics 1995, 207, 208 halten ein Umfeld, in dem Gebührenordnungen den Preis der Leistung festlegen, für besonders geeignet, um das Maß an anbieterinduzierter Nachfrage nachzuweisen; s. auch *Evans*, in: Economics of Health, 1974, S. 162, 168, der Preissteigerungen lediglich als eine von mehreren Möglichkeiten betrachtet, um die Einkommenswünsche des Arztes zu realisieren. Zudem stellt Evans in seiner Studie auf Zahlen aus Kanada ab, wo ebenfalls Gebührenordnungen die Preise ärztlicher Leistungen bestimmen.

[149] *Bickerdyke/Dolamore/Monday u. a.*, Supplier Induced Demand for Medical Services. Productivity Commission Staff Working Paper, 2002 (https://www.pc.gov.au/research/supporting/supplier-induced-medical-demand/sidms.pdf), S. 50 (geprüft am 19.9.2023); *Kern*, Arztinduzierte Nachfrage in der ambulanten Versorgung (https://vwl.wiwi.uni-augsburg.de/vwl/institut/paper/225.pdf), S. 31 (geprüft am 19.9.2023).

[150] Gegen Kopfpauschalen und für ein komplexeres System der Einzelleistungsvergütung *Mooney/Ryan*, Journal of Health Economics 1993, 125, 134.

[151] *Bickerdyke/Dolamore/Monday u. a.*, Supplier Induced Demand for Medical Services. Productivity Commission Staff Working Paper, 2002 (https://www.pc.gov.au/research/supporting/supplier-induced-medical-demand/sidms.pdf), S. 53 ff. (geprüft am 19.9.2023); zu erfolgsabhängigen Vergütungen, die als weitere alternative Zahlungsmodalität potentielle Schwächen der Kopfpauschale vermeiden, und zu den Schwierigkeiten, die mit der Implementierung solcher Vergütungen verbundenen sind, s. *Labelle/Stoddart/Rice*, Journal of Health Economics 1994, 347 ff.

[152] *Kern*, Arztinduzierte Nachfrage in der ambulanten Versorgung (https://vwl.wiwi.uni-augsburg.de/vwl/institut/paper/225.pdf), S. 40 f. (geprüft am 19.9.2023).

[153] *Labelle/Stoddart/Rice*, Journal of Health Economics 1994, 347, 360.

einem Anstieg der Gesundheitsausgaben führten, zudem mit der Budgetierung der Arztgehälter entgegen.

Bezahlt werden Ärzte, die Leistungen in der gesetzlichen Krankenkasse erbringen, nicht vom Patienten selbst, sondern über die Kassenärztliche Vereinigung von den Krankenkassen (§ 85 I, IV 1 SGB V). Anders als der Patient, hat die Krankenkasse mehr Expertise und Ressourcen dafür, die erbrachten Leistungen zu kontrollieren und den Arzt gegebenenfalls zu disziplinieren, um das Maß der anbieterinduzierten Nachfrage zu beschränken[154].

Als weiterer systematisch angelegter Faktor, der die anbieterinduzierte Nachfrage positiv beeinflussen kann, gilt die freie Arztwahl. Diese erhöht den Wettbewerb unter den Ärzten. Um den Patienten unter dem Druck des Wettbewerbs an sich zu binden, kann sich der Arzt dazu veranlasst sehen, seinem Patienten möglichst viele Leistungen zu verschreiben, um ihm das Gefühl zu vermitteln, eine gute Behandlung zu bieten[155].

Festzuhalten bleibt, dass im deutschen Gesundheitssystem kaum noch Faktoren vorhanden sind, die die anbieterinduzierte Nachfrage begünstigen. Einzig die freie Arztwahl, die die derzeitigen Regierungsparteien in ihrem Koalitionsvertrag zusammen mit der Freiberuflichkeit als wichtige Säule des deutschen Systems benennen[156], könnte noch als der anbieterinduzierten Nachfrage zuträglicher Faktor gewertet werden.

cc) Kritik der Definition

Dabei muss nicht stets davon ausgegangen werden, dass das Mehr an Leistung vom Arzt nur verschrieben wird, um mehr Leistungen abrechnen zu können. So müssen nicht notwendigerweise schlechte Absichten die anbieterinduzierte Nachfrage verursachen: Ein anderes Motiv könnte darin gesehen werden, dass

---

[154] Die Schwierigkeiten, die sich ergeben, wenn der Patient die ärztliche Leistung im System der gesetzlichen Krankenversicherung umsonst erhält und die mit der fehlenden Motivation des Patienten einhergehen, zu prüfen, inwieweit die Leistungen seines Arztes wirtschaftlich sinnvoll sind, werden unter dem Stichwort des ex-post Moral Hazard Problems diskutiert, *Kern*, Arztinduzierte Nachfrage in der ambulanten Versorgung (https://vwl.wiwi.uni-augsburg.de/vwl/institut/paper/225.pdf), S. 39 (geprüft am 19.9.2023); als mögliche Lösung für dieses Problem kommt für den Patienten verpflichtende Zuzahlungen in Betracht, *Bickerdyke/Dolamore/Monday u. a.*, Supplier Induced Demand for Medical Services. Productivity Commission Staff Working Paper, 2002 (https://www.pc.gov.au/research/supporting/supplier-induced-medical-demand/sidms.pdf), S. 48 (geprüft am 19.9.2023); hiergegen u. a. *Wennberg/Barnes/Zubkoff*, Social Science & Medicine 1982, 811, 822.

[155] *Bickerdyke/Dolamore/Monday u. a.*, Supplier Induced Demand for Medical Services. Productivity Commission Staff Working Paper, 2002 (https://www.pc.gov.au/research/supporting/supplier-induced-medical-demand/sidms.pdf), S. 49 f. (geprüft am 19.9.2023).

[156] Koalitionsvertrag zw. CDU, CSU und SPD 19. Legislaturperiode, S. 100, Rn. 4649.

Ärzte davon ausgehen, dass eine erhöhte Behandlungsintensität eine erhöhte Qualität der Behandlung verursacht, sodass sie ihre Behandlungsintensität erhöhen, wenn sie über freie Kapazitäten verfügen[157]. Dies kann auf eine übermäßige Risikoaversion des Arztes zurückgeführt werden, der lieber noch eine Untersuchung mehr anordnet, um auf Nummer sicher zu gehen[158]. Bereits diese Unterschiede in der Beschreibung möglicher Motive des Arztes führen dazu, dass sich eine Fülle von unterschiedlichen Definitionen für die anbieterinduzierte Nachfrage entwickelt hat[159]. Die konzeptionellen Probleme der anbieterinduzierten Nachfrage offenbaren sich also schon auf Definitionsebene: Schließlich liegt die Aufgabe des Arztes darin, mit seiner Diagnose beim Patienten die Nachfrage nach einem Produkt oder einer Leistung zu wecken[160]. Die Abgrenzung zwischen gesellschaftlich erwünschter und unerwünschter anbieterinduzierter Nachfrage ist auch von subjektiven Faktoren abhängig: So ist es möglich, dass der Arzt eine Leistung aus Eigeninteresse erbringt, ein Patient auf dem Informationsstand des Arztes diese Leistung nicht gewählt hätte, die Leistung den Gesundheitszustand des Patienten aber trotzdem verbessert. Die Einordnung dieses Vorgangs als unerwünschte anbieterinduzierte Nachfrage ist davon abhängig, wie hoch der Stellenwert ist, den man der Patientenautonomie zukommen lässt[161]. Auch im umgekehrten Fall, in dem der Arzt die Interessen des Patienten zwar verfolgt, jedoch aus anderen Gründen (s.o.) eine wirkungslose Therapie verschreibt, fällt es nicht leicht, die Leistung lediglich als gesellschaftlich unerwünscht oder als gesellschaftlich unerwünschte anbieterinduzierte Nachfrage einzuordnen[162]. Sieht man den Arzt weniger als Interessenvertreter seines konkreten Patienten, sondern mehr als Interessenvertreter der Gemeinschaft aller Patienten[163], kommt es bei weitestmöglicher Auslegung dazu, dass man eine an-

---

157 *Richardson*, The Australian Economic Review 2001, 336, 348; *Evans*, in: Economics of Health, 1974, S. 162, 164 s. Fn. 1.

158 *Wennberg/Barnes/Zubkoff*, Social Science & Medicine 1982, 811, 812.

159 *Bickerdyke/Dolamore/Monday u. a.*, Supplier Induced Demand for Medical Services. Productivity Commission Staff Working Paper, 2002 (https://www.pc.gov.au/research/supporting/supplier-induced-medical-demand/sidms.pdf), S. 5 ff. (geprüft am 19.9.2023); *Kern*, Arztinduzierte Nachfrage in der ambulanten Versorgung (https://vwl.wiwi.uni-augsburg.de/vwl/institut/paper/225.pdf), S. 9 (geprüft am 19.9.2023); *Labelle/Stoddart/Rice*, Journal of Health Economics 1994, 347, 349 f.

160 *Johnson*, in: Encyclopedia of Health Economics, 2014, 77; *Labelle/Stoddart/Rice*, Journal of Health Economics 1994, 347, 352.

161 *Labelle/Stoddart/Rice*, Journal of Health Economics 1994, 347, 356.

162 *Dies.*, Journal of Health Economics 1994, 347, 357; als Lösung für dieses Problem wird vorgeschlagen, Ärzten mehr Richtlinien vorzugeben, die auf eine erhöhte Anzahl von Studien zurückgeführt werden sollen, *dies.*, Journal of Health Economics 1994, 347, 360; vgl. hierzu schon *Wennberg/Barnes/Zubkoff*, Social Science & Medicine 1982, 811, 821.

163 § 1 I BÄO und § 1 I 1 MBO-Ä lassen beide Interpretationsmöglichkeiten zu.

bieterinduzierte Nachfrage in Fällen annehmen kann, in denen der Arzt ausschließlich im Interesse des Patienten arbeitet, die verschriebene Behandlung dem Patienten hilft, es aber eine kosteneffizientere Therapie gegeben hätte bzw. die Opportunitätskosten der Behandlung den gesellschaftlichen Anschauungen zufolge als zu hoch angesehen werden[164]. Selbst wenn der Arzt so auf den Patienten einwirkt, dass dieser eine Leistung nicht nachfragt, der Arzt die Nachfragekurve also nach links verschiebt, kann in dieser Beeinflussung eine anbieterinduzierte Nachfrage gesehen werden[165].

dd) Kritik der Empirie

Die Probleme auf der definitorischen Ebene setzen sich fort, wenn es darum geht, die anbieterinduzierte Nachfrage empirisch zu belegen. Die anbieterinduzierte Nachfrage ist nicht direkt messbar, denn ob der Patient die Behandlung vorgenommen hätte, wenn er den Kenntnisstand des behandelnden Arztes hätte, kann im Rahmen groß angelegter Untersuchungen kaum bewiesen werden[166]. So müssen Ökonomen, die Studien zur anbieterinduzierten Nachfrage veröffentlichen, ihre Untersuchungen an Kriterien ausrichten, die nur indirekt mithilfe diverser Annahmen in der Lage sind, die anbieterinduzierte Nachfrage zu erklären[167]. Gleichzeitig muss sichergestellt sein, dass nicht andere Ursachen für den Anstieg der Nachfrage nach Gesundheitsleistungen verantwortlich sind: Eine erhöhte Arztdichte kann zu geringeren Warte- und Anreisezeiten für Patienten sowie zu einem erhöhten Qualitätswettbewerb führen, die die Inanspruchnahme ärztlicher Leistungen für Patienten attraktiver machen und daher die Nachfrage erhöhen[168]. Ein weiterer Grund für die Zunahme der Nachfrage nach Gesundheitsleistungen

---

164 *Labelle/Stoddart/Rice*, Journal of Health Economics 1994, 347, 355, 361 f.

165 *Van Dijk/van den Berg/Verheij u. a.*, Health economics 2013, 340; *Kern*, Arztinduzierte Nachfrage in der ambulanten Versorgung (https://vwl.wiwi.uni-augsburg.de/vwl/institut/paper/225.pdf), S. 10 (geprüft am 19.9.2023) bezeichnet dieses Phänomen im Gegensatz zu *Van Dijk et al.* als „negative“ arztinduzierte Nachfrage.

166 *Bickerdyke/Dolamore/Monday u. a.*, Supplier Induced Demand for Medical Services. Productivity Commission Staff Working Paper, 2002 (https://www.pc.gov.au/research/supporting/supplier-induced-medical-demand/sidms.pdf), S. 67 (geprüft am 19.9.2023); *Johnson*, in: Encyclopedia of Health Economics, 2014, 77.

167 *Bickerdyke/Dolamore/Monday u. a.*, Supplier Induced Demand for Medical Services. Productivity Commission Staff Working Paper, 2002 (https://www.pc.gov.au/research/supporting/supplier-induced-medical-demand/sidms.pdf), S. 80 (geprüft am 19.9.2023).

168 *Dranove/Wehner*, Journal of Health Economics 1994, 61, 63; *Bickerdyke/Dolamore/Monday u. a.*, Supplier Induced Demand for Medical Services. Productivity Commission Staff Working Paper, 2002 (https://www.pc.gov.au/research/supporting/supplier-induced-medical-demand/sidms.pdf), S. 70 (geprüft am 19.9.2023); *Freebairn*, The Australian Economic Review 2001, 353, 354.

kann im Phänomen des permanenten Nachfrageüberhangs gesehen werden: Da die Gebührenordnungen den Preis für eine ärztliche Leistung unter dem Marktwert festlegen (bzw. diese in Deutschland für gesetzlich versicherte Patienten effektiv umsonst ist) kann es sein, dass eine Zunahme des Angebots medizinischer Leistungen lediglich eine bereits vorher bestehende Nachfrage aufdeckt, die vorher nur aufgrund eines Mangels an Medizinern nicht bedient werden konnte[169]. Der Wissenschaftler, der das Phänomen der anbieterinduzierten Nachfrage empirisch belegen will, steht mithin vor der Aufgabe, sicherzustellen, dass diese Faktoren keinen Einfluss auf die Verschiebung der Nachfragekurve haben, um einen Vorgang zu beweisen, den er nur indirekt belegen kann[170]. Die meisten Gesundheitssysteme sind bereits reguliert, wobei sich die Regulierungen stetig verändern, was die korrekte Interpretation der gesammelten Daten noch weiter erschwert[171], schließlich fehlt in diesen Fällen eine konkrete Kontrollgruppe, die es erlaubt, die eigenen Ergebnisse zu überprüfen.

Daher ist es bei Studien zum Thema der anbieterinduzierten Nachfrage möglich, die Annahmen, mithilfe derer dieses Phänomen nachgewiesen werden soll, anzugreifen[172]: I.R.v. Studien, die den Zusammenhang zwischen der Arztdichte und der Anzahl der von Ärzten induzierten Nachfolgetermine untersuchten, blieb bspw. unklar, ob der Nachfolgetermin inhaltlich gerechtfertigt war und welche Leistungen der Arzt im Rahmen der Nachfolgetermine erbrachte[173]. In einer anderen Studie, die gegen die Manipulation des Patienten im Rahmen der anbiete-

[169] A.A. *Richardson*, The Australian Economic Review 2001, 336, 343.

[170] Umgekehrt stellen sich dieselben Schwierigkeiten, wenn man versucht, nachzuweisen, dass das Phänomen der anbieterinduzierten Nachfrage nicht besteht: Selbst wenn Preise für Gesundheitsleistungen bei der Zunahme von Ärzten im Markt fallen, wäre es möglich, dass sie ohne das Phänomen der anbieterinduzierten Nachfrage noch weiter gefallen wären, s. *Bradford/Martin*, Eastern Economic Journal 1995, 491, 492.

[171] *Bickerdyke/Dolamore/Monday u. a.*, Supplier Induced Demand for Medical Services. Productivity Commission Staff Working Paper, 2002 (https://www.pc.gov.au/research/supporting/supplier-induced-medical-demand/sidms.pdf), S. 68 (geprüft am 19.9.2023); *Grytten/Carlsen/Sørensen*, Journal of Health Economics 1995, 207, 227 hierzu und zu weiteren Gründen, aufgrund derer sich die Messung der anbieterinduzierten Nachfrage als schwierig erweist.

[172] *Bickerdyke/Dolamore/Monday u. a.*, Supplier Induced Demand for Medical Services. Productivity Commission Staff Working Paper, 2002 (https://www.pc.gov.au/research/supporting/supplier-induced-medical-demand/sidms.pdf), S. 72 ff. (geprüft am 19.9.2023); zu Studien aus Deutschland, die die These der angebotsinduzierten Nachfrage tendenziell nicht bestätigen können s. *Cassel/Wilke*, Journal of Public Health 2001, 331, 335; *Dranove/Wehner*, Journal of Health Economics 1994, 61, 72 führen eine erhöhte Geburtenrate zurück auf eine erhöhte Angebotsdichte von Geburtshelfern – ein Ergebnis das offensichtlich nicht richtig sein kann und sog. TLSL Tests zur Feststellung angebotsinduzierter Nachfrage in Frage stellt.

[173] *Bickerdyke/Dolamore/Monday u. a.*, Supplier Induced Demand for Medical Services. Productivity Commission Staff Working Paper, 2002 (https://www.pc.gov.au/research/supporting/supplier-induced-medical-demand/sidms.pdf), S. 72 f. (geprüft am 19.9.2023).

rinduzierten Nachfrage sprach, stellten die Autoren fest, dass Ärzte und ihre Familien medizinische Leistungen häufiger in Anspruch nahmen, als Patienten, die keinen medizinischen Hintergrund hatten, wobei dies auch daran gelegen haben kann, dass Mediziner risikoavers sind und Unsicherheiten möglichst ausräumen möchten[174]. In einer weiteren Studie führten Forscher die Zunahme des Anteils von – im Vergleich zu gewöhnlichen Geburten teureren – Kaiserschnitten auf fallende Geburtenraten und damit zurückgehende Erträge der Ärzteschaft zurück, wohingegen die Zunahme von Kaiserschnitten auch am steigenden Durchschnittsalter der Mütter hätte liegen können[175].

ee) Weitere Kritik

Zu den empirischen und definitorischen Problemen gesellen sich des Weiteren denklogische Schwierigkeiten: In den meisten Studien spielt die Qualität der Leistung keine Rolle. Auf definitorischer Ebene ähnelt diese Schwäche dem Grundproblem der Fragestellung, ob eine anbieterinduzierte Nachfrage bei Leistungen gegeben ist, die der Patient sich nicht verschrieben hätte, die ihm aber dennoch helfen. Auf empirischer Ebene findet es seine Entsprechung in der Frage nach dem Grund für die Verschiebung der Nachfragekurve. Dabei bestehen Anzeichen dafür, dass die Patientenzufriedenheit – und damit die Qualität der Behandlung[176] – mit zunehmender Ärztedichte steigt[177].

Ferner stellt sich die Frage, warum Ärzte die Nachfrage nach ihrer Leistung nicht stets, sondern nur dann beeinflussen, wenn der Preis ihrer Einzelleistung sinkt. An dieser Stelle wird die Theorie der anbieterinduzierten Nachfrage durch die Theorie des Target Incomes gestützt, nach der Ärzte ein gewisses Zieleinkommen haben[178]. Demnach sehen sie sich nur veranlasst, die Nachfrage nach Ihrer Leistung zu manipulieren, wenn ihr Einkommen unter diese Grenze fällt. Auch die Target Income These unterliegt aber Schwächen: Dass Mitglieder be-

---

174 *Dies.*, Supplier Induced Demand for Medical Services. Productivity Commission Staff Working Paper, 2002 (https://www.pc.gov.au/research/supporting/supplier-induced-medical-demand/sidms.pdf), S. 74 (geprüft am 19.9.2023).

175 *Dies.*, Supplier Induced Demand for Medical Services. Productivity Commission Staff Working Paper, 2002 (https://www.pc.gov.au/research/supporting/supplier-induced-medical-demand/sidms.pdf), S. 74 (geprüft am 19.9.2023).

176 *Carlsen/Grytten*, Journal of Health Economics 2000, 731, 732 führen Gründe an, aufgrund derer der Rückschluss von der Patientenzufriedenheit auf die Qualität der Leistung möglich sein soll.

177 *Dies.*, Journal of Health Economics 2000, 731, 751.

178 *Kern*, Arztinduzierte Nachfrage in der ambulanten Versorgung (https://vwl.wiwi.uni-augsburg.de/vwl/institut/paper/225.pdf), S. 29 (geprüft am 19.9.2023); *Bradford/Martin*, Eastern Economic Journal 1995, 491, 492; *Evans*, in: Economics of Health, 1974, S. 162, 166 f.

stimmter Berufsgruppen ein gewisses Einkommen erwarten, ist zwar wahrscheinlich, die genaue Messung dieser Erwartung aber kaum möglich[179].

Weitere Lücken in der Logik der anbieterinduzierten Nachfrage deuten sich schon im Rahmen dieser Arbeit an: Einerseits soll der verringerte Wettbewerb im Markt für Gesundheitsleistungen die Marktmacht der Ärzte begünstigen und so die Wahrscheinlichkeit für die anbieterinduzierte Nachfrage erhöhen. Andererseits soll der gesteigerte Wettbewerb, der auf die freie Arztwahl oder auf eine Zunahme der am Markt tätigen Ärzte[180] zurückgeführt wird, für ein höheres Maß an anbieterinduzierter Nachfrage verantwortlich sein.

Übersehen wird ferner, dass dem Arzt die Manipulation seiner Patienten Kosten in Form der Rufschädigung verursachen kann[181]. Die Informationsasymmetrie zwischen Arzt und Patient wird zudem überbewertet, nicht nur weil sich Patienten mit chronischen Krankheiten gut mit ihrem Leiden auskennen, sondern auch weil sich die Möglichkeiten, sich im Hinblick auf die eigene Krankheit (bspw. mithilfe des Internets) zu informieren, im Laufe der Zeit stark verbessert haben[182].

ff) Fazit

Es stellt sich als nahezu unmöglich dar, den tatsächlichen Bedarf ärztlicher Dienstleistungen wissenschaftlich exakt zu bestimmen[183]. Dass es Fälle gibt, in denen nicht ein echter Bedarf, sondern die anbieterinduzierte Nachfrage eine ärztliche Dienstleistung auslöst, wird von kaum einem Autor bezweifelt[184], viele Studien können jedoch keinen klaren Zusammenhang zwischen steigenden Gesundheitsausgaben und anbieterinduzierter Nachfrage herstellen[185]. Inwieweit

---

[179] *Bradford/Martin*, Eastern Economic Journal 1995, 491, 492.

[180] *Cassel/Wilke*, Journal of Public Health 2001, 331, 332.

[181] *Johnson*, in: Encyclopedia of Health Economics, 2014, 77.

[182] *Bickerdyke/Dolamore/Monday u. a.*, Supplier Induced Demand for Medical Services. Productivity Commission Staff Working Paper, 2002 (https://www.pc.gov.au/research/supporting/supplier-induced-medical-demand/sidms.pdf), S. 15 (geprüft am 19.9.2023); *Freebairn*, The Australian Economic Review 2001, 353, 354.

[183] *Stackelberg*, GuP 2016, 24, 28.

[184] *Bickerdyke/Dolamore/Monday u. a.*, Supplier Induced Demand for Medical Services. Productivity Commission Staff Working Paper, 2002 (https://www.pc.gov.au/research/supporting/supplier-induced-medical-demand/sidms.pdf), S. 19 (geprüft am 19.9.2023); *Johnson*, in: Encyclopedia of Health Economics, 2014, S. 77, 80 meint, dass weitere Untersuchungen nötig sind, um die statistische Relevanz der anbieterinduzierten Nachfrage festzustellen.

[185] *Kern*, Arztinduzierte Nachfrage in der ambulanten Versorgung (https://vwl.wiwi.uni-augsburg.de/vwl/institut/paper/225.pdf), S. 15 ff. (geprüft am 19.9.2023) kann einen klaren Zusammenhang weder aus einer Sammlung internationaler noch deutscher Studien herleiten; ebenso *Cassel/Wilke*, Journal of Public Health 2001, 331, 334 f.

die anbieterinduzierte Nachfrage statistisch relevant ist und ob diese statistische Relevanz ausreicht, um die gesundheitspolitische Richtung zu bestimmen[186], ist daher seit den ersten Aufsätzen aus den 60er und 70er Jahren lebhaft umstritten und wird dies voraussichtlich bleiben[187], sodass die Zustimmung oder Ablehnung gesetzgeberischer Maßnahmen, die auf dieses Phänomen zurückgehen, stark ideologieabhängig bleibt[188]. Je nachdem auf welches ideologische Fundament die Regulierung der Ärzteschaft gestellt wird, ändern sich die Folgen für die Freiberuflichkeit der Ärzte.

g) Zusammenhang der Ökonomie mit der Soziologie

Insofern können Zusammenhänge zwischen den Ideologien beobachtet werden, auf denen die soziologischen und ökonomischen Theorien zur Freiberuflichkeit fußen. Dies führt zunächst zu scheinbar paradoxen Ergebnissen: Die – als konservativ geltenden – Anhänger der freien Marktwirtschaft tendieren dazu, die Freiberuflichkeit und die Zulassung nur einer Berufsgruppe zum Markt als Ineffizienz zu beurteilen und diese – parallel zu den als links geltenden Schließungstheoretikern – als reines Ergebnis der freiberuflichen Interessenvertretung zu erklären[189]. Spiegelbildlich hierzu schließen linke Ökonomen von dem Wissensgefälle zwischen Arzt und Patient auf ein Marktversagen und fordern daher – ähnlich wie die als konservativ einzuordnenden Strukturfunktionalisten – staatliche Interventionen in der Form von Mindeststandards, bspw. in der Form von Zulassungen[190]. Dieses Paradoxon weist jedoch bereits darauf hin, dass der pauschale Abgleich zwischen den soziologischen und ökonomischen Theorien vor dem Hintergrund politischer Links-Rechts-Schemata zu simpel ist[191]. So gibt es Schließungstheoretiker, die ein Wissensgefälle zwischen Arzt und Patient beobachten, im Gegensatz zu den meisten Strukturfunktionalisten aber davon ausge-

---

186 Dagegen: *Bradford/Martin*, Eastern Economic Journal 1995, 491, 501; auch die Konzentrierte Aktion im Gesundheitswesen zweifelte dies 1994 noch an, *Sodan*, NJW 2003, 257, 259.

187 *Bickerdyke/Dolamore/Monday u. a.*, Supplier Induced Demand for Medical Services. Productivity Commission Staff Working Paper, 2002 (https://www.pc.gov.au/research/supporting/supplier-induced-medical-demand/sidms.pdf), S. 2 (geprüft am 19.9.2023) m. w. N.: „This area of research can be described as a theoretical and empirical quagmire".

188 Vgl. *Labelle/Stoddart/Rice*, Journal of Health Economics 1994, 347, 348.

189 *Leicht*, Journal of Professions and Organization 2016, 103, 108 m. w. N.; *Dietrich/Roberts*, in: The End of the Professions?, 2005, S. 14, 25; *Begun*, Work and Occupations 1986, 113, 116 ff.

190 *Dietrich/Roberts*, in: The End of the Professions?, 2005, S. 14, 25; *Begun*, Work and Occupations 1986, 113, 117 f.

191 *Begun*, Work and Occupations 1986, 113, 119.

hen, dass die Freiberufler das Ausmaß der Informationsasymmetrie und seine Bedeutung mithilfe ihrer politischen Macht beeinflussen[192].

Dementsprechend kann die im GSG verschärfte Bedarfsplanung beiden soziologischen Thesen zugeordnet werden. Wie die Historie zeigt, schließen sich Bedarfsplanung und ein klassisches Verständnis der Freiberuflichkeit keinesfalls gegenseitig aus. Im Gegenteil kamen sowohl die Einführung einer Verhältniszahl 1913 sowie ihre Verschärfung zum Jahr 1932 der Ärzteschaft zugute. So basierte die Verhältniszahl von 1932 auf einer Idee, die den strukturfunktionalen Ansichten von *Parsons* zuzuordnen ist: Die Unabhängigkeit der Ärzte, die die Qualität der schöpferischen Leistung gewährleistet, sollte gestärkt werden, indem die Mediziner vor Konkurrenz geschützt wurden[193]. Wenig überraschend ist, dass sich die Neo-Weberianer dieser Betrachtungsweise keineswegs anschließen und daher jegliche Form des Numerus Clausus[194] vehement ablehnen[195].

Die Verschärfung der Bedarfsplanung im Jahr 1993 wurde jedoch in erster Linie mit dem Argument der anbieterinduzierten Nachfrage begründet. Hierdurch unterscheidet sich der Geist der neueren Bedarfsplanung von dem der früheren Verhältniszahlen: Die Bedarfsplanung, die eng mit der Budgetierung verknüpft ist, dient nicht zuerst dem Schutz des Arztes und damit der Behandlung sowie dem Arzt-Patienten-Verhältnis. Im Gegenteil hierzu sieht sie den Arzt als Gefahr für das System der gesetzlichen Krankenversicherung und der Versichertengemeinschaft[196]. Das im strukturfunktionalen Sinn durch persönliche Leistungserbringung und Vertrauen geprägte Arzt-Patienten-Verhältnis erscheint in ihrem Licht als „paternalistisch-infantile Beziehung des Patienten zum Arzt"[197]. Diese Perspektive stimmt viel mehr mit den Überlegungen der Schließungstheoretiker als denen der Strukturfunktionalisten überein[198]: Der Arzt missbraucht seine Macht, die aus seiner überlegenen Stellung resultiert, um dem Patienten Leistungen zu verschreiben, die nicht dem Kranken, sondern dem Arzt dienen. „Dem Arzt gegenüber entsteht ein Betrugsverdacht alleine deshalb, da ein objektives Maß an Behandlungsquantität und -qualität als Referenzgröße nicht vor-

---

[192] *Ders.*, Work and Occupations 1986, 113, 119 Fn. 6, 122 f.

[193] *Schneider*, Handbuch des Kassenarztrechts, 1994, S. 42; gegen eben diese Argumentation wandte sich auch das BVerfG im Rahmen seiner Kassenarztentscheidung, s. BVerfGE 11, 30, 45 ff.; hierzu auch *Fleischmann*, Die freien Berufe im Rechtsstaat, 1970, S. 153 f., 161 f.

[194] Ein solcher bestand bspw. im Zusammenhang mit der Ärzteschwemme der Nachkriegsjahre, s. *Gerst*, Standesorganisation, 2004, S. 114 f.

[195] *Abel*, International Journal of the Legal Profession 2012, 131, 132.

[196] *Schneider*, MedR 1994, 383, 388.

[197] *Frehse*, in: Schnapp/Wigge (Hrsg.), Vertragsarztrecht, 2017, § 5 C. Rn. 3.

[198] Einen Zusammenhang zwischen Schließungstheorie und anbieterinduzierter Nachfrage sieht *Meuser*, in: Elitenmacht, 2004, 193, 194.

handen ist"[199]. Die Vertreter der Theorie der sozialen Schließung heben dementsprechend hervor, dass Freiberufler die Nachfrage bezüglich ihrer Leistung mithilfe des Zentralwertbezugs ihrer Tätigkeit anfachen[200]. Ein starker Zusammenhang zwischen den Theorien ist daher zu beobachten. Die Funktionsverschiebung der Bedarfsplanung weg von einem Mittel, das dazu bestimmt war, gegen die anbieterinduzierte Nachfrage vorzugehen, und hin zu einem Mittel, das die gleichmäßige örtliche Verteilung von Medizinern sicherstellen soll, steht diesem Schluss nicht entgegen[201]: Schließlich bleibt die Anknüpfung der Bedarfsplanung an die anbieterinduzierte Nachfrage bestehen und wird nur durch neue Aspekte ergänzt[202].

Dann kommt es jedoch abermals zu einem paradoxen Ergebnis: So führen die mit den schließungstheoretischen Erwägungen in Einklang stehenden Annahmen der Theorie der anbieterinduzierten Nachfrage im Ergebnis zur Beschränkung der Anzahl von Zulassungen und damit zu einer verstärkten Schließung des Marktes für medizinische Dienstleistungen. Dieses Ergebnis basiert aber darauf, dass der Gesetzgeber die Annahmen der Schließungstheoretiker weitestgehend nicht übernimmt. Ausweislich diverser Gesetzesbegründungen[203] stellt die Qualität bzw. das hohe Niveau der ärztlichen Versorgung weiterhin eines der zentralen Ziele aller gesetzgeberischen Bemühungen dar. Der Gesetzgeber geht dementsprechend davon aus, dass es sich zumindest bei der ärztlichen Profession um eine besondere Berufsgruppe handelt. Anders als die Vertreter der Theorie der sozialen Schließung wird es ihm daher nicht daran gelegen sein, Unterschiede zu anderen Berufsgruppen einzuebnen. Vielmehr wollte er mithilfe der Bedarfsplanung und Budgetierung die Ausgaben in der GKV beschränken, um das System vor einem Kollaps zu bewahren. Hierbei leitete er jedoch keinen Systemwandel in der Krankenversorgung ein, sondern hielt am alten System fest. Dies war nur

---

199 *Kern*, Arztinduzierte Nachfrage in der ambulanten Versorgung (https://vwl.wiwi.uni-augsburg.de/vwl/institut/paper/225.pdf), S. 34 (geprüft am 19.9.2023).

200 *Abel*, Legal Profession, 1988, S. 8.

201 A.A. wohl *Franzius*, VSSR 2012, 49, 51 f.

202 Auch nach den Änderungen, die durch das GKV-VStG erfolgten, stellen die Gerichte daher auf die anbieterinduzierte Nachfrage ab, s. z.B. BSGE 121, 154 ff. = NZS 2017, 65, 68 Rn. 31; *Ladurner*, in: FS Plagemann, 2020, 467.

203 Zum TSVG s. bspw. BT-Drs. 19/6337 S. 111, 116; zum GKV-VSG s. bspw. BT-Drs. 18/4095 S. 1 f., 50, 70, 79, 94, 112 f., 122, 201; zum GKV-VStG s. bspw. BT-Drs. 456/11 S. 1, 2, 4 f., 55, 64 f., 75, 84, 90; zum GKV-WSG s. bspw. BT-Drs. 16/3100 S. 1, 85 ff., 112, 141, 144; zum GMG s. bspw. BT-Drs. 15/1525 S. 1 f., 71 f., 73 f, 78 f., 89, 96, 113, 120 f.; zur GKV-Gesundheitsreform s. bspw. BT-Drs. 14/1245 S. 1, 53, 55 f., 57, 68, 86; zum GSG s. bspw. BT-Drs. 12/3608 S. 66, 69.

möglich, indem er die Ausgaben begrenzte[204]. Da der Gesetzgeber in erster Linie dem staatlichen Gewährleistungsauftrag nachkommen wollte, sollte diese Begrenzung aber nicht die Patienten treffen. Dementsprechend war er gezwungen, bei den Ärzten anzusetzen. Hierfür diente ihm die Theorie der anbieterinduzierten Nachfrage als geeignete Grundlage. Indem der Gesetzgeber die Reformen des GSG mithilfe der anbieterinduzierten Nachfrage begründete, übernahm er die Annahmen der Schließungstheoretiker. Dies konnte aber nicht ohne Rückwirkungen auf das Konzept der Freiberuflichkeit bleiben: Schon in der Konzeption der anbieterinduzierten Nachfrage klingt ein Misstrauen gegen die Ärzteschaft an, das wie eine Antithese zum noch bei *Parsons* vorhandenen Vertrauen in die Institutionen klingt. Die Umsetzung der schließungstheoretischen Forderungen in die Realität machte daher Kompromisse erforderlich. Es ist keinesfalls ungewöhnlich, dass eine verstärkte Regulierung die Machtkonzentration bei der regulierten Berufsgruppe erhöht[205]. Auffällig ist, dass noch weitere Übereinstimmungen zwischen den Annahmen der Theorie der anbieterinduzierten Nachfrage und der sozialen Schließung bestehen.

So ist die Qualifikation des Freiberuflers für die Neo-Weberianer nur ein vorgeschobenes Argument für die Marktschließung[206], sodass die Qualität der ärztlichen Behandlung – die aus der Ausbildung resultiert – ebenfalls nicht real existiert. Gleichzeitig spielt die Qualität der ärztlichen Leistung im Rahmen der Theorie der anbieterinduzierten Nachfrage keine Rolle[207]. Im funktionalen Bild verpflichten die Berufsordnungen die Ärzte ferner zu ethischem Handeln. Dies beschränkt die Möglichkeiten des Mediziners, seine Interessen zulasten anderer durchzusetzen, wodurch das Ausmaß der anbieterinduzierten Nachfrage begrenzt wird[208]. Da die Schließungstheoretiker aber annehmen, dass die Standesregeln den Freiberuflern lediglich zur Sicherung ihres Marktes dienen und der Arzt nicht altruistisch, sondern egoistisch ist[209], können bzw. wollen sie (ebenso wie

---

[204] Vgl. BT-Drs. 12/3608 S. 66: „Zum einen muss die defizitäre Entwicklung der GKV sofort gestoppt werden".

[205] *Dietrich/Roberts*, in: The End of the Professions?, 2005, S. 14, 22.

[206] S.o. B. I. 4. c).

[207] S.o. B. III. 2. f) ee).

[208] *Bickerdyke/Dolamore/Monday u. a.*, Supplier Induced Demand for Medical Services. Productivity Commission Staff Working Paper, 2002 (https://www.pc.gov.au/research/supporting/supplier-induced-medical-demand/sidms.pdf), S. 36 (geprüft am 19.9.2023), die jedoch einräumen, dass es Graubereiche innerhalb der Berufsordnungen gibt, die die angebotsinduzierte Nachfrage auch fördern können; *Grytten/Sørensen*, Journal of Health Economics 2001, 379, 387 sprechen Berufsordnungen und ethischen Standards einen hohen Stellenwert als Mittel gegen anbieterinduzierte Nachfrage zu; *Freebairn*, The Australian Economic Review 2001, 353, 354.

[209] Vgl. *Frehse*, in: Schnapp/Wigge (Hrsg.), Vertragsarztrecht, 2017, § 5 C. Rn. 4 „Insge-

die Vertreter der anbieterinduzierten Nachfrage) nicht auf diesen Mechanismus abstellen. Die mithilfe der Theorie der anbieterinduzierten Nachfrage begründete Verschärfung der Bedarfsplanung im Jahr 1993 markiert mithin einen Paradigmenwechsel hinsichtlich der soziologischen Grundlagen der Freiberuflichkeit, die auf die Rechtsordnung einwirkt: Das Zulassungsrecht der Ärzte prägt ihre Freiberuflichkeit nun weniger im strukturfunktionalen und stärker im schließungstheoretischen Sinn. Fraglich bleibt, wie sich diese Entwicklung auf die Typusmerkmale der Freiberuflichkeit auswirkt[210].

h) Auswirkungen auf die Freiberuflichkeit und Praxispreise

Die Theorie der sozialen Schließung spiegelt sich in der Argumentation der anbieterinduzierten Nachfrage, die die Rechtsordnung in Form der Budgetierung und Bedarfsplanung beeinflusst hat. Dementsprechend sollen die Auswirkungen der Bedarfsplanung auf die Freiberuflichkeit untersucht werden. Da die Bedarfsplanung in der Form, die sie durch das GSG gewonnen hat, in einem engen Zusammenhang zur Budgetierung steht, soll auf ihre Folgen bezüglich der Freiberuflichkeit eingegangen werden.

Die Budgetierung der Ausgaben der GKV schwächt zunächst die ärztliche Selbstverwaltung. War die Freiheit der KV in der Honorarverhandlungen einst nur dadurch beschränkt, dass sie den Grundsatz der Beitragsstabilität (§ 368f III 2 RVO a. F.) beachten sollte, ist sie nach Einführung der Budgetierung fest an die Ausgaben der Vorjahre gebunden. Bis 2008 konnten bei diesen Verhandlungen noch verschiedene Methoden (Einzelleistung- oder Pauschalvergütungen) genutzt werden, um die Gesamtausgabe zu berechnen (für Zahnmediziner gilt dies über das Jahr 2008 hinaus, § 87a I Hs. 2 SGB V), § 85 II 2 SGB V. Diese Mög-

---

samt wird das Verhalten von Arzt und Patient primär durch egoistische und allenfalls sekundär durch altruistische Motivationen gesteuert"; s.o. B. I. 4. c).

210 *Fleischmann*, Die freien Berufe im Rechtsstaat, 1970, S. 91 vertritt die Ansicht, in einem freien Zulassungsverfahren läge „kein spezifisches Merkmal freiberuflicher Tätigkeit", sodass „in erster Linie" nicht die Freiberuflichkeit, sondern die Berufsfreiheit des Arztes betroffen ist, wenn die Zulassung staatlicherseits von objektiven Kriterien abhängig gemacht wird. Mit diesen Feststellungen ist ihm weitestgehend zuzustimmen: Ein freies Zulassungsverfahren ist kein Typusmerkmal freiberuflicher Tätigkeit. Darüber hinaus stellt die Bedarfsplanung des GSG einen gerechtfertigten Eingriff in die Berufsfreiheit des Arztes dar, s. BVerfG, DVBl. 2002, 400; dieser Eingriff kann jedoch mittelbar auch die Freiberuflichkeit und ihre Typusmerkmale beeinflussen, denn „die Beschränkung objektiver Zulassungsvoraussetzungen auf das Mindestmaß gehört zugleich zum Berufsbild der freien Berufe, wie es sich in langer Tradition in der Auseinandersetzung mit dem reglementiersüchtigen Obrigkeitsstaat, aber auch mit konservativen Angehörigen des eigenen Berufsstandes herausgebildet hat", *ders.*, Die freien Berufe im Rechtsstaat, 1970, S. 158.

lichkeit fiel 2009 mit der Einführung der §§ 87a ff. SGB V weg. Seitdem sind die Anpassungen der Gesamtausgaben in der Gesundheitsversorgung an die Morbiditätsentwicklung der Bevölkerung gebunden: Die entsprechenden Kriterien, an denen sich diese Entwicklung messen lässt, sind in § 87a IV 1 Nr. 1–5 SGB V aufgezählt. Zwar hat sich die Ärzteschaft im Rahmen dieser Gesetzesänderung eines Teils des Morbiditätsrisikos entledigt. Der Preis hierfür lag jedoch darin, dass die ärztliche Selbstverwaltung in Honorarsachen noch weiter an Einfluss verlor. Handlungsspielräume hat sie nur noch bezüglich der Verteilung der Mittel unter den Ärzten[211].

Die Auswirkungen der Bedarfsplanung auf die funktionale Selbstverwaltung sind hingegen – parallel zur Begründung der Bedarfsplanung durch strukturfunktionale und schließungstheoretische Erwägungen – nicht so eindeutig wie die der Budgetierung: Einerseits gibt der parlamentarische Gesetzgeber der Selbstverwaltung mit der Bedarfsplanung ein Mittel an die Hand, mithilfe dessen sie ihrem Sicherstellungsauftrag besser nachkommen kann. Andererseits kann man argumentieren, dass die Bedeutung der Selbstverwaltung abnimmt, da ihr durch den parlamentarischen Gesetzgeber sowie die immer stärkere Verwissenschaftlichung der Parameter, aus denen sich bspw. die Morbidität ergibt, vorgegeben wird, wie sie ihrem Sicherstellungsauftrag nachzukommen hat[212]. Ob man hierin eine Stärkung oder Schwächung der Selbstverwaltung sieht, hängt darüber hinaus davon ab, ob man den GBA noch als Organ derselbigen sieht. Je nachdem, welche Perspektive man einnimmt, ändert sich die Betrachtungsweise auf die Reformen der Bedarfsplanung, die diese – auf die Initiative des Gesetzgebers hin – auf allen Ebenen kleinräumiger[213] und damit potenter ausgestaltet haben: So gibt es im Zusammenhang mit der Befugnis des GBA, Arztgruppen mit weniger als 1000 Mitglieder zu beplanen[214], immer mehr Arztgruppen. Auch in topographischer

---

[211] Infolge des GMG verlor die KV Mitte 2004 das Recht, die Honorarverteilung autonom festzulegen, zum Teil an die Krankenkassen. Mit dem GKV-VStG wurde diese Rechtsänderung jedoch (teils) wieder rückgängig gemacht, s. *Hartmannsgruber*, in: Ratzel/Luxenburger (Hrsg.), Handbuch Medizinrecht, [4]2020, Kap. 8 Rn. 212 ff., 925; zur Frage inwieweit dieser Verlust mit dem Recht auf materielle Selbstverwaltung aus Art. 87 II GG kollidieren könnte s. schon *Böcken*, MedR 2000, 165, 173 f.

[212] Als weiterer gesetzgeberischer Eingriff in dieselbe Richtung lässt sich die Vorgabe der Anzahl von Sprechstunden in der Ärzte-ZV werten, *Ladurner*, MedR 2019, 440, 442; vgl. auch schon zum GKV-VSG und vorangegangenen Reformen *Gassen*, GuP 2016, 22, 23 f.

[213] Kritisch bezüglich einer kleinräumigeren Planung äußert sich *Stackelberg*, GuP 2016, 24, 28 f. mit dem Argument, dass hiermit in der Nähe von Großstädten neue, nun offene Planungsbereiche geschaffen werden, die aber bereits durch anliegende Planungsbereiche versorgt werden. Ließen sich Ärzte in diesen Bereichen nieder, würde dies die Überversorgung in der Stadt bzw. die Unterversorgung auf dem Land noch weiter verschärfen.

[214] S.o. B. III. 2. c) aa).

Hinsicht hat sich die Flexibilität der Bedarfsplanung erhöht. Auf der Ebene des einzelnen Arztes wird der Zwang, sich der Bedarfsplanung anzupassen und den Sitz in einem unterversorgten Gebiet zu wählen, hierdurch jedenfalls stärker.

Dieser der Bedarfsplanung entstammende Zwang schränkt die wirtschaftliche Selbständigkeit des Arztes zum Berufseinstieg ein. Dies galt zwar ursprünglich nur für Ärzte, die sich in Ballungsgebieten niederlassen wollten. Je mehr Planungsbereiche für bestimmte Fachgebiete im ganzen Bundesgebiet gesperrt sind, desto weniger gilt diese Einschränkung jedoch. Hinzu kommt, dass formell offene Planungsbereiche faktisch verschlossen sein können, wenn sich eine Praxis in ihnen nicht gewinnbringend führen lässt[215]. Will ein Arzt wirtschaftlich selbständig tätig werden, ist er daher immer häufiger abhängig davon, eine Zulassung im Verfahren gem. § 103 IV SGB V zugeteilt zu bekommen[216].

Nach dem Willen des Gesetzgebers sollte die Beschränkung der Anzahl von Zulassungen nicht zu einem Anstieg der Preise für Praxen führen[217]. Bereits knapp zehn Jahre nach Einführung der Bedarfsplanung stellte sich heraus, dass die Gesetze der Ökonomie stärker sind als der gesetzgeberische Wille: So haben die Kaufpreise für Arztpraxen durchschnittlich überproportional zur Entwicklung des Umsatzes und Gewinns zugenommen[218]. Mit Einführung der Bedarfsplanung und des hiermit zusammenhängenden Anstiegs von Praxispreisen hat die Anzahl von Rechtsstreitigkeiten hinsichtlich einer möglichen Sittenwidrigkeit der Preise jedoch keinesfalls massiv zugenommen[219]. Dabei gibt es keine

---

215 *Cramer/Maier*, MedR 2002, 549, 551.

216 Die Sonderbedarfszulassung stellt zwar eine Alternative zur Praxisnachfolge dar. Diese ist – dem Namen entsprechend – aber abhängig von einem lokalen oder qualifikationsbezogenen Sonderbedarf zu erteilen (§ 36 I 1 BedPlRL). Da sie gem. § 36 VII 1 BedPlRL nur dann nachbesetzt werden kann, wenn der Sonderbedarf zum Zeitpunkt der Nachfolge weiterhin besteht, kann sie vor dem Hintergrund der Praxisnachfolge im Vergleich zur Zulassung kaum als gleichwertiges Aliud gelten, das dem Arzt als Tor in die wirtschaftliche Selbständigkeit dient; vgl. *Wenner*, in: FS Eichenhofer, 2015, S. 697, 703, der in geschlossenen Planungsbereichen den Weg in die selbständige Praxis i.d.R. in der Praxisnachfolge sieht.

217 BT-Dr. 12/3608, S. 99.

218 *Cramer/Maier*, MedR 2002, 549, 557 f.; vgl. auch *Clemens*, in: Quaas/Zuck/Clemens (Hrsg.), Medizinrecht, ⁴2018, § 20 Rn. 39a; a.A. wohl *Ströttchen*, KrV 2020, 98, 101, der meint, dass sich die Sperrung eines Gebiets und der Anstieg des Praxispreises nicht gegenseitig bedingen, sondern lediglich parallel auftreten, weil beide Phänomene auf die Attraktivität des Gebiets zurückzuführen sind – entscheidend für den Preis der Praxis soll weiterhin der in der Praxis verkörperte Goodwill sein. Dies wäre idealerweise zwar der Fall, realiter wird die Sperrung eines Gebietes jedoch seine Attraktivität weiter erhöhen, weil nun die Anzahl der Ärzte begrenzt ist, die den theoretisch zu erarbeitenden Goodwill unter sich aufteilen, der in einem bestimmten Bereich maximal erarbeitet werden kann.

219 S. aus neuerer Zeit nur OLG München, Urt. v. 22.7.2010 – 8 U 5650/09, BeckRS 2010, 30077.

Regel, die die Parteien des Praxiskaufs dazu verpflichtet, den vereinbarten Kaufpreis gegenüber dem Zulassungsausschuss offenzulegen. Zwischenzeitlich gab es zwar Bestrebungen einzelner Gerichte, diesen Grundsatz zu Fall zu bringen[220]: Vor dem Hintergrund der Untersuchungsmaxime des § 20 SGB X sei ein Gutachten über den Verkehrswert der Praxis einzuholen, wenn „Gründe für die Annahme bestehen, dass letztlich die Zulassung und nicht (nur) die Praxis bezahlt wird“[221]. Ähnlich wie das RG[222], argumentierten die Gerichte in diesem Fall, ein überhöhter Kaufpreis für die Praxis (bzw. die Zulassung) setze den Nachfolger zu stark unter Druck[223]. Anders als das RG zuvor knüpften die Gerichte dieses Problem aber nicht an §§ 134, 138 BGB und die Standesordnungen bzw. freiberufliche Grundgedanken an. Vielmehr sahen sie § 103 IV 6 SGB V als maßgebliche Entscheidungsgrundlage an, sodass die Gefahr überhöhter Preise nicht darin lag, dass der Arzt „darauf angewiesen sein werde, unter Außerachtlassung der Interessen seiner Patienten die Erzielung besonders hoher Einnahmen anzustreben“[224], sondern darin, durch „das Unterlaufen von Qualitätsstandards seinen Praxiserlös zu verbessern, also durch Verhaltensweisen, denen im SGB V in zahlreichen Vorschriften entgegengewirkt wird“[225]. Dass die Gerichte nicht mehr in erster Linie den individuellen Patienten, sondern Qualitätsstandards und das SGB V als vordergründig gefährdet sehen und so nicht mehr auf die Freiberuflichkeit abstellen, steht sinnbildlich für die abnehmende Bedeutung der Freiberuflichkeit als leitendem Idealtypus der ärztlichen Profession.

Dieser Rechtsprechung trat das BSG jedoch entgegen. Es entschied, der Preis entfalte nur dann rechtliche Relevanz, wenn der vom Zulassungsausschuss gewählte Bewerber nicht identisch mit dem Arzt ist, dem der Praxisverkäufer seine Praxis übertragen möchte und der Kaufpreis, den der vom Zulassungsausschuss gewählte Arzt zu zahlen bereit ist, unter dem Verkehrswert der Praxis liegt[226]. Im

---

220 Hierzu auch *Kanter*, Zulassung im Wandel, 2013, S. 109 f.; gegen diese Rechtsprechung *Steinbrück*, Praxisabgabe und Praxisübernahme, ²2009, S. 103 f. Rn. 300.

221 SG Reutlingen, Urt. v. 25.11.2008 – S 1 KA 618/08, BeckRS 2012, 68815.

222 S.o. A.

223 LSG Baden-Württemberg, MedR 2008, 235, 237.

224 RGZ 115, 172, 174.

225 LSG Baden-Württemberg, MedR 2008, 235, 237.

226 BSGE 110, 34 ff. = MedR 2012, 698, 700; LSG Sachsen-Anhalt, MedR 2017, 184, 189; zustimmend *Fickentscher*, Eigentumsschutz in der Bedarfsplanung, 2022, S. 200 ff., der die Rechte des veräußernden Arztes aus Art. 14 I GG regelmäßig schwerer gewichtet als das Recht der Berufseinsteiger aus Art. 12 I GG i. V. m. Art. 3 I GG (hierzu *ders.*, Eigentumsschutz in der Bedarfsplanung, 2022, S. 111 f.); a. A. hingegen *Cramer/Maier*, MedR 2002, 549, 559, die darauf hinweisen, dass Bewerber dem Willen des Gesetzgebers zufolge vor Knappheitszuschlägen geschützt werden sollen.

Rahmen der meisten Transaktionen wird der Kaufpreis daher unbekannt bleiben. Die einzige Partei, die ihn kennt und in deren Interesse eine Klage liegen könnte, wird sich rechtlich zurückhalten: Der Praxiskäufer, der die Zulassung erhalten hat, wird diese kaum im Rahmen anschließender Rechtsstreitigkeiten aufs Spiel setzen wollen[227].

Der Anstieg der Praxispreise deutet auf einen Rückgang des Altruismus unter den Ärzten hin, der den übernehmenden Arzt wirtschaftlich, das Arzt-Patienten-Verhältnis hinsichtlich des ärztlichen Altruismus und damit die Therapiefreiheit immer stärker unter Druck setzt. Daneben schränken jedoch noch weitere Entwicklungen die Therapiefreiheit ein: Die verdeckte Rationierung der ärztlichen Leistungen, die aus der Budgetierung und Bedarfsplanung resultiert, begrenzt nicht nur die Therapiefreiheit[228], sondern zersetzt auch die Vertrauensbeziehung zwischen Arzt und Patient[229]. Praktisch spiegelt sich dies z. B. in der Wahrnehmung der Patienten, der Arzt gehe stets am Ende des Quartals in den Urlaub oder er verschreibe zunehmend IGeL Leistungen[230]. Dementsprechend nimmt der Patient seinen Arzt immer stärker nicht als altruistisch, sondern als egoistisch wahr[231]. Dies deutet auf eine sich verändernde Vertrauensbeziehung zwischen Gesellschaft und Arzt hin: Einerseits steht die mit der anbieterinduzierten Nachfrage begründete Budgetierung sinnbildlich für das verloren gegangene Vertrauen in die Ärzteschaft im Hinblick auf die Abrechnung der medizinischen Leistungen[232]. Andererseits führt sie zu einer weitergehenden Erosion eben dieses Vertrauens. Hierin zeigen sich die typischen spiralförmigen Wandlungsprozesse des freiberuflichen Typus.

[227] Vgl. *Junge*, Recht auf Teilnahme an der vertragsärztlichen Versorgung, 2007, S. 151.

[228] *Laufs*, in: Bild des Arztes, 2009, S. 9, 16.

[229] Zur vertrauenserodierenden Wirkung der impliziten Rationierung im Arzneiverordnungswesen s. *Hoppe*, in: Bild des Arztes, 2009, S. 1, 2 f.

[230] *Ders.*, in: Bild des Arztes, 2009, S. 1, 6.

[231] *Woopen*, in: Bild des Arztes, 2009, S. 181, 192.

[232] Ursprünglich wurde das Abrechnungsverhältnis zwischen Arzt und Patient durch die Einschaltung von KV und Kasse entpersönlicht, sodass wirtschaftliche Fragen die Vertrauensbeziehung im Arzt-Patienten-Verhältnis nicht belasteten (s. o. B. II. 2.). Diese negativen Einflüsse wurden jedoch nur von der Mikro- auf die Makroebene gezogen. Solange die wirtschaftlichen Bedingungen, also das wachsende BIP zusammen mit moderaten Behandlungskosten, dies zuließen, kamen Zweifel an der Ärzteschaft nicht auf. Infolge der zunehmenden Finanzierungsschwierigkeiten der Kassen dringen wirtschaftliche Einflüsse – nun in Form der Rationierung – wieder auf der Mikroebene in das Arzt-Patienten-Verhältnis ein. Fehlt aber das gesellschaftliche Vertrauen in eine wirtschaftliche Arbeitsweise der Ärzteschaft, ist es logisch, auch die wirtschaftliche Selbständigkeit der Ärzte infrage zu stellen.

i) Zwischenergebnis

Vor den Reformen des GSG wurde befürchtet, die Ärzteschaft könnte durch die Bedarfsplanung „auch die gesamte Öffentlichkeit gegen sich aufbringen und verdächtigt werden, zur Erhaltung ihrer Pfründe einen Teil der nächsten Generation von Ärzten beruflich zu opfern“[233]. Tatsächlich folgte aber eine „nahezu uneingeschränkte Akzeptanz von Zulassungsbeschränkungen“[234]. Politisch kann dies darauf zurückgeführt werden, dass die der Bedarfsplanung zugrundeliegende Logik sowohl in strukturfunktionalen als auch schließungstheoretischen Erwägungen verankert ist und über alle Parteigrenzen hinweg vertreten werden kann. Die zum damaligen Zeitpunkt niedergelassenen Ärzte wurden durch die Beschränkungen vor Konkurrenz geschützt[235] und erhielten – inoffiziell – einen neuen Vermögensgegenstand, der ihnen den im Rahmen der Budgetierung verloren gegangenen Teil ihrer wirtschaftlichen Selbständigkeit zumindest materiell kompensierte. Die jungen, nachrückenden Ärzte konnten sich noch nicht beschweren und die Patienten bemerkten zunächst nichts von der Systemumstellung. Auch der Ärztemangel auf dem Land ist Symptom eines immer weniger leistungsfähigen Gesundheitssystems[236].

Das Ideal, an dem sich die Freiberuflichkeit und ihre normativen Ausprägungen orientiert, ändert sich dadurch, dass das Bild, das hinter der Einführung der Budgetierung und Bedarfsplanung steht, über die Theorie der anbieterinduzierten Nachfrage auf den Prämissen der Theorie der sozialen Schließung aufsetzt und die Ursache für die steigenden Kosten in der gesetzlichen Krankenversicherung daher überwiegend bei den Ärzten[237] sieht. Hierdurch ändern sich aber die gesetzlichen Rahmenbedingungen, die die Freiberuflichkeit umgeben. Sichtbar wird dies i. R. d. zunehmenden Legalisierung der Anstellung von Ärzten.

---

233 *Muschallik*, in: FS Deneke, 1985, S. 52, 59.

234 *Wenner*, in: FS Eichenhofer, 2015, S. 697, 706, führt diese hingegen auf die generöse Vergabe von Sonderbedarfszulassungen zurück.

235 Vgl. *Cramer/Maier*, MedR 2002, 549, 550: „Hinter dem Schutzwall der Niederlassungssperre lebt es sich als beatus possidens besser“.

236 „Soweit Ressourcen für andere unverzichtbare Lebensbereiche zur Verfügung bleiben sollen, liegt die vom Gesetzgeber verfolgte Politik der Budgetierung als logische Konsequenz nahe. Durchführbar ist sie jedoch nur als planwirtschaftliche Regulierung mit Leistungsverschnitt. Das wiederum bedeutet, daß zunächst versuchte Globalsteuerung unvermeidlich in Detailregulierungen komplettiert wird, womit nun im Zentrum des westlichen Wirtschaftswohlstandes Prinzipien eingeführt und durchgesetzt werden, die gerade eben vor unser aller Augen zum Zusammenbruch einer Weltmacht und ihres Satellitensystems geführt haben“, *Deneke*, DÄ 1993, A1.3142–3144, 3143.

237 Vgl. *Felix*, NZS 2012, 1, 6: „Instrumente der Kostensteuerung werden naturgemäß dort etabliert, wo sie vermeintlich am besten wirken können – bei den Leistungserbringern“.

3. Anstellung von Ärzten (insbes. i. R. d. Job-Sharing)

a) Einleitung

Die Anstellung eines Arztes ist i. R. d. Praxisnachfolge bedeutsam, weil sie die Praxisnachfolge substituiert[238]: Nachdem der Gesetzgeber die Anstellung im ambulanten Bereich legalisiert hat (hierzu b)), musste ein Arzt nicht mehr zwingend über eine eigene Zulassung verfügen, um im ambulanten Bereich tätig werden zu können. Dementsprechend ist ein neu in das System der ambulanten Versorgung einsteigender Arzt nicht gezwungen, die Zulassung eines anderen Arztes zu übernehmen. Der neu eingeführte § 103 IV SGB V wurde so nicht zum Nadelöhr des Weges in die ambulante Versorgung – zumindest nicht, wenn der Arzt bereit war, abhängig beschäftigt zu arbeiten. Dass die Legalisierung der Anstellung und die Bedarfsplanung zeitlich zusammenfallen, ist daher kein Zufall. Hierdurch werden Ärzte im ambulanten System aber vermehrt in der Anstellung tätig, was dazu führt, dass sich die freiberuflichen Typusmerkmale weiter verschieben (hierzu c)). Am Beispiel der Nullbeteiligungsgesellschaft zeigt sich, welche praktischen Probleme mit dieser Verschiebung einhergehen (hierzu d) und e)).

b) Reform

Im Zusammenhang mit der persönlichen Leistungserbringung war es vor Einführung der Bedarfsplanung im ambulanten Bereich – bis auf die Ausnahme des Assistenten und Vertreters[239] – nicht vorstellbar, dass ein Arzt abhängig beschäftigt in der Praxis eines anderen Arztes tätig war[240]. 1993 eröffnete der Gesetzgeber dem Arzt jedoch die Möglichkeit, gem. § 95 IX SGBV i. d. F. d. GSG i. V. m. § 32b ÄrzteZV a. F. einen Dauerassistenten einzustellen. Hiermit schuf der Gesetzgeber erstmals ein Vehikel, mithilfe dessen ein ausgebildeter Arzt im ambulanten Bereich mehr als nur vorübergehend für einen anderen Arzt arbeiten konnte. „Die Neuregelung ist auch im Zusammenhang mit den Zulassungsbeschränkungen zu sehen. Hierdurch werden weitere Beschäftigungsmöglichkeiten für medizinische Hochschulabsolventen geschaffen, die keine Kassenzulassung erhalten“[241]. Dennoch war der Dauerassistent im Rahmen der Bedarfsplanung mit

---

[238] BT-Drs. 12/3608, S. 93.

[239] S.o. B. II. 2.

[240] *Steinhilper*, MedR 2018, 639; *Steinhilper*, GuP 2016, 15, 21; vgl. auch *Konerding*, Vertragsarztsitz im MVZ, 2009, S. 145; vgl. *Zwingel/Preißler*, MVZ, ²2008, S. 25; *Dahm*, in: Dahm/Möller/Ratzel (Hrsg.), Rechtshandbuch MVZ, 2005, Kap. II Rn. 47; *Möller*, in: Dahm/Möller/Ratzel (Hrsg.), Rechtshandbuch MVZ, 2005, Kap. XIII Rn. 1.

[241] BT-Drs. 12/3608, S. 93.

einem Faktor von 1 anzusetzen[242] (bzw. mit einem Faktor von 0,5, wenn er lediglich halbtags beschäftigt war), § 16b I Ärzte-ZV a. F.

„Um die geltende Bedarfsplanung […] zu flexibilisieren“[243] wurde 1997 mit dem zweiten GKV-Neuordnungsgesetz (2. GKV-NOG)[244] das Job-Sharing eingeführt, das die Aufteilung eines Sitzes unter mehreren Ärzten ermöglichte. Den Sitz können sich zwei selbständige Ärzte teilen (hierzu § 101 I Nr. 4 SGB V i. V. m. §§ 40 ff. BedPRL). Im Fokus soll hier jedoch die Aufteilung des Sitzes zwischen einem selbständigen und angestellten Arzt stehen (§ 101 I Nr. 5 SGB V, §§ 58 ff. BedPlRL). Beide Ärzte müssen sich dieselbe Fachidentität teilen, wobei es hierbei auf die Arztgruppe ankommt, der die kooperierenden Ärzte angehören, s. hierzu (§§ 40 Nr. 3, 41 BedPlRL sowie) § 59 BedPlRL i. V. m. § 41 BedPlRL. Im Gegensatz zum Dauerassistenten ist der i. R. d. Job-Sharing angestellte Arzt nicht in der Bedarfsplanung anzusetzen, sodass sich der anstellende Arzt im gesperrten Gebiet dazu verpflichten muss, seinen bisherigen Praxisumfang nicht wesentlich zu erweitern, solange kein lokaler Sonderbedarf (oder eine Ausnahme i. S. v. § 101 I Nr. 6 SGB V) besteht, § 101 I Nr. 5 SGB V i. V. m. § 58 V 1 BedPlRL. Dies führt dazu, dass das abgerechnete Leistungsvolumen infolge des Job-Sharings lediglich geringfügig steigen darf, §§ 60 I 2, 42 I 2 BedPlRL. Für den anstellenden Arzt bringt das Job-Sharing den Vorteil mit sich, dass er die Zeit, die er nicht mehr für die Behandlung gesetzlich versicherter Patienten aufbringen muss, aufwenden kann, um Leistungen außerhalb der gesetzlichen Krankenversicherung zu erbringen (insbesondere IGeL Leistungen sowie die Behandlung privatversicherter Patienten). Anders als der selbständige Job-Sharing Gesellschafter (§ 101 III 2 HS. 2 SGB V) erhält der i. R. d. Job-Sharings angestellte Arzt im gesperrten Gebieten keine eigene Zulassung, sobald er 10 Jahre auf der Job-Sharing Zulassung gearbeitet hat. Zunächst wurden die i. R. d. Job-Sharing angestellten Ärzte zudem nicht Mitglied in der KV und unterlagen ihrer Disziplinargewalt daher nicht[245]. Der Gesetzgeber des VÄndG revidierte dies jedoch[246], sodass Ärzte, deren angestellte Tätigkeit i. R. d. Job-Sharings über § 101 I Nr. 5 SGB V i. V. m. § 95 IX SGB V zu genehmigen ist, gem. § 77 III 1 SGB V zur Mitgliedschaft in der KV verpflichtet sind. Bedeutsam ist das Job-Sharing mit einem angestellten Arzt zudem im Rahmen der Praxisnachfolge, s. § 103 IIIa 3

---

242 Daher spielte der Dauerassistent nur im offenen Planungsbereich eine Rolle, s. BSG, Urt. v. 26.1.2022 – B 6 KA 2/21 R, juris Rn. 23.

243 BT-Drs. 13/7264, S. 65.

244 BGBl. I 1997, 1520–1536.

245 *Möller*, in: Dahm/Möller/Ratzel (Hrsg.), Rechtshandbuch MVZ, 2005, Kap. XIII Rn. 5.

246 BT-Drs. 16/2474, S. 19 f.

Hs. 2 i. V. m. S. 5 SGB V, sowie § 101 III 4 SGB V i. V. m. § 103 IV 5 Nr. 4 SGB V[247].

Mit dem Gesetz zur Modernisierung der gesetzlichen Krankenversicherung (GMG)[248] und VÄndG führte der Gesetzgeber 2004 für MVZ und 2007 für Gemeinschaftspraxen eine weitere Variante ein, um Ärzte anzustellen: Im ungesperrten Gebiet können Anstellungsgenehmigung beantragt (§ 95 IX SGB V i. V. m. § 32b II Ärzte-ZV) und im überversorgten Bereich über § 103 SGB IVa 1, IVb 1, 2, IVc 1 V SGB V erworben werden. Die Angestelltengenehmigung geht in die Bedarfsplanung ein, §§ 51 I, 58 II BedPlRL. So kann der Umfang der in der Praxis abgerechneten Leistungen erhöht werden. Auf die Anstellungsgenehmigung kommt die Arbeit in ihrem weiteren Verlauf noch zurück[249].

Die durch den angestellten Arzt erbrachten Leistungen werden dem Arbeitgeber gem. § 15 I 2 BMV-Ä zugerechnet. Sie müssen indes unter der persönlichen Leitung des anstellenden Arztes erbracht werden, § 14a I 1 BMV-Ä. Die persönliche Leitung ist gegeben, wenn der Arzt nicht mehr als drei bzw. bei medizinisch-technischen Leistungen vier Ärzte beschäftigt, § 14a I 2, 3 BMV-Ä.

c) Auswirkungen auf die Freiberuflichkeit

Wie die Beschäftigung eines Assistenten und die eines Vertreters stellt der Einsatz angestellter Ärzte eine Einschränkung des Grundsatzes der persönlichen Leistungserbringung dar[250]. Diese Einschränkung erlaubt es dem Gesetzgeber, die Bedarfsplanung stärker zu flexibilisieren[251]. In der Erweiterung der Anstellungsmöglichkeiten liegen jedoch noch weitere Zusammenhänge mit der Bedarfsplanung: Einerseits könnte man annehmen, der angestellte Arzt, der ein Fixgehalt erhält, sei weniger motiviert, seine Leistungsmenge auszuweiten[252]. Insoweit

---

[247] Hierzu s.u. D. I. 2. b) aa) sowie D. I. 3. a).

[248] BGBl. Nr. 55 vom 19.11.2003, S. 2190; zur (umkämpften) Entstehungsgeschichte des Gesetzes s. u. a. *Lindenau*, MVZ, 2008, S. 26 ff. Rn. 64 ff.

[249] Im Hinblick auf Unterschiede zum Job-Sharing und die allgemeinen Auswirkungen auf die Freiberuflichkeit s.u. B. III. 4. c); im Hinblick auf die Höchstpersönlichkeit der Anstellungsgenehmigung s.u. C. I. 4. b); zum Erwerb einer Angestelltengenehmigung im überversorgten Bereich s. D. II. 2., 3. und D. III. 3., 4.

[250] *Steinhilper*, in: Rieger/Dahm/Steinhilper (Hrsg.), HK-AKM, März 2014, 4060 Rn. 28; *Kamps*, MedR 2003, 63, 72 f.

[251] S.o. B. III. 3. a) und b).

[252] *Bickerdyke/Dolamore/Monday u. a.*, Supplier Induced Demand for Medical Services. Productivity Commission Staff Working Paper, 2002 (https://www.pc.gov.au/research/supporting/supplier-induced-medical-demand/sidms.pdf), S. 54 f. (geprüft am 19.9.2023); gegen diese Annahme sowie die Theorie der anbieterinduzierten Nachfrage jedoch *Grytten/Sørensen*, Journal of Health Economics 2001, 379, 385 ff.

besteht ein Zusammenhang mit der Theorie der anbieterinduzierten Nachfrage. Andererseits ist er in erster Linie von seinem Arbeitgeber – also einem anderen Arzt – abhängig. Dies distanziert den behandelnden Arzt von seinem Patienten, von dem er nur noch indirekt abhängig ist. Diese erhöhte Distanz geht mit dem neuen Bild des Arztes als „Sachwalter der Kassenfinanzen“[253] einher.

Da sich die persönliche Leistungserbringung und das Vertrauensverhältnis zwischen Arzt und Patient gegenseitig bedingen[254], bleibt das Vertrauen in den Arzt nicht unbeeinflusst. Der Patient kann hinsichtlich der Behandlung nur noch dem persönlich behandelnden, angestellten Arzt vertrauen. Persönlich erbracht wird die Leistung infolge der Zurechnung (§ 15 I 2 BMV-Ä) jedoch durch den Arbeitgeber, diesen wird der Patient hingegen kaum noch wahrnehmen. Der Bezugspunkt für das Vertrauen des Patienten und der Bezugspunkt der Pflicht zur persönlichen Leistungserbringung fallen damit auseinander. Vertrauen kann der Patient dem Leistungserbringer lediglich hinsichtlich der Auswahl des angestellten Arztes sowie der persönlichen Leitung der Praxis. Anders als im funktionalen Bild[255] handelt es sich hierbei jedoch weniger um personelles, sondern stärker um institutionelles Vertrauen. Dadurch, dass die Anzahl der angestellten Ärzte infolge § 14a I 2, 3 BMV-Ä begrenzt ist, wird das personelle Element noch teilweise aufrechterhalten[256].

Als Materie des Bundesmantelvertrags ist diese Begrenzung Verhandlungssache zwischen den Krankenkassen und der KV, sodass die Lockerung der persönlichen Leistungserbringung im Einflussbereich der ärztlichen Selbstverwaltung steht. In diese sind auch die angestellten Ärzte eingebunden: Gem. § 77 III SGB V sind angestellte Ärzte, die 10 Stunden pro Woche arbeiten, Mitglieder der KV[257]. Darüber hinaus unterliegen angestellte Ärzte der Pflichtmitgliedschaft in der Ärztekammer[258].

Zuletzt könnte man meinen, dass das Vertrauen in den angestellten Arzt nicht hinreichend durch die wirtschaftliche Selbständigkeit abgestützt wird. Die fachliche Unabhängigkeit hängt jedoch nicht zwingend von der wirtschaftlichen Unabhängigkeit des behandelnden Arztes ab: Die Vorstellung, das typische, den Behandlungserfolg fördernde Vertrauensverhältnis zwischen Arzt und Patient

---

253 BVerfGE 103, 172, 191.

254 S.o. B. II. 3.

255 S.o. B.. II. 3.

256 Vgl. BT-Drs. 13/7264, S. 66.

257 Zuvor betrug die Mindestarbeitszeit angestellter Ärzte 20 Stunden pro Woche, um KV-Mitglied zu werden. Die Herabsetzung der Schwelle kann als Stärkung der ärztlichen Selbstverwaltung gesehen werden, so *Clemens*, in: Quaas/Zuck/Clemens (Hrsg.), Medizinrecht, [4]2018, § 19 Rn. 14a.

258 *Lipp*, in: Laufs/Katzenmeier/Lipp (Hrsg.), Arztrecht, [8]2020, II. Rn. 17; s.o. B. III. 3. b).

könne nur dort entstehen, wo der Arzt selbständig in seiner eigenen Praxis tätig wird, gilt lange als ideologisch überhöht[259]. Dementsprechend wurde bereits vor Einführung der Bedarfsplanung und der hiermit einhergehenden Liberalisierung angestellter ärztlicher Tätigkeit zwischen der Freiheit in der Berufsstellung und der Freiheit in der Berufsausübung unterschieden[260]. Im Rahmen der typologischen Logik der Freiberuflichkeit muss die Freiheit in der Berufsausübung die Freiheit in der Berufsstellung aber immer weiter substituieren[261]. Solange gewährleistet ist, dass der angestellte Arzt die konkrete Therapieentscheidung unbeeinflusst von seinem Arbeitgeber treffen kann und nicht von dessen Wirtschaftlichkeitserwägungen geleitet wird, ist die Anstellung eines Arztes vor dem Hintergrund der Freiberuflichkeit unproblematisch[262].

Gleichzeitig muss aber ein Teil der Ärzteschaft – jedenfalls im Verhältnis zum Staat[263] – wirtschaftlich unabhängig tätig sein[264], „weil der freie Mensch des freien Arztes als eines unabhängigen Beraters bedarf – unabhängig vom Staat, unabhängig vom Betrieb und auch unabhängig von berufsfremden Wirtschaftlichkeitserwägungen"[265]. Die Verbeamtung oder Anstellung von Ärzten ist unproblematisch, solange dem einzelnen Arzt der Weg in die selbständige Tätigkeit offensteht[266]. Demnach muss nicht jeder Arzt in der Berufsstellung frei sein. Es muss jedoch gewährleistet sein, dass jeder Arzt hypothetisch in die Selbständigkeit wechseln kann[267].

Dieser Gedanke findet sich in Form der Präponderanz des niedergelassenen Arztes im ärztlichen Zulassungsrecht wieder. Lange vor dem GSG war i. R. d.

---

259 *Fleischmann*, Die freien Berufe im Rechtsstaat, 1970, S. 84.

260 *Deneke*, Individuelle Freiheit in sozialer Sicherheit, 1985, S. 391; *Fleischmann*, Die freien Berufe im Rechtsstaat, 1970, S. 57; *Deneke*, Die freien Berufe, 1956, S. 318 s.o. B. II. 4.

261 *Taupitz*, Standesordnungen, 1991, S. 33.

262 Hieran zweifelnd *Maydell*, NZS 1996, 243, 246.

263 Da die zeitlich unbegrenzte ärztliche Tätigkeit als Angestellter eines anderen privaten Arztes lange unvorstellbar war, beziehen sich die meisten Autoren vor 1993 nur auf die Unabhängigkeit zum Staat.

264 *Fleischmann*, Die freien Berufe im Rechtsstaat, 1970, S. 85 f.; vgl. *Heuß*, in: FS Brentano, 1916, S. 237, 239 f.

265 *Deneke*, Individuelle Freiheit in sozialer Sicherheit, 1985, S. 323.

266 *Vilmar*, in: FS Deneke, 1985, S. 40, 45.

267 Dieser Ansatz würde auch die von *Steinhilper*, MedR 2018, 639, 639 Fn. 8 aufgeworfene Frage beantworten, was den stationär angestellten Arzt vom ambulant angestellten Arzt unterscheidet. Ersterer müsste zumindest den Sektor wechseln, um selbständig tätig zu werden; vgl. *Taupitz*, Standesordnungen, 1991, S. 47: „Das Postulat der wirtschaftlichen Selbständigkeit als Kriterium für die Qualifikation eines Berufes als eines freien ist nur so zu verstehen, dass die betreffende Berufstätigkeit üblicherweise, überwiegend oder mindestens in erheblichem Umfang in wirtschaftlich selbständiger Stellung ausgeübt werden muss, dass also die Berufsausübung in selbständiger Stellung das Berufsbild entscheidend mitprägt".

§ 116 S. 2 SGB V und § 31a I 2 Ärzte-ZV anerkannt, dass ermächtigte Ärzte nur dann im ambulanten Bereich tätig werden durften, wenn die hinreichende Versorgung der Patienten in einem Gebiet nicht allein durch niedergelassene Vertragsärzte gewährleistet werden konnte[268]. §§ 100 I 1 Hs. 2, 103 I 1 Hs. 2 SGB V, nach denen zur Behandlung gesetzlich versicherter Patienten ermächtigte Leistungserbringer bei der Feststellung der Unter- und Überversorgung nicht berücksichtigt werden sollen, beruhen auf demselben Gedanken[269]. Zudem muss sich der Arzt, der einen anderen Arzt i. R. d. Job-Sharing anstellt, zur Leistungsbegrenzung bereit erklären – nur so wird dem niederlassungswilligen Arzt, die Chance, wirtschaftlich selbständig tätig zu werden, nicht genommen und sein Recht auf freie Berufsausübung gewahrt[270]. Der Vorrang des niedergelassenen Vertragsarztes korreliert zumindest mit der Bedeutung der wirtschaftlichen Selbständigkeit der Ärzteschaft: Er schützt nicht den einzelnen selbständigen Arzt, wirkt aber als Garant für die Möglichkeit, sich selbständig in eigener Praxis niederzulassen.

Ähnliche Wirkungen entfaltet der Umstand, dass das BSG bei der Beurteilung der Bedarfsplanung vor dem Hintergrund von Art. 12 I GG zwischen absoluten Zulassungsschranken (die das BVerfG 1960 für unwirksam erklärte[271]) und lediglich örtlichen Zulassungsschranken (die infolge der neuen Bedarfsplanung Einzug in die Sozialgesetzgebung gefunden haben) unterscheidet[272]: Erstere sieht das BSG als Regelungen der Berufsausübung, die aber Regelungen der Berufswahl nahe kommen, sodass erhöhte Anforderungen an ihre Rechtfertigung zu stellen sind. Letztere stellen demnach bloße Regelungen der Berufsausübung dar, die bereits durch vernünftige Gründe des Gemeinwohls zu rechtfertigen sind. Im Rahmen eines Nichtannahmebeschlusses bestätigte das BVerfG diese Rechtsprechung, indem es feststellte, „die örtlich geltenden Zulassungsbegrenzungen" beträfen „die Ärzte nicht empfindlich. Sie können grundsätzlich frei über die Zulassung zur vertragsärztlichen Versorgung entscheiden, im Hinblick

---

268 Grundlegend BVerfGE 16, 286, 298 ff.; BSG, MedR 1983 114 f.; BSG, MedR 1984, 149 f.

269 Zu § 100 I 1 Hs. 2 SGB V s. *Frehse*, in: Schnapp/Wigge (Hrsg.), Vertragsarztrecht, 2017, § 5 C. Rn. 20; mit dem GKV-VSG reagierte der Gesetzgeber auf Probleme, welche die im VStG eingeführte Berücksichtigung der ermächtigten Ärzte bei der Feststellung des Versorgungsgrads mit sich brachte, s. *Ricken*, GesR 2016, 265, 268 f.; zu § 103 I 1 Hs. 2 SGB V s. *Pawlita*, in: Schlegel/Voelzke (Hrsg.), jurisPK-SGB V, [4]25.10.2021, § 101 SGB V Rn. 137; *Pawlita*, NZS 2015, 727, 728.

270 SG Dortmund, NZS 1995, 561, 564; *Ossege*, in: Berchtold/Huster/Rehborn (Hrsg.), Gesundheitsrecht, [2]2018, § 101 SGB V Rn. 116; *Ebsen*, in: Vertragsarzt im Spannungsfeld, 1999, S. 1, 28.

271 S.o. B. III. 2. b) bb).

272 BSGE 82, 41 ff. = NZS 1999, 98, 99; BSG, NZS 1999, 50, 51.

auf den Kassenarztsitz allerdings nur, soweit keine Zulassungssperren angeordnet sind. Den Betroffenen wird weder die Aufnahme oder die Fortführung ihres Arztberufes überhaupt verwehrt; sie sind lediglich in Bezug auf den Praxissitz als Vertragsarzt eingeschränkt."[273] Die Beurteilung des BSG und BVerfG, die Bedarfsplanung greife nicht empfindlich in die Rechte der Ärzte ein[274], beruht mithin ebenfalls auf der Auffassung, der Arzt könne an anderer (topographischer) Stelle ggf. selbständig als Vertragsarzt tätig werden. Die Freiberuflichkeit des Arztes spielt dabei zwar keine Rolle, da die Gerichte die Bedarfsplanung vor dem Hintergrund der Berufsfreiheit prüfen, innerhalb dessen der Freiberuflichkeit keine gesonderte Bedeutung zukommt. Dennoch wird die wirtschaftliche Selbständigkeit über diese Rechtsprechung zumindest reflexhaft geschützt.

Ein ähnlicher Mechanismus, der ebenfalls die wirtschaftliche Selbständigkeit des Arztes betrifft, findet sich im Vergütungsrecht: Hier hat der einzelne Arzt keinen Anspruch darauf, dass jede seiner Leistungen kostendeckend vergütet wird, die Ärzteschaft als Gruppe hat hingegen einen Anspruch auf ein angemessenes Honorar[275]. Auch in der Rechtsprechung hat sich die Ansicht durchgesetzt, dass die wirtschaftliche Incentivierung des Arztes – und damit ein Teil der wirtschaftlichen Selbständigkeit im Sinne der Freiberuflichkeit – eine wesentliche Voraussetzung für die Funktionsfähigkeit der Gesundheitsversorgung darstellt[276].

Von allen Typusmerkmalen ist die wirtschaftliche Selbständigkeit jedoch das Merkmal, das rechtlich am wenigsten Anerkennung findet. Die Selbständigkeit wird zum schwächsten Glied der Freiberuflichkeit. Ihr Schutz bezieht sich nicht auf jeden einzelnen Arzt, sondern – wenn überhaupt – nur auf die Gesamtheit der Ärzte. Am Beispiel der Nullbeteiligungsgesellschaft zeigt sich, dass es hierdurch zu Wertungswidersprüchen kommt.

d) Nullbeteiligungsgesellschaften

Infolge der neu geschaffenen Anstellungsmöglichkeiten für Ärzte kam und kommt es zu Abgrenzungsschwierigkeiten zwischen angestellter und selbständiger Tätigkeit im System der gesetzlichen Krankenversicherung. Die Abgrenzung war aus abrechnungstechnischen Gesichtspunkten von Bedeutung: Vor Einführung der Anstellungsgenehmigung gab es abgesehen vom Job-Sharing keine Möglichkeit, einen Arzt dauerhaft abhängig zu beschäftigen. I. R. d. Job-Sharings

---

273 BVerfG, DVBl. 2002, 400, 401.

274 A.A. *Hidien*, DVBl 2002, 401, 403.

275 *Hartmannsgruber*, in: Ratzel/Luxenburger (Hrsg.), Handbuch Medizinrecht, ⁴2020, Kap. 8 Rn. 816.

276 BSG, Beschl. v. 11.3.2009 – B 6 KA 31/08 B, BeckRS 2009, 62977 m. w. N. in Rn. 11.

darf sich die abgerechnete Leistungsmenge aber nur marginal erhöhen[277]. Wollten die Gesellschafter einer Praxis expandieren oder die Nachfolge für einen Arzt vorbereiten und hierzu einen Arzt in die Gesellschaft aufnehmen, musste der neue Arzt daher selbständig und nicht angestellt tätig sein, damit der Praxis das Abrechnungsvolumen des Neugesellschafters erhalten blieb. Die Relevanz dieser Diskussion ist infolge der Einführung der Anstellungsgenehmigung im Jahr 2007 zurückgegangen[278]. Da Zulassungen und Angestelltengenehmigungen bedarfsplanungsrechtlich äquivalent sind, besteht zwischen der Anstellung eines Arztes mit einer entsprechenden Angestelltengenehmigung und der Aufnahme eines Arztes mit eigener Zulassung im Hinblick auf das Abrechnungsvolumen keine Differenz mehr. Dennoch gab es zunächst weiterhin gültige Motive, den Neu-Gesellschafter einer Praxis nicht vom ersten Tag an gleichberechtigt zu beteiligen: Häufig wollten die Altpartner einer Praxis erst in einer Probephase feststellen, ob ihnen eine weitere Zusammenarbeit mit dem jungen Arzt als Gesellschafter, der die Einlage als Berufseinsteiger i.d.R. nicht auf einmal wird einzahlen können, sinnvoll erscheint[279]. Spätestens mit Einführung des § 95 IXb SGB V besteht dieses Motiv jedoch nicht weiter[280]. Die Rechtsprechung zum Topos der „Nullbeteiligungsgesellschaft" bleibt aber gültig und ist im Hinblick auf die ärztliche Freiberuflichkeit historisch bedeutsam: Sie setzt sich in erster Linie mit der Frage auseinander, welche Minimalvoraussetzungen die Beteiligung des neu eintretenden Arztes erfüllen muss, damit er noch als selbständiger Gesellschafter und so als Arzt in freier Praxis gilt (§ 32 I Ärzte-ZV).

Die Diskussion um die Nullbeteiligungsgesellschaft gliedert sich in einen gesellschaftsrechtlichen und einen vertragsarztrechtlichen Teil. Fraglich ist jeweils, inwieweit der Arzt von der Beteiligung am Gewinn, am materiellen und immateriellen Vermögen sowie der Geschäftsführung ausgeschlossen werden kann, ohne als Angestellter zu gelten[281].

Gesellschaftsrechtlich sind Nullbeteiligungsgesellschaften weitestgehend unproblematisch, da i. R. d. §§ 705 ff. BGB nur wenige Regelungen[282] unabdingbar sind. Zudem ist davon auszugehen, dass der Gesellschaftszweck als unabdingbare Voraussetzung des Bestehens einer GbR i. R. v. Nullbeteiligungsgesellschaften

---

277 S.o. B. III. 3. b).

278 *Möller/Ruppel*, in: Ratzel/Luxenburger (Hrsg.), Handbuch Medizinrecht, ⁴2020, Kap. 17 Rn. 155.

279 *Wigge*, in: Schnapp/Wigge (Hrsg.), Vertragsarztrecht, 2017, § 6 Rn. 31; vgl. *Gummert/Klimke*, MedR 2011, 615, 615 f.; *Haack*, MedR 2005, 631, 632; vgl. *Butzer*, MedR 2001, 604, 613.

280 *Pawlita*, in: Schlegel/Voelzke (Hrsg.), jurisPK-SGB V, ⁴6.12.2021, § 95 SGB V Rn. 1360.

281 *Butzer*, MedR 2001, 604.

282 *Goette*, MedR 2002, 1.

nicht infrage steht, da auch die minderbeteiligten Gesellschafter den Zweck der Gesellschaft fördern wollen – z. B. indem sie ihre Dienstleistungen einbringen[283]. Hinsichtlich der einzelnen Rechte ergibt sich zunächst, dass einzelne Gesellschafter von der Geschäftsführung ausgeschlossen werden können und ihr Stimmrecht ebenfalls abdingbar ist[284]. Innerhalb der Grenzen des § 138 BGB[285] ist § 709 III BGB und damit die Gewinnbeteiligung abdingbar[286]. Bezüglich der Vermögensbeteiligung gilt dasselbe[287]. Problematisch bleibt dann nur noch der Ausschluss des Jungpartners vom immateriellen Vermögen der Gesellschaft, insbesondere vom Goodwill: Davon abgesehen, dass angenommen wird, der eintretende Arzt trage am Anfang nicht viel zum Goodwill bei[288], lässt sich gesellschaftsvertraglich von Wettbewerbsverboten und ähnlichen Maßnahmen absehen und vereinbaren, dass der neue Gesellschafter seinen Patientenstamm beim Austritt aus der Gesellschaft mitnehmen darf[289]. Wird gegen diese weiten Maßgaben verstoßen, kann dies dazu führen, dass der Gesellschaftsvertrag nichtig wird[290].

Im Kontext des Vertragsarztrechts stellt sich bei derartigen Gestaltungen jedoch die Frage, ob die Nullbeteiligung ein verdecktes Anstellungsverhältnis darstellt. Kommt der Rechtsanwender zu diesem Ergebnis, kann die KV die ausgezahlten Honorare zeitlich unbegrenzt zurückfordern, im Zusammenhang mit den entsprechenden Abrechnungen drohen dann eine Strafbarkeit wegen Abrechnungsbetrugs sowie der Zulassungs- und Approbationsentzug[291]. Zuletzt besteht

---

283 *Gummert/Remplik*, in: Gummert/Weipert (Hrsg.), MHdB GesR I, 52019, § 25 Rn. 78; *Gummert/Klimke*, MedR 2011, 615, 616; *Goette*, MedR 2002, 1, 2. ansonsten könnte der Gesellschaftszweck nach der „Lehre von der societas leonina“ entfallen; s. hierzu *Haack*, MedR 2005, 631, 633; *Butzer*, MedR 2001, 604, 606.

284 *Gummert/Klimke*, MedR 2011, 615, 617 weisen in diesem Kontext darauf hin, dass der Gesellschafter einer Partnerschaftsgesellschaft infolge § 6 II PartGG insoweit geschäftsführungsbefugt sein muss, als dass es um die ärztliche Tätigkeit, insbesondere um den Abschluss von Behandlungsverträgen geht.

285 *Gummert/Remplik*, in: Gummert/Weipert (Hrsg.), MHdB GesR I, 52019, § 25 Rn. 78; *Goette*, MedR 2002, 1, 1 f., 4.

286 *Dies.*, in: Gummert/Weipert (Hrsg.), MHdB GesR I, 52019, § 25 Rn. 76.; *Wigge*, in: Schnapp/Wigge (Hrsg.), Handbuch des Vertragsarztrechts, 2017, § 6 Rn. 37; *Gummert/Klimke*, MedR 29 (2011), 615, 616; *Goette*, MedR 2002, 1, 3; *Butzer*, MedR 2001, 604, 606.

287 *Gummert/Remplik*, in: Gummert/Weipert (Hrsg.), MHdB GesR I, 52019, § 25 Rn. 77; vgl. *Wigge*, in: Schnapp/Wigge (Hrsg.), Vertragsarztrecht, 2017, § 6 Rn. 37; *Butzer*, MedR 2001, 604, 607 f.

288 So *Wigge*, in: Schnapp/Wigge (Hrsg.), Vertragsarztrecht, 2017, § 6 Rn. 39.

289 *Gummert/Klimke*, MedR 2011, 615, 616 f.

290 *Möller/Ruppel*, in: Ratzel/Luxenburger (Hrsg.), Handbuch Medizinrecht, 42020, Kap. 17 Rn. 162.

291 *Gummert/Klimke*, MedR 2011, 615; *Möller/Ruppel*, in: Ratzel/Luxenburger (Hrsg.), Handbuch Medizinrecht, 42020, Kap. 17 Rn. 163 ff.; *Gummert/Remplik*, in: Gummert/Weipert

ein direkter Zusammenhang mit der Praxisnachfolge: So kann bezweifelt werden, inwieweit eine fortführungsfähige Praxis gegeben ist, wenn ein Arzt, der über viele Jahre nie wirtschaftlich selbständig tätig war, seinen Sitz ausschreiben will[292]. Die entsprechend sensible Frage, inwieweit Nullbeteiligungsgesellschaften zulässig sein sollen, hängt davon ab, wie man die wirtschaftliche Selbständigkeit des Arztes versteht.

Im Sozialrecht findet sich zunächst keine Norm, die die Konstruktion einer Nullbeteiligung per se für unzulässig erklärt[293]. Normativ ließe sich diese Frage über die Freiberuflichkeit des Arztes an § 98 II Nr. 13 SGB V (sowie berufsrechtlich an § 1 II Hs. 2 BÄO, § 1 I 3 MBO-Ä) anknüpfen[294]. In seinem Grundsatzurteil zur Zulässigkeit der Nullbeteiligungsgesellschaft entschied sich das BSG jedoch (in Anlehnung an ein knapp 40 Jahre altes Grundsatzurteil[295]) zur Anknüpfung an § 32 I Ärzte-ZV und das Tatbestandsmerkmal der „freien Praxis", um nicht an den soziologisch vorgeprägten „freien Beruf" anknüpfen zu müssen[296]. Dennoch relativiert das BSG die durch das BVerfG vorgenommene Einordnung des freien Berufs als lediglich soziologischen Begriff: Diese Aussage habe das BVerfG nur getätigt, „um der (gegenteiligen) Auffassung entgegenzutreten, dieser Begriff beinhalte einen spezifisch, gesteigerten Gehalt an Freiheit"[297]. Diese Relativierung ist erforderlich, da der Begriff der „freien Praxis" dem Begriff des „freien Berufs" entspringt und jegliche Trennung der Begriff-

(Hrsg.), MHdB GesR I, ⁵2019, § 25 Rn. 90 ff.; für die Beurteilung der Tätigkeit als sozialversicherungspflichtige Beschäftigung i. S. d. § 7 I SGB IV stellt die vertragsarztrechtliche Entscheidung zwischen angestellter oder selbständiger Tätigkeit hingegen lediglich einen Abwägungsgesichtspunkt dar, s. LSG Baden-Württemberg, Urt. v. 23.11.2016 – L 5 R 1176/15, BeckRS 2016, 74564 Rn. 33; kritisch im Hinblick auf diese Rechtsprechung *Ziegler*, MedR 2018, 645, 649 ff.

292 *Gummert/Remplik*, in: Gummert/Weipert (Hrsg.), MHdB GesR I, ⁵2019, § 25 Rn. 97 ff.; *Ratzel*, in: Dahm/Möller/Ratzel (Hrsg.), Rechtshandbuch MVZ, 2005, Kap. I Rn. 19; *Butzer*, MedR 2001, 604, 612; s. hierzu noch D. III. 2. a) aa).

293 *Gummert/Remplik*, in: Gummert/Weipert (Hrsg.), MHdB GesR I, ⁵2019, § 25 Rn. 79 ff., die jedoch auch auf das Berufsrecht und § 18 IIa 4 MBO-Ä verweisen.

294 *Butzer*, MedR 2001, 604, 609.

295 In BSGE 35, 247 ff. hatte das BSG zu entscheiden, ob ein Amtsarzt neben der Tätigkeit im Beamtenverhältnis auch privatärztliche Dienstleistungen in eigener Praxis erbringen durfte. Insoweit stellte es einerseits fest, dass der Arzt, der seiner freiberuflichen Tätigkeit im Krankenhaus nachging, nicht Eigentümer der Räumlichkeiten und Gegenstände sein musste, um als Freiberufler zu gelten, solange er frei über die Mittel und das Personal disponieren konnte. Zudem setze die Freiberuflichkeit kein finanzielles Verlustrisiko und daher auch keinen Kapitaleinsatz voraus. Die persönliche Leistungserbringung stehe im Vordergrund, ein hinreichendes Verlustrisiko sei daher im Zusammenhang mit der Arbeitskraft des Freiberuflers gegeben.

296 BSGE 106, 222 ff. = MedR 2011, 298, 302; a. A. noch *Butzer*, MedR 2001, 604, 610, der i. R. d. § 32 I Ärzte-ZV ausschließlich auf die Freiheit in der Berufsausübung abstellt.

297 BSGE 106, 222 ff. = MedR 2011, 298, 302.

lichkeiten daher künstlich erscheinen muss: Inhaltlich ergibt sich dies daraus, dass das BSG i.R.d. § 32 I Ärzte-ZV (neben der Möglichkeit, inhaltlich auf die Geschäfte der Praxis einzuwirken) die „Tragung des wirtschaftlichen Risikos" fordert[298], wobei unklar bleibt, wie sich dieses wirtschaftliche Risiko von dem Risiko im Rahmen der wirtschaftlichen Selbständigkeit des Freiberuflers unterscheidet[299]. Zudem erkennt das BSG, dass § 98 Nr. 13 SGB V als Ermächtigungsgrundlage für die §§ 32 ff. Ärzte-ZV explizit auf den freien Beruf abstellt[300]. Festhalten lässt sich, dass die wirtschaftliche Selbständigkeit der Ärzteschaft rechtlich kaum geschützt werden soll. Entscheidet sich der Arzt jedoch zumindest pro forma für die Selbständigkeit, erlaubt die Differenzierung zwischen „freier Praxis" und „freiem Beruf" dem BSG strengere Maßstäbe an die Prüfung der konkreten wirtschaftlichen Selbständigkeit („freie Praxis") anzulegen als an die der abstrakten („freier Beruf").

Diese Prüfung im konkreten Fall führt dazu, dass das Verhältnis zwischen dem Arzt und der Praxis mangels hinreichenden wirtschaftlichen Risikos als Anstellungsverhältnis zu klassifizieren ist, wenn der Arzt ein Festgehalt erhält, weil er vom Gewinn und Verlust der Gesellschaft ausgeschlossen ist[301]. Ob eine Begrenzung des Gewinns oder Verlustes zulässig und wie der Gewinnanteil des einzelnen Arztes zu berechnen ist[302], konnte das BSG offenlassen, da im konkreten Fall ein Ausschluss von der Gewinnbeteiligung vereinbart war, was die Unwirksamkeit der Praxisgesellschaft und damit einen Rückzahlungsanspruch der KV hinsichtlich der in den letzten fünf Jahren gezahlten Honorare ohne Verlustabzug i.H.v. 880.578,27 € zur Folge hatte[303]. Auch zu der Frage, inwieweit der Arzt von der Geschäftsführung ausgeschlossen werden kann, brauchte sich das BSG nicht mehr zu äußern[304]. Bezüglich des Ausschlusses von der Vermögensbeteiligung

298 BSGE 106, 222 ff. = MedR 2011, 298, 302.

299 So nutzte das BSG den Begriff der eigenen Praxis, der später durch die freie Praxis abgelöst wurde, und der Freiberuflichkeit in BSGE 35, 247 ff. noch synonym.

300 BSGE 106, 222 ff. = MedR 2011, 298, 302.

301 BSGE 106, 222 ff. = MedR 2011, 298, 303; a.A. noch *Gummert/Meier*, MedR 2007, 1, 8; *Butzer*, MedR 2001, 604, 611 hält die Vereinbarung eines Festgehalts zwar für ein starkes Indiz pro Anstellungsverhältnis. Da er die Abgrenzung zwischen angestelltem und selbständigem Arzt aber am Typusbegriff der Freiberuflichkeit festmacht, kann dieses Indiz seiner Ansicht nach widerlegt werden, wenn andere Typusmerkmale der Freiberuflichkeit im konkreten Fall gestärkt werden.

302 Hierzu *Gummert/Remplik*, in: Gummert/Weipert (Hrsg.), MHdB GesR I, [5]2019, § 25 Rn. 82.

303 BSGE 106, 222 ff. = MedR 2011, 298, 301; *Wigge*, Radiologie und Recht 2011, 189, 190.

304 BSGE 106, 222 ff. = MedR 2011, 298, 303; *Gummert/Remplik*, in: Gummert/Weipert (Hrsg.), MHdB GesR I, [5]2019, § 25 Rn. 87 befürchten, dass die im Rahmen eines nachfolgenden obiter dictum geäußerte Feststellung des BSG, der Arzt müsse „mit Blick auf die Erfüllung

stellte das BSG im Rahmen eines obiter dictum fest, dass eine Beteiligung am materiellen Kapital der Gesellschaft nicht zwingend erforderlich sei, um die Selbständigkeit des Arztes zu bejahen[305], ein Ausschluss vom immateriellen Wert – also vom Goodwill – ohne Befristung auf eine Probezeit[306] hingegen bedenklich sei[307]. Insgesamt ist die Abgrenzung zwischen angestellter und selbständiger Tätigkeit mithin nach den Gesamtumständen des Einzelfalls am Maßstab der freien Praxis zu beurteilen. Darf der Arzt die Gesellschaft nicht vertreten, kann er keinen Einfluss auf Direktionsentscheidungen nehmen oder werden seine Arbeitszeiten sowie das fachliche Gebiet, auf dem er tätig werden soll, vertraglich vorgegeben, rückt er nahe an die Position eines Arbeitsnehmers[308].

Betrachtet man die Entscheidung im Licht der Freiberuflichkeit scheint dieses Urteil die Typusmerkmale der Freiberuflichkeit wieder zu stärken, nachdem diese im Rahmen der Bedarfsplanung und Budgetierung sowie der Legalisierung der Anstellung von Ärzten verblasst waren. Die Entscheidung aus den 70ern, auf die sich das BSG bezieht, erklärte in erster Linie, welche Voraussetzungen nicht erfüllt sein müssen, damit ein Arzt als in freier Praxis tätig gilt[309]. Im Gegensatz hierzu zieht das BSG Voraussetzungen ein, die vorzuliegen haben, um die Tätigkeit in freier Praxis zu bejahen: Im Zusammenhang mit der geistigen Leistung ist eine Beteiligung am materiellen Vermögen nicht zwingend. Die Beteiligung an Gewinn und Verlust stärkt hingegen den Drang zu und die Angst vor der wirtschaftlichen Selbständigkeit. Wichtig ist zudem die Beteiligung am Goodwill. Dies lässt auf die Bedeutsamkeit des Vertrauensverhältnisses zwischen Arzt und Patient für die wirtschaftliche Selbständigkeit der jungen Ärzte schließen. Diese scheint gestärkt, da die Altpartner einer Praxis gezwungen werden, die jungen

---

des medizinischen Auftrags und die dafür erforderliche Nutzung der sachlichen und personellen Mittel der Gemeinschaftspraxis gleichermaßen dispositionsbefugt sein“, dazu dienen könnte, die Linie der Zulassungsausschüsse zu untermauern, nach der alle Gesellschafter an der Geschäftsführung mitwirken können müssen. Das BSG wiederholt hier indes nur seine alte Rechtsprechung zur Freiheit in der Berufsausübung aus BSGE 35, 247, 250.

305 Diese Rechtsprechung schließt an die ältere Spruchpraxis des BSG an, s.o. B. III. Fn. 295 bzw. BSGE 35, 247, 250.

306 Allerdings weisen *Gummert/Remplik*, in: Gummert/Weipert (Hrsg.), MHdB GesR I, [5]2019, § 25 Rn. 95 darauf hin, dass eine solche Probezeit im Steuerrecht keine Beachtung findet, wohingegen in der steuerrechtlichen Typologie ein Mangel hinsichtlich der Gewinn- oder Vermögensbeteiligung durch eine Beteiligung an der Geschäftsführung ausgeglichen werden kann.

307 BSGE 106, 222 ff. = MedR 2011, 298, 303 f.; a.A. *Butzer*, MedR 2001, 604, 612 mit dem Hinweis darauf, dass es möglich sei, auf Wettbewerbsverbote zu verzichten, was im Ergebnis auf die Möglichkeit hinausläuft, eigenen Goodwill aufzubauen.

308 Vgl. BSGE 124, 266 ff. = BeckRS 2017, 145083 Rn. 36 ff.; *ders.*, MedR 2001, 604, 611.

309 S.o. B. III. Fn. 295.

Ärzte am immateriellen Wert zu beteiligen[310]. Auch die einschneidenden Rechtsfolgen, die eintreten, wenn sich im Nachhinein herausstellt, dass ein selbständiger Arzt angestellt tätig war, sind typisch für die Verletzung freiberuflicher Prinzipien[311].

Diese Betrachtung ist jedoch schwierig, weil sich das BSG nicht auf die Freiberuflichkeit des Arztes beruft: Mithilfe der Bewertung anhand der Gesamtumstände erschafft das BSG eine typologische Konstruktion in Form der freien Praxis, die nicht an die soziologisch vorbelastete Freiberuflichkeit rückangebunden, sondern vielmehr von ihr abgetrennt wird. Diese Konstruktion erfüllt nur die Funktion, die Abgrenzung zwischen angestellter und selbständiger Tätigkeit zu ermöglichen. Offen bleibt, weshalb die Abgrenzung zwischen angestellter und selbständiger Tätigkeit wichtig ist und welches Rechtsgut mit den Konsequenzen, die aus der Einstufung eines vorher als selbständig geltenden Arztes als angestellt resultieren, geschützt werden soll. Die Freiheit in der Berufsausübung wird im Ausgangspunkt ebenso wenig betroffen sein wie beim angestellten Arzt.

Abgesehen vom Ausschluss von der Gewinnbeteiligung gibt das BSG dem Rechtsanwender i. R. d. unbestimmten Rechtsbegriffs der freien Praxis[312] daher keine festen Kriterien[313] an die Hand, mit dem er entscheiden könnte, ob ein Arzt angestellt oder selbständig tätig ist. Einerseits bleiben Zweck und Kriterien der Abgrenzung zwischen angestellten und selbständig tätigen Ärzten weitestgehend unklar. Andererseits nimmt die Bedeutung der selbständigen Ausübung des ärztlichen Berufs im Vertragsarztrecht tendenziell immer weiter ab[314]. Vor diesem Hintergrund und infolge der horrenden Rechtsfolgen, die drohen, wenn die Tätigkeit des Arztes der falschen Gruppe zugeordnet wird, wirkt das Urteil des BSG unverhältnismäßig[315]. Das BSG stellt nun höhere Anforderungen an die Selbständigkeit des Arztes als der BFH[316].

Hätte das BSG seine Kriterien aber an die Freiberuflichkeit angebunden und nicht an die freie Praxis, hätte es die selbständige Tätigkeit und damit die Freiheit in der Berufsstellung als schützenswert anerkennen müssen. Diesen Schritt will

---

310 *Wigge*, Radiologie und Recht 2011, 189, 192.

311 Vgl. oben B. II. 2.

312 *Wigge*, Radiologie und Recht 2011, 189, 193; *Gummert/Klimke*, MedR 2011, 685.

313 Diese müssen sich am Telos der Abgrenzung orientieren, sodass es sich bei ihnen aufgrund der Vielzahl denkbarer Konstellationen nicht um feste Prozentsätze am Umsatz bzw. Ertrag oder Vermögen handeln kann, s. *Meschke*, MedR 2018, 655, 660 – dieses Telos gibt das BSG jedoch nicht vor.

314 *Gummert/Klimke*, MedR 2011, 685, 688.

315 Vgl. *Wigge*, Radiologie und Recht 2011, 189, 192 f.

316 *Meschke*, MedR 2018, 655, 659; dabei wurde die Bedeutung der selbständigen Ausübung des Berufs im Steuerrecht typischerweise höher eingeordnet als im Vertragsarztrecht, s.o. A. sowie B. III. 3. c).

das BSG aber nicht machen, dies würde schließlich unmittelbar zu der Frage führen, ob die Freiheit in der Berufsausübung tatsächlich in keinem Zusammenhang mit der Freiheit in der Berufsstellung steht. Dies ist aber nur schwer vorstellbar – auch im Anbetracht der Tatsache, dass der Gesetzgeber kurz zuvor die Anstellungsgenehmigung als rechtliches Vehikel zur Beschäftigung eines angestellten Arztes auf einer Zulassung geschaffen und die Anstellung von Ärzten somit vereinfacht hat[317]. Wichtig wäre es aber gewesen, darauf hinzuweisen, dass die Freiheit in der Berufsstellung vielleicht nicht für den einzelnen Arzt, wohl aber für die Gesamtgruppe der Ärzte zu wahren ist[318]: Je mehr Ärzte angestellt arbeiten und je weniger Arbeitgeber als Folge von Konzentrationsprozessen zur Verfügung stehen, desto weniger frei wird der Arzt in der Berufsausübung, weil ihm weniger alternative Beschäftigungsmöglichkeiten bleiben, wenn er sich weigert, (rechtswidrige) Anweisungen seines Arbeitgebers in der konkreten Behandlung umzusetzen.

Die Auswirkungen der Entscheidung auf die Freiberuflichkeit kann nicht isoliert von der Einführung der Angestelltengenehmigung bewertet werden[319]: Infolge der erhöhten Anforderungen an die selbständige Tätigkeit und der Risiken, die mit dem Verstoß gegen diese Kriterien einhergehen, erscheint es zumindest nicht als unwahrscheinlich, dass die Partner einer Praxis eine freiwerdende Zulassung in eine Angestelltengenehmigung umwandeln, um die genannten Risiken zu vermeiden. Das Urteil schärft zwar das Profil der wirtschaftlichen Selbständigkeit innerhalb der Freiberuflichkeit, indem es sicherstellt, dass die Selbständigkeit des in der Berufsstellung freien Arztes nicht nur auf dem Papier besteht. Im aktuellen Umfeld des vertragsärztlichen Zulassungsrechts kann diese Schärfung aber auch dazu führen, dass die Freiberuflichkeit faktisch geschwächt wird, weil Versorgungsaufträge eher in Anstellungsgenehmigungen gebunden werden. Das BSG hat es versäumt, die aus den erweiterten Anstellungsmöglichkeiten resultierende Schwächung der Freiberuflichkeit durch eine Aufwertung der Selbständigkeit in der Berufsstellung abzufedern.

---

317 Hierzu s.u. B. III. 4. c); irrelevant wurde der Themenkomplex um die Nullbeteiligungsgesellschaft jedoch trotz Einführung der Anstellungsgenehmigung nicht, da z.B. „Zuschläge für Gemeinschaftspraxen" die Begründung verdeckter Angestelltenverhältnisse weiterhin begünstigen, s. *Kanter*, Zulassung im Wandel, 2013, S. 199.

318 Hierzu schon B. III. 3. c).

319 Vgl. die Kritik im Hinblick auf die Angestelltengenehmigung bei *Dahm/Ratzel*, MedR 2006, 555, 565.

e) Zwischenergebnis

Im Zusammenhang mit der Praxisnachfolge stellt die Erweiterung der Anstellungsmöglichkeiten daher ein zweischneidiges Schwert dar: Einerseits dient sie als Substitut zur Praxisnachfolge, andererseits kann sie diese vorbereiten und so den Weg in die wirtschaftliche Selbständigkeit ebnen[320].

Sie steht in einem engen Zusammenhang mit der Bedarfsplanung und Budgetierung und den schließungstheoretischen Annahmen der anbieterinduzierten Nachfrage. Aber auch im Rahmen eines strukturfunktionalen Verständnisses der Freiberuflichkeit bestand die Erkenntnis, dass die „Unabhängigkeit der Berufsstellung mit unternehmerischem Risiko" nicht maßgeblich für die – im Rahmen der freiberuflichen Tätigkeit entscheidende – „selbstverantwortliche Entscheidung im beruflichen Handeln" sein muss[321]. Dieser Gedankengang rechtfertigt im Ergebnis die Ausnahme von der persönlichen Leistungserbringung und damit die zunehmende Institutionalisierung des dem Arzt bzw. der Praxis entgegengebrachten Vertrauens, die (in der BAG) noch durch Anstellungsgrenzen eingeschränkt wird.

Die Anstellung von Ärzten im ambulanten Bereich wird aber immer mehr von der Ausnahme[322] zur Regel[323]. Wie an der Entscheidung zur Nullbeteiligung sichtbar wird, gewinnt die Abgrenzung zwischen angestellter und freiberuflicher Tätigkeit anhand von Kriterien, die auf die Freiheit in der Berufsstellung abzielen, an Bedeutung. Diese Entwicklung ist charakteristisch für den Typusbegriff der Freiberuflichkeit, weil die Freiheit in der Berufsstellung den Verlust anderer Typusmerkmale ausgleichen muss. Dem BSG steht der Gedanke entgegen, nach dem der Freiheit in der Berufsstellung keine Bedeutung zukommt, sodass es auf den Begriff der freien Praxis ausweichen muss. Dies steht sinnbildlich für das Dilemma der Freiberuflichkeit: Einzelne Typusmerkmale müssen den Verlust anderer Typusmerkmale kompensieren, während das gesamte Spektrum der ärztlichen Freiberuflichkeit durch Eingriffe des Gesetzgebers verblasst.

---

320 *Steinhilper*, MedR 2018, 639, 640.

321 *Deneke*, Individuelle Freiheit in sozialer Sicherheit, 1985, S. 391.

322 *Kamps*, MedR 2003, 63, 64.

323 Der Ärztezuwachs reicht für die Versorgung nicht aus, 29.3.2019 (https://www.aerzteblatt.de/treffer?mode=s&wo=51&typ=1&nid=102024&s=honorar, geprüft am 19.9.2023) „Die Zahl der im ambulanten Bereich angestellten Ärzte hat sich seit 1996 fast versechsfacht. Sie stieg 2018 im Vergleich zum Vorjahr auf rund 40.000 (+ 10,6 Prozent). Dagegen ist die Zahl der niedergelassenen Ärzte im vergangenen Jahr um 884 auf 117.472 gesunken. Dies entspricht einem Minus von 0,7 Prozent. Der Anteil der im Krankenhaus tätigen Ärzte ist bezogen auf alle ärztlich Tätigen fast unverändert geblieben und beläuft sich auf 51,4 Prozent (Vorjahr: 51,5 Prozent)".

4. MVZ

a) Historischer Abriss und Einleitung

Mit dem GMG schuf der Gesetzgeber eine neue Möglichkeit, Leistungen i. R. d. ambulanten Sektors zu erbringen. Neben Ärzten und BAG konnten fortan MVZ an der Gesundheitsversorgung gesetzlich versicherter Patienten teilnehmen. Dies veränderte nicht nur die Struktur der ärztlichen Zusammenarbeit und damit die Freiberuflichkeit, sondern war für die Praxisnachfolge bedeutsam: Die Zulassung oder Anstellungsgenehmigung kann nun an juristische und nicht mehr nur an natürliche Personen gebunden werden. Hiermit verliert die klassische Praxisnachfolge nach § 103 IIIa, IV SGB V je mehr an Bedeutung, desto mehr Zulassungen in MVZ gebunden sind. In einem System, in dem Einzelärzte und (kleine) BAG die Patienten versorgen, gewährleistet die Praxisnachfolge die Kontinuität der ambulanten ärztlichen Versorgung durch freiberuflich tätige Ärzte, indem sie den verkaufenden Arzt bis zum letzten Tag motiviert, tätig zu bleiben, um den Patientenstamm zu erhalten. In einem System, in dem die Versorgung durch MVZ erbracht wird, wird die Praxisnachfolge zu einem Instrument, mit dem MVZ aufgebaut und umstrukturiert werden können. In erster Linie gewährleistet das MVZ als selbständige, von natürlichen Personen weitgehend unabhängige Entität selbst die Kontinuität der Versorgung, die Praxisnachfolge (bzw. der Transfer des Versorgungsauftrags) kann diesem Ziel nur noch in zweiter Linie dienen.

Ziel der Einführung von MVZ war das „Aufbrechen starrer, historisch gewachsener Strukturen“[324] durch „die Überwindung sektoraler Grenzen bei der medizinischen Versorgung“[325]. Indem der Gesetzgeber (u. a.) Krankenhäusern die Beteiligung an der ambulanten Versorgung öffnete, wollte er einen Wettbewerb zwischen den Versorgungsformen entfachen „mit dem Ziel, dass Patienten jeweils in der ihren Erfordernissen am besten entsprechenden Versorgungsform versorgt werden können. Ein Wettbewerb zwischen unterschiedlichen Versorgungsformen beschleunigt zudem Innovationen und ermöglicht es, Effizienzreserven zu erschließen“[326]. MVZ „zeichnen sich durch eine interdisziplinäre Zusammenarbeit von ärztlichen und nichtärztlichen Heilberufen aus, die den Patienten eine Versorgung aus einer Hand anbieten“[327]. Die Öffnung des ambulanten Sektors für Krankenhäuser und die erweiterten Möglichkeiten, fachübergreifend Leistungen zu erbringen, sollten dazu beitragen, Synergien auf der Sektoren-

---

[324] BT-Drs. 15/1170, S. 1.
[325] BT-Drs. 15/1525, S. 74.
[326] BT-Drs. 15/1525, S. 74.
[327] BT-Drs. 15/1525, S. 74.

grenze sowie zwischen Ärzten unterschiedlicher Fachrichtungen sowie Nicht-Ärzten zu schaffen und hierdurch eine bessere Behandlung der Patienten zu ermöglichen[328] sowie die Kosten in der GKV durch bessere Auslastung der Kapazitäten z. B. in Form der Vermeidung von doppelten Untersuchungen zu dämpfen[329]. Der Gesetzgeber betont immer wieder, dass er sich vom Einsatz von MVZ eine erhöhte Effizienz der eingesetzten Mittel in der Gesundheitsversorgung erhofft[330].

Die Möglichkeit der MVZ-Gründung wird seitens der Krankenhäuser dementsprechend rege genutzt: Seit 2015 werden mehr als 50 Prozent der MVZ durch Krankenhäuser und nicht durch niedergelassene Ärzte betrieben[331]. Über die Krankenhäuser steigen immer mehr private Investoren, die ihr Geld (angesichts der langen Zeit von historisch niedrigen Zinsen in den 2010er Jahren) gewinnbringend anlegen wollen, in die Gesundheitsversorgung ein[332], was zwar Vorteile in der Form erweiterten Investitionsmöglichkeiten haben kann[333]. Angesichts der freiberuflich geprägten, ambulanten Versorgung und der Erwartung, dass sich Ärzte zumindest in einem gewissen Rahmen altruistisch verhalten, hat dies Befürchtungen[334] geweckt, dass sich diese Kapitalinteressen negativ auf die Gesundheitsversorgung auswirken könnten. Im Bereich der Zahnmedizin und der Dialysezentren hat der Gesetzgeber[335] daher bereits reagiert und die Anzahl der

---

328 *Kaya*, MVZ auf Gründungs- und Zulassungsebene, 2011, S. 80 f.; *Dahm*, in: Dahm/Möller/Ratzel (Hrsg.), Rechtshandbuch MVZ, 2005, Kap. II Rn. 22.

329 BT-Drs. 15/1586, S. 3; *Hungeling*, in: Die Regulierung der Gesundheit, 1993, S. 63, 78; zu weiteren Vorteilen s. auch *Kaya*, MVZ auf Gründungs- und Zulassungsebene, 2011, S. 47 f., 84; *Dahm*, in: Dahm/Möller/Ratzel (Hrsg.), Rechtshandbuch MVZ, 2005, Kap. II Rn. 43; in Anbetracht der Budgetierung sowie „dem hohen Leistungsstandard von Praxen niedergelassener Ärzte“ wirkt das Argument der Vermeidung doppelter Untersuchungen indes „irreführend“, *Dahm/Ratzel*, MedR 2006, 555, 558.

330 S. z. B. auch BT-Drs. 641/14, S. 58.

331 KVen fordern mehr Reglementierung bei MVZ-Gründung, 26.1.2017 (https://www.aerzteblatt.de/treffer?mode=s&wo=17&typ=1&nid=72724&s=Praxisnachfolge, geprüft am 19.9.2023); dementsprechend droht eine „Vormachtstellung der Krankenhäuser im niedergelassenen Bereich“, *Steinhilper*, GuP 2016, 15, 18.

332 Hierzu auch *Clemens*, in: Quaas/Zuck/Clemens (Hrsg.), Medizinrecht, ⁴2018, § 17 Rn. 32 f.; *Wenner*, in: FS Dahm, 2017, S. 517, 529, 531; *Meschke*, MedR 2009, 263, 263 f.

333 Unternehmensberatung sieht Vorteile bei Übernahme von Arztpraxen durch Investoren, 29.7.2019 (https://www.aerzteblatt.de/nachrichten/104951/Unternehmensberatung-sieht-Vorteile-bei-Uebernahme-von-Arztpraxen-durch-Investoren, geprüft am 19.9.2023).

334 *Ströttchen*, KrV 2020, 98, 98 f.; *Zimmermann*, MedR 2018, 662, 666; *Kaya*, MVZ auf Gründungs- und Zulassungsebene, 2011, S. 159.

335 Im Hinblick auf die Freiberuflichkeit der Ärzteschaft ist die Einrichtung der Servicestellen hingegen kritisch zu sehen, hierzu schon *Deneke*, Die freien Berufe, 1956, S. 334: „Ein besonderes Kapitel dieser Art stellt die Tendenz der Gesundheitsverwaltungen in den verschiedenen Bundesländern dar, den Gesundheitsämtern immer mehr Aufgaben zu übertragen, die

Angestelltengenehmigungen, die in zahnärztlichen MVZ gebunden sein können, eingeschränkt bzw. die Gründung von MVZ durch die Erbringer nichtärztlicher Dialyseleitungen auf fachbezogene MVZ begrenzt[336].

Diese Befürchtungen stehen im Zusammenhang mit der Praxisnachfolge: So kann das über Krankenhäuser in MVZ eingeschossene Kapital nicht nur in Geräte, sondern auch in Zulassungen investiert werden, wodurch die Preise für Zulassungen steigen[337]. Investoren-, bzw. krankenhausgetragene MVZ scheinen in der Lage zu sein, höhere Preise für Zulassungen zu entrichten als viele Vertragsärzte[338], sodass die Vermutung naheliegt, dass die entsprechenden Preise seit 2002[339] nochmals deutlich gestiegen sind. Kritisch ist diese Entwicklung vor dem Hintergrund des Konzessionshandelsverbots[340] zu bewerten sowie vor dem Hintergrund der Freiberuflichkeit und den Zwängen, die möglicherweise mit höheren Kaufpreisen für Arztpraxen bzw. Zulassungen einhergehen. Zwar hat der Gesetzgeber diese Entwicklung selbst in Gang gesetzt, weil er die Praxisnachfolge mit Einführung des § 103 IVa SGB V für MVZ modifizieren musste, um die MVZ-Gründung und -Expansion in gesperrten Planungsbereichen zu ermöglichen[341]. Allerdings versucht er mittlerweile den Einfluss institutioneller Investoren bspw. über § 103 IVc 3 SGB V abzuschwächen[342].

Die Schwächung der vertragsärztlichen Freiberuflichkeit (die nun z.T. wieder gestärkt werden soll) ist jedoch in der Struktur des MVZ selbst angelegt: So ist

Sache der praktizierenden Ärzteschaft sind. Für immer mehr Krankheiten und Leiden werden öffentliche Beratungsstellen geplant und gegründet".

336 Hierzu *Ladurner*, MedR 2019, 519, 520 ff.; auch die Gerichte bewerten derartige Konstrukte mit zunehmender Skepsis, weil immer weniger Vertragsarztsitze für freiberuflich tätige Ärzte verfügbar sind, s. SG Dresden, Beschl. v. 9.5.2022 – S 25 KA 20/22 ER, juris Rn. 69 ff.

337 *Möller*, in: Dahm/Möller/Ratzel (Hrsg.), Rechtshandbuch MVZ, 2005, Kap. X Rn. 40; Schwierigkeiten im Hinblick auf die Gleichberechtigung von Ärzten und Krankenhäusern bestehen im Hinblick der erweiterten Möglichkeiten der Querfinanzierung auch vor dem Hintergrund der Regelungen der §§ 115, 116b SGB V, s. *Kanter*, Zulassung im Wandel, 2013, S. 168 ff.

338 *Willaschek*, GuP 2020, 63, 67: „Die Investitionssumme ist erheblich und zumeist darauf ausgelegt, sich – isoliert oder über den ökonomischen Erfolg des MVZ insgesamt – über einen langen Zeitraum zu refinanzieren. Regelmäßig werden in hierbei internen Kalkulationen wie auch Bankfinanzierungen andere Annahmen zugrunde gelegt als im Kontext von Existenzgründungen. Das ist einer der Gründe, warum durch MVZ z.T. (erheblich) höhere Kaufpreise für Praxen geboten werden können als durch Existenzgründer"; KVen fordern mehr Reglementierung bei MVZ-Gründung, 26.1.2017 (https://www.aerzteblatt.de/treffer?mode=s&wo=17&typ=1&nid=72724&s=Praxisnachfolge), S. (geprüft am 19.9.2023).

339 Hierzu s.o. B. III. 2. h).

340 *Kaya*, MVZ auf Gründungs- und Zulassungsebene, 2011, S. 86; *Dahm*, in: Dahm/Möller/Ratzel (Hrsg.), Rechtshandbuch MVZ, 2005, Kap. II Rn. 42.

341 *Möller*, in: Dahm/Möller/Ratzel (Hrsg.), Rechtshandbuch MVZ, 2005, Kap. IX Rn. 2.

342 S.u. D. II. 3. a) aa).

es kaum überraschend, dass die Voraussetzungen zur Gründung eines MVZ kaum noch Parallelen zur vertragsärztlichen Freiberuflichkeit aufweisen (hierzu b)). Im Zusammenhang mit der Einführung des MVZ wurde die Anstellungsgenehmigung geschaffen, die das Typusmerkmal der persönlichen Leistungserbringung und damit schließungstheoretischen Vorgaben entsprechend die Freiberuflichkeit an sich schwächt (hierzu c)). Diese Entwicklungen sind im Hinblick auf das Konzessionshandelsverbot relevant, weil sie den Rückgang der Höchstpersönlichkeit von MVZ-Zulassung und Angestelltengenehmigung in Gang setzen[343] und so auf die Praxisnachfolge im MVZ (und in der BAG) bzw. den Übergang von Anstellungsgenehmigungen[344] einwirken.

b) Gründungsvoraussetzungen

Gem. § 95 I 2 SGB V handelt es sich bei MVZ um ärztlich geleitete Einrichtungen, in denen Ärzte, die in das Arztregister eingetragen sind, als Angestellte oder Vertragsärzte tätig sind. Voraussetzung für die Gründung eines MVZ sind (neben einem entsprechenden Antrag gem. § 18 Ärzte-ZV[345]) die Einrichtung, die ärztliche Leitung (hierzu cc)), Ärzte, die als Angestellte oder Vertragsärzte im MVZ arbeiten, und die Registereintragung dieser Ärzte. Des Weiteren muss das MVZ von einem gem. § 95 Ia S. 3 SGB V zulässigen Träger betrieben werden (hierzu bb)). Die an diesem Träger beteiligten Personen müssen zum Kreis der zulässigen Gründer i. S. d. § 95 Ia S. 1 SGB V gehören (hierzu dd)). Handelt es sich bei der Trägergesellschaft um eine GmbH, haben die Gesellschafter der GmbH zuletzt selbstschuldnerische Bürgschaften für diese abzugeben, § 95 II 6 SGB V (hierzu ee)).

aa) Teilnahmestatus oder Rechtssubjekt

Abseits dieser Voraussetzungen sind jedoch noch viele Aspekte ungeklärt, die das rechtliche Verständnis des MVZ betreffen. So war schon die hier vorzuziehende Frage umstritten, ob es sich beim MVZ um einen bloßen Teilnahmestatus[346] in der Versorgung gesetzlich versicherter Patienten handelt oder ob das

---

[343] Hierzu s.u. C. 4.

[344] S.u. D. II. und III.

[345] Strittig ist, wer den Antrag stellen muss: Für die Antragsstellung durch die Gründer *Preißler*, in: FS Dahm, 2017, S. 335, 339; für eine Antragsstellung durch den MVZ-Träger *Steinhilper*, in: Laufs/Kern/Rehborn (Hrsg.), ArztR-HdB, ^{5}2019, § 35 Rn. 42; zum Antrag schon *Dahm*, in: Dahm/Möller/Ratzel (Hrsg.), Rechtshandbuch MVZ, 2005, Kap. VI Rn. 27 ff.

[346] BSG, Beschl. v. 21.9.2016 – B 6 KA 77/15 B, BeckRS 2016, 73987; LSG Bayern, Urt. v. 21.10.2015 – L 12 KA 65/15, BeckRS 2015, 73222; *Zwingel/Preißler*, MVZ, ^{2}2008, S. 62;

MVZ ein eigenständiges Rechtssubjekt[347] darstellt. Auswirkungen zeitigt die Entscheidung zwischen diesen beiden Alternativen bspw. i. R. d. Frage, ob das MVZ oder die Trägergesellschaft des MVZ im Prozess beteiligtenfähig ist.

Der Wortlaut des SGB V spricht an vielen Stellen dafür, das MVZ als Rechtssubjekt zu begreifen: So suggeriert § 95 I 2 SGB V MVZ eine Rechtssubjektivität, indem er auf „Einrichtungen" abstellt, zudem spricht § 103 IVa 1 SGB V von einer Tätigkeit „im" MVZ[348]. Fraglich ist jedoch, wie stark Argumente zu werten sind, die auf dem Wortlaut des SGB V beruhen. Dem Konzept des MVZ liegen andere Vorstellungen zugrunde als den Regelungen bezüglich ärztlicher Leistungserbringer[349]. Im Zusammenhang mit diesen geänderten Grundvorstellungen war das Gesetzgebungsverfahren zum GMG von Auseinandersetzungen[350] geprägt, die lediglich durch hastig[351] ausgehandelte Kompromisse beigelegt werden konnten[352]. Hierdurch fügt sich das MVZ systematisch nicht gut in das SGB V ein[353], weshalb dem Wortlaut in dieser Frage nicht zu viel Bedeutung zugemessen werden darf[354]. Neben dem Wortlaut des SGB V sind verstärkt weitere Gesichtspunkte hinzuzuziehen.

Vor dem Hintergrund der Beteiligtenfähigkeit des MVZ entschied daher das BSG, dass es sich bei dem MVZ nicht um ein Rechtssubjekt, sondern bloß um einen Teilnahmestatus handelt, u. a. weil das MVZ selbst keinerlei Erwähnung in § 70 SGG findet[355]. Dem MVZ kommt keine Rechtssubjektivität zu. Dieser Befund wird durch ein weiteres Urteil des BSG gestützt: Die Frage, ob ein MVZ ein weiteres MVZ gründen kann, verneinte das Gericht mit dem Hinweis auf die fehlende Rechtssubjektivität des MVZ[356]. Sozialrechtlich ist das MVZ jedoch der Anknüpfungspunkt aller Rechte und Pflichten: „Inhaber der ärztlichen Zulas-

---

Kaya, MVZ auf Gründungs- und Zulassungsebene, 2011, S. 31 f., 162; *Meschke*, MedR 2009, 263, 264 m. w. N. in Fn. 13.

347 LSG Berlin-Brandenburg, Beschl. v. 27.1.2010 – L 7 KA 139/09 B ER, juris Rn. 28 ff.; *Treptow*, Mitgliedschaft in der MVZ-GmbH, 2011, S. 35 f. m. w. N. in Fn. 22.

348 *Ders.*, Mitgliedschaft in der MVZ-GmbH, 2011, S. 35 f.

349 Hierzu sogleich unter B. III. 4. c) ee).

350 Insbesondere hinsichtlich der Aufnahme des Passus „oder Vertragsärzte" in § 95 I 1 SGB V, s. *Rau*, in: Rieger/Dahm/Steinhilper (Hrsg.), HK-AKM, Dezember 2007, 3585 Rn. 33 f.

351 *Butzer*, MedR 2004, 177, 177 f.

352 Zum Gesetzgebungsverfahren auch *Rau*, in: Rieger/Dahm/Steinhilper (Hrsg.), HK-AKM, Dezember 2007, 3585 Rn. 8 ff.

353 *Kaya*, MVZ auf Gründungs- und Zulassungsebene, 2011, S. 347.

354 *Dies.*, MVZ auf Gründungs- und Zulassungsebene, 2011, S. 32.

355 BSG, Urt. v. 4.5.2016 – B 6 KA 28/15 R, BeckRS 2016, 72717 Rn. 11 f.; BSGE 121, 143 ff. = MedR 2016, 1006, 1007; BSG, Beschl. v. 21.9.2016 – B 6 KA 77/15 B, BeckRS 2016, 73987 Rn. 7.

356 BSGE 126, 40 ff.; kritisch schon *Clemens*, in: Quaas/Zuck/Clemens (Hrsg.), Medizinrecht, [4]2018, § 17 Rn. 31.

sung und von Anstellungsgenehmigungen ist aber immer ‚das' MVZ als solches […] und nicht dessen Betreibergesellschaft"[357].

bb) Trägergesellschaft

Der Träger des MVZ kann als Personengesellschaft, eingetragene Genossenschaft, GmbH oder als öffentlich-rechtliche Entität organisiert sein, § 95 Ia 3 SGB V. Insbesondere im Hinblick auf mögliche Träger des MVZ hat der Gesetzgeber mittlerweile diverse Fragestellungen beantwortet: Dass ein Arzt ein MVZ nicht als natürliche Person tragen kann, ist mit der abschließenden Nennung von potenziellen MVZ-Trägern in § 95 Ia SGB V klargestellt worden[358]. Eine GmbH kann zudem mehrere MVZ tragen[359]. Mit der Einführung des § 95 Ia 3 SGB V hat der Gesetzgeber ferner den Streit um die Frage geklärt, ob ein MVZ von einer Personenhandelsgesellschaft getragen werden kann. Hieraus lassen sich Schlüsse hinsichtlich der Bedeutung der Freiberuflichkeit für den Gesetzgeber im Kontext von MVZ ziehen.

Gem. §§ 105 I, 161 II HGB muss der Zweck einer Personenhandelsgesellschaft im Betrieb eines Handelsgewerbes liegen. Dies steht jedoch im Widerspruch zur freiberuflichen Natur der ärztlichen Betätigung (s. § 1 II Hs. 2 BÄO), die in erster Linie altruistisch und daher nicht gewerblich geprägt ist[360]. Da die analoge[361] Anwendung von § 105 II HGB weitestgehend abgelehnt wurde, blieb die Frage offen, ob MVZ vor Einführung des § 95 Ia 3 SGB V in Form einer OHG oder KG[362] betrieben werden konnten.

Entscheidend war, welche Reichweite § 1 II Hs. 2 BÄO zukommen sollte: Ging man davon aus, dass § 1 II Hs. 2 BÄO rein deklaratorisch war, nur die Entscheidungsfreiheit des Arztes in der konkreten Behandlungssituation schützen sollte und ihm – da er auch für Angestellte galt – keine Aussagekraft zur Frage, in welcher rechtlichen Form ein Arzt tätig werden kann, beikam, stand dem Ein-

---

357 BSGE 131, 73 ff. = MedR 2021, 572, 576; vgl. zudem *Fickentscher*, Eigentumsschutz in der Bedarfsplanung, 2022, S. 133.

358 *Remplik/Flasbarth*, in: Ratzel/Luxenburger (Hrsg.), Handbuch Medizinrecht, ⁴2020, Kap. 10 Rn. 186; *Gummert/Remplik*, in: Gummert/Weipert (Hrsg.), MHdB GesR I, ⁵2019, § 25 Rn. 137; a. A. *Preißler*, in: FS Dahm, 2017, S. 335, 339, der jedoch auch das Ein-Mann-MVZ, das von einer GmbH getragen wird, als zulässig erachtet, obwohl die überwiegende Anzahl von Autoren diese Konstruktion ablehnt, s. u. B. III. 4. b) dd) (4).

359 BT-Drs. 19/6337 S. 116; s. zuvor schon *Preißler*, in: FS Dahm, 2017, S. 335, 341.

360 S. o. B. II. 5.

361 *Kaya*, MVZ auf Gründungs- und Zulassungsebene, 2011, S. 207; *Zwingel/Preißler*, MVZ, ²2008, S. 95.

362 Zu Sonderproblemen im Zusammenhang mit der GmbH & Co KG s. *Kaya*, MVZ auf Gründungs- und Zulassungsebene, 2011, S. 209 f.

satz von OHG und KG nichts entgegen[363]. Hierfür sprach, dass es sich beim MVZ nicht um eine freiberufliche Praxis, sondern – in der Variante des reinen Angestellten-MVZ – um ein unternehmerisch betriebenes Institut handelt, das vergleichbar zum Krankenhaus als OHG geführt werden kann[364]. Zudem konnte die MVZ-Trägergesellschaft schon damals als GmbH gegründet werden, sodass es in der Sache für unklar gehalten wurde, warum Handelsgesellschaften zum Betrieb von MVZ nicht in Betracht kamen[365].

Vertrat man hingegen die Ansicht, dass MVZ nie von einer Personenhandelsgesellschaft gehalten werden konnten, implizierte dies, dass § 1 II Hs. 2 BÄO konstitutiv wirkte, aber nicht nur für Ärzte, sondern auch für nichtärztliche Leistungserbringer[366]. Weil dieses Ergebnis von vielen als zu weitreichend empfunden wurde, konnten MVZ einer vermittelnden Ansicht zufolge nur dann von Personenhandelsgesellschaften getragen werden, wenn keine Ärzte, sondern ausschließlich nichtärztliche Leistungserbringer als Gesellschafter beteiligt waren[367]. Alternativ wurde vorgeschlagen, dass bei Personenhandelsgesellschaften, an denen Ärzte beteiligt waren, auf das Gesamtbild abgestellt werden sollte, sodass ausschlaggebend sein sollte, ob die Anzahl angestellter Ärzte die der freiberuflichen überstieg[368].

Mit der Normierung von § 95 Ia 3 SGB V hat der Gesetzgeber klargestellt, dass MVZ nie in der Form von OHG oder KG betrieben werden können. In der Gesetzesbegründung zum GKV-VStG begründet der Gesetzgeber den Ausschluss von Personenhandelsgesellschaften zwar nicht. Allerdings scheint es neben der freiberuflichen Natur der ärztlichen Betätigung kaum einen Grund für diesen Ausschluss zu geben[369]. Diese wollte der Gesetzgeber stärken, indem er einerseits § 95 Ia 1 SGB V sowie mit § 95 Ia 3 SGB V das Verbot, MVZ als AG zu gründen, einführte[370]. Der Schluss, dass der Ausschluss von KG und OHG in diesem Geiste erfolgte, liegt nah. Mithin scheint der Ausschluss von OHG und KG für den Betrieb eines MVZ als einer der Fälle, in denen § 1 II Hs. 2 BÄO konstitutive Wirkung entfaltet und das sogar über seinen gewöhnlichen Anwendungsbereich hinaus.

---

363 *Kroel*, in: Isringhaus/Kroel/Wendland (Hrsg.), MVZ-Beratungshandbuch, 2004, S. 12 f.; wohl auch *Krauskopf*, in: FS Laufs, 2006, S. 953, 956; vgl. *Ziermann*, MedR 2004, 540, 541; *Lindenau*, MVZ, 2008, S. 115 ff., 287 ff.

364 *Möller*, in: Dahm/Möller/Ratzel (Hrsg.), Rechtshandbuch MVZ, 2005, Kap. V Rn. 42.

365 *Ders.*, in: Dahm/Möller/Ratzel (Hrsg.), Rechtshandbuch MVZ, 2005, Kap. V Rn. 43.

366 *Kaya*, MVZ auf Gründungs- und Zulassungsebene, 2011, S. 202 m.w.N. in Fn. 1109; *Wigge*, MedR 2004, 123, 129.

367 *Konerding*, Vertragsarztsitz im MVZ, 2009, S. 69.

368 *Kaya*, MVZ auf Gründungs- und Zulassungsebene, 2011, S. 205 f., 208.

369 Kritisch dürfte dies von *Kämmerer*, Freie Berufe, 2010, H 70 f. gesehen werden.

370 BT-Drs. 17/6906 S. 70 f.

cc) Ärztliche Leitung

Das MVZ muss zudem ärztlich geleitet sein. Das Erfordernis der ärztlichen Leitung ist gesetzlich nicht definiert. Es soll bewirken, dass sich ärztliche Entscheidungen auf der Behandlungsebene immer auf einen Arzt zurückführen lassen, sodass sich die Entscheidungen nur am Interesse des Patienten und an medizinischen Maßstäben ausrichten, nicht aber an den auf der Verwaltungsebene vertretenen Kapitalinteressen[371]. Die ärztliche Leitung kann als Stärkung des Verbots der Weisung Fachfremder betrachtet werden[372]. Diese Stärkung ist vonnöten, da die Gefahr, dass sich Fachfremde in die ärztliche Entscheidung einmischen, im MVZ durch die Trennung von Behandlungs- und Verwaltungsebene ungleich höher ist als in der gewöhnlichen freiberuflichen Praxis[373]. Der Gesetzgeber knüpft an die freiberufliche, ärztliche Ethik an und meint so sicherstellen zu können, dass die Interessen der Patienten hinreichend gewahrt werden. Dies stellt jedoch einen gewissen Widerspruch zu vorherigen Darstellungen der Ärzteschaft dar: Während der Gesetzgeber bei der Begründung der Bedarfsplanung im Rahmen der anbieterinduzierten Nachfrage vertrat, dass der Arzt in freier Praxis den Patienten manipuliert, um eine Nachfrage für seine Dienstleistung zu erzeugen und so sein Einkommen zu erhöhen[374], soll es im MVZ nun der Arzt sein, der kommerzielle Interessen abwehrt. Erklären lässt sich dieser Sinneswandel nur mit der (häufig) fehlenden Selbständigkeit des im MVZ tätigen Arztes: Der Gesetzgeber scheint diese eher als Gefahr denn als Chance für die Versorgung der Patienten zu verstehen.

Die ärztliche Leitung ist nicht mit der Freiberuflichkeit gleichzusetzen. Sie steht vielmehr parallel neben ihr: Während die Freiberuflichkeit die Ärzteschaft strukturell in einer Weise ordnet, die dazu führt, dass i.d.R. die Interessen des Patienten wahrgenommen werden, ordnet die ärztliche Leitung als „rein formalistischer Aspekt“[375] dieses Ergebnis entgegen der im MVZ vorhandenen Interessenstruktur an. Die meisten Streitigkeiten um die Reichweite des Erfordernisses ärztlicher Leitung – wie die Frage, ob der ärztliche Leiter mit Geschäftsführungsbefugnissen ausgestattet sein sollte oder welche Gegenstände von der Lei-

---

[371] *Kaya*, MVZ auf Gründungs- und Zulassungsebene, 2011, S. 99; vgl. *Lindenau*, MVZ, 2008, S. 67 Rn. 171.

[372] Zuletzt BSG, Urt. v. 26.1.2022 – B 6 KA 2/21 R, juris Rn. 30; s. auch *Clemens*, in: Quaas/Zuck/Clemens (Hrsg.), Medizinrecht, ⁴2018, § 17 Rn. 14; *Kaya*, MVZ auf Gründungs- und Zulassungsebene, 2011, S. 101; *Konerding*, Vertragsarztsitz im MVZ, 2009, S. 51, 53; *Lindenau*, MVZ, 2008, S. 66 Rn. 170.

[373] Vgl. *Wigge*, MedR 2004, 123, 130.

[374] S.o. B. III. 2. f) aa).

[375] *Lindenau*, MVZ, 2008, S. 70 Rn. 177.

tung konkret erfasst sind (z. B. Aktenführung, Abrechnung etc.)[376] – können daher auf die Grundfrage zurückgeführt werden, wie weit die ärztliche Logik im Unternehmen verankert sein muss. Hierin zeigt sich einer der Vorteile der Freiberuflichkeit: Sie stellt ein einheitliches Konzept dar, innerhalb dessen die diffizilen Fragen, die im Kontext der ärztlichen Leitung des MVZ aufkommen, gar nicht erst aufgeworfen werden müssen.

dd) Kreis zulässiger MVZ-Gründer

(1) Beschränkung des Gründerkreises zugunsten ärztlicher Freiberuflichkeit

Die ärztliche Leitung stärkt die Freiberuflichkeit zwar nicht, allerdings könnte sie mithilfe der Begrenzung der zulässigen MVZ-Gründer geschützt werden. Ursprünglich durften nur solche Personen Träger des[377] oder am Träger des MVZ beteiligt sein, die bereits selbst im System der GKV Leistungen erbrachten, um sicherzustellen, dass „eine primär an medizinischen Vorgaben orientierte Führung der Zentren gewährleistet wird"[378] (§ 95 I 2 Hs. 2 SGB V a. F.). Zudem wollte der Gesetzgeber die Freiberuflichkeit mit Einführung des § 95 Ia 1 SGB V i. R. d. GKV-VStG stärken[379]. An der Trägergesellschaft des MVZ können der Norm entsprechend seitdem neben Vertragsärzten u. a. Kommunen oder Krankenhäuser partizipieren. Bestimmte Leistungserbringer – insbesondere das Krankenhaus – können jedoch von jedem gegründet werden, sodass die Beschränkung des § 95 Ia 1 SGB V über die Ecke der Gründung eines entsprechenden Leistungserbringers vermieden werden kann[380]. Die Beschränkung des Gründerkreises stärkt die vertragsärztliche Freiberuflichkeit im ambulanten System daher nicht.

---

376 *Kaya*, MVZ auf Gründungs- und Zulassungsebene, 2011, S. 101 f.

377 Einerseits konnten vor Einführung des § 95 Ia 1 SGB V auch natürliche Personen ein MVZ tragen, s. hierzu bspw. *Zwingel/Preißler*, MVZ, ^{2}2008, S. 85; auch nach Einführung des § 95 Ia 1 SGB V bleibt andererseits unklar, ob der Betrieb eines MVZ eine eigenständige Trägergesellschaft fordert oder ob eine Gesellschaft, die bspw. ein Krankenhaus betreibt, gleichzeitig auch ein MVZ tragen kann, hierzu *Pawlita*, in: Schlegel/Voelzke (Hrsg.), jurisPK-SGB V, ^{4}6.12.2021, § 95 SGB V Rn. 253; *Kroel*, in: Isringhaus/Kroel/Wendland (Hrsg.), MVZ-Beratungshandbuch, 2004, S. 10 f.

378 BT-Drs. 15/1525, S. 108.

379 BT-Drs. 17/6906, S. 70 f.

380 *Kaya*, MVZ auf Gründungs- und Zulassungsebene, 2011, S. 159 f.; s. auch die Kritik bei *Lindenau*, MVZ, 2008, S. 31 Rn. 84.

(2) Beschränkung auf den Ort der Zulassung

Mit den gesetzgeberischen Vorstellungen ist es zudem schwer zu vereinbaren, wenn der Arzt, der ein MVZ gründet, physisch nicht anwesend ist und sich daher theoretisch nicht an der Versorgung, sondern nur rein unternehmerisch am MVZ beteiligen kann[381]. Dementsprechend kommt auch die Frage auf, ob ein Arzt ein MVZ nur an dem Ort gründen kann, an dem er seinen Sitz hat[382]. Für die Betätigung an einem weiteren Ort müsste das MVZ auf die Regeln zu ausgelagerten Praxisräumen oder Zweigstellen zurückgreifen[383]. Sinnvoll wäre dies in einem Bild, in dem Einschränkungen der den Arzt zur MVZ-Gründung berechtigenden Zulassung – wie die Einschränkung des örtlichen Wirkungskreises – auf die Gründungsberechtigung durchschlagen[384].

Nach anderer Ansicht sollen die Gründer eines MVZ sich ihre Betriebsstätte innerhalb des gesamten Bundesgebiets aussuchen können[385]. Gestützt wird diese Ansicht im Wesentlichen auf fehlende Einschränkungen im Wortlaut des Gesetzes, auf die sonst bestehende Ungleichbehandlung zwischen Ärzten und überall zur MVZ-Gründung berechtigten Entitäten, auf andere Absichten des Gesetzgebers, nach denen die Gründung von MVZ erleichtert und die ärztlich-unternehmerische Tätigkeit gefördert werden soll, sowie auf die mit dieser Einschränkung einhergehende Durchbrechung zwischen Administrativ- und Betriebsebene im MVZ[386]. Diese Sichtweise entspricht der ganz herrschenden Meinung[387]. Der Versuch, (bspw.) mithilfe der Beschränkung des Gründerkreises den Eindruck zu erwecken, die Versorgung durch MVZ sei durch eine ärztliche und nicht eine

---

381 *Dahm*, in: Dahm/Möller/Ratzel (Hrsg.), Rechtshandbuch MVZ, 2005, Kap. IV Rn. 24 ff.: „Was etwa sollte beispielsweise einen in Hamburg niedergelassenen Laborarzt bewegen, ein labormedizinisches Versorgungszentrum in München zu gründen? Jedenfalls dürften primär medizinische Vorgaben dafür kaum als hinreichende Veranlassung angesehen werden können".

382 Auf der Betriebsebene unterliegt das MVZ jedoch denselben bedarfsplanungsrechtlichen Beschränkungen wie Ärzte und BAG (§§ 72 I 2, 95 II 9 SGB V), sodass der Gründer-Arzt, der in einem anderen Planungsbereich zugelassen ist, Versorgungsaufträge für den Planungsbereich seines MVZ erwerben muss.

383 Hierfür *Dahm*, in: Dahm/Möller/Ratzel (Hrsg.), Rechtshandbuch MVZ, 2005, Kap. IV Rn. 22 ff. sowie Kap. VI Rn. 71 ff.

384 *Ders.*, in: Dahm/Möller/Ratzel (Hrsg.), Rechtshandbuch MVZ, 2005, Kap. IV Rn. 23 sowie Kap. VI Rn. 72.

385 *Kaya*, MVZ auf Gründungs- und Zulassungsebene, 2011, S. 140 ff.; *Konerding*, Vertragsarztsitz im MVZ, 2009, S. 47; *Behnsen*, KH 2004, 602, 605.

386 *Kaya*, MVZ auf Gründungs- und Zulassungsebene, 2011, S. 140 ff.; *Konerding*, Vertragsarztsitz im MVZ, 2009, S. 47.

387 So *Konerding*, Vertragsarztsitz im MVZ, 2009, S. 47 m. w. N. in Fn. 139.

wirtschaftliche Logik geleitet, kann unter diesem Aspekt nur als „euphemistisch“ bezeichnet werden[388].

(3) Weitere Anforderungen an die Zulassung

Nicht jeder zugelassene Leistungserbringer darf ein MVZ gründen[389]. Strittig ist dies bspw. für den Arzt, der über das Job-Sharing an der Zulassung eines anderen Arztes partizipiert: Nimmt man an, dass die MVZ-Zulassung im Zusammenhang mit § 71 I 2 SGB V in der Bedarfsplanung ebenso eingerechnet werden muss wie die Vertragsarztzulassung, ist seine Gründungsberechtigung abzulehnen, da er über keine eigene Vollzulassung verfügt und i. R. d. MVZ-Gründung die Bedarfsplanung unterlaufen würde[390]. Auch ein halber Versorgungsauftrag i. S. d. § 19a I Ärzte-ZV soll reichen, um ein MVZ zu gründen[391]. Nach dem BSG kann ein MVZ jedenfalls mit zwei Teilzulassungen gegründet werden[392].

Eine MVZ-Zulassung reicht nach einem Urteil des BSG hingegen nicht aus, um ein MVZ zu gründen, da das MVZ nicht als Gründer in § 95 Ia SGB V geführt wird und eine entsprechende Anwendung dieser Norm über § 72 I 2 SGB V nicht in Betracht kommt[393]: Der Gesetzgeber wollte den Kreis der zulässigen MVZ-Gründer mit der Einführung von § 95 Ia SGB V im GKV-VStG abschließend definieren, wobei es zu einer Umgehung dieses gesetzgeberischen Ziels käme, wenn mittlerweile nicht mehr gründungsberechtigte MVZ-Träger über ihr MVZ zur MVZ-Gründung berechtigt würden[394]. Da mit dem Ausschluss bestimmter MVZ-Gründer i. R. d. GKV-VStG vor allem Kapitalinvestoren aus dem Gesundheitsmarkt ferngehalten werden sollten[395], lässt sich dieses Urteil als

---

388 *Dahm*, in: Dahm/Möller/Ratzel (Hrsg.), Rechtshandbuch MVZ, 2005, Kap. IV Rn. 26.

389 *Lindenau*, MVZ, 2008, S. 98 f. Rn. 245 ff.

390 *Konerding*, Vertragsarztsitz im MVZ, 2009, S. 44; a. A. hingegen *Lindenau*, MVZ, 2008, S. 150.

391 *Kaya*, MVZ auf Gründungs- und Zulassungsebene, 2011, S. 150 f. m. w. N. in Fn. 829.

392 BSGE 109, 182 ff. = MedR 2012, 830, 832; zustimmend *Remplik/Flasbarth*, in: Ratzel/Luxenburger (Hrsg.), Handbuch Medizinrecht, [4]2020, Kap. 10 Rn. 35; so schon *Frehse/Lauber*, GesR 2011, 278, 282; kritisch hingegen *Möller*, in: FS Dahm, 2017, S. 307, 310;

393 BSGE 126, 40 ff. = MedR 2019, 325, 327 f.; a. A. noch *Zwingel/Preißler*, MVZ, [2]2008, S. 85 f.

394 BSGE 126, 40 ff. = MedR 2019, 325, 328.

395 BSGE 126, 40 ff. = MedR 2019, 325, 328; kritisch *Hoßbach*, MedR 2019, 329, der keinen Zusammenhang zwischen dem Urteil des BSG und den Zielen des Gesetzgebers, die er mit dem Ausschluss von Investoren aus der Gesundheitsversorgung („Unabhängigkeit medizinischer Entscheidungen, drohender Mittelabfluss und weniger Vertragsarztsitze für Freiberufler“) verfolgte, feststellen kann; hierzu auch schon *ders.*, MedR 2017, 905, 905 f., der im Hinblick auf das Ziel des Gesetzgebers, eine hinreichende Anzahl von Zulassungen für freiberufliche Ärzte freizuhalten, ausführt, dass ohnehin nur knapp 10 Prozent der Sitze in MVZ gebunden seien und dass Ärzte die flexiblere Anstellung im MVZ bevorzugen würden. Diese Argumen-

Fortsetzung des gesetzgeberischen Willens verstehen, die Freiberuflichkeit zu stärken (wobei auch das BSG erkennt, dass die entsprechenden Investoren ein MVZ über ein Krankenhaus gründen können[396]).

(4) Mono-MVZ

Seitdem das Erfordernis des fachübergreifenden Charakters für MVZ entfallen ist[397], ist das sog. Problem des Ein-Mann- bzw. Mono-MVZ virulent geworden[398]. Gegen die Möglichkeit, dass eine natürliche Person über eine GmbH ein MVZ gründen und allein betreiben kann, spricht zunächst der Wortlaut des Gesetzes, das an zwei Stellen von Ärzten (im Plural) und nicht einem Arzt (im Singular) spricht: § 95 I 2 SGB V definiert MVZ als Einrichtungen, in denen Ärzte tätig werden können, § 95 Ia 1 Hs. 1 SGB V führt aus, dass Ärzte MVZ gründen können[399]. Darüber hinaus erwähnt § 95 Ia 3 SGB V, dass Personengesellschaften, die stets zwei oder mehr Gesellschafter haben müssen (§ 705 BGB), MVZ tragen können[400]. Der Wortlaut des Gesetzes ist an dieser Stelle jedoch wenig aussagekräftig: § 95 Ia 3 SGB V erwähnt die (ggf. Ein-Mann-)GmbH als möglichen MVZ-Träger. Zudem spricht § 95 I 2 SGB V von Einrichtungen (und § 95 Ia 1 SGB V von medizinischen Versorgungszentren), sodass die Möglichkeit besteht, dass in jeder Einrichtung lediglich ein Arzt arbeitet und das Gesetz nur aus diesem Grund „Ärzte" im Plural nennt[401]. Hierfür spricht, dass § 95 Ia 1 SGB V die anderen Gründer im Plural aufführt, aber niemand verlangt, dass bspw. nur zwei Krankenhäuser gemeinsam ein MVZ gründen können[402].

Ein erheblicher Teil des Schrifttums lehnt das Ein-Mann-MVZ indes aufgrund des Begriffs des Medizinischen Versorgungszentrums selbst ab: Demnach erfordere das Wort „Zentrum" die Tätigkeit von mehreren Ärzten und diene als Nachweis dafür, dass der Gesetzgeber bei der Einführung des MVZ an größere Orga-

---

tation greift jedoch zu kurz: Sie berechnet nicht ein, dass es – sollte der bisherige Trend ungebremst voranschreiten – zu Konzentrationsprozessen kommen wird, im Rahmen derer immer mehr Sitze in MVZ gebunden sind, sodass es ohne ein rechtzeitiges Eingreifen keinesfalls bei 10 Prozent bleiben wird.

396 BSGE 126, 40 ff. = MedR 2019, 325, 329.

397 Vorher kam ein Ein-Mann-MVZ kaum in Betracht, s. *Zwingel/Preißler*, MVZ, ²2008, S. 69; *Kroel*, in: Isringhaus/Kroel/Wendland (Hrsg.), MVZ-Beratungshandbuch, 2004, S. 27.

398 *Steinhilper*, GuP 2016, 15, 18.

399 *Clemens*, in: Quaas/Zuck/Clemens (Hrsg.), Medizinrecht, ⁴2018, § 17 Rn. 58; *Niggehoff*, in: Sodan (Hrsg.), Krankenversicherungsrecht, ³2018, § 18 Rn. 95; *Steinhilper*, GuP 2016, 15, 18; vgl. *Konerding*, Vertragsarztsitz im MVZ, 2009, S. 93.

400 *Clemens*, in: Quaas/Zuck/Clemens (Hrsg.), Medizinrecht, ⁴2018, § 17 Rn. 58.

401 *Remplik/Flasbarth*, in: Ratzel/Luxenburger (Hrsg.), Handbuch Medizinrecht, ⁴2020, Kap. 10 Rn. 28; *Möller*, in: FS Dahm, 2017, S. 307, 309; *Schaks*, NZS 2016, 761, 762 f.

402 *Preißler*, in: FS Dahm, 2017, S. 335, 338.

nisationen gedacht habe, wobei im Ein-Mann-MVZ auch die Regelungen zur ärztlichen Leitung entbehrlich seien[403]. Indem der Gesetzgeber das Erfordernis strich, nach dem ein MVZ fachübergreifend und daher von mehreren Ärzten geführt werden musste, habe er keine Abkehr von dem Grundsatz beabsichtigt, nach dem ein MVZ nur von mehreren Ärzten geführt werden kann[404]. Der Gesetzgeber äußert sich zum Problem des Mono-MVZ aber überhaupt nicht – hieraus den Schluss zu ziehen, dass das MVZ wie bisher von mindestens zwei Ärzten betrieben werden muss, scheint daher schwierig. Auch der Begriff des Zentrums hilft nicht weiter: Der Duden definiert ein Zentrum als „1. Mittelpunt, Mitte […], zentrale Stelle, die Ausgangs- und Zielpunkt ist; Bereich, der in bestimmter Beziehung eine Konzentration aufweist und daher von erstrangiger Bedeutung ist" oder noch am aussagekräftigsten als „2b. einem bestimmten Zweck dienende zentrale Einrichtung; Anlage, wo bestimmte Einrichtungen (für jemanden, etwas) konzentriert sind"[405]. Was im Zentrum konzentriert sein muss, bleibt jedoch offen. So könnte eine Anhäufung vieler Geräte oder nicht-ärztlicher Angestellter die Annahme begründen, ein MVZ stelle ein Zentrum dar. Am ehesten überzeugt noch das Erfordernis der ärztlichen Leitung, allerdings könnte der Gesetzgeber schlicht vom Normalfall eines von mehreren Ärzten betriebenen MVZ ausgegangen sein, als er dieses Kriterium aufgestellt hat, was aber nicht heißt, dass er sich mit der ärztlichen Leitung automatisch gegen das Mono-MVZ sperrt. Zudem kann das nicht-ärztliche Personal zu leiten sein[406]. Für sich genommen, sind die Argumente[407] gegen das Mono-MVZ daher schwach, es finden sich jedoch – abgesehen von der Berufsfreiheit der MVZ-Betreiber, die hier lediglich in Form der Berufsausübungsfreiheit geschützt sein dürfte – keine Argumente für das Mono-MVZ[408]. Dementsprechend verwundert es nicht, dass Ein-Mann-MVZ praktisch nicht zugelassen werden[409].

---

[403] *Steinhilper*, GuP 2016, 15, 18; *Möller*, in: FS Dahm, 2017, S. 307, 309; *Pawlita*, in: Schlegel/Voelzke (Hrsg.), jurisPK-SGB V, [4]6.12.2021, § 95 SGB V Rn. 149; ohne Begründung *Fiedler*, DStR 2016, 322; a.A. *Preißler*, in: FS Dahm, 2017, S. 335, 337 f., der jedoch nur in Bezug auf die Verwendung des Wortes „Ärzte" (im Plural) argumentiert; *Schaks*, NZS 2016, 761, 763.

[404] *Ricken*, GesR 2016, 265, 270.

[405] S. https://www.duden.de/rechtschreibung/Zentrum, geprüft am 19.9.2023.

[406] *Schaks*, NZS 2016, 761, 763.

[407] Ein weiteres Argument gegen das Mono-MVZ soll im Rahmen dieser Arbeit noch hinzugefügt werden, s.u. D. II. 7.; ein Argument für die Zulässigkeit findet sich hingegen unter D. II. in Fn. 47.

[408] Vgl. *Schaks*, NZS 2016, 761, 763.

[409] Ein-Mann MVZ werden zumindest nicht aufgeführt in einer Statistik bei *Ladurner/Walter/Jochimsen*, Stand und Weiterentwicklung der gesetzlichen Regelungen zu medizinischen Versorgungszentren (MVZ), 2020 (https://www.bundesgesundheitsministerium.de/fileadmin/Dateien/5_Publikationen/Ministerium/Berichte/Stand_und_Weiterentwicklung_der_gesetzli

Um das MVZ verstärkt von der BAG abzugrenzen, ist es überzeugend de lege ferenda zu fordern, dass drei oder mehr Versorgungsaufträge (bzw. zwei innerhalb eines unterversorgten Bereichs) im MVZ konzentriert sein sollen, da dies einerseits die „Behandlungskontinuität im Urlaubs-, Krankheits- und Schwangerschaftsfall" verbessern und Synergieeffekte in der Zusammenarbeit unterschiedlicher Ärzte heben könnte sowie andererseits „Skaleneffekte" im MVZ fördern würde[410]. Soweit diesem Vorschlag das Risiko entgegengehalten wird, dass dem Betreiber eines MVZ mit drei Versorgungsaufträgen die Entziehung der MVZ-Zulassung droht, sobald er einen Angestellten verliert[411], muss darauf hingewiesen werden, dass der Gesetzgeber ein vergleichbares Risiko für vertretbar hielt, als er das MVZ als fachübergreifendes Institut einführte – auch hier drohte der Entzug der MVZ-Zulassung, wenn einer von zwei angestellten Ärzten das MVZ verließ und dem MVZ daher der fachübergreifende Charakter verloren ging[412]. Daneben kann der MVZ-Betreiber versuchen, dieses Risiko zu minimieren, indem er sich um (alte wie neue) Angestellte bemüht oder indem er den MVZ-Träger veräußert[413].

ee) Bürgschaftserfordernis (beim Betrieb von MVZ durch juristische Personen)

Seit dem VÄndG erfordert die Gründung eines durch eine GmbH betriebenen MVZ eine Bürgschaftserklärung, mittels derer sich die an der GmbH beteiligten Personen gegenüber der GmbH verpflichten, zugunsten der KVen und Krankenkassen selbstschuldnerisch für Forderungen dieser beiden Institutionen zu bürgen[414], § 95 II 6 SGB V.

chen_Regelungen_zu_MVZ.pdf), S. 24 (geprüft am 19.9.2023) Abbildung 4, auch *Steinhilper*, GuP 2016, 15, 18 führt aus, dass bis zum Jahr 2016 keine Mono-MVZ zugelassen wurden.

410 *Ladurner/Walter/Jochimsen*, Stand und Weiterentwicklung der gesetzlichen Regelungen zu medizinischen Versorgungszentren (MVZ), 2020 (https://www.bundesgesundheitsministerium.de/fileadmin/Dateien/5_Publikationen/Ministerium/Berichte/Stand_und_Weiterentwicklung_der_gesetzlichen_Regelungen_zu_MVZ.pdf), S. 43 (geprüft am 19.9.2023).

411 *Penner/Pittrof*, Gutachten: Stand- und Weiterentwicklung der gesetzlichen Regelungen zu medizinischen Versorgungszentren (MVZ) (https://ppp-rae.de/news/gutachten-stand-und-weiterentwicklung-der-gesetzlichen-regelungen-zu-medizinischen-versorgungszentren-mvz/, geprüft am 19.9.2023), die ferner steuerrechtliche Bedenken anmelden und darauf hinweisen, dass Krankenhausträger keine kleinen MVZ in Kleinstädten (bzw. im ländlichen Bereich) mehr betreiben könnten, was die Versorgung der Versicherten verschlechtern würde. Dieser Einwand berücksichtigt jedoch nicht, dass *Ladurner/Walter/Jochimsen* im unterversorgten Bereich eine Ausnahme zulassen und lediglich zwei Versorgungsaufträge fordern. Da es nicht der Verwaltungspraxis entspricht, 1-Mann-MVZ zuzulassen (s.o. B. III. Fn. 409), ändert sich hier also nichts.

412 Vgl. hierzu bspw. *Konerding*, Vertragsarztsitz im MVZ, 2009, S. 99 f.

413 Hierzu noch unter D. II. 7.

414 *Kaya*, MVZ auf Gründungs- und Zulassungsebene, 2011, S. 222, 225 f.

(1) Kapitalgesellschaften im System der GKV

Der Einsatz von GmbH im Kontext der ambulanten Versorgung war vor dem Hintergrund der freiberuflichen Natur der ärztlichen Tätigkeit lange umstritten. Diverse Aspekte der Arbeit in einer GmbH schienen den Typusmerkmalen der freiberuflichen Betätigung zu widersprechen[415]: „Beschränkung der Haftung auf ein Gesellschaftsvermögen versus Eigenverantwortung des Arztes; Angestelltenstatus der Mitarbeiter versus Weisungsfreiheit; Anonymität einer juristischen Person versus personal-vertrauensvolle Beziehung zum Patienten; offenes gewerbliches Auftreten versus altruistische Motivation der Berufsausübung; gewerbliche Freiheit versus standesrechtliche Bindung“[416]. Im Laufe der Zeit haben sich diese Bedenken jedoch aufgelöst[417].

So entschied der BGH im Jahr 1993, dass Freiberuflern die Tätigkeit in einer GmbH offen stehen muss[418]. Im Rahmen einer Beschreibung des (zahn-)ärztlichen Berufsbilds ging der BGH zwar auf Aspekte der Freiberuflichkeit ein – insbesondere auf das Vertrauensverhältnis zwischen Arzt und Patient[419] – entschied im Ergebnis aber, dass das ärztliche Berufsbild (im Gegensatz zu dem des Apothekers, Steuerberaters und Wirtschaftsprüfers) nicht hinreichend gesetzlich oder gewohnheitsrechtlich verankert war, als dass es das Verbot der GmbH vor dem Hintergrund des Art. 12 I GG rechtfertigen würde[420]. Die Zweifel an der Möglichkeit, der ärztlichen Betätigung im Rahmen einer GmbH nachgehen zu können, blieben jedoch teilweise bestehen, wie entsprechende Normen auf landesrechtlicher Ebene (Niederlassungsgebote in Form von § 4a V 1 BlnKaG, § 21 II 1 HeilBG-RP und das Verbot gem. Art. 18 I 2 BayHKaG) zeigen[421]. Diese Nor-

[415] S. z. B. *Fleischmann*, Die freien Berufe im Rechtsstaat, 1970, S. 36, der noch meint, dass es bei der Betätigung in einer GmbH zu einer „Entpersönlichung“ komme, die nicht mit dem Typusmerkmal der persönlichen Leistungserbringung zu vereinbaren wäre.

[416] *Taupitz*, NJW 1992, 2317, 2317 f.

[417] Hierzu und bezüglich weiterer Bedenken s. auch *ders.*, NJW 1996, 3033, 3036; zu Fragen der Haftungsbeschränkung s. sogleich in diesem Kapitel; zur persönlichen Leistungserbringung im MVZ s.u. unter B. III. 4. c) cc); zur Frage der abhängigen Beschäftigung s.o. unter B. III. 3. sowie unten unter C. I. 3. b) und c).

[418] BGHZ 124, 224 ff.

[419] BGHZ 124, 224, 227.

[420] BGHZ 124, 224, 228 ff.

[421] Der bayrische Landesgesetzgeber stellt in der Begründung des Verbots der GmbH für Ärzte direkt auf die Freiberuflichkeit ab, s. Bay. LT – Drs. 12/10455 S. 14 f.; im Gegensatz hierzu begründen der Berliner und der Rheinland-Pfälzische Gesetzgeber ihr Verbot neben der Überwachung der Ärzte durch die Kammern damit, dass für den Patienten erkennbar sein muss, wer sein Arzt ist, sodass dieser nicht im Kollektiv aufgehen darf, s. RhPf-LT-Drucks. 12/7097 S. 23 und BerlAbgH-Drucks. 12/5503, S. 4. Auch diese Begründungen lassen sich über das Vertrauensverhältnis zwischen Arzt und Patient an die Typusmerkmale der Freiberuf-

men sind jedoch entweder im Ergebnis nicht auf MVZ anwendbar[422] (§ 4a V 1 BlnKaG, § 21 II 1 HeilBG-RP) oder werden überwiegend für verfassungswidrig[423] (Art. 18 I 2 BayHKaG) gehalten.

Der Betrieb einer ärztlichen Praxis in Form einer GmbH war mithin bereits vor dem GMG denkbar. Dies brachte jedoch schon aus damaliger Perspektive Schwierigkeiten (vor allem in der Abrechnung von Leistungen) mit sich, da die GmbH selbst nicht zulassungsfähig war[424] und ist auch heute noch praktisch unmöglich[425]. Mit der Einführung des MVZ ermöglichte es der Gesetzgeber erstmals, die ärztliche Zulassung an eine juristische Person anzuknüpfen[426]. Da Krankenhäuser ebenfalls von juristischen Personen geführt werden können[427], half dies, die Sektorengrenze aufzuweichen. Dementsprechend werden die meisten MVZ von GmbH getragen[428]. Diese Entwicklung hat zu neuen Schwierigkeiten geführt.

(2) Zweck und Ausgestaltung des Bürgschaftserfordernisses

Unproblematisch ist noch die deliktische Haftung des Arztes gegenüber Patienten im Zusammenhang mit Behandlungs- und Aufklärungsfehlern: Da hier der

---

lichkeit anbinden; in anderen Ländern wie bspw. Sachsen bestanden vergleichbare Verbote, die mittlerweile aber aufgehoben wurden, s. *Konerding*, Vertragsarztsitz im MVZ, 2009, S. 73.

422 *Dies.*, Vertragsarztsitz im MVZ, 2009, S. 74, stützt ihre Argumentation auf die Öffnungsklauseln in den Verbotsnormen der Länder im Zusammenhang mit § 95 I SGB V; s. hierzu auch *Treptow*, Mitgliedschaft in der MVZ-GmbH, 2011, S. 69 ff.

423 *Treptow*, Mitgliedschaft in der MVZ-GmbH, 2011, S. 74 f. m. w. N. in Fn. 231; *Taupitz*, NJW 1996, 3033; *Lindenau*, MVZ, 2008, S. 135 Rn. 340; a. A.: BayVerfGH, Entsch. v. 13.12.1999 – Vf. 5-VII-95 u. a. = NJW 2000, 3418, 3419, der meint, „das gesetzgeberische Ziel, den praxisführenden Arzt als freien Beruf zu fixieren und zu erhalten, ist verfassungsrechtlich nicht zu beanstanden"; Art. 18 I 2 BayHKaG bezieht sich jedoch nur auf die ärztliche Praxis, die nicht in Form einer juristischen Person des Privatrechts betrieben werden darf. Hält man das MVZ nicht für eine Praxis, kann man ein MVZ auch in Bayern als GmbH betreiben, ohne auf die mögliche Verfassungswidrigkeit der Norm einzugehen, so z. B. *Konerding*, Vertragsarztsitz im MVZ, 2009, S. 74; zur Frage, ob das MVZ eine Praxis darstellt s.u. B. III. 4. c) ee).

424 *Weber/Vogt-Weber*, DÄ 1998, A-1146-A-1149, A-1146 ff.; *Kremer*, GmbHR 1983, 259, 265.

425 BSGE 111, 240 ff. = MedR 2014, 421 ff.

426 *Treptow*, Mitgliedschaft in der MVZ-GmbH, 2011, S. 79 f.; zur Zulassungsfähigkeit juristischer Personen vor der Einführung von MVZ s. *Ganster*, Freier Beruf und Kapitalgesellschaft, 2000, S. 607.

427 *Stollmann/Wollschläger*, in: Laufs/Kern/Rehborn (Hrsg.), ArztR-HdB, [5]2019, § 80 Rn. 32.

428 *Remplik/Flasbarth*, in: Ratzel/Luxenburger (Hrsg.), Handbuch Medizinrecht, [4]2020, Kap. 10 Rn. 201; *Kassenärztliche Bundesvereinigung*, Entwicklungen der medizinischen Versorgungszentren (http://www.kbv.de/media/sp/mvz_entwicklungen.pdf), S. 4 (geprüft am 19.9.2023).

Arzt als natürliche Person und nie die GmbH Anspruchsgegner ist, ändert sich im Vergleich zur Tätigkeit in der GbR oder außerhalb einer Gesellschaft nichts[429]. Dies war einer der ausschlaggebenden Gründe dafür, die Haftungsbeschränkung als unschädlich im Zusammenhang mit der Freiberuflichkeit zu werten[430]. Als problematisch erwies sich jedoch die Haftung des MVZ gegenüber der KV und den Krankenkassen in dem Fall, in dem diesen beiden Institutionen Rückforderungsansprüche gegen das MVZ zustehen[431]: Solche kommen bspw. in Betracht, wenn der im MVZ tätige Arzt einen Betrag abrechnet, der sich im Nachhinein als unwirtschaftlich erweist (§ 106 Vc SGB V)[432]. Mit Einführung des MVZ entstand die Gefahr, dass der Arzt versuchen könnte, sich dieser Haftung unter Einschaltung einer GmbH zu entziehen[433]. Da die Krankenkassen dazu ermächtigt sind, die Ausschüttungen für folgende Quartale zu verringern, falls zuvor zu viel ausgeschüttet wurde[434], erleiden alle Leistungserbringer einen Umsatzrückgang, der abhängig von seiner Höhe potenziell existenzbedrohlich sein kann.

Um die Leistungserbringer und damit indirekt die Patienten zu schützen, entschied sich der Gesetzgeber dafür, dass die Gesellschafter einer MVZ-GmbH Bürgschaften als Sicherheitsleistung einbringen müssen[435]. Der Gesetzgeber formulierte das Ziel, dass „kooperative Versorgungsformen, die in der Rechtsform einer juristischen Person organisiert sind, haftungsrechtlich den als Personengesellschaft organisierten kooperativen Organisationsformen (Gemeinschaftspraxis, MVZ in der Freiberuflervariante)“ gleichgestellt werden sollten[436]. Insofern könnte man meinen, der Gesetzgeber habe die Freiberuflichkeit der Ärzteschaft bzw. ihre wirtschaftliche Selbständigkeit im Blick gehabt, als er das Ziel der Gleichstellung formulierte.

Die Bürgschaft muss der Höhe nach unbegrenzt abgegeben werden und kann nicht befristet oder gekündigt werden[437]. Dies hat die Diskussion um die Frage

---

429 *Konerding*, Vertragsarztsitz im MVZ, 2009, S. 84 f.; *Kremer*, GmbHR 1983, 259, 264; *Laufs*, MedR 1995, 11, 14.

430 *Taupitz*, NJW 1992, 2317, 2324.

431 Zur Frage inwieweit das MVZ hier Schadenersatzansprüche gegen seine Ärzte hat s. *Möller*, GesR 2004, 456, 462.

432 Vgl. zu den in Frage kommenden Ansprüchen auch *Rau*, in: Rieger/Dahm/Steinhilper (Hrsg.), HK-AKM, Dezember 2007, 3585 Rn. 82a.

433 Kritisch schon *Dahm*, in: Dahm/Möller/Ratzel (Hrsg.), Rechtshandbuch MVZ, 2005, Kap. VIII Rn. 97.

434 *Ders.*, in: Dahm/Möller/Ratzel (Hrsg.), Rechtshandbuch MVZ, 2005, Kap. VIII Rn. 93 ff.

435 BT-Drs. 16/2474, S. 21.

436 BT-Drs. 16/2474, S. 21.

437 *Clemens*, in: Quaas/Zuck/Clemens (Hrsg.), Medizinrecht, [4]2018, § 17 Rn. 70; *Konerding*, Vertragsarztsitz im MVZ, 2009, S. 85; *Möller*, MedR 2007, 263, 267.

befördert, ob eine höhenmäßige oder zeitliche Begrenzung der Bürgschaft aus Gründen der Verhältnismäßigkeit eingeführt werden muss[438]. Fraglich ist aber, inwieweit diese Diskussion von Belang ist. Die Haftung wäre nämlich begrenzt, wenn eine zweite GmbH die Bürgschaft als einzige Gesellschafterin der MVZ-GmbH abgegeben könnte[439]. Ob diese Gestaltung zulässig ist oder ob am Ende eine natürliche Person haften muss, war lange umstritten[440].

(3) Die GmbH als Bürge

2014 entschied das BSG hierzu, dass die Bürgschaftserklärung von einer GmbH abgegeben werden kann, es sich bei dem Bürgen also nicht um eine natürliche Person handeln muss[441]. Das Gericht orientierte sich streng am Wortlaut des § 95 II 6 SGB V, der fordert, dass die Gesellschafter der MVZ-GmbH Bürgschaften abgeben sollen, ohne den Kreis der Bürgen auf „mittelbare Gesellschafter" zu erstrecken[442]. Ferner wird der Gemeinschaft der Leistungserbringer auch in diesem Fall – wie vom Gesetzgeber gewollt – weitere Haftungsmasse zur Verfügung gestellt – gerade vor dem Hintergrund der Durchgriffshaftung wegen Unterkapitalisierung und dem Betrieb von MVZ durch große Krankenhäuser, deren Kapital jenseits der 25.000 € liegt[443]. Auch die Vergabe der ärztlichen Zulassung ist unabhängig von den Vermögensverhältnissen des Arztes, solange diese nicht seine persönliche Unzuverlässigkeit begründen[444].

Das Gericht führt ferner aus, dass die vom Gesetzgeber beabsichtigte Gleichstellung mit Vertragsärzten, die nicht im Rahmen einer GmbH kooperieren, nur teilweise erreicht wird[445]. Dies ist jedoch hinzunehmen, da schon im Gesetzgebungsverfahren angemerkt wurde, dass viele als AG organisierte Krankenhäuser

---

438 *Kaya*, MVZ auf Gründungs- und Zulassungsebene, 2011, S. 227 ff.; *Dahm*, MedR 2008, 257, 264 f.; *Rau*, in: Rieger/Dahm/Steinhilper (Hrsg.), HK-AKM, Dezember 2007, 3585 Rn. 82a.

439 Zu dieser möglichen Konstellation schon *Zwingel/Preißler*, MVZ, ²2008, S. 78; *Rau*, in: Rieger/Dahm/Steinhilper (Hrsg.), HK-AKM, Dezember 2007, 3585 Rn. 82a.

440 Zum alten Meinungsstand *Kaya*, MVZ auf Gründungs- und Zulassungsebene, 2011, S. 232 ff., die vor dem Hintergrund der Effizienz der Haftung gegen das Erfordernis der Haftung einer natürlichen Person votiert.

441 BSG 22.10.2014 – B 6 KA 36/13 R = MedR 2015, 617 ff.; dieses Ergebnis entsprach vorher schon der überwiegenden Meinung, s. *Meschke*, MedR 2009, 263, 265 m. w. N. in Fn. 16; sowie *Möller*, MedR 2007, 263, 267; die Entscheidung ist dementsprechend positiv aufgenommen worden, s. bspw. *Clemens*, in: Quaas/Zuck/Clemens (Hrsg.), Medizinrecht, ⁴2018, § 17 Rn. 73.

442 BSG, MedR 2015, 617, 618 f.

443 BSG, MedR 2015, 617, 619.

444 BSG, MedR 2015, 617, 619.

445 BSG, MedR 2015, 617, 620; vgl. *Dahm*, MedR 2008, 257, 262.

gar keine Alternative zur Gründung eines MVZ über eine GmbH haben[446]. Auch abseits von diesen Krankenhäusern gab es potenzielle MVZ-Gründer, denen das Bürgschaftserfordernis Schwierigkeiten bereitete: Im Zusammenhang mit landesrechtlichen Beschränkungen waren Kommunen, die das MVZ nicht als Eigeneinrichtung, sondern in einer Krankenhaus GmbH betrieben, nicht in der Lage, entsprechende Bürgschaftserklärungen abzugeben, während gemeinnützigen Krankenhäusern bei Abgabe der Bürgschaft die Aberkennung der Gemeinnützigkeit drohte[447].

Man könnte meinen, dass diese Entscheidung die Bemühungen des Gesetzgebers bezüglich der Gleichstellung der MVZ-GmbH mit anderen Kooperationsformen konterkariert, so wie es das BSG andeutet. Es war jedoch der Gesetzgeber, der seine eigens erklärte Absicht torpedierte: Einerseits lässt sich anführen, dass es der Schwenk im Gesetzgebungsverfahren weg von der geplanten Durchgriffshaftung hin zum Bürgschaftserfordernis war, der im Zusammenhang mit der Akzessorietät der Bürgschaft eine Gleichstellung vereitelte[448]. Darüber hinaus ist dem Gericht zuzustimmen, dass diverse Gründer über ein solch streng verstandenes Bürgschaftserfordernis im Nachhinein delegitimiert würden. Insofern drängt sich der Eindruck auf, dass es dem Gesetzgeber nie um eine Gleichstellung ging, sondern dass lediglich die finanzielle Situation der KV (und mit ihr die der Leistungserbringer) sowie Kassen verbessert werden sollte.

Wenn es dem Gesetzgeber aber nie um eine weitreichende Gleichstellung im haftungsrechtlichen Bereich ging, bezweckte er vor dem Hintergrund der Freiberuflichkeit keine Gleichstellung im Bereich der wirtschaftlichen Selbständigkeit. Hierzu hätte er die typische freiberufliche Berufsangst wiederherstellen müssen, die im Zuge der Haftungsbegrenzung, die mit der Zwischenschaltung einer GmbH einhergeht, verloren geht[449]. Aus dieser spezifischen Perspektive überzeugt das Argument des BSG nicht, nach dem der Arzt weitestgehend unabhängig von seinen persönlichen Vermögensverhältnissen zugelassen werden kann, sodass die Zulassung der MVZ-GmbH unabhängig von ihrer Haftungsbeschrän-

---

[446] BSG, MedR 2015, 617, 620; hierzu schon *Kaya*, MVZ auf Gründungs- und Zulassungsebene, 2011, S. 239 f.

[447] *Zwingel/Preißler*, MVZ, ²2008, S. 80 f., die vorschlagen, dass die Bürgschaft ausnahmsweise auf einen großzügigen Betrag beschränkt werden könnte oder dass die Rechtsaufsichtsbehörde den Landkreis ausnahmsweise von der Pflicht zur Einziehung einer Haftungsgrenze befreit; *Dahm*, MedR 2008, 257, 259 m. w. N. in Fn. 19; *Möller*, MedR 2007, 263, 267.

[448] *Dahm*, MedR 2008, 257, 260.

[449] *Ders.*, MedR 2008, 257, 262, der weiter ausführt „soweit in dem Zusammenhang darauf hingewiesen wird, dass erhöhte Anforderungen an die haftungsrechtliche Gleichstellung faktisch auf eine Verhinderung der Gründung von Versorgungszentren hinauslaufen könnten, werden augenscheinlich Ursache und Wirkung miteinander verwechselt, mag der Gesetzgeber dieses Ergebnis auch nicht bezweckt haben".

kung vergeben werden sollte[450]: Nach erfolgter Zulassung ist der Arzt in einer anderen Position als der Gesellschafter einer GmbH. Das BSG hat die freiberufliche Dimension des Streits mithin ebenso wenig in sein Urteil miteinbezogen wie der Gesetzgeber, als er die Norm entwarf.

Dies ist insofern überraschend, als dass das Gericht zwei Jahre zuvor die Führung einer Praxis in der Form einer Limited bzw. einer haftungsbeschränkten Gesellschaft an der mangelnden Zulassungsfähigkeit der Gesellschaft scheitern ließ[451]. Zur Begründung stellte es noch auf die Verknüpfung zwischen wirtschaftlicher Selbständigkeit und Vertrauensverhältnis zwischen Arzt und Patient ab, deren Bedeutung der Gesetzgeber dem Gericht zufolge durch das Bürgschaftserfordernis in § 95 II 6 SGB V hervorheben wollte[452]. Zwar sollte die Einführung des MVZ dem neueren Urteil des BSG zufolge nicht zur „Abkehr des Gesetzgebers von der Konzeption der Bindung der vertragsärztlichen Zulassung an einen umfassend persönlich und wirtschaftlich verantwortlichen Arzt"[453] führen.

Mit dieser Aussage markiert das Gericht im Ergebnis aber nur eine Grenze zwischen MVZ und sonstigen Kooperationsformen: Während die Freiberuflichkeit der Ärzteschaft für letztere noch konstitutive Wirkung entfaltet, zeigt das Urteil von 2014, dass MVZ dieser Logik nicht unterliegen. Dies ist darauf zurückzuführen, dass die ambulante Versorgung nicht-ärztlichen und daher nicht-freiberuflich geprägten Leistungserbringern eröffnet wurde. Um die Ärzteschaft nicht zu benachteiligen, musste aber auch ihr die MVZ-Gründung ermöglicht werden. Im Ergebnis wird die Freiberuflichkeit der Ärzteschaft so über das MVZ ausgehebelt: Je mehr ambulante Einrichtungen in der Form eines MVZ und nicht z.B. als BAG betrieben werden, desto eher entfernt sich das System der ambulanten Versorgung eben doch von der Freiberuflichkeit und faktisch von der Bindung der vertragsärztlichen Zulassung an einen umfassend persönlich und wirtschaftlich verantwortlichen Arzt.

---

[450] BSG, MedR 2015, 617, 619.

[451] BSGE 111, 240 ff. = MedR 2014, 421 ff., anders als in dem Urteil von 1993 fragt das BSG nun nicht mehr danach, was ein Verbot der Ärzte-GmbH rechtfertigt, sondern danach, ob ein Recht des Klägers auf Anwendung der für das MVZ entworfenen Normen auf eine durch Ärzte betriebene juristische Person besteht und kehrt damit im Vergleich zur früheren Entscheidung die Argumentationslast um. Zudem habe es sich im vorigen Urteil nur zum Berufsrecht geäußert, während es in diesem Urteil zum Zulassungsrecht Stellung nehme; a.A. *Treptow*, MedR 2014, 425, 425 f., der der Entscheidung de lege lata zwar zustimmt, sich de lege ferenda aber die Zulassungsmöglichkeit für juristische Personen wünscht, u.a. um die „Inkonsistenz" zwischen Rechts- und Zulassungsträger einzuebnen.

[452] BSGE 111, 240 ff. = MedR 2014, 421, 424; hierzu kritisch *ders.*, MedR 2014, 425.

[453] BSGE 111, 240 ff. = MedR 2014, 421, 425.

ff) Wandlung der Voraussetzungen

Das Gericht begründete die Ungleichbehandlung zwischen MVZ und anderen Kooperationsformen 2012 mit dem fachübergreifenden Charakter des MVZ[454]: Eine Besonderheit von MVZ, die sie gegenüber BAG abgrenzte, bestand darin, dass sie Ärzten die Möglichkeit boten (und von ihnen forderten), innerhalb einer Institution fachübergreifend tätig zu werden, § 95 I 2 SGB V a. F. Das Erfordernis, dass es sich bei der Tätigkeit im MVZ um eine fachübergreifende Tätigkeit handeln sollte, war problematisch, weil Ärzte einerseits teils fachlich unsinnige Kooperationen eingingen, um MVZ-Gründungen zu ermöglichen[455], andererseits war umstritten, wie das Tatbestandsmerkmal auszulegen war[456]. Der Gesetzgeber hob es mit dem Gesetz zur Stärkung der Versorgung in der gesetzlichen Krankenversicherung (GKV-VSG)[457] auf.

Hiermit wollte er in erster Linie die medizinische Versorgung im ländlichen Bereich verbessern[458]. Der Gesetzgeber sieht das MVZ nun auch als „Instrument zur Sicherstellung einer bedarfsgerechten Versorgung“[459]. Insoweit bestehen Parallelen zur Wandlung der Bedarfsplanung, die zunächst dazu diente, die anbieterinduzierte Nachfrage einzudämmen und später zu einem örtlichen Verteilungsmechanismus für Ärzte wurde[460]. Abgesehen von der Frage, inwieweit neue rechtliche Strukturen in der Lage dazu sind, die Probleme in der Versorgung zu beheben[461], könnte es sich hinsichtlich der Versorgung auf dem Land kontraproduktiv auswirken, das Erfordernis des fachübergreifenden Charakters gestrichen zu haben: So liegt die Befürchtung nahe, dass MVZ eine „Sogwirkung“ entfalten, indem diese nur in städtischen Regionen gegründet werden und so Ärzte vom Land wegziehen[462]. Das MVZ erschwert es dem Gesetzgeber dementsprechend, Ärzte zur Niederlassung in bestimmte Gebiete zu leiten[463].

---

454 BSG, BSGE 111, 240 ff. = MedR 2014, 421, 425.

455 *Kaya*, MVZ auf Gründungs- und Zulassungsebene, 2011, S. 63 f., 119 m. w. N. in Fn. 293, 299; *Sedlaczek/Pütz*, PFB 2016, 100, 100, 102.

456 Hierzu bspw. noch *Zwingel/Preißler*, MVZ, ²2008, S. 70 ff.

457 BGBl. I Nr. 30 v. 22.7.2015, S. 1211–1244.

458 BT-Drs. 18/4095, S. 53.

459 *Ricken*, GesR 2016, 265, 270.

460 S.o. B. III. 2. d).

461 *Zimmermann*, MedR 2018, 662, 663 insbesondere zu zahnärztlichen MVZ.

462 *Ders.*, MedR 2018, 662, 663 f. insbesondere zu zahnärztlichen MVZ; vgl. auch *Ströttchen*, KrV 2020, 98.

463 *Höhl/Badenberg*, Der heiße Wettbewerb um die Arztsitze, 2018 (https://www.aerztezeitung.de/Politik/Der-heisse-Wettbewerb-um-die-Arztsitze-298304.html, geprüft am 19.9. 2023), dabei sind bereits 20–30 Prozent der vertragsärztlichen Zulassungen in MVZ gebunden und stehen der Versorgung durch freiberuflich tätige Ärzte nicht mehr zur Verfügung; KVen

Die Unterschiede zwischen BAG und fachgruppengleichen MVZ wurden infolge des GKV-VSG jedenfalls in erheblichem Maße eingeebnet[464]. Die Differenzen beschränken sich im Wesentlichen darauf, dass MVZ häufig in der Form von Kapitalgesellschaften betrieben werden können, für sie keine Anstellungsgrenzen bestehen und sie unbegrenzt Zweigstellen betreiben dürfen[465]. Auf den zweiten dieser drei Punkte und seinen Einfluss auf die Freiberuflichkeit soll daher im nächsten Kapitels eingegangen werden.

c) Anstellungsmöglichkeiten im MVZ

aa) Einleitung

Ursprünglich sollten im MVZ nur angestellte Ärzte (bestimmter Fachrichtungen) arbeiten können[466] – ähnlich wie in den dem MVZ als Vorbild dienenden Polikliniken der DDR[467]. Um die bedarfsplanungsrechtlichen Vorgaben nicht zu unterlaufen und weil – jedenfalls im überwiegend durch angestellte Ärzte betriebenen MVZ – denklogisch Zulassungen fehlen, die i. R. d. Job-Sharings mit einem angestellten Arzt geteilt werden konnten, wurde mit dem GMG erstmals die Möglichkeit eingeführt, Ärzte im Rahmen einer Anstellungsgenehmigung zu

---

fordern mehr Reglementierung bei MVZ-Gründung, 26.1.2017 (https://www.aerzteblatt.de/treffer?mode=s&wo=17&typ=1&nid=72724&s=Praxisnachfolge, geprüft am 19.9.2023).

464 *Beyer*, PFB 2015, 284; diesen Änderungen gingen andererseits Anpassungen des ärztlichen Berufsrechts infolge des VÄndG zuvor, die Praxisgemeinschaften MVZ anglichen, s. hierzu u. a. *Kaya*, MVZ auf Gründungs- und Zulassungsebene, 2011, S. 71, 78 f.

465 *Preißler*, in: FS Dahm, 2017, S. 335, 336 f., der weitere Unterschiede zudem darin sieht, dass MVZ im Gegensatz zu BAG auch von einer Person betrieben werden können (hierzu s.u. C. sowie darin, dass eine Person mehrere MVZ betreiben kann; s. zudem *Clemens*, in: Quaas/Zuck/Clemens (Hrsg.), Medizinrecht, ⁴2018, § 17 Rn. 7.

466 BT-Drs. 15/1525, S. 108; *Zwingel/Preißler*, MVZ, ²2008, S. 86; *Wigge*, MedR 2004, 123, 126 f.; *Kaya*, MVZ auf Gründungs- und Zulassungsebene, 2011, S. 50.

467 Ein historischer Abriß zur Wandlung der Polikliniken zu MVZ findet sich bei *Konerding*, Vertragsarztsitz im MVZ, 2009, S. 35 ff.; s. auch *Kaya*, MVZ auf Gründungs- und Zulassungsebene, 2011, S. 40 ff.; *Clemens*, in: Quaas/Zuck/Clemens (Hrsg.), Medizinrecht, ⁴2018, § 17 Rn. 8; *Krauskopf*, in: FS Laufs, 2006, S. 953, 953 f.; für eine nur bedingt gegebene Vergleichbarkeit des MVZ und der Poliklinik *Rau*, MedR 2004, 667, 672; *Lindenau*, MVZ, 2008, S. 13 Rn. 32 führt das MVZ hingegen auf die am Anfang des 20. Jahrhunderts eingeführten Ambulatorien zurück.

beschäftigen[468], § 95 I 2, II 7 SGB V[469]. Wie die vertragsärztliche Zulassung ermöglicht sie dem einzelnen Arzt die Tätigkeit im System der ambulanten Versorgung. Im Gegensatz zur vertragsärztlichen Zulassung gestattet die Anstellungsgenehmigung dem Arzt jedoch keine selbständige Tätigkeit, sondern eine abhängige Beschäftigung und ist überwiegend dem MVZ oder der BAG als Institution[470] zugeordnet, wodurch es zu einer Aufspaltung der mit der Zulassung einhergehenden Rechte und Pflichten zwischen Arbeitnehmer und Arbeitgeber kommt[471].

Mit der Anstellungsgenehmigung folgte nach dem ersten infolge des GSG eingetretenen Paradigmenwechsel ein weiterer „Paradigmenwechsel"[472] in der ambulanten Versorgung: Fortan war die Gesundheitsversorgung nicht mehr ausschließlich freiberuflich und selbständig tätigen, sondern auch angestellten Ärzten auferlegt[473]. Nach Änderungen des Berufsrechts und im Zuge der mit dem VÄndG einhergehenden Liberalisierung des Vertragsarztrechts und der hiermit verbundenen Gleichstellung der BAG mit dem MVZ wurde der BAG bzw. Vertragsärzten die Möglichkeit offen gestellt, Ärzte im Rahmen einer Anstellungsgenehmigung zu beschäftigen[474], § 95 IX SGB V. Hiermit etablierte sich die Anstellungsgenehmigung als festes Instrument des Vertragsarztrechts, die dem angestellten Arzt einen „eigenständigen öffentlich-rechtlichen Status"[475] zukommen lässt. Die Anstellung eines Arztes i. R. d. Anstellungsgenehmigung eines MVZ ist aber nicht nur schwer mit dem Grundsatz der persönlichen Leistungserbringung zu vereinbaren (hierzu cc)), sondern ändert auch die Bedeutung der klassi-

---

468 Zu den Schwierigkeiten im Hinblick auf die formelle Verfassungsmäßigkeit vor dem Hintergrund einer fraglichen Bundeskompetenz s. *Butzer*, MedR 2004, 177, 179 ff.; für die Verfassungsmäßigkeit der Norm hingegen *Zwingel/Preißler*, MVZ, ²2008, S. 93 f. mit dem Argument, der Bundesgesetzgeber dürfe an diversen Stellen in das Berufsbild des Arztes eingreifen, beispielsweise in Form der Bedarfsplanung, die noch intensiver wirkt als die weitere Liberalisierung der angestellten Tätigkeit als Arzt; vgl. zudem unter dem Aspekt „zulässiger" Organisationsformen des MVZ vor dem Hintergrund des § 95 I 6 Hs. 1 SGB V a. F. *Kaya*, MVZ auf Gründungs- und Zulassungsebene, 2011, S. 177 ff., die dem Bund im Ergebnis eine Kompetenz qua Sachzusammenhang einräumt; *Rau*, MedR 2004, 667, 667 ff.; zum selben Ergebnis wie Kaya kommt auch *Lindenau*, MVZ, 2008, S. 70 ff. Rn. 178 ff.

469 Daneben besteht jedoch auch weiterhin die Möglichkeit, Ärzte innerhalb des MVZ i. R. d. Job-Sharings anzustellen, § 101 I Nr. 4 SGB V.

470 S.u. C. I. 5.

471 Zur Anstellungsgenehmigung s.u. unter C. I. 3. b).

472 *Kaya*, MVZ auf Gründungs- und Zulassungsebene, 2011, S. 38, 184; vgl. zudem BSG, Urt. v. 26.1.2022 – B 6 KA 2/21 R, juris Rn. 27 sowie *Lindenau*, MVZ, 2008, Rn. 15 im Bezug auf die Einführung von MVZ (und Selektivverträgen).

473 *Wigge*, MedR 2004, 123, 123 f.; vgl. auch *Kroel*, in: Isringhaus/Kroel/Wendland (Hrsg.), MVZ-Beratungshandbuch, 2004, S. 3; *Konerding*, Vertragsarztsitz im MVZ, 2009, S. 145.

474 *Zwingel/Preißler*, MVZ, ²2008, S. 7 f.; *Dahm/Ratzel*, MedR 2006, 555, 563 ff.; *Konerding*, Vertragsarztsitz im MVZ, 2009, S. 25; *Kanter*, Zulassung im Wandel, 2013, S. 159.

475 *Kroel*, in: Isringhaus/Kroel/Wendland (Hrsg.), MVZ-Beratungshandbuch, 2004, S. 53, 57.

schen Praxisnachfolge (hierzu dd)). Sie ist ein weiteres Beispiel dafür, wie sehr die vom Gesetzgeber getroffenen Annahmen den Annahmen der Schließungstheoretiker gleichen, da sich das MVZ als Institution zwischen den angestellten Arzt und seinen Arbeitgeber schiebt (hierzu ee)). Dies führt dazu, dass sich die Angestelltengenehmigung in dreierlei Hinsicht zu dem bis dahin typischen Weg unterscheidet, einen Arzt i. R. d. Job-Sharing[476] anzustellen (hierzu bb)).

bb) Unterschiede der Anstellungsgenehmigung zum Job-Sharing

Zum ersten wird der Kassenartsitz bei der Anstellungsgenehmigung im Gegensatz zur Job-Sharing Anstellung nicht zwischen dem bisherigen Vertragsarzt und seinem Angestellten aufgeteilt. Um reine Angestellten-MVZ zu ermöglichen, wird vielmehr der gesamte Versorgungsauftrag, der mit dem Kassenarztsitz einhergeht, einem – bzw. bei einer Aufteilung des Sitzes in zwei halbe Versorgungsaufträge zwei – angestellten Ärzten zugeordnet. Hierzu wird die Zulassung des selbständigen Arztes entweder über einen Antrag nach § 95 II 7 SGB V oder über § 103 IVa 1, IVb 1, 2, IVc 1 SGB V in eine Angestelltengenehmigung umgewandelt.

In die Logik der Job-Sharing Zulassung war eine zwingende Begrenzung der Anzahl angestellter Ärzte eingewoben. In dem (hypothetischen) Fall, in dem jeder Kassenarztsitz zwischen einem selbständigen und angestellten Arzt aufgeteilt würde, könnten nur maximal die Hälfte aller im ambulanten Bereich tätigen Ärzte angestellt arbeiten. Diese denklogische Begrenzung gilt als zweiter Unterschied zur Job-Sharing-Anstellung nicht für die Angestelltengenehmigung. Sie ist zwar berufsrechtlich in der Vermutung des § 14a I 2, 3 BMV-Ä[477] verankert und soll hier gewährleisten, dass der Arzt seine Leistungen dem freiberuflichen Ideal entsprechend persönlich erbringt[478]. Teilweise wird angenommen, dass § 14a I 2 BMV-Ä für MVZ gilt, da § 32b I 2 Ärzte-ZV bestimmt, dass die Bundesmantelverträge Bestimmungen zur zahlenmäßigen Begrenzung angestellter Ärzte treffen sollen, wobei § 32b I 2 Ärzte-ZV gem. § 1 III Nr. 2 Ärzte-ZV für MVZ entsprechend gilt[479]. § 14a BMV-Ä ist nach ganz überwiegender Meinung

[476] Hierzu s.o. B. III. 3. b).

[477] Die Vorschrift kritisieren *Rompf/Schröder/Willaschek*, in: dies. (Hrsg.), Kommentar BMV-Ä, 2014, § 14a BMV-Ä Rn. 19 ff. mit der Begründung, der Praxisinhaber rücke dem ärztlichen Leiter des MVZ immer näher, sodass das Kriterium der persönlichen Leitung der Praxis immer weniger Sinn macht. Auch in dieser Analyse schlägt sich die typische Dynamik der Diskussion um die Freiberuflichkeit nieder.

[478] *Zwingel/Preißler*, MVZ, ²2008, S. 27.

[479] *Clemens*, in: Quaas/Zuck/Clemens (Hrsg.), Medizinrecht, ⁴2018, § 17 Rn. 66; *Zimmermann*, MedR 2018, 662, 664.

aber nicht auf MVZ anzuwenden[480]. Erklären lässt sich dies mit der Historie der Ärzte-ZV: Zur Einführung der MVZ mit dem GMG erklärte § 32b I 2 Ärzte-ZV a. F., dass § 32b I 1 Ärzte-ZV a. F., demzufolge der Arzt maximal einen ganztags oder zwei halbtags beschäftigte Ärzte anstellen durfte, nicht für MVZ gelte. Es bestehen jedoch keine hinreichenden Anhaltspunkte dafür, dass der Gesetzgeber dies ändern wollte, als er § 32b Ärzte-ZV i. R. d. VÄndG reformierte[481]. Hierfür spricht die ursprüngliche Konzeption des MVZ, in dem ausschließlich angestellte Ärzte arbeiten sollten[482]. Eine komplette Umkehr dieser Konzeption hätte vom Gesetzgeber klar kommuniziert werden müssen. Anders als Vertragsärzte bzw. BAG, die Ärzte i. R. d. Job-Sharing anstellen, können MVZ mithin Ärzte einer un- (bzw. nur durch die Bedarfsplanung) begrenzten Anzahl i. R. v. Anstellungsgenehmigungen arbeiten lassen und so ihr Geschäftsmodell skalieren.

Zwar ist die Anstellungsgenehmigung ebenso wie die Job-Sharing Anstellung[483] kein Recht des angestellten Arztes, sondern ein Recht seines Arbeitgebers[484]. Anders als die Job-Sharing Zulassung wird die Angestelltengenehmigung zum dritten aber nicht einem (anstellenden) Arzt und damit einer natürlichen Person zugeordnet: Die Eigenschaft des MVZ als Organisationshülle[485] für die ärztliche Tätigkeit bedingt eine Zuordnung der Anstellungsgenehmigung zum MVZ, was sich darin ausdrückt, dass Adressat der Anstellungsgenehmigung nicht ein anstellender Arzt, sondern das MVZ ist[486]. Unterschiede zwischen MVZ und BAG bestehen zumindest noch insoweit, als dass sich die Mindestsprechstundenzeit in der BAG im Zusammenhang mit der Höchstpersönlichkeit der Zulassung auf den einzelnen Arzt (§§ 19a I 2, 3, 20 I 1 Ärzte-ZV, § 17 I 1, Ia 1, Ib BMV-Ä), im MVZ aber auf den Sitz bezieht (§ 24 III 5 Ärzte-ZV).

Da der Arzt infolge seiner Einstellung Mitglied der KV wird (§ 95 III 2 SGB V i. V. m. § 77 III SGB V) und daher diverse Rechte erhält und diversen Pflichten

---

480 BSG, Urt. v. 12.2.2020 – B 6 KA 1/19 R = MedR 2020, 1039, 1042; *Pawlita*, in: Schlegel/Voelzke (Hrsg.), jurisPK-SGB V, ^{4}6.12.2021, § 95 SGB V Rn. 1302; *Preißler*, in: FS Dahm, 2017, S. 335, 337; *Wigge*, in: Schnapp/Wigge (Hrsg.), Vertragsarztrecht, 2017, § 6 Rn. 274; *Rompf/Schröder/Willaschek*, in: dies. (Hrsg.), Kommentar BMV-Ä, 2014, § 14a BMV-Ä Rn. 20; *Quaas*, in: Quaas/Zuck/Clemens (Hrsg.), Medizinrecht, ^{3}2014, § 17 Rn. 33.

481 *Pawlita*, in: Schlegel/Voelzke (Hrsg.), jurisPK-SGB V, ^{4}6.12.2021, § 95 SGB V Rn. 1302; a. A. *Zimmermann*, MedR 2018, 662, 664 f. mit dem Argument, dass eine dem § 32b I 2 Ärzte-ZV vergleichbare Regelung auch mit dem VÄndG ohne Weiteres hätte Einzug ins Gesetz finden können. Insoweit wird man daher von einem Redaktionsversehen des Gesetzgebers ausgehen müssen, wenn man der herrschenden Meinung folgen will.

482 S.o. unter B. III. 4. c) aa).

483 BSGE 78, 291, 293.

484 BSG, MedR 2014, 767, 769.

485 *Clemens*, in: Quaas/Zuck/Clemens (Hrsg.), Medizinrecht, ^{4}2018, § 17 Rn. 2.

486 BSG, Urt. v. 17.10.2012 – B 6 KA 39/11 R, BeckRS 2013, 66590, Rn. 22; zur Situation in der BAG s.u. C. I. 5.

wie der Fortbildungspflicht gem. § 95d SGB V unterliegt[487], ist seine Rechtssphäre hinreichend tangiert, um ihn am Genehmigungsverfahren hinsichtlich der Angestelltengenehmigung gem. § 12 I Nr. 4, II SGB X zu beteiligen[488]. Eine Beiladung kommt zudem in Betracht, wenn in einem Gerichtsverfahren die an die Person des Arztes anknüpfenden Voraussetzung der Abrechnungsgenehmigung in Frage stehen[489]. Häufig entscheiden sich die Gerichte aber gegen eine notwendige Beiladung des angestellten Arztes i. S. d. § 75 II 1 SGG: Da die Anstellungsgenehmigung akzessorisch zur Zulassung des MVZ ist[490], muss der angestellte Arzt (vor allem) in Fragen zum Zulassungsstatus des MVZ nicht beigeladen werden – auch wenn sie Auswirkungen auf seine Anstellung zeitigen[491]. Die Akzessorietät der Anstellungsgenehmigung an die MVZ-Zulassung führt dazu, dass die Anstellungsgenehmigung beim MVZ verbleibt, wenn das Anstellungsverhältnis zwischen Arzt und MVZ endet[492]. In diesen Beispielen spiegelt sich die schwache Verbindung zwischen angestelltem Arzt und Anstellungsgenehmigung, „der angestellte Arzt ist – pauschal gesprochen – ‚voll in den Händen' seines Prinzipals"[493]. Dies wirkt sich auf die persönliche Leistungserbringung sowie die Freiberuflichkeit der Ärzteschaft aus.

cc) Auswirkungen auf den Grundsatz der persönlichen Leistungserbringung im MVZ

(1) Einleitung

Gem. § 95 III 2 SGB V nimmt nur das anstellende MVZ bzw. die anstellende BAG an der kassenärztlichen Versorgung teil, sodass man meinen könnte, die Formulierung des § 4 I 2 BMV-Ä, nach dem angestellte Ärzte im Rahmen ihres Status an der vertragsärztlichen Versorgung teilnehmen, sei „etwas missverständlich"[494]. Diese Schwierigkeiten in der Formulierung weisen auf Reibungen mit dem Prinzip der Freiberuflichkeit und vor allem mit der persönlichen Leis-

---

487 *Remplik/Flasbarth*, in: Ratzel/Luxenburger (Hrsg.), Handbuch Medizinrecht, [4]2020, Kap. 10 Rn. 281, 297.

488 *Zwingel/Preißler*, MVZ, [2]2008, S. 68, 99.

489 Vgl. auch *Niggehoff*, in: Sodan (Hrsg.), Krankenversicherungsrecht, [3]2018, § 18 Rn. 55.

490 LSG Berlin-Brandenburg, Urt. v. 27.4.2016 – L 7 KA 30/14, BeckRS 2016, 71154; *Wigge*, in: Schnapp/Wigge (Hrsg.), Vertragsarztrecht, 2017, § 6 Rn. 281.

491 BSGE 124, 205 ff. = NZS 2018, 611, 611 f.; BSGE 119, 79 ff. = MedR 2017, 264, 266 = BeckRS 2015, 71685 Rn. 15; BSG, MedR 2012, 544, 545 = BeckRS 2011, 74605 Rn. 11; a.A. *Rixen*, MedR 2018, 667, 673.

492 *Kaya*, MVZ auf Gründungs- und Zulassungsebene, 2011, S. 318.

493 *Steinhilper*, MedR 2018, 639, 640.

494 *Hochgesang*, in: Schiller (Hrsg.), BMV-Ä, [2]2021, § 4 Rn. 55.

tungserbringung[495] hin. Die persönliche Behandlungspflicht des Arztes wurde seit Einführung des Job-Sharings zwar noch weiter[496] „gelockert", indem der Gesetzgeber dem Arzt fortan die Einstellung fachgebietsfremder Ärzte zugesteht[497]. Sie ist im Bereich der ambulanten Versorgung aber weiterhin die Regel[498]. Der Gesetzgeber hat sie nicht dispositiv ausgestaltet[499].

Ausgangspunkt für die Darstellung der persönlichen Leistungserbringung im MVZ ist die Legalisierung der juristischen Person im ambulanten Sektor: Eines der Argumente für die Legalisierung (vor allem) der GmbH im ambulanten Bereich lag darin, dass die GmbH nur Verwaltungsaufgaben wie den Abschluss von Behandlungsverträgen vornimmt, wobei diese Aufgaben anders als die Leistungserbringung am Patienten selbst nicht dem freiberuflichen Handlungsspektrum unterfallen und daher nicht persönlich durch den Arzt, sondern auch durch seine GmbH vorgenommen werden können[500]. In der Gemeinschaftspraxis sei es für den Patienten zudem unerheblich, welcher Arzt ihn versorgt – er wolle die Praxis als Institution beauftragen[501]. Dementsprechend ist heute anerkannt, dass der Patient einer BAG den Behandlungsvertrag nicht mit dem behandelnden Arzt, sondern der BAG abschließt[502], ebenso wie Vertragspartner des Patienten im MVZ die Trägergesellschaft des MVZ ist[503]. Mit der Aufspaltung der ärztlichen Tätigkeit in Behandlung und Verwaltung, die die damals bereits real vorhandene Arbeitsaufteilung in der BAG spiegelte, wurde der Grundstein für die dem MVZ zugrundeliegende Logik gelegt: Hier wird seit jeher zwischen ein oder mehreren organisatorisch geprägten Ebenen sowie der Ebene der Leistungserbringung differenziert[504].

---

495 *Kremer*, GmbHR 1983, 259, 263 f.

496 Zu den ersten Lockerungen s.o. unter B. III. 3. c).

497 *Steinhilper*, in: Laufs/Kern/Rehborn (Hrsg.), ArztR-HdB, ⁵2019, § 30 Rn. 48.

498 BT-Drs. 11/2237, S. 171; *Wigge*, in: Schnapp/Wigge (Hrsg.), Vertragsarztrecht, 2017, § 2 Rn. 48.

499 S.o. unter B. II. 2.

500 BGHZ 70, 158, 166 f.; *Treptow*, Mitgliedschaft in der MVZ-GmbH, 2011, S. 65 m.w.N. in Fn. 187; vgl. *Taupitz*, NJW 1992, 2317, 2320.

501 *Taupitz*, NJW 1996, 3033, 3037; *Taupitz*, NJW 1992, 2317, 2323 f.

502 *Zwingel/Preißler*, MVZ, ²2008, S. 43.

503 *Zwingel/Preißler*, MVZ, ²2008, S. 65; ausführlich zudem *Ratzel*, in: Dahm/Möller/Ratzel (Hrsg.), Rechtshandbuch MVZ, 2005, Kap. XI Rn. 3 ff.

504 Die Anzahl sowie die Bezeichnung der MVZ-Ebenen im Schrifttum sind uneinheitlich. Während *Konerding*, Vertragsarztsitz im MVZ, 2009, S. 41 sich auf zwei Ebenen im MVZ bezieht und diese als Gründer- und Betriebs- bzw. Leistungserbringerebene bezeichnet, stellt *Dahm*, in: Dahm/Möller/Ratzel (Hrsg.), Rechtshandbuch MVZ, 2005, Kap. IV Rn. 1 mit der Gründungs-, Träger-, Betreiber- und Betriebsebene auf vier mögliche Ebenen ab; eine weitergehende Übersicht der Terminologie im juristischen Schrifttum findet sich bei *Treptow*, Mitgliedschaft in der MVZ-GmbH, 2011, S. 45 in Fn. 72, der selbst zwischen dem „Innenverhält-

Die Rechte und Pflichten, die mit der klassischen vertragsärztlichen Zulassung einhergehen, werden als Folge der Umwandlung der Zulassung zur Angestelltengenehmigung auf die einzelnen MVZ-Ebenen verteilt und zwischen angestelltem Arzt und MVZ aufgespalten, sodass sich einige Vorschriften auf den Arzt, andere nur auf das MVZ anwenden lassen[505]. Wie exakt diese Verteilung vorgenommen wird und wie sich diese auf die ärztliche Freiberuflichkeit auswirkt, soll erst im nächsten Kapitel erörtert werden[506], nachdem ein Blick darauf geworfen wurde, welche Rechte und Pflichten aus der vertragsärztlichen Zulassung folgen[507]. Vorgezogen werden soll an dieser Stelle jedoch bereits die Pflicht zur persönlichen Leistungserbringung, weil sich an ihr als direkt aus der Freiberuflichkeit entnommenem Typusmerkmal plastisch darstellen lässt, vor welche Herausforderungen die Einführung des MVZ das freiberuflich geprägte System der ambulanten Versorgung gestellt hat: Weil sich die Pflicht zur persönlichen Leistungserbringung nicht auf die Betriebsebene (hierzu 2.), sondern nur auf die Verwaltungsebene bezieht (hierzu 3.), wird das konkrete Arzt-Patienten-Verhältnis entpersönlicht und die Freiberuflichkeit geschwächt (hierzu 4.).

(2) Persönliche Leistungserbringung auf der Betriebsebene

Im Hinblick auf die Leistungsebene wird vereinzelt vertreten, das Gebot persönlicher Leistungserbringung gelte auch für die im MVZ tätigen, angestellten Ärzte, wobei eine Kontrolle der persönlichen Leistungserbringung über die in den Bundesmantelverträgen festgelegte „arztbezogene Kennzeichnungspflicht“ erfolgt[508]. Der Zweck der arztbezogenen Kennzeichnungspflicht liegt jedoch darin, sicherzustellen, dass das Gebot der Fachgebietszugehörigkeit eingehalten wird[509]. Zudem bleibt unklar, wie genau das Gebot der persönlichen Leistungserbringung vom angestellten Arzt allein umgesetzt werden soll. Weil dieser nicht

---

nis auf Trägerebene“, dem „Außenverhältnis auf Zulassungsebene“ und der „Ebene der konkreten unternehmerischen Betätigung (Unternehmensebene)“ differenziert; eine Dreiteilung findet sich auch bei *Clemens*, in: Quaas/Zuck/Clemens (Hrsg.), Medizinrecht, ^{4}2018, § 17 Rn. 23 f., der zwischen Gründungs-, Zulassungs- und Betriebsebene unterscheidet, wobei die Zulassungsebene abhängig von der Gründungsebene sein soll; eine weitere Dreiteilung findet sich zudem bei *Kaya*, MVZ auf Gründungs- und Zulassungsebene, 2011, S. 139, 315 f., die zwischen der „Leistungserbringerebene, Tätigkeitsebene oder Betriebsebene“, der „Gründerebene bzw. Trägerebene oder Betreiberebene“ sowie der „Ebene der Organisationsform eines MVZ“ differenziert.

505 Hierzu auch *Zwingel/Preißler*, MVZ, ^{2}2008, S. 105 ff.; *Konerding*, Vertragsarztsitz im MVZ, 2009, S. 147 ff.; *Möller*, GesR 2004, 456, 458.

506 S.u. C. I. 3. c).

507 S.u. C. I. 2. b) bb).

508 *Steinhilper*, in: Rieger/Dahm/Steinhilper (Hrsg.), HK-AKM, März 2014, 4060 Rn. 53.

509 *Dahm*, in: Dahm/Möller/Ratzel (Hrsg.), Rechtshandbuch MVZ, 2005, Kap. VIII Rn. 20;

in den Versorgungsauftrag eingebunden ist, ist es überzeugender, davon auszugehen, dass das Gebot der persönlichen Leistungserbringung den angestellten Arzt nicht trifft[510]. Darüber hinaus bezieht sich die freie Arztwahl gem. § 76 I 1 SGB V im MVZ nicht mehr auf den einzelnen (angestellt oder als Vertragsarzt im MVZ arbeitenden) Arzt, sondern auf das MVZ als Einrichtung[511]. Da die Pflicht zur persönlichen Leistungserbringung über die Ecke des freiberuflichen Vertrauensverhältnisses eng mit der freien Arztwahl zusammenhängt[512], spricht dies dafür, dass die Leistung nicht persönlich durch den angestellten Arzt, sondern – wenn überhaupt – durch die Institution zu erbringen ist.

(3) Persönliche Leistungserbringung auf der Verwaltungsebene

Auf der Gründungs- bzw. Verwaltungsebene führt der Grundsatz der persönlichen Leistungserbringung daher nach überwiegender Auffassung dazu, dass das MVZ seine Leistungen nur mithilfe der eigens angestellten Ärzte bzw. der Vertragsärzte und ausnahmsweise mithilfe der Vertreter dieser Ärzte erbringen darf[513]. Relevant wird diese Einschränkung, wenn das MVZ im Rahmen einer Organisationsgemeinschaft mit Vertragsärzten oder anderen MVZ tätig wird[514] oder wenn es zu Unregelmäßigkeiten in der Leistungsabrechnung kommt, z. B. weil Leistungen abgerechnet werden, die vor der Erteilung einer Anstellungsgenehmigung erbracht wurden[515]. Die Pflicht zur persönlichen Leistungserbringung richtet sich im MVZ demnach nicht mehr an den einzelnen, behandelnden Arzt, sondern an das MVZ als Kollektiv, das die Leistung als solches persönlich

---

zu weiteren Problemen im Zusammenhang mit der Kennzeichnungspflicht im Zusammenhang mit der persönlichen Leistungserbringung s. *Zwingel/Preißler*, MVZ, ²2008, S. 143.

[510] *Konerding*, Vertragsarztsitz im MVZ, 2009, S. 161 f.; vgl. *Zwingel/Preißler*, MVZ, ²2008, S. 105; vgl. *Kroel*, in: Isringhaus/Kroel/Wendland (Hrsg.), MVZ-Beratungshandbuch, 2004, S. 84.

[511] *Clemens*, in: Quaas/Zuck/Clemens (Hrsg.), Medizinrecht, ⁴2018, § 17 Rn. 92; *Möller*, in: Dahm/Möller/Ratzel (Hrsg.), Rechtshandbuch MVZ, 2005, Kap. XIII Rn. 25; *Lindenau*, MVZ, 2008, S. 119 Rn. 297, der jedoch die Möglichkeit sieht – analog zur Situation im Krankenhaus – Wahlleistungsvereinbarungen abzuschließen; hiermit wird die freie Arztwahl als Strukturelement des Vertragsarztrechts in den Bereich der Privatautonomie verlegt, vgl. hierzu schon *Ratzel*, in: Dahm/Möller/Ratzel (Hrsg.), Rechtshandbuch MVZ, 2005, Kap. VII Rn. 48.

[512] S.o. unter B. II. 3.

[513] BSGE 129, 220 ff. = MedR 2021, 79, 80 f.; BSGE 110, 269 ff. = MedR 2013, 66, 69; *Konerding*, Vertragsarztsitz im MVZ, 2009, S. 162; s. auch *Zwingel/Preißler*, MVZ, ²2008, S. 105; *Kroel*, in: Isringhaus/Kroel/Wendland (Hrsg.), MVZ-Beratungshandbuch, 2004, S. 48, 84; a. A. *Kaya*, MVZ auf Gründungs- und Zulassungsebene, 2011, S. 193 „die Konzeption medizinischer Versorgungszentren zielt gerade darauf ab, dass der MVZ-Träger die Leistungen nicht persönlich erbringen muss".

[514] *Kroel*, in: Isringhaus/Kroel/Wendland (Hrsg.), MVZ-Beratungshandbuch, 2004, S. 74.

[515] Dies war z. B. in BSGE 110, 269 ff. = MedR 2013, 66 ff. der Fall.

erbringt[516]. Nach dieser Konzeption bezieht sich das Gebot der persönlichen Leistungserbringung primär auf die organisatorische Ebene. Wird es hier eingehalten, wirkt es auch auf der Leistungsebene.

(4) Kritik: Entpersönlichung des Arzt-Patienten-Verhältnisses und Schwächung der Freiberuflichkeit

Diese Vorstellungen zum Gebot der persönlichen Leistungserbringung im MVZ weisen jedoch nicht unerhebliche Schwächen auf, die auf die Differenzierung zwischen Behandlung und Verwaltung zurückgehen: Mag der Vertragsschluss an sich zwar eine Handlung sein, die sich gut von der Behandlung abgrenzen lässt, trifft dies auf andere Verwaltungstätigkeiten nicht im selben Maß zu: Investitionsentscheidungen hinsichtlich anzuschaffender Geräte beeinflussen den Rahmen möglicher Diagnose- und Therapiemöglichkeiten im MVZ angestellter Ärzte. Auch Entscheidungen bezüglich des einzustellenden Personals sowie die Organisation der Tätigkeit der angestellten Ärzte[517] wirken sich potenziell auf Entscheidungen des angestellten Arztes in der konkreten Behandlungssituation aus. Die Unterteilung in Verwaltung und Behandlung mag zwar notwendig sein, um Strukturen, in denen zahlreiche Ärzte angestellt und fachübergreifend zusammenwirken, zu ermöglichen, perfekt ist sie aber keinesfalls.

Die Änderungen im Hinblick auf die persönliche Leistungserbringung entfalten Auswirkungen auf das Vertrauen, das der Patient dem Arzt entgegenbringt. Im Ausgangspunkt überzeugend ist ein Gedankengang, mit dem die Legalisierung der GmbH im ambulanten Bereich begründet wurde: Das Vertrauensverhältnis ist demnach unabhängig davon, in welcher Rechtsform der Vertragspartner des Patienten auftritt, da für dieses in erster Linie die Frage von Bedeutung ist, wie der konkret behandelnde Arzt seinen Beruf ausübt[518]. Übertragen auf das MVZ ergibt sich jedoch die Schwierigkeit, dass die Beschränkung der freien Arztwahl auf diese Institution es dem Patienten erschwert, wiederholt von einem

---

[516] *Zwingel/Preißler*, MVZ, ^{2}2008, S. 105; so wohl auch *Wigge*, in: Schnapp/Wigge (Hrsg.), Vertragsarztrecht, 2017, § 2 Rn. 50; *Möller*, in: Dahm/Möller/Ratzel (Hrsg.), Rechtshandbuch MVZ, 2005, Kap. XIII Rn. 25 vertritt die Ansicht, die Pflicht zur persönlichen Leistungserbringung richtete sich zuerst an das MVZ, behandelnde Ärzte dürften jedoch auch nicht gegen diesen Grundsatz verstoßen, falls er auf der organisatorischen Ebene verletzt werde; dieser Ansicht folgt *Kaya*, MVZ auf Gründungs- und Zulassungsebene, 2011, S. 274, 278.

[517] S. hierzu auch das Beispiel bei *Wenner*, in: FS Dahm, 2017, S. 517, 527 Fn. 48, in dem alle Patienten eines orthopädisch-unfallchirurgisch tätigen MVZ geröntgt werden sollen, bevor sie dem Arzt vorgestellt werden.

[518] *Taupitz*, NJW 1996, 3033, 3037; *Taupitz*, NJW 1992, 2317, 2323; *Henssler*, JZ 1992, 697, 707 in Bezug auf Rechtsanwälte.

Arzt behandelt zu werden[519] und so ein entsprechendes Vertrauensverhältnis aufzubauen. Unklar bleibt zudem, worauf sich das Vertrauen des Patienten bezieht, wenn man Verwaltungs- und Behandlungsebene voneinander trennt. Man wird davon ausgehen müssen, dass sich das Vertrauen des Patienten aufspaltet: Einerseits vertraut er dem behandelnden Arzt auf der Leistungsebene, andererseits der MVZ-Verwaltung auf der Verwaltungsebene darin, dass sie den Arzt gut ausgewählt und die Praxis korrekt ausgestattet hat. Ebenso wie sich diese beiden Vertrauensverhältnisse gegenseitig beeinflussen können, wird das Vertrauensverhältnis zwischen Arzt und Patient von vorangegangenen Behandlungen anderer Ärzte derselben Institution beeinflusst. Als Folge der Vielzahl dieser Vertrauensverhältnisse, die untereinander interagieren, geht aber das personelle Element des Vertrauens im Arzt-Patienten-Verhältnis verloren, das immer mehr zu einem institutionellen Vertrauen[520] mutiert. Dies läuft der ursprünglichen Idee des freiberuflichen Vertrauensverhältnisses zuwider[521].

Hierdurch kommt es zu einer Entpersönlichung[522] des Arzt-Patienten-Verhältnisses, das sich auch im Recht niederschlägt. Während der selbständige Arzt gem. § 13 VII 3 BMVÄ dazu berechtigt ist, die Behandlung von Patienten abzulehnen, z. B. wenn er keine hinreichende Basis für das Vertrauensverhältnis zu seinem Patienten wahrnimmt, ist im MVZ nicht der angestellte Arzt, sondern das MVZ dazu berechtigt, die Behandlung zu terminieren, was damit zusammenhängt, dass (der Versorgungsauftrag und damit) die Behandlungspflicht nicht für den im MVZ angestellten Arzt, sondern das MVZ selbst gilt[523].

Eine Entpersönlichung des Arzt-Patienten-Verhältnisses in MVZ zeichnet sich auch im Vergleich zur BAG ab: Während die freie Arztwahl nur für das MVZ als

[519] *Dahm*, in: Dahm/Möller/Ratzel (Hrsg.), Rechtshandbuch MVZ, 2005, Kap. II Rn. 30.

[520] Vgl. das institutionalisierte Vertrauen bzw. die Entwicklung des Goodwills in der üBAG, s. *Zwingel/Preißler*, MVZ, ^{2}2008, S. 57; dabei ist es überzogen aus einer (durch eine Krankenkasse in Auftrag gegebenen) Studie, in der Patienten „mit nicht lebensbedrohlichen Beschwerden auch während der Sprechstundenzeiten der vertragsärztlichen Praxis die Institution ‚Notaufnahme im Krankenhaus' bevorzugen" zu schließen, dass „Versicherte zunehmend die Versorgung durch institutionelle Anbieter der Versorgung durch konkrete Personen" vorziehen, so aber *Ladurner*, MedR 2019, 519; dennoch bleibt festzuhalten, dass sich die Vorstellung, dass Patienten ärztliche Angebote großer, institutioneller Anbieter Einzelärzten gegenüber vorzögen, in der neueren Literatur zunehmend wiederfindet, s. z. B. *Gesellensetter*, Freier Arztberuf, 2010, S. 23 f.

[521] S.o. unter B. II. 3.; s. zudem BSGE 55, 97, 101.

[522] Vgl. *Fickentscher*, Eigentumsschutz in der Bedarfsplanung, 2022, S. 49 f., schon im Bezug auf den einzeln niedergelassenen Vertragsarzt – zur Begründung stellt er auf den „technischen Fortschritt" in der Krankenversorgung sowie die wachsende Fachkunde seitens der Patienten ab, befindet trotz der Entpersönlichung aber, dass es sich beim Vertragsarzt weiterhin um einen Freiberufler handelt.

[523] *Möller*, in: Dahm/Möller/Ratzel (Hrsg.), Rechtshandbuch MVZ, 2005, Kap. XIII Rn. 17.

solches gilt[524], sich der Patient den behandelnden Arzt hier mithin nicht selbst aussuchen kann, steht ihm dieses Recht in der BAG weiterhin zu[525]. Ähnliche Tendenzen bestehen darüber hinaus im Bereich der Zurechnung der ärztlichen Leistung: Dem selbständigen Arzt in der BAG wird die Handlung seines Angestellten über § 15 I 2 BMV-Ä zugerechnet, um dem Grundsatz der persönlichen Leistungserbringung zu genügen[526]. Die zahlenmäßige Beschränkung einzustellender Ärzte und die mit dieser Beschränkung einhergehende Pflicht des Arztes, seine Angestellten zu überwachen, kann als Brücke betrachtet werden, über die die Persönlichkeit des anstellenden Arztes die Behandlung prägt[527]. Eine vergleichbare Regelung besteht jedoch nicht für das MVZ, dem die Leistungen der angestellten Ärzte ohne entsprechende Norm zugerechnet werden[528]. Als weiteres Indiz für das Maß an Freiberuflichkeit lässt sich darüber hinaus die Skalierbarkeit der ärztlichen Leistung heranziehen[529]. Infolge des § 15 I 2 BMV-Ä und der Pflicht zur persönlichen Leistungserbringung sind dem Wachstum in der Einzelpraxis und BAG deutlich stärkere Grenzen gesetzt[530], die Skalierbarkeit ist mithin beschränkt. Die Skalierbarkeit ärztlicher Leistungen ist im MVZ nur mehr durch die Bedarfsplanung beschränkt. Dieser Unterschied zwischen BAG und MVZ rechtfertigt sich vor dem Hintergrund des Art. 3 I GG zwar durch die unterschiedlichen Strukturen der beiden Institutionen[531], stellt im Ergebnis aber einen wirtschaftlichen Wettbewerbsvorteil für MVZ dar. Daher wird vermehrt die Forderung gestellt, dass BAG unbegrenzt Ärzte einstellen können sollten[532]. Manch einer befindet bereits, die BAG habe „ausgedient, denn sie bringt niedergelassenen Ärzten keinen relevanten Mehrwert mehr“[533]. Auch hierin zeigt sich,

---

524 S.o. in diesem Kapitel.

525 BSGE 55, 97, 102.

526 SG Marburg, MedR 2009, 304, 306.

527 Für eine aus § 15 I 2 BMV-Ä folgende persönliche Prägung des Arzt-Patienten-Verhältnisses spricht sich bspw. die Bundesregierung aus, s. BT-Drs. 18/13412, S. 5; vgl. auch *Zimmermann*, MedR 2018, 662, 665, der diese Ansicht als herrschende Meinung bezeichnet; vgl. *Weiß*, NZG 2005, 67, 69; a. A. hingegen *Bäune*, in: Bäune/Meschke/Rothfuß (Hrsg.), Kommentar Ärzte-ZV, 2008, § 27 Ärzte-ZV zit. bei *Steinhilper*, in: Laufs/Kern/Rehborn (Hrsg.), ArztR-HdB, 52019, § 30 Rn. 45.

528 *Prütting/Prütting*, Medizin- und Gesundheitsrecht, 22021, § 15 Rn. 3; *Konerding*, Vertragsarztsitz im MVZ, 2009, S. 161 vergleicht die Situation mit dem Fall, in dem einem Arzt, der in einer BAG tätig ist, die Leistung seines Angestellten auch bei seiner Abwesenheit zugerechnet wird.

529 S.o. unter B. II. 2. und 5.

530 *Beyer*, PFB 2015, 284.

531 *Dorra*, ZMGR 2016, 89, 92 f.; kritisch im Hinblick auf die Bevorzugung des MVZ *Kanter*, Zulassung im Wandel, 2013, S. 202 f.

532 *Ricken*, GesR 2016, 265, 270 f.

533 *Penner/Pittrof*, Gutachten: Stand- und Weiterentwicklung der gesetzlichen Regelungen

wie Sein und Sollen im freiberuflichen Typusbegriff aufeinander einwirken und eine Eigendynamik entwickeln.

Zuletzt hat sich die Begründung der persönlichen Leistungserbringung gewandelt: So konnte das Verhältnis zwischen Arzt und Patient nach Anschauungen älterer BSG Urteile „seinen Zweck nicht voll erreichen", wenn das aus der persönlichen Leistungserbringung entspringende Vertrauen nicht gegeben war[534]. Nunmehr führt das BSG hingegen aus, dass der Zweck des Gebots der persönlichen Leistungserbringung darin liegt, die „Qualität der vertragsärztlichen Versorgung" zu sichern, da nur derjenige Arzt Leistungen erbringen soll, der durch den Zulassungsausschuss zur Erteilung der Angestelltengenehmigung (bzw. Zulassung) geprüft und für geeignet befunden wurde, am System der GKV teilzunehmen[535]. Das persönliche Arzt-Patienten-Verhältnis spielt in der Argumentation des BSG keine Rolle mehr.

Weil auch der Gesetzgeber davon ausgeht, dass MVZ ärztliche Leistungen nicht persönlich erbringen können[536], scheint es, als ob es sich bei der Begründung der Pflicht zur persönlichen Leistungserbringung mit der Qualität der Versorgung um den Versuch handelt, diese Pflicht für das MVZ aufrechtzuerhalten und so den Eindruck eines (für Vertragsärzte und MVZ) einheitlichen Systems aufrechtzuerhalten. Dies gilt umso mehr, als dass ohne das Vertrauensverhältnis zwischen Arzt und Patient die Grenze zwischen der Pflicht zur persönlichen Leistungserbringung und der „Pflicht, vor Tätigkeitsbeginn einen statusbegründenden Verwaltungsakt der Zulassungsgremien zu erwirken"[537] immer stärker verschwimmt. Auch diese Pflicht dient dem Zweck, dass „die spezifische Fachkunde des Arztes [...] festgestellt ist"[538] und damit der Qualitätssicherung im System der GKV. Man könnte zwar versuchen insoweit zu differenzieren, als die Pflicht, vor Tätigkeitsbeginn einen statusbegründenden Verwaltungsakt der Zulassungsgremien zu erwirken, der Pflicht zur persönlichen Leistungserbringung zeitlich vorangestellt ist und die Pflicht zur persönlichen Leistungserbringung danach sicherstellen soll, dass wiederum die Pflicht, vor Tätigkeitsbeginn einen statusbegründenden Verwaltungsakt der Zulassungsgremien zu erwirken, eingehalten wird. Eben diese Differenzierung beweist jedoch die inhaltliche Redun-

---

zu medizinischen Versorgungszentren (MVZ) (https://ppp-rae.de/news/gutachten-stand-und-weiterentwicklung-der-gesetzlichen-regelungen-zu-medizinischen-versorgungszentren-mvz/, geprüft am 19.9.2023).

534 BSGE 8, 256, 260.

535 BSGE 129, 220 ff. = MedR 2021, 79, 80 f.; BSGE 110, 269 ff. = MedR 2013, 66, 69.

536 BT-Drs. 18/13412, S. 5; vgl. zudem *Taupitz*, in: FS Geiß, 2000, S. 503, 506, nach dem die Ärzte-GmbH „die ärztliche Tätigkeit selbst (in eigener ‚Person') nicht ausüben kann und darf", weil sie nicht approbiert sein kann.

537 BSGE 110, 269 ff. = MedR 2013, 66, 69.

538 BSGE 110, 269 ff. = MedR 2013, 66, 69.

danz der Pflicht zur persönlichen Leistungserbringung, da jede Leistungserbringung einen Tätigkeitsbeginn beinhaltet. Auswirkungen zeitigt die Pflicht zur persönlichen Leistungserbringung nur insoweit, als dass der MVZ-Träger nicht in der Lage wäre, angestellte Ärzte anderer MVZ oder BAG bzw. Vertragsärzte, die nicht im MVZ arbeiten, mit der Behandlung von Patienten zu beauftragen[539]. Hierbei handelt es sich aber um Akteure, die alle vom Zulassungsausschuss geprüft wurden, sodass die Pflicht zur persönlichen Leistungserbringung nicht mit der Qualität der Versorgung begründet werden könnte, sondern nur mit dem älteren Ansatz des Vertrauensverhältnisses zwischen Arzt und Patient.

(5) Zwischenergebnis

Die Einführung des MVZ hat den Grundsatz der persönlichen Leistungserbringung nach den zahlreichen vorangegangenen Lockerungen noch weiter „aufgeweicht"[540]. Ärzte werden hier durch größere Strukturen und die Einteilung der ärztlichen Tätigkeit in Behandlung und Verwaltung zunehmend austauschbar. Ohne das individuell-persönliche Element der spezifischen Person des Arztes wird das Gebot der persönlichen Leistungserbringung jedoch zu einem großen Teil redundant[541]. Es degeneriert zum Gebot der Leistungserbringung durch einen institutionell verifizierten, hinreichend qualifizierten Arzt. Wird die Leistung jedoch nicht mehr persönlich erbracht, verlieren die anderen Typusmerkmale ihren Bezug zur persönlichen Leistungserbringung und zueinander. So ist unklar, worauf sich das Vertrauen des Patienten konkret bezieht. Da die Behandlung im MVZ weniger persönlich ist, ist die Selbständigkeit nicht mehr im gleichen Maße vonnöten wie außerhalb des MVZ[542]. Sind Ärzte aber nicht mehr überwiegend selbständig tätig, sondern angestellt, verringert sich ihr Interesse an der Selbstverwaltung, da angestellte Ärzte in erster Linie von ihrem Arbeitgeber – also dem MVZ – und nur noch indirekt von der KV abhängig sind. Freiberuflichkeit bedeutet im MVZ nur mehr die (ggf. nicht im Verhältnis zum ärztlichen Leiter bestehende) Weisungsfreiheit des Arztes bei der Behandlung der Patien-

---

539 S.o. B. III. 4. c) cc) (3).

540 *Prütting/Prütting*, Medizin- und Gesundheitsrecht, ²2021, § 15 Rn. 63; *Lindenau*, MVZ, 2008, S. 49 f. Rn. 133, S. 53 Rn. 142 bezeichnet dies als „Abkehr" vom Prinzip der persönlichen Leistungserbringung.

541 Vgl. zur „Aufhebung des Grundsatzes persönlicher Leistungserbringung" auch *Kuhlmann*, KH 2004, 13, 15 demzufolge „es – von Fachgebietsgrenzen und persönlichen Qualifikationen abgesehen – keine Rolle" spielt, „welcher der beim MVZ angestellten Ärzte die Versorgung tatsächlich durchführt".

542 Dies zeigt sich im Kontrast zur BAG, s. BSGE 111, 240 ff. = MedR 2014, 421, 424.

ten[543]. Diese Weisungsfreiheit wird jedoch nicht weiter systematisch gestützt, sondern nur angeordnet.

dd) (Faktische) Auswirkungen auf die Gesundheitsversorgung sowie die Praxisnachfolge

Die Einführung von MVZ steht im engen Zusammenhang mit der Entwicklung weg von kleinen Einzel- und hin zu großen Gemeinschaftspraxen[544], die der Gesetzgeber lange vor Einführung von MVZ förderte. So sah § 102 I 3, 4 SGB V a. F. vor, dass der GBA ärztliche Zusammenschlüsse im Rahmen der Richtlinien fördern könne, in denen die einzuführenden Verhältniszahlen festzulegen waren. MVZ-Gründungen führen häufig dazu, dass sich Ärzte im Einzugsgebiet des MVZ eher zu größeren Gemeinschaften ggf. ebenfalls in der Form des MVZ zusammenschließen[545]. Dementsprechend existieren immer weniger Einzelpraxen, während die Zahl von MVZ kontinuierlich zunimmt[546].

Diese Entwicklung befindet sich im Widerspruch zur Haltung des Gesetzgebers hinsichtlich der anbieterinduzierten Nachfrage[547]: In großen Unternehmensstrukturen besteht ein strukturell erhöhtes Risiko, dass Ärzte durch interne Richtlinien dazu angehalten werden, Patienten gewinnmaximierend zu behandeln, was in Form einer erhöhten Anzahl von Folgeuntersuchungen oder vermehrten Überweisungen ins eigene Haus zu anbieterinduzierter Nachfrage führen kann[548].

---

543 Vgl. *Möller*, in: Dahm/Möller/Ratzel (Hrsg.), Rechtshandbuch MVZ, 2005, Kap. XIII Rn. 53 f.

544 Zu diesem Trend s. schon *Cramer/Maier*, MedR 2002, 549, 551.

545 *Zwingel/Preißler*, MVZ, ²2008, S. 4.

546 Vgl. hierzu auch *Kassenärztliche Bundesvereinigung* (Hrsg.), Gesundheitsdaten (https://gesundheitsdaten.kbv.de/cms/html/17020.php#:~:text=Immer%20weniger%20Einzelpraxen.%20Die%20Anzahl%20der%20Praxen%20in,zwar%20noch%20immer%20die%20am%20st%C3%A4rksten%20vertretene%20, geprüft am 19.9.2023); diese Entwicklung steht im krassen Kontrast zur ursprünglichen (strukturfunktional geprägten) Rechtsprechung des BVerfG, s. BVerfGE 17, 232, 243: „Bei einer auch nur grundsätzlichen Zulassung des Mehrbetriebs wäre die Gefahr einer allmählich sich bildenden Konzentration im Apothekenwesen nicht auszuschließen. Hierdurch würde der freiberufliche Charakter des Apothekerstandes gefährdet. Der selbständige Apotheker würde mehr und mehr zurückgedrängt und die Schicht der angestellten Apotheker wachsen. Eine solche Entwicklung würde die Möglichkeit für den Apothekernachwuchs, zu einer eigenen Apotheke zu gelangen und damit von der rechtlich bestehenden Niederlassungsfreiheit auch faktisch Gebrauch zu machen, erheblich verringern".

547 Daneben konterkariert der Gesetzgeber seine eigenen Bemühungen, Ärzte mithilfe der Bedarfsplanung besser über das Bundesgebiet zu verteilen, mit der bedarfsunabhängigen Möglichkeit, Zweigstellen einzurichten; zu den Voraussetzungen, die erfüllt sein müssen, um eine Zweigstelle einzurichten, s. auch *Zwingel/Preißler*, MVZ, ²2008, S. 38 f.

548 *Bickerdyke/Dolamore/Monday u. a.*, Supplier Induced Demand for Medical Services. Productivity Commission Staff Working Paper, 2002 (https://www.pc.gov.au/research/suppor

Vor Einführung des MVZ wurde daher die Empfehlung geäußert, große fachübergreifende Gemeinschaftspraxen nur dann zuzulassen, wenn die Versorgung der Patienten infolge einer intensiveren Kooperation unter fachfremden Ärzten verbessert und die negativen Konsequenzen einer potenziellen anbieterinduzierten Nachfrage hierdurch ausgeglichen werden[549]. Der Gesetzgeber hat das Erfordernis der fachübergreifenden Tätigkeit im MVZ mittlerweile jedoch aufgehoben, weil es die Gründung von durch Krankenhäuser betriebenen MVZ womöglich hemmte[550].

Hinzu kommen noch Probleme hinsichtlich des Überweisungsverhaltens angestellter Ärzte, die sich im rein freiberuflich geprägten ambulanten Sektor in der Schärfe nicht stellten: Für den angestellten Arzt eines Krankenhaus-MVZ wird es schwierig, seinen Patienten nicht an eben dieses Krankenhaus zu überweisen, falls eine stationäre Behandlung erforderlich sein sollte[551]. Die Reform[552] des § 20 II 2 Ärzte-ZV, die es einem Arzt erlaubt, sowohl stationär als auch ambulant tätig zu sein und mit der sich der Gesetzgeber der Rechtsprechung des BSG entgegenstellte[553], intensiviert dieses Problem möglicherweise[554] noch weiter[555]. Ebenso wie die Gefahr von Leistungsverschiebungen vom ambulanten in den stationären Sektor, die daraus folgt, dass Krankenhäuser MVZ gründen kön-

ting/supplier-induced-medical-demand/sidms.pdf), S. 34 f. (geprüft am 19.9.2023); *Dahm*, in: Dahm/Möller/Ratzel (Hrsg.), Rechtshandbuch MVZ, 2005, Kap. VIII Rn. 43.

549 *Kern*, Arztinduzierte Nachfrage in der ambulanten Versorgung (https://vwl.wiwi.uni-augsburg.de/vwl/institut/paper/225.pdf), S. 40 (geprüft am 19.9.2023).

550 *Zwingel/Preißler*, MVZ, ²2008, S. 59.

551 *Rixen*, MedR 2018, 667, 673.

552 Zur Situation vor der Überarbeitung der Norm s. *Kaya*, MVZ auf Gründungs- und Zulassungsebene, 2011, S. 278 m. w. N. in Fn. 1540.

553 *Wenner*, in: FS Dahm, 2017, S. 517, 529 f.

554 Umstritten ist, ob die reformierte Vorschrift auch auf MVZ anwendbar ist: Dagegen spricht, dass § 32b II 3 Ärzte-ZV nicht auf § 20 SGB V, sondern nur auf § 21 SGB V verweist, sodass § 20 II 2 Ärzte-ZV nicht für die Angestellten eines MVZ gelten würde. Allerdings kommt es auf diese Verweisung nicht an, wenn man davon ausgeht, dass § 20 II 2 Ärzte-ZV über § 1 III Nr. 2 Ärzte-ZV für medizinische Versorgungszentren und die dort angestellten Ärzte gilt. Gegen eine Anwendbarkeit von § 1 III Nr. 2 Ärzte-ZV wird jedoch teilweise vorgebracht, dass § 1 III Nr. 2 Ärzte-ZV als allgemeinere Verweisungsnorm durch die für die Anstellung von Ärzten speziellere Verweisungsvorschrift des § 32b II 3 Ärzte-ZV verdrängt wird, s. hierzu bspw. *Zwingel/Preißler*, MVZ, ²2008, S. 101 f.; *Kroel*, in: Isringhaus/Kroel/Wendland (Hrsg.), MVZ-Beratungshandbuch, 2004, S. 26; für eine Anwendbarkeit des § 1 III Nr. 2 Ärzte-ZV spricht hingegen, dass die angestellten Ärzte die Leistung im MVZ erbringen, ebenso wie sonst der Vertragsarzt die Leistung erbringt, s. *Pawlita*, in: Schlegel/Voelzke (Hrsg.), jurisPK-SGB V, ⁴6.12.2021, § 95 SGB V Rn. 369; *Kaya*, MVZ auf Gründungs- und Zulassungsebene, 2011, S. 60.

555 *Kaya*, MVZ auf Gründungs- und Zulassungsebene, 2011, S. 60.

nen[556], scheint der Gesetzgeber die Gefahr der potenziellen Einschränkung des Rechts auf freie Arztwahl im Zusammenhang mit den Überweisungen[557] (sowie die Gefahr der durch das MVZ erweiterten anbieterinduzierten Nachfrage) jedoch zu akzeptieren[558].

Die Entwicklung hin zu größeren Strukturen ist mit dem Fehlen von Anstellungsgrenzen in MVZ als einem der wichtigsten Unterschiede zur BAG zu erklären. MVZ mutieren immer mehr zu Vehikeln, die schlicht die Anstellung von Ärzten ermöglichen, was sich daran abzeichnet, dass MVZ fortlaufend mehr angestellte Mediziner beschäftigen[559]. Die als Angestelltengenehmigung eingebrachten Vertragsarztsitze werden nicht durch Freiberufler besetzt und lassen sich faktisch nur schwer aus MVZ herauslösen. Infolge dieses Wandels ändern sich die Umstände der Praxisnachfolge. Da die Angestelltengenehmigung als Recht des MVZ und nicht des angestellten Arztes ausgestaltet ist[560], spielt dieser keine Rolle, wenn es um die Frage geht, ob und mit wem die Stelle nachbesetzt werden soll. Insoweit entscheidet nur noch das MVZ auf Verwaltungsebene[561], für das Angestelltengenehmigungen infolge der mit ihr zusammenhängenden Abrechnungsvolumina eine besondere Bedeutung erlangen: „Für BAGs und MVZ selbst sind Angestelltenstellen meist lukrative ‚materielle Betriebsmittel'"[562]. Krankenhausträger, die MVZ betreiben, (und von der Patientenüberweisung abhängige Ärzte) kaufen Praxen inklusive der entsprechenden Zulassungen zu dem Zweck auf, Patienten in die eigenen Betriebe zu lenken[563]. Das veränderte Vertrauensverhältnis zwischen Arzt bzw. MVZ und Patient beeinflusst die Grundlagen der Praxisnachfolge: Der einst nicht veräußerbare Goodwill ist i. R. d. nicht mehr personell, sondern institutionell geprägten Vertrauens viel stärker mit der Marke des MVZ als der Person des Arztes verbunden. In Anbetracht der Möglichkeiten, das MVZ zu übertragen[564], führt dies dazu, dass der Goodwill und damit das Vertrauen der Patienten verkehrsfähig wird.

---

556 *Dahm*, in: Dahm/Möller/Ratzel (Hrsg.), Rechtshandbuch MVZ, 2005, Kap. VI Rn. 59, 63 f.

557 *Wigge*, MedR 2004, 123, 131.

558 *Kroel*, in: Isringhaus/Kroel/Wendland (Hrsg.), MVZ-Beratungshandbuch, 2004, S. 29.

559 *Kassenärztliche Bundesvereinigung*, Entwicklungen der medizinischen Versorgungszentren (http://www.kbv.de/media/sp/mvz_entwicklungen.pdf), S. 5 (geprüft am 19.9.2023).

560 BSG, MedR 2014, 767, 769.

561 Hierzu s.u. D. II. 4. b).

562 *Steinhilper*, MedR 2018, 639, 640.

563 *Möller*, in: FS Dahm, 2017, S. 307, 311.

564 Hierzu s.u. D. II. 7.

ee) Das MVZ als Praxis und seine soziologischen Grundlagen

Diese sowie weitere Umstände legen nahe, dass die klassische freiberufliche Logik dem MVZ nicht zugrunde liegt[565]. So werden diverse Rechtsfragen bezüglich des MVZ anders bewertet, als hinsichtlich der BAG. Die BAG übernimmt die kollektivistische Logik des MVZ aber immer weiter: So werden Angestelltengenehmigungen mittlerweile der BAG und nicht den einzelnen Vertragsärzten zugeordnet[566], zudem ist i. R. d. Praxissubstrats auf die Tätigkeit der BAG und nicht auf die des Arztes, der ersetzt wird, abzustellen[567].

Anschaulich werden die unterschiedlichen Wertungen im Rahmen der Rechtsfrage, ob es sich bei dem MVZ um eine Praxis handelt oder ob MVZ und Praxis begrifflich getrennt nebeneinanderstehen. Intensiv diskutiert wurde diese Fragestellung zur Einführung des MVZ, als die ärztlichen Berufsordnungen[568] noch wenig auf MVZ abgestimmt waren und unklar war, ob die Regeln der MBO-Ä[569] und das Verbot, eine Praxis in der Form der Kapitalgesellschaft zu führen, für MVZ galten (oder nicht, weil das MVZ keine Praxis war)[570]. Als relevant wurde der Streitentscheid i. R. d. § 32 I 1 Ärzte-ZV angesehen, wenn ein im MVZ tätiger Vertragsarzt im Innenverhältnis zum MVZ nicht als selbständig, sondern als angestellt zu bewerten war[571]. Hier scheint das BSG zwar davon auszugehen, dass es sich beim MVZ um eine Praxis handelt, indem es fordert, dass der Vertragsarzt im MVZ (mit Abstrichen) in freier Praxis tätig wird – explizit äußert sich das BSG jedoch nicht zu dieser Frage[572].

Das MVZ lässt sich zunächst ohne weiteres unter die Definition der Praxis als „eine mit den notwendigen räumlichen, sachlichen und personellen Mitteln aus-

---

[565] Vgl. *Pawlita*, in: Schlegel/Voelzke (Hrsg.), jurisPK-SGB V, [4]6.12.2021, § 95 SGB V Rn. 143.

[566] S.u. C. I. 5.

[567] S.u. D. III. 2. a) aa).

[568] Zur Frage, inwieweit Berufsordnungen MVZ binden, s. bspw. *Lindenau*, MVZ, 2008, S. 112 f. Rn. 276.

[569] Dagegen bspw. *Möller*, in: Dahm/Möller/Ratzel (Hrsg.), Rechtshandbuch MVZ, 2005, Kap. V Rn. 62.

[570] Unter diesem Aspekt wurde der Streit bspw. geführt bei *Treptow*, Mitgliedschaft in der MVZ-GmbH, 2011, S. 68; *Wigge*, MedR 2004, 123, 124; *Ziermann*, MedR 2004, 540, 541 f.; vgl. *Lindenau*, MVZ, 2008, S. 76 Rn. 192; nach *Gummert/Remplik*, in: Gummert/Weipert (Hrsg.), MHdB GesR I, [5]2019, § 25 Rn. 138 lassen die Zulassungsausschüsse MVZ, die von GmbH getragen werden, zu, solange ausschließlich angestellte Ärzte in ihm tätig werden, da diese anders als Vertragsärzte keine Praxis führen – dies kann jedoch häufig zu einer im Vergleich zur Nullbeteiligungsgesellschaft umgekehrten Problematik führen, in der ein angestellter Arzt eigentlich als Vertragsarzt einzustufen wäre; s.o. B. III. 4. b) ee) (1).

[571] *Zwingel/Preißler*, MVZ, [2]2008, S. 135 f.

[572] BSGE 124, 266 ff., BeckRS 2017, 145083 Rn. 34 ff.; hierzu noch unter C. I. 3. d) ff).

gestattete Einrichtung [...], in welcher Patienten im Wege der ambulanten Versorgung durch approbierte Ärzte behandelt werden"[573], subsumieren, sodass das MVZ im Ausgangspunkt mit der Praxis gleichgesetzt werden kann[574]. Die Mehrheit in der Literatur spricht sich jedoch gegen dieses Ergebnis aus[575]. Begründet wird dies damit, dass das MVZ wesensverschieden von Praxen ist, weil es gemeinsam mit nicht-ärztlichen Leistungserbringern geführt werden kann[576], sodass dann Normen der MBO-Ä von Personen einzuhalten wären, die nicht dem Berufsstand der Ärzte angehören[577]. Infolge dieser möglichen Kooperationen verfügen MVZ darüber hinaus über einen weiteren Gesellschaftszweck, der die Differenz zur Praxis begründet[578]. Das MVZ ist zudem selbst Leistungserbringer, anders als die BAG, in der der einzelne Vertragsarzt die Leistung erbringt[579]. Vor allem aber stellt das MVZ keinen „Zusammenschluss von Freiberuflern dar, sondern eine unternehmerische Tätigkeit"[580]. Während das MVZ mithin teils ganz offensichtlich von freiberuflichen Strukturen getrennt wird, können auch die anderen Argumente an Aspekte der Freiberuflichkeit rückangebunden werden: Dass das MVZ Leistungserbringer ist, hängt eng mit der Frage nach der persönlichen Leistungserbringung zusammen und die Zusammenarbeit mit Nicht-Freiberuflern ist als ein Abrücken von den herkömmlichen freiberuflichen Grundstrukturen anzusehen.

Das MVZ unterscheidet sich in seiner soziologischen Dimension von der klassisch freiberuflichen Praxis. Ähnlich wie bei der Bedarfsplanung lässt sich der Paradigmenwechsel, der mit der Einführung von MVZ einherging[581], vor dem soziologischen Hintergrund der Freiberuflichkeit darstellen.

Nach dem herkömmlichen, strukturfunktionalen Bild der Freiberuflichkeit sind in Angestelltenverhältnissen bei Ärzten nur zwei Hierarchiestufen vorhanden – die des Arbeitgebers und des Arbeitnehmers, während Dritte – also dem

---

573 *Treptow*, Mitgliedschaft in der MVZ-GmbH, 2011, S. 68.

574 *Ders.*, Mitgliedschaft in der MVZ-GmbH, 2011, S. 68; im Ergebnis auch *Wigge*, MedR 2004, 123, 124.

575 *Kaya*, MVZ auf Gründungs- und Zulassungsebene, 2011, S. 172 f.; *Konerding*, Vertragsarztsitz im MVZ, 2009, S. 73; *Rau*, in: Rieger/Dahm/Steinhilper (Hrsg.), HK-AKM, Dezember 2007, 3585 Rn. 82; *Möller*, in: Dahm/Möller/Ratzel (Hrsg.), Rechtshandbuch MVZ, 2005, Kap. V Rn. 62; *Ziermann*, MedR 2004, 540, 541; *Rau*, DStR 2004, 640, 642; *Rau*, MedR 2004, 667, 669.

576 *Konerding*, Vertragsarztsitz im MVZ, 2009, S. 73.

577 *Ziermann*, MedR 2004, 540, 541 f.

578 *Rau*, DStR 2004, 640, 642.

579 *Ders.*, in: Rieger/Dahm/Steinhilper (Hrsg.), HK-AKM, Dezember 2007, 3585 Rn. 3, 7, 82.

580 *Ziermann*, MedR 2004, 540, 542.

581 *Kanter*, Zulassung im Wandel, 2013, S. 62.

Arbeitnehmer durch den Arbeitgeber Vorgesetzte – keinerlei Rolle spielen[582]. „Das bedeutet in der Regel ein besonderes, persönliches Verhältnis, in dem es wesentlich weniger Spannungen sozialer Art gibt als dort, wo sich Vorgesetzte zwischen Arbeitgeber und Arbeitnehmer schieben oder wo es überhaupt nur Vorgesetzte als letzte Instanz gibt, weil der Arbeitgeber sich in die Anonymität einer nur noch juristischen Person verflüchtigt hat“[583]. Die Struktur des MVZ steht diesen Grundsätzen jedoch entgegen: Die Gründer bzw. Eigentümer des MVZ müssen nicht behandelnd in ihrer Einrichtung tätig sein und können sich so in die Anonymität flüchten[584], während der ärztliche Leiter des MVZ als Vorgesetzter der angestellten Ärzte fungiert.

Während die Struktur des MVZ dem klassisch freiberuflichen Ideal widerspricht, finden sich Elemente der Theorie der sozialen Schließung klar in ihr wieder. Sieht man die freiberufliche Ärzteschaft als Gruppe, die die Patienten mithilfe ihrer durch Schließung gewonnenen Marktmacht unterdrückt, kommt schnell die Frage auf, wie die geschlossene Gruppe geöffnet werden kann, um ihr die Marktmacht zu nehmen und ein Gleichgewicht zwischen Ärzten und Patienten herzustellen. Dieser Prozess wird „gefördert, wenn der individuelle Produzent durch eine kollektive Organisation der Produktion vom Markt getrennt wird … Meine zentrale Annahme hinsichtlich der Entmonopolisierung ist, dass geschlossene Berufe entweder durch die Wiedererrichtung eines offenen Marktes oder durch das Eindringen einer hierarchischen Organisation als Arbeitgeber offener werden“[585]. Das MVZ lässt sich mithin als hierarchische Organisation verstehen, die zwischen den Arzt und Patienten platziert wird[586]. Im Zuge der Einführung einer solchen Organisation gibt der einzelne Arzt Rechte und Pflichten teilweise ab. Die Aufspaltung der Rechte und Pflichten des Vertragsarztes auf MVZ und Arzt spiegelt den Niedergang des strukturfunktionalen Freiberuflichkeitsgedankens[587].

Hierfür spricht die Positionierung des Gesetzgebers hinsichtlich des Wettbewerbs unter Ärzten: Während der Wettbewerb unter Ärzten im strukturfunktionalen Bild z.B. durch das Werbeverbot[588], Gebührenordnungen sowie Zulas-

---

582 *Deneke*, Die freien Berufe, 1956, S. 179.

583 *Ders.*, Die freien Berufe, 1956, S. 179.

584 Dieser Gedanke findet sich auch in der Rechtsprechung, vgl. bspw. OVG Nordrh.-Westf., MedR 2001, 150, 153.

585 *Collins*, in: Die Theorie sozialer Schließung, 2004, S. 67, 76 f.

586 Einen ähnlichen Effekt hat die Einführung der Servicestellen (s. insbesondere § 75 Ia SGB V) durch das TSVG, die sich als staatliche Institutionen nunmehr zwischen Arzt und Patient schieben und den Arzt in der Phase der Anbahnung des Arzt-Patienten-Verhältnisses entmachten.

587 Hierzu noch unter C. I. 3. c).

588 Dabei bestehen Parallelen zwischen dem Werbeverbot und dem Verbot, die Praxis zu

sungsbeschränkungen[589] vermieden werden soll[590], erhofft sich der Gesetzgeber einen verstärkten Wettbewerb[591] als Folge der Einführung des MVZ, um die Kosten in der Gesundheitsversorgung zu reduzieren[592]. Ein verstärkter Wettbewerb unter Ärzten reduziert die Marktmacht des einzelnen Arztes, sodass der Wunsch des Gesetzgebers nicht nur dem strukturfunktionalen Bild wider-, sondern auch dem schließungstheoretischen Ansatz entspricht.

Geht man davon aus, dass die BAG und das MVZ auf entgegengesetzten soziologischen Fundamenten aufbauen, erklärt sich, „warum die Anforderung an eine ‚gemeinsame Berufsausübung'bei niedergelassenen Vertragsärzten derart überspannt gehandhabt werden, während dieses Kriterium im Bereich von medizinischen Versorgungszentren (MVZ) größtenteils völlig außer Acht gelassen wird"[593]: Während die Selbständigkeit des Arztes im MVZ jedenfalls von verringerter Bedeutung ist, wird sie im Rahmen der strukturfunktional geprägten BAG noch für wichtig erachtet. Daran anknüpfend kommt der persönlichen Leistungserbringung hinreichendes Gewicht zu, als dass die Anzahl der anzustellenden Ärzte und damit die Skalierbarkeit ärztlicher Leistungen begrenzt wird[594].

Auch im MVZ soll der Arzt seine Behandlung nur von eigenen medizinischen Bewertungen abhängig machen, ohne von Dritten unter dem Aspekt wirtschaftlicher Aspekte beeinflusst zu werden – anders als in der BAG wird dieses Ziel im MVZ aber nicht systematisch durch die Typusmerkmale der Freiberuflichkeit

---

veräußern. Beide Verbote gehen ursprünglich vom Stand selbst aus und ziehen darauf ab, das Vertrauen des Patienten in den Arzt zu schützen. Beide Verbote sind auch in vergleichbarer Weise aufgelockert worden. Während die Praxis veräußert werden darf, wenn diese und nicht nur die Zulassung im Vordergrund steht (hierzu s.u. D. I. 2. c)), darf der Arzt für sich werben, wenn Informationen über seine Behandlungsmethoden im Vordergrund stehen (hierzu BVerfGK 6, 46 ff. = NJW 2006, 282 f.). Beide Entwicklungen gehen mit der nachlassenden Suggestionskraft strukturfunktionaler Annahmen einher, die eine wichtige Rolle in der Liberalisierung des Vertragsarztrechts spielte.

589 *Freidson*, Professionalism, 2001, S. 93 f.

590 Dementsprechend wird auch angenommen, dass „Wettbewerb unter der ‚Käseglocke' beschränkter Freiberuflichkeit ‚nicht wirklich' stattfinden kann", *Dahm/Ratzel*, MedR 2006, 555, 568.

591 Kritisch hinsichtlich der Ansicht, der Wettbewerb unter Ärzten müsse gestärkt werden, zeigte sich bereits *Muschallik*, in: FS Deneke, 1985, S. 52, 57: „Die Meinung, die Kassenärzte arbeiteten in einer Art Naturschutzpark und müssten endlich einmal den rauen Wind der Marktwirtschaft zu spüren bekommen, beruht entweder auf Unkenntnis der wahren Verhältnisse oder ist Äußerung einer abstrusen Ideologie".

592 *Kaya*, MVZ auf Gründungs- und Zulassungsebene, 2011, S. 84; *Zwingel/Preißler*, MVZ, ^{2}2008, S. 2 ff.

593 *Wigge*, Radiologie und Recht 2011, 189, 193; vgl. *Möller*, in: FS Dahm, 2017, S. 307, 321; vgl. *Dahm*, in: Dahm/Möller/Ratzel (Hrsg.), Rechtshandbuch MVZ, 2005, Kap. II Rn. 24.

594 Vgl. *Zimmermann*, MedR 2018, 662, 665.

gestützt, sondern mit dem Erfordernis des ärztlichen Leiters[595] angeordnet. Darüber hinaus können Ärzte ein MVZ gründen bzw. ihre BAG in ein MVZ umwandeln, um den freiberuflichen Beschränkungen zu entgehen. Hierdurch verliert die ambulante Versorgung jedoch Stück für Stück ihre freiberufliche Prägung, je mehr Ärzte sich für das MVZ entscheiden.

d) Zwischenergebnis

Zusammenfassend lässt sich sagen, dass freiberufliche Erwägungen im Rahmen der Gründungsvoraussetzungen von MVZ kaum eine Rolle spielen: Lediglich die Ausgrenzung von OHG und KG aus dem potenziellen Kreis möglicher MVZ-Träger kann auf derlei Erwägungen gestützt werden, wobei die Auswirkungen dieser Entscheidung im Anbetracht der Tatsache, dass MVZ von GmbH getragen werden können, mehr auf steuerrechtlicher Ebene als im zulassungs- oder berufsrechtlichen Feld anzusiedeln sind. Die Aufspaltung des MVZ in Verwaltungs- und Behandlungsebenen führt zusammen mit dem Fehlen von Anstellungsgrenzen darüber hinaus zu einem Verfall freiberuflicher Typusmerkmale: Die persönliche Leistungserbringung spielt im MVZ entweder keine Rolle oder ändert ihre Bedeutung. Hierdurch wandelt sich das Vertrauen des Patienten, das nicht mehr personeller, sondern verstärkt institutioneller Natur ist. Dadurch verliert die Selbständigkeit des Arztes an Bedeutung. Ist der Arzt aber nicht mehr selbständig, kann von ihm kein Altruismus mehr gefordert werden, zudem nimmt die Bedeutung der Selbstverwaltung ab.

Infolge der wirtschaftlichen Wettbewerbsvorteile, die das MVZ für sich verbuchen kann, wird die MVZ-Gründung für Ärzte zunehmend attraktiv. Andererseits passt sich die BAG immer mehr der Logik des MVZ an. Dort wo dies noch nicht der Fall ist, werden zumindest Forderungen laut, die BAG mit dem MVZ gleichzustellen[596].

Ähnlich wie bei der mithilfe der anbieterinduzierten Nachfrage begründeten Bedarfsplanung hat sich der Gesetzgeber vorliegend nicht als Schließungstheoretiker betätigt: In erster Linie ging es darum, Mittel im vertragsärztlichen Bereich besser zu nutzen bzw. einzusparen. Dabei prägt der (Bundes-)Gesetzgeber über das Sozial- und Zulassungsrecht nicht nur das ärztliche (Landes-)Berufsrecht[597], während zuvor eher ein umgekehrtes Beeinflussungsverhältnis zwischen diesen Rechtsgebieten bestand[598]. Er formt diese Prägungen anhand der

---

595 S.o. B. III. 4. b) cc).

596 *Ders.*, GesR 2016, 265, 270 f.

597 Anhand des Beispiels der Einführung von MVZ *Schaks*, NZS 2016, 761, 763; *Schirmer/Fuchs*, in: Bild des Arztes, 2009, S. 121, 144; vgl. *Zwingel/Preißler*, MVZ, ²2008, S. 8.

598 *Schneider*, Handbuch des Kassenarztrechts, 1994, S. 7.

allgemeinen Ansichten, zu denen auch eine Abneigung gegenüber freiberuflichen Grundsätzen gehört.

Die bürokratischen Anforderungen an den Arzt (die das verloren gegangene Vertrauen in die Ärzteschaft substituieren) sind im Laufe der Zeit stark gewachsen, sodass mit dem MVZ ein Vehikel eingeführt wurde, das den angestellt arbeitenden Arzt von allen Tätigkeiten, die nicht medizinischer Natur sind, sowie finanziellen Risiken entlastet und eine flexiblere Gestaltung der Arbeitszeiten eröffnet[599]. Die finanziellen Risiken sind auf die Einsparungen im Gesundheitswesen zurückzuführen, die vor allem die Ärzteschaft betrafen und es Ärzten immer schwieriger machen, sich im Wege der Neugründung sowie der Praxisnachfolge selbständig niederzulassen, sodass die Stellung als Arbeitnehmer für den Arzt zwingend eröffnet werden musste[600]. Der Status des Angestellten ist in der Generation jüngerer Ärzte also nicht per se beliebter als die Stellung als Selbständiger[601]. Vielmehr hat die Tätigkeit als selbständiger Arzt durch die Änderungen der letzten Jahre massiv an Attraktivität eingebüßt[602]. Bei dem freiberuflich tätigen, im MVZ angestellten Arzt handelt es sich jedoch – den postmodernen Wurzeln der jüngeren Entwicklungen in der Gesundheitsversorgung entsprechend – um ein Simulakrum des freiberuflich tätigen Vertragsarztes. Dieser Wandel wirkt sich kurzfristig nur bedingt auf die ambulante Gesundheitsversorgung aus. Langfristig ist der Schaden aber viel höher: Zu bezweifeln ist, ob die typische Motivationslage des Freiberuflers, die ihn zu besonderem Einsatz

---

599 *Kaya*, MVZ auf Gründungs- und Zulassungsebene, 2011, S. 81 f.

600 *Dahm*, in: Dahm/Möller/Ratzel (Hrsg.), Rechtshandbuch MVZ, 2005, Kap. II Rn. 5.

601 So aber *Steinhilper*, MedR 2018, 639, 640; *Preißler*, in: FS Dahm, 2017, 335; vgl. *Stackelberg*, GuP (Gesundheit und Pflege) 2016, 24, 25; die (bessere) Work-Life-Balance, die in der neueren Literatur häufig als Vorzug der angestellten Tätigkeit angesehen wird, ist dem Freiberufler jedoch ursprünglich fremd: „Das Vordringen des erwerbswirtschaftlichen Berufsgedankens, wie wir ihn bei Max Weber und Schumpeter formuliert fanden, ist zugleich Symptom einer Schizophrenie beim Einzelnen. Erwerbstätigkeit und Privatleben fallen auseinander, das Individuum selbst zerfällt in Arbeitstier und Privatmensch. Für den überwiegenden Teil der Angehörigen der freien Berufe, ist es jedoch charakteristisch, dass hier beide Sphären zusammenklingen. Für sie gibt es kein Privat und Dienstlich, sondern nur eine, die ganze Persönlichkeit gestaltende, eine „totale" Lebenseinheit darstellende Existenz", *Deneke*, Die freien Berufe, 1956, S. 66; und weiter: „Je mehr im System der modernen Marktwirtschaft das Arbeitsleben vom Privatleben getrennt wird, und je mehr sich hier die Beziehungen objektivieren, desto deutlicher tritt der Unterschied zum Berufs- und Lebensbereich der freien Berufe hervor", *Deneke*, Die freien Berufe, 1956, S. 83; vgl. auch *Deneke*, Individuelle Freiheit in sozialer Sicherheit, 1985, S. 414.

602 In diesem Sinne auch *Rixen*, MedR 2018, 667; zu einseitig ist daher die Darstellung bei *Willaschek*, GuP 2020, 63, 66: „Die Flexibilisierung des Arztberufs, die Einbindung von Teilzeitkräften und Schichtbetrieb auch in der ambulanten Versorgung sind nicht die Folge der MVZ, sondern die MVZ setzen den allgemeinen gesellschaftlichen Trend und versorgungspolitische Notwendigkeiten vertragsarztrechtlich um".

anspornt, bei angestellten Ärzten im selben Maße vorhanden ist wie bei selbständigen Ärzten[603].

5. Zwischenergebnis und weitere Tendenzen zur Entwicklung der Freiberuflichkeit

Normativ verankert ist die Freiberuflichkeit der Ärzteschaft in § 1 I 3 MBO-Ä (bzw. § 1 II Hs. 2 BÄO). In Ermangelung einer Definition ist sie als Typusbegriff ebenso schwer zu greifen, wie es schwierig ist „präzise normative Wirkungen für" ihre „Behandlung im Recht" abzuleiten[604]. Im Laufe der Zeit hat sie sich in Form ihrer einzelnen, miteinander verbundenen Typusmerkmale im deutschen Vertragsarztrecht niedergeschlagen. Dennoch wird ihr teils ein unterschiedlicher Grad an Bedeutung zugemessen: Zunächst könnte man meinen, die Freiberuflichkeit wirke gar nicht (mehr)[605]. Dann dient sie höchstens der Einteilung und Benennung bestimmter Berufsgruppen. Nach einer weitergehenden Interpretation, die am ehesten einer herrschenden Meinung im rechtlichen Diskurs entspricht, soll die Freiberuflichkeit der Ärzte sicherstellen, dass diese ihre Entscheidungen in der konkreten Behandlungssituation zum Wohle des Patienten nur an medizinischen Maßstäben ausrichten und sich von externen Faktoren nicht beeinflussen lassen[606]. Unklar bleibt aber, inwieweit der Zweck strukturell abgesichert werden muss, wie stark die Typusmerkmale mithin ausgeprägt sein müssen, der Arzt seine geistige Leistung also persönlich, wirtschaftlich selbständig sowie altruistisch erbringt und zwischen ihm und seinem Patienten ein Vertrauensverhältnis gegeben ist, wobei er sich mit den anderen Ärzten selbst verwaltet. Hier besteht mithin am meisten Raum für Meinungsverschiedenheiten.

Die Regulierung der Ärzteschaft in der jungen Bundesrepublik entsprach zunächst einem rigiden Vorstellungsbild der Freiberuflichkeit. Dem soziologischen Wandel entsprechend, änderte sich das rechtliche Verständnis der Freiberuflichkeit, was sich in der Schwächung der freiberuflichen Typusmerkmale abzeichnet. Dabei wuchsen die Vorbehalte den Freiberuflern gegenüber sowie die Zweifel, ob die freiberuflichen Strukturen dem Patienten oder doch nur dem Arzt dienten. Die konflikttheoretische Perspektive der Schließungstheoretiker findet sich in der Theorie der anbieterinduzierten Nachfrage wieder, wo sie das Typusmerkmal

---

603 *Kaya*, MVZ auf Gründungs- und Zulassungsebene, 2011, S. 86.

604 BVerfGE 10, 354, 364.

605 *Zuck*, in: FS Geiß, 2000, S. 323, 332 Fn. 45.

606 *Rixen*, MedR 2018, 667, 673; *Lipp*, in: Laufs/Katzenmeier/Lipp (Hrsg.), Arztrecht, [8]2020, II. Rn. 3 m. w. N. in Fn. 11; *Taupitz*, NJW 1992, 2317, 2323, der die Weisungsfreiheit als wichtiger ansieht als die Selbständigkeit.

des Vertrauens schwächt. Dieser Trend weg vom strukturfunktionalen hin zum schließungstheoretischen Verständnis verstärkte sich infolge der erweiterten Anstellungsmöglichkeiten von Ärzten und im MVZ, in dem die Selbständigkeit der Ärzteschaft, die rechtlich immer brüchig war, sowie die persönliche Leistungserbringung aufgelöst wurde.

Weitere Entwicklungen bestätigen die Ergebnisse dieses ersten Kapitels: Zur schließungstheoretischen Sichtweise passt die Möglichkeit, das Medizinstudium Schülern zu ermöglichen, die die erforderlichen Abiturnoten nicht vorweisen können, aber bereit sind, sich zu einer Tätigkeit an einem bestimmten Ort zu verpflichten: Demnach hat der Numerus Clausus nicht mehr die Funktion, die akademische Eignung des Arztes sicherzustellen, um die Qualität der ärztlichen Behandlung zu gewährleisten, sondern dient der Kapazitätsplanung.

Die strukturfunktionalen Ursprünge der ärztlichen Freiberuflichkeit finden sich zwar teils noch wieder, wenn es um die Regulierung von Einzel- und Gemeinschaftspraxen geht. Wie an den Forderungen nach der Abschaffung von Anstellungsgrenzen in der BAG[607] zu sehen ist, geht der Trend tendenziell weg von den rigiden Vorstellungen der einstigen Freiberuflichkeit. Diese Entwicklung und die mit ihr einhergehende Schwächung freiberuflicher Typusmerkmale findet sich auch in anderen Zusammenhängen wieder.

In diesem Kontext ist das Vertrauen in den einzelnen Arzt zu erwähnen. Den schließungstheoretischen Ansätzen (in ihrer Reinform) zufolge ist eine besondere Qualität der ärztlichen Behandlung real nicht vorhanden. Schließlich dient die behauptete Qualität nur der Marktschließung. Dann bietet der Arzt keinen Ansatzpunkt für das Vertrauen des Patienten. Im Anbetracht der Komplexität einer ärztlichen Behandlung sowie der Bedeutung dieser Behandlung für die für das Individuum überragend wichtigen Rechtsgüter Körper und Gesundheit ist aber ein starkes Bedürfnis dafür vorhanden, irgendjemandem oder irgendetwas Vertrauen zu schenken. Insofern muss ein anderer Ansatzpunkt für dieses Vertrauen gefunden werden. Diesen bietet zunehmend nicht mehr der Arzt, sondern der Staat: Mit der Einführung immer neuer Behandlungsrichtlinien[608] (die suggerieren, die ärztliche Leistung sei standardisierbar) versucht[609] er dem Sicherheitsbe-

---

607 *Ders.*, GesR 2016, 265, 270 f.

608 *Schirmer/Fuchs*, in: Bild des Arztes, 2009, S. 121, 126.

609 Dieser Versuch ist aber auch mit Schwächen behaftet, denn „offenbar kann man eine ärztliche Leistung nur ungenau beschreiben", *Hartmannsgruber*, in: Ratzel/Luxenburger (Hrsg.), Handbuch Medizinrecht, ³2015, Kap. 7 Rn. 785; aktuell bleibt daher der Apell von *Deneke*, Individuelle Freiheit in sozialer Sicherheit, 1985, S. 338: „Es wird nie gelingen, die ganze Fülle der Lebenswirklichkeit in Paragraphen zu fassen. Das Paragraphendickicht moderner Rechtsstaaten entsteht übrigens gerade deswegen, weil eben der demokratische Gesetzgeber eben dieses verursacht, um jedem das Seine zu geben. Die Gesetzgebung kann also niemals

dürfnis seiner Bürger beizukommen und einen Anknüpfungspunkt für das Vertrauen in eine korrekte Behandlung außerhalb der Person des Arztes zu bieten. Hierunter leidet das Vertrauensverhältnis zwischen Arzt und Patient[610]. Die mit der Einführung diverser Richtlinien verbundene Beschränkung der Therapiefreiheit sowie die Verrechtlichung der Medizin führt zu einer steigenden Anzahl straf- sowie zivilrechtlicher Verfahren gegen Ärzte[611], woraufhin diese – im Versuch sich gegen diese potenziellen Ansprüche abzusichern – zu einer Defensivmedizin tendieren, die wiederum zu mehr ärztlichen Fehlern führt[612]. Entgegen der Intention des Gesetzgebers des GSG führt die gerade beschriebene Defensivmedizin zu einer Erweiterung der anbieterinduzierten Nachfrage[613]. Auch die Schwächung[614] der freien Arztwahl macht Sinn, wenn man davon ausgeht, dass es eine spezielle, auf die Person des Arztes zurückzuführende Qualität nicht gibt. Je mehr man diese Annahme für zutreffend hält und davon ausgeht, dass sich die Qualität der Behandlung über entsprechende Richtlinien sicherstellten lässt, desto eher verliert die ärztliche Zulassung ihre qualitätsschützende Funktion.

– was die Konsequenz der auch von ärztlicher Seite erhobenen Forderung nach perfekter Gesetzgebung wäre – die selbstverantwortliche Gewissenentscheidung überflüssig machen. Ja, sie darf das auch gar nicht! Letztlich steht also das Thema unter dem uralten Spannungsbogen ‚Individuum und Gemeinschaft‘. Gerade auch weil der Mensch als Individuum nicht leben kann ohne die mitmenschliche Gemeinschaft, gerade deswegen bleibt dieses Spannungsverhältnis ein ewiges. Es bleibt eine dem Menschen immer wieder neu gestellte Aufgabe, dieses Spannungsverhältnis zu leben und es von Fall zu Fall in sich selbst durch freie Gewissensentscheidung auszugleichen“; kritisch zudem *ders.*, Die freien Berufe, 1956, S. 334, „wo man schon die freiberufliche Arbeit nicht selbst erledigen kann, möchte man sie doch an zum Teil bis ins einzelne gehende Weisungen binden“.

610 *Katzenmeier*, MedR 2012, 576, 578, 582; „externe Eingriffe in die Therapiefreiheit, wie etwa schematische Standardisierungen, können sich nur destruktiv auf die Vertrauensbeziehung von Patient und Arzt auswirken: Der Arzt fühlt sich seiner Freiheit beraubt, der Patient zweifelt an der Unabhängigkeit des Arztes“, so *Bundesärztekammer*, Gesundheitspolitische Leitsätze der deutschen Ärzteschaft. Ulmer Papier (https://www.bundesaerztekammer.de/fileadmin/user_upload/downloads/UlmerPapierDAET111.pdf), S. 5 (geprüft am 19.9.2023).

611 *Ulsenheimer*, MedR 2015, 757.

612 *Miranowicz*, MedR 2018, 131, 134 f.

613 *Bickerdyke/Dolamore/Monday u. a.*, Supplier Induced Demand for Medical Services. Productivity Commission Staff Working Paper, 2002 (https://www.pc.gov.au/research/supporting/supplier-induced-medical-demand/sidms.pdf), S. 33 (geprüft am 19.9.2023); *Kern*, Arztinduzierte Nachfrage in der ambulanten Versorgung (https://vwl.wiwi.uni-augsburg.de/vwl/institut/paper/225.pdf), S. 37 (geprüft am 19.9.2023); *Ulsenheimer*, MedR 2015, 757, 761.

614 Neben der Modifikation der freien Arztwahl im MVZ wird die freie Arztwahl auch durch § 73b III 2 SGB V eingeschränkt, wenn sich der Patient für die hausarztzentrierte Versorgung entscheidet, zur hausarztzentrierten Versorgung und ihrer Verfassungsmäßigkeit s. *Kanter*, Zulassung im Wandel, 2013, S. 294 ff., 299 ff., 323 ff.

Neben dem schwindenden Vertrauen in den Arzt unterminiert der Gesetzgeber die ärztliche Selbstverwaltung[615] durch zahlreiche Maßnahmen immer weiter: I. R. d. GSG führte er die verschuldensunabhängige Gewährleistungshaftung des Vorstands der KVen gem. § 84 IVb SGB V ein, die einen „Ausdruck des Misstrauens des Gesetzgebers gegenüber dem Funktionieren der Selbstverwaltung der Vertragsärzte"[616] darstellt. Im GMG folgten die im selben Geiste geschaffenen Korruptionsbekämpfungsstellen[617]. Im Jahr 2009 übernahm das Institut des Bewertungsausschusses die Geschäftsführung des Bewertungsausschusses von der KBV[618]. Indem der Gesetzgeber es den Kassen erlaubt, Einzelverträge mit Ärzten abzuschließen und die Gesamtvergütung um die Auszahlungsbeträge dieser Selektivverträge zu bereinigen, geht der Sicherstellungsauftrag der KVen teilweise auf die Kassen über[619], sodass im Ergebnis die zentrale Kompetenz der KVen durch den Gesetzgeber angegriffen wird[620]. Die Einzelverträge sind statistisch relevant: Alleine zwischen den Jahren 2004 und 2006 wurden über 3.400 Einzelverträge geschlossen[621]. Ähnlich wie beim Typusmerkmal des Vertrauens wird die Zulassung bzw. der mit der Zulassung verbundene Zutritt zur KV immer unbedeutender, da der Selbstverwaltung immer weniger Befugnisse zukommen.

Die Ärzteschaft hat kaum Möglichkeiten, diesen Entwicklungen mithilfe ihrer Grundrechte entgegenzuwirken, denn einerseits wird zwar postuliert, der Gesetzgeber habe die Freiberuflichkeit i. R. v. „Gesetzgebungen berufsbildprägender Art" zu achten, andererseits lässt sich „eine institutionelle oder sonstig objektiv-bestandsschützende Garantie der ‚freien Berufe' […] aus Art. 12 Abs. 1 nicht – auch nicht hinsichtlich einzelner Elemente – ableiten"[622]. Wie am Beispiel des Nichtannahmebeschlusses der Verfassungsbeschwerde hinsichtlich der Bedarfsplanung zu sehen ist, werden mögliche Eingriffe in die Berufsfreiheit des Arz-

---

615 Zur Entwicklung berufsständischer Selbstverwaltung im Allgemeinen vgl. auch *Kämmerer*, Freie Berufe, 2010, H 36 ff.

616 *Hartmannsgruber*, in: Ratzel/Luxenburger (Hrsg.), Handbuch Medizinrecht, ^{3}2015, Kap. 7 Rn. 43.

617 *Ders.*, in: Ratzel/Luxenburger (Hrsg.), Handbuch Medizinrecht, ^{4}2020, Kap. 8 Rn. 51 ff.

618 *Ders.*, in: Ratzel/Luxenburger (Hrsg.), Handbuch Medizinrecht, ^{4}2020, Kap. 8 Rn. 101.

619 Zeitweise plante der Gesetzgeber die gesamte fachärztliche Versorgung in eine Struktur zu überführen, in der nur Einzelverträge zu schließen waren, s. *Konerding*, Vertragsarztsitz im MVZ, 2009, S. 37 f.; *Lindenau*, MVZ, 2008, S. 160 Rn. 407.

620 *Hartmannsgruber*, in: Ratzel/Luxenburger (Hrsg.), Handbuch Medizinrecht, ^{4}2020, Kap. 8 Rn. 217, 232; *Kanter*, Zulassung im Wandel, 2013, S. 278, 291 f., 310; die integrierte Versorgung greift indes die Grundsätze der Präponderanz des niedergelassenen Vertragsarztes, der persönlichen Leistungserbringung sowie der freien Arztwahl an, s. *Lindenau*, MVZ, 2008, S. 165 f. Rn. 421 ff.

621 *Zwingel/Preißler*, MVZ, ^{2}2008, S. 3.

622 *Scholz*, in: Maunz/Dürig (Begr.), Grundgesetz, Art. 12 GG Rn. 269 (Stand: Juni 2006, EL: 47).

tes[623] als Folge dieser schwachen Position mit der Finanzierbarkeit der gesetzlichen Krankenversicherung gerechtfertigt[624]: „Der Gesetzgeber ist sozusagen das Bombenräumkommando der GKV, die unentwegt in funktioneller bzw. finanzieller Explosionsgefahr ist“[625]. Dies „bedingt immer weitere oder ergänzende planwirtschaftliche Regelungen und zeigt sich auch an den immer kürzeren Intervallen der Gesetzesnovellen“[626]. Die rechtlich schwache Position des Arztes erklärt sich aus dem Regel-Ausnahmeverhältnis, welches die Rechtsprechung des BVerfG und BSG aufstellt: Entreißt der Staat dem Arzt den Markt für gesundheitliche Dienstleistungen mithilfe der GKV, muss sich der Staat auch für jeden weiteren Eingriff vor dem Hintergrund des abwehrrechtlich wirkenden Art. 12 I GG rechtfertigen, was die Ausnahme bleiben wird und deutlich schwieriger ist, als dieselben Maßnahmen zu rechtfertigen, wenn man annimmt, der Arzt partizipiere an der vom Gesetzgeber geschaffenen GKV, sodass Art. 12 I GG für ihn nur ein Teilhaberecht darstellt – letzteres nimmt die neuere Rechtsprechung[627] regelmäßig an[628]. Als Folge dieser Sichtweise wird der Beruf des Arztes im Ergebnis immer mehr dem staatlich gebundenen Beruf bzw. dem Dreiviertel-Beamten angeglichen[629]. Der Freiberuflichkeit des Arztes kommt damit im Rahmen der Prüfung von Art. 12 I GG kaum eine Bedeutung zu: Die fremd-

---

[623] Insoweit vermeidet das BVerfG schon die Eingriffsprüfung, s. BVerfG, Nichtannahmebeschl. v. 27. April 2001 – 1 BvR 1282/99, juris Rn. 5.

[624] BVerfG, Nichtannahmebeschl. v. 27. April 2001 – 1 BvR 1282/99, juris Rn. 5; hierbei stützte das Gericht seinen Beschluss auch auf die Feststellung, dass die Eingriffsintensität mit der Möglichkeit Sonderbedarfszulassungen zu vergeben, gesenkt wird, s. BVerfG, Nichtannahmebeschl. v. 27. April 2001 – 1 BvR 1282/99, juris Rn. 10; im Laufe der Zeit hat die Eingriffsintensität jedoch zugenommen: Als Folge der zunehmend kleinräumigen Bedarfsplanung (s.o. B. III. 2. c) aa)) verliert einerseits zumindest der lokale Sonderbedarf an Bedeutung. Zudem sind für einzelne Fachgruppen teils alle Niederlassungsmöglichkeiten im gesamten Bundesgebiet gesperrt (s.o. B. III. 2. d)), sodass die Bedarfsplanung nicht mehr nur den Ort der Arbeit bestimmt, so aber noch BVerfG, Nichtannahmebeschl. v. 27. April 2001 – 1 BvR 1282/99, juris Rn. 9; zuletzt kann die Eingriffsintensität nicht mehr mithilfe der Praxisnachfolge verringert werden, da immer mehr Zulassungen (auch in Form von Angestelltengenehmigungen) innerhalb von MVZ (bzw. BAG) gebunden sind.

[625] *Rixen*, MedR 2018, 667, 669, der anmerkt, dass das BVerfG zum Berufsrecht der Ärzte – also wenn es um Streitigkeiten geht, die nur Ärzte untereinander betreffen, wie beim Werbeverbot – eher streng ist. Hier ergeben sich gewisse Parallelen zur Praxisnachfolge und insbesondere zum Konzessionshandelsverbot, s.u. D. I. 2. c).

[626] *Cramer/Maier*, MedR 2002, 616, 625; *Ricken*, GesR 2016, 265, 267 ist hingegen überrascht von der kurzen Zeitspanne zwischen GKV-VStG und GKV-VSG.

[627] Dem Kassenarzturteil lag hingegen noch ein abwehrrechtliches Verständnis des Art. 12 I GG zugrunde, *Riedel*, NZS 2009, 260, 261.

[628] *Rixen*, MedR 2018, 667, 670 f.; *Hufen*, MedR 1996, 394, 396 f.

[629] Vgl. *Seer*, MedR 1995, 131, 133.

nützig ausgestaltete Therapiefreiheit[630], die durch die (auch) fremdnützig ausgestaltete[631] ärztliche Freiberuflichkeit abgesichert wird, wird in der Grundrechteabwägung nicht aufseiten des Patienten gewichtet. Stattdessen stellt das BVerfG über das Sozialstaatsprinzip auf Art. 2 II 1 GG der Patienten ab, das regelmäßig schwerer zu gewichten ist als die Berufsfreiheit der Ärzte[632].

Insofern stimmen Gesetzgeber und Rechtsprechung ganz überwiegend überein, sodass der Entwicklung der Freiberuflichkeit weg vom strukturfunktionalen Konzept weiterhin nichts im Weg steht. Abzuwarten bleibt, inwieweit die langfristigen Wohlfahrtsverluste, die diese ursprüngliche Idee der Freiberuflichkeit vermutete und zu vermeiden suchte, die kurzfristigen Effizienzsteigerungen im Gesundheitswesen überwiegen, zugunsten der die freiberuflichen Prinzipien eingeschränkt wurden und die den technisch und demographisch bedingten Kostendruck in den Sozialsystemen ausgleichen sollen. Zwar scheuen sich die meisten Stimmen in der rechtswissenschaftlichen Literatur noch davor, die (ärztliche) Freiberuflichkeit zu begraben[633], was angesichts des Postulats in § 1 I 3 MBO-Ä (bzw. § 1 II Hs. 2 BÄO) nachvollziehbar ist. Hierdurch ergibt sich jedoch an einer anderen Stelle ein Dilemma: Wie gezeigt, schwächen sich die Typusmerkmale der Freiberuflichkeit immer weiter ab. Dies führt jedoch dazu, dass ihre ursprünglichen Ziele – die Incentivierung des Arztes unter Beibehaltung seiner Unabhängigkeit – zumindest mithilfe ihres Konzepts immer weniger erreicht werden können. Bezeichnet man ein im Wesentlichen nicht mehr freiberufliches System jedoch weiterhin als solches und stellt sich heraus, dass die angesprochenen Ziele verfehlt werden, könnte man meinen, die Freiberuflichkeit eigne sich nicht zur Umsetzung ihrer selbst vorgegebenen Ziele, obwohl es sich bei ihr um ein gutes System handelt. Die Frage, wann die Typusmerkmale so schwach ausgeprägt sind, dass man das System nicht mehr als freiberuflich bezeichnen kann, ist abstrakt und dementsprechend kaum zu beantworten. Dies führt aber dazu,

---

[630] *Miranowicz*, MedR 2018, 131, 136, die diesbezüglich auch auf *Katzenmeier*, MedR 2012, 576, 579 verweist; s. zudem schon unter B. II. 4.

[631] Vgl. *Lipp*, in: Laufs/Katzenmeier/Lipp (Hrsg.), Arztrecht, ^{8}2020, II. Rn. 4; s. zudem schon oben B. II. 7.

[632] *Rixen*, MedR 2018, 667, 669.

[633] *Ratzel/Knüpper*, in: Ratzel/Luxenburger (Hrsg.), Handbuch Medizinrecht, ^{4}2020, Kap. 6 Rn. 23; *Prütting*, in: Ratzel/Lippert/Prütting (Hrsg.), Kommentar MBO-Ä, ^{7}2018, § 1 Rn. 20; *Quaas*, in: Quaas/Zuck/Clemens (Hrsg.), Medizinrecht, ^{4}2018, § 13 Rn. 9, 11; *Laufs*, in: Bild des Arztes, 2009, S. 9, 17: „Die überlieferte Freiberuflichkeit verliert ihre Konturen"; *Quaas*, MedR 2001, 34, 37 warnt lediglich davor, eine Grenze zu überschreiten, „jenseits derer sich eine Zugehörigkeit der Vertragsärzte zu den ‚Freiberuflern' nicht mehr feststellen lässt"; *Maydell*, NZS 1996, 243, 245 lässt die Frage nach der Freiberuflichkeit des Arztes schon ausdrücklich offen.

dass eine Art der Zombie-Freiberuflichkeit systematisch begünstigt wird. Insofern ist es weiterhin von Bedeutung, darauf hinzuweisen, an welchen Stellen das Gesundheitssystem nicht freiberuflich geprägt ist.

C. Die vertragsärztliche Zulassung und ihre Derivate

Die bisherige Analyse hat ergeben, dass die für die Praxisnachfolge relevantesten Reformen des Vertragsarztrechts die Freiberuflichkeit des Arztes sukzessive abgeschwächt haben. Dennoch statuieren § 1 I 3 MBO-Ä und § 1 II Hs. 2 BÄO weiterhin, dass der ärztliche Beruf zu den freien Berufen gehört. Die soziale Realität und ihre rechtliche Bewertung scheinen immer weiter auseinander zu gehen. Die Parallele zur Praxisnachfolge drängt sich an dieser Stelle förmlich auf: Während die Rechtsprechung den Konzessionshandel verbietet, ist die Annahme, der Handel mit ärztlichen Zulassungen sei unproblematisch möglich, unter Ärzten weit verbreitet[1]. Dieser Widerspruch zwischen den Ansichten in der Laiensphäre sowie der Rechtsprechung kann als Indiz dafür gesehen werden, dass sich die Maßgaben der Rechtsprechung in der Lebensrealität der meisten Ärzte nicht wiederfinden. Dies bietet Anlass, um näher zu untersuchen, ob das Konzessionshandelsverbot konsequent umgesetzt wird bzw. im geltenden Recht überhaupt umsetzbar ist.

Bevor auf die Frage nach dem Transfer der Zulassung eingegangen werden kann, ist es indes erforderlich, nachzuvollziehen, wie sie an sich rechtlich ausgestaltet ist. Die vertragsärztliche Zulassung hat sich i. R. d. veränderten Freiberuflichkeitsverständnisses zwar nur bedingt verändert, in Form der MVZ-Zulassung sowie Anstellungsgenehmigung jedoch Derivate hervorgebracht. Da freiberufliche Grundsätze im Laufe der Zeit an Bedeutung verloren haben, soll der These nachgegangen werden, dass die vertragsärztliche Zulassung je eher an Höchstpersönlichkeit verliert, desto stärker der Arzt und mit ihm seine Zulassung (entgegen der ursprünglichen Maßgabe vertragsärztlicher Freiberuflichkeit) in kollektive Systeme eingebunden ist (hierzu II.). Neben einer einfachrechtlichen Beschreibung der Zulassung ist zudem der verfassungsrechtliche Rahmen, in den die Zulassung eingebettet ist, und dabei der Schutz der Zulassung durch Art. 14 I GG in den Blick zu nehmen: Der derzeit vorherrschende Ansatz, der Zulassung den Schutz des Art. 14 I GG nur über das Recht am eingerichteten und ausgeübten Gewerbebetrieb zukommen zu lassen, erklärt die Struktur des § 103 IIIa, IV SGB V, kommt jedoch zunehmend unter Druck, da er dem Abbau von

---

[1] S. schon in der Einleitung unter A.

Zulassungen entgegensteht. Für den direkten Schutz der Zulassung durch Art. 14 I GG sollte es jedoch weniger auf eine Eigenleistung des Arztes, sondern auf den Eigenwert und die Handelbarkeit der Zulassung ankommen (hierzu III.).

I. Einfachrechtliche Implikationen der Zulassung

1. Einleitung

Die Höchstpersönlichkeit der vertragsärztlichen Zulassung ist das zentrale rechtsdogmatische Argument für das Konzessionshandelsverbot und soll daher in diesem Kapitel in den Fokus rücken. Die Zulassung wird als über lange Zeit geprägtes (hierzu 2. a)), öffentlich-rechtliches Instrument, das dem Arzt die Mitgliedschaft in der KV und damit die Versorgung aller gesetzlich versicherten Patienten eröffnet, nur einer natürlichen Person verliehen, die zunächst bestimmte Voraussetzungen erfüllt (hierzu 2. b) aa)), und der auf dieser Basis Rechte und Pflichten zugeordnet werden (hierzu 2. b) bb)). Dies ist der ausschlaggebende Grund dafür, dass die Zulassung höchstpersönlich ist (hierzu 2. b) cc)).

Die vertragsärztliche Zulassung wird jedoch zunehmend in kollektive Strukturen eingebunden, was ihre Höchstpersönlichkeit vor Herausforderungen stellt: Derartige Strukturen bieten einerseits die BAG, die den Mitgesellschaftern des Vertragsarztes über den Gesellschaftsvertrag Einflussmöglichkeiten auf die Zulassung bietet (hierzu 3.). Andererseits erweist sich das MVZ als Herausforderung für die Höchstpersönlichkeit der Zulassung: Hier teilt sich die Vertragsarztzulassung in die MVZ-Zulassung (hierzu 4. a)) und Anstellungsgenehmigung (hierzu 4. b)), wodurch sich die mit der Vertragsarztzulassung einhergehenden Rechte und Pflichten aufspalten (hierzu 4. c)). Problematisch wird die Zuordnung von Rechten und Pflichten, wenn ein Vertragsarzt aufgrund seiner Zulassung im MVZ tätig wird, da die MVZ- und die Vertragsarztzulassung hier kollidieren (hierzu 4. d)). Die mit der Einführung des MVZ einhergehende Einführung der Anstellungsgenehmigung führt unterdessen zu Schwierigkeiten in der BAG, weil es hier an einer Gruppengenehmigung wie im MVZ fehlt, an welche die Anstellungsgenehmigung angebunden werden kann (hierzu 5.).

2. Die vertragsärztliche Zulassung

a) historisch

Die vertragsärztliche Zulassung ist das Produkt jahrelanger Kämpfe der Ärzte um ihre Unabhängigkeit von den Krankenkassen[1] und damit wesentlicher Ausdruck der ärztlichen Freiberuflichkeit. Ausgangspunkt[2] für die vertragsärztliche Zulassung in ihrer heutigen Form ist die vierte Verordnung des Reichspräsidenten zur Sicherung von Wirtschaft und Finanzen und zum Schutz des inneren Friedens vom 8.12.1931[3] sowie die Verordnung über die kassenärztliche Versorgung vom 14.1.1932[4]: Mit dieser Reform wurde das System der Einzelverträge[5] zugunsten der Gesamtverträge aufgegeben, das Verhältnis zwischen Ärzten und Kassen vom Zivilrecht ins öffentliche Recht überführt[6] und die KVen als Körperschaften des öffentlichen Rechts etabliert, in welcher die ärztliche Verhandlungsmacht infolge der Zwangsmitgliedschaft der Kassenärzte gebündelt wurde[7]. Wurde die Zulassung zuvor noch als „Anerkennung des Anspruchs auf Abschluss eines Vertrages über die Ausübung einer Kassenarztpraxis" definiert, galt sie fortan als „Berechtigung […], durch schriftliche Erklärung in einem bestimmten Bezirk den Gesamtverträgen aller Kassen beizutreten"[8]. Für die Möglichkeit, sich über dieses System zu finanzieren, verzichteten die Ärzte auf ihr Streikrecht[9]. Mit der Zulassungsordnung zum 17.5.1934 wurde die Teilnahme am System der kassenärztlichen Versorgung zudem auf Ärzte mit einer entsprechenden Zulassung beschränkt[10]. Weitere Prinzipien dieser Zulassungsordnung, die bis

[1] *Laufs/Katzenmeier*, in: Laufs/Katzenmeier/Lipp (Hrsg.), Arztrecht, [8]2020, I. Rn. 61; *Lindenau*, MVZ, 2008, S. 10 ff. Rn. 26 ff.

[2] Vgl. BSGE 122, 112 ff. = NZS 2017, 539, 545; *Lindenau*, MVZ, 2008, S. 14 f. Rn. 36.

[3] RGBl. I, 699.

[4] RGBl. I, 19.

[5] Als Folge des Berliner Abkommens mussten sich diese Einzelverträge jedoch bereits an den Vorgaben des Vertragsausschusses, welcher durch Mitglieder der Kassen und der Ärzteschaft besetzt war, bzw. an „kollektiven Mantelverträgen" ausrichten, sodass diesen Einzelverträgen bereits ein kollektivvertraglicher Einschlag zugrunde lag, s. *Kanter*, Zulassung im Wandel, 2013, S. 17, 21 f.; s. auch *Lindenau*, MVZ, 2008, S. 12 Rn. 30.

[6] *Lindenau*, MVZ, 2008, S. 13 Rn. 33 stellt eine Verlagerung ins öffentliche Recht schon im Jahr 1924 fest.

[7] *Clemens*, in: Laufs/Kern/Rehborn (Hrsg.), ArztR-HdB, [5]2019, § 26 Rn. 17; *Kanter*, Zulassung im Wandel, 2013, S. 25, 54 f.

[8] *Schnapp*, in: Schnapp/Wigge (Hrsg.), Vertragsarztrecht, 2017, § 1 Rn. 19.

[9] *Kanter*, Zulassung im Wandel, 2013, S. 155; s.u. unter C. I. 2. b) bb).

[10] *Riedel*, NZS 2009, 260; während des Zweiten Weltkriegs kam es infolge der Einziehung zahlreicher Ärzte jedoch zu einem Ärztemangel, sodass bei Bedarf ab 1939 auch nicht zugelassene Ärzte an der Versorgung gesetzlich versicherter Ärzte teilnehmen durften, *Schnapp*, in: Schnapp/Wigge (Hrsg.), Vertragsarztrecht, 2017, § 1 Rn. 32 f.

heute fortgelten, liegen in der Verpflichtung der Ärzte gegenüber der KV, die Bevölkerung zu versorgen, in der Einführung von (damals rein ärztlich besetzten) Zulassungsausschüssen sowie in der Eintragung ins Ärzteregister als Voraussetzung für den Erhalt einer Zulassung[11].

Ende der 1940er Jahre gründeten sich die KVen auf Landesebene, die das NS-Regime[12] (mit der Verordnung über die Kassenärztliche Vereinigung Deutschlands vom 2.8.1933[13]) zugunsten einer zentralen KV aufgelöst hatte, neu und übernahmen wieder die Honorarverhandlungen mit den Krankenkassen[14]. Mit dem GKAR von 1955, welches sich wesentlich am Status Quo der späten Weimarer Republik orientierte, wurde die KBV auf Bundesebene eingerichtet[15]. Das GKAR etablierte diverse weitere (mittlerweile stark aufgeweichte[16]) Grundpfeiler des deutschen Kassenarztrechts wie den Versorgungsauftrag der KVen, die freie Arztwahl sowie die Trennung in stationären und ambulanten Sektor[17]. Zuletzt wurde die Zulassung durch die Einführung der Bedarfsplanung und des MVZ modifiziert[18].

b) rechtlich

aa) Voraussetzungen der Zulassung

Um den ärztlichen Beruf ausüben zu können, bedarf es lediglich der Approbation, § 2 I BÄO. Will der Arzt darüber hinaus an der kassenärztlichen Versorgung teilnehmen, muss er zunächst im Arztregister eingetragen sein, § 95 II 1 SGB V. Hierzu muss der (Human-)Mediziner gem. §§ 95 II 3 Nr. 1, 95a I SGB V neben seiner Approbation die Weiterbildung zum Allgemein- oder Facharzt abgeschlossen haben (s. zudem §§ 1 ff. Ärzte-ZV). Das Zulassungsverfahren mit vorheriger Registereintragung ist daher zweigliedrig. Zur Stärkung der Ärzteschaft wollte der Gesetzgeber mit dieser Ausgestaltung Fragen nach der rechtlichen Wirksamkeit der Weiterbildung von Zulassungsfragen abkoppeln: Zuständig für die Fest-

---

11 *Schnapp*, in: Schnapp/Wigge (Hrsg.), Vertragsarztrecht, 2017, § 1 Rn. 30; vgl. auch *Lindenau*, MVZ, 2008, S. 14 f. Rn. 36 f.

12 Zum Zulassungsrecht im Dritten Reich s. *Kanter*, Zulassung im Wandel, 2013, S. 27 ff.; *Lindenau*, MVZ, 2008, S. 16 Rn. 38 ff.

13 RGBl. I, 567.

14 *Clemens*, in: Laufs/Kern/Rehborn (Hrsg.), ArztR-HdB, [5]2019, § 26 Rn. 26; *Schnapp*, in: Schnapp/Wigge (Hrsg.), Vertragsarztrecht, 2017, § 1 Rn. 34; ausführlich *Gerst*, Standesorganisation, 2004, S. 149 ff.

15 *Kanter*, Zulassung im Wandel, 2013, S. 32.

16 S.o. B. III. 4. a) sowie B. III. 5.

17 Zu Inhalt wie Entstehung dieses Gesetzes s. *Gerst*, Standesorganisation, 2004, S. 234 ff.; *Lindenau*, MVZ, 2008, S. 17 f. Rn. 44.

18 Hierzu s.o. B. III.

stellung, dass ein Arzt die Erfordernisse der Weiterbildung erfüllt hat, ist nur die (rein ärztlich besetzte) KV, die nachfolgenden Behörden – insbesondere die (auch mit Vertretern der Krankenkassen besetzte) Zulassungsausschüsse – sind an die Entscheidung der KV zur Registereintragung gebunden[19]. Dass zuallererst der Stand über die Gültigkeit der Ausbildung entscheiden soll, folgt Grundüberlegungen strukturfunktionaler (und gerade nicht schließungstheoretischer) Überlegungen zur Freiberuflichkeit[20]. Erklären lässt sich das Arztregister zudem historisch: Dieses wurde i. R. d. Berliner Abkommens, welches die Rechte der Ärzte stärken sollte, eingeführt und hatte hier die Funktion einer Warteliste für Ärzte, denen aufgrund eines für sie ungünstigen Verhältnisses zwischen Ärzten und Bevölkerung die Zulassung versagt wurde[21].

Ist der Arzt ins Register eingetragen, wird er außerordentliches Mitglied der KÄV § 77 III 2 SGB V. Als solches ist er im Rahmen der Vertreterversammlung zur Wahl berechtigt, § 80 I SGB V. Nach der Registereintragung kann der Arzt zudem die Zulassung schriftlich (§ 18 I 1 Ärzte-ZV) beantragen, § 95 II 1 SGB V. Hierzu muss er sein Fachgebiet und den Ort der Niederlassung (§ 18 I 2 Ärzte-ZV) angeben sowie die in § 18 I, II Ärzte-ZV aufgeführten Dokumente beilegen. Zuletzt darf das Gebiet, in dem er sich niederlassen will, nicht überversorgt und daher für neue Zulassungen gesperrt sein (§ 95 II 9 SGB V). In diesem Fall müsste er eine Zulassung (bspw.) i. R. d. Verfahrens gem. § 103 IV SGB V erhalten. Die Zulassung dient dem Gesetzgeber daher auch zur Umsetzung der Bedarfsplanung[22].

bb) Rechte und Pflichten des Vertragsarztes und das Streikverbot

Rechtlich[23] stellt die vertragsärztliche Zulassung[24] einen Verwaltungsakt dar[25], der den Arzt zum Mitglied der KV werden lässt. Mit dieser Mitgliedschaft ist eine Reihe von Rechten und Pflichten verbunden. Die Mitgliedschaft in der KV führt für den einzelnen Arzt zunächst dazu, dass diverse Richtlinien und Vereinbarungen, die die KV bspw. mit dem GBA schließt, über die Satzung der KV

---

[19] BSG, Urt. v. 13.12.2000 – B 6 KA 26/00 R, BeckRS 2001, 40726 Rn. 23, 26.

[20] S.o. B. I. 4.

[21] BSG, Urt. v. 13.12.2000 – B 6 KA 26/00 R, BeckRS 2001, 40726 Rn. 24.

[22] *Kanter*, Zulassung im Wandel, 2013, S. 90 f.

[23] Zu den rechtlichen Implikationen der Zulassung s. auch *Reuter*, Schutz der Zulassung, 2013, S. 8 ff.; *Kanter*, Zulassung im Wandel, 2013, S. 10 f., 60 ff., 106 ff.; *Hesral*, in: Ehlers (Hrsg.), Fortführung von Arztpraxen, ³2009, Kap. 3 Rn. 149 ff.; *Weiß*, NZG 2005, 67, 67 ff.

[24] Der teil-zugelassene Arzt ist (abgesehen von der Quantität der zu erbringenden Sprechstunden) ebenso zu behandeln wie der voll-zugelassene Arzt, s. *Konerding*, Vertragsarztsitz im MVZ, 2009, S. 120.

[25] *Bristle*, in: Sodan (Hrsg.), Krankenversicherungsrecht, ³2018, § 17 Rn. 5.

bindend werden, § 81 III SGB V. In erster Linie wird der Arzt über die Mitgliedschaft in der KV aber in den Sicherstellungsauftrag (s. § 75 I 1 SGB V) einbezogen, wodurch er das Recht erwirbt sowie der Pflicht unterliegt, gesetzlich versicherte Patienten zu behandeln (§ 95 III 1 SGB V), und die vorgenommenen Behandlungen nach den Regeln des EBM (s. hierzu § 87 I 1 SGB V) der KV gegenüber abzurechnen[26], die die Gesamtvergütung dem HVM entsprechend auf die Ärzte verteilt (§ 85 IV 1, 2 SGB V). Dabei sind „Zulassung und Versorgungsauftrag [...] – nicht anders als Zulassung und Vertragsarztsitz[27] – untrennbar miteinander verbunden“[28]. Pro Zulassung folgt also nur ein Versorgungsauftrag, auch wenn der Arzt im Rahmen seiner Zulassung zwei Fachbereiche abdeckt[29]. Hieran anschließend könnte man zwischen dem Versorgungsauftrag und dem Vertragsarztsitz eine Verbindung in Form des (lokalen) Bedarfs sehen.

Das Recht bzw. die Pflicht zur Behandlung gesetzlich versicherter Patienten, das bzw. die mit dem Versorgungsauftrag einhergeht, ist zudem in mehrfacher Hinsicht begrenzt: Eine inhaltliche Beschränkung ergibt sich daraus, dass der Arzt Patienten nur im Rahmen seines Fachgebiets[30] behandeln darf, eine topographische Beschränkung folgt hingegen aus den Regelungen zum Vertragsarztsitz (§ 95 I 5 SGB V, § 24 I Ärzte-ZV). Hinsichtlich dieser lokalen Beschränkung gibt es mit den Regelungen zu den ausgelagerten Praxisräumen (s. § 24 V Ärzte-ZV, § 1a Nr. 20 BMV-Ä) sowie den Zweig- bzw. Nebenbetriebsstätten (§ 24 III Ärzte-ZV, § 1a Nr. 22 BMV-Ä) jedoch diverse Ausnahmen. Die letzte Regelung ist zu kritisieren: Da die Verbesserung der Versorgung in § 24 III Ärzte-ZV nicht im Sinne der BedPlRL verstanden wird[31], können Zweigpraxen in überversorgten Gebieten genehmigt werden, womit der Gesetzgeber seine eigene Bedarfsplanung konterkariert[32].

Durch diverse weitere Regelungen wird die Therapiefreiheit des Arztes eingeschränkt: So kann der Arzt nur Therapien verschreiben, die der Qualität und Wirksamkeit des allgemein anerkannten Standes der medizinischen Erkenntnisse entsprechen und den medizinischen Fortschritt berücksichtigen (§ 2 I 3 SGB V), wobei neuere Therapien gem. § 135 I SGB V vom GBA empfohlen werden müs-

---

[26] *Hartmannsgruber*, in: Ratzel/Luxenburger (Hrsg.), Handbuch Medizinrecht, [4]2020, Kap. 8 Rn. 815, 981 ff.

[27] Hierzu sogleich.

[28] BSG Urt. v. 28.9.2016 – B 6 KA 32/15, BeckRS 2016, 115257 Rn. 33.

[29] BSG Urt. v. 28.9.2016 – B 6 KA 32/15, BeckRS 2016, 115257 Rn. 34.

[30] *Reuter*, Schutz der Zulassung, 2013, S. 13 m. w. N. in Fn. 35.

[31] Zu den verschiedenen Auffassungen in Rechtsprechung und Literatur s. *Kanter*, Zulassung im Wandel, 2013, S. 183 ff.; a. A. wohl noch *Konerding*, Vertragsarztsitz im MVZ, 2009, S. 91.

[32] *Wenner*, in: FS Dahm, 2017, S. 517, 521 ff.; krit. auch *Kanter*, Zulassung im Wandel, 2013, S. 191 f.

sen. Der Arzt hat sich ferner an die Behandlungsrichtlinien des GBA zu halten, § 92 I SGB V. Zudem ist er über § 12 I SGB V an das allgemeine Gebot der Wirtschaftlichkeit gebunden und faktisch durch die Budgetierung[33] der ärztlichen Vergütung eingeschränkt. Die Leistungen hat er persönlich zu erbringen[34], während er an Qualitätssicherung und -management mitwirken muss, § 135a II SGB V.

Für den Arzt bestehen eine Vielzahl weiterer Nebenpflichten: Er soll zum ärztlichen Not- bzw. Bereitschaftsdienst bereitstehen (§ 75 Ib 1 SGB V, § 26 MBO-Ä i. V. m. den landesrechtlichen Kammer- und Berufsgesetzen) und an Weiterbildungen teilnehmen (§ 95d I SGB V). Die Präsenzpflicht verpflichtet den Arzt (mit voller Zulassung) zudem dazu, ein Minimum an 25 Stunden wöchentlich in Form von Sprechstunden zur Verfügung zu stehen (§§ 19a I 1, 2 Ärzte-ZV, § 17 BMV-Ä). Gem. 20 I Ärzte-ZV darf der Arzt keine Nebentätigkeit ausüben, die unter Berücksichtigung der Dauer und zeitlichen Lage dieser Tätigkeit dazu führt, dass er den Versicherten nicht in dem seinem Versorgungsauftrag entsprechenden Umfang persönlich zur Verfügung steht. Wann dies der Fall sein soll, bedarf indes einer Entscheidung im Einzelfall[35]. Die Residenzpflicht (§ 24 II Ärzte-ZV a. F.), nach der ein Arzt seinen Wohnort in der Nähe seines Vertragsarztsitzes haben musste, ist mit dem GKV-VStG aufgehoben worden[36].

Zudem verzichtet der Arzt mit seiner Zulassung auf sein Streikrecht: Zwar hat der Gesetzgeber ein Streikverbot für Vertragsärzte nicht explizit normiert, doch hat er das Vertragsarztrecht historisch so konzipiert, dass ein Streikverbot nach Ansicht des BSG aus seiner Gesamtsystematik folgt[37]: Diese Systematik leitet das Gericht ab aus der „Verrechtlichung" der Konflikte zwischen Ärzten und Kassen infolge der Zwischenschaltung der KVen als öffentlich-rechtlichen Körperschaften, aus der Übertragung des Sicherstellungsauftrags an die KV, aus dem hieraus folgenden System der Gesamtverträge und der Befugnis der Ärzteschaft sich selbst zu verwalten, aber auch aus dem Ziel des Gesetzgebers, einen vertragslosen Zustand mithilfe von § 89 SGB V (und den hieraus folgenden Zwangsschlichtungen) zu vermeiden[38]. Gegen das Streikrecht spricht zudem, dass keine gesetzlichen Regelungen bestehen, die es der Krankenkasse gestatten, auf den Streik zu reagieren[39]. Darüber hinaus hebt das Gericht auch auf die um-

---

33 S.o. B. III. 2. e).

34 S.o. B. II. 2.

35 BSGE 120, 197 ff. = NZS 2016, 554, 558.

36 *Pawlita*, in: Schlegel/Voelzke (Hrsg.), jurisPK-SGB V, ⁴6.12.2021, § 95 SGB V Rn. 556.

37 BSGE 122, 112 ff. = NZS 2017, 539, 542.

38 BSGE 122, 112 ff. = NZS 2017, 539, 542 ff.

39 BSGE 122, 112 ff. = NZS 2017, 539, 546.

kämpfte Geschichte zwischen den Kassen und Vertragsärzten ab, die zum heutigen Vertragsarztrecht geführt hat[40].

Das Streikverbot weist eine starke Verbindung zur Freiberuflichkeit der ärztlichen Betätigung auf. Das BSG sieht diese aber nur im Zusammenhang mit dem Typusmerkmal der Selbständigkeit vor dem Hintergrund einer Schutzbereichsprüfung von Art. 9 III GG, wobei das Gericht die Selbständigkeit in seinem Urteil fast als Synonym zur Freiberuflichkeit gebraucht, um den Arzt im Begriffspaar Arbeitnehmer-Arbeitgeber (dem Arbeitgeber) zuzuordnen[41]. Der selbständige Arzt wird kaum ein wirtschaftliches Interesse daran haben, seine Praxis zu schließen. Die Freiberuflichkeit ist aber noch viel weiter mit dem Streikverbot verknüpft: So ist der Arzt aufgrund der besonderen Verantwortung[42], die er im Rahmen der ideellen Leistung für die Gesellschaft übernimmt[43], und im Zusammenhang mit dem altruistischen Bild des Freiberuflers nicht zum Streik befugt. Auf diese Zusammenhänge geht das BSG jedoch nicht mehr ein.

cc) Höchstpersönlichkeit der Zulassung

Die Höchstpersönlichkeit der vertragsärztlichen Zulassung folgt schon aus der gesetzlichen Systematik, da der Arzt die Zulassung nicht direkt auf einen anderen Arzt übertragen kann[44]: In der Logik des § 103 IIIa, IV SGB V muss der Arzt zunächst auf seine eigene Zulassung verzichten (mittlerweile wird der Verzicht für die Grundkonstellation der Praxisnachfolge nur noch in § 103 IIIa SGB V erwähnt). Daraufhin fällt die Zulassung quasi auf die Behörde zurück, die diese dann auf den Antrag des ausscheidenden Arztes neu ausschreibt und vergibt. Die Zulassung muss mithin immer den Umweg über den Zulassungsausschuss gehen.

Sie ist aber nicht nur formell als höchstpersönlich bzw. unübertragbar ausgestaltet. Bei der vertragsärztlichen Zulassung handelt es sich auch in der Sache um eine personenbezogene Genehmigung, da die Voraussetzungen, unter denen die

---

40 BSGE 122, 112 ff. = NZS 2017, 539, 544 ff.; s. hierzu schon den kurzen Abriss unter C. I. 2. a).

41 BSGE 122, 112 ff. = NZS 2017, 539, 548.

42 Die gesellschaftliche Bedeutung der ärztlichen Leistung sieht das BSG zwar, stellt diese aber nicht mehr in einen Zusammenhang mit der Freiberuflichkeit, sondern nur mit der Funktionsfähigkeit des Gesundheitssystems s. BSGE 122, 112 ff. = NZS 2017, 539, 549 f.; dies spiegelt den Funktionswandel des Art. 12 I GG wider: Während die Erwähnung der ärztlichen Freiberuflichkeit einen vor dem Hintergrund von Art. 12 I GG abwehrrechtlichen Blickpunkt suggeriert, korreliert die Verwendung des Begriffs „Funktionsfähigkeit des Gesundheitssystems" mit einer leistungsrechtlichen Perspektive, die den Arzt in erster Linie als Profiteur des Systems sieht und so die ursprüngliche Argumentationslast zuungunsten der Ärzte verschiebt.

43 *Deneke*, Die freien Berufe, 1956, S. 208.

44 *Zwingel/Preißler*, MVZ, [2]2008, S. 6, 15.

Zulassung vergeben wird, ebenso wie die Rechte und Pflichten, die aus der erteilten Zulassung resultieren, an die Person des Arztes anknüpfen[45]: So muss der Arzt bspw. ins Arztregister eingetragen (§ 95 II 1 SGB V) und zuverlässig sein (§§ 3 I 1 Nr. 2, 5 II BÄO) sowie an Fortbildungen (§ 95d SGB V) teilnehmen. Mit der Einführung der Bedarfsplanung wurde in Form des Bedarfs zwar eine Zulassungsvoraussetzung eingeführt, die an Umstände außerhalb der Person des Arztes anknüpft. Dies hat jedoch nie dazu geführt, dass die Höchstpersönlichkeit der Zulassung infrage gestellt wurde.

Unterstützend lässt sich noch hinzufügen, dass nicht nur das Recht, an der ärztlichen Versorgung teilzunehmen, höchstpersönlich ist, sondern die ärztliche Leistung vor dem Hintergrund der Freiberuflichkeit persönlich erbracht werden muss[46]. Es existieren zwar auch höchstpersönliche Genehmigungen, im Rahmen derer keine freiberufliche und daher persönliche Leistung zu erbringen ist (bspw. die Konzession zur Personenbeförderung). Dennoch verstärkt das Postulat der persönlichen Leistungserbringung die Notwendigkeit, die Zulassung höchstpersönlich auszugestalten: Schließlich ist die Zulassung höchstpersönlich, weil der Patient nur dann geschützt ist, wenn derjenige Arzt die (zentralwertbezogene) Leistung persönlich am Patienten erbringt, der alle Zulassungsvoraussetzungen erfüllt[47]. Die Höchstpersönlichkeit der Zulassung dient daher als Basis der persönlichen Leistungserbringung und wirkt in ihr fort. Dies deutet sich in der Rechtsprechung an, wenn das BSG ausführt, dass „die Bindung der Zulassung an die Person des Leistungserbringers und an das Gebot der persönlichen Leistungserbringung (§ 32 Abs. 1 Ärzte-ZV) […] dem legitimen Zweck" dient, „dass der die Leistungen erbringende (Zahn-)Arzt/Psychotherapeut seinerseits in unmittelbarer, auch wirtschaftlicher Verantwortung gegenüber den Leistungsträgern für die Leistungserbringung im System der gesetzlichen Krankenversicherung steht"[48].

Zuletzt führt die Bedarfsplanung dazu, dass die Höchstpersönlichkeit der Zulassung zu betonen ist: Nach der Logik der anbieterinduzierten Nachfrage ist jeder Vertragsarztsitz, der zu einer Überversorgung beiträgt, ein Vertragsarztsitz zu

[45] *Konerding*, Vertragsarztsitz im MVZ, 2009, S. 161.

[46] *Kanter*, Zulassung im Wandel, 2013, S. 60.

[47] S. auch *Fleischmann*, Die freien Berufe im Rechtsstaat, 1970, S. 133: „Der Sache nach liegt diesen Zulassungsregeln jedoch ein einheitlicher Gedanke zugrunde: Vor Aufnahme der Berufstätigkeit soll die Verwaltung die Möglichkeit einer Prüfung der sachlichen Befähigung sowie der persönlichen Eignung und Zuverlässigkeit haben. Die Notwendigkeit eines Zulassungsverfahrens ergibt sich bei den gebundenen Berufen aus deren besonderer Gemeinschaftsbezogenheit und der Bedeutung ihrer Tätigkeit für die Allgemeinheit. Zulassungsverfahren und Überwachung dieser Berufe erfolgen im Interesse der sozialen Wohlfahrt und der Förderung des Gemeinwesens und dienen somit der ‚präventiven Kontrolle des Soziallebens'"

[48] BSGE 111, 240 ff. = MedR 2014, 421, 422.

viel. Daher betonen die Gerichte, dass die Möglichkeit der Praxisnachfolge nur eine Ausnahme darstellt, da der Regel nach die Anzahl der Zulassungen in einem gesperrten Gebiet abzubauen wäre[49]. Die Höchstpersönlichkeit der Zulassung untermauert dieses Argument rechtsdogmatisch.

Dadurch, dass die vertragsärztliche Zulassung höchstpersönlich und nicht übertragbar ist, kommt ihr kein „eigenständiger Wert" zu[50]. Zwar erlangt der Arzt mit Vergabe des Sitzes eine Position, diese wird er jedoch weder durch Leistung einer Partei im Zivilprozess noch auf deren Kosten erwerben (da die Zulassung ihr nicht in der Weise zugewiesen sein wird, als dass sie „die Nutzung der Zulassung einem Dritten zur wirtschaftlichen Verwertung [...] überlassen" kann), sodass die (Nichtleistungs-)Kondiktion des Vertragsarztsitzes ausgeschlossen sein wird[51]. Vor allem fällt die Zulassung im Fall der Insolvenz des Vertragsarztes nicht in die Insolvenzmasse[52] und ist nicht pfändbar[53]. Der Insolvenzverwalter kann die Einleitung des Praxisnachfolgeverfahrens im Insolvenzfall nicht forcieren, sodass im gesperrten Bereich ggf. nur ein bereits zugelassener Arzt die Praxis übernehmen kann[54].

c) Soziologisch und ökonomisch

Wenig überraschend ist, dass die verschiedenen soziologischen Anschauungen zur Freiberuflichkeit zu unterschiedlichen Betrachtungen der vertragsärztlichen

---

49 BSGE 85, 1, 6; s.u. D. I. 2. c) bb) (2) und cc) (1).

50 *Kaya*, MVZ auf Gründungs- und Zulassungsebene, 2011, S. 218; hierbei handelt es sich nur um eine rein rechtliche Betrachtung – so hat die Begrenzung der Zulassungsmöglichkeiten wirtschaftlich dazu geführt, dass der Zulassung ein eigenständiger Wert zukommt, s.o. B. III. 2. h).

51 LAG Hamm, Urt. v. 22.4.2016 – 10 Sa 796/15, BeckRS 2016, 71214 Rn. 40, 45, 54 f.; vgl. hierzu jedoch *Treptow*, Mitgliedschaft in der MVZ-GmbH, 2011, S. 89, der im Kontext der Beendigung des MVZ und des Streits, ob § 95 VII 2 SGB V bei Beendigung der Betriebsstätte oder der Auflösung der Trägergesellschaft greift, darauf abstellt, dass die Liquidationsgesellschaft (die bei Auflösung des MVZ entsteht) ihre Zulassung niederlegen müsse, „da zu den Vermögensgegenständen der Gesellschaft auch das Recht und die Pflicht gehören, an der vertragsärztlichen Versorgung teilzunehmen"; auch *Gerdts*, ZMGR 2018, 9, 13 setzt ein anderes Verständnis der vertragsärztlichen Zulassung voraus, wenn er im Rahmen eines gescheiterten Verfahrens gem. § 103 IVa SGB V einen Anspruch auf Umwandlung einer Angestelltengenehmigung in eine Vertragsarztzulassung gem. § 95 IXb SGB V aus dem Bereicherungsrecht herleitet, sofern der Praxisübernahmevertrag eine entsprechende auflösende Bedingung enthält.

52 BSGE 86, 121 ff. = MedR 2001, 159, 160, wobei das Gericht neben der Höchstpersönlichkeit der Zulassung darauf abstellt, dass eine Pflicht zum Zulassungsverzicht im Fall der Insolenz einen Eingriff in Art. 12 I GG ohne gesetzliche Grundlage darstellen würde.

53 LSG Nordrhein-Westfalen, NJW 1997, 2477 ff.

54 *Ziegler*, ZInsO 2014, 1577, 1578.

Zulassung führen. Wählt man die strukturfunktionale Betrachtungsweise, dient die Zulassung in erster Linie der Qualitätssicherung der ärztlichen Versorgung und damit der Gesellschaft. Hieran knüpft die (institutions-)ökonomische Betrachtungsweise an: Grundlegend für diese ist eine Idee von *George Akerlof*: In seinem Aufsatz „The Market for Lemons" (der wesentlich zu seinem Nobelpreis aus dem Jahr 2001 beitrug[55]) beschreibt er, wie auf einem Markt, an dem eine Informationsasymmetrie zwischen Käufer und Verkäufer besteht, zunächst die unlauteren Verkäufer die lauteren vom Markt verdrängen, bis kein Käufer mehr bereit ist eine Transaktion zu tätigen, sodass der Markt zusammenbricht[56]. Als Mittel gegen diese Entwicklung nennt er staatliche Zertifikate (wie die vertragsärztliche Zulassung), welche eine bestimmte Qualität garantieren, damit die Informationsasymmetrie zwischen den Vertragspartner beheben und so den Markt erhalten[57]. Sowohl aus ökonomischer als auch soziologischer Perspektive muss die Zulassung dann höchstpersönlich sein: Könnte ein Dritter sie erwerben, wäre die Qualität des Arztes und damit die der ärztlichen Leistung nicht mehr gewährleistet. Dies hätte negative Auswirkungen auf die Gesellschaft und den Markt für ärztliche Dienstleistungen, in dem lautere Ärzte wirtschaftlich nicht überleben könnten.

Aus der schließungstheoretischen Perspektive, in der die Qualität der ärztlichen Leistung nicht existiert und nur behauptet wird, um dem eigenen Stand eine besondere Bedeutung zu verleihen, ist die Zulassung das rechtliche Instrument zur Marktschließung. Diese Sichtweise ist bereits bei *Max Weber* angelegt[58]. Sie

---

[55] Pressemitteilung: Der Schwedischen Reichsbank in Erinnerung an Alfred Nobel gestifteten Preis für Wirtschaftswissenschaften des Jahres 2001 (https://www.nobelprize.org/prizes/economic-sciences/2001/9309-pressemitteilung-der-schwedischen-reichsbank-in-erinnerung-an-alfred-nobel-gestifteten-preis-fur-wirtschaftswissenschaften-des-jahres-2001/, geprüft am 19.9.2023).

[56] *Akerlof*, The Quarterly Journal of Economics 1970, 488, 489 ff.

[57] *Ders.*, The Quarterly Journal of Economics 1970, 488, 500.

[58] „Wir stellten schon früher allgemein fest, daß fast jeder auf rein freiwilligem Beitritt ruhende Zweckverband über den primären Erfolg hinaus, auf den das vergesellschaftete Handeln ausgerichtet ist, Beziehungen zwischen den Beteiligten zu stiften pflegt, welche Grundlage eines unter Umständen auf ganz heterogene Erfolge ausgerichteten Gemeinschaftshandelns werden können: An die Vergesellschaftung knüpft sich regelmäßig eine ‚übergreifende' Vergemeinschaftung. Natürlich nur bei einem Teil der Vergesellschaftungen, denjenigen nämlich, deren Gemeinschaftshandeln eine irgendwelche, nicht rein geschäftliche, ‚persönliche' gesellschaftliche Berührung voraussetzt. Die Qualität eines ‚Aktionärs' zum Beispiel erwirbt man ohne alle Rücksicht auf persönlich-menschliche Eigenschaften und regelmäßig ohne Wissen und Willen der Mitbeteiligten rein kraft eines ökonomischen Tauschakts über die Aktie. Ähnliches gilt für alle diejenigen Vergesellschaftungen, welche den Beitritt von einer rein formalen Bedingung oder Leistung abhängig machen und auf die Prüfung der Person des Einzelnen verzichten. Dies ist besonders häufig bei gewissen Arten von reinen Wirtschaftsgemeinschaf-

führt dazu, dass die Zulassung eher handelbar ist als aus der strukturfunktionalen Betrachtungsweise: Zwar wäre es besser, wenn es keine Zulassungen gäbe (da diese die Marktschließung erst ermöglichen), doch gibt es keinen tieferen Grund dafür, nicht mit der Zulassung zu handeln. Da eine Qualität der ärztlichen Leistung nicht existiert, kann sie mit der Zulassung nicht garantiert werden. Die Einführung der Bedarfsplanung mit der Begründung der anbieterinduzierten Nachfrage, die Parallelen zur Schließungstheorie aufweist[59], setzte mit der Verknappung der vertragsärztlichen Zulassung erst den Anreiz, mit dieser Zulassung zu handeln.

Im strukturfunktionalen Bild dient die Zulassung hingegen der Qualitätssicherung und damit nicht dem Arzt, sondern dem Patienten. Die jedem zustehende Möglichkeit, ärztliche Behandlungen anzubieten, wird durch den Staat be-

ten, ebenso bei manchen Vereinen mit rein politischem Zweck der Fall und wird im allgemeinen überall um so mehr zur Regel, je rationaler und spezialisierter der Zweck der Vereinigung ist. Immerhin gibt es der Vergesellschaftungen sehr viele, bei denen einerseits die Zulassung, ausdrücklich oder stillschweigend, gewisse spezifische Qualifikationen voraussetzt und bei denen andererseits, im Zusammenhang damit, jene übergreifende Vergemeinschaftung regelmäßig stattfindet. Dies ist natürlich besonders dann der Fall, wenn die Gemeinschafter die Zulassung jedes neuen Beteiligten an eine Prüfung und Zustimmung zur Aufnahme seiner Person knüpfen. Der einzelne Beteiligte wird dann, normalerweise wenigstens, nicht nur nach seinen Funktionen und nach seiner für den ausdrücklichen Zweck des Verbandes wesentlichen Leistungsfähigkeit, sondern auch nach seinem ‚Sein', nach der Wertschätzung seiner Gesamtpersönlichkeit von seiten der anderen Mitbeteiligten geprüft. Es ist hier nicht der Ort, die einzelnen Vergesellschaftungen darnach zu klassifizieren, wie stark oder wie schwach dieses Auslesemoment bei ihnen wirkt. Genug, daß es bei den allerverschiedensten Arten tatsächlich existiert. Eine religiöse Sekte nicht nur, sondern ebenso ein geselliger Verein, etwa ein Kriegerverein, selbst ein Kegelklub läßt im allgemeinen niemanden zur Beteiligung zu, dessen Gesamtpersönlichkeit von den anderen Beteiligten verworfen wird. Eben dies nun ‚legitimiert' den Zugelassenen nach außen, Dritten gegenüber, weit über seine für den Zweck des Verbandes wichtigen Qualitäten hinaus. Die Beteiligung am Gemeinschaftshandeln ferner schafft ihm Beziehungen (‚Konnexionen'), welche zu seinen Gunsten ebenfalls weit über den Kreis der speziellen Verbandszwecke [hinaus] wirksam werden. Es ist daher etwas Alltägliches, daß Leute einem religiösen oder studentischen oder politischen oder anderen Verband angehören, obwohl ihnen die dort gepflegten Interessen an sich durchaus gleichgültig sind, lediglich um jener wirtschaftlich nutzbaren ‚Legitimationen' und ‚Konnexionen' willen, welche diese Zugehörigkeit mit sich bringt. Während nun diese Motive an sich einen starken Anreiz zur Beteiligung an der Gemeinschaft zu enthalten und also ihre Propagierung zu fördern scheinen, wirkt in gerade entgegengesetztem Sinn das Interesse der Beteiligten daran, jene Vorteile zu monopolisieren und auch in ihrem ökonomischen Nutzwert dadurch zu steigern, daß sie auf einen möglichst kleinen und exklusiven Kreis beschränkt bleiben. Und je kleiner und exklusiver er ist, desto höher steht neben dem direkten Nutzwert überdies auch das soziale Prestige, welches die Zugehörigkeit verleiht", *Weber/Winckelmann*, Wirtschaft und Gesellschaft, [5]2009, S. 205 f.

[59] S.o. B. III. 2. g).

schränkt, indem nur zugelassene Ärzte am System der gesetzlichen Krankenversicherung teilnehmen können, weil mit der Gesundheit der Bevölkerung ein gewichtiges Rechtsgut betroffen ist. Bei der Zulassung handelt es sich eben „nicht um die Vergabe einer Planstelle nach Eignung und Leistung, sondern um die Beseitigung einer Freiheitsschranke [...], auf die ein grundrechtlich gesicherter Anspruch besteht“[60]. Die Aufhebung dieser Schranke stellt keine staatliche Leistung dar. Dieser Ansatz stellt die abwehrrechtliche Dimension der ärztlichen Berufsfreiheit in den Mittelpunkt, mithilfe derer der ursprüngliche staatliche Eingriff, der der Allgemeinheit die Teilnahme am Gesundheitsmarkt als Anbieter verschließt, abgewehrt werden kann. Dieser Ansatz vermag es viel besser, das Verbot des Konzessionshandels zu begründen: Grundrechte können nicht käuflich erworben werden, weil ihr Schutz jedem zukommt. Dementsprechend abstrus ist die Vorstellung davon, die Beseitigung der staatlich gesetzten Schranke zu übertragen. Das Verständnis der öffentlichen Gesundheitsversorgung als einem System, an welchem der Arzt primär als Leistungsempfänger partizipiert, sodass Art. 12 I GG in seiner leistungsrechtlichen Dimension wirkt[61], korreliert hingegen stark mit schließungstheoretischen Konzepten: Beide Perspektiven sehen den Arzt primär als Nutznießer der Zulassung.

Legt man diese Schablonen an, zeichnet sich aber ein Wertungswiderspruch in der Rechtsprechung der Gerichte ab: Einerseits ist die Zulassung nicht handelbar, gleichzeitig wird Art. 12 I GG mehrheitlich als Leistungs- und nicht als Abwehrrecht des Arztes gewertet. Die Gerichte halten also an einem strukturfunktionalen Prinzip fest, während sich die restliche Gesetzgebung und die eigene Rechtsprechung an schließungstheoretischen Konzepten orientiert.

Festzuhalten bleibt, dass die vertragsärztliche Zulassung weiterhin ein höchstpersönliches Recht darstellt, wenn der Vertragsarzt seiner Tätigkeit in einer Einzelpraxis nachgeht. Auch die Einführung der Bedarfsplanung hat insoweit nichts verändert. Diese hat die Art und Weise, wie die Ärzte ihre Zulassung sehen und rechtlich mit ihr umgehen, jedoch stark beeinflusst, vor allem wenn sie nicht allein, sondern in einer BAG tätig sind. Diese Entwicklung und ihr Einfluss auf die Höchstpersönlichkeit der Vertragsarztzulassung soll daher im nächsten Kapitel dargestellt werden.

---

[60] *Hufen*, MedR 1996, 394, 400.

[61] Hierzu s.o. B. III. 5.; s. zudem unten C. II. 4. b).

3. Die Zulassung und Angestelltengenehmigung des MVZ

Im Ausgangspunkt sind nur natürliche Personen zulassungsfähig, juristische Personen haben kein Recht dazu, an der vertragsärztlichen Versorgung teilzunehmen[62]. Als Ausnahme zu dieser Regel, fungiert mittlerweile aber das MVZ, welches gem. § 95 I 1 SGB V als zugelassener Leistungserbringer an der Versorgung teilnimmt und gem. § 95 Ia 3 SGB V durch juristische Personen betrieben werden kann.

Die rein zivilrechtliche Vorgehensweise, die Zulassung an die BAG zu binden, hat das MVZ vorbereitet: Ist der Zulassungsverzicht im Gesellschaftsvertrag verankert, wird die Gesellschaft quasi selbst zulassungsfähig[63]. Da das Bedürfnis, den Zulassungsverzicht gesellschaftsvertraglich zu vereinbaren, auf die Niederlassungsbeschränkungen zurückgeführt werden kann[64], lässt sich daher neben der soziologischen[65] auch eine praktische Entwicklungslinie zwischen der Einführung der Bedarfsplanung und der Einführung des MVZ ziehen. Im MVZ steht nicht der einzelne Arzt, sondern das Kollektiv im Vordergrund, sodass gesellschaftsrechtliche Verzichtsklauseln hier im Vergleich zur BAG verkehrt herum ausgestaltet sind: So wird in Gesellschafterverträgen zu MVZ häufig vereinbart, dass der Arzt seine Stellung als Gesellschafter aufzugeben hat, wenn er aufgrund des Verlustes seiner Zulassung auch die Gründereigenschaft verliert[66].

Die MVZ-Zulassung weist im Gegensatz zur vertragsärztlichen Zulassung weder eine lange Historie noch eine elaborierte gesetzliche Ausprägung auf. Sie ist vielmehr ein Konstrukt, das erforderlich wird, um MVZ die Beteiligung am aktuellen System der gesetzlichen Krankenversicherung zu ermöglichen. Die Regeln über die vertragsärztliche Zulassung sind indes nur dann auf das MVZ anwendbar, wenn dieser Anwendung nicht „die Grundstruktur des MVZ entgegensteht“[67]. Dem Rechtsanwender kommt die Aufgabe zu, das bestehende System der vertragsärztlichen Zulassung für MVZ funktionstauglich zu machen.

---

62 Zum Verbot der Limited als Zulassungsträger BSGE 111, 240 ff. = MedR 2014, 421 ff.; s.o. B. III. 4. b) ee) (3).

63 *Wertenbruch*, NJW 2003, 1904, 1907.

64 S.u. C. I. 4. a).

65 S.o. B. III. 4. c) ee).

66 *Zwingel/Preißler*, MVZ, ²2008, S. 134.

67 BSGE 130, 51 ff. = MedR 2020, 1039, 1043 m. w. N.

a) Wirkung der MVZ-Zulassung als Gruppengenehmigung

Das Verfahren, in welchem MVZ eine Zulassung erteilt wird, basiert daher zunächst auf denselben Regelungen, die für die Vertragsarztzulassung gelten. Für die Erteilung der MVZ-Zulassung ist ebenso wie bei der Vertragsarztzulassung der Zulassungsausschuss zuständig (s. §§ 72 I 2, 96 I SGB V, §§ 1 III Nr. 2, 19 I 1 Ärzte-ZV). Zudem müssen alle im MVZ tätigen Ärzte ins Ärzteregister eingetragen sein (§ 95 II 4 SGB V), wobei die Bedarfsplanung über § 72 I 2 SGB V für das MVZ gilt. Die Zulassung des MVZ gilt ähnlich wie im Fall des Vertragsarztsitzes nur für einen lokalen Bereich, § 95 I 5 SGB V. Diese Einschränkung bezieht sich indes nur auf die Betriebsebene[68].

Dies hängt eng damit zusammen, dass durch die MVZ-Zulassung das MVZ selbst, nicht aber der im MVZ tätige Arzt zugelassen wird[69]. Die MVZ-Zulassung wird daher als „institutionelle Zulassung"[70] oder „kollektivierter Vertragsarztsitz"[71] bezeichnet. „Während die Vertragsarztzulassung nach alledem als ‚Einzelberechtigung' dazu bezeichnet werden kann, höchstpersönlich an der vertragsärztlichen Versorgung teilzunehmen, kann man bei der MVZ-Zulassung von einer ‚Gruppenberechtigung' dazu sprechen, durch eine Gruppe von angestellten Ärzten an der vertragsärztlichen Versorgung teilzunehmen"[72]. Die Situation im MVZ unterscheidet sich hierdurch von den Verhältnissen in der BAG, in der weiterhin jeder einzelne Arzt zugelassen ist[73]. Dennoch geht die Rechtsprechung davon aus, dass es sich bei der MVZ-Zulassung um ein höchstpersönliches Recht handelt, sodass sie bspw. wie die vertragsärztliche Zulassung nicht in die Insolvenzmasse fällt[74].

b) Die Angestelltengenehmigung

Die Zulassung des MVZ verleiht ihm seinen Status als Leistungserbringer in der vertragsärztlichen Versorgung, während die Angestelltengenehmigung diesen

---

[68] *Kaya*, MVZ auf Gründungs- und Zulassungsebene, 2011, S. 140 f.; *Dahm*, in: Dahm/Möller/Ratzel (Hrsg.), Rechtshandbuch MVZ, 2005, Kap. IV Rn. 23.

[69] *Dahm*, in: Dahm/Möller/Ratzel (Hrsg.), Rechtshandbuch MVZ, 2005, Kap. VI Rn. 8.

[70] *Clemens*, in: Quaas/Zuck/Clemens (Hrsg.), Medizinrecht, ⁴2018, § 17 Rn. 54; *Kaya*, MVZ auf Gründungs- und Zulassungsebene, 2011, S. 39 f., 244, 272; *Konerding*, Vertragsarztsitz im MVZ, 2009, S. 87.

[71] *Treptow*, Mitgliedschaft in der MVZ-GmbH, 2011, S. 80.

[72] *Kroel*, in: Isringhaus/Kroel/Wendland (Hrsg.), MVZ-Beratungshandbuch, 2004, S. 43.

[73] *Kaya*, MVZ auf Gründungs- und Zulassungsebene, 2011, S. 76.

[74] BSGE 110, 269 ff. = MedR 2013, 66; bestätigt durch BVerfGK 20, 270 ff. = MedR 2013, 664, 665; zur MVZ-Zulassung in der Insolvenz s. auch *Clemens*, in: Quaas/Zuck/Clemens (Hrsg.), Medizinrecht, ⁴2018, § 17 Rn. 100.

Status beeinflusst, indem sie es dem MVZ gestattet, Ärzte in einem Umfang anzustellen, der einem Versorgungsauftrag entspricht[75]. Gleichzeitig wird der angestellte Arzt mit der Genehmigung seiner Anstellung Mitglied der KV, §§ 95 III 2, 77 III 2 SGB V. Der Angestelltengenehmigung kommt daher eine „Doppelrolle" zu: Während sie für das MVZ „statusmodifizierend" wirkt, ist sie für den angestellten Arzt „statusbegründend"[76]. Die Anstellungsgenehmigung stellt „eine Position des anstellenden, nicht des angestellten Arztes"[77] bzw. des anstellenden MVZ dar[78]. Auch örtlich ist die Angestelltengenehmigung an die Betriebsstätte des MVZ gebunden[79].

Gleichwohl ist sie in vielerlei Hinsicht von den Eigenschaften des anzustellenden Arztes abhängig: So muss der angestellte Arzt die „allgemeinen Zulassungsvoraussetzungen" – wie z.B. die Registereintragung und Zuverlässigkeit – vorweisen[80]. Zudem kommt es auf seine Qualifikationen und nicht der des anstellenden Arztes bzw. der anstellenden Institution an, wenn sich ein Arzt, MVZ oder eine BAG bei der Entsperrung eines Gebiets auf die freiwerdende Stelle bewirbt, auf der ein angestellter Arzt tätig werden soll[81]. Auch i.R.d. § 103 IV 5 Nr. 2 SGB V ist auf das Alter des anzustellenden Arztes und nicht das Alter des MVZ abzustellen[82]. Grob gesagt kommt es auf die Person des anzustellenden Arztes an, wenn sich bestimmte Voraussetzungen auf die Betriebsebene beziehen.

Deshalb bewerten die Gerichte die Anstellungsgenehmigung ebenso wie die Zulassung des MVZ und die vertragsärztliche Zulassung als höchstpersönliches und daher nicht übertragbares Recht[83]. Begründet wird diese Ansicht mit ähnlichen Argumenten wie im Fall der vertragsärztlichen Zulassung: So soll der behandelnde Arzt (zum Schutz des Patienten) bestimmte Kriterien erfüllen, an welche die Anstellungsgenehmigung – parallel zur Zulassung – geknüpft wird, dabei werden „die für den vertragsärztlichen Teilnahmestatus des MVZ erforderlichen Qualifikationsvoraussetzungen […] über die Person der im MVZ tätigen Ärzte durchgesetzt"[84]. Ergänzend lässt sich anführen, dass sich die Anstellungsge-

---

[75] *Kroel*, in: Isringhaus/Kroel/Wendland (Hrsg.), MVZ-Beratungshandbuch, 2004, S. 42.

[76] *Ders.*, in: Isringhaus/Kroel/Wendland (Hrsg.), MVZ-Beratungshandbuch, 2004, S. 42 f.

[77] *Steinhilper*, GuP 2016, 15, 21.

[78] S.o. B. III. 4. c) bb).

[79] *Bäune*, in: FS Dahm, 2017, S. 17, 20 ff.

[80] *Hesral*, in: Ehlers (Hrsg.), Fortführung von Arztpraxen, [3]2009, Kap. 3 Rn. 262; zu den Voraussetzungen, die der anzustellende Arzt vor Erteilung der Anstellungsgenehmigung zu erfüllen hat, s. auch *Zwingel/Preißler*, MVZ, [2]2008, S. 27.

[81] BSG, MedR 2020, 1034, 1037 ff.; s.u. unter D. II. 3. a).

[82] LSG Sachsen-Anhalt, MedR 2017, 184, 188 f.

[83] BSGE 124, 205 ff. = NZI 2018, 616, 620 f.

[84] BSGE 124, 205 ff. = NZI 2018, 616, 621.

nehmigung mittels § 95 IXb SGB V[85] in eine Vertragsarztzulassung rückumwandeln lässt, sodass eine erhöhte Gefahr der Kommerzialisierung der Anstellungsgenehmigung bzw. der vertragsärztlichen Zulassung besteht, der sich mithilfe ihrer Höchstpersönlichkeit entgegenwirken lässt. Die freiberuflich bedingte Pflicht zur persönlichen Leistungserbringung kann jedoch nicht als Argument für die Höchstpersönlichkeit der Anstellungsgenehmigung herangezogen werden, da sie im MVZ nach hier vertretener Auffassung nicht greift[86].

Im Hinblick auf die Anstellungsgenehmigung bestehen jedoch Hinweise auf einen – im Vergleich zur vertragsärztlichen Zulassung – verringerten Grad der Höchstpersönlichkeit: Normalerweise würde man davon ausgehen, dass sich die Voraussetzungen, unter denen eine höchstpersönliche Genehmigung vergeben wird, auf diejenige Person beziehen, die die Genehmigung beantragt und – untechnisch gesprochen – über sie verfügt. Dies ist im Fall der Anstellungsgenehmigung wie gezeigt nicht der Fall, da der angestellte Arzt, auf den sich die Genehmigung in weiten Teilen bezieht und das MVZ, das die Genehmigung erhält, auseinanderfallen. Dies wirkt sich auf die typischen vertragsärztlichen Rechte und Pflichten aus.

c) Vertragsärztliche Rechte und Pflichten im MVZ

Da nur das MVZ und nicht die in ihm tätigen, angestellten Ärzte an der vertragsärztlichen Versorgung teilnehmen, müssten die vertragsärztlichen Rechte und Pflichten im Ausgangspunkt nur Wirkungen für das MVZ entfalten. Einige dieser Regeln ergeben jedoch nur für natürliche Personen einen Sinn, nicht aber für Institutionen, da sie sich historisch am Leitbild der an eine natürliche Person gebundenen Zulassung entwickelt haben[87]. In den Worten des BSG steht einer direkten Anwendung der entsprechenden Regeln dann die „Struktur des MVZ“[88] entgegen. Die Aufspaltung der vertragsärztlichen Rechte und Pflichten folgt aus der Aufspaltung der ärztlichen Tätigkeit in Behandlung und Verwaltung, aus welcher die verschiedenen Ebenen des MVZ resultieren[89]. Im Rahmen der Entscheidung, ob bei einem Verstoß gegen vertragsärztliche Rechte und Pflichten die Zulassung des MVZ oder die Anstellungsgenehmigung zu entziehen ist, ist daher in erster Linie auf die Frage abzustellen, ob der Pflichtverstoß dem einzel-

---

[85] Hierzu s.u. D. II. 6.

[86] S.o. C. I. 2. b) cc) und B. III. 4. c) cc) (4) und (5).

[87] *Kaya*, MVZ auf Gründungs- und Zulassungsebene, 2011, S. 37; zur Historie der Zulassung s.o. C. I. 2. a).

[88] BSGE 130, 51 ff. = MedR 2020, 1039, 1043.

[89] S.o. B. III. 4. c) cc) (1).

nen Arzt auf der Betriebsebene anzulasten ist oder ob er auf Ebene der Verwaltung angelegt war[90].

Der – für den vertragsärztlichen Status zentrale – Versorgungsauftrag trifft das MVZ und nicht die einzelnen, angestellten Ärzte[91]. Diese sind zwar zur Behandlung der gesetzlich versicherten Patienten berechtigt und verpflichtet, nehmen im Gegensatz zum MVZ-Träger (mangels Eigenschaft als Leistungserbringer) aber nicht an der Verteilung der Vergütung teil[92]. „Da es sich bei den Fragen der ärztlichen Selbstverwaltung primär um Fragen der medizinischen Ausgestaltung der Versorgung handelt"[93] sind angestellte Ärzte, die mehr als zehn Stunden pro Woche im MVZ arbeiten, aber Mitglieder der KV §§ 95 III 2, 77 III 2 SGB V. Zwar wurde im Vorlauf zum VÄndG „in Erwägung gezogen", dass nicht die Ärzte, sondern das MVZ Mitglied in der KV werden sollte, diese Änderung wurde später aber nicht übernommen[94]. Der MVZ-Träger wird dementsprechend selbst nicht Mitglied der KV[95]. Über §§ 95 III 2, 77 III 2 SGB V erstreckt sich die Disziplinargewalt der KV auf die im MVZ angestellten Ärzte[96].

Weil die angestellten Ärzte nicht in den Versorgungsauftrag einbezogen sind und weil § 32b II 2 Ärzte-ZV auf § 21 Ärzte-ZV und nicht auf § 20 Ärzte-ZV verweist, gelten die in § 20 Ärzte-ZV enthaltenen Beschränkungen von Nebentätigkeiten nicht für den angestellten Arzt – bedingt durch den institutionellen Charakter des MVZ aber auch nicht für das MVZ[97]. Die Präsenzpflicht verliert im MVZ mithin ihre Bedeutung. Da die Präsenzpflicht die Pflicht zur persönlichen Leistungserbringung absichert[98], kann dieser Bedeutungsverlust als weiterer Beleg dafür gelten, dass die persönliche Leistungserbringung konzeptionell im MVZ nicht aufgeht[99].

---

90 *Kaya*, MVZ auf Gründungs- und Zulassungsebene, 2011, S. 311 f.

91 *Dies.*, MVZ auf Gründungs- und Zulassungsebene, 2011, S. 272.

92 *Möller*, in: Dahm/Möller/Ratzel (Hrsg.), Rechtshandbuch MVZ, 2005, Kap. XIII Rn. 9.

93 BT-Drs. 15/1525, S. 108

94 *Kaya*, MVZ auf Gründungs- und Zulassungsebene, 2011, S. 63 f.

95 *Kroel*, in: Isringhaus/Kroel/Wendland (Hrsg.), MVZ-Beratungshandbuch, 2004, S. 44.

96 Zum Streit, ob auch der MVZ-Träger der Disziplinargewalt der KV unterliegt s. *Treptow*, Mitgliedschaft in der MVZ-GmbH, 2011, S. 117 ff.; zudem *Dahm*, in: Dahm/Möller/Ratzel (Hrsg.), Rechtshandbuch MVZ, 2005, Kap. VIII Rn. 102 ff.; s. auch *Kroel*, in: Isringhaus/Kroel/Wendland (Hrsg.), MVZ-Beratungshandbuch, 2004, S. 44, der darüber hinaus auch die Frage aufwirft, inwieweit der angestellte Arzt im MVZ im Rahmen seines Arbeitsvertrags dazu verpflichtet werden kann, sein Stimmrecht in der KV in einer bestimmten Art und Weise auszuüben.

97 *Konerding*, Vertragsarztsitz im MVZ, 2009, S. 151 ff.; a.A. noch *Dahm*, in: Dahm/Möller/Ratzel (Hrsg.), Rechtshandbuch MVZ, 2005, Kap. VI Rn. 37.

98 *Hesral*, in: Ehlers (Hrsg.), Disziplinarrecht, ^{2}2013, Kap. 1 Rn. 83.

99 Hierzu schon B. III. 4. c) cc).

Die Pflicht zur Fortbildung trifft weiterhin den einzelnen Arzt (§§ 95d I, 95d V 1 SGB V). Der Pflicht, am Bereitschaftsdienst teilzunehmen, unterliegt hingegen das MVZ als Leistungserbringer[100] ebenso wie ggf. der Pflicht, sich an einrichtungsübergreifenden Maßnahmen der Qualitätssicherung zu beteiligen und einrichtungsintern ein Qualitätsmanagement einzuführen sowie weiterzuentwickeln (§ 135a II SGB V).

Auch im Hinblick auf das Streikrecht ergeben sich Unterschiede zwischen dem Vertragsarzt und dem im MVZ angestellten Mediziner: Zwar hat der angestellte Arzt kein Streikrecht gegenüber der KV bzw. den Krankenkassen, der Arbeitskampf soll ihm laut BSG aber gegen das MVZ als Arbeitgeber offenstehen, ebenso wie der im Krankenhaus angestellte Arzt gegenüber dem Krankenhaus streiken kann[101]. Fraglich ist, ob sich ein Streik gegen das MVZ sauber von einem Streik gegen die KV abgrenzen lässt, indem der Gegenstand des Streiks nur auf tariflich regelbare Ziele begrenzt wird[102], insbesondere, da die Arbeitsbedingungen im MVZ häufig von den Rahmenbedingungen abhängig sein werden, die die KV als Ergebnis der Verhandlungen mit den Krankenkassen vorgibt. Dies erkennt das BSG in der umgekehrten Konstellation, wenn es ausführt, dass die KV auf die angestellten Ärzte angewiesen ist, um ihrem Versorgungsauftrag nachzukommen[103]. Diese Abhängigkeit bleibt indes unverändert bestehen, auch wenn ein MVZ zwischen den Arzt und die KV geschaltet wird. Das Urteil verstößt ferner gegen freiberufliche Grundprinzipien[104], zumindest wenn man davon ausgeht, dass angestellte Ärzte einem freien Beruf nachgehen. Die Parallele zu angestellten Krankenhausärzten kann nur bedingt überzeugen: Der Typusbegriff der (ärztlichen) Freiberuflichkeit lässt zwar zunächst diverse Formen der Betätigung zu – sei es im ambulanten oder im stationären Bereich. Indem das BSG das Streikverbot im ambulanten Bereich jedoch mit einem Verweis auf den stationären Sektor aufweicht, verzieht sich der gesamte Typus des freiberuflichen Arztes. War das strikte Streikverbot[105] vor dem Urteil eher die Regel als die Ausnahme, kippt dieses Verhältnis nach dem Urteil, gerade wenn man die wachsende Bedeutung der Angestelltentätigkeit im ambulanten Bereich zugrunde legt. Auch dieses Urteil bestätigt die in der vorliegenden Arbeit beschriebene

---

100 BSG, MedR 2014, 767.

101 BSGE 122, 112 ff. = NZS 2017, 539, 547.

102 BSGE 122, 112 ff. = NZS 2017, 539, 547.

103 BSGE 122, 112 ff. = NZS 2017, 539, 547.

104 Zum Zusammenhang zwischen Streikverbot und Freiberuflichkeit s.o. C. I. 2. b) bb).

105 Auch die Regelungen zum kollektiven Zulassungsverzicht lassen erahnen, dass das Streikverbot (den freiberuflichen Idealen entsprechend) nicht mehr von der gesamten Ärzteschaft getragen wird, s. *Kanter*, Zulassung im Wandel, 2013, S. 45.

Entwicklung hin zu weniger Freiberuflichkeit im System der Gesundheitsversorgung.

d) Das Vertragsarzt-MVZ: Zum Verhältnis zwischen MVZ und Vertragsarztzulassung

aa) Grundkonstellation sowie Rechte und Pflichten im Vertragsarzt-MVZ

Die Zulassung des MVZ und die Angestelltengenehmigung ergänzen sich, sodass die meisten vertragsarztrechtlichen Rechte und Pflichten im System der gesetzlichen Krankenversicherung erhalten bleiben[106], während lediglich ihr Adressat aufgespalten wird. Fraglich ist aber, wie die Lage zu beurteilen ist, wenn ein Vertragsarzt im MVZ selbst (und nicht nur im Rahmen einer Organisationsgemeinschaft mit dem MVZ[107]) tätig wird. In dieser Konstellation trifft die um einige vertragsärztliche Rechte und Pflichten amputierte MVZ-Zulassung auf die vollwertige Zulassung eines freiberuflich tätigen Arztes, die den gesamten Kanon aus Rechten und Pflichten enthält. Hierbei kollidieren die verschiedenen Konzepte zur ärztlichen Freiberuflichkeit, auf denen die Zulassungen fußen.

Im Kern stellt sich die Frage nach dem Vorrangverhältnis der Zulassungen[108]: Geht man davon aus, dass die beiden Zulassungen selbständig nebeneinanderstehen, ist eine klare Zuordnung von Rechten und Pflichten unmöglich, sodass die Eingliederung des Arztes in das MVZ scheitert: Beim Vertragsarzt-MVZ handelt es sich dann um eine unzulässige Konstruktion[109]. Geht man mit der Rechtsprechung und weiten Teilen der Stimmen in der Literatur hingegen davon aus, dass der Vertragsarzt im MVZ eingegliedert wird, überdeckt die MVZ-Zulassung die vertragsärztliche Zulassung[110]. Diese Konstellation wurde häufig als „Etikettenschwindel" betitelt, da es Vertragsärzten unter strenger Auslegung des § 33 II

---

106 Vgl. BSGE 124, 205 ff. = NZI 2018, 616, 621.

107 Diese Konstruktion ist unproblematisch, s. *Kaya*, MVZ auf Gründungs- und Zulassungsebene, 2011, S. 282; *Treptow*, Mitgliedschaft in der MVZ-GmbH, 2011, S. 150 f.; *Rau*, in: Rieger/Dahm/Steinhilper (Hrsg.), HK-AKM, Dezember 2007, 3585 Rn. 46 ff.

108 *Kaya*, MVZ auf Gründungs- und Zulassungsebene, 2011, S. 281.

109 So *Kroel*, in: Isringhaus/Kroel/Wendland (Hrsg.), MVZ-Beratungshandbuch, 2004, S. 86 f.; *Rau*, MedR 2004, 667, 670; kritisch *Rau*, in: Rieger/Dahm/Steinhilper (Hrsg.), HK-AKM, Dezember 2007, 3585 Rn. 47 ff., 53 f.; *Wigge*, MedR 2004, 123, 126 f. sieht nur die Möglichkeit des Vertragsarzt-MVZ und hält das gemischte MVZ für unzulässig (hierzu noch sogleich); so auch *Ziermann*, MedR 2004, 540, 544.

110 BSGE 124, 266 ff. = BeckRS 2017, 145083 Rn. 34 ff.; diese Sichtweise war schon angelegt in BSG, MedR 2014, 767, 771; SG Stuttgart, Urt. v. 20.1.2010 – S 5 KA 7468/07, BeckRS 2010, 74521; s. auch *Fickentscher*, Eigentumsschutz in der Bedarfsplanung, 2022, S. 139; *Kaya*, MVZ auf Gründungs- und Zulassungsebene, 2011, S. 282 f.; *Treptow*, Mitgliedschaft in der MVZ-GmbH, 2011, S. 152; *Konerding*, Vertragsarztsitz im MVZ, 2009, S. 95 m. w. N. in

Ärzte-ZV a. F. nicht möglich war, die vom Gesetzgeber geforderte (fachübergreifende) „Versorgung aus einer Hand“[111] *im* MVZ, sondern nur im Rahmen der Kooperation mit angestellten Ärzten oder anderen Leistungserbringern anzubieten[112]. Dieses Problem hat sich mit der Zeit von selbst gelöst: So ist nicht nur § 33 II Ärzte-ZV a. F. geändert worden[113], sondern auch das Erfordernis entfallen, dass es sich beim MVZ um ein fachübergreifendes Institut handeln muss[114].

Zwischen dem Vertragsarzt und dem MVZ entsteht dann eine BAG, innerhalb derer das MVZ die vom Vertragsarzt erbrachten Leistungen unter seiner Nummer abrechnet[115]. Die vertragsärztliche Zulassung verliert (wie i. R. v. § 33 II Ärzte-ZV in der BAG) ihre individuelle Bedeutung und geht ebenso wie der mit ihr im Zusammenhang stehende Versorgungsauftrag im Kollektiv des MVZ auf[116]. Wie bei angestellten Ärzten stellt sich hier die Frage nach der Aufteilung von Rechten und Pflichten zwischen dem Vertragsarzt und dem MVZ[117].

Da im Vertragsarzt-MVZ nur das MVZ zur Abrechnung berechtigt ist, bestehen Rückforderungsansprüche der KV im Zusammenhang mit einer Honorarberichtigung bzw. Wirtschaftlichkeitsprüfung ausschließlich gegenüber dem MVZ[118]. Die Behandlungspflicht trifft den Vertragsarzt im MVZ nur in ihrer reduzierten Form[119]. Die Pflicht zum Bereitschaftsdienst trifft ebenfalls nur das MVZ[120]. Auch die Präsenzpflicht trifft den Vertragsarzt im Vertragsarzt-MVZ nicht[121]. Insgesamt scheint es daher so, als seien Vertragsärzte im MVZ hinsicht-

---

Fn. 430; *Lindenau*, MVZ, 2008, S. 81 f. Rn. 203; *Zwingel/Preißler*, MVZ, ^{2}2008, S. 114; *Dahm*, in: Dahm/Möller/Ratzel (Hrsg.), Rechtshandbuch MVZ, 2005, Kap. VIII Rn. 2.

[111] BT-Drs. 15/1525, S. 74.

[112] Der Begriff (und das Argument) des Etikettenschwindels findet sich erstmals bei *Wigge*, MedR 2004, 123, 127; er wird aber vielfach wieder aufgegriffen, z. B. bei *Remplik/Flasbarth*, in: Ratzel/Luxenburger (Hrsg.), Handbuch Medizinrecht, ^{4}2020, Kap. 10 Rn. 63; *Kaya*, MVZ auf Gründungs- und Zulassungsebene, 2011, S. 284; *Möller*, MedR 2007, 263, 270; *Dahm*, in: Dahm/Möller/Ratzel (Hrsg.), Rechtshandbuch MVZ, 2005, Kap. III Rn. 63 sprach sich hingegen schon früh gegen dieses Argument aus.

[113] S.u. C. I. 3. d) bb).

[114] S.o. B. III. 4. b) ff).

[115] *Kaya*, MVZ auf Gründungs- und Zulassungsebene, 2011, S. 282; *Treptow*, Mitgliedschaft in der MVZ-GmbH, 2011, S. 151; *Konerding*, Vertragsarztsitz im MVZ, 2009, S. 62, 94; *Zwingel/Preißler*, MVZ, ^{2}2008, S. 141; ggf. erhält der Vertragsarzt im MVZ eine „Unternummer“, s. *Dahm*, in: Dahm/Möller/Ratzel (Hrsg.), Rechtshandbuch MVZ, 2005, Kap. VIII Rn. 23.

[116] *Clemens*, in: Quaas/Zuck/Clemens (Hrsg.), Medizinrecht, ^{4}2018, § 17 Rn. 52; *Konerding*, Vertragsarztsitz im MVZ, 2009, S. 95 f.; *Zwingel/Preißler*, MVZ, ^{2}2008, S. 114.

[117] Hierzu auch *Treptow*, Mitgliedschaft in der MVZ-GmbH, 2011, S. 85 f.

[118] *Dahm*, in: Dahm/Möller/Ratzel (Hrsg.), Rechtshandbuch MVZ, 2005, Kap. VIII Rn. 79.

[119] *Konerding*, Vertragsarztsitz im MVZ, 2009, S. 177.

[120] BSG, Urt. v. 11.12.2013 – B 6 KA 39/12 R = MedR 2014, 767, 771 f.

[121] *Konerding*, Vertragsarztsitz im MVZ, 2009, S. 173 f.

lich ihrer Verpflichtungen und Rechte so zu behandeln wie im MVZ angestellt arbeitende Ärzte[122], um das Vertragsarzt-MVZ im Ergebnis zu ermöglichen.

bb) Sonderproblem: Misch-MVZ

Das Problem des Vertragsarzt-MVZ stellt sich nochmals in abgewandelter Form, wenn das MVZ in einer Mischform aus angestellten Ärzten und Vertragsärzten betrieben wird[123]. Problematisch erschien hier lange, dass § 33 II 1 Ärzte-ZV a. F. Vertragsärzten eine Zusammenarbeit nur mit anderen Vertragsärzten gestattete – angestellte Ärzte sind indes keine Vertragsärzte[124]. In der Misch-Variante des MVZ arbeiten die Vertragsärzte aber nicht mit den angestellten Ärzten zusammen, sondern vielmehr mit dem MVZ, das in dieser Konstellation Leistungserbringer ist[125]. Das VÄndG modifizierte § 33 II 1 Ärzte-ZV zudem insoweit, als mittlerweile die Zusammenarbeit mit allen zur Versorgung zugelassenen Leistungserbringern möglich ist[126]. Darüber hinaus ist kein „sachlicher Grund" dafür ersichtlich, die Kooperation zwischen Vertragsärzten und angestellten Ärzten zu unterbinden[127]. Im Ergebnis wird das Misch-MVZ daher mittlerweile mehrheitlich für zulässig gehalten[128]. Auch hier kommt es zu einer Überlagerung der Vertragsarztzulassung durch die MVZ-Zulassung[129].

cc) Problematische Aspekte des Vertragsarzt-MVZ

Das zentrale Problem des Vertragsarzt-MVZ liegt darin, dass es nur schwer mit den Grundsätzen der vertragsärztlichen Freiberuflichkeit zu vereinbaren ist. Die Aufteilung der Rechte und Pflichten findet nicht mehr nur zwischen MVZ-Zulassung und Anstellungsgenehmigung, sondern auch zwischen der MVZ-Zulassung und der (freiberuflich geprägten) Vertragsarztzulassung statt. Dass Verstöße ge-

---

122 *Clemens*, in: Quaas/Zuck/Clemens (Hrsg.), Medizinrecht, ^{4}2018, § 17 Rn. 64; *Kaya*, MVZ auf Gründungs- und Zulassungsebene, 2011, S. 292.

123 *Kroel*, in: Isringhaus/Kroel/Wendland (Hrsg.), MVZ-Beratungshandbuch, 2004, S. 75 ff.

124 *Junge*, Recht auf Teilnahme an der vertragsärztlichen Versorgung, 2007, S. 55; *Dahm*, in: Dahm/Möller/Ratzel (Hrsg.), Rechtshandbuch MVZ, 2005, Kap. III Rn. 65 m. w. N. in Fn. 80; *Wigge*, MedR 2004, 123, 127; vgl. *Ziermann*, MedR 2004, 540, 544, der seine Ansicht aber weniger mit § 32 II 1 Ärzte-ZV, sondern mit der Gesetzesbegründung zu § 95 SGB V im GMG unterfüttert.

125 *Konerding*, Vertragsarztsitz im MVZ, 2009, S. 55; *Kaya*, MVZ auf Gründungs- und Zulassungsebene, 2011, S. 135.

126 *Dies.*, Vertragsarztsitz im MVZ, 2009, S. 55.

127 *Kaya*, MVZ auf Gründungs- und Zulassungsebene, 2011, S. 135.

128 *Kaya*, MVZ auf Gründungs- und Zulassungsebene, 2011, S. 136 m. w. N. in Fn. 745; s. auch *Lindenau*, MVZ, 2008, S. 110 f. Rn. 272.

129 *Dahm*, in: Dahm/Möller/Ratzel (Hrsg.), Rechtshandbuch MVZ, 2005, Kap. VIII Rn. 10.

gen § 20 I 1 Ärzte-ZV sowie § 24 II 2 Ärzte-ZV bzw. die Präsenzpflicht im Vertragsarzt-MVZ strukturell begünstigt werden[130], spricht zwar allein noch nicht gegen das Vertragsarzt-MVZ: Diesem Problem kann durch Vereinbarungen zwischen Arzt und MVZ begegnet werden[131].

Überlagert die MVZ-Zulassung die Vertragsarztzulassung, entsteht jedoch technisch das Problem, dass der Vertragsarzt bei einer Tätigkeit im MVZ nicht den Versorgungsauftrag seiner Zulassung erfüllt, sondern i. R. d. Versorgungsauftrags des MVZ tätig ist, sodass ihm seine Zulassung gem. § 95 VI 1 Var. 3 SGB V zu entziehen wäre[132]. Auch dieses Problem lässt sich noch lösen: Vorgeschlagen wird, die Zulassung entweder über eine Analogie zu § 95 V 1 SGB V, § 26 Ärzte-ZV[133] oder eine teleologische Reduktion des § 95 V 1 SGB V (im Hinblick auf das Tatbestandsmerkmal der Wiederaufnahme der Tätigkeit in angemessener Frist)[134] ruhen zu lassen. Vertreten wird auch, dass die MVZ-Zulassung die Vertragsarztzulassung nur teilweise und nicht im Hinblick auf den Versorgungsauftrag überlagert, den der Arzt daher noch selbst erfüllen kann[135].

Um die freiberufliche Unabhängigkeit des Vertragsarztes im MVZ zu bewahren, sollte seine Tätigkeit nach einer Ansicht nur im Rahmen einer freien Mitarbeit und nicht im Rahmen der (verdeckten) Anstellung möglich sein[136]. Auch „Zulassungsgremien und KV“ forderten, dass der Arzt Gesellschafter in der Trägergesellschaft des MVZ sein soll[137]. Diese Sichtweise stand in einem engen Zusammenhang zum Erfordernis der persönlichen Tätigkeit in freier Praxis (§ 32 I 1 Ärzte-ZV) sowie der BSG-Rechtsprechung zur Nullbeteiligungsgesellschaft. Hier hatte das Gericht die Voraussetzung aufgestellt, dass der Arzt an den Gewinnen und Verlusten der Praxis sowie am immateriellen Wert der Praxis zu beteiligen ist[138]. Vielfach wurde aber vertreten, dass die Rechtsprechung des BSG zu Nullbeteiligungsgesellschaften nicht auf MVZ übertragen bzw. § 32 I 1 Ärz-

---

130 *Kaya*, MVZ auf Gründungs- und Zulassungsebene, 2011, S. 284.

131 *Dies.*, MVZ auf Gründungs- und Zulassungsebene, 2011, S. 285.

132 *Treptow*, Mitgliedschaft in der MVZ-GmbH, 2011, S. 152.

133 *Kaya*, MVZ auf Gründungs- und Zulassungsebene, 2011, S. 289.

134 *Dahm*, in: Dahm/Möller/Ratzel (Hrsg.), Rechtshandbuch MVZ, 2005, Kap. VIII Rn. 7.

135 *Treptow*, Mitgliedschaft in der MVZ-GmbH, 2011, S. 152 f.

136 *Konerding*, Vertragsarztsitz im MVZ, 2009, S. 56 m. w. N. in Fn. 195; *Dahm*, in: Dahm/Möller/Ratzel (Hrsg.), Rechtshandbuch MVZ, 2005, Kap. III Rn. 75; gegen den Typus des freien Mitarbeiters spricht sich mittlerweile das BSG aus (das strikt zwischen angestelltem Arzt und Vertragsarzt differenziert), s. BSG, Urt. v. 26.1.2022 – B 6 KA 2/21 R, juris Rn. 29; a. A. auch *Kaya*, MVZ auf Gründungs- und Zulassungsebene, 2011, S. 291 mit dem Argument, ein an der Träger-GmbH beteiligter Arzt könne dann nicht in seinem MVZ tätig werden.

137 *Remplik/Flasbarth*, in: Ratzel/Luxenburger (Hrsg.), Handbuch Medizinrecht, 42020, Kap. 10 Rn. 67; vgl. *Möller*, MedR 2007, 263, 269 f.

138 S.o. unter B. III. 3. d).

te-ZV nicht auf MVZ angewendet werden soll: Begründet wurde dies z. B. durch den Hinweis, die Freiberuflichkeit bzw. § 32 I 1 Ärzte-ZV solle nur sicherstellen, dass die „Letztverantwortlichkeit im Rahmen der medizinischen Entscheidungen" beim Arzt bleibt, wofür die Beteiligung des Arztes am MVZ (Träger) nicht erforderlich sei[139]. § 32 I 1 Ärzte-ZV könne als Vorschrift einer Verordnung die in § 95 I 1 SGB V in der Form eines formellen Gesetzes getroffene, gesetzgeberische Entscheidung, Vertragsärzten die Tätigkeit im MVZ zu ermöglichen, nicht verdrängen[140] – auch wenn die Ärzte-ZV im Ergebnis einem formellen Gesetz gleichzustellen ist[141]. Zudem könnten nicht-freiberuflich tätige Leistungserbringer an MVZ beteiligt werden, sodass freiberufliche Grundsätze und damit § 32 I 1 Ärzte-ZV nicht auf MVZ anzuwenden seien sollten[142]. Im Kontext der Rechtsprechung zur Nullbeteiligungsgesellschaft wäre dieses Argument aber abzulehnen, da das Gericht den Begriff der „freien Praxis" losgelöst vom Begriff der Freiberuflichkeit nutzt[143].

dd) Argumente für die Zulässigkeit des Vertragsarzt-MVZ

Ohne die Reibungen mit § 32 I Ärzte-ZV und dem Prinzip der Freiberuflichkeit aufzulösen, hat sich das Vertragsarzt-MVZ in der Verwaltungspraxis etabliert[144], wobei auch die Rechtsprechung lange keine konkreten Einschränkungen vornahm[145]. Von hoher Suggestionskraft für die Zulässigkeit des Vertragsarzt-MVZ ist ein historisch-teleologisches Argument: Das Problem des Vertragsarzt-MVZ ist darauf zurückzuführen, dass ursprünglich ausschließlich angestellte Ärzte im MVZ arbeiten sollten[146]. Um die Vertragsärzte im Wettbewerb um den ambulanten Markt mit den Krankenhäusern nicht übermäßig zu schwächen, wurde auf deren Protest hin kurz vor Fertigstellung des Gesetzes der Vertragsarzt als Leis-

---

[139] *Gerlach*, in: Krauskopf (Begr.), Soziale Krankenversicherung – Pflegeversicherung, § 95 SGB V Rn. 22 (Stand: Oktober 2016, EL: 93); vgl. auch *Kaya*, MVZ auf Gründungs- und Zulassungsebene, 2011, S. 292.

[140] *Zwingel/Preißler*, MVZ, ²2008, S. 116.

[141] *Konerding*, Vertragsarztsitz im MVZ, 2009, S. 174 f.

[142] *Möller/Dahm/Remplik*, in: Ratzel/Luxenburger (Hrsg.), Handbuch Medizinrecht, ³2015, Kap. 9 Rn. 86 f.

[143] S.o. B. III. 3. d).

[144] *Remplik/Flasbarth*, in: Ratzel/Luxenburger (Hrsg.), Handbuch Medizinrecht, ⁴2020, Kap. 10 Rn. 66; *Treptow*, Mitgliedschaft in der MVZ-GmbH, 2011, S. 151.

[145] So hielt das BSG das Vertragsarzt-MVZ in BSG, MedR 2014, 767, 771 zwar für zulässig, ließ aber offen, wie die Kollision zwischen den Zulassungen aufzulösen ist; zuvor schon SG Stuttgart, Urt. v. 20.1.2010 – S 5 KA 7468/07, BeckRS 2010, 74521; erst in BSGE 124, 266 ff. = BeckRS 2017, 145083 Rn. 34 ff. traf das Gericht nähere Bestimmungen, hierzu sogleich.

[146] S.o. B. III. 4. c) aa).

tungserbringer hinzugefügt[147]. Die Lösung im Wege der Überlagerung der vertragsärztlichen Zulassung ist daher zwar eigenartig, soll aber dennoch dem Willen des Gesetzgebers entsprechen, der das Grundkonzept des MVZ durch diese kurzfristige Änderung nicht weiter modifizieren wollte[148]. Vielmehr wollte er die Tätigkeit von Ärzten im MVZ fördern, um sicherzustellen, dass sie Leistungen nicht primär nach wirtschaftlichen, sondern medizinischen Kriterien erbracht werden, sodass es widersinnig wäre, dem Gründer Arzt eines MVZ die Tätigkeit in seinem Institut zu untersagen[149]. Daher soll dem Vertragsarzt-MVZ weder der Wortlaut der Gesetzesbegründung zum GMG[150] noch der Wortlaut von § 95 III 2 SGB V entgegenstehen, nach dem das MVZ „insoweit" zur Versorgung von Patienten berechtigt und verpflichtet ist, wie angestellte Ärzte (nicht aber Vertragsärzte) Mitglieder der KV werden[151].

ee) Lösungsansätze zur Aufrechterhaltung der vertragsärztlichen Freiberuflichkeit

Hierdurch kommt es jedoch zu einem widersprüchlichen Ergebnis: Der Gesetzgeber wollte die ärztliche Freiberuflichkeit i. R. d. GMG stärken[152]. Über die weitgehende Gleichstellung des im MVZ arbeitenden Vertragsarztes mit angestellten Ärzten wird die vertragsärztliche Freiberuflichkeit aber ausgehöhlt[153]. In der Literatur finden sich daher Modifikationen zu diesem Bild. So wird vorgeschlagen, § 20 I Ärzte-ZV auf Vertragsärzte im MVZ anzuwenden: Im Gegensatz zu angestellten Ärzten kann das MVZ Leistungen, die der Vertragsarztzulassung zuzuordnen wären, nicht schlicht von anderen Vertragsärzten erbringen lassen,

---

[147] *Remplik/Flasbarth*, in: Ratzel/Luxenburger (Hrsg.), Handbuch Medizinrecht, ⁴2020, Kap. 10 Rn. 59; *Kaya*, MVZ auf Gründungs- und Zulassungsebene, 2011, S. 133 ff.; *Dahm*, in: Dahm/Möller/Ratzel (Hrsg.), Rechtshandbuch MVZ, 2005, Kap. III Rn. 60.

[148] *Treptow*, Mitgliedschaft in der MVZ-GmbH, 2011, S. 151 f.; *Wigge*, MedR 2004, 123, 127.

[149] *Dahm*, in: Dahm/Möller/Ratzel (Hrsg.), Rechtshandbuch MVZ, 2005, Kap. III Rn. 74.

[150] *Rau*, in: Rieger/Dahm/Steinhilper (Hrsg.), HK-AKM, Dezember 2007, 3585 Rn. 48.

[151] *Konerding*, Vertragsarztsitz im MVZ, 2009, S. 95.

[152] BT-Drs. 15/1600, S. 9.

[153] Kritisch daher auch *Rau*, in: Rieger/Dahm/Steinhilper (Hrsg.), HK-AKM, Dezember 2007, 3585 Rn. 54: „Jeder Arzt, der eine ruhende Zulassung als Vertragsarzt hält, ist nach dieser Ansicht Freiberufler. Ein solches Verständnis, demzufolge das Vorliegen der Freiberuflichkeit von einer für die Berufsausübung nutzlosen (da im MVZ nicht nutzbaren) behördlichen Zulassung abhängen soll, ist – milde ausgedrückt – überraschend"; mit seinem Konzept der nur z.T. überlagerten Vertragsarztzulassung versucht *Treptow*, Mitgliedschaft in der MVZ-GmbH, 2011, S. 152 f. auf diese Kritik einzugehen – dies führt jedoch dazu, dass Rechte und Pflichten zwischen Arzt und MVZ in noch bizarrer Weise aufgespalten werden als ohnehin schon, schließlich stehen die Pflicht, an der Versorgung teilzunehmen, und das Recht, die im Rahmen dieser Pflicht erbrachten Leistungen abzurechnen, in einem direkten Zusammenhang.

sodass eine Unterversorgung der Patienten droht, wenn § 20 I Ärzte-ZV die Nebentätigkeiten des Vertragsarztes nicht beschränkt[154].

Zudem soll sich der Patient, der in einem MVZ von einem Vertragsarzt behandelt wird, seinen Arzt aussuchen können, sodass die Pflicht zur persönlichen Leistungserbringung für den Vertragsarzt im MVZ wiederauflebt[155]. Dieser Vorschlag knüpft an den größten Unterschied zwischen Vertragsärzten und angestellten Ärzten im MVZ an: Während der angestellte Arzt vom MVZ abhängig ist, verfügt der Vertragsarzt weiterhin über seine Zulassung. Hieran richtet sich die Zulassungspraxis aus, die insofern berufspolitisch motiviert ist[156]: So wird der Vertragsarzt zwar ins MVZ integriert, gleichzeitig verfügt er aber über eine im Vergleich zum angestellten Arzt aufgewertete Position, weil es ihm möglich ist, unter Mitnahme seiner Zulassung aus dem MVZ auszuscheiden[157]. In diesem Punkt lässt sich zunächst eine Stärkung der freiberuflich tätigen Ärzte erkennen, die mit dem ursprünglichen gesetzgeberischen Ziel korreliert. Diesem Ziel entspricht der Vorschlag zur Wiederbelebung der persönlichen Leistungserbringung: Kann sich der Patient den Vertragsarzt im MVZ aussuchen, baut der Arzt eigenen Goodwill auf. Hiermit verbessern sich seine Chancen, eine eigene Praxis aufzubauen, seine Unabhängigkeit vom MVZ wächst[158]. Einzuschränken sind diese Hoffnungen nur vor dem Hintergrund der zivilrechtlichen Vereinbarungen zur Bindung der Zulassung an die BAG, die sich auf das MVZ übertragen lassen[159] und die die Unabhängigkeit des Vertragsarztes im MVZ wieder einschränken können.

ff) BSG Entscheidung

Mittlerweile hat sich das BSG vertieft mit dem Konstrukt des Vertragsarzt-MVZ auseinandergesetzt und sich an § 32 I Ärzte-ZV und seiner Entscheidung zur Nullbeteiligungsgesellschaft orientiert, in der es neben der wirtschaftlichen Selbständigkeit forderte, dass der Gesellschafter Einfluss auf die Geschäfte der Praxis haben soll: An die Selbständigkeit des MVZ-Vertragsarztes soll aber ein niedri-

---

154 *Konerding*, Vertragsarztsitz im MVZ, 2009, S. 169 ff.

155 *Dies.*, Vertragsarztsitz im MVZ, 2009, S. 175 f.; a. A. *Kroel*, in: Isringhaus/Kroel/Wendland (Hrsg.), MVZ-Beratungshandbuch, 2004, S. 84.

156 *Rau*, in: Rieger/Dahm/Steinhilper (Hrsg.), HK-AKM, Dezember 2007, 3585 Rn. 59.

157 Statt vieler *Zwingel/Freißler*, MVZ, ²2008, S. 115; der Vertragsarzt muss hierfür seinen Sitz gem. § 24 VII 1 Ärzte-ZV aus dem MVZ herausverlegen, *Konerding*, Vertragsarztsitz im MVZ, 2009, S. 185.

158 *Konerding*, Vertragsarztsitz im MVZ, 2009, S. 175 f.

159 *Clemens*, in: Quaas/Zuck/Clemens (Hrsg.), Medizinrecht, ⁴2018, § 17 Rn. 84; *Kaya*, MVZ auf Gründungs- und Zulassungsebene, 2011, S. 290; vgl. *Rau*, in: Rieger/Dahm/Steinhilper (Hrsg.), HK-AKM, Dezember 2007, 3585 Rn. 61.

gerer Maßstab anzulegen sein, weil er im Vergleich zum BAG-Partner als Gesellschafter einer Kapitalgesellschaft nicht demselben wirtschaftlichen Risiko ausgesetzt ist und der KV gegenüber nicht selbständig auftritt[160]. In Anlehnung an § 23a MBO-Ä stellt das BSG fest, dass „ein Arzt bzw. Zahnarzt, der weder über die Mitwirkung an der Geschäftsführung noch in der Rolle eines Gesellschafters Einfluss auf den Betrieb der Praxis nehmen kann, […] nicht als freiberuflicher Vertrags(zahn)arzt im MVZ tätig“ wird, „sondern tatsächlich als Angestellter“[161]. Spricht die „Möglichkeit, auf die Geschäfte der Gesellschaft bestimmend einzuwirken“ für eine Stellung als Vertragsarzt im MVZ, indizieren statische Arbeitszeiten sowie feste Urlaubstage und ein Festgehalt hingegen die Stellung als Arbeitnehmer[162]. Gesetzeshistorie sowie -zweck sprechen zudem dagegen, es einem selbständig tätigen Arzt zuzugestehen, sich als abhängig beschäftigt zu betiteln[163]. Nicht der Arzt selbst sondern der Zulassungsausschuss hat zu entscheiden, ob eine angestellte oder selbständige Tätigkeit vorliegt, weil sonst bspw. unklar wäre, ob die Zulassung wiederauflebt, wenn der Arzt aus dem MVZ ausscheidet[164].

Mit seinen Entscheidungen legitimiert das BSG das Vertragsarzt-MVZ, indem es seine Rechtsprechung zur Nullbeteiligungsgesellschaft auf das MVZ überträgt. Hiermit stärkt es in erster Linie die Freiheit in der Berufsstellung, schränkt seinen eigenen Maßstab im Vergleich zur BAG aber selbst wieder ein. Klar wird, dass sich die vertragsärztliche Freiberuflichkeit im MVZ nicht in derselben Weise aufrechterhalten lässt wie in der BAG. Weil das BSG die Probleme, die im Hinblick auf die persönliche Leistungserbringung im Angestellten-MVZ entstehen, nicht sieht oder sehen will[165], kann es das Merkmal der persönlichen Leistungserbringung (bzw. des Vertrauensverhältnisses zwischen Arzt und Patient) jedoch nicht stärken. Auch die (weitere) Aufteilung von Rechten und Pflichten zwischen Vertragsarzt und MVZ[166] wird vom BSG nicht thematisiert. Diese Rechtsprechung lässt strukturfunktionale Freiberuflichkeitserwägungen noch

160 BSG, Urt. v. 26.1.2022 – B 6 KA 2/21 R, juris Rn. 59; BSGE 124, 266 ff. = BeckRS 2017, 145083 Rn. 35 f.

161 BSGE 124, 266 ff. = BeckRS 2017, 145083 Rn. 36.; vgl. BSG, Urt. v. 26.1.2022 – B 6 KA 2/21 R, juris Rn. 59.

162 BSGE 124, 266 ff. = BeckRS 2017, 145083 Rn. 37 ff.

163 BSG, Urt. v. 26.1.2022 – B 6 KA 2/21 R, juris Rn. 22 ff., 36 ff.

164 BSG, Urt. v. 26.1.2022 – B 6 KA 2/21 R, juris Rn. 43, 48 ff.

165 S.o. B. III. 4. c) cc).

166 Für die Entscheidung unerheblich, aber im selben Kontext interessant, ist auch die Frage, inwieweit gesellschaftsvertragliche Klauseln, die den Vertragsarztsitz an das MVZ binden, geeignet sind, die Unabhängigkeit des Vertragsarztes speziell im MVZ zu gefährden. Lässt man diese in der BAG zu, wird man sie auch im MVZ als zulässig ansehen müssen.

entfernt erkennen, führt aber dazu, dass sich die Grenze für das, was als freiberuflich gilt, noch weiter herabsetzt.

4. Die Zulassung in der BAG

a) Sozialrechtliche Ausgangslage

In der BAG trägt weiterhin jeder individuelle Arzt seine eigene Zulassung[167], sodass er der relevante Bezugspunkt aller vertragsärztlichen Rechte und Pflichten bleibt und damit im Rahmen seines Versorgungsauftrages tätig wird. Dabei wird die Zulassung jedoch modifiziert: Sobald der Zulassungsausschuss der BAG gem. § 33 II Ärzte-ZV zustimmt, verlieren „die individuellen Zulassungen […] für die Dauer der Gemeinschaftspraxis auf der Ebene der Leistungserbringung ihren eigenständigen Charakter“[168]. Dies führt dazu, dass fortan alle Ärzte ihre Leistungen unter derselben Nummer abrechnen, als wären sie ein einziger Arzt, sodass die wiederholte Behandlung eines Patienten innerhalb eines Quartals durch verschiedene Ärzte der BAG nur als einziger Behandlungsfall gilt[169]. Der Patient kann aber auf die Behandlung durch einen bestimmten Arzt bestehen und die Behandlung durch einen Arzt der BAG ablehnen, wodurch die freie Arztwahl in der BAG erhalten bleibt[170].

Als Zulassungsträger steht es dem Vertragsarzt frei, jederzeit aus der BAG auszuscheiden und seiner Tätigkeit entweder alleine oder in einer anderen BAG nachzugehen[171]. Hierbei entstehen infolge der Bedarfsplanung Probleme für die BAG: Sie verliert nicht nur den Arzt als Arbeitskraft, sondern auch seine vertragsärztliche Zulassung inklusive des entsprechenden Abrechnungsvolumens. Befindet sich die Praxis in einem Gebiet, das für neue Zulassungen gesperrt ist, kann sie im Gegensatz zur Situation vor Einführung der Bedarfsplanung nicht ohne weiteres einen neuen Arzt in die Praxis aufnehmen. Vielmehr müssen ihre Gesellschafter einen neuen Arzt mit eigener Zulassung aufnehmen, um einen Versorgungsauftrag hinzuzugewinnen. Wurden aber Investitionen vorgenommen, bevor der Arzt ausschied, kann sich hierbei schnell eine existenzbedrohende Situation für die in der BAG verbliebenen Ärzte ergeben, da ihnen ein Teil

167 *Rademacker*, in: Körner/Leitherer/Mutschler u. a. (Hrsg.), KassKomm, September 2021, § 95 SGB V Rn. 50.

168 *Zwingel/Preißler*, MVZ, ²2008, S. 114.

169 *Rademacker*, in: Körner/Leitherer/Mutschler u. a. (Hrsg.), KassKomm, September 2021, § 95 SGB V Rn. 49.

170 BSGE 55, 97, 101 f.

171 *Weitbrecht/Treptow*, MedR 2009, 701, 702.

ihres fest eingeplanten Umsatzes verloren gegangen ist[172]. Hieraus erklärt sich die Motivation, alle Vertragsarztsitze bzw. Versorgungsaufträge, die Ärzten der BAG zuzuordnen sind, an die BAG zu binden.

Dafür haben sich im Laufe der Zeit diverse zivilrechtliche Instrumentarien herausgebildet. Da diese die „Verfügungsmöglichkeiten" bezüglich der Zulassung ändern und so Auswirkungen auf die Praxisnachfolge zeitigen sowie die Abhängigkeit der Ärzte untereinander verstärken und damit potenziell auf die Freiberuflichkeit einwirken, soll in diesem Kapitel auf die entsprechenden zivilrechtlichen Modifikationen der Zulassung eingegangen werden. Im Mittelpunkt stehen Klauseln, die den Arzt dazu verpflichten, auf seine Zulassung zu verzichten und ihre Ausschreibung zu beantragen, sobald er die Praxis verlässt (hierzu b) aa) (2)). Diese Verzichtsklauseln werden zudem häufig mit Vereinbarungen kombiniert, die eine Kündigung des Gesellschafters ohne wichtigen Grund zulassen (hierzu b) bb)). Auch Wettbewerbsverbote sind insoweit relevant (hierzu b) cc)): Diese binden den Sitz zwar nur in einer weichen Form an die Praxis, da sie es dem Arzt faktisch erschweren, aus der Praxis auszuscheiden (wobei sie den Goodwill an die Praxis binden können). Aus der Perspektive der ärztlichen Freiberuflichkeit sind sie jedoch lange kritisch gesehen worden. Die zivilrechtliche Einbindung der Zulassung in die BAG tangiert auch ihre Höchstpersönlichkeit (hierzu c)).

b) Zivilrechtliche Modifikationen

aa) Bindung der Zulassung an die BAG

(1) Qua Gesetz

Der einzelne Arzt arbeitet i. R. d. Versorgungsauftrags seiner Zulassung, auch wenn er sich in einer BAG mit anderen Ärzten organisiert[173]. Mit dem Tod des Arztes endet gem. § 95 VII 1 Var. 2 SGB V die vertragsärztliche Zulassung. Beantragen die Erben des Arztes die Ausschreibung des Sitzes nicht gem. § 103 IIIa 1 SGB V, verliert die BAG im System der Bedarfsplanung das Abrechnungsvolumen des verstorbenen Arztes. Im Zusammenhang mit den schwerwiegenden Folgen dieses Verlusts für die BAG[174], stellt sich die Frage, ob den in der BAG verbliebenen Praxispartner ein Ausschreibungsrecht qua Gesetz zusteht, wenn

---

[172] *Dahm*, MedR 1998, 567, 568 f.; s. auch *Cramer/Maier*, MedR 2002, 549, 554 mit dem Beispiel eines ausscheidenden Arztes, der eine Sonderqualifikation gem. § 135 SGB V hält.

[173] *Rademacker*, in: Körner/Leitherer/Mutschler u. a. (Hrsg.), KassKomm, September 2021, § 95 SGB V Rn. 50.

[174] *Bonvie*, GesR 2008, 505; s.o. C. I. 4. a).

ein Praxispartner verstirbt, bzw. – weiter gefasst – wenn die Zulassung erlischt, ohne dass eine Neuausschreibung beantragt wird[175].

Ende der 90er Jahre entschied das BSG hierzu, dass den in der BAG verbleibenden Ärzten in dieser Konstellation – auch ohne entsprechende Klausel im Gesellschaftsvertrag – ein Recht zur Ausschreibung der Vertragsarztzulassung zustand[176]. Mit diesen Entscheidungen sollte das aus Art. 14 I GG stammende Recht der in der BAG verbleibenden Ärzte geschützt werden, die Praxis wirtschaftlich zu verwerten[177]. Zudem wäre § 103 VI 1 SGB V sonst kein eigenständiger Bedeutungsinhalt zugekommen[178]. Diese Rechtsprechung wurde im weiteren Verlauf von anderen Gerichten umgesetzt[179].

(2) Qua Gesellschaftsvertrag

Die Praxis kann die Zulassung jedoch verlieren, wenn sich ein Gesellschafter dazu entscheidet, seinen Vertragsarztsitz gem. § 24 VII 1 Ärzte-ZV verlegen zu lassen und so aus der BAG auszuscheiden. Um diesem Vorgehen entgegenzuwirken, fand sich in der Literatur bereits kurz nach Einführung der Bedarfsplanung die Empfehlung, im Gesellschaftsvertrag eine Klausel zu verankern, die das Recht auf den Verzicht und die Ausschreibung hinsichtlich der Zulassung auf die in einer BAG verbleibenden Vertragsärzte überträgt und die Zulassung so an die BAG bindet[180]. Anders als in den Fällen, in denen die Zulassung erlosch (und eine Neuausschreibung nicht beantragt wurde), stellten diese Klauseln jedoch einen Eingriff in die Berufsfreiheit des ausscheidenden Arztes dar: Da der Arzt im System der Bedarfsplanung ohne Zulassung ohne Existenzgrundlage dasteht, greifen diese Abreden tief in seinen Rechtskreis ein und bedürfen daher einer Überprüfung im Einzelfall[181].

Die unterinstanzlichen Gerichte kamen überwiegend zu dem Ergebnis, dass gesellschaftsvertragliche Regelungen, die den Sitz an die BAG binden, rechtsgültig sind[182]: In einer Reihe von Entscheidungen befanden Zivilgerichte[183] ei-

---

175 *Steinbrück*, Praxisabgabe und Praxisübernahme, ²2009, S. 109 Rn. 316 m. w. N. in Fn. 260 f.

176 BSG, MedR 1999, 382 f.

177 BSG, MedR 1999, 382; LSG Rheinland-Pfalz, MedR 1998, 148, 149.; vgl. hierzu unten C. II. 2.

178 BSG, MedR 1999, 382, 383.

179 LSG Baden-Württemberg, MedR 2005, 671, 672.

180 *Möller*, MedR 1994, 218, 220; kritisch *Rieger*, MedR 1998, 148, der vor langen Verfahren, welche die Neuausschreibung der Zulassung verhindern können, warnt, wenn es zu Auslegungsschwierigkeiten hinsichtlich der im Gesellschaftsvertrag getroffenen Absprachen kommt.

181 Vgl. OLG Stuttgart, MedR 2001, 519, 521 f.

182 S. im Detail die Zusammenfassungen bei *Gummert/Meier*, MedR 2007, 400, 402 ff.

183 In dieser Rechtsfrage waren die Zivil- und nicht die Sozialgerichte zuständig, weil hier

nige Jahre nach Einführung der Bedarfsplanung, dass Vorverträge zu BAG-Gesellschaftsverträgen wirksam waren, in denen sich die Parteien darauf einigen, dass der aus der Versorgung ausscheidende Arzt die Neuausschreibung seiner Zulassung zu veranlassen hat – auch wenn dieser Arzt mit seiner Zulassung eine Praxis an anderer Stelle eröffnet hat bzw. eröffnen will[184]. Das OLG Hamm beurteilte die Übertragung des Rechts sowohl auf den Zulassungsverzicht als auch auf die Beantragung der Neuausschreibung vor dem Hintergrund des § 138 I BGB für zulässig[185]. Auch das LG Bochum hielt eine Regelung für wirksam, nach der der ausscheidende Praxispartner alles ihm mögliche unternehmen sollte, um an der Übertragung der Zulassung auf einen Nachfolger innerhalb der BAG hinzuwirken, falls er die BAG nicht mit seinem Partner fortführen sollte[186]. Nur vereinzelt sprachen Gerichte Verzichtsklauseln ihre Wirkung ab. Das OLG Stuttgart legte in Anlehnung an die Rechtsprechung des BGH zu Wettbewerbsverboten und im Einklang mit dem „Rechtsgedanken des § 74 II HGB" strengere Maßstäbe an die Prüfung an und erklärte eine Klausel für unwirksam, weil sie nicht nur die Zulassung an die Praxis band, sondern den anderen Ärzten in der BAG ein Hinauskündigungsrecht ohne wichtigen Grund[187] zugestand, ohne dass der herausgekündigte Arzt im Fall der Kündigung zu kompensieren war[188]. Das OLG Köln entschied ähnlich, weil es den Handel mit ärztlichen Zulassungen nicht fördern wollte: Der Vertragsarztsitz, der an die BAG gebunden werden sollte, befand sich hier ursprünglich in einer anderen BAG, welcher der beklagte Arzt lediglich zu dem Zweck beitrat, die Zulassung zu erhalten[189].

Unklar war der Prüfungsmaßstab, an dem Verzichtsklauseln zu messen waren: Vorgeschlagen wurde, eine Ausübungskontrolle anhand der gesellschaftsrechtlichen Treuepflicht vorzunehmen[190]. Andere votierten dafür (zumindest auch) § 725 V BGB heranzuziehen, der einer Bindung des Sitzes entgegensteht, wenn

nicht „das Ausschreibungsrecht als solches", sondern nur die Wirksamkeit der bürgerlich rechtlichen Vereinbarung infrage stand, s. *Dahm*, MedR 1998, 567, 567 f.

184 LG Essen, MedR 1998, 565 ff.

185 OLG Hamm, MedR 2000, 427 ff.; zunächst wurde zwischen der Übertragung des Rechts auf Verzicht auf die Zulassung und der Übertragung des Rechts auf Neuausschreibung der Zulassung differenziert, da (vor Einführung des § 103 IIIa SGB V) die Erklärung des Verzichts bzw. der Neuausschreibung mit dem Zulassungsausschuss respektive der KV an unterschiedliche Empfänger zu adressieren war, *Dahm*, MedR 1998, 567, 568; schon in seiner Grundsatzentscheidung hielt der BGH aber fest, dass die Verpflichtung zur Neuausschreibung auch die Verpflichtung zum Verzicht auf die Zulassung enthält (BGH, NJW 2002, 3538; zustimmend *Gummert/Meier*, MedR 2007, 400, 406), womit diese Differenzierung an Bedeutung verlor.

186 LG Bochum, NZS 1999, 409 ff.

187 Hierzu sogleich unter C. I. 4. b) bb).

188 OLG Stuttgart, MedR 2001, 519 ff.

189 OLG Köln, Urt. v. 22.9.1999 – 13 U 47/99, BeckRS 1999, 30074238.

190 *Engler*, MedR 2010, 477, 480.

dem ausscheidenden Praxispartner keine angemessene Abfindung zukam[191]. Misst man der Privatautonomie der Gesellschafter einer BAG einen hohen Stellenwert zu, wird man hingegen lediglich eine Missbrauchskontrolle vornehmen wollen[192].

Der BGH hat sich in zwei Grundsatzentscheidungen – ähnlich wie die Oberlandesgerichte aus Hamm und Stuttgart zuvor – für eine Prüfung anhand von § 138 BGB i. V. m. Art. 12 I GG entschieden, wobei die Berufsfreiheit des aus der BAG ausscheidenden Arztes mit derjenigen der in der BAG verbleibenden Ärzte abgewogen und in praktische Konkordanz gebracht wird[193]: Die Berufsfreiheit der verbleibenden Ärzte überwiegt den Art. 12 I GG des ausscheidenden Arztes vor allem, wenn dieser seine Zulassung im Zusammenhang mit „seiner Bereitschaft […], in die Gemeinschaftspraxis einzutreten" erhalten hat und wenn er noch nicht lange (bzw. unter zwei Jahren[194]) in der Praxis und damit quasi in einer Probezeit tätig war[195].

Der Linie des BGH zur Übertragung des Ausschreibungsrechts qua Gesellschaftsvertrag schloss sich im Folgenden das BSG an[196]. Unter dem Hinweis auf seine Rechtsprechung zur Übertragung des Ausschreibungsrechts qua Gesetz befand das BSG die schuldrechtliche Übertragung des Ausschreibungsrechts für zulässig, ohne jedoch weitere Ausführungen zu den Wirksamkeitserfordernissen derartiger Vereinbarungen zu treffen[197].

Zwar hat sich hiermit eine höchstrichterliche Rechtsprechung etabliert[198]. Dass es bei der Frage, inwieweit Klauseln zur Bindung des Vertragsarztsitzes wirksam sind, auf den Einzelfall ankommt, demonstriert jedoch ein Urteil des OLG Hamm: Dieses hielt die Übertragung des Verzichts- und Ausschreibungsrechts für wirksam, obwohl die Ärztin, die nun auf ihre Zulassung verzichten sollte, den Sitz in die BAG eingebracht hatte[199]. Ausschlaggebend für die Wirksamkeit der Klausel war aber, dass die Ärztin die BAG nur gründete, um ihren

191 *Gummert/Meier*, MedR 2007, 400, 405; hiergegen *Weitbrecht/Treptow*, MedR 27 (2009), 701, 705, nach denen ein Verstoß gegen § 723 III BGB nur im Zusammenhang mit der Abfindungs- und nicht mit der Verzichtsklausel möglich ist.

192 *Weitbrecht/Treptow*, MedR 2009, 701, 705 f.

193 BGHZ 151, 389 ff.; BGH, NJW 2002, 3538 f.

194 BGH, NJW 2002, 3538, 3539.

195 BGHZ 151, 389, 395.

196 BSGE 91, 253 ff. = MedR 2004, 697, 701.

197 BSGE 115, 57 ff. = NZS 2014, 352, 357.

198 Dieser folgen bspw. OLG München, NJOZ 2008, 3027, 3033 f.; LG Düsseldorf, MedR 2007, 605, 606; OLG Zweibrücken, Urt. v. 25.5.2005 – 4 U 73/04, BeckRS 2005, 7388; OLG Düsseldorf, MedR 2004, 616, 619 ff.

199 OLG Hamm, MedR 2011, 725 ff.

Sitz zu übertragen (wobei sie allein aus steuerrechtlichen Gründen nicht auf ihre Zulassung verzichten wollte)[200].

Die Dauer der Gesellschaftszugehörigkeit des ausscheidenden Arztes reicht allein keinesfalls aus, um die Wirksamkeit der Klausel zu beurteilen[201]: So befand das LG Dortmund, eine Bindungsklausel sei auch bei einer längeren Gesellschaftszugehörigkeit des ausscheidenden Arztes nicht sittenwidrig, u. a. weil mit einem (wirksamen) Wettbewerbsverbot[202] faktisch dasselbe Ergebnis hätte erreicht werden können[203]. Hierbei gewichtete das Gericht die Berufsfreiheit des ausscheidenden Arztes als geringer, weil dieser in einem für Neuzulassungen gesperrten Gebiet tätig war[204]. Das LG Weiden setzte hingegen die Rechtsprechung des BGH um, indem es die Verpflichtung zum Verzicht auf die Vertragsarztzulassung nach viereinhalbjähriger Tätigkeit in einer BAG und unter Einbringung einer halben Vertragsarztstelle für unwirksam beurteilte[205]. Die achtjährige Tätigkeit eines Arztes gepaart mit dem Umstand, dass dieser für seinen Anteil an der Praxis zwar keinen Kaufpreis entrichten musste, jedoch ein geringeres Einkommen erhielt, veranlasste ein Schiedsgericht[206] dazu, eine Bindungsklausel für unwirksam zu befinden[207].

Zwar traf die Rechtsprechung in der Literatur größtenteils auf positive Resonanz[208]. Kritisiert wurde hingegen teils das Kriterium der Dauer der Praxiszugehörigkeit: Der von Art. 14 I GG geschützte Betrieb einer Praxis ist stark abhängig von den eingebrachten Zulassungen, sodass das Interesse, die Praxis zu erhalten, und damit der Schutz der Praxis durch den Art. 14 I GG der Gesellschafter im Laufe der Zeit eher ab- als zunimmt[209]. Da der Zeitpunkt, zu dem die Sittenwidrigkeit der Klausel beurteilt wird, derjenige des Vertragsschlusses ist, mutetet es zudem merkwürdig an, wenn die Gerichte nicht auf eine zeitliche Begrenzung der Verzichtsklausel, sondern die Dauer der Praxiszugehörigkeit abstellen[210].

200 OLG Hamm, MedR 2011, 725, 730.

201 S. nur *Gummert/Meier*, MedR 2007, 400, 408; *Steinbrück*, Praxisabgabe und Praxisübernahme, ²2009, S. 114f. Rn. 333.

202 S. sogleich unter C. I. 4. b) cc).

203 LG Dortmund, ZMGR 2008, 52f.

204 S. auch die Zusammenfassung des Urteils bei *Bonvie*, GesR 2008, 505, 509.

205 LG Weiden, MedR 2016, 351, 353.

206 Das Gericht bezog sich auf die die Zulassung betreffende Verpflichtung und nicht auf die Zulassung selbst, die als höchstpersönliches und nicht vermögenswertes Rechtsgut nicht gem. § 1030 I 1 ZPO schiedsfähig ist, Schiedsgericht, MedR 2013, 190, 192; hierzu sogleich C. I. 4. c).

207 Schiedsgericht, MedR 2013, 190ff.

208 Zur Rezeption des Urteils s. *Weitbrecht/Treptow*, MedR 2009, 701, 703f. m. w. N. in Fn. 27–39.

209 *Dahm*, MedR 2013, 194, 196.

210 *Weitbrecht/Treptow*, MedR 2009, 701, 706, die zudem vertreten, dass mit Verzichtsklauseln nicht in die Rechte des an der BAG beteiligten Arztes eingegriffen werde, da die vertrags-

Die Rechtsprechung geht ferner davon aus, dass die Kennenlern- und Probephase angemessener Weise drei Jahre lange dauern kann – tatsächlich wird der Gesellschafter häufig mehr als fünf Jahre als Angestellter in der Praxis gearbeitet haben, um die Zulassung zu erhalten (s. § 103 IV 5 Nr. 6 SGB V)[211], sodass eine entsprechende Kennenlernphase entbehrlich sein müsste[212].

(3) Weitere Instrumente

Verweigert es der ausscheidende Praxispartner, auf seine Zulassung zu verzichten und die Neuausschreibung zu beantragen, obwohl er sich hierzu verpflichtet hat, müssen die Gesellschafter der BAG den ausscheidenden Arzt verklagen, um ihre Rechte durchzusetzen. Hat die Klage Erfolg, kann die Abgabe einer Willenserklärung, die auf den Verzicht und die Neuausschreibung der Zulassung gerichtet ist, gem. § 894 ZPO fingiert werden[213]. Es besteht indes das Risiko, dass der Zulassungsausschuss der Sitzverlegung bereits zugestimmt hat, bevor ein entsprechendes Urteil oder eine entsprechende einstweilige Verfügung ergangen ist[214], sodass den Gesellschaftern der BAG nurmehr ein Schadenersatzanspruch gegen den ausgeschiedenen Arzt verbleibt[215].

Um diese Situation zu vermeiden, wurde teils empfohlen, den anderen Ärzten der BAG eine Ermächtigung zu erteilen bzw. diese zu bevollmächtigen, die Neuausschreibung des Vertragsarztes zu beantragen[216]. Im Zusammenhang mit den für den einzelnen Arzt einschneidenden Folgen beim Missbrauch dieser Vertretungsmacht durch die anderen Praxispartner wurde die Zulässigkeit dieser Konstellation jedoch teils verneint (zumindest in Fällen, in denen der ausscheidende Arzt aus der Gesellschaft herausgekündigt wurde)[217]. Weitere Vorschläge bestanden darin, die Verzichtserklärung und den Antrag zur Neuausschreibung im

ärztliche Zulassung schon mit Eintritt in die BAG „gesellschaftsrechtlich vorbelastet" sei. Diese Ansicht demonstriert, wie weit sich das Verständnis der Vertragsarztzulassung von der ursprünglichen Idee der Zulassung als höchstpersönlichem, an die Person des Artes gebundenem Recht entfernt hat.

[211] Hierzu s.u. D.I. 3. a).

[212] Vgl. *Möller/Ruppel*, in: Ratzel/Luxenburger (Hrsg.), Handbuch Medizinrecht, [4]2020, Kap. 17 Rn. 227.

[213] BSG, MedR 2017, 894, 896.

[214] So z.B. in BSG, MedR 2008, 305, 309, in dem das BSG neben dem Schadenersatzanspruch lediglich auf die Möglichkeit hinweist, eine einstweilige Verfügung zu erlangen, die nicht auf den Zulassungsverzicht abzielt, sondern darauf, „einen Praxisbetrieb an anderer Stelle im Planungsbereich zu eröffnen".

[215] *Bonvie*, GesR 2008, 505, 508.

[216] *Gummert/Meier*, MedR 2007, 400, 409 f.; *Wigge*, NZS 1998, 53, 55; *Dahm*, MedR 1994, 223, 225.

[217] *Engler*, MedR 2010, 477, 482.

Gesellschaftsvertrag zu verankern bzw. diese bereits als separate Dokumente abzufassen und treuhänderisch verwahren zu lassen[218].

bb) Hinauskündigungsklausel ohne Grund inkl. Zulassungsverzicht

Ging es im Rahmen der BGH-Urteile aus dem Jahr 2002 zu den Verzichtsklauseln zwar ausschließlich um Eigenkündigungen des ausscheidenden Gesellschafters, sind dennoch Konstellationen denkbar, in denen ein Arzt die Gesellschaft aufgrund der Kündigung einer anderen Person verlassen muss. In verschärfter Form stellt sich die Frage nach der Wirksamkeit der Verzichtsklausel, wenn die Hinauskündigung im Zusammenhang mit einer Klausel steht, welche die Hinauskündigung eines Gesellschafters ohne wichtigen Grund ermöglicht.

Insofern muss die Hinauskündigungsklausel an sich als wirksam zu beurteilen sein. Der BGH entschied Ende der 70er Jahre, dass Hinauskündigungsklauseln ohne wichtigen Grund grundsätzlich gem. § 138 BGB nichtig sind, da der einzelne Gesellschafter ansonsten der Willkür seiner Mitgesellschafter ausgesetzt ist, was der BGH in ständiger Rechtsprechung[219] mit der Metapher des über dem Kopf der Gesellschafter hängenden „Damoklesschwerts“[220] beschreibt. Ausnahmsweise können Hinauskündigungsklauseln ohne wichtigen Grund jedoch wirksam sein, bspw. wenn der Gesellschaftsvertrag vorsieht, „dass beim Tod eines Gesellschafters und dem darauf erfolgten Eintritt eines Erben in die Gesellschaft diesem durch einen oder mehrere Gesellschafter wieder gekündigt werden kann“ und diese Klausel (ggf. im Wege der Auslegung gem. § 157 BGB) befristet ist[221]. Kritisiert wird der BGH dafür, dass er eine Inhaltskontrolle der Klausel durchführt, anstatt zurückhaltender zu agieren und lediglich eine Ausübungskontrolle im Hinblick auf die konkreten Umstände vorzunehmen, in denen die Klausel gezogen wurde[222]. Im Rahmen dieser Arbeit scheint eine Inhaltskontrolle jedoch vorzugswürdig, da dem altruistischen Element unter den Partnern der Praxis[223] so eher Rechnung getragen werden kann[224].

Das OLG Hamm hielt kombinierte Verzichts- und Hinauskündigungsklauseln in Gesellschaftsverträgen von Arztpraxen früh für zulässig[225]. Auch der BGH übertrug seine Grundsätze auf Fälle, in denen es zur Hinauskündigung von Ärz-

---

218 *Bonvie*, GesR 2008, 505, 508.

219 So wörtlich BGH, MedR 2007, 595, 596 m. w. N.

220 BGHZ 81, 263, 268.

221 BGHZ 105, 213, 218 f.; weitere Beispiele, in denen Hinauskündigungsklauseln ohne wichtigen Grund für zulässig erachtet wurden, finden sich in BGHZ 164, 98, 102 ff.

222 *Engler*, MedR 2010, 477, 479 f.

223 S.o. B. II. 5.

224 So zumindest im Ergebnis auch *Dahm*, MedR 2007, 595.

225 OLG Hamm, MedR 2000, 427, 428 f.; OLG Hamm, MedR 1998, 565, 567.

ten aus BAG kam, wobei Hinauskündigungsklauseln ohne wichtigen Grund wirksam sind, wenn sie zeitlich begrenzt sind und für einen neu in die Gesellschaft eintretenden Gesellschafter gelten, da die Klausel hier dem Zweck dient, den übrigen Gesellschaftern die Zusammenarbeit mit dem neuen Gesellschafter zu erproben[226]. Eine weitere Ausnahme besteht nach einer Entscheidung des OLG Hamm, wenn „der hinausgekündigte Gesellschafter nicht wesentlich schlechter steht als im Fall der Liquidation, und wenn bei fortbestehender Kassenzulassung eine realistische Chance zur Fortsetzung seiner Berufsausübung besteht“[227].

Der BGH traf in seiner ersten Entscheidung lediglich die Aussage, eine zehnjährige Hinauskündigungsklausel sei unwirksam[228], sodass im Anschluss in der Literatur diskutiert wurde, auf welche Zeit die Hinauskündigungsklauseln zu begrenzen seien: Vorgeschlagen wurden fünf (in Anlehnung an § 101 III 4 SGB V), drei sowie zwei (in Anlehnung an § 14 II 1 TzBfG) Jahre, wobei sich die meisten Stimmen für die letzten beiden Varianten aussprachen[229]. Ist die Klausel nur sittenwidrig, weil ihre Frist zu lange läuft, lässt der BGH nunmehr eine geltungserhaltende Reduktion zu, mithilfe derer die Frist auf drei Jahre beschränkt wird[230].

Da die übrigen Gesellschafter einer BAG sonst von der Hinauskündigung eines Mitgesellschafters abgehalten werden könnten, spricht zudem vieles dafür, dass die Kombination aus einer Hinauskündigungsklausel ohne Grund sowie einer Verzichtsklausel in Bezug auf die Zulassung zulässig ist – jedenfalls dann, wenn der hinausgekündigte Arzt seine Zulassung erst i. R. d. Beitritts in die BAG erworben hat und er für ein Entgelt, welches er zum Erhalt der Zulassung an die BAG bzw. ihre Gesellschafter entrichtet hat, kompensiert wird[231].

cc) Wettbewerbsverbote

Zuletzt lässt sich der mit der Zulassung verbundene Goodwill an die Praxis binden, indem die Parteien ein Wettbewerbsverbot vereinbaren: Wenn der ausscheidende Gesellschafter für eine gewisse Zeit nicht im Einflussbereich der Praxis tätig werden kann, ist damit zu rechnen, dass sich der Großteil der Patienten

---

226 BGH, MedR 2007, 595, 596 f.; BGH, MedR 2004, 563, 564.

227 2. Ls. in OLG Hamm, MedR 2005, 234 ff.; dieses Urteil wurde in der Literatur kritisch aufgenommen, s. *Gummert/Meier*, MedR 2007, 400, 413, 415.

228 BGH, MedR 2004, 563, 564.

229 *Gummert/Meier*, MedR 2007, 400, 412 ff.

230 BGH, MedR 2007, 595, 596; zuvor OLG Frankfurt a. M., NZG 2006, 382, 384; kritisch im Hinblick auf den „konkreten Fall“, *Engler*, MedR 2010, 477, 480 f.

231 *Gummert/Meier*, MedR 2007, 400, 416; *Möller/Ruppel*, in: Ratzel/Luxenburger (Hrsg.), Handbuch Medizinrecht, [4]2020, Kap. 17 Rn. 284.

weiterhin in der Praxis behandeln lässt. Vor dem Hintergrund eines rigiden Bilds der Freiberuflichkeit konnten Ärzte Wettbewerbsverbote daher nicht wirksam vereinbaren: „Es verletzt das öffentliche Interesse unmittelbar, wenn für die Ausübung dieser Berufe private Monopole irgendwelcher Art geschaffen, und diese der Allgemeinheit gewidmeten Funktionen in privatem Interesse und zu privatem Nutzen irgend gehemmt und gebunden werden“[232]. In diesem Verbot kommt das altruistische Verhältnis der Freiberufler untereinander zum Tragen, das der ideellen Leistung mit Zentralwertbezug dient[233].

Mitte der 1950er Jahre legte der BGH einen Praxistauschvertrag gem. § 157 BGB ergänzend aus und kam zu dem Ergebnis, dass in Praxistauschverträgen ein Rückkehrverbot enthalten sein kann, da ansonsten zu befürchten steht, dass sich der Patientenstamm bei einer baldigen Rückkehr ihres alten Arztes durch diesen und nicht den neuen Arzt behandeln lässt[234]. Im Rahmen dieses Urteils hob der BGH die Rechtsprechung des RG zum Wettbewerbsverbot explizit auf, weil „die für die Ausübung des ärztlichen Berufs maßgebenden wirtschaftlichen Verhältnisse und dadurch bedingt auch die allgemeine Organisation des ärztlichen Standes seit Beginn dieser Rechtsprechung tiefgreifende Veränderungen erfahren haben“[235]. Hier erhielt das strukturfunktionale Freiberuflichkeitsverständnis bereits erste Risse.

Die entsprechenden Klauseln sind zeitlich, räumlich[236] sowie inhaltlich zu begrenzen: Ein Wettbewerbsverbot ist gem. § 138 II BGB sittenwidrig und daher

[232] RGZ 66, 143, 150; vgl. zudem die Ausführung bei *Krieger*, MedR 1994, 240.

[233] S.o. unter B. II. 1. und 5.

[234] BGHZ 16, 71, 75 ff.

[235] BGHZ 16, 71, 78 f.: „Die fortschreitend steigende Zahl der Ärzte sowie die durch zwei Kriege und ihre Folgeerscheinungen hervorgerufene Notlage großer Schichten des Volkes hatte für einen erheblichen Teil der Ärzte eine bedeutende Minderung ihres Einkommens zur Folge und insbes. für den ärztlichen Nachwuchs eine zunehmende Erschwerung der Existenzgründung. Je schwieriger hierdurch die wirtschaftliche Lage einer größeren Zahl von Ärzten wurde, um so mehr häuften sich die Fälle, in denen nicht charakterlich gefestigte Elemente von der im ärztlichen Stand bisher üblichen, sittlich hochstehenden Berufsauffassung abwichen und den Arztberuf vorwiegend nach materiellen, geschäftlichen Rücksichten ausübten. Diese Entwicklung hat den Gesetzgeber zu zahlreichen im öffentlichen Interesse erlassenen Organisationsvorschriften (betr. Zusammenfassung der Ärzte in Zwangsorganisationen, Übertragung hoheitlicher Befugnisse auf die Berufsvertretung, Einführung der Berufsgerichtsbarkeit, Zulassung zur Kassenpraxis u. a.) veranlaßt. Wenn der Arztberuf daher auch nach wie vor nicht als Gewerbe zu betrachten ist […], so kann doch heute weniger denn je an der Tatsache vorbeigegangen werden, daß der Arzt in Erfüllung der ihm obliegenden Aufgaben eine auf Erwerb gerichtete Tätigkeit ausübt. Daher ist in der neueren Rspr. des RG grundsätzlich die Veräußerungsfähigkeit der Praxis anerkannt […] und deren Schutzwürdigkeit im Rahmen des unter Ärzten grundsätzlich bestehenden freien, aber gerade darum verschärften Wettbewerbs auch im öffentlichen Interesse nicht in Zweifel gezogen worden“.

[236] Diese Beschränkungen finden sich schon in BGHZ 16, 71, 79 f.

unwirksam, wenn es zeitlich unbefristet ist, räumlich mehrere hundert Quadratkilometer umfasst und sachlich auch im Fall einer Kündigung aus wichtigem Grund seitens des ausscheidenden Gesellschafters wirken soll[237]. Die Bedarfsplanung und die daraus resultierenden Zulassungsbeschränkungen modifizieren diese Grundsätze für Vertragsärzte in örtlicher Hinsicht[238]. Da der Arzt seine Zulassung nicht in einen anderen Planungsbereich mitnehmen kann, können Wettbewerbsverbote seinen Verzicht auf die Zulassung forcieren[239], wobei der Arzt auch in anderen Planungsbereichen nicht ohne weiteres eine neue Zulassung erhalten wird[240]. Vor dem Hintergrund der Berufsfreiheit des aus der Praxis ausscheidenden Arztes dürfen Wettbewerbsverbote nicht dazu führen, dass er sich nicht mehr selbständig niederlassen kann[241].

Diesen Gedanken übernahm daraufhin die Rechtsprechung: Das OLG Düsseldorf hielt ein Rückkehrverbot, das dem Arzt die Aufnahme der kassen- oder privatärztlichen Betätigung im Bezirk der Praxis für fünf Jahre untersagte, für sittenwidrig, wobei es im Rahmen seiner Entscheidungsbegründung die zeitliche Beschränkung dahin stehen ließ und darauf abstellte, dass es aufgrund der Bedarfsplanung unklar sei, ob und wann der Arzt eine Zulassung in diesem oder einem anderen Bezirk erhalten würde[242]. Das Rückkehrverbot war indes nicht nur örtlich, sondern auch gegenständlich zu weit gefasst, da es jede freiberufliche Tätigkeit unterband. Der Kläger versuchte das Wettbewerbsverbot vorliegend zwar mit einem Vergleich zu den Klauseln aufrechtzuerhalten, mithilfe derer die Zulassung an die BAG gebunden wird, das Gericht hielt diesen Vergleich jedoch für unzulässig, da der aus der BAG ausscheidende Arzt zugelassen war, als er in die BAG eintrat[243]. Ein vergleichbares Wettbewerbsverbot wurde vom LG Krefeld ebenfalls als zu weit und daher als sittenwidrig eingestuft, weil es zeitlich mit 5 Jahren zu lang war, örtlich den gesamten Zulassungsbezirk und gegenständlich die private und kassenärztliche Tätigkeit erfasste – ohne sich auf den Fachbereich oder die kassenärztliche Tätigkeit zu beschränken[244]. In einem weiteren Urteil erklärte ein Schiedsgericht eine Klausel für zeitlich, örtlich und gegenständlich zu weit: Diese untersagte dem Gesellschafter einer BAG die ärztliche Tätigkeit für fünf Jahre im Umkreis von 30 km (einem Gebiet, das mehr als

[237] OLG Köln, Urt. v. 22.9.1999 – 13 U 47/99, BeckRS 1999, 30074238.

[238] Vgl. *Kamps*, MedR 2003, 63, 77.

[239] *Wertenbruch*, NJW 2003, 1904, 1907.

[240] *Krieger*, MedR 1994, 240, 241.

[241] *Ders.*, MedR 1994, 240, 241.

[242] OLG Düsseldorf, MedR 2007, 478 f.; zuvor schon OLG München, MedR 1996, 567, 568 f. mit ähnlicher Begründung.

[243] OLG Düsseldorf, MedR 2007, 478 f.

[244] LG Krefeld, Urt. v. 4.1.2007 – 3 O 443/06, BeckRS 2007, 17734.

den Planungsbereich umfasste) – das Verbot sei auch sachlich auf bestimmte Fachgebiete zu begrenzen[245]. Die Bedarfsplanung wirkt sich mithin auf die Prüfung von Wettbewerbsverboten – auch im MVZ[246] – aus, da Wettbewerbsverbote, die dem Arzt die Niederlassung im gesperrten Bereich verwehren, regelmäßig als unzulässig angesehen werden[247]. In zeitlicher Hinsicht findet sich die Empfehlung, das Wettbewerbsverbot auf zwei Jahre zu beschränken[248], wobei die Befristung auf ein Jahr (vgl. § 29 II MBO-Ä) sinnvoll ist, wenn man schon die Hinauskündigungsklausel auf zwei Jahre beschränkt[249].

c) Höchstpersönlichkeit der Zulassung und Freiberuflichkeit in der BAG

Neben Verzichts- und Hinauskündigungsklauseln gab es weitere Konzepte dafür, wie man die BAG existenziell absichern könnte. Hervorzuheben ist der Vorschlag von *Dahm*, die Gesellschafter der BAG zur Vermögensbeteiligung zu zwingen (was vor dem Hintergrund der Nullbeteiligungsgesellschaft und damit der Freiberuflichkeit sinnvoll ist[250]) und gleichzeitig zu vereinbaren, dass es nur dann zu einer Schuldbefreiung eines ausscheidenden Gesellschafters kommen soll, wenn dieser auf seine Zulassung verzichtet[251]. Dieser Vorschlag hat sich jedoch nicht durchgesetzt: Auch wenn im Zusammenhang mit § 242 BGB weiterhin einiges an Ungewissheit im Umgang mit Verzichts- und Hinauskündigungsklauseln besteht[252], haben sich diese Klauseln als gängige Praxis der Vertragsgestaltung in BAG etabliert[253].

Dieses Ergebnis ist vor dem Hintergrund der Höchstpersönlichkeit der Zulassung indes keineswegs selbstverständlich: Kurz nach Einführung der Bedarfsplanung konnte jedenfalls der Verzicht auf die Zulassung (und der Antrag zur Ausschreibung der Zulassung[254]) nach „herrschender Auffassung“ ausschließlich durch den aus der Versorgung ausscheidenden Arzt gestellt werden[255].

---

245 Schiedsgericht, MedR 2013, 190 ff.

246 *Möller*, in: Dahm/Möller/Ratzel (Hrsg.), Rechtshandbuch MVZ, 2005, Kap. X Rn. 43 ff.

247 *Steinbrück*, Praxisabgabe und Praxisübernahme, ²2009, S. 68, Rn. 197 m.w.N. in Fn. 153.

248 *Ders.*, Praxisabgabe und Praxisübernahme, ²2009, S. 67 Rn. 193.

249 *Engler*, MedR 2010, 477, 483.

250 Hierzu s.o. unter B. III. 3. d).

251 *Dahm*, MedR 1998, 567, 569.

252 *Möller/Ruppel*, in: Ratzel/Luxenburger (Hrsg.), Handbuch Medizinrecht, ⁴2020, Kap. 17 Rn. 292.

253 *Dahm*, MedR 2013, 194, 196.

254 *Wigge*, NZS 1998, 53, 57; a.A. bezüglich des Ausschreibungsrechts, nicht aber des Verzichts hingegen *Dahm*, MedR 1998, 567, 568.

255 *Wigge*, NZS 1998, 53, 54; *Dahm*, MedR 1998, 567, 568.

Selbst die (gesellschafts- bzw. schuldrechtlich) begründete Verpflichtung, auf die Zulassung zu verzichten und die Ausschreibung des Sitzes zu beantragen, wurde als unzulässig betrachtet: Neben einer strikten Trennung zwischen öffentlichem und bürgerlichem Recht sprach hierfür die Höchstpersönlichkeit der Vertragsarztzulassung, die sich auf den „unselbständigen Anspruch" des Zulassungsverzichts auswirken und diesen ebenfalls als höchstpersönlich und damit nichtübertragbar ausgestalten sollte[256]. „Der Verzicht auf die Zulassung ist als actus contrarius nicht anders als die Zulassung zu behandeln"[257]. Gegen die Entscheidung des LG Dortmund[258], wurde zunächst vorgebracht, dass die Zulassung als höchstpersönliches öffentliches Recht nicht in dieser Weise gesellschaftsrechtlich belastet werden könne, da ansonsten die „Höchstpersönlichkeit des Rechts ausgehöhlt und das Recht faktisch der Gesellschaft zugeordnet werde"[259]. Neben dem Eingriff in die Berufsfreiheit des ausscheidenden Arztes führte auch die höchstpersönliche Natur der Zulassung dazu, dass das LG Krefeld es ablehnte, ein im Nachhinein als unwirksam bewertetes Wettbewerbsverbot so auszulegen, dass aus ihm eine Verpflichtung des nach acht Jahren aus der BAG ausscheidenden Arztes folgte, auf seine Zulassung zu verzichten und die Ausschreibung zu beantragen[260].

Die Höchstpersönlichkeit des Zulassungsverzichts wurde in der Folge jedoch bestritten: Stellt man nicht die öffentlich rechtlich ausgestaltete Zulassung, sondern „die zivilrechtliche Befugnis zur Disposition über einen Gesellschaftsanteil" inklusive hiermit einhergehender Verpflichtungen – wie derjenigen auf den Verzicht auf die Zulassung sowie den Antrag auf ihre Neuausschreibung – in den Vordergrund, sollen Verpflichtung und Verfügung bezüglich der Zulassung voneinander unabhängig und die entsprechende Verpflichtung daher zulässig sein[261]. Diese Linie übernahm auch die Rechtsprechung, nach der dem Verzicht auf die Zulassung keine unmittelbare Übertragung der Zulassung folgt, da die Übertragung erst infolge des Verzichts durch den Zulassungsausschuss vorgenommen wird[262]. Überzeugen kann diese Unterscheidung aber nicht gänz-

[256] *Wigge*, NZS 1998, 53, 56 f.

[257] *Dahm*, MedR 1998, 567, 568; zustimmend *Gummert/Meier*, MedR 2007, 400, 405.

[258] S.o. C. I. Fn. 203.

[259] *Bäune*, ZMGR 2008, 54, 55.

[260] LG Krefeld, Urt. v. 4.1.2007 – 3 O 443/06, BeckRS 2007, 17734.

[261] *Möller*, MedR 2006, 621, 627; vgl. *Weitbrecht/Treptow*, MedR 2009, 701, 705, die die Verknüpfung zwischen der Verfügung und der diesbezüglichen unselbständigen Verpflichtung gar nicht erst erwägen.

[262] S. OLG Düsseldorf, MedR 2004, 616, 619, das sich auf die vorangegangene Entscheidung des BGH zu den Verzichtsklauseln (BGH, NJW 2002, 3538 f., s.o. C. I. 4. b) aa) (2) bezieht, in dem der BGH selbstverständlich davon ausgegangen sei, dass die Höchstpersönlichkeit des Verzichts einer auf den Verzicht bezogenen Verpflichtung nicht entgegenstehe.

lich[263]: Über die Klausel zum Zulassungsverzicht entsteht i. V. m. § 103 VI 1 SGB V (sowie ggf. einer fünfjährigen Anstellung eines Arztes in der BAG i. S. d. § 103 IV 5 Nr. 6 SGB V) eine Art von Anwartschaftsrecht für die BAG bzw. für den als Nachfolger des ausscheidenden Arztes vorgesehenen Arzt – schließlich wird der Zulassungsausschuss die Zulassung kaum an einen anderen Arzt vergeben können[264]. Dass es im Hinblick auf das Ausschreibungsrecht der verbleibenden Praxispartner auf eine Verpflichtung des verstorbenen Praxispartners nicht ankommt[265], spricht auch für ein verändertes Verständnis von der Höchstpersönlichkeit der Zulassung.

Im Ergebnis sind die Verzichtsklauseln zwischen den Ärzten jedenfalls zulässig: Dies ergibt sich aber erst „aus einer den übergeordneten Interessen der Beteiligten folgenden Rechtsfolgenkorrektur“[266] vor dem Hintergrund des Art. 12 I GG der in der BAG verbleibenden Gesellschafter, die ein legitimes Interesse daran haben, dass der Praxis das Abrechnungsvolumen des ausscheidenden Arztes erhalten bleibt[267]. Es wäre Ärzten in diversen Fällen unmöglich, sich gemeinsam niederzulassen, ohne über Planungssicherheit bezüglich der zu erzielenden Umsätze zu verfügen, sodass im Ergebnis kein Arzt (ex ante) ein Interesse daran haben kann, derlei Regelungen die Rechtskraft abzusprechen. Sie bilden lediglich die wirtschaftlichen Realitäten ab, die der Gesetzgeber mit Einführung der Bedarfsplanung geschaffen hat.

Dieses Beispiel offenbart aber, dass sich der Grad, zu dem die ärztliche Zulassung als höchstpersönlich anzusehen ist, (ebenso wie der Grad der ärztlichen Freiberuflichkeit) infolge der Bedarfsplanung verringert hat. Die Rechtsprechung zu den Verzichtsklauseln bestätigt diesen Trend: Die Frage, woher die Zulassung stammt, ob sie also bereits in der BAG vorhanden war oder ob der Gesellschafter sie eingebracht hat, setzt ein Bild voraus, in welchem die Zulassung einem Handelsgut zumindest stark angenähert ist. Bestünde man auf die strikte Personengebundenheit der Zulassung, müsste die Antwort immer lauten, dass die Zulassung vom Zulassungsausschuss stammt. Als Folge der kombinierten Hinauskündigungs-, Verzichts-, Wettbewerbsverbots- sowie Abfindungsklauseln ist der junge Gesellschafter einer BAG zuletzt teils schlechter gestellt als ein angestellter Arzt[268] – dies erklärt u. a. den Trend, nach dem immer mehr junge Ärzte lieber angestellt als selbständig tätig werden wollen. Auch hier lau-

---

263 S. auch die Argumentation bei *Gummert/Meier*, MedR 2007, 400, 405.

264 Zum Ermessen i. R. d. § 103 IV SGB V. s. D. II. 3.

265 Hierzu s.o. unter C. I. 4. b) aa) (1).

266 *Weitbrecht/Treptow*, MedR 2009, 701, 705, die sich jedoch gegen diese Korrektur aussprechen und versuchen, die Zulässigkeit der Verzichtsklauseln anderweitig herzuleiten.

267 *Gummert/Meier*, MedR 2007, 400, 405.

268 *Engler*, MedR 2010, 477, 483; *Dahm*, MedR 2007, 595.

fen Verfall der ärztlichen Freiberuflichkeit sowie die abnehmende Höchstpersönlichkeit der Zulassung parallel.

Die abnehmende Höchstpersönlichkeit der Vertragsarztzulassung in der BAG spiegelt sich auch im Insolvenzrecht: Ist die Zulassung gesellschaftsvertraglich an die Praxis gebunden, stellt sich die Frage, ob der Insolvenzverwalter bei Insolvenz der Gesellschaft berechtigt ist, den Arzt zu Zulassungsverzicht und -ausschreibung zu zwingen[269]. Zwar stellt dies – ebenso wie wenn er seine Praxis als einzelner Arzt betreibt[270] – einen Eingriff in sein Recht auf freie Berufsausübung dar, allerdings ist dieser vor dem Hintergrund einer wirksamen Bindungsklausel eher gerechtfertigt, weil der Sitz hier der Gesellschaft zugeordnet ist – der Arzt, der auf diesen Sitz verzichten soll, ist noch nicht lange Mitglied der Praxis und der Sitz befand sich vor seinem Eintritt i.d.R. bereits in der Gesellschaft[271]. Nach dem OLG München gehört zumindest der aus dem Gesellschaftsvertrag resultierende Anspruch zur Insolvenzmasse, von einem ehemaligen Gesellschafter verlangen zu können, nach seinem Austritt aus der Gesellschaft auf die Zulassung zu verzichten und ihre Neuausschreibung zu beantragen[272]. Da nicht das Recht auf den Zulassungsverzicht überschrieben werde, sondern sich der Gesellschafter verpflichtet hat, selbst zu verzichten, komme es nicht darauf an, ob es sich um ein „selbständiges oder akzessorisches Gestaltungsrecht handelt oder inwieweit nicht abtretbare Ansprüche dennoch der Pfändung unterliegen können“[273]. Das Recht, den Antrag auf Ausschreibung zu stellen, tangiert den verzichtenden Arzt weniger als der Verzicht auf die Zulassung, sodass er erst recht dazu gezwungen werden kann, diesen Antrag zu stellen[274].

Die Möglichkeit den Versorgungsauftrag an ein Kollektiv anzuknüpfen, hat sich noch verstärkt, nachdem der Gesetzgeber § 103 IVa 1, IVb 1, 2, IVc 1 SGB V einführte, über die der Vertragsarztsitz in Form einer Anstellungsgenehmigung in die Praxis oder das MVZ eingebracht werden kann[275]. In diesem Zusammenhang wird an der Sittenwidrigkeit von gesellschaftsrechtlichen Bindungsklauseln der Zulassung gezweifelt – schließlich lässt der Gesetzgeber die Bindung

---

269 *Ziegler*, ZInsO 2014, 1577, 1579.

270 In diesem Fall hat der Insolvenzverwalter keinen Zugriff auf die Zulassung, s.o. unter C. I. 2. b) cc).

271 *Ders.*, ZInsO 2014, 1577, 1579.

272 OLG München, NJOZ 2008, 3027, 3029.

273 OLG München, NJOZ 2008, 3027, 3030.

274 OLG München, NJOZ 2008, 3027, 3030.

275 Hierzu auch *Bonvie*, GesR 2008, 505, 506 f., der jedoch – anders als die Rechtsprechung mittlerweile – davon ausgeht, dass die Anstellungsgenehmigung i. R. d. § 103 IVb SGB V dem anstellenden Arzt und nicht der BAG zuzuordnen ist (hierzu s.u. C. I. 5.).

des Sitzes an das MVZ mittlerweile selbst zu[276]. Aus § 103 IVa 1, IVb 1, 2, IVc 1 SGB V könnte man indes ebenso gut schließen, dass eine Bindung des Sitzes nur im Angestelltenverhältnis zulässig ist. Im Zuge der Einführung des § 103 IVa 1, IVb 1 SGB V hat sich jedoch die Vertragspraxis zur Anknüpfung des Sitzes an die BAG weiterentwickelt: Anstelle von Verzichtsklauseln verpflichten sich die Gesellschafter teils dazu, sich gem. § 103 IVb 1 SGB V in der BAG anstellen zu lassen, bevor sie die Praxis verlassen bzw. bevor sie die Auszahlung des ihnen zustehenden immateriellen Werts beanspruchen können[277]. Wenn es zum Bruch des Verhältnisses unter den Gesellschaftern kommt, wird die Attraktivität dieser Klauseln nunmehr aber durch das vom BSG aufgestellte Erfordernis gemindert, dass der angestellte Arzt drei Jahre lang in der BAG (bzw. im Fall des § 103 IVa 1 SGB V im MVZ) tätig sein muss, damit der BAG die Anstellungsgenehmigung erhalten bleibt[278]. Ziel dieser Rechtsprechung ist es, eine Umgehung von § 103 IIIa, IV SGB V durch § 103 IVa 1, IVb 1 SGB V und damit den Konzessionshandel zu verhindern[279]. Da vorliegend jedoch keine Umgehung des § 103 IIIa, IV SGB V drohe – schließlich beabsichtigen die Parteien lediglich die Bindung des Sitzes an die Praxis – findet sich die Forderung, die Drei-Jahres-Rechtsprechung des BSG hier nicht zur Anwendung zu bringen[280].

5. Die Anstellungsgenehmigung in der BAG

Die Angestelltengenehmigung ist zwar gemeinsam mit dem MVZ eingeführt worden, kann aber auch i. R. d. BAG oder von einem einzeln niedergelassenen Arzt genutzt werden, um Ärzte anstellen zu können, § 95 IX 1 Hs. 1 SGB V, § 32b II 1 Ärzte-ZV. Die Anstellungsgenehmigung wurde zunächst (auch in der BAG) dem anstellenden Arzt zugeordnet, wobei sie akzessorisch an dessen vertragsärztlicher Zulassung hing, da diese erforderlich war, um einen Arzt anstellen zu können[281]. Hierfür sprach einerseits der Wortlaut des § 103 IVb 1 SGB V, nach dem der angestellte Arzt bei einem Vertragsarzt (und nicht bei einer BAG) tätig wird, sowie, dass die BAG nur nach § 32 Ärzte-ZV genehmigt wird, aber anders

---

[276] *Weitbrecht/Treptow*, MedR 2009, 701, 707.

[277] *Gerdts*, ZMGR 2018, 9, 15.

[278] Hierzu s.u. unter D. II. 2. b) sowie D. III. 3.

[279] Hierzu s.u. unter D. II. 2. b).

[280] *Gerdts*, ZMGR 2018, 9, 15.

[281] *Kanter*, Zulassung im Wandel, 2013, S. 203; implizit *Steinbrück*, Praxisabgabe und Praxisübernahme, [2]2009, S. 90 Rn. 261: „Soweit ein Vertragsarzt Vertragsarztsitze bzw. Anstellungsgenehmigungen an sich binden möchte“.

als der zugelassene Arzt oder das MVZ im SGB V kein Subjekt mit eigener Rechtspersönlichkeit darstellt[282].

Problematisch wird diese Zuordnung der Anstellungsgenehmigung zur Vertragsarztzulassung aber immer dann, wenn die Vertragsarztzulassung (zumindest zwischenzeitlich) untergeht: Dies betrifft z.B. den Fall, in dem ein einzeln niedergelassener Arzt im Rahmen der Praxisnachfolge gem. § 103 IIIa, IV SGB V ersetzt wird oder gem. § 103 IVa 1, IVb 1 SGB V[283] auf seine Zulassung verzichtet, um selbst Angestellter eines MVZ, einer BAG oder eines Vertragsarztes zu werden. Auch wenn einer von mehreren Partnern aus einer BAG ausscheidet und zum Zweck der Neuausschreibung auf seine Zulassung verzichtet, stellt sich die Frage nach dem Schicksal seiner Angestelltengenehmigung(-en). Unklar ist, ob der Nachfolger des Vertragsarztes (sei es eine natürliche Person, eine BAG oder ein MVZ) die Angestelltengenehmigung mithilfe eines Antrags beim Zulassungsausschuss übernehmen kann bzw. ob diese automatisch i. R. d. Praxisnachfolge bzw. Zulassungsübertragung mitüber- oder untergeht[284].

Diese Unklarheit hat das BSG im Hinblick auf die Konstellation, in der ein Vertragsarzt aus einer mehrgliedrigen BAG ausscheidet, mittlerweile ausgeräumt, weil es die Anstellungsgenehmigung nicht mehr dem anstellenden Arzt, sondern der BAG zuordnet, für die der angestellte Arzt tätig wird[285]. Das BSG hob hervor, dass der Honoraranspruch im Sozialrecht der BAG und nicht dem jeweiligen Arzt zusteht[286]. Zudem orientierte es sich an den zivilrechtlichen Verhältnissen: Arbeitsrechtlich ist der angestellte Arzt bei der BAG als Kollektiv angestellt[287], zudem ist die der BAG zugrundeliegende Gesellschaft Vertragspartner der Patienten und haftet diesen gegenüber[288]. Für die Sichtweise des BSG sprach, dass schon der Job-Sharing-Angestellte gem. § 59 S. 3 BPRl-Ä nur im Rahmen der Fachrichtung irgendeines, nicht aber eines bestimmten in der BAG tätigen Vertragsarztes tätig werden musste[289]. Die Zuordnung der Angestelltengenehmigung zur BAG ist auch nach Gesichtspunkten der Praktikabilität vor dem Hintergrund der soeben dargestellten Problematik beim Ausscheiden

---

282 *Bonvie*, GesR 2008, 505, 506 f.

283 *Schmidt*, ZMGR 2021, 10.

284 Zur uneinheitlichen Praxis der Zulassungsausschüsse s. *ders.*, ZMGR 2021, 10, 10 f.; s. schon *Steinbrück*, Praxisabgabe und Praxisübernahme, ²2009, S. 91 Rn. 265 ff., der sich für eine automatische Übertragung der Anstellungsgenehmigung aussprach, weil er diese als durch Art. 14 I GG geschützt ansah.

285 BSGE 121, 154 ff. = MedR 2017, 168, 169 f.

286 BSGE 121, 154 ff. = MedR 2017, 168, 170.

287 Vgl. hierzu schon *Zwingel/Preißler*, MVZ, ²2008, S. 32.

288 BSGE 121, 154 ff. = MedR 2017, 168, 170.

289 *Meschke*, in: Rieger/Dahm/Steinhilper (Hrsg.), HK-AKM, November 2017, 2730 Rn. 74.

eines Vertragsarztes aus der BAG vorzugswürdig: Indem die Angestelltengenehmigung der BAG zugeordnet wird, bleibt ihr das mit der Anstellungsgenehmigung verbundene, existentiell bedeutsame Abrechnungsvolumen automatisch erhalten, wenn einer der Partner aussteigt[290].

In Folge der neueren Rechtsprechung des BSG zur Zuordnung der Angestelltengenehmigung (das im Zusammenhang mit einem allgemeinen Bewusstseinswandel des Gerichts steht[291]) hat sich die BAG dem MVZ angenähert[292], während sich die Personengebundenheit der ärztlichen Zulassung bzw. der Anstellungsgenehmigung parallel zur Situation im MVZ verringert[293]. Die vom BSG kurz zuvor getroffene Aussage, das Zulassungsrecht sei abgesehen vom MVZ „ganz auf natürliche Personen ausgerichtet", sodass „selbst bei Gemeinschaftspraxen, die als Personengesellschaften eine rechtliche Verselbständigung aufweisen, […] die Zulassungen arztbezogen"[294] sind, gilt für Anstellungsgenehmigungen in BAG nur eingeschränkt: Anstellungsgenehmigungen sind zwar insoweit arztbezogen, als dass auf diverse Eigenschaften des anzustellenden Arztes abzustellen ist, wenn sie erteilt werden[295]. Sie sind indes als Recht des anstellenden und nicht des angestellten Arztes ausgestaltet[296]. Dieser zweite Anknüpfungspunkt ist nunmehr keine natürliche Person mehr, sondern ein Kollektiv.

---

290 *Zwingel/Preißler*, MVZ, ^{2}2008, S. 32, wobei auch angedacht werden könnte, die Anstellungsgenehmigungen ähnlich wie die Vertragsarztzulassung gesellschaftsrechtlich an die BAG zu binden (hierzu s.o. unter C.I. 4. b) aa) (2)) – dann könnte sich der Partner einer BAG bspw. dazu verpflichten, einen Antrag auf Übertragung der Anstellungsgenehmigung (§ 95 IXb SGB V) zu stellen.

291 Das BSG stellt mittlerweile vermehrt auf die BAG und nicht den einzelnen Vertragsarzt ab, bspw. auch bei der Berechnung von Leistungsobergrenzen im Job-Sharing, s. BSG, MedR 2020, 242, 244 ff.

292 *Ladurner/Walter/Jochimsen*, Stand und Weiterentwicklung der gesetzlichen Regelungen zu medizinischen Versorgungszentren (MVZ), 2020 (https://www.bundesgesundheitsministerium.de/fileadmin/Dateien/5_Publikationen/Ministerium/Berichte/Stand_und_Weiterentwicklung_der_gesetzlichen_Regelungen_zu_MVZ.pdf), S. 43 (geprüft am 19.9.2023) Fn. 94.

293 S.o. C.I. 3. b); vgl. zudem SG Marburg, Urt. v. 17.3.2010 – S 12 KA 281/09, BeckRS 2010, 68542, das ausführt, die Genehmigung der Zweigpraxis sei der Praxis und nicht dem einzelnen Vertragsarzt zu erteilen, u. a. weil es sich bei der Genehmigung der Zweigpraxis nicht um eine höchstpersönliche Genehmigung handele. Im Gegenschluss hieße dies jedoch, dass Zweifel an der Höchstpersönlichkeit einer Genehmigung aufkommen müssten, wenn sie einer Praxis und nicht dem einzelnen Arzt erteilt wird.

294 BSGE 111, 240 ff. = MedR 2014, 421, 424.

295 S.o. C.I. 3. b).

296 S.o. C.I. 3. b).

6. Zwischenergebnis

Die Zulassung ließ sich als Folge der Bedarfsplanung bereits zivilrechtlich an ein Kollektiv in Form der BAG anbinden, wobei diese Bindung mit Einführung des MVZ ins Sozialrecht verlagert wurde. Die Zulassung des MVZ und die Anstellungsgenehmigung unterscheiden sich in diversen Punkten von ihrem ursprünglichen Vorbild. Anschaulich wird dies beim Abgleich der Rechte und Pflichten, die mit der Vertragsarztzulassung respektive der MVZ-Zulassung bzw. Anstellungsgenehmigung einhergehen. Diese Differenzen beruhen darauf, dass im MVZ „Genehmigungsinhaber und Leistungserbringer nicht personenidentisch“[297] sind.

Die Einführung des MVZ und die hiermit einhergehende Trennung zwischen Genehmigungsinhaber und Leistungserbringer bzw. zwischen Gründungs- und Betriebsebene führte hierdurch zur „Abkehr von dem bis dahin vorherrschenden Prinzip der strengen Personengebundenheit der vertragsärztlichen Zulassung“[298]: Bei dem Genehmigungsinhaber kann es sich um eine juristische Person handeln, deren Gesellschafter wechseln können, ohne dass die Ebene der Leistungserbringung und damit die Anstellungsgenehmigungen tangiert werden[299]. Gleichzeitig können angestellte Ärzte unabhängig von Zulassungsbeschränkungen ausgetauscht werden, § 103 IVa 5 SGB V[300].

In Bezug auf das MVZ sind dementsprechend auch die Argumente zur Höchstpersönlichkeit der (MVZ-)Zulassung geschwächt: Zunächst ist die persönliche Leistungserbringung im MVZ außer Kraft gesetzt, sodass dieses Argument für die Höchstpersönlichkeit der MVZ-Zulassung wegfällt. Unangetastet bleibt zwar das Argument, dass die Höchstpersönlichkeit der Zulassung zum Abbau von Zulassungen beitragen kann – dieser Gesichtspunkt bezieht sich jedoch auf Umstände außerhalb der Person des Arztes. Die Höchstpersönlichkeit der Zulassung ist dem Abbau von Zulassungen zwar zuträglich, andersherum kann aber nicht geschlossen werden, dass die Zulassung höchstpersönlich ist, weil Zulassungen abgebaut werden sollen.

Zentral dafür, dass die Vertragsarztzulassung als höchstpersönlich wahrgenommen wird, ist jedoch ohnehin, dass sie an die Qualifikation des behandelnden Arztes sowie seine Zuverlässigkeit anknüpft – also Voraussetzungen, die allein in seiner Person begründet sind[301]. Die MVZ-Zulassung knüpft derweil auch an

---

297 *Zwingel/Preißler*, MVZ, ²2008, S. 62.

298 *Konerding*, Vertragsarztsitz im MVZ, 2009, S. 25; vgl. auch *Kaya*, MVZ auf Gründungs- und Zulassungsebene, 2011, S. 244.

299 BSG, MedR 2015, 617, 618.

300 Hierzu s.u. D. II. 4.

301 Vgl. *Kämmerer*, Freie Berufe, 2010, H 40 f.: „Regulierungsvorschriften, Standes- und

verschiedene Voraussetzungen an, wobei die Gründungsberechtigung für das MVZ bzw. die Eigenschaft als Leistungserbringer in der GKV die einzig vergleichbare Voraussetzung zur Qualifikation des Arztes darstellt[302]. Im Hinblick auf diese Voraussetzungen bestehen jedoch gesetzliche Lockerungen, die Zweifel an der Höchstpersönlichkeit der MVZ-Zulassung aufkommen lassen: Einerseits bleibt das MVZ sechs Monate lang bestehen, selbst wenn die Gründungsvoraussetzungen und damit die Gründungsberechtigung wegfallen, § 95 VI 3 SGB V. Andererseits führt der Verzicht auf die Zulassung zwecks Anstellung im MVZ nicht zum Wegfall der Gründungsberechtigung, § 95 VI 4 SGB V[303], wobei Ärzte, die nie über eine eigene Zulassung verfügt haben, über § 95 VI 5 SGB V gründungsberechtigt sind. Diese Regelungen mögen zwar durch praktische Gesichtspunkte[304] gerechtfertigt sein, sie sprechen aber für eine Unabhängigkeit des Konstrukts MVZ von dem Status seines Gründers und damit gegen die Höchstpersönlichkeit der MVZ-Zulassung[305]. „Mit der Möglichkeit, dass MVZ als Organisationseinheiten Träger einer vertragsärztlichen Zulassung sein können“ wurde „das Prinzip der Höchstpersönlichkeit und der strengen Personengebundenheit der Zulassung aufgegeben“[306].

Auf der Betriebsebene stellt die Angestelltengenehmigung hingegen auf die Eignung des angestellten Arztes ab, weshalb sie von der Rechtsprechung als höchstpersönliches Recht eingestuft wird[307]. Hierfür spricht, dass der angestellte Arzt Mitglied der KV wird und damit ihrem Disziplinarrecht unterliegt. Gleichzeitig handelt es sich bei der Angestelltengenehmigung aber um ein Recht des MVZ und nicht des angestellten Arztes, auf den sich die höchstpersönlichen Voraussetzungen beziehen. Insofern treffen den angestellten Arzt nicht mehr alle Pflichten (und Rechte), die mit der Vertragsarztzulassung einhergehen und deren Einhaltung über seine Eignung sowie die Kontrolle der KV sichergestellt werden

Kammerrecht und Steuerrecht liegt das Bild des individuellen Freiberuflers als Träger von Rechten und Pflichten zugrunde“.

302 Vgl. *Preißler*, in: FS Dahm, 2017, S. 335, 338.

303 Hierzu *ders.*, in: FS Dahm, 2017, S. 335, 338; die Frage, ob der Gründer eines MVZ gründungsberechtigt blieb, nachdem er vom Status des Vertragsarztes in den Status des Angestellten gewechselt war, war vor Einführung dieser Regelung umstritten, s. *Möller*, in: FS Dahm, 2017, S. 307, 316; *Kaya*, MVZ auf Gründungs- und Zulassungsebene, 2011, S. 152 ff.; *Konerding*, Vertragsarztsitz im MVZ, 2009, S. 44 ff.; *Zwingel/Preißler*, MVZ, ²2008, S. 134; *Lindenau*, MVZ, 2008, S. 58 f. Rn. 153 ff.

304 Bzgl. § 95 VI 4, 5 SGB V s. *Willaschek*, GuP 2020, 63, 64: „Die Regelung war überfällig“.

305 Vgl. *Meschke*, MedR 2009, 263, 269 im Hinblick auf § 95 VI 3 SGB V.

306 *Konerding*, Vertragsarztsitz im MVZ, 2009, S. 25, 125.

307 BSGE 124, 205 ff. = NZI 2018, 616, 620 f.

sollen[308]. Wird jedoch das Maß an Pflichten, die sich auf den Arzt beziehen, abgeschwächt, wird die Bedeutung seiner Eignung und damit die Höchstpersönlichkeit der Angestelltengenehmigung geschwächt. Zudem dienen nicht mehr Stellen wie die KV oder die Ärztekammer als unmittelbare Kontrollinstanz zur Qualifikation und Zuverlässigkeit des angestellten Arztes, sondern das MVZ als Arbeitgeber (potenziell verschieben sich so Konflikte, die aus Pflichtverletzungen des Arztes resultieren, vom Vertragsarzt- ins Arbeitsrecht)[309]. Die wohl als herrschend anzusehende Meinung, dass es sich bei MVZ-Zulassung und Angestelltengenehmigung um höchstpersönliche Rechte handelt, gerät unter diesem Aspekt zunehmend unter Druck.

Dieser Befund wird im Vertragsarzt-MVZ belegt: Auch hier vermag es die (höchstpersönliche) vertragsärztliche Zulassung nicht, sich gegen die MVZ-Zulassung durchzusetzen. Weil sich der Vertragsarzt im Rahmen seiner Tätigkeit im MVZ in vergleichbarer Weise in die Hände des MVZ-Trägers begibt wie der angestellte Arzt, lässt sich hierin eine Form der Zulassungsübertragung sehen. Diese ist zwar schwächer ausgeprägt als beim angestellten Arzt: Schließlich kann der Arzt unter Mitnahme seiner Zulassung aus dem MVZ ausscheiden. Bindet man die Zulassung ähnlich wie in der BAG jedoch mithilfe vertraglicher Abreden an das MVZ, ist auch diese Einschränkung zu relativieren.

Daran anknüpfend verliert der Vertragsarzt, der im MVZ tätig ist, seine Freiberuflichkeit: „Faktisch fehlen bei dem in ein MVZ eingebundenen Vertragsarzt die prägenden Merkmale freiberuflicher Tätigkeit“[310], es scheint „fragwürdig, ob […] noch von freiberuflicher Tätigkeit ausgegangen werden kann“[311]. Das BSG hat zwar versucht, dieser Entwicklung entgegenzuwirken, indem es seine Rechtsprechung zur Nullbeteiligungsgesellschaft auf das Vertragsarzt-MVZ übertragen hat. Dabei setzt es seine Anforderungen an die Selbständigkeit des Arztes jedoch selbst herab und geht auf die anderen Typusmerkmale der Freiberuflichkeit nicht ein. Im Hinblick auf die gedanklichen Wurzeln des MVZ, das den Arzt vom Markt trennen soll und daher eher bei der Schließungstheorie als beim Strukturfunktionalismus einzuordnen ist, vermag dieses Ergebnis indes kaum zu überraschen.

---

308 *Willaschek*, GuP 2020, 63, 67 trifft sogar die Feststellung, „dass vertragsarztrechtlich den Angestellten wenige, das MVZ als zugelassenen Leistungserbringer hingegen viele Pflichten treffen“.

309 Das MVZ wählt insofern auch den nächsten Arzt aus, der i. R. d. Angestelltengenehmigung tätig werden soll, während der Zulassungsausschuss diese Wahl i.d.R. nur wird abnicken können, hierzu s.u. D. II. 4. b).

310 *Clemens*, in: Quaas/Zuck/Clemens (Hrsg.), Medizinrecht, ⁴2018, § 17 Rn. 64.

311 *Remplik/Flasbarth*, in: Ratzel/Luxenburger (Hrsg.), Handbuch Medizinrecht, ⁴2020, Kap. 10 Rn. 69.

Gleichzeitig besteht durch die Einführung von MVZ ökonomisch ein verringertes Bedürfnis für die – für die Freiberuflichkeit typische – staatliche Zertifizierung des Arztes in Form der Zulassung, denn staatliche Zertifizierungen sind nicht die einzige Lösung für das Problem der Informationsasymmetrie im „Market for Lemons“: Auch Markennamen bzw. die Namen bestimmter Ketten können als Mittel verwendet werden, um die Qualität eines Produkts zu garantieren und so die Informationsasymmetrie zu beheben[312]. Große MVZ(-Ketten) könnten diese Funktion erfüllen. Unter dieser Prämisse käme der persönlichen Leistungserbringung im MVZ wieder Bedeutung zu: Bringt der Patient dem MVZ als Institution Vertrauen im Zusammenhang mit seiner Marke entgegen, müsste er darauf vertrauen können, dass er nur von Ärzten untersucht wird, die vom MVZ-Betreiber ausgewählt wurden. Mit einem solchen Verständnis der persönlichen Leistungserbringung geht aber ein Bedeutungsverlust der Zulassung einher: Der Patient vertraut nicht mehr den administrativen oder freiberuflich geprägten Institutionen des Staats oder Standes, die den Arzt zulassen, sondern dem MVZ-Betreiber als einem nach den Gesetzmäßigkeiten der Marktwirtschaft handelnden Akteur, da dieser den Arzt wählt. Soweit ist die Entwicklung nach heutigem Stand zwar nicht, die Tendenz geht jedoch in diese Richtung.

Zusammenfassend lässt sich sagen, dass der Rückgang der vertragsärztlichen Freiberuflichkeit nicht nur auf soziologischer Ebene mit den Zulassungsbeschränkungen und der MVZ-Einführung einhergeht. Er hat zudem auf der rechtlichen Ebene dazu geführt, dass die Höchstpersönlichkeit der vertragsärztlichen Zulassung und ihrer Derivate kontinuierlich abgenommen hat.

---

[312] *Akerlof*, The Quarterly Journal of Economics 1970, 488, 499 f.

II. Eigentumsschutz der Zulassung

1. Einleitung

Der Eigentumsschutz der Zulassung ist zentral für die freiberuflich geprägte[1] Praxisnachfolge und den Konzessionshandel, weil er ausschlaggebend für die Frage ist, welche Positionen der Arzt übertragen[2] bzw. welche Positionen der Staat bei Übertragung der Praxis ersatzlos einziehen kann. Besondere Aktualität erfährt die Diskussion zudem vor dem Hintergrund neuerer Bestrebungen, Regelungen einzuführen, die die Zulassung befristen[3]. Die Diskussion kann auch

---

[1] Einerseits liegt der enge Zusammenhang zwischen Veräußerbarkeit der Praxis und dem freiberuflichen Typusmerkmal der wirtschaftlichen Selbständigkeit auf der Hand, hierzu s.o. B. II. 4.; das Grundrecht auf Eigentum hängt aber auch abstrakt mit der Freiberuflichkeit zusammen. Beide Institutionen entspringen dem Liberalismus (für das Grundrecht auf Eigentum s. *Papier*, in: Maunz/Dürig [Begr.], Grundgesetz, Art. 14 GG Rn. 18 [Stand: Juli 2010, EL: 59]; in Bezug auf die Freiberuflichkeit *Taupitz*, Standesordnungen, 1991, S. 111) und verfolgen dementsprechend ähnliche Zwecke: Die Freiberuflichkeit zielt darauf ab, die Unabhängigkeit des individuellen Arztes bei der Entscheidungsfindung i. R. d. Behandlung zu erhalten und so eine gesellschaftliche Risiko- sowie Machtdiversifikation zu erreichen (s.o. B. II. 7.). Das Eigentum bezeichnet hingegen die rechtliche Zuordnung einer Sache bzw. einer (rechtlichen) Position zu einer Person (*Schröder*, Genehmigungsverwaltungsrecht, 2016, S. 452), die einen Zugriff des Staates abwehrt (*Leisner*, in: Isensee/Kirchhof [Hrsg.], Handbuch des Staatsrechts der Bundesrepublik Deutschland, [2]2001, § 149 Rn. 3). In seiner Funktion als staatliches Bereicherungsverbot zielt daher auch Art. 14 GG darauf ab, die Herrschaft über Gegenstände und Rechte nicht nur einem, sondern zunächst möglichst vielen Akteuren zu überlassen und so ebenfalls eine „Aufteilung von Macht“ herbeizuführen (vgl. *Meyer-Abich*, Eigentum, 1980, S. 116 „wenn die Herrschaft über die Produktionsmittel von vielen verschiedenen Eigentümern ausgeübt wird, so ist dies gleichbedeutend mit einer Aufteilung von Macht“. *Meyer-Abich* bezieht diese Funktion zwar nur auf das Eigentum von Großunternehmen und lehnt eine Anwendung auf subjektiv öffentliche Rechte explizit ab [S. 156 f.], dabei geht es ihm aber wohl eher um Renten- und Sozialhilfeansprüche als um Genehmigungen).

[2] Unproblematisch ist die Übertragung dinglicher Gegenstände, s. *Reuter*, Schutz der Zulassung, 2013, S. 51; hierzu auch *Möller*, in: Ehlers (Hrsg.), Fortführung von Arztpraxen, [3]2009, Kap. 4 Rn. 503 ff.; strittig ist die Rechtslage hingegen in Bezug auf den Goodwill, *Shirvani*, NZS 2014, 641, 643 m. w. N. in Fn. 36, 37; *Seer*, MedR 1995, 131, 135 spricht sich für eine Einteilung des Goodwills in vergangenheits- und zukunftsbezogene Aspekte aus, wobei nur die vergangenheitsbezogenen Aspekte in den Schutzbereich von Art. 14 GG fallen sollen.

[3] Hierzu C. II. Fn. 27 f.

nicht in den Schutzbereich anderer Grundrechte – insbesondere dem Vertrauensschutz aus Art. 20 III GG – verlagert werden. So büßt das Recht am Eigentum[4] im Gegensatz zum Vertrauensschutz aus Art. 20 III GG im zeitlichen Verlauf seine Wirkkraft nicht ein, sodass es einen „stärkeren Rückwirkungsschutz“ gewährleistet[5].

Zu der Frage, inwieweit die vertragsärztliche Zulassung dem Schutzbereich des Art. 14 I GG unterfällt, bestehen im Wesentlichen drei mögliche Ansichten: So kann man die Zulassung gar nicht oder isoliert dem Schutzbereich des Grundrechts auf Eigentum zuordnen. Vorherrschend[6] ist derzeit jedoch eine dritte, vermittelnde Ansicht: Demnach unterfällt die Zulassung zwar dem Schutzbereich des Art. 14 I GG, allerdings nicht isoliert, sondern nur über das Recht am eingerichteten und ausgeübten Gewerbebetrieb des Arztes (hierzu 2.). Es bestehen jedoch neuere Tendenzen, nach denen der Zulassung gar kein Schutz über Art. 14 I GG zukommen soll (hierzu 3.). Auf Basis einer Kritik der aktuell vorherrschenden Auffassung (hierzu 4.) wird zuletzt eine dritte Position aufgebaut, nach der die einfachrechtliche Handelbarkeit der Zulassung ausschlaggebend für ihren Schutz durch Art. 14 I GG ist (hierzu 5.). Insofern zeitigt die Wirksamkeit des Konzessionshandelsverbots Auswirkungen auf den grundrechtlichen Schutz der Vertragsarztzulassung.

2. Status quo – indirekter Schutz der Zulassung über das Recht an der eingerichteten und ausgeübten Arztpraxis

Setzt man an der Person des Arztes an, kommt der vertragsärztlichen Zulassung kein Schutz über Art. 14 I GG zu: Weil das BVerfG eine Eigenleistung des Grundrechtsträgers fordert, um subjektiv-öffentliche Rechte direkt unter Art. 14 I GG zu subsumieren[7], können nackte Genehmigungen im Allgemeinen und die isolierte vertragsärztliche Zulassung im Besonderen nie von Art. 14 I GG geschützt werden[8]: Anders als die sozialversicherungsrechtliche (Renten-)Ansprü-

---

[4] Zu den Rechtsfolgen, die eintreten, wenn man die Zulassung unter Art. 14 GG subsumiert s. auch *Reuter*, Schutz der Zulassung, 2013, S. 101 ff.

[5] *Leisner*, in: Isensee/Kirchhof (Hrsg.), Handbuch des Staatsrechts der Bundesrepublik Deutschland, ²2001, § 149 Rn. 97; zum besonderen Vertrauensschutz, den Art. 14 GG gewährleistet s. auch *Schröder*, in: FS Papier, 2013, S. 605, 458 f.; s. auch *Schröder*, Genehmigungsverwaltungsrecht, 2016, S. 620 ff.

[6] S.u. C. II. Fn. 19.

[7] S. schon BVerfGE 1, 264, 276 ff.

[8] *Schröder*, in: FS Papier, 2013, S. 605, 607, 612 m.w.N. in Fn. 18; *Reuter*, Schutz der Zulassung, 2013, S. 48 f.

che, vor deren Hintergrund das BVerfG diese Rechtsprechung entwickelt hat[9], können Genehmigungen nicht erarbeitet werden – im Gegenteil dienen sie vielmehr dem zukünftigen Erwerb des Grundrechtsträgers[10], sodass sie i.d.R. nicht Art. 14 I GG, sondern dem Schutzbereich des Art. 12 I GG zugeordnet werden[11].

Die Vertragsarztpraxis an sich unterfällt dem Gewährleistungsbereich des Art. 14 I GG jedoch ohne weiteres, sodass teils versucht wird, den Schutz der Zulassung durch Art. 14 I GG dadurch herzuleiten, dass sie der Praxis zugeordnet wird[12]. Gangbar ist dieser Weg jedoch nur, wenn man davon ausgeht, dass es sich bei der vertragsärztlichen Zulassung und ihren Derivaten um Sach- bzw. Realkonzessionen der Praxis (vergleichbar bspw. mit der Genehmigung eines Atomkraftwerks[13]) und nicht wie überwiegend angenommen[14] um höchstpersönliche (Personal-)Konzessionen[15] des Praxisinhabers handelt.

Da soweit ersichtlich niemand davon ausgeht, dass es sich bei der Vertragsarztzulassung um eine Sachkonzession handelt[16], gelangt die Zulassung nur über einen Umweg in den Schutzbereich des Art. 14 I GG: Die Praxis kann ohne die Zulassung nicht betrieben und daher nicht veräußert werden, sodass die Konzession nach dem derzeitigen Status quo in das Recht am eingerichteten und ausgeübten Gewerbebetrieb[17] bzw. das Recht des Arztes an der eingerichteten

---

[9] S.u. C. II. 5.

[10] *Meyer-Abich*, Eigentum, 1980, S. 53.

[11] Speziell für die Vertragsarztzulassung *Fickentscher*, Eigentumsschutz in der Bedarfsplanung, 2022, S. 60; allgemeiner *Schröder*, Genehmigungsverwaltungsrecht, 2016, S. 453 m.w.N. in Fn. 170, 172; *Engels*, GesR 2016, 197, 204 m.w.N. in Fn. 81.

[12] *Fickentscher*, Eigentumsschutz in der Bedarfsplanung, 2022, S. 69 ff.

[13] In Bezug auf das Eigentum an Atomkraftwerken entschied das BVerfG bspw. jüngst, dass der Schutzbereich des Art. 14 I GG durch die Umgestaltung des AtG durch seine 13te Novelle und die hiermit wegfallenden Reststrommengen eröffnet ist. Weil hinsichtlich der atomrechtlichen Genehmigungen und den Reststrommengen keine Eigenleistung und (trotz § 7 Ib AtG) keine hinreichende Verfügungsbefugnis der Betreiber vorlag, kam der Grundrechtsschutz aber nicht der „nackten" Genehmigung zu, sondern dem Eigentum an den Atomkraftwerken, das ohne die entsprechende Nutzungsbefugnis seinen Sinn verloren hätte, s. BVerfGE 143, 247, 327 ff.; zum Eigentum an Anlagen und dem Zusammenhang zwischen Anlage und Genehmigung s. auch *Schröder*, in: FS Papier, 2013, S. 605, 616;

[14] S.o. C.I. 2. b) cc), 3. c) und 4. a), b).

[15] Zum Unterschied zwischen Sach- und Personalkonzessionen s. *Reuter*, Schutz der Zulassung, 2013, S. 71 ff.

[16] Je weniger höchstpersönlich die Zulassung jedoch wird (hierzu s.o. C.I.), desto eher wird man diese Ansicht auch vertreten können.

[17] Zur Entwicklung dieses Instituts s. *Meyer-Abich*, Eigentum, 1980, S. 78 ff.

und ausgeübten Arztpraxis[18] verstrickt und so durch Art. 14 I GG geschützt wird[19].

Diese Gemengelage führt dazu, dass die Praxisnachfolge gem. § 103 IIIa, IV SGB V[20] als Kompromiss zwischen der isoliert nicht durch Art. 14 I GG geschützten (und im Kontext der Überversorgung abzubauenden) Zulassung und der geschützten Praxis gilt[21]: Während der Arzt seine Zulassung nicht auf einen anderen Arzt übertragen kann, kann er auf die Zulassung verzichten und gleichzeitig beantragen, dass sie neu ausgeschrieben werden soll, § 103 IIIa 1 SGB V. Dieser Mechanismus stellt sicher, dass der mit der Bedarfsplanung einhergehende mittelbare bzw. faktische Eingriff[22] in das Eigentum des Arztes an seiner Praxis angemessen ist[23]. Der Zulassungsausschuss sucht dann im Verfahren des § 103 IV SGB V einen Bewerber als Nachfolger des ausscheidenden Arztes aus.

---

[18] Das Recht auf den eingerichteten und ausgeübten Gewerbebetrieb übertrug der BGH – in Anlehnung an die Rechtsprechung des RG zur Veräußerungsfähigkeit der Praxis – erstmals in BGHZ 16, 71, 79 auch auf die freiberufliche Praxis.

[19] *Shirvani*, NZS 2014, 641, 644; *Hesral*, in: Ehlers (Hrsg.), Fortführung von Arztpraxen, [3]2009, Kap. 3 Rn. 277; *Junge*, Recht auf Teilnahme an der vertragsärztlichen Versorgung, 2007, S. 150; *Böcken*, in: FS Brohm, 2002, S. 231, 234; *Rieger*, MedR 1994, 213; im Ergebnis spricht sich der überwiegende Teil der Literatur (noch) für den Eigentumsschutz der Zulassung über die Praxis aus, auch wenn die Herleitungen teils abweichen – nach *Ströttchen*, KrV 2020, 98, 102 soll die Entschädigungsregel in § 103 IIIa 13, 14 SGB V dafür sprechen, dass sich eine Eigentumsposition des Arztes rechtlich verfestigt hat, sodass es nicht darauf ankomme, ob die Zulassung oder die Praxis geschützt sei; *Sodan*, Freie Berufe, 1997, S. 258 zieht hingegen das Kriterium der Existenzsicherung heran, um den Eigentumsschutz der Praxis und über diese den Schutz der Zulassung zu begründen; auch wenn man wie *Seer*, MedR 1995, 131, 134 f. auf den Schutz des in der Praxis vorhandenen Goodwills abstellt, wird man um einen Schutz der Zulassung über das Recht an der eingerichteten und ausgeübten Arztpraxis nicht herumkommen, weil der Goodwill ohne ärztliche Tätigkeit, die ohne Zulassung nicht möglich ist, zerfällt; a. A. hingegen *Stern/Sachs/Dietlein*, Staatsrecht, 2006, S. 2192 die Genehmigungen nie – auch nicht i. R. d. eingerichteten und ausgeübten Gewerbebetriebs – in den Schutzbereich des Art. 14 I GG einbeziehen wollen.

[20] Die Vorschrift ist in der Literatur teils als verfassungswidrig eingestuft worden, zuletzt *Fickentscher*, Eigentumsschutz in der Bedarfsplanung, 2022, S. 103 f., 115 f. im Hinblick auf das von § 103 IIIa SGB V aufgestellte Regel-/Ausnahmeverhältnis sowie die fehlende Gewichtung der Kriterien für das Auswahlverfahren; kritisch auch *Seer*, MedR 1995, 131, 136 f., der das Bestimmtheitsgebot im Ergebnis aber wohl nicht als verletzt ansieht; *Rieger*, MedR 1994, 213, 214 ff., hält § 103 IV 1–4, IV 5, V SGB V a. F. vor dem Hintergrund von Art. 12 I GG und Art. 14 I GG aufgrund Verstoßes gegen das Bestimmtheitsgebot sowie die Grundsätze der Normklarheit und Justitiabilität hingegen für verfassungswidrig.

[21] BT-Drs. 12/3937, S. 7 f.; vgl. BSGE 85, 1, 4 f.

[22] Die Bedarfsplanung stellt mangels Güterentzug keine Enteignung, sondern einen mittelbaren bzw. faktischen Eingriff in das Eigentum d. Arztes dar, s. *Fickentscher*, Eigentumsschutz in der Bedarfsplanung, 2022, S. 81 ff.

[23] *Ders.*, Eigentumsschutz in der Bedarfsplanung, 2022, S. 88 f.; *Shirvani*, NZS 2014, 641, 644; vgl. *Cramer/Maier*, MedR 2002, 549, 550.

Diese Auswahl greift nochmals in das Eigentumsrecht des verkaufenden Arztes ein, um seine Interessen mit den gem. Art. 12 I GG i.V.m. Art. 3 I GG[24] geschützten Belangen der jungen, sich bewerbenden Ärzte auszugleichen[25]. Im Ergebnis kann der Arzt mithin nicht beeinflussen, auf wen die Zulassung übergeht, aber dennoch sicherstellen, dass die Zulassung erhalten bleibt, sodass weiterhin ein Arzt vorhanden ist, der seine Praxis übernehmen kann[26].

3. Neuere Tendenzen – keinerlei Schutz der Zulassung durch Art. 14 I GG

Mittlerweile wird dieser Ansatz aber vermehrt in Zweifel gezogen: Die Zulassung sei auch im Verbund mit der Praxis nicht durch das Grundrecht auf Eigentum geschützt, sodass Art. 14 I GG nicht verletzt wäre, wenn man die Regelungen zur Praxisnachfolge aufheben oder die Zulassung als zeitlich befristet[27] ausgestaltete[28]. Art. 14 I GG würde dann der Abschaffung der Zulassung zugunsten eines Systems nicht entgegenstehen, das nur aus (unübertragbaren) Einzelverträgen zwischen Ärzten und Kassen besteht[29]. Genährt werden diese Zweifel am Schutz der Zulassung durch Unsicherheiten im Bezug auf die Frage, inwieweit

---

[24] *Fiedler*, NZS 2003, 574; *Hesral*, in: Ehlers (Hrsg.), Fortführung von Arztpraxen, ^{3}2009, Kap. 3 Rn. 279 ff.

[25] *Shirvani*, NZS 2014, 641, 645 f.; *Junge*, Recht auf Teilnahme an der vertragsärztlichen Versorgung, 2007, S. 150 f.; a.A. *Sodan*, Freie Berufe, 1997, S. 261 ff., der die Ansicht vertritt, dass der Erwerber sich mithilfe des § 138 BGB gegen einen überhöhten Kaufpreis wehren könne. Dies erscheint jedoch angesichts der oben unter B. III. 2. h) geschilderten Rechtsprechung (der Kaufpreis wird nicht öffentlich) als unwahrscheinlich, worauf auch *Junge* hinweist; *Seer*, MedR 1995, 131, 135.

[26] BSG, MedR 2013, 814, 816; praktisch kann der Arzt den Verzicht auf die Zulassung mit der aufschiebenden Bedingung versehen, dass eine Auswahlentscheidung getroffen wird, um sich gegen das Risiko, die Zulassung kompensationslos zu verlieren, abzusichern, s. *Hesral*, in: Ehlers (Hrsg.), Fortführung von Arztpraxen, ^{3}2009, Kap. 3 Rn. 296 ff.; s. auch den Vorschlag bei *Seer*, MedR 1995, 131, 137; s. zudem unten unter D. I. 2. a); andersherum lässt sich auch der Kaufvertrag mit der auflösenden Bedingung versehen, dass die Zulassung an den Praxiskäufer übergeht, s. *Kanter*, Zulassung im Wandel, 2013, S. 108 f.; kritisch bezüglich dieses Vorgehens äußert sich noch *Cramer/Maier*, MedR 2002, 616, 618.

[27] Mit dem Vorschlag einer auf die Lebenszeit des Arztes begrenzten Zulassung *Stackelberg*, GuP 2016, 24, 29; hierzu auch das bei *Reuter*, Schutz der Zulassung, 2013, S. 1 zitierte Interview aus der Welt; s. zudem *Kanter*, Zulassung im Wandel, 2013, S. 178 m.w.N. in Fn. 92–94.

[28] *Engels*, GesR 2016, 197, 203 ff.; *Reuter*, Schutz der Zulassung, 2013, S. 131 f.; *Steiner*, NZS 2011, 681, 682 f.; im Licht dieser Entwicklung wird die Frage nach dem Eigentumsschutz der Zulassung bei *Wenner*, in: FS Eichenhofer, 2015, S. 697, 708 bspw. schon offengelassen.

[29] Vgl. *Kanter*, Zulassung im Wandel, 2013, S. 323; in frühen Fassungen des GKV-Moder-

das BVerfG das Recht am eingerichteten und ausgeübten Gewerbebetrieb i. R. d. Art. 14 I GG anerkennt[30].

Zudem wird die Verbindung zwischen Praxis und Zulassung geleugnet und daher vertreten, dass die Praxis zwar unter Art. 14 I GG falle, dieser Schutz aber durch die Regelungen zur Zulassung im SGB V und der Ärzte-ZV „immanent" eingegrenzt werde – § 103 IV SGB V entspräche daher dem „Eigentümerinteresse" des Arztes, nicht jedoch seinem „Eigentumsrecht"[31]. Derartige Versuche, „den ‚Vertragsarztsitz' schon im Ansatz aus dem Schutzbereich des Grundrechts hinauszudefinieren"[32], sind indes nicht neu – sie müssen allerdings weiterhin abgelehnt werden[33]: Die Praxis ist ohne Zulassung realistischerweise nicht verkäuflich, sodass der Arzt faktisch in seinem Eigentum an der eigens erbauten Praxis beschnitten wird, wenn die Zulassung nicht auf den Käufer übergehen könnte[34].

Eher lässt sich noch mit den befremdlichen Rechtsfolgen argumentieren, die eintreten, wenn man die Zulassung im Ergebnis von Art. 14 I GG geschützt ansieht: Bei § 103 IIIa 7 SGB V, der dem Zulassungsausschuss die Möglichkeit eröffnet, das Ausschreibungsgesuch des ausscheidenden Arztes abzulehnen, handelt es sich (mangels Nutzung der entzogenen Position) nicht um eine Regel zur Enteignung, sondern um eine Inhalts- und Schrankenbestimmung, die nach den vom BVerfG aufgestellten Regeln zum Staatshaftungsrecht nur ausnahmsweise entschädigungspflichtig sein darf – in § 103 IIIa 13, 14 SGB V ist aber eine regelmäßige Entschädigungspflicht vorgesehen[35]. Zudem befremdet es, dass die Entschädigung nicht durch den Zulassungsausschuss, sondern die KV (und die Kassen bzw. dem entsprechenden Fond [§ 105 Ia 3 Nr. 6]) zu entrichten ist[36]. Allerdings vermag dies noch nichts über den Schutz der ärztlichen Zulassung auszusagen, da die Frage des Schutzbereichs zunächst unabhängig von den auf der Rechtfertigungsebene getroffenen Ausgleichsmechanismen behandelt werden muss[37]. Vielmehr müssten diese Mechanismen konsequent an die sich im Schutzbereich ergebenden Schlüsse angepasst werden.

---

nisierungsgesetzes war ein solcher Wandel bereits angelegt, s. *Lindenau*, MVZ, 2008, S. 27 f. Rn. 67 ff.

30 *Fickentscher*, Eigentumsschutz in der Bedarfsplanung, 2022, S. 62, 69 m. w. N. in Fn. 229.

31 *Steiner*, NZS 2011, 681, 682 f.

32 *Hufen*, MedR 1996, 394, 397 m. w. N. in Fn. 41, 42.

33 So auch *Fickentscher*, Eigentumsschutz in der Bedarfsplanung, 2022, S. 67.

34 *Hesral*, in: Ehlers (Hrsg.), Fortführung von Arztpraxen, [3]2009, Kap. 3 Rn. 277; vgl. *Wigge*, NZS 1998, 53, 54.

35 *Engels*, GesR 2016, 197, 204 f.

36 *Ders.*, GesR 2016, 197, 206.

37 So auch *Fickentscher*, Eigentumsschutz in der Bedarfsplanung, 2022, S. 102 ff., der da-

Um der Zulassung den Schutz des Art. 14 GG zu versagen, wird teils das Verfahren des § 103 IV SGB V angegriffen: Der Schutz einer Position durch Art. 14 I GG setzte voraus, dass sie privatnützig ausgestaltet ist und der Arzt über sie verfügen kann[38]. Weil die vertragsärztliche Zulassung personenbezogen vergeben wird, sei eine Verfügungsbefugnis des Arztes und damit die Verkehrsfähigkeit der Praxis abzulehnen[39]. § 103 IV SGB V soll dieses Ergebnis zwar zunächst ins Gegenteil verkehren, da die Vorschrift dem Praxisinhaber ein Verfügungsrecht über die Zulassung einräumt[40]. Insofern „erweitere" § 103 IV SGB V das Eigentum des Arztes[41]. Allerdings „perpetuiere" § 103 IV SGB V die Überversorgung und bringe so den Grundsatz der Stabilität der Beitragssätze in Gefahr, sodass § 103 IV SGB V aufgrund eines Verstoßes gegen den Art. 2 I GG der Beitragszahler verfassungswidrig sein soll[42]. Zudem verstoße die Vorschrift gegen den Art. 12 I GG i. V. m. Art. 3 I GG der sich um die Zulassung bewerbenden Ärzte, da sie Ehegatten, Kinder, Angestellte und Praxispartner des verkaufenden Arztes anderen Bewerbern gegenüber in einem ungerechtfertigten Ausmaß besserstelle[43]. Da § 103 IV SGB V daher wegfallen müsse, fiele die Zulassung nicht unter Art. 14 I GG[44]. Dieser Standpunkt ist aber bedenklich, da er mit der Annahme, § 103 IV SGB V erweitere die Position des Vertragsarztes, die historischen Realitäten verkennt: Mit Einführung der Bedarfsplanung verlor der Arzt die Möglichkeit, seine Praxis ohne weiteres zu veräußern. § 103 IV SGB V ist als Bestandteil der Bedarfsplanung zu beurteilen, der die Angemessenheit dieser sicherstellen soll[45]. Kommt man zu dem Ergebnis, § 103 IV SGB V sei verfassungswidrig, droht daher die gesamte Bedarfsplanung verfassungswidrig zu werden[46] und damit wegzufallen, obwohl sie die Stabilität der Beitragssätze fördern sollte. Überzeugen kann dieses Ergebnis keinesfalls[47].

Zurückzuführen sind diese neueren Ansätze auf den immer weiter steigenden Druck seitens des Gesetzgebers, Zulassungen einzuziehen, um die Vorgaben der Bedarfsplanung umzusetzen[48]. Dieser Druck manifestiert sich gesetzlich in der

---

her zu dem Ergebnis komme, § 103 IIIa SGB V und insbesondere die in ihm vorgesehene Entschädigungsregelung sei verfassungswidrig.

[38] *Reuter*, Schutz der Zulassung, 2013, S. 65 f.

[39] *Ders.*, Schutz der Zulassung, 2013, S. 78 f.

[40] *Ders.*, Schutz der Zulassung, 2013, S. 98 f., 101.

[41] *Ders.*, Schutz der Zulassung, 2013, S. 107 f.

[42] *Ders.*, Schutz der Zulassung, 2013, S. 115 ff.

[43] *Ders.*, Schutz der Zulassung, 2013, S. 128 ff.

[44] *Ders.*, Schutz der Zulassung, 2013, S. 131 f.

[45] S.o. C. II. 2.

[46] So auch *Fickentscher*, Eigentumsschutz in der Bedarfsplanung, 2022, S. 88 f.

[47] Kritisch auch *Leisner-Egensperger*, NZS 2014, 61.

[48] *Steiner*, NZS 2011, 681.

Einführung des § 103 IIIa SGB V[49] sowie darin, dass die Entschädigung seit dem TSVG gem. § 105 Ia 3 Nr. 6 SGB V durch den Strukturfonds der KVen und Kassen erbracht werden soll[50]. Gleichzeitig lässt das BVerfG aktuell offen, inwieweit das Recht am eingerichteten und ausgeübten Gewerbebetrieb gewährleistet wird[51], wobei auch in der Literatur keine Einigkeit zu seinem Schutz herrscht, da eine Norm i. S. d. Art. 14 I 2 GG hinsichtlich dieses Rechts fehlt[52].

Die Bedenken hinsichtlich des Grundrechtsschutzes der Zulassung und die hiermit einhergehenden Zweifel an der Legitimität der Praxisnachfolge bergen jedoch Gefahren[53]: Zweifeln zu viele Mediziner an der Veräußerungsfähigkeit ihrer Praxis, wird ein Investitionsstau[54] in den Praxen älterer Ärzte begünstigt, was über lange Zeit zu einem Verfall der Behandlungsqualität im Gesundheitswesen führen kann. Bevor man der Zulassung den Schutz durch Art. 14 I GG verwehrt, stellt sich vor dem Hintergrund dieser Entwicklungen daher zunächst die Frage, ob bzw. inwieweit Art. 14 I GG die nackte Zulassung entgegen der aktuellen verfassungs- und höchstrichterlichen Rechtsprechung nicht isoliert schützen könnte. Insofern muss die Rechtsprechung des BVerfG zum Eigentumsschutz subjektiv öffentlicher Rechte und die Voraussetzung der Eigenleistung des Grundrechtsträgers ins Auge gefasst werden.

4. Kritik am Erfordernis der Eigenleistung

a) Unterschiede zwischen Sozialleistungen und Genehmigungen

Art. 14 I GG statuiert in erster Linie ein „Bereicherungsverbot gegenüber dem Staat" und dient dazu, dass „die Eigentumsordnung der Gesellschaft […] wegen ihrer politischen Explosivität nicht der kurzfristigen unbegrenzten Disposition wechselnder politischer Mehrheiten überantwortet"[55] wird. Da Art. 14 I GG in

---

[49] Hierzu noch s.u. unter D. I. 2. b).

[50] *Pawlita*, in: Schlegel/Voelzke (Hrsg.), jurisPK-SGB V, ^{4}6.12.2021, § 103 SGB V Rn. 191.

[51] *Schröder*, Genehmigungsverwaltungsrecht, 2016, S. 452; *Schröder*, in: FS Papier, 2013, S. 605, 609; *Leisner*, in: Isensee/Kirchhof (Hrsg.), Handbuch des Staatsrechts der Bundesrepublik Deutschland, ^{2}2001, § 149 Rn. 108 m. w. N. in Fn. 210.

[52] *Stern/Sachs/Dietlein*, Staatsrecht, 2006, S. 2190 m. w. N. in Fn. 334, 335.

[53] Zu den Schwierigkeiten, die mit der Abschaffung des aktuellen Systems der Praxisnachfolge einhergehen, s. *Ströttchen*, KrV 2020, 143, 145, der insbesondere auf die unechte Rückwirkung entsprechender Regelungen auf die ärztliche Eigentumsfreiheit und auf die Berufsfreiheit der in der Praxis arbeitenden Angestellten (die nichtmehr über § 616a BGB übernommen werden können) abstellt.

[54] *Bartholomäus*, DÄ 2017, A 1626.

[55] *Papier*, in: Maunz/Dürig (Begr.), Grundgesetz, Art. 14 GG Rn. 124 (Stand: Juli 2010, EL: 59).

erster Linie ein Abwehrrecht darstellt, führt die Einbeziehung subjektiv öffentlicher Rechte in den Schutzbereich des Art. 14 I GG dazu, dass diese Rechte für den Bürger entschädigungslos nur vorteilhaft verändert werden könnten[56]. Vor der Einbeziehung subjektiv öffentlicher Rechte in den Schutzbereich des Art. 14 I GG bestanden daher Sorgen davor, dass ein zu weitreichender Schutz dieser Rechte „die einfache Gesetzgebung weitgehend blockieren und eine Anpassung des Rechts an die Veränderung der sozialen und wirtschaftlichen Verhältnisse hintanhalten"[57] könnte[58]. Um dieser Gefahr entgegenzuwirken, entwickelte[59] das BVerfG das Leistungskriterium vor dem Hintergrund der abwehrrechtlichen Natur des Art. 14 I GG: Die Abgrenzung[60] zwischen auf Eigenleistung und auf staatlicher Fürsorge beruhendem Eigentum dient der Trennung von Schutz- und Leistungsdimension des Art. 14 I GG[61]. Hat der Grundrechtsträger durch seine eigene Leistung zur Entstehung des staatlich geschaffenen Rechts beigetragen und die Gemeinschaft im Rahmen dieses Beitrags bereichert, ist der Schutz dieses Rechts durch Art. 14 I GG eher zu rechtfertigen, als wenn es lediglich staatlich gewährt wird – dann unterfällt es der Leistungsdimension des Art. 14 I GG,

---

[56] Dieser Aspekt ist vor dem Hintergrund der sozialversicherungsrechtlichen Ansprüche, die das BVerfG in den Schutzbereich des Art. 14 GG einbezog, hochaktuell. Dementsprechend kritisch äußerte sich schon *Krause*, Eigentum, 1982, S. 43: „Die Berechtigten gewinnen durch die verfassungsmäßige Bestandssicherung aber auch einen Vorteil gegenüber dem Interesse der künftig in Anwartschaften hineinwachsenden Generation, auch wenn diese weitgehend mit der der Beitragszahler identisch ist. Ob es dem Bild des Generationenvertrags gerecht wird, die Altengeneration mit einem solchen Vorteil in der Auseinandersetzung um die gerechte Verteilung der Lasten und Vorteile der Rentenversicherung auszustatten, erscheint äußerst fragwürdig"; kritisch auch *Stern/Sachs/Dietlein*, Staatsrecht, 2006, S. 2208; a. A. *Leisner*, in: Isensee/Kirchhof (Hrsg.), Handbuch des Staatsrechts der Bundesrepublik Deutschland, ^{2}2001, § 149 Rn. 122.

[57] BVerfGE 2, 380, 402; dagegen Abw. Meinung Rupp-v. Brünneck in BVerfGE 32, 129, 143: „Die Befürchtung, eine so weite Auslegung würde den Gesetzgeber blockieren [ ] ist unbegründet. Gerade Art. 14 GG lässt genügend Raum für eine Beachtung sozialstaatlicher Erfordernisse [ ]. Auf dieser Grundlage lassen sich auch Abstufungen innerhalb des Eigentumsschutzes entwickeln, die berücksichtigen, ob die Ansprüche ganz oder teilweise auf staatlicher Gewährung beruhen, wieweit diese durch das Sozialstaatsprinzip gefordert oder freiwillig war und ob es sich um eine Dauerbelastung oder um einmalige Leistungen handelt"; *Meyer-Abich*, Eigentum, 1980, S. 56.

[58] Die Fähigkeit des Gesetzgebers der Gegenwart, den Gesetzgeber der Zukunft zu binden, ist auch vor dem Hintergrund „der Parlamentssouveränität, [ ] der Demokratie, [ ] und des Sozialstaats" problematisch, *Krause*, Eigentum, 1982, S. 38; vgl. zudem *ders.*, Eigentum, 1982, S. 31 ff.

[59] Zur historischen Entwicklung des Leistungskriteriums s. u. C. II. 5.

[60] *Leisner*, in: Isensee/Kirchhof (Hrsg.), Handbuch des Staatsrechts der Bundesrepublik Deutschland, ^{2}2001, § 149 Rn. 88.

[61] *Schröder*, in: FS Papier, 2013, S. 605, 611 f.

die dem einzelnen keinen Schutz vor staatlichem Zugriff zukommen lassen kann, schließlich kommt eine Bereicherung des Staates beim Entzug eines solchen Rechts von Anfang an nicht in Betracht[62]. Mithilfe dieser Abgrenzung erhofft sich das BVerfG die Flexibilität der einfachen Gesetzgebung hinreichend aufrechtzuerhalten.

Die Abgrenzung zwischen Leistungs- und Abwehrfunktion des Art. 14 I GG ist im Hinblick auf Genehmigungen nicht im selben Ausmaß erforderlich (oder passend) wie im Hinblick auf Sozialleistungen[63], da der – vor allem finanzielle – gesetzgeberische Spielraum durch Genehmigungen nicht im selben Maß eingeschränkt wird. Als Beispiel kann direkt auf die vertragsärztliche Zulassung abgestellt werden: Dieser selbst entspringt – anders als dem Rentenanspruch – unmittelbar nie ein Leistungsanspruch des Arztes. Dem ließe sich zwar entgegenhalten, dass ein Leistungsanspruch entsteht, nachdem der Arzt die Behandlung am Patienten erbracht hat. Daher könnte man den Schutz von Genehmigungen durch Art. 14 I GG vor dem Hintergrund des Leistungskriteriums kategorisch ablehnen[64], um die Entstehung dieser Ansprüche und mit ihr die Blockierung des Gesetzgebers zu verhindern. Da diese Ansprüche aber noch nicht entstanden sind und noch erarbeitet werden müssen, kann der Gesetzgeber sie noch (in den Grenzen des Art. 12 I GG) gestalten.

b) Mangelnde Bestimmtheit

Weil das BVerfG die Schutzbereichseröffnung mittlerweile hauptsächlich vom Leistungskriterium abhängig macht[65], müsste es sich hierbei um ein stichhaltiges Kriterium handeln. Dies ist aber keineswegs der Fall: So stehen die Rentenansprüche, für die das Kriterium entwickelt wurde, als letztlich staatlich gewährte Rechte nur „mittelbar" mit der Eigenleistung in Verbindung, wobei unklar bleibt, in welchem Maße die eigene Leistung dazu beigetragen haben muss, dass das entsprechende Recht entsteht[66] – schließlich werden die Renten mittlerweile

---

[62] *Stern/Sachs/Dietlein*, Staatsrecht, 2006, S. 2212; *Leisner*, in: Isensee/Kirchhof (Hrsg.), Handbuch des Staatsrechts der Bundesrepublik Deutschland, ²2001, § 149 Rn. 5.

[63] Vgl. *Leisner*, in: Isensee/Kirchhof (Hrsg.), Handbuch des Staatsrechts der Bundesrepublik Deutschland, ²2001, § 149 Rn. 88, der ausführt, die Eigenleistung sei nur im Sozialbereich von Belang.

[64] Hiergegen vgl. aber schon BSGE 5, 40, 43: „Berechtigungen, die in ihrer Bedeutung [ ] entscheidend von den beruflichen Fähigkeiten und der Initiative des Berechtigten abhängen, können nicht mit Forderungsrechten fürsorgerischer Art gleichgesetzt werden, bei denen der Staat allein der ‚Gebende' ist".

[65] Grundlegend BVerfGE 53, 257, 288 ff.

[66] *Schröder*, in: FS Papier, 2013, S. 605, 612; sehr kritisch *Leisner*, in: Isensee/Kirchhof (Hrsg.), Handbuch des Staatsrechts der Bundesrepublik Deutschland, ²2001, § 149 Rn. 120

in erheblichem Maße durch Steuergelder subventioniert[67]. Darüber hinaus ist das Arbeitsergebnis von diversen umweltbezogenen Aspekten abhängig[68], sodass es kaum möglich ist, den Anteil der Eigenleistung herauszuarbeiten. Vor dem Hintergrund dieses schwammigen Kriteriums lassen sich daher diverse Ansichten vertreten, bspw., dass die freiberufliche Arbeitsleistung des selbständigen Arztes die Zulassung prägt[69].

Diese Position nahmen zeitweise sowohl das BSG als auch der BGH ein[70]: Da der Arzt seine Praxis auf der Basis der ins Werk gesetzten Zulassung mithilfe seines „Könnens" und seiner „Initiative" aufbaut, sah das BSG die Voraussetzung der Eigenleistung bezüglich der kassenärztlichen Praxis Ende der fünfziger Jahre als erfüllt, sodass es – unter Zustimmung der Literatur[71] – entschied, die ärztliche Zulassung sei direkt (also auch ohne das Recht am eingerichteten und ausgeübten Gewerbebetrieb) von Art. 14 I GG geschützt[72]. Der BGH entschied, dass die ärztliche Zulassung direkt dem Schutz des Art. 14 I GG zu unterstellen sei, wobei die Zulassung „als eine öffentlich-rechtliche Berechtigung, die in ihrer Bedeutung – und damit wirtschaftlich gesehen auch in ihrem Vermögenswert – entscheidend durch die beruflichen Fähigkeiten und die Initiative des Berechtigten ausgefüllt und geprägt wird", auch mit einer Eigenleistung des Arztes zusammenhänge und daher nicht „mit Forderungsrechten fürsorgerischer Art, in denen der Staat der einseitig ‚Gebende' ist", gleichgesetzt werden könne[73]. Die beruflichen Fähigkeiten und die Initiative des Arztes, die der BGH und das BSG erwähnen, weisen eine starke Verbindung zur persönlichen Leistungserbringung sowie Selbständigkeit und damit der ärztlichen Freiberuflichkeit auf.

Gegen diese Entscheidungen des BSG und BGH stellte sich jedoch das BVerfG, nach dem die ärztliche Zulassung nicht direkt durch Art. 14 I GG geschützt ist, weil der Arzt keine eigene Leistung beiträgt, um die Zulassung zu

---

„ein rechtsstaatlich höchst unbefriedigender Zustand"; vgl. *Meyer-Abich*, Eigentum, 1980, S. 50 f.

[67] Mittlerweile werden die Rentenkassen mit über 100 Milliarden Euro subventioniert, s. *Creutzburg/Schäfers*, Rentenkasse bekommt so viel Steuergeld wie nie, 2019 (https://www.faz.net/aktuell/wirtschaft/rentenkasse-bekommt-so-viel-steuergeld-wie-nie-16383125.html, geprüft am 19.9.2023).

[68] *Meyer-Abich*, Eigentum, 1980, S. 35 ff.

[69] Vgl. *Sodan*, Freie Berufe, 1997, S. 257; vgl. *Jacobs*, Die Entziehung der Zulassung als Vertragsarzt, 1994, S. 74 f.; zit. bei *Reuter*, Schutz der Zulassung, 2013, S. 46.

[70] Vgl. zudem *Fickentscher*, Eigentumsschutz in der Bedarfsplanung, 2022, S. 74 ff., der die Zulassung aber an die Praxis anknüpft und nicht isoliert auf sie abstellt.

[71] *Weber*, AöR 91 (1966), 382, 396; *Dürig*, JZ 1958, 22.

[72] BSGE 5, 40, 42 ff.

[73] BGHZ 81, 21, 32 ff.; zu weiteren Urteilen des BGH aus dieser Zeit im Hinblick auf den Eigentumsschutz von subjektiv-öffentlichen Rechten (inklusive einer „Apothekenpersonalkonzession") s. *Weber*, AöR 91 (1966), 382, 382 ff.

erschaffen[74]. Mittlerweile scheinen auch das BSG und der BGH ihre Ansicht korrigiert zu haben: Das BSG[75] verwies in einem Beschluss, welcher die (mittlerweile abgeschaffte) gesetzliche Altersgrenze betraf, auf einen Beschluss des BVerfG[76]: Hier verneinte das BVerfG einen Eingriff in den Schutzbereich der Eigentumsfreiheit durch die Altersgrenze, weil ein „Anspruch des Vertragsarztes, seine Zulassung an einen von ihm ausgewählten Nachfolger oder an sein Kind weiterzugeben" im Zusammenhang mit der höchstpersönlichen Natur der Zulassung nicht besteht. Auch vom BGH wäre angesichts eines Urteils[77], das Taxikonzessionen betraf, eine Änderung seiner bisherigen Rechtsprechung zu erwarten[78].

Die mangelnde Bestimmtheit des Leistungskriteriums führt dazu, dass „sich mit ihm mehr oder weniger jedes Ergebnis begründen lässt" und „die eigentlich tragenden Entscheidungsgründe verdeckt" bleiben[79]. So ist die Frage, ob man die vertragsärztliche Genehmigung vor dem Hintergrund einer ärztlichen Eigenleistung in den Schutzbereich des Art. 14 I GG einbeziehen will, wesentlich von der Perspektive vorgeprägt, die man vor dem Hintergrund des Art. 12 I GG bei der Beurteilung des Verhältnisses zwischen dem Arzt und dem System der gesetzlichen Krankenversicherung einnimmt[80]. Nimmt man wie die Rechtsprechung eine leistungsrechtliche Sichtweise ein, ist die Schaffung der GKV und damit der Zulassung als Vehikel, welches die Teilnahme am System der GKV erlaubt, auf eine Leistung des Staates zurückzuführen, sodass die Eigenleistung des Arztes im Hinblick auf die Zulassung abzulehnen ist. Die Zulassung fällt dann nicht unter Art. 14 I GG. Aus der abwehrrechtlichen Perspektive, aus der der Gesetzgeber mit Schaffung der GKV in einen existierenden Markt für Gesundheitsleistungen eingreift, stellt die Zulassung vielleicht eine Leistung des Staates an den Patienten dar, aber keinesfalls an den Arzt. Die Frage nach einer Eigenleistung des Arztes geht aus dieser Perspektive daher schon im Ansatz fehl. Geht man davon aus, dass dem Arzt der Markt für seine Leistung durch Schaffung der GKV genommen wird, wird man ihm im Gegenzug viel eher das Eigentum an der Zulassung zugestehen müssen, um ihm einen Ausgleich zuzusprechen. Diese Perspektive prägte die frühere Rechtsprechung des BSG, in der es

---

74 BVerfG, SozR 2200 § 368a Nr. 6 zit. bei *Papier/Shirvani*, in: Maunz/Dürig (Begr.), Grundgesetz, Art. 14 GG Rn. 242 (Stand: April 2018, EL: 83) Fn. 7.

75 BSG, Beschl. v. 13.12.2000 – B 6 KA 38/00, BeckRS 2000, 30408398.

76 BVerfG, NJW 1998, 1776, 1778.

77 BGHZ 108, 364, 371.

78 Zur Rechtsprechung von BGH und BSG s. auch *Steiner*, NZS 2011, 681, 682 Fn. 12.

79 *Meyer-Abich*, Eigentum, 1980, S. 57.

80 S.o. unter B. III. 5.

dem Arzt das Eigentum an der Zulassung zugestand[81]. Insoweit bestehen Parallelen zum Wandel des Freiberuflichkeitsverständnisses: Im Übergang vom strukturfunktionalen zum schließungstheoretischen Verständnis der Freiberuflichkeit ändert Art. 12 I GG seine Schutzrichtung vom Abwehr- zum Teilhaberecht, womit ein verändertes Verständnis des Schutzes der Zulassung durch Art. 14 I GG einhergeht.

5. Zuweisung und Eigenwert als alternative Kriterien

Passender ist die Alternative, den Schutz von Genehmigungen durch Art. 14 I GG davon abhängig zu machen, ob das Recht dem Grundrechtsträger bereits zugewiesen ist[82], was davon abhängt, ob es einen „Vermögens-" oder „Eigenwert" besitzt[83]. Ein subjektiv-öffentliches Recht weist dann einen Eigenwert auf, wenn es einerseits mengenmäßig begrenzt und andererseits als handelbar ausgestaltet ist[84].

Diese Sichtweise überzeugt, wenn man Art. 14 I GG als staatliches Bereicherungsverbot versteht: Schafft der Staat eine Position mit Vermögenswert und überträgt er diese Position auf einen Grundrechtsträger, entfernt er sich durch die Übertragung auch ein Stück von der eigens geschaffenen Position, sodass ihre ersatzlose Entziehung als staatliche Bereicherung erscheint, vor welcher das Individuum zu schützen ist. Dies hängt auch damit zusammen, dass die Handelbarkeit des (subjektiv-öffentlichen) Rechts im Anbetracht der vertrauensschützenden Funktion des Art. 14 I GG relevant ist: Kann der Einzelne das Recht einfach-

[81] BSGE 5, 40, 43: „Eine Begrenzung der Eigentumsgarantie auf private Rechte würde auch der Tatsache nicht Rechnung tragen, dass die Verflechtung von Staat und Wirtschaft in zunehmendem Maße dazu geführt hat, nicht nur gewerbliche, sondern auch freiberufliche Betätigungen anderer Art in der Weise staatsabhängig zu machen, dass sie nur auf der Basis subjektiv öffentlicher Rechte ausgeübt werden können".

[82] *Schröder*, in: FS Papier, 2013, S. 605, 613.

[83] *Schröder*, Genehmigungsverwaltungsrecht, 2016, S. 455; *Schröder*, in: FS Papier, 2013, S. 605, 617f.

[84] *Schröder*, Genehmigungsverwaltungsrecht, 2016, S. 456f.; *Schröder*, in: FS Papier, 2013, S. 605, 619f.; als negatives Indiz für den Eigenwert gilt indes, dass das Recht lediglich die Nutzungsmöglichkeit eines anderen Gegenstands erweitert, *Schröder*, Genehmigungsverwaltungsrecht, 2016, S. 455f.; *Schröder*, in: FS Papier, 2013, S. 605, 617ff.; dies könnte man im Fall der ärztlichen Zulassung annehmen, da mit der Zulassung zunächst nur die Nutzung der Praxis erweitert wird, indem die Abrechnung gegenüber der Kasse ermöglicht wird. Ist das Recht aber mengenmäßig begrenzt und handelbar, soll auch dieses Indiz widerlegt sein, s. *Schröder*, Genehmigungsverwaltungsrecht, 2016, S. 457; *ders.*, in: FS Papier, 2013, S. 605, 620.

rechtlich übertragen, ist auch das Vertrauen[85] in die Beständigkeit des Rechts, das er im Zeitpunkt der Investitionen zum Erwerb des Rechts gebildet hat, eher geschützt, als wenn das Recht nicht übertragbar ist. Die Handelbarkeit des Rechts führt zu seiner Verfestigung, die das Gegenteil seiner zeitlichen Begrenzung[86] darstellt. Nimmt man diese Verfestigung im verfassungsrechtlichen Diskurs auf, mutiert Art. 14 I GG damit nicht automatisch zum Teilhaberecht[87] – schließlich steht es dem Gesetzgeber offen, ein subjektiv-öffentliches Recht als nicht handelbar auszugestalten.

Die (mit der Handelbarkeit einhergehende) Verfügungsbefugnis gilt im rechtlichen Diskurs als Ausfluss des Eigentums – schließlich gehört sie zur Institutsgarantie des Grundrechts[88] – und wurde vereinzelt von der Rechtsprechung als Kriterium für den Schutz subjektiv-öffentlicher Rechte durch Art. 14 I GG aufgegriffen[89]. Hält man sich die Historie zur Entwicklung des Leistungskriteriums vor Augen, verwundert es, dass das BVerfG aktuell nur noch auf dieses Kriterium abstellt.

Nachdem das BVerfG in der Tradition der Ansichten zur Weimarer Reichverfassung[90] den Schutz diverser subjektiv-öffentlicher Rechte durch Art. 14 I GG zunächst kategorisch ablehnte[91], entwickelte es über mehrere Urteile hinweg zwei Kriterien, die den Schutz eines subjektiv-öffentlichen Rechts durch Art. 14 I GG auslösten: Einerseits musste sich ergeben, dass der Grundrechtsberechtigte eine Rechtsposition aus dem einfachen Recht herleiten konnte, die so stark aus-

---

[85] Vgl. *Meyer-Abich*, Eigentum, 1980, S. 81.

[86] Befristungen begrenzen das Vertrauen, das der Berechtigte in den Bestand der Genehmigung entfalten kann, sodass diese den Schutz durch Art. 14 GG entsprechend begrenzen, *Schröder*, Genehmigungsverwaltungsrecht, 2016, S. 458; *Schröder*, in: Durner/Peine/Shirvani (Hrsg.), Freiheit und Sicherheit in Deutschland und Europa, 2013, S. 605, 620; vertragsärztliche Zulassungen werden jedoch (noch) zeitlich unbegrenzt vergeben, sodass dieser Aspekt vorliegend außer Betracht bleiben kann.

[87] Vgl. *Schröder*, in: FS Papier, 2013, S. 605, 615.

[88] *Leisner*, in: Isensee/Kirchhof (Hrsg.), Handbuch des Staatsrechts der Bundesrepublik Deutschland, ²2001, § 149 Rn. 13.

[89] Das BVerfG stellte in BVerfGE 1, 264, 276 ff. bereits darauf ab, dass das Gewerbe des Schornsteinfegers nicht übertragen werden kann; auch Abw. Meinung Rupp-v. Brünneck in BVerfGE 32, 129, 142 stellt hinsichtlich des Schutzes durch Art. 14 GG auf die Übertragbarkeit des Schadenersatzanspruchs ab: „Es handelt sich um konkrete [ ] Geldansprüche, die für den Berechtigten einen Vermögenswert darstellten, zumal da er sie [ ] abtreten und verpfänden konnte"; auch in BVerfGE 53, 257, 291 stellt das Gericht auf mangelnde Übertragbarkeit sozialrechtlicher Ansprüche ab.

[90] *Weber*, AöR 91 (1966), 382.

[91] BVerfGE 1, 264 ff., 278 f.; BVerfGE 2, 380, 399 f.; nach *Meyer-Abich*, Eigentum, 1980, S. 45 hing dies damit zusammen, dass es das Eigentum als „Transmissionsbegriff, als Hülse für ein im Zivilrecht präzisiertes Bild von Privateigentum" verstand.

gestaltet war, dass sie „derjenigen eines Eigentümers entspricht“[92], weil „es nach dem rechtsstaatlichen Gehalt des Grundgesetzes als ausgeschlossen erscheint, dass der Staat sie entziehen kann“[93]. Andererseits musste die zu schützende Position auf einer Eigenleistung des Grundrechtsberechtigten beruhen und nicht lediglich als Folge der staatlichen Fürsorgepflicht einseitig gewährt worden sein[94]. Zunächst stellte das Gericht nur auf eines der Kriterien ab, um den Schutz eines subjektiv-öffentlichen Rechts durch Art. 14 I GG zu beurteilen, wobei es den Schutz durch Art. 14 I GG im Ergebnis ablehnte[95]. Im Laufe der Zeit begann das Gericht jedoch, die Kriterien[96] miteinander zu verbinden[97]. Erstmals ließ das Gericht den Schutz eines subjektiv-öffentlichen Rechts im Bezug auf Ansprüche aus der Rentenversicherung zu: Entscheidend hierfür war weiterhin, dass der versicherte Grundrechtsträger hinsichtlich der Rente eine Stellung

---

[92] 3. LS in BVerfGE 4, 219 ff.

[93] BVerfGE 16, 94, 112.

[94] In Bezug auf den Wegfall von Konzessionen, die Schornsteinfegern einen Kehrbezirk auf Lebenszeit zuwiesen, stellte das Gericht in BVerfGE 1, 264, 276 ff., auf das Kriterium der Eigenleistung ab und entschied, dass schon der Gewerbebetrieb des Schornsteinfegers nicht unter Art. 14 GG falle, da seine Konzession nicht auf einem „besonderen Arbeits- oder Kapitalaufwand“ beruhe. Parallelen zur ärztlichen Praxis könnte man hinsichtlich weiterer Ausführungen des Gerichts ziehen: „Seine Einkünfte aus dem Betrieb sind weitgehend von seinen persönlichen Fähigkeiten und seinem Arbeitsaufwand unabhängig, da sie durch die Größe des Bezirks, die Zahl der Pflichtkehrungen und die gesetzliche Gebührenregelung bestimmt sind. Von einem Unternehmerrisiko lässt sich nicht sprechen, und der Bezirksschornsteinfeger kann seinen Betrieb auch nicht im Rechtsverkehr verwerten, namentlich nicht veräußern“. „Das Grundgesetz wollte hier das Rechtsinstitut des Eigentums, so wie es das bürgerliche Recht und die gesellschaftlichen Anschauungen geformt haben, schützen, und dieser Schutz kann nicht auf eine vorwiegend durch das öffentliche gewährte Rechtsposition erstreckt werden“. Die Altersrente, die der Gesetzgeber den Schornsteinfegern im Gegenzug zum Entfall der Konzession gewährte, wertete das Gericht daher auch nicht als Entschädigung i. S. d. Art. 14 III 3 GG; gegen eine Parallele zur ärztlichen Praxis spricht sich hingegen *Hufen*, MedR 1996, 394, 402 aus; auch *Fickentscher*, Eigentumsschutz in der Bedarfsplanung, 2022, S. 76 argumentiert damit, dass es sich beim Schornsteinfeger im Gegensatz zum Arzt gerade nicht um einen Freiberufler handelt.

[95] Das Kriterium der Vergleichbarkeit zur Position eines Eigentümers betont das Gericht bspw. in BVerfGE 4, 219, 240 f. sowie BVerfGE 15, 167, 200 und BVerfGE 16, 94, 111 ff.; auf das Kriterium der Eigenleistung bezog das Gericht schwerpunktmäßig bspw. in BVerfGE 1, 264, 276 ff. sowie BVerfGE 14, 288, 293 ff.

[96] Im weiteren Verlauf führte das Gericht noch das Kriterium der Existenzsicherung ein, s. BVerfGE 69, 272, 298 und BVerfGE 72, 9, 18 ff.

[97] In BVerfGE 18, 392, 397 verknüpft das Gericht die beiden bisher genannten Kriterien erstmals explizit und prägnant in der Entscheidungsbegründung: Dem Grundrechtsberechtigten muss eine derart starke Position eingeräumt worden sein, dass diese dem Eigentum angenähert ist, was dann der Fall ist, wenn die Position auf seiner Eigenleistung beruht; dies wiederholt das Gericht in BVerfGE 24, 220, 225 f.

einnahm, die mit der eines (zivilrechtlichen) Eigentümers vergleichbar ist[98]. Um dies festzustellen, hob das Gericht auf die Privatnützigkeit des Rechts ab[99]. Ein Recht sollte jedenfalls dann privatnützig sein, wenn der Grundrechtsberechtigte dazu befugt war, über dieses Recht zu verfügen – eine derartige Verfügungsbefugnis bestand im Hinblick auf die Renten aber kaum[100]. Nach Ansicht des BVerfG konnte die i. R. d. Rentenerwerbs eingebrachte Eigenleistung die mangelnde Verfügungsbefugnis aber substituieren, weil der „personale Bezug", der die Vergleichbarkeit zum zivilrechtlichen Eigentum herstellt, in der Eigenleistung ebenso zur Geltung kommt wie in der Verfügungsbefugnis[101].

Geht man wie das BVerfG vor dem Hintergrund der Privatnützigkeit eines Rechts und des personalen Bezugs zwischen Recht und Rechtsträger davon aus, dass die Eigenleistung eine fehlende Verfügungsbefugnis kompensieren kann, ist es sinnvoll, eine umgekehrte Kompensation zuzulassen, insbesondere wenn der Grundrechtsträger gar keine Möglichkeit hat, mithilfe seiner eigenen Leistung dazu beizutragen, das subjektiv-öffentliche Recht zu erschaffen. Die Handelbarkeit des Rechts ist mit der Verfügungsbefugnis des Grundrechtsträgers weitgehend synonym.

6. Zwischenergebnis

War die vertragsärztliche Zulassung von den Gerichten zunächst direkt in den Schutzbereich des Art. 14 I GG einbezogen worden, hat sich ihr Schutz entgegen dem allgemeinen Trend, nach dem subjektiv-öffentliche Rechte mithilfe des Leistungskriteriums vermehrt unter Art. 14 I GG subsumiert worden sind, im Laufe der Zeit abgeschwächt. Zwar fällt sie über das Recht an der eingerichteten und ausgeübten Praxis noch in den Schutzbereich des Grundrechts auf Eigentum, sodass die Praxisnachfolge in Form des § 103 IIIa, IV SGB V verfassungsrechtlich abgesichert ist. Allerdings wird diese Sichtweise zunehmend in Zweifel gezogen. Insofern kann beobachtet werden, dass sich der Eigentumsschutz der ärztlichen Zulassung über die letzten Jahrzehnte ebenso abgeschwächt hat wie der Grad der Freiberuflichkeit. Als Ursache hierfür kommt vor allem die Schwächung des liberalen Narrativs im selben Zeitraum in Betracht.

Bei der Frage, ob die Zulassung unter Art. 14 I GG fällt, könnte man auch auf ihren Eigenwert und nicht auf eine Eigenleistung des Arztes abstellen. Diese wäre zu bejahen, wenn die Zulassung mengenmäßig begrenzt und handelbar

98 BVerfGE 53, 257, 289.
99 BVerfGE 53, 257, 290.
100 BVerfGE 53, 257, 290 f.
101 BVerfGE 53, 257, 291.

wäre. Im Fall der ärztlichen Zulassung ist die mengenmäßige Begrenzung seit Einführung der Bedarfsplanung gegeben[102]. Fraglich ist indes, ob die ärztliche Zulassung handelbar ist.

Da der Grad, zu dem die Zulassung als höchstpersönlich gesehen werden kann, mit Einführung der Bedarfsplanung, des MVZ sowie der Angestelltengenehmigung immer weiter zurückgegangen ist, liegt die Vermutung nahe, dass auch das Konzessionshandelsverbot immer schwerer umzusetzen ist. Wäre dies der Fall, könnte die Zulassung anhand des Kriteriums des Eigenwerts unter Art. 14 I GG fallen, weil sie dann nicht nur mengenmäßig begrenzt, sondern auch handelbar wäre. Im nächsten Kapitel dieser Arbeit soll daher der Frage nachgegangen werden, inwieweit die Liberalisierung des Vertragsarztrechts unter Schwächung der Freiberuflichkeit dazu geführt hat, dass die ärztliche Zulassung handelbar wurde.

102 Für die ärztliche Zulassung wird auch vertreten, die Zulassung sei wertvoll, weil sie quasi mit dem Goodwill der Patienten aufgeladen ist, denn ohne Zulassung kann der Arzt keine Patienten behandeln, s. *Kamer*, Zulassung im Wandel, 2013, S. 96.

D. Der Zulassungstransfer

Um festzustellen, welchen Einfluss das veränderte Freiberuflichkeitsverständnis auf die Praxisnachfolge hat, ist es entscheidend, die einfachrechtlichen Übertragungsmöglichkeiten für die vertragsärztliche Zulassung und die Angestelltengenehmigung zu untersuchen. Hierbei fällt auf, dass das BSG seine Rechtsprechung zum Konzessionshandelsverbot vorwiegend am Bild der klassischen Praxisnachfolge gem. § 103 IIIa, IV SGB V entwickelt hat (hierzu I.). Das Gericht versucht diesen Grundsatz zwar bestmöglich auf die MVZ-Zulassung bzw. im MVZ gehaltene Anstellungsgenehmigung auszudehnen, dabei führt der Gesetzgeber immer neue Übertragungstatbestände ein, mithilfe der das Konzessionshandelsverbot im MVZ geschwächt wird (hierzu II.). Die Entwicklungen im MVZ haben die Praxisnachfolge in der BAG beeinflusst (hierzu III.). Strukturiert wird die folgende Darstellung anhand der verschiedenen Übertragungstatbestände für den Versorgungsauftrag.

I. Praxisnachfolge gem. § 103, IIIa, IV SGB V

1. Einleitung

Vorangestellt werden soll zunächst der Grundfall der Praxisnachfolge, in dem ein Vertragsarzt auf seine Zulassung verzichtet und beantragt, dass die Zulassung ausgeschrieben wird (hierzu 2. a)). Wird der Vertragsarztsitz daraufhin nicht gem. § 103 IIIa SGB V eingezogen (hierzu 2. b)), darf kein Fall des Konzessionshandels vorliegen (hierzu 2. c)). Sind alle diese Tatbestandsvoraussetzungen erfüllt, liegt die Auswahl des Nachfolgers im Ermessen des Zulassungsausschusses, das sich aber an verschiedenen Kriterien ausrichten muss (hierzu 3.). Die vertragsärztliche Freiberuflichkeit stellt auf keiner dieser Ebenen eine explizite Vorgabe dar, im Ausgangspunkt liegt sie jedoch verschiedenen Tatbestandsmerkmalen sowie ermessensleitenden Kriterien als Annahme zugrunde.

2. Tatbestandsvoraussetzungen

a) Verzicht auf Zulassung und Antrag auf Nachfolge

Um das Verfahren zur Praxisnachfolge in Gang zu setzen, muss der Vertragsarzt nach § 103 IIIa SGB V gegenüber dem Zulassungsausschuss auf seine Zulassung verzichten und beantragen, dass ein Verfahren eingeleitet wird (vor Einführung des § 103 IIIa SGB V musste er bei der KV beantragen, dass die Zulassung erneut ausgeschrieben wird[1]).

aa) Allgemeines

Der Zulassungsverzicht stellt die Bedingung dafür dar, dass die Zulassung neu ausgeschrieben wird[2]. Den Zulassungsverzicht regelt § 28 Ärzte-ZV.

---

1 *Dahm*, MedR 1998, 567, 568.

2 BGH, NJW 2002, 3538.

War zunächst umstritten, ob ein Arzt teilweise auf seine Zulassung verzichten konnte[3], regeln § 103 IIIa 2 Hs. 1, IV 2 SGB V sowie § 19a II 1 Ärzte-ZV mittlerweile, dass dieser auf eine halbe oder viertel Zulassung verzichten kann. Die Möglichkeit, die Zulassung zu teilen, ist der Flexibilisierung der ärztlichen Tätigkeit im Rahmen der Liberalisierung der letzten Jahre geschuldet[4]. Diese Flexibilisierung ermöglicht es dem Arzt zwar einerseits, seine Work-Life-Balance zu optimieren, widerspricht hierdurch aber andererseits dem einstigen freiberuflichen Ideal, nach dem der Freiberufler seine Arbeit als Berufung sehen sollte: Ein Weltbild, in dem der Berufstätige versucht, die ihm unangenehme Arbeitszeit zugunsten seiner Freizeit zu minimieren bzw. ein Gleichgewicht zwischen diesen Polen zu erreichen und sein Einkommen zu maximieren, entspricht daher nicht der freiberuflichen Logik (mit ihrem Sachbezug zur eigenen Tätigkeit[5]), sondern der marktwirtschaftlichen[6]. Zu befürchten ist einerseits, dass infolge der Teilbarkeit der Zulassung MVZ gegenüber Vertragsärzten bessergestellt werden, da der Vertragsarzt mit der halben Zulassung i.d.R. weniger anfangen kann als das MVZ und dass andererseits die Bedarfsplanung konterkariert wird[7]. Gleichzeitig suggeriert die Teilbarkeit der Zulassung ihren güterähnlichen Charakter, ermöglicht Teilverkäufe von Arztpraxen und leistet so dem Zulassungshandel[8] Vorschub.

Die Anzahl der Fachbereiche, die der Arzt betreut, hat keine Auswirkung auf den Umfang seines Versorgungsauftrags: Ein Arzt, der auf seine Zulassung verzichtet, um auf einer Ganztagsstelle in einem MVZ tätig zu werden, kann nicht nochmals auf seine Zulassung verzichten, auch wenn er als für zwei Fachbereiche zugelassener Arzt ursprünglich nur auf die Zulassung in einem Fachbereich verzichtet hat (andersherum kann er auf einen Fachbereich verzichten, ohne dass dies die Zulassung betrifft)[9].

---

[3] *Kanter*, Zulassung im Wandel, 2013, S. 224 f.; *Konerding*, Vertragsarztsitz im MVZ, 2009, S. 120 ff.; *Zwingel/Preißler*, MVZ, ²2008, S. 24 f.; dagegen noch *Möller*, in: Dahm/Möller/Ratzel (Hrsg.), Rechtshandbuch MVZ, 2005, Kap. IX Rn. 28.

[4] BT-Drs. 16/2474, 21.

[5] S.o. unter B. II. 5.

[6] *Freidson*, Professionalism, 2001, S. 108 f.

[7] *Konerding*, Vertragsarztsitz im MVZ, 2009, S. 123 f., s. insbes. Fn. 571.

[8] Hierzu bspw. *Steinhilper*, MedR 2012, 617: „Ein Bewerber erwirbt eine Teilzulassung; anschließend wird die zweite Hälfte der Zulassung zur Nachbesetzung durch den schon zur Hälfte beteiligten Nachfolger ausgeschrieben und so die Entscheidung des Zulassungsausschusses vorbestimmt“.

[9] BSG v. 28.9.2016 – B 6 KA 32/15 R, BeckRS 2016, 115257 Rn. 32 ff.

bb) Der bedingte Zulassungsverzicht

I. R. d. Verzichts auf die Zulassung wird seitens der Ärzteschaft versucht, das Risiko zu minimieren, die Zulassung zu verlieren, ohne die Praxis veräußert zu haben: In der Praxis hat sich hierzu die Vorgehensweise etabliert, den Zulassungsverzicht aufschiebend bedingt zu erklären, wobei die Bedingung darin liegt, dass eine Neuvergabe der Zulassung erfolgt[10]. Scheitert das Verfahren der Praxisnachfolge, kann der abgabewillige Arzt dann seine Praxis zumindest fortführen (und seine Zulassung ggf. gem. § 103 IVa 1, IVb 1 SGB V übertragen). Damit der Arzt seine Praxis nicht verliert, ohne kompensiert zu werden, erkennen die Gerichte den bedingten Verzicht auf die Vertragsarztzulassung an, obwohl die entsprechende Willenserklärung bedingungsfeindlich ist[11]. Die Bedingung darf jedoch nicht darin bestehen, dass der Zulassungsausschuss einen „bestimmten, namentlich genannten" Bewerber auswählen muss[12].

cc) Rücknahme des Zulassungsverzichts und des Antrags auf Nachbesetzung

Obwohl der Verzicht gem. § 28 I Ärzte-ZV erst im nächsten Quartal Rechtsfolgen entfaltet, wird er (als einseitige empfangsbedürftige Willenserklärung gem. § 130 I 2 BGB) mit dem Zugang bei der Behörde wirksam und ist danach nicht widerrufbar – die Frist darf also nicht als eine die Rechtssicherheit der Verzichtserklärung infrage stellende Bedenkfrist des Arztes verstanden werden, da sie im Gegenteil vielmehr dem Sicherstellungsauftrag dient, indem sie es den Behörden ermöglicht, die Nachfolge des ausscheidenden Arztes zu regeln[13].

Nach einer neueren Entscheidung des BSG kann der Arzt den Antrag auf Neuausschreibung der Zulassung hingegen zurückziehen, bis die Zulassung seines Nachfolgers bestandskräftig geworden ist[14]. Zuvor war teils vertreten worden, der Arzt könne den Antrag nur zurückziehen, bis der Zulassungsausschuss seinen Nachfolger ausgewählt hat: Diesem Nachfolger komme im Rahmen der Praxis-

---

[10] S. bspw. das Muster der KV Berlin, das dem Arzt den bedingten Verzicht ermöglicht, *KV Berlin* (Hrsg.), Muster Verzichtserklärung (https://www.kvberlin.de/fileadmin/user_upload/bedarfsplanung_zulassung/bz_zulassungsverzicht.pdf, geprüft am 19.9.2023); parallel hierzu lässt sich im Kaufvertrag mit dem Praxiskäufer ebenfalls eine aufschiebende Bedingung bzw. ein Rücktrittsrecht für den Fall vereinbaren, dass die Nachbesetzung scheitert, s. *Steinbrück*, Praxisabgabe und Praxisübernahme, ^{2}2009, S. 105 Rn. 303; über diese simplen Gestaltungsmethoden ist auch die ursprüngliche „Intention des Gesetzgebers geradezu umgekehrt worden", weil der Zulassungsausschuss in viel geringerem Maße Herr des Verfahrens ist, als ursprünglich beabsichtigt, s. *Cramer/Maier*, MedR 2002, 549, 552.

[11] BSGE 110, 43 ff. = MedR 2012, 617, 618.

[12] OLG Hamm, MedR 2011, 365, 366.

[13] LSG Baden-Württemberg, MedR 2005, 671, 672 ff.

[14] BSG, MedR 2021, 190 ff.

nachfolge als drei- und nicht zweiseitigem Verfahren mit der Auswahlentscheidung eine Rechtsposition zu, die ihm durch den verzichtenden Arzt nicht im Wege der Rücknahme des Antrags, sondern nur in Form von Widerspruch bzw. Klage entzogen werden könne[15]. Das BSG trat diesem Argument entgegen, da es den Bewerber im Verfahren der Praxisnachfolge nur für mittelbar begünstigt hält und annimmt, er sei nur i. R. d. Art. 3 I GG gegenüber anderen Mitbewerbern geschützt[16].

dd) Wiederholte Ausschreibung der Zulassung

Ungeklärt war lange, wie oft der ausscheidende Arzt den Antrag auf Ausschreibung der Zulassung wiederholen konnte. Im Hinblick auf den Konzessionshandel wurden missbräuchliche Gestaltungen begünstigt: Wenn der vom Zulassungsausschuss ausgesuchte Bewerber nicht bereit war, einen über den Verkehrswert der Praxis hinausgehenden Preis für die Praxis zu bezahlen und der Vertragsarzt den Verzicht auf die Zulassung bedingt gestellt hat, konnte er den Antrag auf Neuausschreibung wiederholt zurücknehmen, um diesen Antrag (zusammen mit einem wiederholten bedingten Verzicht auf die Zulassung) dann erneut zu stellen. Ging man zunächst davon aus, dass der Antrag auf Neuausschreibung der Zulassung beliebig oft gestellt werden konnte[17], hat das BSG diesem Vorgehen bald eine abstrakte Grenze gesetzt: So drohte das Gericht dem Arzt mit dem Verlust seines Rechts darauf, einen Antrag zur Ausschreibung der Zulassung zu stellen, falls „feststeht, dass der Praxisabgeber die Übergabe im ersten Verfahren aus Gründen, die vom Gesetz ausdrücklich nicht geschützt werden, hat scheitern lassen"[18]. Im entsprechenden Urteil vermochte das Gericht jedoch nicht zu entscheiden, ob dies der Fall war[19]. So kam das BSG erst 13 Jahre später dazu, die zuvor getroffene Grundsatzentscheidung zu präzisieren: Stellt der aus der Versorgung ausscheidende Arzt einen erneuten Antrag auf Ausschreibung seiner Zulassung, nachdem er einen solchen Antrag zuvor zurückgenommen hat, muss er „ein berechtigtes Interesse hierfür sowie die Gründe für die vorherige Rücknahme nachvollziehbar gegenüber der KÄV und den Zulassungsgremien darlegen. Das gilt umso mehr, wenn Umstände erkennbar sind, die darauf hindeuten, dass der Praxisabgeber mit seiner Antragsstellung bzw. -rücknahme Einfluss auf die Nachbesetzung nehmen will"[20]. Vor allem dürfen diese Grün-

---

15 SG Marburg, Beschl. v. 4.8.2010 – S 12 KA 646/10 ER, BeckRS 2010, 73404; SG Berlin, Beschl. v. 14.10.2008 – S 83 KA 543/08 ER, BeckRS 2009, 55732.

16 BSG, MedR 2021, 190, 193 f.; zustimmend *Gerdts*, MedR 2021, 195.

17 *Cramer/Maier*, MedR 2002, 549, 552.

18 BSGE 91, 253 ff. = MedR 2004, 697, 700.

19 BSGE 91, 253 ff. = MedR 2004, 697, 700.

20 BSGE 121, 76 ff. = MedR 2017, 405, 409.

de nicht monetärer Natur sein, soweit der vom Zulassungsausschuss gewählte Bewerber bereit ist, den ausscheidenden Arzt für den Verkehrswert seiner Praxis zu kompensieren[21]. Insoweit scheinen die Gerichte den Konzessionshandel an dieser Stelle wirksam unterbunden zu haben, sodass es dem Arzt zugestanden werden kann, seinen Antrag noch nach der Entscheidung des Zulassungsausschusses im Hinblick auf einen konkreten Bewerber zurückzuziehen[22].

b) Kein Fall des § 103 IIIa SGB V

Abgesehen von einigen Ausnahmefällen kann bzw. soll der Zulassungsausschuss den Antrag auf Ausschreibung der Zulassung ablehnen, wenn der Versorgungsgrad 110 Prozent bzw. 140 Prozent überschreitet und wenn die Nachbesetzung aus Versorgungsgründen nicht erforderlich ist, § 103 IIIa 3, 7 SGB V. Er kann die Ausschreibung einer ganzen Zulassung auch zur Hälfte verweigern[23]. Ursprünglich bestand sogar die Empfehlung, die Norm so zu verfassen, dass der Zulassungsausschuss den Antrag ab einem Versorgungsgrad von über 200 Prozent ablehnen muss[24], im Ergebnis entschied sich der Gesetzgeber jedoch gegen eine solche Regelung. Gem. § 103 IIIa 13 SGB V muss die KV den Arzt bzw. seinen Erben dann für den Verkehrswert der Praxis entschädigen.

§ 103 IIIa 3 SGB V stellt eine weitere Hürde für den Praxisverkauf dar und verzögert die Nachbesetzung der Zulassung[25]. Vor Einführung der Vorschrift durch das GKV-VStG wurde gemutmaßt, dass eine derartige Regelung Eingang ins Gesetz finden könnte, die vor allem Zulassungen von einzeln niedergelassenen und in Großstädten tätigen Ärzten beträfe[26]. Diese Erwartungen haben sich bestätigt, wobei § 103 IIIa 3 SGB V selten angewendet wird[27]. Da aber angedroht bzw. befürchtet[28] wurde, dass er vermehrt angewendet werden soll, hat er

---

[21] BSGE 121, 76 ff. = MedR 2017, 405, 409; *Gerdts*, MedR 2021, 195, 196 führt aus, die Neuausschreibung dürfe dem Arzt nicht versagt werden, wenn „die Verhandlungen mit dem vom Zulassungsausschuss ausgewählten Bewerber über einen Praxisübernahmevertrag [ ] aus nachvollziehbaren Gründen scheiterten“ – dabei ist indes auch die Worthülse der nachvollziehbaren Gründe recht unbestimmt.

[22] Hierzu BSG, MedR 2021, 190 ff.

[23] SG Bremen, MedR 2015, 745 ff.

[24] *Sachverständigenrat zur Begutachtung der Entwicklung im Gesundheitswesen*, Bedarfsgerechte Versorgung, 2014 (https://www.svr-gesundheit.de/fileadmin/Gutachten/Gutachten_2014/Langfassung2014.pdf), S. 371, 604 (geprüft am 19.9.2023).

[25] *Bonvie/Gerdts*, ZMGR 2013, 67.

[26] *Cramer/Maier*, MedR 2002, 549, 558.

[27] *Frehse*, in: Schnapp/Wigge (Hrsg.), Vertragsarztrecht, 2017, § 5 C. Rn. 44 m. w. N. in Fn. 129; *Steinhilper*, GuP 2016, 15, 19; *Reiter*, ZMGR 2016, 340, 343.

[28] *Cramer/Goldbach/Schlegelmilch*, ZMGR 2014, 241, 242; *Reiter*, ZMGR 2016, 340, 343.

sich den Ruf des „Folterwerkzeugs“[29] eingehandelt. Im Folgenden soll zunächst ein Überblick über die Voraussetzungen des § 103 IIIa 3 SGB V gegeben werden, wonach noch kurz auf die Konsequenzen für Freiberuflichkeit und Praxisnachfolge eingegangen wird.

aa) Keine Ausnahme

Der Zulassungsausschuss kann die Ausschreibung der Zulassung gem. § 103 IIIa 3 Hs. 2, 4 SGB V nicht verweigern, wenn der Nachfolger des die Praxis veräußernden Arztes seine Tätigkeit nach dem 23.7.2015 aufgenommen hat und fünf Jahre lang ärztlich in einem unterversorgten Gebiet tätig war. Verweigern darf er die Ausschreibung nach § 103 IIIa 3 Hs. 2, 5 SGB V zudem nicht, wenn es sich bei dem nachfolgenden Arzt um den Ehegatten, Lebenspartner oder ein Kind des ausscheidenden Arztes handelt bzw. wenn der Nachfolger drei Jahre lang als Angestellter bzw. Praxispartner mit dem veräußernden Arzt gearbeitet hat (wobei die dreijährige Tätigkeit gem. § 103 IIIa 6 SGB V nicht erforderlich ist, wenn die Ärzte ihre Kooperation vor dem 5.3.2015 begannen). Dasselbe gilt, wenn der Nachfolger sich dazu verpflichtet, seinen Sitz in einen unterversorgten Teilbereich des Planungsgebiets zu verlegen oder wenn mit der Nachbesetzung Festlegungen nach § 101 I 8 SGB V befolgt werden. I. R. d. § 103 IVa 1, IVb 1 SGB V findet § 103 IIIa 3 SGB V zudem von vorneherein keine Anwendung.

Kritik findet sich in der Literatur bezüglich der Anzahl der Ausnahmen[30]. Wenn man die Entwicklung der letzten Jahrzehnte zugrunde legt, nach der sich Mediziner zunehmend in großen Praxen zusammenschließen, und beachtet, wie wichtig jede einzelne Zulassung für die Praxis ist[31], erklären die Ausnahmen, weshalb § 103 IIIa S. 3 SGB V kaum zur Anwendung kommt. Die Ausnahmen in § 103 IIIa SGB V führen ferner zu einer Schwächung der Bedarfsplanung: Die Ausnahme, nach der eine vorherige fünfjährige Tätigkeit in einem unterversorgten Gebiet die Einziehung der Zulassung verhindert, beruht auf der Expektanz des Gesetzgebers, dass es zu einem „Klebeeffekt“ kommen könnte, infolgedessen der Arzt weiterhin im unterversorgten Gebiet tätig bleibt – bestätigt sich diese Erwartung indes nicht, besteht die Gefahr, dass der Arzt seine Zulassung nach fünf Jahren in ein überversorgtes Gebiet verlegt und hier die Überversorgung perpetuiert[32]. Mit der Ausnahme, gemäß der von der Einziehung des Sitzes abzusehen ist, wenn sich der Arzt in Absprache mit der KV dazu bereit erklärt, seinen Sitz in einen unterversorgten Teilbereich zu verlegen, etabliert der

[29] *Cramer/Goldbach/Schlegelmilch*, ZMGR 2014, 241.
[30] *Stackelberg*, GuP 2016, 24, 27.
[31] Hierzu s.o. C. I. 4. a).
[32] *Ricken*, GesR 2016, 265, 269.

Gesetzgeber zudem „eine Planung unterhalb der bisherigen Planung“, die nahelegt, dass er „seinem eigenen Planungsinstrumentarium“ misstraut[33].

bb) Aus Versorgungsgründen nicht erforderlich

Liegt keine Ausnahme vor, kann der Zulassungsausschuss die Ausschreibung der Zulassung verweigern, wenn sie aus Versorgungsgründen nicht erforderlich ist. Was der Gesetzgeber mit dem Passus „aus Versorgungsgründen nicht erforderlich“ exakt meint, ist indes nicht ganz klar. Mangels Verweises auf die BedPlRL scheint eine (alleinige) Anlehnung an den Grad der Überversorgung wenig plausibel[34]. Zudem wird § 103 IIIa SGB V nur im gesperrten Bereich relevant – lehnte man die erforderlichen Versorgungsgründe ab, wenn eine Überversorgung vorliegt, könnte es keine Nachbesetzung im gesperrten Bereich mehr geben[35]. Der Versorgungsgrad kann nur die Versorgungsdichte indizieren, nicht aber den echten Versorgungsbedarf[36] – während im Rahmen der Bedarfsplanung das Versorgungspotential im Vordergrund steht, zählt i. R. v. § 103 IIIa SGB V die sich aus diesem Potential ergebende, reale Versorgungslage[37].

In der Gesetzesbegründung zum GKV-VSG geht der Gesetzgeber davon aus, dass „Versorgungsgründe für eine Nachbesetzung [...] beispielsweise dann anzunehmen sein“ können, „wenn ein besonderer lokaler oder qualifikationsbezogener Versorgungsbedarf besteht oder ein Arztsitz einer speziellen Fachrichtung weiterhin benötigt wird. Weitere Versorgungsgründe sind denkbar. Dabei können auch Mitversorgungsaspekte, Versorgungsbedürfnisse von Menschen mit Behinderung oder der Erhalt des besonderen Versorgungsangebots eines Medizinischen Versorgungszentrums oder einer Berufsausübungsgemeinschaft eine Rolle spielen“[38]. Zu den weiteren Versorgungsgründen zählt das BSG „Spezialisierungen einer Praxis, ihre verkehrsgünstige Lage oder eine effektive Kooperation mit anderen Praxen zum Nutzen der Patienten“[39].

Die Zulassung ist auszuschreiben, wenn ihre Einziehung dazu führen würde, dass ein Sonderbedarf entsteht[40]. Die Norm wird daher dahingehend ausgelegt, dass die Auslastung der Praxis, in die der Sitz eingebunden ist, zusammen mit der Frage, ob andere Praxen derselben Fachrichtung in der Gegend die Patienten

---

[33] *Ders.*, GesR 2016, 265, 269.

[34] *Reiter*, ZMGR 2016, 340, 341, der zudem auf SG Nürnberg, Urt. v. 20.3.2014, S 1 KA 46/13 verweist; *Bonvie/Gerdts*, ZMGR 2013, 67, 68 f.

[35] *Vogtmeier*, MedR 2020, 888, 889.

[36] *Pitschas*, MedR 2015, 154.

[37] *Vogtmeier*, MedR 2020, 888, 889.

[38] BT Drs. 18/4095, S. 108.

[39] BSGE 126, 96 ff. = MedR 2019, 759, 762.

[40] BSGE 126, 96 ff. = MedR 2019, 759, 762.

versorgen wollten und könnten, darüber entscheidet, ob Versorgungsgründe für die Nachbesetzung sprechen[41]. Diese Frage impliziert indes einen erheblichen Ermittlungsaufwand seitens der Zulassungsausschüsse, denn neben den bereits genannten Faktoren sowie den in der Praxis angebotenen Leistungen ist der Wohnort der Patienten zu ermitteln, um einschätzen zu können, ob sie in eine andere Praxis überwiesen werden können[42]. Um die Begründungspflicht aus § 35 I SGB X zu erfüllen, reicht es daher nicht aus, wenn der Zulassungsausschuss darauf verweist, es gäbe bereits eine bestimmte Anzahl von Ärzten oberhalb der Sperrgrenze, und wenn er gleichzeitig die Ausführungen des Arztes, er biete ein besonderes Versorgungsspektrum an, mit dem Kommentar versieht, dass dies nicht zu einer anderen Beurteilung führe[43]. Vielmehr muss der Zulassungsausschuss selbst Untersuchungen anstellen, indem er z. B. andere Praxen im Gebiet befragt, ob sie die Patienten übernehmen könnten[44]. Im Gegensatz zur Situation, die besteht, wenn eine Sonderbedarfszulassung erteilt werden soll, kann i. R. v. § 103 IIIa SGB V „auch eine Spezialisierung Berücksichtigung finden, die nicht durch den Inhalt des Schwerpunktes, einer fakultativen Weiterbildung oder einer besonderen Fachkunde für das Facharztgebiet nach der Weiterbildungsordnung beschrieben ist"[45].

Bedenklich ist, dass der Versorgungsbedarf als zentrales Kriterium des § 103 IIIa SGB V vom Arzt manipuliert werden kann[46]: So wird den Ärzten in der praktischen Beratung dazu geraten, ihre Scheinzahl zu erhöhen, um zu suggerieren, dass der Einziehung ihrer Zulassung Versorgungsgründe entgegenstehen[47]. Dies widerspricht aber den Zielen des GSG-Gesetzgebers, der mit der Bedarfsplanung der anbieterinduzierten Nachfrage entgegenwirken wollte[48] – diese wird nun aktiv vom Gesetzgeber gefördert.

cc) Rechtsfolge/Ermessen

Liegt keine Ausnahme vor und ist die Ausschreibung der Zulassung aus Versorgungsgründen nicht erforderlich, kann bzw. soll der Zulassungsausschuss die Ausschreibung unterlassen: Dabei kann er gem. § 103 IIIa 3 SGB V von der Ausschreibung absehen, soll dies gem. § 103 IIIa 7 SGB V jedoch, soweit eine Überversorgung von mehr als 140 Prozent gegeben ist. Mit der Verwendung des

---

41 *Reiter*, ZMGR 2016, 340, 341 f.; vgl. *Gerdts/Arnold*, GuP 2014, 176, 177.
42 *Reiter*, ZMGR 2016, 340, 341 f.
43 SG München, MedR 2020, 887, 888.
44 SG München, MedR 2020, 887, 888.
45 *Vogtmeier*, MedR 2020, 888, 890.
46 *Engels*, GesR 2016, 197, 202.
47 *Christmann*, PFB 2015, 313, 314.
48 S.o. B. III. 2. b) dd) und e).

Verbs „soll" lenkt der Gesetzgeber das Ermessen des Zulassungsausschusses[49]: Er soll die Zulassung demnach nur im Ausnahmefall ausschreiben. Derartige Ausnahmen können gegeben sein, wenn die Entschädigung für den Verkehrswert der Praxis zu hoch wäre oder wenn die Zulassung in eine BAG eingewoben ist[50].

Die Zulassung ist nur einzuziehen, wenn der Zulassungsausschuss überwiegend hierfür stimmt, bei Stimmengleichheit ist dem Antrag auf Ausschreibung der Zulassung stattzugeben, wobei einer Klage gegen die Entscheidung des Zulassungsausschusses keine aufschiebende Wirkung zukommt[51]. Für den Käufer der Praxis besteht indes die Gefahr, dass die Entscheidung des Zulassungsausschusses, dem Antrag des verkaufenden Arztes auf Ausschreibung seiner Praxis stattzugeben, gerichtlich angefochten und so revidiert werden kann, lange nachdem der Kauf durchgeführt wurde[52]. Auch dies wird die Parteien dazu motivieren, ihren Sitz mithilfe von § 103 IVa 1, IVb 1 SGB V zu übertragen, um es gar nicht erst zur Prüfung des § 103 IIIa 3 SGB V kommen zu lassen.

dd) Entschädigung

Wird die Zulassung des abgabewilligen Arztes eingezogen, ist ihm der wirtschaftliche Schaden, der daraus folgt, dass seine Praxis damit unveräußerbar wird, in Form des Verkehrswerts zu ersetzen (§ 103 IIIa 13, 14 SGB V). Da die Einziehung des Vertragsarztsitzes gem. § 103 IIIa 3 SGB V häufig nur Einzelpraxen mit geringem Abrechnungsvolumen trifft und in den meisten Berechnungen zum Verkehrswert der Praxis noch ein hypothetisches Entgelt für die Tätigkeit des Arztes abzuziehen ist, kann die Bewertung der Praxis hier „schnell gen Null tendieren", wobei der Arzt für Folgeschäden[53] zu kompensieren ist, wie Entschädigungsansprüche von Vertragspartnern des Arztes, die mit ihm in einem Dauerschuldverhältnis stehen[54]. Insbesondere wenn kein Praxissubstrat[55] mehr vorhanden ist, ist der Praxiswert mit null anzusetzen[56].

Um dem Arzt eine echte Entschädigung zu gewähren, müssen die zu bewertenden Vermögensbestandteile der Praxis mit Fortführungswerten angesetzt werden, obwohl der Praxisbetrieb eingestellt wird[57]. Die „absolut vorherrschende Auffassung" spricht sich für eine Entschädigung mit Blick auf die ganze Praxis

---

49 Hierzu *Maurer/Waldhoff*, Allgemeines Verwaltungsrecht, [20]2020, § 7 Rn. 11 f.

50 *Reiter*, ZMGR 2016, 340, 341.

51 *Bonvie/Gerdts*, ZMGR 2013, 67, 70.

52 *Dies.*, ZMGR 2013, 67, 70 ff.

53 Hierzu im Detail *Cramer/Goldbach/Schlegelmilch*, ZMGR 2014, 241, 246 ff.

54 *Reiter*, ZMGR 2016, 340, 343.

55 Hierzu s. sogleich unter D. I. 2. c) bb).

56 LSG Hamburg, Urt. v. 10.11.2021 – L 5 KA 13/20, juris Rn. 27 f.

57 *Cramer/Goldbach/Schlegelmilch*, ZMGR 2014, 241, 243 f.

aus und unterscheidet daher nicht zwischen einem Privat- und GKV-Teil der Praxis[58].

ee) Auswirkungen auf die vertragsärztliche Freiberuflichkeit und Handelbarkeit der Zulassung

Im Hinblick auf das gesetzgeberische Ziel, die Überversorgung in bestimmten Gebieten abzubauen, ist die Regelung des § 103 IIIa SGB V wenig effizient[59]: Zahlreiche Möglichkeiten bieten sich an, um es nicht zur Einziehung eines Sitzes kommen zu lassen. Schon mithilfe der diversen Ausnahmen lässt sich die Einziehung des Sitzes vermeiden, wenn man die eigene Praxisnachfolge rechtzeitig zu planen beginnt, bspw. indem man seinen Nachfolger bereits 3 Jahre vor dem eigenen Ausstieg als Angestellten beschäftigt (was sich im Hinblick auf die spätere Auswahlentscheidung des Zulassungsausschusses ohnehin empfiehlt[60])[61]. Darüber hinaus kann der Arzt die Versorgungsgründe, die eine Nachbesetzung erforderlich machen, beeinflussen, indem er seine Scheinzahl erhöht[62].

Ermöglicht man dem Arzt wie die Verwaltungs- und Gerichtspraxis[63] zudem den durch die Neuausschreibung bedingten Zulassungsverzicht, verliert § 103 IIIa SGB V weiter an Bedeutung, vor allem wenn der Arzt seinen Verzicht noch nach der Entscheidung des Zulassungsausschusses, die Zulassung einzuziehen, zurückziehen kann[64]. Nähme man den Abbau der Überversorgung hier genauso ernst wie bei der Frage des Konzessionshandels[65], müsste man den bedingten Verzicht untersagen oder zumindest auf Fälle einschränken, in denen zwar ein Nachfolgeverfahren stattfindet, sich aber kein Nachfolger findet, sodass die Ein-

---

58 *Reiter*, ZMGR 2016, 340, 343 Fn. 31; *Steinhilper*, GuP 2016, 15, 20 Fn. 59 macht eine einheitliche Entschädigung hingegen davon abhängig, ob beide Teile der Praxis eine „organisatorische und wirtschaftliche Einheit" bilden, ansonsten könne die Privatpraxis isoliert weiterbetrieben werden; in eine ähnliche Richtung geht auch *Fickentscher*, Eigentumsschutz in der Bedarfsplanung, 2022, S. 198 f.

59 *Reiter*, ZMGR 2016, 340, 343; hierzu *Willaschek*, GuP 2020, 63, 65: „Der Befund ist, soweit ersichtlich, weiterhin aktuell".

60 Hierzu s.u. unter D. I. 3. a).

61 *Wenner*, in: FS Eichenhofer, 2015, S. 697, 709; *Engels*, GesR 2016, 197, 200; *Steinhilper*, GuP 2016, 15, 19.

62 Hierzu s.o. unter D. I. 2. b) bb).

63 BSG, MedR 2021, 190 ff.; zustimmend *Gerdts*, MedR 2021, 195, 196, der sich darüber hinaus dafür ausspricht, dass der Zulassungsverzicht zurückgenommen werden kann, selbst nachdem die Entscheidung des Zulassungsausschusses, den Sitz gem. § 103 IIIa 3 SGB V nicht auszuschreiben, bestandskräftig geworden ist, wenn der Arzt den Verzicht unter der aufschiebenden Bedingung erklärt, dass sich ein Nachfolger für seine Praxis findet (hierzu s.o. D. I. 2. a) bb)).

64 *Engels*, GesR 2016, 197, 202; *Bonvie/Gerdts*, ZMGR 2013, 67, 70.

65 Hierzu sogleich unter D. I. 2. c).

ziehung des Sitzes nach § 103 IIIa SGB V die Bedingung nicht auslösen kann. Die Entschädigungspflicht des § 103 IIIa 13 SGB V verfolgt zudem denselben Schutzzweck wie der bedingte Verzicht[66]. Das BSG hält sich hier zumindest die Möglichkeit offen, diese Umgehungsmöglichkeit zu schließen, wenn es andeutet, ein zweiter Antrag auf Ausschreibung der Zulassung sei gegebenenfalls abzulehnen[67]. Zu den exakten Voraussetzungen, unter denen der Antrag abzulehnen sein könnte, trifft es jedoch ebenso wenig eine Aussage wie zu der Frage, ob ein Antrag auf Anstellung in einer BAG oder einem MVZ zurückzuweisen wäre, nachdem eine Praxisnachfolge an § 103 IIIa SGB V gescheitert ist. Selbst wenn dies der Fall wäre, wäre die praktische Relevanz wohl gering.

Dies ist darauf zurückzuführen, dass der Arzt die Einziehung seines Sitzes nach § 103 IIIa SGB V vermeiden kann, wenn er gem. § 103 IVa 1, IVb 1 SGB V[68] zugunsten der Anstellung bei einer BAG oder bei einem MVZ auf seine Zulassung verzichtet[69]. Verwehrt man dem Arzt die Anstellung im MVZ oder in der BAG, nachdem der Zulassungsausschuss seinen auf § 103 IIIa SGB V gerichteten Antrag abgewiesen hat, wird man daher nur bewirken, dass Ärzte ihre Praxis direkt über § 103 IVa 1, IVb 1 SGB V veräußern.

Auch der hohe Ermittlungsaufwand, der im Rahmen der Prüfung von Versorgungsgründen auf den Zulassungsausschuss zukommt, wird die Zahl der eingezogenen Sitze verringern[70]. Wenn es dann noch zur Einziehung einer Zulassung kommt, betrifft diese aufgrund der Entschädigungsregelung vor allem hausärztliche Praxen mit unterdurchschnittlichen Scheinzahlen (in Metropolen), um die Entschädigung möglichst gering ausfallen zu lassen[71]. Insofern weist die Gesetzesbegründung darauf hin, dass „wirtschaftliche Gesichtspunkte“ bei der Bewertung der Versorgungsgründe zu berücksichtigen sind[72], wobei sich dies aus dem Gesetzestext selbst nicht ergibt, sodass sich einige Stimmen in der Literatur dafür aussprechen, diese Aspekte außenvor zu lassen[73]. Die Probleme mit der Entschädigung erklären, weshalb zunehmend mehr Stimmen dafür plädieren,

---

66 *Pawlita*, in: Schlegel/Voelzke (Hrsg.), jurisPK-SGB V, ⁴6.12.2021, § 103 SGB V Rn. 114.

67 BSG, MedR 2021, 190, 195.

68 Eine Praxisnachfolge gem. § 103 IVb 2 SGB V bzw. gem. § 103 IVc 1 SGB V führt indes nicht zur Privilegierung nach § 103 IIIa 3 2 Hs. 2 SGB V, BSG, Urt. v. 27.6.2018 – B 6 KA 46/17 R = MedR 2019, 759, 763.

69 *Bonvie/Gerdts*, ZMGR 2013, 67, 72; vgl. auch die Empfehlung bei *Gerdts/Arnold*, GuP 2014, 176, 187.

70 *Vogtmeier*, MedR 2020, 888, 890.

71 *Cramer/Goldbach/Schlegelmilch*, ZMGR 2014, 241, 242; s. auch *Reiter*, ZMGR 2016, 340, 343 f.; *Steinhilper*, GuP 2016, 15, 19; *Christmann*, PFB 2015, 313.

72 BT-Drs. 17/8005, S. 112.

73 *Kaltenborn*, in: Becker/Kingreen (Hrsg.), SGB V, ⁶2018, § 103 SGB V Rn. 9; *Frehse*, in: Schnapp/Wigge (Hrsg.), Vertragsarztrecht, 2017, § 5 C. Rn. 44.

§ 103 IV SGB V nicht mehr als Ausprägung des ärztlichen Grundrechts auf Eigentum zu verstehen[74].

Die Beobachtung, dass einzelne freiberuflich tätige Ärzte hier im Vergleich zum MVZ benachteiligt werden[75], liegt daher nahe. Eine Benachteiligung ergibt sich jedoch ebenso im Vergleich zu größeren Praxen. Je professionalisierter der Arzt seine Praxis betreibt, umso leichter wird es ihm fallen, die Einziehung seines Sitzes gem. § 103 IIIa SGB V zu vermeiden, sodass einzelne freiberuflich tätige Ärzte hier klar das Nachsehen haben. Sieht man § 103 IVa 1, IVb 1 SGB V zudem als gesetzlich legalisierten Weg an, die eigene Zulassung zu kommerzialisieren[76], zeigt sich auch an dieser Stelle, dass der Rückgang der Freiberuflichkeit und der Handel mit Konzessionen Hand in Hand zu gehen scheinen.

c) Kein Konzessionshandel

aa) Einleitung

Die Rechtsprechung hebt immer wieder hervor, dass die Praxisnachfolge in überversorgten Gebieten unerwünscht ist und nur dem Eigentumsschutz des ausscheidenden Vertragsarztes Rechnung trägt[77], weshalb sie nicht nur einen verdeckten Handel mit Zulassungen bezwecken darf[78]. Rechtsdogmatisch kann sie sich hierbei auf die höchstpersönliche Natur der Zulassung berufen[79]. Um die Praxisnachfolge vom Konzessionshandel abzugrenzen, hat das BSG in seinem Grundsatzurteil zur Praxisnachfolge aus dem Jahr 1999[80] die Kriterien des Praxissubstrats (hierzu bb)) und des Fortführungswillens (hierzu cc)) angelegt, die im Laufe der Zeit weiter verfeinert wurden. Beide Voraussetzungen setzen ein System voraus, in dem Vertragsärzte als Freiberufler tätig werden (hierzu dd)).

bb) Praxissubstrat

(1) Definition

Zunächst muss zu dem Zeitpunkt, zu dem der veräußernde Arzt den Antrag auf Ausschreibung der Zulassung stellt[81], noch eine fortführungsfähige Praxis bzw.

---

74 S.o. C. II. 3.

75 *Gassen*, GuP 2016, 22.

76 Hierzu s.u. D. II. 2. und D. III. 3.

77 BSGE 110, 34 ff. = MedR 2012, 698, 700; BSGE 85, 1, 6.

78 BSGE 126, 96 ff. = MedR 2019, 759, 761; BSGE 115, 57 ff. = MedR 2014, 681, 684.

79 Hierzu s.o. unter C. I. 2. b) cc).

80 BSGE 85, 1 ff.

81 BSGE 115, 57 ff. = MedR 2014, 681, 685, hierzu noch sogleich.

ein Praxissubstrat vorhanden sein[82]. In Abgrenzung zur Zulassung versteht das BSG die Praxis „als Gesamtheit der gegenständlichen und personellen Grundlagen der Tätigkeit des in freier Praxis niedergelassenen Arztes“[83]. Diese Grundlagen müssen zum Zeitpunkt der Veräußerung noch vorhanden sein, weil „eine Praxis […] i.S. des § 103 Abs. 4 Satz 1 SGB V nur dann von einem Nachfolger fortgeführt werden“ kann, „wenn der ausscheidende Vertragsarzt zum Zeitpunkt der Beendigung seiner Zulassung – von der seltenen Situation eines Ruhens der Zulassung zunächst abgesehen – tatsächlich unter einer bestimmten Anschrift in nennenswertem Umfang (noch) vertragsärztlich tätig gewesen ist (vgl. § 95 Abs. 3 Satz 1 SGB V). Das setzt den Besitz bzw. Mitbesitz von Praxisräumen, die Ankündigung von Sprechzeiten, die tatsächliche Entfaltung einer ärztlichen Tätigkeit unter den üblichen Bedingungen sowie das Bestehen der für die Ausübung der ärztlichen Tätigkeit im jeweiligen Fachgebiet erforderlichen Praxisinfrastruktur in apparativ-technischer Hinsicht voraus“[84]. Um die übertragbare Praxis von der höchstpersönlichen Zulassung zu trennen, stellt die Rechtsprechung überwiegend auf Faktoren ab, die nicht die Person des Arztes, sondern seine Praxis betreffen.

(2) Herleitung

Das BSG begründete dieses Erfordernis einerseits mit dem Wortlaut des § 103 IV 1 SGB V a.F., der selbst von der Fortführung der Praxis spricht (mittlerweile verweist es auf den Wortlaut des § 103 IIIa 1 SGB V[85]), sowie dem Telos der Regelung, nach dem die Praxisnachfolge zum Schutz des ärztlichen Eigentums an der Praxis eine Ausnahme von dem Grundsatz darstellen soll, nach dem Zulassungen in überversorgten Planungsbereichen abzubauen sind[86]. Indes führt das BSG selbst aus, dass Zulassungen gem. § 95 VI 1 SGB V einzuziehen sind, wenn der Arzt nicht in hinreichendem Umfang tätig ist – es will § 103 IV SGB V aber keine Wirkung dergestalt zuschreiben, dass die Norm einen nicht erfolgten Entzug nach § 95 VI 1 SGB V zu heilen vermag, wenn der Zulassungsausschuss

---

[82] St. Rspr. des BSG seit BSGE 85, 1, 4ff.; s. auch BSG, MedR 2019, 902, 905f.; BSGE 126, 96ff. = MedR 2019, 759, 761; BSGE 121, 76ff. = MedR 2017, 405, 408; BSG Beschl. v. 5.6.2013 – B 6 KA 2/13 B, BeckRS 2013, 70497 Rn. 7; BSGE 115, 57ff. = MedR 2014, 681, 684; BSGE 110, 43ff. = MedR 2012, 617, 620; BSG Beschl. v. 29.10.2009 – B 6 KA 42/09 B, BeckRS 2010, 67009; BSGE 99, 218ff. = MedR 2008, 305, 307.

[83] BSGE 85, 1, 4.

[84] BSGE 85, 1, 5; s. auch BSGE 121, 76ff. = MedR 2017, 405, 408; BSGE 115, 57ff. = MedR 2014, 681, 684; BSG Beschl. v. 5.6.2013 – B 6 KA 2/13 B, BeckRS 2013, 70497 Rn. 7.

[85] BSG, MedR 2020, 1045, 1047.

[86] BSGE 85, 1, 6.

den Sitz dennoch ausschreibt[87]: „Die Ausschreibung eines Vertragsarztsitzes hat keine konstitutive Wirkung in der Weise, dass für das Verfahren nach § 103 IV SGB V im Sinne einer Fiktion oder einer unwiderleglichen Vermutung von der Existenz einer fortzuführenden Praxis auszugehen wäre“[88].

Wird dem Arzt die Zulassung gem. § 95 VI 1 Var. 3 SGB V entzogen, weil er seinen Versorgungsauftrag nicht in hinreichendem Maße erfüllt hat, ist nicht mehr davon auszugehen, dass ein Praxissubstrat vorhanden ist[89]. Dies gilt selbst bei psychotherapeutischen Praxen, bei denen der Nachfolger den Patientenstamm typischerweise nicht übernimmt und bei denen der Goodwill eher aus anderen, langsamer verfallenden[90] Faktoren wie der Lage der Praxis besteht[91]. Das BSG begründet dieses Urteil damit, dass „Räumlichkeiten, Ausstattung, Internetauftritt u.ä. erst durch den Bezug zur tatsächlichen vertragsärztlichen oder vertragspsychotherapeutischen Tätigkeit einen spezifischen Praxiswert erlangen“[92]. Wird dem Arzt die Zulassung jedoch aus einem anderen Grund entzogen, kann noch ein Praxissubstrat vorhanden sein – eine Doppelbestrafung in Form der Zulassungsentziehung und eines Praxisverkaufsverbots ist im Gesetz nicht angelegt und würde den Arzt lediglich dazu ermutigen, Gerichtsverfahren ohne Aussicht auf Erfolg anzustrengen, um die Bestandskraft der Zulassungsentziehung aufzuschieben und sich so den Praxisverkauf offenzuhalten[93].

(3) Zeitpunkt der Beurteilung

Abzustellen ist auf den Zeitpunkt, zu dem der Vertragsarzt den Antrag auf Ausschreibung der Zulassung stellt[94]. Würde man auf einen späteren Zeitpunkt abstellen (z. B. den der Entscheidung der letzten Tatsacheninstanz), wären die vom Zulassungsausschuss (möglicherweise zu Unrecht) nicht zum Nachfolger berufenen Bewerber in ihrem Recht auf effektiven Rechtsschutz aus Art. 19 IV GG verletzt, da während eines entsprechenden Verfahrens das Praxissubstrat verfallen würde und sie gegenüber dem Zulassungsausschuss keinen Schadenersatzanspruch erwirken könnten[95]. Darüber hinaus wäre auch der veräußernde Arzt Unwägbarkeiten hinsichtlich der Übertragung seiner Praxis ausgesetzt, wenn man auf den Tag der Entscheidung des Zulassungsausschusses oder den Tag, an dem

---

87 BSGE 85, 1, 5 f.
88 BSGE 121, 76 ff. = MedR 2017, 405, 408.
89 BSG, MedR 2020, 1045, 1047 ff.
90 S. BSG, Beschl. v. 5.6.2013 – B 6 KA 2/13 B, BeckRS 2013, 70497 Rn. 6 ff.
91 BSGE 110, 34 ff. = MedR 2012, 689, 700.
92 S. BSG, Beschl. v. 5.6.2013 – B 6 KA 2/13 B, BeckRS 2013, 70497 Rn. 7.
93 BSGE 121, 76 ff. = MedR 2017, 405, 408.
94 BSGE 121, 76 ff. = MedR 2017, 405, 408 f.; BSGE 115, 57 ff. = MedR 2014, 681, 685 f.
95 BSGE 121, 76 ff. = MedR 2017, 405, 408; BSGE 115, 57 ff. = MedR 2014, 681, 685.

der Nachfolger den Praxisbetrieb faktisch übernimmt, abstellen würde[96]. All dies ist umso mehr der Fall, als dass sich das Verfahren zur Praxisnachfolge mit der Einführung des § 103 IIIa SGB V noch weiter verlängert hat[97]. In besonderen Ausnahmefällen kann aber ausnahmsweise auf einen späteren Zeitpunkt abgestellt werden, z. B. wenn „ein Antrag in missbräuchlicher Weise bereits lange Zeit vor der Beendigung der Zulassung des abgebenden Arztes gestellt oder wenn das Zulassungsverfahren verzögert wird“[98] oder wenn der Antrag auf Ausschreibung der Zulassung missbräuchlich wiederholt gestellt wird[99].

(4) Verfallsdauer des Praxissubstrats

Das BSG vermeidet es, schematische Angaben zu der Dauer zu machen, innerhalb derer das Praxissubstrat typischerweise zerfällt und hebt regelmäßig hervor, dass dies von den Umständen des Einzelfalls abhänge[100]. Das BSG versucht sich zwar von einer schematischen 6-Monatsfrist zu distanzieren, die an die Frist angelehnt ist, innerhalb der ein Sitz im MVZ nachbesetzt (§ 103 IVa 5 SGB V)[101] werden kann[102]. Dennoch orientiert es sich an ähnlichen Zeiträumen, wenn es ausführt, dass viereinhalb Monate jedenfalls zu wenig seien, um das Praxissubstrat zerfallen zu lassen[103]. Auf der anderen Seite sei ein Praxissubstrat nicht mehr vorhanden, wenn sieben[104] oder vier[105] Jahre zwischen dem Zeitpunkt, zu dem der Arzt seine Tätigkeit (ggf. krankheitsbedingt) aufgegeben hat, und dem Ausschreibungsantrag liegen. Auch in Fällen, in denen mehr als ein Jahr[106] bzw. zwei Jahre[107] vor Stellung des Antrags auf Ausschreibung der Zulassung keine ärztliche Tätigkeit mehr erfolgte, tendierte das Gericht dazu, die Praxis mangels Praxissubstrats nicht als nachfolgefähig zu bewerten. Mit Blick auf die Gerichtspraxis stellt *Pawlita* fest, dass nach einem Jahr noch ein Praxissubstrat gegeben sein wird, nach zwei Jahren hingegen nicht mehr, während „in der Zwischenzeit […]

---

[96] BSGE 121, 76 ff. = MedR 2017, 405, 408 f.
[97] *Paßmann*, ZMGR 2014, 149, 152.
[98] BSGE 121, 76 ff. = MedR 2017, 405, 409; BSGE 115, 57 ff. = MedR 2014, 681, 686.
[99] BSGE 121, 76 ff. = MedR 2017, 405, 409.
[100] BSGE 121, 76 ff. = MedR 2017, 405, 409; BSGE 115, 57 ff. = MedR 2014, 681, 684.
[101] S.u. D. II. 4.
[102] BSGE 115, 57 ff. = MedR 2014, 681, 684 f.
[103] BSGE 121, 76 ff. = MedR 2017, 405, 410.
[104] BSGE 110, 43 ff. = MedR 2012, 617, 620; BSGE 99, 218 ff. = MedR 2008, 305, 307.
[105] BSG Beschl. v. 5.6.2013 – B 6 KA 2/13 B, BeckRS 2013, 70497 Rn. 8; BSG Beschl. v. 29.10.2009 – B 6 KA 42/09 B, BeckRS 2010, 67009 Rn. 7.
[106] BSG Beschl. v. 5.6.2013 – B 6 KA 2/13 B, BeckRS 2013, 70497 Rn. 8.
[107] BSGE 115, 57 ff. = MedR 2014, 681, 685.

eine substantiierte Darlegung der Fortführungsfähigkeit durch den Vertragsarzt zu verlangen"[108] ist.

(5) Teilung des Praxissubstrats

Höchstrichterlich ungeklärt[109] ist die Fragestellung, wie das Substrat einer Praxis zu bewerten ist, in welcher dem Arzt ein voller Versorgungsauftrag zukommt, wobei dieser in einem Maße tätig wird, das einerseits eine Zulassungsentziehung gem. § 95 VI 1 SGB V nicht rechtfertigt, andererseits im Hinblick auf Fallzahlen und Arbeitsstunden unter 50 Prozent des Fachgruppendurchschnitts liegt. Das SG München entschied in einem solchen Fall, der Arzt könne nur die gesamte, nicht jedoch die halbe Zulassung ausschreiben[110]. Der halben auszuschreibenden Zulassung soll in einem solchen Fall keine ausreichende Tätigkeit gegenüberstehen – der Arbeitseinsatz wird vielmehr der dem Arzt verbleibenden Hälfte zugeschrieben, um dem Konzessionshandel entgegenzuwirken[111]. Bei dem Praxissubstrat handelt es sich aber um ein Merkmal, das „am tatsächlichen Erscheinungsbild des ärztlichen ‚Betriebs'" ansetzt und damit ein einheitliches Bild formt, dem das Urteil des SG München widerspricht, indem es die Praxis eines einzelnen Arztes in „‚virtuelle' Arztpraxen" aufspaltet[112]. Nachdem das BSG entschieden hat, dass das Praxissubstrat einer BAG einheitlich und nicht pro Praxispartner zu beurteilen ist, muss das Praxissubstrat einer Einzelpraxis erst recht einheitlich zu bewerten sein[113].

Das SG Bremen hat in einem ähnlich gelagerten Fall entschieden, dass es an dem Versorgungsbedarf i. S. d. § 103 IIIa SGB V fehlte, und dem Arzt die Ausschreibung seiner Zulassung über diesen Weg hälftig verweigert[114]. Bedenklich ist, dass das Gericht den Ausschreibungsantrag in diesem Fall so auslegt, als bevorzuge es der Arzt im Gegensatz zur Einziehung des gesamten Vertragsarztsitzes, wenn sein Sitz zur Hälfte ausgeschrieben und zur Hälfte eingezogen wird, obwohl eine solche Teileinziehung im Wortlaut des Gesetzes (im Gegensatz zu § 95 VI 2 SGB V) nicht angelegt ist und darüber hinaus dazu führt, dass dem Arzt

---

108 *Pawlita*, in: Schlegel/Voelzke (Hrsg.), jurisPK-SGB V, 46.12.2021, § 103 SGB V Rn. 132.

109 In BSG, MedR 2019, 902, 905 f. spricht sich das BSG – wie *Ladurner*, MedR 2020, 161, 163 Fn. 15 anmerkt – jedoch nicht grundsätzlich gegen eine Nachbesetzung des Praxisteils einer nicht gänzlich ausgelasteten Praxis aus.

110 SG München, MedR 2020, 158, 160 f.

111 SG München, MedR 2020, 158, 161.

112 *Ladurner*, MedR 2020, 161, 162 f.

113 *Ders.*, MedR 2020, 161, 162 f.; hierzu noch unten unter D. III. 2. a) aa).

114 SG Bremen, MedR 2015, 745 ff.

keinerlei Schadenersatz für den halben eingezogenen Sitz zukommt[115]. Zudem wird das SG Bremen dafür kritisiert, im Rahmen seiner Urteilsbegründung die Prüfung des Praxissubstrats mit der Prüfung von § 103 IIIa SGB V zu vermengen[116].

Die Urteile der beiden Sozialgerichte weisen nicht nur nach, wie eng das Praxissubstrat mit dem Versorgungsbedarf i. S. d. § 103 IIIa 3 SGB V, der sich anhand der Fallzahlen einer Praxis nachweisen lässt, verwandt ist. Sie sind ein Beleg dafür, wie schwer es den Gerichten fällt, dem Konzessionshandel wirksam beizukommen, während der Gesetzgeber diesen mit immer weitergehenden Flexibilisierungen des Vertragsarztrechts (hier in Form der Teilzulassung) befeuert[117]. Darüber hinaus stellen sich die beiden Kategorien als Unterfälle der Zulassungsentziehung wegen Nichtausübung der ärztlichen Tätigkeit gem. § 95 VI 1 SGB V heraus: Ein (teilweise) abgelehnter Antrag auf Ausschreibung der Zulassung (mangels Praxissubstrats oder Versorgungsbedarfs) weist auf das vorherige Versäumnis hin, die Zulassung gem. § 95 VI 1 SGB V zu entziehen – entweder weil die Untätigkeit des Arztes unbemerkt geblieben ist oder weil die zukünftige Tätigkeit falsch prognostiziert[118] wurde. Feststellen lässt sich bis hierhin jedenfalls, dass die Anstrengungen, den Konzessionshandel zu unterbinden, vor allem darauf ausgerichtet ist, Praxen mit niedrigen Fallzahlen aus dem Verkehr zu ziehen.

cc) Fortführungswille

(1) Herleitung

Beschreibt das Praxissubstrat eine Voraussetzung, auf die lediglich der Praxisverkäufer einen Einfluss hat[119], setzt der Fortführungswille beim Nachfolger an. Andeutungen in die Richtung eines Fortführungswillens finden sich bereits im ersten Grundsatzurteil des BSG zur Praxisnachfolge, wenn es ausführt, dass „Bewerber, die erklärtermaßen nur an dem Vertragsarztsitz des ausscheidenden Vertragsarztes interessiert sind und dessen Praxis im oben dargestellten Sinne nicht fortführen wollen und von vornherein nicht bereit sind, mit dem ausscheidenden Vertragsarzt über eine Praxisübernahme zu verhandeln, […] auf der Grundlage dieser Vorschrift keine Zulassung erhalten“ dürfen[120]. Das BSG leitete (auch)

---

[115] *Moeck*, MedR 2015, 749.

[116] *Kremer/Wittmann*, Vertragsärztliche Zulassungsverfahren, ^{3}2018, Rn. 494.

[117] Vgl. die vorherigen Ausführungen zur Teilzulassung unter D. I. 2. a) aa).

[118] Zu den Voraussetzungen der Zulassungsentziehung wegen Untätigkeit s. *Pawlita*, in: Schlegel/Voelzke (Hrsg.), jurisPK-SGB V, ^{4}6.12.2021, § 95 SGB V Rn. 1097 ff., 1102.

[119] *Ders.*, in: Schlegel/Voelzke (Hrsg.), jurisPK-SGB V, ^{4}6.12.2021, § 103 SGB V Rn. 121.

[120] BSGE 85, 1, 6.

diese Überlegung in seinem Grundsatzurteil zur Praxisnachfolge aus der Regel ab, nach der in überversorgten Gebieten keine Nachbesetzung von Vertragsarztsitzen stattfinden soll: Als Ausnahme zu dieser Regel darf die Praxisnachfolge, die den wirtschaftlichen Interessen des ausscheidenden Arztes sowie ggf. den Interessen der verbleibenden Praxispartner dient, nur durchgeführt werden, wenn der Bewerber das Praxissubstrat fortführen will und nicht nur an der Zulassung interessiert ist[121].

Als eigenständige Voraussetzung formulierte das BSG den Fortführungswillen erst vierzehn Jahre später unter Bezugnahme auf seine früheren Entscheidungen[122], Entscheidungen diverser Landessozialgerichte[123] und Ansichten aus der Literatur[124] sowie dem Wortlaut von § 103 IV 4 SGB V, der besagt, dass der Bewerber die ausgeschriebene Praxis des bisherigen Vertragsarztes fortführen wollen muss[125]. Zudem will das BSG einer Umgehung der vom Zulassungsausschuss getroffenen Auswahlentscheidung entgegentreten, die droht, wenn der neu zugelassene Arzt seine Zulassung gem. § 103 IVb 1 SGB V umgehend in eine BAG einbringt, in welcher dieser Sitz ohne Einflussmöglichkeit des Zulassungsausschusses von einem anderen angestellten Arzt besetzt werden kann[126].

---

121 BSGE 85, 1, 6.

122 Neben der Grundsatzentscheidung BSGE 85, 1 ff. bezog sich das Gericht insbesondere auf BSGE 109, 182 ff. = MedR 2012, 830 ff., in dem es der Praxisfortführung nach § 103 IV SGB V die Nachbesetzung des Arztsitzes i. S. d. § 103 IVa 5 SGB V gegenüberstellt, bei der eine Fortführung eben nicht erforderlich sein soll, sowie auf BSGE 99, 218 ff. = MedR 2008, 305, wo das Gericht das Erfordernis des Praxissubstrats an die Fortführung der Praxis anknüpft; diese drei Urteile sollen die Bedeutung der Fortführung einer Praxis i. R. v. § 103 IV SGB V hervorheben.

123 In LSG Schleswig-Holstein, Beschl. v. 15.5.2008 – L 4 B 369/08 KA ER, BeckRS 2008, 53952 führt das Gericht in Bezug auf die erste Grundsatzentscheidung des BSG aus, einem „Arzt, der nicht die Fortführung einer vorhandenen Praxis anstrebt, darf keine Zulassung nach § 103 Abs. 4 SGB V erteilt werden“; in LSG Hamburg, MedR 2011, 825, 827 f. beurteilte das Gericht die aufschiebende Bedingung in einem Zulassungsbescheid als rechtmäßig, nach der der Erhalt der Zulassung von der Fortführung der Praxis abhängig war – zudem sprach das Gericht auch den Fortführungswillen des Bewerbers an; s. zudem LSG Nordrhein-Westfalen, MedR 2006, 616, 618 ff., das die Bereitschaft, die Praxis fortzusetzen, als Kriterium für die Ermessensentscheidung des Zulassungsausschusses anerkennt und nach dem die Praxis „nur dann Grundlage für eine entsprechende Ausschreibung sein kann, wenn eine solche Gemeinschaftspraxis [ ] fortgesetzt werden sollte“.

124 S. z. B. *Hesral*, in: Ehlers (Hrsg.), Fortführung von Arztpraxen, 32009, Kap. 3 Rn. 350.

125 BSG, MedR 2013, 814, 816 f.

126 BSG, MedR 2013, 814, 817; nach LSG Sachsen, Urt. v. 13.3.2019 – L 1 KA 17/18, BeckRS 2019, 19323 50 ff. ist auch dann von einem Fortführungswillen auszugehen, wenn der Arzt mit der Übernahme eines Sitzes (als Vertragsarzt) in eine BAG mit einem MVZ eintreten will – dieses Urteil lässt sich vor dem Hintergrund des soeben zitierten BSG Urteils zwar anzweifeln, da das MVZ bei einer weiteren Ausschreibung des Sitzes über § 103 VI 2 SGB V

Weil es sich bei der Praxisnachfolge um eine Ausnahme von dem Grundsatz handelt, nach dem Zulassungen in überversorgten Gebieten abzubauen sind, soll der Fortführungswille streng zu bewerten sein[127] – § 103 IVa 1 SGB V kommt als Ausnahmeregel keinerlei Aussagekraft in Bezug auf das gewöhnliche Verfahren der Praxisnachfolge zu[128]. Insofern verfügt der Zulassungsausschuss nicht über einen Beurteilungsspielraum oder ein Ermessen – die Frage, ob der Nachfolger die Praxis fortführen will, ist gerichtlich voll überprüfbar[129]. Die Fortführung der Praxis lässt sich zudem als Nebenbestimmung in der Zulassung des Vertragsarztes verankern[130].

(2) Dauer

Da sich in § 103 IV 5 Nr. 4 SGB V abzeichnet, dass der Gesetzgeber eine Zeit von fünf Jahren als versorgungsrelevant erachtet, und in Anlehnung zur Rechtsprechung des BSG in Bezug auf § 103 IV 5 Nr. 2, 3 SGB V, geht das BSG davon aus, dass sich der Fortführungswille auf fünf Jahre erstrecken muss – auch um die Kontinuität der Versorgung zu gewährleisten[131]. Kritisiert wurde, dass ein solch langer Fortführungswille bei Ärzten mit geringem Patientenkontakt (wie bspw. Laborärzten) nicht erforderlich sei und zu einer Altersdiskriminierung führe, indem er die „Altersgrenze für Vertragsärzte ‚durch die Hintertür‘ wieder“ einführt[132].

(3) Inhaltliche Übereinstimmung der Tätigkeit

Inhaltlich modifiziert der Fortführungswille die Praxisnachfolge auf mehreren Ebenen. Weil die Praxis gem. § 103 IV 4 SGB V durch den Nachfolger fortzu-

---

Einfluss wird nehmen können sowie über § 103 IVc 1 SGB V die besten Chancen hat, den Sitz als Angestelltengenehmigung zu erhalten (wenn es sich mit dem ehemaligen Vertragsarzt als anzustellendem Arzt bewirbt). Allerdings wird zumindest § 103 VI 2 SGB V seine volle Wirkung erst nach einer gewissen Zeit der Kooperation entfalten können (s.u. D. III. b)).

[127] BSGE 115, 57 ff. = MedR 2014, 681, 688; LSG Nordrhein-Westfalen, MedR 2015, 371, 375.

[128] LSG Nordrhein-Westfalen, MedR 2015, 371, 376.

[129] BSGE 115, 57 ff. = MedR 2014, 681, 688.

[130] BSG, MedR 2013, 814, 818; a.A. mit dem Argument, beim Fortführungswillen i. S. d. § 103 IV SGB V handele es sich um ein subjektives Erfordernis, sodass das objektive Erfordernis der Praxisfortführung wegen § 32 I SGB X nicht als Nebenbestimmung (Bedingung oder Auflage) der ärztlichen Zulassung implementiert werden kann noch *Fiedler*, NZS 2003, 574, 575; auch *Gerdts/Arnold*, GuP 2014, 176, 179 halten Nebenbestimmungen, die die Zulassung von der Fortführung der Praxis abhängig machen, mangels entsprechender Ermächtigungsgrundlage für unrechtmäßig.

[131] BSGE 115, 57 ff. = MedR 2014, 681, 688 f.

[132] *Paßmann*, ZMGR 2014, 149, 154.

führen ist, muss der Inhalt der Tätigkeit in fachlicher Hinsicht derjenigen des Vorgängers entsprechen und der nachfolgende Arzt daher in dieselbe Arztgruppe einzuordnen sein wie der ausscheidende Arzt (vgl. auch § 16 S. 1 BedPlRL) – das BSG lehnt es explizit ab, diesen Schluss aus einer entsprechenden Anwendung der auf die ärztliche Eignung gerichteten Kriterien innerhalb des ermessenslenkenden Kriterienkatalogs des § 103 IV 5 SGB V zu ziehen[133]. Das Gericht unterteilt den Fortführungswillen zudem in zwei weitere Bestandteile: Einerseits muss in Form der Standortkontinuität ein räumliches Element vorhanden sein, andererseits bedarf es eines personellen Elements bzw. der personellen Kontinuität[134].

(4) Standortkontinuität

Schon vor dem BSG Urteil ist die Meinung vertreten worden, dass der Nachfolger die Praxis ein Quartal lang am alten Ort fortzuführen habe[135]. Nunmehr verlangt das BSG, „dass der Nachfolger eines ausscheidenden Vertragsarztes auf Dauer die bisherigen Patienten in denselben Praxisräumen mit Unterstützung desselben Praxispersonals und unter Nutzung derselben medizinisch-technischen Infrastruktur behandelt oder zumindest behandeln will. [...] Andererseits verlangt eine Praxisfortführung i. S. d. § 103 IV SGB V nicht notwendig, dass der Nachfolger den Praxisbetrieb in der dargestellten Art und Weise auf Dauer fortführt [...]. Auch mag es im Einzelfall sachliche Gründe dafür geben, die Praxis zumindest nicht am bisherigen Ort oder nicht mit dem bisherigen Personal fortzuführen“[136].

Mit dieser Ausnahme kommt das BSG bereits der Kritik zuvor, nach der der Erwerber einer Praxis die Standortkontinuität in diversen Fällen nicht gewährleisten können wird[137]. Schwerer wiegen jedoch systematische Einwände: Nach

133 BSGE 116, 173 ff. = MedR 2015, 538, 541 – in dem Urteil des BSG ging es zwar nicht um die Nachfolge in die Praxis eines Arztes, sondern um die Nachbesetzung einer Angestelltenstelle im MVZ gem. § 103 IVa 3 SGSB V a. F. (mittlerweile ist die Nachbesetzung in § 103 IVa 5 SGSB V geregelt, hierzu s.u. D. II. 4.). Da diese Norm jedoch „als Sonderregelung zur Zulassungsbeschränkung bei Überversorgung nach § 103 I-III SGB V“ gilt, stellt das BSG hier Regeln auf, die auch für das gewöhnliche Verfahren der Praxisnachfolge Geltung beanspruchen.

134 BSG, MedR 2013, 814, 817.

135 S. bspw. *Zwingel/Preißler*, MVZ, ²2008, S. 17; zur damaligen Verwaltungspraxis zudem *Cramer/Maier*, MedR 2002, 549, 554; a. A. teils noch *Rigizahn*, NZS 1999, 427, 428 ff., der die Ansicht vertrat, die Praxis meine nicht „eine konkrete Anschrift“ sondern „ein abgegrenztes örtliches Umfeld“, sodass Verlegungen innerhalb dieses „örtlichen Wirkungskreises des Vertragsarztes (etwa: Stadtteil; Neubaugebiet; bestimmte Straßenzüge u.ä.)“ der Fortführung einer Praxis nicht entgegenstünden.

136 BSG, MedR 2013, 814, 817.

137 *Arnold/Poetsch*, MedR 2013, 773, 775 vgl. hierzu auch SG Dresden, Beschl. v. 9.5.2022 – S 25 KA 20/22 ER, juris Rn. 96 ff.

§ 103 IVc 1, IVb 2 SGB V kann ein MVZ bzw. eine üBAG eine Arztstelle übernehmen und umgehend örtlich verlegen, sodass die Standortkontinuität – anders als es das Gericht behauptet – zumindest nicht dem Willen des Gesetzgebers zu entspringen scheint[138]. Auch dieser Kritik versucht das BSG zuvorzukommen, indem es ausführt, i. R. d. § 103 IVb 2 SGB V übernehme ein bereits zugelassener Arzt die Zulassung (für die Praxis), während in § 103 IV SGB V ein bisher nicht im System der GKV tätiger Arzt eine Zulassung erhalten soll, sodass § 103 IVb 2 SGB V keinen Rückschluss auf das gewöhnliche Verfahren der Praxisnachfolge zulässt[139].

Praktisch sind die Gerichte in Fällen, in denen der Praxisinhaber seine Praxis um 36 km[140] oder sogar im selben Planungsbereich um 1,5 km[141] verlegt hat, zu dem Ergebnis gekommen, dass die Praxisnachfolge mangels Fortführungswillens gescheitert ist.

(5) Personelle Kontinuität

„In ‚personeller' Hinsicht ist erforderlich, dass der Nachfolger die Praxis in eigener Person weiter betreibt. Dabei genügt es nicht, dass dieser dort eine ärztliche Tätigkeit entfaltet, sondern der Begriff ‚Fortführung' beinhaltet auch, dass der Nachfolger den Praxisbetrieb als Inhaber – zumindest als Mitinhaber – der Praxis fortsetzt. […] Es genügt daher nicht, wenn ein Bewerber beabsichtigt, den Praxisbetrieb zwar am bisherigen Standort, jedoch lediglich als angestellter Arzt in der Zweigpraxis einer Berufsausübungsgemeinschaft oder eines MVZ fortzusetzen, weil dann die Fortführung der Praxis tatsächlich nicht von seinem Willen, sondern auf Grund des Direktionsrechts seines Arbeitgebers von dessen Willen abhängt"[142]. Inwieweit dieses personelle Element im Wortlaut des § 103 IV 1 SGB V angelegt ist, ist indes fraglich – dieser scheint sich mehr auf eine faktische Fortführung der Praxis zu beziehen, ohne die zivilrechtliche Einkleidung der Tätigkeit vorzugeben[143].

---

[138] *Arnold/Poetsch*, MedR 2013, 773, 774 f.; mit angedeuteter Kritik auch *Gerdts/Arnold*, GuP 2014, 176, 179; hierzu noch unter D. II. 3. c) sowie D. III. 4.

[139] BSG, MedR 2013, 814, 817.

[140] SG Marburg, Gerichtsbescheid v. 15.6.2020 – S 12 KA 395/19, BeckRS 2020, 14077 Rn. 36.

[141] LSG Nordrhein-Westfalen, MedR 2015, 371, 376.

[142] BSG, MedR 2013, 814, 817.

[143] *Arnold/Poetsch*, MedR 2013, 773, 775.

dd) Zusammenhänge des Verbots des Konzessionshandels mit der Freiberuflichkeit

Die Praxisnachfolge war – im Zusammenhang mit der Freiberuflichkeit der ärztlichen Betätigung – zunächst verboten und dann (hinsichtlich des Kaufpreises für die Praxis) beschränkt, um die finanzielle und damit inhaltliche Unabhängigkeit des nachfolgenden Arztes zu gewährleisten[144]. Diese Überlegungen spielen im Rahmen der Praxisnachfolge keinerlei Rolle mehr. Bei der Begründung sowohl des Praxissubstrats als auch des Fortführungswillens steht vielmehr der vom Gesetzgeber angeordnete Abbau überschüssiger Zulassungen im Vordergrund[145]. Um diesen Belang mit dem ebenfalls vom Gesetzgeber angeordneten Schutz der wirtschaftlichen Interessen des aus der Versorgung ausscheidenden Arztes auszugleichen, schafft das Gericht das (im Wortlaut des Gesetzes nicht angelegte[146]) Konzessionshandelsverbot: Demnach werden Zulassungen abgebaut, wenn nur die Zulassung transferiert werden soll – hängt jedoch noch eine Praxis an der Zulassung, kann die Zulassung nicht vom Markt entfernt werden.

Um das Verbot des Konzessionshandels umzusetzen, setzt das Gericht am Tatbestand des § 103 IV SGB V an und schafft mit dem Praxissubstrat und dem Fortführungswillen zwei Voraussetzungen, die sich in erster Linie aus dem Wortsinn der „Fortführung" ergeben. Alternativ hätte das Gericht im Zusammenhang mit der ärztlichen Freiberuflichkeit und in Anlehnung zu seiner früheren Rechtsprechung zur Praxisnachfolge eine Preiskontrolle einführen können[147]: So könnte man bei Praxen, deren Preis nicht marktgerecht scheint, widerleglich vermuten, dass die Zulassung im Rahmen der Transaktion im Vordergrund steht. Ein solches Vorgehen widerspricht zwar marktwirtschaftlichen Grundsätzen, im Zulassungsrecht treffen plan- und marktwirtschaftliche Elemente aber aufeinander. Problematisch scheinen mögliche Scheingeschäfte, mithilfe derer die Parteien den Zulassungskauf zu verschleiern versuchen könnten. In Ermangelung entsprechender Statistiken wird es aber schwierig, einen angemessenen Marktpreis zu be- bzw. „Knappheitszuschläge" für die Zulassungen aus dem Kaufpreis herauszurechnen[148]: Einerseits hat der Gesetzgeber darauf verzichtet (wie bspw. im BauGB) eine „Kaufpreissammlung" anzuordnen[149], andererseits hat das BSG

---

144 S.o. A.

145 S.o. D. I. 2. c) bb) (2) und cc) (1).

146 *Paßmann*, ZMGR 2014, 149, 151.

147 Hiermit könnte man der Kritik beikommen, nach welcher es irritierend scheint, wenn der Verkäufer der Praxis andere Rechte hat als sein Nachfolger, da dieser seinen Sitz, sein Personal sowie seine Gerätschaften im Gegensatz zum Verkäufer nicht wechseln kann, *ders.*, ZMGR 2014, 149, 151.

148 *Cramer/Maier*, MedR 2002, 549, 557.

149 *Dies.*, MedR 2002, 549, 557.

dazu beigetragen, dass die tatsächlichen Kaufpreise zu denen Praxen gehandelt werden, nicht festgehalten werden müssen[150]. Der Weg zurück zur freiberuflichen Preiskontrolle scheint daher verbaut.

Allerdings stellt auch die aktuelle Rechtsprechung auf Aspekte der ärztlichen Freiberuflichkeit ab: So zerfällt das Praxissubstrat (meist nach einem Jahr), da das Vertrauen der Patienten zu ihrem Arzt (und damit der Goodwill der Praxis) schwindet, wenn es nicht durch die wiederholte Behandlung erneuert wird. Auch i. R. d. Fortführungswillens stellt das BSG auf das Typusmerkmal des Vertrauens ab, wenn es davon ausgeht, dass sich dieser Wille auf fünf Jahre beziehen muss, da der Arzt in dieser Zeit ein Vertrauensverhältnis zu seinen Patienten aufbaut. Das BSG greift mithin in zweifacher Hinsicht auf das freiberufliche Typusmerkmal des Vertrauens zurück, um den Konzessionshandel zu begrenzen. Mit dem Erfordernis der personellen Kontinuität stärkt das BSG darüber hinaus die wirtschaftliche Selbständigkeit der in die Versorgung eintretenden Ärzte ähnlich wie schon im Rahmen seiner Rechtsprechung zur Nullbeteiligungsgesellschaft[151].

Teilweise entsteht „der Eindruck, dass das BSG nicht wahrhaben möchte, dass der Gesetzgeber die freiberufliche ärztliche Tätigkeit nicht (mehr) in den Vordergrund stellt", weil es dem Grundsatz, nach dem die verschiedenen Varianten der ärztlichen Tätigkeit „gleichberechtigt nebeneinander stehen" sollen, entgegentritt, indem „die Auslegung des Fortführungswillens durch das BSG" dazu führt, „dass der freiberufliche Arzt gegenüber dem angestellten Arzt oder der Berufsausübungsgemeinschaft bevorzugt wird"[152]. Das BSG versucht aber vielmehr dem Konzessionshandel entgegenzuwirken, indem es an strukturfunktionalen freiberuflichen Elementen festhält.

3. Auswahlentscheidung des Zulassungsausschusses

a) Ermessensentscheidung der Behörde anhand der Kriterien des § 103 IV 5 SGB V

Hat der Zulassungsausschuss auf Tatbestandsebene (§ 103 IIIa 1 SGB V) beschlossen, dass die Praxis des ausscheidenden Vertragsarztes nachzubesetzen ist, muss die KV den Sitz ausschreiben und eine Bewerberliste erstellen, § 103 IV 1 SGB V. Die Auswahl des Bewerbers liegt im Ermessen des Zulassungsausschusses (§ 103 IV 4 SGB V), das sich an den in § 103 IV 5 SGB V genannten Krite-

---

[150] S.o. unter B. III. 2. h).

[151] Also ohne die Bedeutung der Selbständigkeit in der Berufsstellung hervorzuheben, s.o. B. III. 3. d).

[152] *Arnold/Poetsch*, MedR 2013, 773, 779.

rien ausrichten soll. Bei dieser Ermessensentscheidung ist gerichtlich nur überprüfbar, ob der Zulassungsausschuss von der korrekten Sachlage ausging und ob Ermessensfehler nach der Ermessensfehlerlehre[153] vorliegen[154]. Da die Belange der Mitbewerber im Auswahlverfahren vor dem Hintergrund des (Art. 12 I GG i. V. m.) Art. 3 I GG geschützt sind[155], darf der Zulassungsausschuss Bewerber im Auswahlprozess „nicht unter Verstoß gegen die in § 103 IV 1 SGB V genannten Kriterien" übergehen[156]. Verfassungsrechtlich stützen sich die Kriterien des § 103 IV 5 SGB V im Wesentlichen auf den „aus dem Sozialstaatsprinzip folgenden" Auftrag „zur Sicherstellung der Qualität der vertragsärztlichen Versorgung"[157]. Um diesen Auftrag bestmöglich umzusetzen, orientieren sich die Kriterien im Katalog des § 103 IV 5 SGB V an zwei Leitlinien:

Einerseits zielen § 103 IV 5 Nrn. 1, 2, 3 SGB V darauf ab, die ärztliche Eignung sicherzustellen[158]. Die in Nr. 1 genannte berufliche Eignung „ist darauf ausgerichtet, aus dem Kreis der Bewerber die beruflich qualifizierteste Person auszuwählen" (und richtet sich nach der Weiterbildungsordnung und ggf. der Schwerpunktbezeichnung[159]), während das Approbationsalter sowie die Dauer der ärztlichen Tätigkeit in Nr. 2 und Nr. 3 den Arzt mit dem ausgeprägtesten „Erfahrungswissen" begünstigen[160]. Im Hinblick auf das Approbationsalter und die Dauer der ärztlichen Tätigkeit geht das BSG davon aus, dass der Grenznutzen eines weiteren Jahres der beruflichen Tätigkeit fünf Jahre nach Abschluss der Weiterbildung (nicht jedoch nach Abschluss der Approbation) derart abnimmt, dass weitere Jahre entsprechender Tätigkeit im Rahmen der Auswahlentscheidung keine Berücksichtigung finden sollten[161]. Die Kriterien, die auf die ärztliche Eignung abzielen, können mit der Freiberuflichkeit verknüpft werden: Das Erfahrungswissen des Arztes, auf das sich § 103 IV 5 Nrn. 2, 3 SGB V berufen, stellt ein typisches Charakteristikum der Freiberuflichkeit dar[162].

---

153 *Maurer/Waldhoff*, Allgemeines Verwaltungsrecht, [20]2020, § 7 Rn. 19 ff.

154 BSG, MedR 2019, 318, 320; BSGE 119, 190 = BeckRS 2015, 72879 Rn. 42; BSG, MedR 2013, 814, 818; LSG Baden-Württemberg, Beschl. v. 20.7.2006 – L 5 KA 3384/06 ER-B, BeckRS 2006, 16214 Rn. 49.

155 *Junge*, Recht auf Teilnahme an der vertragsärztlichen Versorgung, 2007, S. 151.

156 BSG, Urt. v. 27.1.2021 – B 6 KA 27/19 R, BeckRS 2021, 5776 Rn. 48; BSGE 91, 253 ff. = MedR 2004, 697, 700.

157 *Junge*, Recht auf Teilnahme an der vertragsärztlichen Versorgung, 2007, S. 151 f.

158 *Fickentscher*, Eigentumsschutz in der Bedarfsplanung, 2022, S. 116 ff. m. w. N. in Fn. 558, der auch § 103 IV 5 Nr. 6 SGB V in diesem Kontext erwähnt.

159 *Pawlita*, in: Schlegel/Voelzke (Hrsg.), jurisPK-SGB V, [4]6.12.2021, § 103 SGB V Rn. 234.

160 BSG, MedR 2020, 1034, 1038.

161 BSGE 107, 147 ff. = MedR 2012, 216, 220.

162 *Freidson*, Professionalism, 2001, S. 24 ff.; s. o. B. II. 2.

Andererseits knüpfen § 103 IV 5 Nrn. 4, 7, 8 (und 9) SGB V an bedarfsplanerische Gesichtspunkte an[163]. I.R.v. Nr. 4 werden Ärzte im Gegenzug für ihre Tätigkeit im unterversorgten Bereich im Auswahlverfahren bevorzugt. Ähnlich wie i. R. d. § 103 IIIa 3 Hs. 2, 4 SGB V[164] hofft der Gesetzgeber indes, dass sich der Arzt nach fünfjähriger Tätigkeit im unterversorgten Bereich dazu entschließt, seinen Tätigkeitsbereich nicht zu verlegen, sodass er im Auswahlprozess gar nicht zur Verfügung steht[165]. Nr. 7 stellt einen Arzt besser, wenn er bereit ist, einen von der KV definierten, besonderen Versorgungsbedarf zu befriedigen[166]. § 16 S. 2 BedPlRL stellt eine lex specialis zu § 103 IV 5 Nr. 7 SGB V dar und erlaubt die Nachbesetzung eines Vertragsarztsitzes mit einem Arzt, der eine andere Subspezialisierung als der ausscheidende Arzt aufweist, sodass bspw. ein rheumatologischer Internist auf einen kardiologischen Internisten folgen kann[167]. Hier kommt es zu einer „Durchbrechung" des Fortführungswillens, da der Rheumatologe in solchen Fällen den Patientenstamm des Kardiologen nicht weiterbehandeln kann[168]. Da § 103 IV 9 SGB V die wirtschaftlichen Interessen des Verkäufers schützen soll, ist die Praxis bzw. ihr Goodwill im Rahmen dieser Vorschrift so zu bewerten, als ob der Nachfolger die Subspezialität des verkaufenden Arztes hat und daher die Patienten übernehmen kann[169]. Nr. 8 belohnt Bewerber, die bereit sind, ihre Praxis behindertengerecht auszubauen, während Nr. 9 die Konzeptbewerbung ermöglicht.

Da die Bedarfsplanung an sich (strukturfunktionalen) freiberuflichen Idealen zuwiderläuft[170], kann zwischen den Kriterien der zweiten Gruppe und der Freiberuflichkeit kein Konnex hergestellt werden. In Anbetracht der zusätzlichen Spannungen zwischen § 16 S. 2 BedPlRL und dem Fortführungswillen verfestigt sich indes ein Bild, in dem sich der strukturfunktional-freiberuflich geprägte Fortführungswille und die schließungstheoretisch geprägte Bedarfsplanung entgegenstehen.

---

[163] *Fickentscher*, Eigentumsschutz in der Bedarfsplanung, 2022, S. 118 f. m. w. N. in Fn. 577; *Pawlita*, in: Schlegel/Voelzke (Hrsg.), jurisPK-SGB V, [4]6.12.2021, § 103 SGB V Rn. 283.

[164] S.o. D. I. 2. b) aa).

[165] BT-Drs. 17/6906, S. 75; diesbezüglich äußert sich u. a. *Greve*, ZMGR 2012, 95 kritisch.

[166] Nach *Ladurner*, MedR 2019, 519, 526 kann dem Arzt die Zulassung entzogen werden, wenn sich im Nachhinein herausstellt, dass er die besonderen Versorgungsbedürfnisse nicht befriedigt; unklar war zunächst, wer die Versorgungsbedürfnisse wie zu definieren hatte, s. *Greve*, ZMGR 2012, 95, 95 f.; hierzu *Pawlita*, in: Schlegel/Voelzke (Hrsg.), jurisPK-SGB V, [4]6.12.2021, § 103 SGB V Rn. 197, 261.

[167] *Gerdts/Arnold*, GuP 2014, 176, 180 f.

[168] *Dies.*, GuP 2014, 176, 180 f.

[169] *Dies.*, GuP 2014, 176, 180 f.

[170] S.o. unter B. III. 2. h).

Neben den beiden Gruppen der eignungs- und bedarfsplanungsbezogenen Ermessenskriterien stehen § 103 IV 5 Nr. 5, 6 SGB V. § 103 IV 5 Nr. 5 SGB V importiert die Teile des § 16c I 5 Ärzte-ZV in der Fassung aus der Zeit vor dem GSG, nach denen keine Ausschreibung der Stelle durchzuführen war, wenn der Sitz vom Ehegatten oder einem Kind des Kassenarztes fortgeführt werden sollte, als nunmehr lediglich ermessenslenkendes Kriterium in das Auswahlverfahren des Zulassungsausschusses. Inwieweit § 103 IV 5 Nr. 5 SGB V als Ausdruck des Art. 6 GG gelten kann, ist umstritten[171]. Im Hinblick auf die Freiberuflichkeit des Arztes kommt ihm jedoch keine gesonderte Bedeutung zu.

§ 103 IV 5 Nr. 6 SGB V enthält die für die Gestaltung der Praxisnachfolge relevanteste Regelung: Demnach ist ein Bewerber im Bewerbungsprozess vorrangig zu behandeln, wenn er die Praxis als angestellter Arzt des bisherigen Vertragsarztes oder als Vertragsarzt mit dem ausscheidenden Arzt gemeinschaftlich betrieben hat. Da § 103 IIIa 3 Hs. 2, 5 SGB V Ärzte privilegiert, die drei Jahre lang i. R. d. Job-Sharing als Angestellter oder Partner des ausscheidenden Arztes tätig waren, ist davon auszugehen, dass auch i. R. v. § 103 IV 5 Nr. 6 SGB V auf einen Zeitraum von drei Jahren abzustellen ist – die zuvor praktizierte analoge Anwendung des § 101 III 4 SGB V ist nach dem Grundsatz lex posterior derogat legi priori nicht mehr durchzuführen[172]. Will der Arzt die Chance dafür erhöhen, dass „sein" Bewerber die Zulassung erhält, kann er diesen mithin drei Jahre lang anstellen, um die Auswahlentscheidung des Zulassungsausschusses zu beeinflussen. Der in dieser Norm enthaltene Gedanke, dass der aus der Versorgung ausscheidende Arzt seinen Nachfolger besser aussuchen kann als eine Behörde[173], weil er ihn tagtäglich erlebt und so sein fachliches Wissen, seinen Umgang mit Patienten und sein unternehmerisches Geschick am besten beurteilen kann, weist einen starken Zusammenhang mit den strukturfunktionalen Freiberuflichkeitserwägungen auf, nach denen der Stand seinen Nachwuchs aussucht und sozialisiert[174]. So beschleunigt sich der Prozess der Praxisnachfolge, was nicht nur im Interesse beider Ärzte liegt – schließlich soll der volatile Goodwill der Praxis

---

171 Dagegen *Pawlita*, in: Schlegel/Voelzke (Hrsg.), jurisPK-SGB V, ⁴6.12.2021, § 103 SGB V Rn. 253; für eine Einordnung bei Art. 14 GG *Fickentscher*, Eigentumsschutz in der Bedarfsplanung, 2022, S. 120 m. w. N. in Fn. 581.

172 *Pawlita*, in: Schlegel/Voelzke (Hrsg.), jurisPK-SGB V, ⁴6.12.2021, § 103 SGB V Rn. 254; sowie in der Vorauflage *ders.*, in: Schlegel/Voelzke (Hrsg.), jurisPK-SGB V, ³2016, § 101 SGB V Rn. 169; kritisch in Bezug auf das Verhalten des Gesetzgebers, der es bereits i. R. d. GKV-VStG versäumte, den Gesetzestext an dieser Stelle zu präzisieren schon *Greve*, ZMGR 2012, 95, 97.

173 *Hufen*, MedR 1996, 394, 402 schlug bspw. vor, § 103 IV SGB V verfassungskonform so auszulegen, dass der Zulassungsausschuss i. R. d. Auswahlentscheidung an die „Vorgaben des Eigentümers der Praxis gebunden ist".

174 Hieran stören sich die Schließungstheoretiker, s.o. B. I. 4. c).

erhalten bleiben[175] – sondern auch dem Interesse der Allgemeinheit an einer kontinuierlichen Versorgung dient. Auch im Verhältnis zu den Patienten ist diese Regelung sinnvoll: Der Vertrauensvorschuss, den sie dem neuen Arzt einräumen, indem sie die Praxis weiterhin besuchen, ist im Wesentlichen auf die Auswahl ihres alten Arztes zurückzuführen. Problematisch ist diese Gestaltungsvariante jedoch, wenn der Arzt nur den Meistbietenden aussucht und so auf eine Auswahl nach Eignung verzichtet – in diesem Fall wird man den Zulassungsausschuss als geeigneter ansehen müssen, den Nachfolger auszuwählen. Diesen Bedenken könnte am ehesten eine an der alten Rechtsprechung des BSG orientierte Preiskontrolle[176] entgegenwirken.

In der Gesamtschau lässt sich die Auswahlentscheidung des Zulassungsausschusses dennoch als „(stark) modifizierte Bestenauslese" werten, wobei § 103 IV 5 SGB personengebundene Kriterien enthält[177] – dies steht in einem engen Zusammenhang mit der höchstpersönlichen Natur der vertragsärztlichen Zulassung.

b) Weitere Kriterien und ihre Gewichtung

Neben den Kriterien in § 103 IV 5 SGB V finden sich im Gesetz noch zahlreiche weitere Maßgaben, die Auswirkungen auf das Ermessen des Zulassungsausschusses nehmen: Hierzu zählen die Dauer der Eintragung in der Warteliste (§ 103 V 3 SGB V), die Interessen der in einer BAG zurückbleibenden Partner (§ 103 VI 2), die Anrechnung von Pflege- oder Elternzeit auf die zeitabhängigen Kriterien des Katalogs in § 103 IV 5 SGB V (§ 103 IV 7 SGB V), die Rücksichtnahme auf die finanziellen Interessen des ausscheidenden Arztes (§ 103 IV 9 SGB V) und Quotenregelungen für Ärzte mit bestimmter Subspezialisierung bzw. die Regelungen des § 16 S. 2, 3 BedPlRL. Für den Fall, dass ein gesperrter Planungsbereich entsperrt wird, finden sich in § 26 IV Nr. 3 BedPlRL zudem zwei weitere Kriterien, nach denen Versorgungsgesichtspunkte (siehe z. B. Fachgebietsschwerpunkt, Feststellungen nach § 35 BedPlRL) sowie Belange von Menschen mit Behinderung beim Zugang zur Versorgung ins Ermessen des Zulassungsausschusses einfließen sollen. Daneben wird wegen § 129 SGB IX die Schwerbehinderung eines Bewerbers als ermessenslenkendes Kriterium aner-

---

175 *Cramer/Maier*, MedR 2002, 549, 553.

176 S.o. A. und D. I. 2. c) dd).

177 *Ladurner/Walter/Jochimsen*, Stand und Weiterentwicklung der gesetzlichen Regelungen zu medizinischen Versorgungszentren (MVZ), 2020 (https://www.bundesgesundheitsministerium.de/fileadmin/Dateien/5_Publikationen/Ministerium/Berichte/Stand_und_Weiterentwicklung_der_gesetzlichen_Regelungen_zu_MVZ.pdf), S. 48 (geprüft am 19.9.2023).

kannt[178]. Verbindungen zur ärztlichen Freiberuflichkeit weisen nur § 103 VI 2 SGB V und § 103 IV 9 SGB V auf, auf die noch im Laufe dieser Arbeit eingegangen wird[179].

Darüber hinaus stellt sich die Frage, ob der Zulassungsausschuss selbst Kriterien aufstellen darf, die nicht vom Gesetzgeber (oder dem GBA) vorgegeben werden. Obwohl der Kriterienkatalog des § 103 IV SGB V nicht mit dem Wort „insbesondere" eingeleitet wird, ist dieser nach Ansicht des BSG nicht abschließend, da das Gesetz davon spricht, dass die Kriterien nur „zu berücksichtigen" seien, nicht jedoch, dass sie „beachtet" werden müssten und weil der Gesetzgeber dem Zulassungsausschuss sonst kein Ermessen dieses Ausmaßes hätte einräumen müssen[180]. Als weiteres Kriterium gilt die Versorgungskontinuität[181], die ein Bewerber bietet und die aus seinem Alter resultiert – ein jüngerer Arzt wird länger tätig bleiben als sein älterer Kollege, wobei diese Betrachtung nach dem BSG nicht zu einer Altersdiskriminierung führen darf[182]. Abgesehen davon, dass das Gericht keine Erklärung dazu liefert, wie der Aspekt der Versorgungskontinuität Eingang in die Entscheidung des Zulassungsausschusses finden soll, ohne es zu einer Altersdiskriminierung kommen zu lassen, scheint auch der Gesetzgeber davon ausgegangen zu sein, dass der Kriterienkatalog abschließend ist, wenn er davon spricht, dass die Entscheidung zugunsten eines Bewerbers anhand „der genannten Auswahlkriterien"[183] zu treffen ist, ohne die Kriterien im Laufe der Zeit maßgeblich zu modifizieren[184].

Als weitere Kriterien, die im Katalog des § 103 IV 5 SGB V nicht aufgeführt werden, aber durch Gerichte gebilligt worden sind, gelten „das Interesse des verbleibenden Partners, mit den Mitbewerbern keine Gemeinschaftspraxis führen zu wollen; die Tätigkeit des zugelassenen Bewerbers als Praxisverweser in der Gemeinschaftspraxis; die Dauer der Wartelisteneintragung; die unklare Motivationslage der Mitbewerber; die erklärte Bereitschaft des Bewerbers, die Gemeinschaftspraxis fortführen zu wollen"[185]. Einige dieser Kriterien finden mittlerweile Berücksichtigung i. R. d. Fortführungswillens bzw. in § 103 V 3 SGB V.

---

178 BSGE 119, 190 ff. = BeckRS 2015, 72879 Rn. 59; BSG, MedR 2016, 629, 635; *Gerdts/Arnold*, GuP 2014, 176, 182.

179 S.u. D. I. 3. c) und D. III. 2. b).

180 BSG, MedR 2013, 814, 818 f.; a. A. vor dem Hintergrund des Rechts der Bewerber aus Art. 12 I GG i. V. m. Art. 3 I GG *Fickentscher*, Eigentumsschutz in der Bedarfsplanung, 2022, S. 110.

181 BSG, MedR 2013, 814, 819.

182 BSG, MedR 2013, 814, 819.

183 BT-Drs. 12/3608, S. 99.

184 *Arnold/Poetsch*, MedR 2013, 773, 778 f.

185 S. LSG Nordrhein-Westfalen, MedR 2006, 616 ff. (6. Ls.).

Der Gesetzgeber sieht (jedenfalls i. R. d. Katalogs in § 103 IV 5 SGB V) keine spezifische Gewichtung der Kriterien vor[186], worauf auch das BSG hinweist[187]. Der Einwand, dass die Vorschrift des § 103 IV SGB V mangels Gewichtung verfassungswidrig sei[188], hat nicht verfangen. Die ärztliche Freiberuflichkeit spielt weder bei den weiteren, gesetzlich nicht normierten Kriterien, noch im Rahmen der Gewichtung der Kriterien eine Rolle.

c) Exkurs: Praxisbewertung

Bei der Auswahl des Bewerbers sind die wirtschaftlichen Interessen des Arztes zu wahren, soweit der Kaufpreis für die Praxis den Verkehrswert nicht übersteigt, § 103 IV 9 SGB V. Der Zulassungsausschuss hat daher einen Bewerber auszusuchen, der zumindest bereit ist, einen Preis in Höhe des Verkehrswerts für die Praxis zu entrichten[189]. Nur wenn sich der Vertragsarzt und der vom Zulassungsausschuss ausgesuchte Bewerber nicht einig werden, muss der Verkehrswert berechnet werden[190]. Dieser hängt zwar mit der ärztlichen Freiberuflichkeit zusammen, er entfaltet auf den Konzessionshandel als solchen jedoch keine Auswirkung (eher entfaltet der Konzessionshandel Auswirkungen auf den Verkehrswert der Praxis), weshalb im Folgenden nur kurz auf ihn eingegangen werden soll. Zudem sei darauf hingewiesen, dass die Rechtsprechung zur Praxisbewertung regelmäßig vor dem Hintergrund eines Zugewinnausgleichs oder der Auseinan-

---

[186] So BT-Drs. 17/6069, S. 75: „Wie bisher enthält Satz 5 keine Rangfolge der im Rahmen des Nachbesetzungsverfahrens zu berücksichtigenden Faktoren, deren Gewichtung daher im pflichtgemäßen Ermessen des Zulassungsausschusses liegt"; zuvor bereits SG Berlin, GesR 2011, 19, 20; *Möller*, in: Dahm/Möller/Ratzel (Hrsg.), Rechtshandbuch MVZ, 2005, Kap. IX Rn. 46 m. w. N. in Fn. 60.

[187] BSG, MedR 2013, 814, 818; zuletzt auch LSG Nordrhein-Westfalen, Beschl. v. 19.5.2021 – L 11 KA 58/19 B ER, juris Rn. 63; zum vorherigen Meinungsstand s. *Greve*, ZMGR 2012, 95, 97 f. m. w. N. in Fn. 14–18, der selbst nicht die Kriterien, sondern die hinter den Kriterien stehenden Grundrechte (abstrakt) gewichtet und so zu dem Ergebnis kommt, dass § 103 IV 9, VI 2 SGB V aufgrund des dahinterstehenden Art. 14 GG die höchste Gewichtung zukommt (wobei dem Zulassungsausschuss hier kein Spielraum zustehen soll), woraufhin § 103 IV 5 Nr. 1, 6 SGB V (da diese Normen dem öffentlichen „Interesse an der Sicherstellung der vertragsärztlichen Versorgung" dienen) und dann erst die übrigen Kriterien folgen; vergleichbar hierzu argumentiert auch *Fickentscher*, Eigentumsschutz in der Bedarfsplanung, 2022, S. 120 ff.

[188] *Rieger*, MedR 1994, 213, 214 f.; vgl. *Fickentscher*, Eigentumsschutz in der Bedarfsplanung, 2022, S. 120 ff.

[189] *Pawlita*, in: Schlegel/Voelzke (Hrsg.), jurisPK-SGB V, [4]6.12.2021, § 103 SGB V Rn. 303.

[190] Zuletzt LSG Nordrhein-Westfalen, Beschl. v. 19.5.2021 – L 11 KA 58/19 B ER, juris Rn. 67.

dersetzung von Personengesellschaften ergeht, sodass sich noch herausstellen muss, wie die Rechtsprechung i. R. d. § 103 IV 9 SGB V entscheiden wird[191].

Zur Bewertung der Praxis stehen sich im Wesentlichen die Ärztekammermethode, die früher überwiegend verwendet wurde, und die modifizierte Ertragswertmethode gegenüber, die sich mittlerweile eindeutig durchgesetzt hat[192]. Die Ärztekammermethode wird – wenn überhaupt – nur noch bei kleineren Praxen angewandt, für größere wird hingegen meistens auf die modifizierte Ertragswertmethode abgestellt[193].

Im Rahmen der Ärztekammermethode wird ein Drittel des durchschnittlichen Jahresumsatzes, den der Arzt mit seiner Praxis in den letzten drei Jahren erzielt hat, abzüglich eines „Arztgehalts" herangezogen, um den ideellen Wert der Praxis – ggf. unter Anpassung im Hinblick auf werterhöhende oder -mindernde Faktoren – zu bestimmen, der dann zum materiellen Wert addiert wird[194]. Die modifizierte Ertragswertmethode wählt hingegen keinen vergangenheitsorientierten Ansatz, sondern versucht den Blick in die Zukunft zu werfen, da für den Praxiskäufer die Frage nach den zukünftigen Erträgen eher von Belang ist, als der Umsatz der zurückliegenden Jahre bzw. das Investment, welches erforderlich wäre, um eine vergleichbare Praxis aufzubauen: Auf der Basis einer Schätzung dazu, für wie lange der Praxisnachfolger noch Nutzen aus dem Goodwill seines Vorgängers ziehen kann, sowie dem (vor allem von einmaligen Ereignissen) bereinigten durchschnittlichen Gewinn der letzten drei Jahre wird der Kaufpreis der Praxis im Rahmen einer Prognose ermittelt und abgezinst[195].

Die (modifizierte) Ertragswertmethode wurde lange mit dem Argument der freiberuflichen Natur der ärztlichen Betätigung sowie der Personengebundenheit der Zulassung zugunsten der Ärztekammermethode abgelehnt: Das besondere Vertrauen zwischen Arzt und Patient, das vom Praxiskäufer erneut erworben werden musste und in Form des Patientenstamms Bestandteil des (flüchtigen) Goodwills der Praxis ist, verbat zusammen mit der Sozialpflichtigkeit der ärztlichen Profession eine Praxisbewertung, die auf denselben Maßstäben beruhte wie

---

191 *Cramer*, GesR 2012, 675, 675 f.

192 Hierzu s. sogleich; die modifizierte Ertragswertmethode war unter Experten bereits Anfang der 90er Jahre im Vormarsch, s. *ders.*, MedR 1992, 313, 314.

193 *Hess*, in: Körner/Leitherer/Mutschler u. a. (Hrsg.), KassKomm, September 2021, § 103 SGB V Rn. 21.

194 *Hess*, in: Körner/Leitherer/Mutschler u. a. (Hrsg.), KassKomm, September 2021, § 103 SGB V Rn. 21; *Steinbrück*, Praxisabgabe und Praxisübernahme, [2]2009, S. 27 f. Rn. 77 f., S. 30 ff. Rn. 82 ff.; *Cramer*, MedR 1992, 313, 314 f.; DÄ 1984, B–671.

195 *Berliner Sparkasse*, Praxiswertermittlung mit Methode: Wie viel ist meine Praxis wert? (https://www.berliner-sparkasse.de/fi/home/ratgeber/ratgeber-heilberufe/alltag/praxiswertermittlung-wie-viel-ist-ihre-praxis-wert.html, geprüft am 19.9.2023); *Steinbrück*, Praxisabgabe und Praxisübernahme, [2]2009, S. 32 ff., Rn. 87 ff.; *Cramer*, MedR 1992, 313, 315 ff.

die Bewertung gewerblicher Unternehmungen und so zu überhöhten Preisen führen konnte[196]. Bei der Praxisbewertung im Rahmen eines Zugewinnausgleichs entschied sich der BGH (vor dem Hintergrund der Methodenfreiheit) zunächst für die Ärztekammermethode, wobei er infrage stellte, dass es möglich sei, vorherzusagen, in welcher Höhe die Praxis in Zukunft Gewinne generieren sollte, da diese Gewinne von der Person des tätigen Arztes abhängig seien[197].

Nach Einführung der Bedarfsplanung stiegen die Preise für Arztpraxen jedoch immer weiter[198], sodass die modifizierte Ertragswertmethode, die tendenziell zu höheren Bewertungen führt, zunehmend als vorzugswürdig erschien, weil man davon ausging, dass sie die neue Realität der Praxispreise besser abbilden könne[199]. Zudem bewertet auch die Ärztekammermethode den Goodwill, wobei die Ertragswertmethode schlicht als präziser gilt[200]. Auch dass die Ertragswertmethode zu höheren Preisen führt und den Käufer zu stark unter Druck setzt, wurde hinterfragt: Demnach sei diese Argumentation „eher berufspolitisch motiviert“ und „zu nebulös“[201] – auch hier klingt der schließungstheoretische Zweifel am strukturfunktionalen Freiberuflichkeitsbild an. Die zunehmende staatliche Regulierung der ärztlichen Berufe (insbesondere in Form der Bedarfsplanung) führt ferner zu Unsicherheiten in Bezug auf die Liquidität einer Praxis und begünstigt die zukunftsbezogene Perspektive der Ertragswertmethode im Gegensatz zur vergangenheitsbezogenen Betrachtung der Ärztekammermethode[202].

So kam es im Laufe der Zeit zu der bereits beschriebenen Verschiebung hin zur modifizierten Ertragswertmethode: Bestandteile dieser Methode wurden bereits in Form von Hinweisen in den Richtlinien der Ärztekammern aufgenommen[203]. Im Jahr 2011 wendete sowohl der BGH[204], als auch das BSG eine modifizierte Ertragswertmethode an[205]. Bemerkenswert war, dass es sich bei der im Urteil des BSG zu bewertenden Praxis um eine psychotherapeutische Praxis

---

[196] *Steinbrück*, Praxisabgabe und Praxisübernahme, ²2009, S. 27 Rn. 76; *Narr*, MedR 1984, 121, 121 ff.

[197] BGH, NJW 1991, 1547 ff.; die Bewertungspraxis der Gerichte für freiberufliche Praxen folgt dieser Einschätzung des BGH aus den 90er Jahren, s. *Cramer/Maier*, MedR 2002, 616, 616 f.

[198] Hierzu s.o. B. III. 2. h).

[199] *Rieger*, MedR 1994, 213, 215; mit weiteren Argumenten auch *Steinbrück*, Praxisabgabe und Praxisübernahme, ²2009, S. 37 ff. Rn. 95 ff.; a.A. *Cramer*, MedR 1992, 313, 318, der meint, dass es nur bei gut organisierten Praxen zu höheren Kaufpreisen käme.

[200] *Cramer*, MedR 1992, 313, 316.

[201] *Ders.*, MedR 1992, 313, 318.

[202] *Cramer/Maier*, MedR 2002, 616, 619; *Cramer*, MedR 1992, 313, 318.

[203] DÄBl. 2008, A 2778; hierzu im Detail *Cramer*, MedR 2009, 716, 716 ff.

[204] BGHZ 188, 282, 291 ff.

[205] BSGE 110, 34 ff. = MedR 2012, 689 ff.

handelte: Das BSG gab zu, dass die Vertrauensbeziehung zwischen Arzt und Patient in der Psychotherapie besonders eng ist und die Bewertung einer Praxis im Vergleich zur Bewertung eines gewerblichen Unternehmens modifiziert[206]. Dennoch soll der immaterielle Wert der Praxis beziffert werden können, da dieser „aus Faktoren wie der Infrastruktur des Standorts, der Art und Zusammensetzung des Patientenstamms, der Konkurrenzsituation, einer etwaigen Warteliste sowie dem Ruf und Ansehen des bisherigen Praxisinhabers und seiner Vernetzung etwa mit potenziellen Überweisern“ besteht[207]. Da der nachfolgende Psychotherapeut die Fälle seines Vorgängers regelmäßig nicht übernimmt und die Zulassung zentral dafür ist, Einkommen mithilfe der Praxis zu generieren, kommt dieser Fall einer Kommerzialisierung der Zulassung aber nahe[208].

Auch im Rahmen der modifizierten Ertragswerttheorie spielt die persönliche Leistungserbringung und die Freiberuflichkeit des Arztes eine Rolle – sie ist noch nicht gänzlich auf den Rang eines berufspolitischen Arguments degradiert worden. Die Ertragswerttheorie und die Prognosen, die in ihrem Rahmen getroffen werden, werden modifiziert, um der engen Bindung zwischen Arzt und Patient gerecht zu werden[209]. Dennoch reflektiert sich der kontinuierliche Bedeutungsverlust der ärztlichen Freiberuflichkeit auch im Bereich der Praxisbewertung: War die Bewertung zunächst unmöglich, weil sich die Praxis im Zusammenhang mit der Freiberuflichkeit des Arztes nicht veräußern ließ[210], sollte nach der Legalisierung der Praxisnachfolge zunächst die Ärztekammermethode für eine weitgehende Berücksichtigung der Personengebundenheit der ärztlichen Leistung bei der Bewertung der Praxis sorgen und so überhöhte Kaufpreise verhindern – der Übergang zur modifizierten Ertragswerttheorie eröffnete damit einen Spielraum für höhere Praxispreise und steht daher im Konflikt mit dem (zwischen-)ärztlichen Altruismus[211]. Im Rahmen der Ärztekammermethode waren die Ärztekammern dafür zuständig, die Praxis zu bewerten[212], während die Komplexität der modifizierten Ertragswertmethode zunehmend externen Sachverstand erfordert[213]. Auch der Übergang zur modifizierten Ertragswerttheorie nahm der ärztlichen Selbstverwaltung einen Teil ihrer Bedeutung, weil die von den Ärztekammern erlassenen Richtlinien zur Praxisbewertung

---

206 BSGE 110, 34 ff. = MedR 2012, 689, 700.

207 BSGE 110, 34 ff. = MedR 2012, 689, 700; zustimmend *Cramer*, GesR 2012, 675, 677.

208 *Cramer/Goldbach/Schlegelmilch*, ZMGR 2014, 241, 245.

209 *Cramer*, MedR 2020, 669, 669 f.

210 S.o. A.

211 Hierzu s.o. B. III. 2. h).

212 *Narr*, MedR 1984, 121, 122 f.

213 *Cramer*, GesR 2012, 675, 677.

durch bloße Hinweise ersetzt wurden[214]. Durch den Übergang zur modifizierten Ertragswertmethode entsteht zudem ein weiterer Anreiz für Ärzte, sich nicht in Einzelpraxen sondern in (großen) Gemeinschaftspraxen niederzulassen, weil diese als wertbeständiger gelten: Je größer die Praxis ist, desto langsamer verflüchtigt sich der Goodwill und desto eher kann der Verlust einzelner Ärzte kompensiert werden[215]. Diese Entwicklung geht mit der verstärkten Institutionalisierung des Vertrauens einher, die bereits im Kontext der (mangelnden) persönlichen Leistungserbringung in MVZ erörtert wurde[216] und müsste im Hinblick auf MVZ-Ketten zu einer weiteren Annäherung an die (reine) Ertragswertmethode führen. Im Ergebnis wird die bereits im ersten und zweiten Teil aufgeworfene These vom Rückgang der Freiberuflichkeit vor dem Hintergrund schließungstheoretischer Annahmen auch im Rahmen der Praxisbewertung bestätigt.

4. Zwischenergebnis

Zusammenfassend lässt sich festhalten, dass die vertragsärztliche Zulassung infolge der gesetzlichen Strukturen über § 103 IIIa, IV SGB V de lege lata nicht separat handelbar ist. Die Zulassung muss vom Zulassungsausschuss vergeben werden, der sich an personenbezogenen Kriterien orientiert. Lücken, die darin lagen, Risiken der Praxisausschreibung im Wege der wiederholten Antragsstellung und ihrer Rücknahme zu umgehen, hat das BSG mittlerweile effektiv geschlossen. Vor allem hat die Rechtsprechung das Konzessionshandelsverbot entwickelt, das sich auf die Tatbestandsebene bezieht und sowohl ein hinreichendes Praxissubstrat als auch den Willen des Nachfolgers erfordert, dieses Substrat fortzuführen. Die Zulassung darf daher immer nur einen Bestandteil der Praxis darstellen, die in erster Linie transferiert wird. Führte die Rechtsprechung vor Einführung der Bedarfsplanung eine Preiskontrolle durch, die im Geiste der Freiberuflichkeit dazu dienen sollte, die ärztliche Freiheit in der Entscheidungsfindung abzusichern, richtet sich das aktuelle Konzessionshandelsverbot an strukturellen Elementen der Praxisübertragung aus. Zwar dient das neuere Konzessionshandelsverbot der Bedarfsplanung und hängt daher eng mit schließungstheoretischen Aspekten zusammen. Dennoch knüpft auch dieses neuere Konzessionshandelsverbot primär an Überlegungen zur strukturfunktionalen Freiberuflichkeit an: So ist der Goodwill der Patienten, der wie das Praxissubstrat schnell zerfällt und auf den der Nachfolger des ausscheidenden Arztes seine

[214] *Ders.*, GesR 2012, 675, 676.
[215] *Ders.*, GesR 2012, 675, 678.
[216] S.o. B. III. 4. c) cc).

Tätigkeit aufsetzt, eng mit dem Typusmerkmal des Vertrauens verwandt. Dementsprechend muss die persönliche Leistungserbringung durch den Arzt kontinuierlich gewährleistet sein. Sowohl das Praxissubstrat als auch der Fortführungswille setzen im Ausgangspunkt individuelle Ärzte voraus, auf die sie sich beziehen können.

Sind die Voraussetzungen auf der Tatbestandsebene gegeben, kann der aus der Versorgung ausscheidende Vertragsarzt das Verfahren jedoch in einem recht hohen Maß gestalten. Vor allem kann er die Auswahlentscheidung des Zulassungsausschusses beeinflussen, indem er einen Arzt anstellt[217]. „Dem Praxisveräußerer wird es daher in aller Regel möglich sein, den Erwerber – soweit fachlich kompetent – ‚durchzudrücken'"[218].

Der Gesetzgeber tendiert im Gegensatz zur Rechtsprechung dazu, den Konzessionshandel mit immer weitergehenden Liberalisierungen des Zulassungsrechts zu fördern, das mittlerweile die Aufteilung der Zulassung in eine halbe oder dreiviertel Zulassung erlaubt. Auch an anderen Stellen verhält sich der Gesetzgeber widersprüchlich: Im Zusammenhang mit der Privilegierung von Ärzten, die fünf Jahre im unterversorgten Bereich gearbeitet haben, klingt ein Misstrauen gegenüber der Bedarfsplanung an, die der Gesetzgeber (jedenfalls allein) als nicht hinreichend effektiv wahrnimmt, um die Probleme der Versorgung zu lösen[219]. Zudem fördert er die anbieterinduzierte Nachfrage i. R. d. § 103 IIIa SGB V. Mit dieser Vorschrift scheint zwar auch der Gesetzgeber den Konzessionshandel bekämpfen zu wollen. § 103 IIIa SGB V fordert jedoch komplexe Ermittlungen und überschneidet sich zu sehr mit der Voraussetzung eines hinreichenden Praxissubstrats, als dass er ein effektives Mittel gegen den Konzessionshandel darstellen könnte. Die Vorschrift ist nicht nur leicht zu umgehen, sie wird Ärzte auch zur Praxisübertragung nach § 103 IVa 1, IVb 1 SGB V motivieren. Sie widerspricht daher dem freiberuflichen Ideal, nicht nur, indem sie Ärzte zum Ende ihrer Karriere in die Anstellung drängt und ihre Zulassungen langfristig in großen MVZ und BAG bindet, sodass nachfolgenden Generationen der Weg in die Selbständigkeit versperrt wird, sondern betrifft auch am ehesten kleine Einzelpraxen. Der Niedergang der ärztlichen Freiberuflichkeit spiegelt sich zudem teilweise in den Methoden zur Bewertung der Arztpraxis.

---

217 Praktisch kann es sich jedoch als schwierig herausstellen, das Ermessen des Zulassungsausschusses in dieser Art zu steuern, *Cramer/Maier*, MedR 2002, 549, 554.

218 FG Rheinland-Pfalz, MedR 2008, 581, 582, das diesen Schluss darauf stützt, dass es der Arzt ist, der den Antrag auf Ausschreibung der Zulassung stellt (gerade in der BAG wird dies nicht der Fall sein) und dass seine wirtschaftlichen Interessen über § 103 IV 9 SGB V Beachtung finden.

219 *Ricken*, GesR 2016, 265, 269.

II. Zulassungstransfer, Praxisnachfolge und Nachbesetzung im MVZ

1. Einleitung

Mit der Einführung des MVZ kamen neue Wege hinzu, über die sich Zulassungen übertragen lassen und die zu Umgehungsmöglichkeiten im Hinblick auf das Konzessionshandelsverbot führen. Um BAG und Vertragsärzte gleichzustellen, können diese teils von ähnlichen Regeln Gebrauch machen, ihren Ursprung haben die Übertragungstatbestände aber regelmäßig im MVZ. Ganz offensichtlich sind die Umgehungsstrategien, die mit § 103 IVa 1 SGB V einhergehen: Unabhängig von einem Praxissubstrat oder einem Fortführungswillen, kann das MVZ hier einen Versorgungsauftrag erhalten, ohne dass der Zulassungsausschuss auf diesen Transfer einwirken kann (hierzu 2.). Aber selbst, wenn der Zulassungsausschuss eine Zulassung vergibt und sich ein MVZ über § 103 IVc 1 SGB V auf diese Zulassung bewirbt, kommen Elemente des Konzessionshandelsverbots ob der institutionellen Natur des MVZ nicht zum Tragen (hierzu 3.). Funktional äquivalent zur Praxisnachfolge ist zudem die Nachbesetzung der Angestelltenstelle, auf die der Zulassungsausschuss kaum Einfluss hat (hierzu 4.). Die MVZ-Zulassung an sich ist zwar nicht nachfolgefähig (hierzu 5.), kompensiert wird dies jedoch mithilfe der funktionsgleichen Übertragung des MVZ-Trägers (hierzu 7.). Zudem ist die im MVZ gehaltene Anstellungsgenehmigung verkehrsfähig: Sie kann nicht nur zwischen MVZ in gleicher Trägerschaft verlegt (hierzu 8.), sondern auch in eine Vertragsarztzulassung umgewandelt werden, die dann dem ehemals angestellten Arzt übertragen oder ausgeschrieben wird (hierzu 6.).

2. Zulassungstransfer gem. § 103 IVa 1 SGB V

a) Verzicht auf die Zulassung

Wie im Verfahren des § 103 IIIa, IVa SGB V muss der Vertragsarzt i. R. d. § 103 IVa 1 SGB V auf seine Zulassung verzichten, bevor er angestellt im MVZ tätig werden kann. Unterschiede zum Zulassungsverzicht im Rahmen der Praxisnachfolge nach §§ 103 IIIa, IV SGB V bestehen kaum[1]. Ratsam ist es, den Zulassungsverzicht unter die aufschiebende Bedingung zu stellen, dass das MVZ seine Tätigkeit aufnehmen kann (falls es noch nicht zugelassen ist) sowie dass die Anstellung im MVZ genehmigt wird[2]. Ein Arzt, der über eine halbe Zulassung verfügt, kann im Verfahren des § 103 IVa 1 SGB V auf diese halbe Zulassung verzichten[3]. Darüber hinaus kann ein Vertragsarzt, der über eine ganze Zulassung verfügt, auf die Hälfte seiner Zulassung verzichten, um seine Praxis mithilfe einer halben Zulassung fortzuführen und zur Hälfte im MVZ angestellt zu sein[4]. Bedenken im Hinblick auf das Überweisungsverhalten des Arztes scheinen hier nicht unangebracht zu sein[5]. In Betracht kommt auch ein Verzicht zugunsten mehrerer MVZ desselben Trägers[6]. Der Verzicht auf eine Ermächtigung oder Job-Sharing Zulassung kann keinen und der Verzicht auf eine Sonderbedarfszulassung oder Belegarztzulassung nach überwiegender Ansicht keinen Zulassungstransfer i. S. d. § 103 IVa 1 SGB V auslösen[7].

b) Angestellte Tätigkeit im MVZ

Aufgrund des Wortlauts der Vorschrift sowie der dazugehörigen Gesetzesbegründung, in welcher davon die Rede ist, dass der Arzt seinen Sitz ins MVZ „mitnimmt“[8], kann der Arzt nicht zugunsten eines anderen anzustellenden Arztes auf seine Zulassung verzichten, sondern muss selbst im MVZ tätig werden[9]. Diese Einschränkung der Gestaltungsmöglichkeiten dient dem Verbot des Konzessionshandels[10]. Damit die Zulassung nicht gem. § 95 VII 1 Var. 1 SGB V

---

[1] Hierzu s.o. unter D. I. 1. a).

[2] *Kaya*, MVZ auf Gründungs- und Zulassungsebene, 2011, S. 255 f.; *Möller*, in: Dahm/Möller/Ratzel (Hrsg.), Rechtshandbuch MVZ, 2005, Kap. IX Rn. 13.

[3] *Konerding*, Vertragsarztsitz im MVZ, 2009, S. 135.

[4] *Remplik/Flasbarth*, in: Ratzel/Luxenburger (Hrsg.), Handbuch Medizinrecht, [4]2020, Kap. 10 Rn. 369; *Konerding*, Vertragsarztsitz im MVZ, 2009, S. 136 f.

[5] Diesen Bedenken scheint der Gesetzgeber jedoch keine besondere Bedeutung zukommen zu lassen, s.o. unter B. III. 4. c) dd).

[6] *Möller*, in: Dahm/Möller/Ratzel (Hrsg.), Rechtshandbuch MVZ, 2005, Kap. IX Rn. 27.

[7] Hierzu im Kontext des § 103 IVa 1 SGB V *Kaya*, MVZ auf Gründungs- und Zulassungsebene, 2011, S. 256 ff.; vgl. auch die fehlende MVZ-Gründungsbefugnis eines Arztes mit einer Job-Sharing Zulassung unter B. III. 4. b) dd) (2).

[8] BT-Drs. 15/1525, S. 112

[9] *Kaya*, MVZ auf Gründungs- und Zulassungsebene, 2011, S. 260; *Lindenau*, MVZ, 2008, S. 100 Rn. 250; *Möller*, in: Dahm/Möller/Ratzel (Hrsg.), Rechtshandbuch MVZ, 2005, Kap. IX Rn. 15 f.

[10] *Kaya*, MVZ auf Gründungs- und Zulassungsebene, 2011, S. 260; *Konerding*, Vertragsarztsitz im MVZ, 2009, S. 128.

eingezogen wird, muss der verzichtende Vertragsarzt innerhalb von drei Monaten, nachdem er seinen Verzicht erklärt hat, als Angestellter im MVZ tätig werden, wobei er sich zunächst nach den Maßgaben des § 1 III Nr. 2, 32 I Ärzte-ZV vertreten lassen kann[11].

Umstritten war zunächst nicht nur, ob der Arzt nur beabsichtigen musste, im MVZ tätig zu werden, oder ob er diese Absicht tatsächlich umsetzen musste, sondern auch die Frage, für wie lange der Arzt im MVZ tätig zu sein hatte bzw. wie lange er beabsichtigen musste, tätig zu werden[12]. Realiter verlangten die Zulassungsausschüsse eine Anstellung über die Dauer eines Quartals[13]. Diese Streitfragen hat das BSG mittlerweile ausgeräumt, indem es entschied, dass der Arzt, der gem. § 103 IVa 1 SGB V zugunsten der Anstellung in einem MVZ auf seine Zulassung verzichtet, in Anlehnung an § 103 IIIa 5 i. V. m. S. 3 sowie IV 5 Nr. 6 SGB V drei Jahre lang als Angestellter im MVZ tätig bleiben muss, bevor er seine Tätigkeit einstellt[14]. Bleibt die Dauer der tatsächlichen Tätigkeit hinter diesen drei Jahren zurück, muss das MVZ beweisen, dass der Arzt eine dreijährige Tätigkeit beabsichtigte, wobei die Anforderungen an den Beweis wachsen, je kürzer die tatsächliche Tätigkeit war[15]. Mit der Erkrankung des Arztes oder Änderungen seiner Berufs- oder Lebensplanung aus zwingenden Gründen nennt das BSG zudem zwei Beispiele, mit denen dieser Beweis gelingen kann[16]. Das SG Berlin hat demnach entschieden, dass der Wechsel eines Arztes von einer Teilzeitstelle in einer Hausarztpraxis hin zu einer Vollzeitanstellung im Rahmen seiner Spezialisierung (Endokrinologie) eine derartige Änderung der Berufsplanung darstellt[17]. Zudem lässt sich der Umfang der Beschäftigung (altersbedingt) nach dem ersten Jahr für das zweite sowie das dritte Jahr der angestellten Tätigkeit jeweils um ein Viertel abbauen, ohne dass dem MVZ die entsprechenden Versorgungsaufträge entzogen werden[18]. Maßgeblich für die Entscheidung des BSG war die systematische Abgrenzung zu § 103 IVc 1 SGB V, im Rahmen dessen der zugelassene Arzt aus der Versorgung ausscheidet und daher keine

---

[11] *Kaya*, MVZ auf Gründungs- und Zulassungsebene, 2011, S. 254 f., 260; *Konerding*, Vertragsarztsitz im MVZ, 2009, S. 134 f., die im Hinblick auf die Vertretungsmöglichkeiten auf S. 129 eine andere Ansicht vertritt; *Kroel*, in: Isringhaus/Kroel/Wendland (Hrsg.), MVZ-Beratungshandbuch, 2004, S. 68.

[12] S. bspw. *Kaya*, MVZ auf Gründungs- und Zulassungsebene, 2011, S. 259 f., 262 f.

[13] *Zwingel/Preißler*, MVZ, [2]2008, S. 19, 132; zum für und wider einer drei-monatigen Anstellung s. auch *Konerding*, Vertragsarztsitz im MVZ, 2009, S. 129 ff.

[14] BSGE 121, 143 ff. = MedR 2016, 1006, 1010.

[15] BSGE 121, 143 ff. = MedR 2016, 1006, 1010.

[16] BSGE 121, 143 ff. = MedR 2016, 1006, 1010.

[17] SG Berlin, Urt. v. 30.9.2020 – S 87 KA 155/18, BeckRS 2020, 31579 Rn. 31.

[18] BSGE 121, 143 ff. = MedR 2016, 1006, 1010; a. A. noch *Konerding*, Vertragsarztsitz im MVZ, 2009, S. 133, die sich für eine vollzeitige Anstellung ausspricht.

Tätigkeit mehr in der GKV ausüben muss bzw. kann[19]. Dies rechtfertigt die Privilegierung des § 103 IVa 1 SGB V, die darin besteht, dass kein Auswahlverfahren stattfindet[20].

Um das Risiko des MVZ zu minimieren, die Angestelltengenehmigung im Zusammenhang mit einem frühzeitigen Abbruch der angestellten Tätigkeit seitens des ehemaligen Vertragsarztes zu verlieren, wird empfohlen, den Anstellungsvertrag auf drei Jahre zu befristen, das ordentliche Kündigungsrecht auszuschließen (s. § 15 III TzBfG) und Vertragsstrafen[21] für den Fall zu vereinbaren, dass der angestellte Arzt seine Tätigkeit frühzeitig einstellt[22]. Vor dem Hintergrund von § 14 I 2 TzBfG, der auflistet, in welchen Fällen ein Arbeitsvertrag auf mehr als zwei Jahre befristet werden kann, scheint die dreijährige Befristung jedoch fragwürdig, während es sich vor dem Hintergrund von § 622 VI BGB empfiehlt, die ordentliche Kündigung für den MVZ-Betreiber auszuschließen[23].

Allgemein wird in der Literatur dafür plädiert, die zwingenden Gründe, aus denen das Angestelltenverhältnis nicht fortgeführt werden kann, niedrigschwellig zu bewerten[24]. Als weitere zwingende Gründe, aus denen es zu einer kürzeren als der dreijährigen Anstellung kommen sollte, wird die Kündigung aus wichtigem Grund seitens des MVZ oder des Arztes genannt[25]. Zumindest in dem Fall, in dem der Arzt kündigt, sollte der Kündigungsgrund geprüft werden, sonst könnte das MVZ im Zusammenhang mit seinem arbeitsrechtlichen Fehlverhalten vertragsarztrechtlich bevorzugt werden und so die neue Rechtsprechung des BSG umgehen.

Kritisiert wurde die Dauer, für welche der ehemalige Vertragsarzt angestellt arbeiten soll: Das BSG missachte die negative Berufsfreiheit und die Interessen des Vertragsarztes, weshalb die dreijährige Frist selbst mit dem schrittweisen Abbau der zu arbeitenden Stundenanzahl nach dem ersten Jahr als „willkürlich und als freie Rechtsschöpfung ohne gesetzliche Grundlage“ erscheine und zu einer ungerechtfertigten Ungleichbehandlung mit angestellten Ärzten führe, deren Stelle sofort nachbesetzt werden kann[26]. Die Frist ist insoweit „systemfremd“, als dass begünstigende, bestandskräftige Verwaltungsakte nur nach § 45 SGB X zurückgenommen werden können – das BSG führt mit seinem Urteil ei-

---

19 BSGE 121, 143 ff. = MedR 2016, 1006, 1009 f.

20 BSGE 121, 143 ff. = MedR 2016, 1006, 1009 f.

21 Im Hinblick auf Vertragsstrafen besteht die Gefahr, dass diese als Rückzahlungsverpflichtung ausgelegt werden und wegen § 622 VI BGB unwirksam sein können, s. *Gerdts*, ZMGR 2018, 9, 13 f.

22 *Ziegler*, FD-SozVR 2016, 382288; vgl. *Reiter*, ZMGR 2016, 340, 345.

23 *Gerdts*, ZMGR 2018, 9, 11 f.

24 *Reiter*, ZMGR 2016, 340, 345 mit konkreten Beispielen in Fn. 47.

25 *Ders.*, ZMGR 2016, 340, 345.

26 *Kuhlmann*, ZMGR 2018, 3, 4.

nen neuen Schwebezustand für die Anstellungsgenehmigung ein, die unabhängig von Aspekten des Vertrauensschutzes zurückgenommen werden kann, sich damit nicht ins Schema des Sozial- bzw. Verwaltungsrechts einfügt und darüber hinaus ein Jahr länger als die zweijährige Frist des § 45 III SGB X ausfällt[27]. Die Parallele zu § 103 IIIa 5 i. V. m. S. 3 sowie IV 5 Nr. 6 SGB V ist zudem schief, da diese Regeln die Privilegierung des nachfolgenden Arztes beabsichtigen, während § 103 IVa 1 SGB V geschaffen wurde, um – anders als das BSG annimmt – nicht in erster Linie den ausscheidenden Vertragsarzt oder den nachfolgenden angestellten Arzt, sondern das anstellende MVZ zu privilegieren[28]. Dementsprechend ist im Wortlaut des § 103 IVa 1 SGB V, anders als in § 103 IV 4 SGB V keine Fortführung – auch nicht im Rahmen einer Anstellung – angelegt[29]. Die Wahl einer dreijährigen Frist wirkt willkürlich. Ebenso hätte das BSG auf die fünfjährige Frist aus dem Fortführungswillen bei der Praxisnachfolge nach §§ 103 IIIa, IV SGB V abstellen können. Dies scheint passender, weil es dem BSG (entgegen dem Wortlaut von § 103 IVa 1 SGB V) um eine Fortführung der ärztlichen Tätigkeit geht (und nicht wie in § 103 IIIa 5 i. V. m. S. 3 sowie IV 5 Nr. 6 SGB V um die Vorbereitung einer späteren Praxisnachfolge). Ebenso gut hätte das Gericht aber auch die bisherige Verwaltungspraxis aufgreifen können, die eine Tätigkeit von einem Quartal verlangte[30].

c) Entgegenstehen von Gründen der vertragsärztlichen Versorgung

Mit dem GKV-VStG erfuhr die Zulassungsübertragung i. R. v. § 103 IVa 1 SGB V eine Einschränkung: Seitdem ist dem MVZ die Anstellungsgenehmigung nur dann zu erteilen, wenn Gründe der vertragsärztlichen Versorgung dem Zulassungstransfer nicht entgegenstehen. Diese Frage ist unabhängig von der (ähnlich klingenden) Frage des § 103 IIIa 3 Hs. 1 SGB V zu beantworten, ob die Nachbesetzung des Vertragsarztsitzes aus Versorgungsgründen nicht erforderlich ist[31]. Zur Auslegung der Gründe der vertragsärztlichen Versorgung verweist der Gesetzgeber auf § 24 VII Ärzte-ZV und führt aus, dass die flächendeckende Versorgung sichergestellt bleiben soll[32]: Ein MVZ könne die Praxis entweder übernehmen, wenn dieser Vorgang am Sitz der übernommenen Praxis nicht zu einem Versorgungsdefizit führt, oder, wenn es am Sitz der übernommenen Praxis eine Zweigstelle einrichtet. I. R. d. § 24 VII 1 Ärzte-ZV der festlegt, dass Gründe der

27 *Willaschek*, MedR 2016, 1011, 1012.
28 *Ders.*, MedR 2016, 1011, 1012.
29 *Willaschek*, MedR 2016, 1011.
30 S.o. in diesem Kapitel.
31 Vgl. BSGE 126, 96 ff. = MedR 2019, 759, 763 f.
32 BT-Drs. 17/6906, S. 77.

vertragsärztlichen Versorgung der Verlegung des Praxissitzes nicht widersprechen dürfen, vergleichen die Zulassungsausschüsse (im Rahmen ihres gerichtlich nur bedingt überprüfbaren Beurteilungsspielraums) die zu erwartende Verschlechterung der Patientenversorgung am alten Praxissitz mit der zu erwartenden, entsprechenden Verbesserung am neuen Sitz, wobei sie die Verlegung zu versagen haben, wenn „deutliche Unterschiede" bestehen und der Arzt seinen Sitz in ein besser versorgtes Gebiet verlegen will[33]. Eine Ausnahme besteht jedoch vor dem Hintergrund der Berufsfreiheit des Arztes, wenn schwerwiegende Gründe des Arztes für die Verlegung seines Sitzes das Interesse der Versichertengemeinschaft an einer flächendeckenden Versorgung übertreffen, was bspw. zutreffen kann, „wenn ein Arzt krankheitsbedingt seine Tätigkeit am bisherigen Standort nicht mehr fortsetzen kann oder nach Verlust der Praxisräume im Nahbereich keine geeigneten Räume zur Verfügung stehen"[34].

Mit der Beschränkung des § 103 IVa 1 SGB V bringt der Gesetzgeber sein Interesse an einer ausgeglichenen Versorgung zum Ausdruck. Er scheint auch hier nicht davon auszugehen, dass die Bedarfsplanung die beabsichtigte (kleinräumige) Verteilung (alleine) bewirken kann, sodass sich eine gewisse Parallele zur Privilegierung des § 103 IIIa 3 Hs. 2 Var. 2 SGB V abzeichnet, gemäß der der Arzt der Einziehung seines Sitzes entgehen kann, wenn er diesen in einen unterversorgten Teilbereich verlegt[35].

d) Rechtsfolge und ihre Vereinbarkeit mit dem Konzessionshandelsverbot

Nachdem der einstige Vertragsarzt drei Jahre als angestellter Arzt im MVZ tätig war, hat das MVZ bzw. sein Träger einen Anspruch auf Erteilung einer Anstellungsgenehmigung, wobei die alte zulassungsentkleidete Praxis von einem neuen Arzt oder vom alten Arzt als Privatarztpraxis fortgeführt werden kann[36]. Das MVZ erhält rechtstechnisch daher nicht die Zulassung des Arztes, sondern nur den Anspruch darauf, dass die Anstellung eines Arztes (mit einem entsprechendem Versorgungsauftrag) genehmigt wird[37]. Dieser Anspruch besteht jedoch unabhängig von der Frage, ob der Sitz nach § 103 IIIa 3 SGB V einzuziehen wäre, ob ein Praxissubstrat besteht oder das MVZ die Praxis fortführen will und

---

33 BSGE 122, 35 ff. = MedR 2017, 412, 415 f.; bestätigt in BSG, Beschl. v. 29.11.2017 – B 6 KA 43/17 B, BeckRS 2017, 137924 Rn. 11 ff.

34 BSGE 122, 35 ff. = MedR 2017, 412, 416.

35 S.o. D. I. 2. b) aa).

36 *Möller*, in: Dahm/Möller/Ratzel (Hrsg.), Rechtshandbuch MVZ, 2005, Kap. IX Rn. 29, 33.

37 *Konerding*, Vertragsarztsitz im MVZ, 2009, S. 31.

ohne, dass ein Auswahlverfahren i. S. d. § 103 IV 4 SGB V durchgeführt wird[38]. Der Gesetzgeber des TSVG hat mit § 103 IVa 3 SGB V zudem klargestellt, dass ein Vertragsarzt zugunsten eines MVZ außerhalb seines Planungsbereichs auf seine Zulassung verzichten kann, falls dieses bereit ist, eine Zweigstelle an der alten Wirkungsstätte des Arztes einzurichten[39]. Dies eröffnet dem ausscheidenden Arzt die Möglichkeit, die eigene Zulassung risikofrei auf ein MVZ seiner Wahl zu übertragen. Damit schützt § 103 IVa 1 SGB V mehr als nur den Verkehrswert (§ 103 IV 9 SGB V) der Praxis. Weite Teile der Literatur waren sich bei Einführung des § 103 IVa 1 SGB V daher einig, dass der Gesetzgeber mit dieser Vorschrift den Konzessionshandel legalisiert hat[40]. Er hat mit dieser Vorschrift die dogmatischen Grundlagen der Praxisnachfolge untergraben. Im Gesetzesentwurf zum GMG führt er selbst aus, dass der Arzt „seine Zulassung in das eines medizinische Versorgungszentrum mitnimmt“ und spricht von der „Übertragung der Zulassung“[41].

Diesen Passus aus dem Gesetzesentwurf nimmt das BSG auf, weist jedoch darauf hin, dass der Gesetzgeber die Formulierung selbst in Anführungszeichen setzt und schließt hieraus, dass er „eine umgangssprachliche Beschreibung“ nutzt, um „möglichst plastisch zum Ausdruck zu bringen, dass die […] Anstellungsgenehmigung […] nicht zu einer Erhöhung der Überversorgung führt“[42]. Hierbei handelt es sich um eine mögliche Interpretation der Gesetzesbegründung, offen bleibt jedoch, warum der Gesetzgeber nicht selbst ausführt, dass es mit § 103 IVa 1 SGB V nicht zu einer Vertiefung der Überversorgung kommen soll bzw. derart unklare Formulierungen nicht unterlässt, vor allem wenn sie der etablierten Rechtsprechung diametral entgegenstehen. Überzeugender scheint daher eine andere Erklärung, die das BSG naturgemäß nicht anführen kann: Wahrscheinlich stört sich der Gesetzgeber zwar nicht aktiv am vom BSG entwickelten und ausgestalteten Konzessionshandelsverbot, nimmt dieses jedoch nicht ernst, wenn es seinen anderen Zielen widerspricht. Im Hinblick auf § 103 IVa 1

---

[38] Vgl. *Gerdts*, ZMGR 2018, 9; vgl. noch ohne § 103 IIIa SGB V *Kroel*, in: Isringhaus/Kroel/Wendland (Hrsg.), MVZ-Beratungshandbuch, 2004, S. 35.

[39] *Pawlita*, in: Schlegel/Voelzke (Hrsg.), jurisPK-SGB V, [4]6.12.2021, § 103 SGB V Rn. 359.

[40] *Rehborn*, MedR 2010, 290, 295; *Konerding*, Vertragsarztsitz im MVZ, 2009, S. 125 zudem m. w. N. auf S. 117 in Fn. 541; *Zwingel/Preißler*, MVZ, [2]2008, S. 117, 132; *Dahm*, in: Dahm/Möller/Ratzel (Hrsg.), Rechtshandbuch MVZ, 2005, Kap. VI Rn. 26 m. w. N. in Fn. 32; krit. auch *Möller*, in: Dahm/Möller/Ratzel (Hrsg.), Rechtshandbuch MVZ, 2005, Kap. IX Rn. 5, 19; *Wigge*, MedR 2004, 123, 131; *Kuhlmann*, KH 2004, 13, 14; *Kaya*, MVZ auf Gründungs- und Zulassungsebene, 2011, S. 253 lässt die Frage nach der Legalisierung des Konzessionshandels offen; a. A. *Lindenau*, MVZ, 2008, Rn. 262.

[41] BT-Drs. 15/1525, S. 112.

[42] BSGE 121, 143 ff. = MedR 2016, 1006, 1008.

SGB V schien der Gesetzgeber das Interesse an der Förderung der Teilnahmeform des MVZ[43] als schwerer zu gewichten, als das Interesse daran, überschüssige Zulassungen abzubauen[44]. Weil die Auswahl des anzustellenden Vertragsarztes dem MVZ-Träger obliegt, verlieren die KVen bzw. Zulassungsausschüsse mit § 103 IVa 1 SGB V zudem an Einfluss[45] und damit die Selbstverwaltung als freiberufliches Typusmerkmal an Bedeutung.

Hiermit wird die Freiberuflichkeit geschwächt sowie der Konzessionshandel gestärkt, was aber schon aus der Einführung eines institutionellen Leistungserbringers folgt. Das normale Verfahren gem. § 103 IIIa, IV SGB V hat Nachteile, die den Konzessionshandel im Kontext des MVZ erforderlich zu machen scheinen: Wenn sich der Zulassungsausschuss i. R. d. Auswahlverfahrens bspw. dazu entscheidet, einem anderen Bewerber den Vorzug einzuräumen, oder wenn ein Konkurrent eine Drittwiderspruchsklage einreicht, die die Vergabe der Angestelltengenehmigung infolge ihrer aufschiebenden Wirkung verzögert, kann die MVZ-Gründung schnell torpediert werden, da diese von zwei oder mehr Ärzten abhängig ist, die sich ggf. eine andere Beschäftigung suchen[46]. § 103 IVa 1 SGB V ist dann der Beweis dafür, dass der Gesetzgeber die Probleme, die bei der Gründung bzw. der Skalierung des MVZ bestehen, schwerer gewichtet als die Probleme, die aus der Überversorgung bzw. dem Konzessionshandel resultieren – letztere nimmt er zugunsten der Lösung ersterer in Kauf[47]. Dabei hat der Gesetzgeber § 103 IVa SGB V nicht nur zeitlich auf eine Phase, in der MVZ ins System der GKV eingeführt werden, beschränkt, sondern das Prinzip hinter der

---

43 S. BT-Drs. 15/1525, S. 112: „Durch diese Möglichkeiten der ‚Übertragung' der Zulassungen in ein medizinisches Versorgungszentrum werden die Möglichkeiten der Neugründung von Zentren verbessert, da auch bei Sperrung wegen Überversorgung neue Zentren gegründet werden können". Auch die Nachbesetzung von Angestelltenstellen im MVZ, wird an derselben Stelle der Gesetzesbegründung damit begründet, dass die Teilnahmeform des MVZ gestärkt werden soll. Zwar führt der Gesetzgeber auch aus, dass „die Übertragung ‚bedarfsplanungsneutral' erfolgt", sodass „gleichzeitig vermieden" wird, „dass es zur Steigerung der Zahl der vertragsärztlichen Leistungserbringer kommt". Dem Abbau von Zulassungen, den das BSG mit seiner Rechtsprechung zum Konzessionshandelsverbot anstrebt, widersprechen § 103 IVa 1, 5 SGB V dennoch (s. auch D. II. 4. sowie zu ähnlichen Problemen i. R. d. § 95 IXb SGB V D. II. 6.).

44 So auch *Ströttchen*, KrV 2020, 98, 99 f., der darüber hinaus aber auch noch darauf hinweist, dass der Gesetzgeber die Bedarfsplanung insoweit zu wahren versucht, als dass er § 103 IVa 1, IVb 1 SGB V den Passus beigefügt hat, nach welchem Gründe der vertragsärztlichen Versorgung der Transaktion bzw. der mit ihr verbundenen Sitzverlegung nicht entgegenstehen dürfen.

45 *Ders.*, KrV 2020, 98.

46 S. die Beispiele bei *Zwingel/Preißler*, MVZ, ²2008, S. 128 ff.

47 Da das Ein-Mann-MVZ die MVZ-Gründung erleichtert, könnte man es aus systematischen Gründen für zulässig halten.

Vorschrift mit der Einführung von § 103 IVb 1 SGB V sogar auf BAG erweitert und damit perpetuiert. An dieser Vorschrift tritt plastisch hervor, wie mit der Aufgabe freiberuflicher Prinzipien[48] die vertragsärztliche Zulassung bzw. der in der Zulassung verkörperte Versorgungsauftrag handelbar wird.

Das BSG versucht dieser Entwicklung mit seiner Drei-Jahres-Rechtsprechung entgegenzuwirken. Dementsprechend benachteiligt diese Rechtsprechung das MVZ, während sie sich vorteilhaft für die sich um eine freiberufliche Tätigkeit bewerbenden Ärzte auswirkt[49]. Aus freiberuflicher Perspektive ist die Rechtsprechung des BSG zu begrüßen – nur handelt es sich beim MVZ um eine Institution, die dem strukturfunktionalen Freiberuflichkeitsgedanken entgegensteht, weshalb die Drei-Jahres-Rechtsprechung fehl am Platz wirkt. Diese erschwert zwar den Konzessionshandel, indem sie den beteiligten Parteien eine Hürde auferlegt – in Anbetracht der Bedeutung zusätzlicher Versorgungsaufträge für den MVZ-Betreiber sowie den Preisen, die der Veräußerer einer Praxis vereinnahmen kann, wird sie aber kaum in der Lage sein, den Konzessionshandel wirksam einzudämmen.

3. Praxisnachfolge gem. § 103 IVc 1 SGB V

Neben der Möglichkeit Arztsitze über § 103 IVa 1 SGB V zu übernehmen, kann sich ein MVZ über § 103 IVc 1 SGB V um eine Zulassung bewerben, die ihm im Erfolgsfall als Anstellungsgenehmigung zugutekommt[50]. Um jungen Ärzten den Zugang zum Arbeitsmarkt nicht zu verschließen, ist auf der über § 103 IVc 1 SGB V erworbenen Stelle zwingend ein neuer Arzt zu beschäftigen und nicht nur das neu erworbene Abrechnungsvolumen auf die bereits angestellten Ärzte zu verteilen[51].

Grundsätzlich verläuft die Praxisnachfolge gem. § 103 IVc 1 SGB V parallel zur Praxisnachfolge gem. § 103 IIIa, IV SGB V – die Privilegien des § 103 IVa 1 SGB V kommen hier mithin nicht zum Tragen. Die Position des MVZ im Aus-

[48] Weil die ursprüngliche Intention des Gesetzgebers, die Gründung von MVZ zu erleichtern, erreicht sei und nun die Stärkung freiberuflich tätiger Ärzte im Vordergrund stehen sollte, will *Sodan*, Gefährdung der Freiberuflichkeit in der vertragsärztlichen Versorgung durch medizinische Versorgungszentren, 2021 (https://www.kvb.de/fileadmin/kvb/Ueber-uns/Gesundheitspolitik/Gutachten/KVB-Rechtsgutachten-MVZ-2021.pdf), S. 92 ff. (geprüft am 19.9.2023) die Vorschrift abschaffen.

[49] *Gerdts*, ZMGR 2018, 9, 15.

[50] Zur Frage, ob sich ein MVZ auf den Vertragsarztsitz bewerben kann, bevor es selbst zugelassen wurde, s. *Konerding*, Vertragsarztsitz im MVZ, 2009, S. 105 f.

[51] *Konerding*, Vertragsarztsitz im MVZ, 2009, S. 119; *Kaya*, MVZ auf Gründungs- und Zulassungsebene, 2011, S. 268 f.

wahlverfahren um den Vertragsarztsitz wird zudem gem. § 103 IVc 3, 4 SGB V geschwächt (hierzu a) aa)), während sich die ermessenslenkenden Kriterien nicht auf das MVZ, sondern auf den anzustellenden Arzt beziehen (hierzu a) bb)). Mit § 103 IV 5 Nr. 9 SGB V wollte der Gesetzgeber aber Konzeptbewerbungen von MVZ ermöglichen[52]. Er führte so eine Regelung ein, die nur schwer mit dem Konzept der höchstpersönlichen Anstellungsgenehmigung zu vereinbaren ist (hierzu b)). Zuletzt haben die Gerichte ihre Rechtsprechung zum Fortführungswillen für MVZ strukturell angepasst, indem sie auf die personelle Kontinuität und die Standortkontinuität verzichten (hierzu c)).

a) Auswahlentscheidung des Zulassungsausschusses

aa) § 103 IVc 3, 4 SGB V

Sind die tatbestandlichen Voraussetzungen der (modifizierten) Praxisnachfolge des § 103 IVc 1 SGB V erfüllt, kommt das MVZ i. R. d. Auswahlentscheidung des Zulassungsausschusses als möglicher Nachfolger in Betracht. Ein MVZ, bei dem die Mehrheit der Geschäftsanteile und der Stimmrechte nicht bei Ärzten liegt, ist im Auswahlverfahren gem. § 103 IVc 3, 4 SGB V indes nachrangig zu behandeln[53]. Mit dieser Regelung wollte der Gesetzgeber „die Freiberuflichkeit der ärztlichen Tätigkeit […] schützen und […] verhindern, dass im Nachbesetzungsverfahren […] Ärzte, die sich auf einem frei werdenden Vertragsarztsitz niederlassen wollen, durch medizinische Versorgungszentren verdrängt werden, deren Geschäftsanteile und Stimmrechte nicht mehrheitlich in der Hand von […] Vertragsärzten liegen, die in dem medizinischen Versorgungszentrum tätig sind“[54]. Insoweit erkennt der Gesetzgeber MVZ (zumindest teilweise) als Gefahr für die vertragsärztliche Freiberuflichkeit. Hierauf aufbauend wird vorgeschlagen, die „Gesellschafterstruktur eines MVZ“ i. R. d. § 103 IVa 1 SGB V bspw. beim Entgegenstehen von Gründen der vertragsärztlichen Versorgung oder als weiteren Unterpunkt zu berücksichtigen[55]. Ob man eine solche Regelung (sowie § 103 IVc 3, 4 SGB V) vor dem Hintergrund von Art. 3 I GG für verfassungskonform hält, wird davon abhängen, ob „sich durch eine versorgungsferne Gesellschafterstruktur der Finanzbedarf in der GKV erhöht oder die Qualität der Versorgung erheblich abnimmt“[56]. Sowohl bei der Kausalität zwischen Gesellschaf-

---

52 BT-Drs. 18/4095, S. 109.

53 Im Zusammenhang mit der Drei-Jahres-Rechtsprechung des BSG (s.o. D. II. 2. b)) wird vorgeschlagen, dass die Vorschrift grundrechtskonform reduziert und daher nicht angewendet werden sollte, s. *Reiter*, ZMGR 2016, 340, 346.

54 BT-Drs. 17/6906, S. 77.

55 *Ströttchen*, KrV 2020, 143, 146.

56 *Ders.*, KrV 2020, 143, 146.

terstruktur des MVZ und dem Finanzbedarf der GKV als auch bei der Qualität der Versorgung handelt es sich aber um ausgesprochen unscharfe Kriterien. Im Rahmen ihrer Bewertung dürfte daher die Haltung in Bezug auf die vertragsärztliche Freiberuflichkeit ausschlaggebend sein. Dabei werden mit Regelungen wie § 103 IVc 3, 4 SGB V lediglich die Symptome eines tiefergehenden Strukturwandels im Vertragsarztrecht bekämpft, der auf ein verändertes Freiberuflichkeitsverständnis zurückgeht. Zu erwarten ist nicht nur, dass institutionelle Investoren neue Umgehungsmöglichkeiten finden werden. Mit der Aufnahme weiterer Kriterien für die Praxisnachfolge gerät § 103 SGB V zunehmend in einen Konflikt mit dem Gebot der Normklarheit. Will man institutionelle Investoren davon abhalten, sich an MVZ zu beteiligen, wäre es vielmehr erforderlich, über die Stärkung der vertragsärztlichen Freiberuflichkeit die marktwirtschaftliche Logik im MVZ zu schwächen. Hierzu bietet es sich an, die Preiskontrolle als Mechanismus des Konzessionshandelsverbots wieder einzuführen oder die Position des angestellten Arztes zu stärken[57].

bb) Auswahlkriterien bei der Bewerbung eines MVZ (insbes. Wartelisteneintragung)

Das MVZ muss sich i. R. d. Auswahlentscheidung des Zulassungsausschusses – ebenso wie die anderen Bewerber um die Vertragsarztzulassung – an den Kriterien des § 103 IV 5 SGB V messen lassen. Die in § 103 IV 5 SGB V normierten Kriterien beziehen sich (mit Ausnahme von Nr. 9) zwar auf natürliche Personen und nicht auf MVZ als institutionelle Teilnehmer im System der GKV. Bewirbt sich ein MVZ auf die Zulassung, stellt das BSG aber regelmäßig auf den anzustellenden Arzt ab, um eine Vergleichbarkeit zwischen den Bewerbern für die Zulassung zu gewährleisten – dass bestimmte Rechte und Pflichten nicht mehr für den angestellten Arzt, sondern nur für das MVZ gelten[58], führt nicht zu einer anderen Bewertung durch das Gericht[59].

---

[57] Hierzu s.u. E.; darüber hinaus schlägt *Sodan*, Gefährdung der Freiberuflichkeit in der vertragsärztlichen Versorgung durch medizinische Versorgungszentren, 2021 (https://www.kvb.de/fileadmin/kvb/Ueber-uns/Gesundheitspolitik/Gutachten/KVB-Rechtsgutachten-MVZ-2021.pdf), S. 89 ff. (geprüft am 19.9.2023) vor, § 103 IVc 3 SGB V so zu ändern, dass nicht bestimmte MVZ nachrangig, sondern „freiberuflich tätige Vertragsärzte" vorrangig berücksichtigt werden – im Zusammenhang mit dem Recht des MVZ-Trägers aus Art. 12 I GG zweifelt er jedoch an der Verfassungsmäßigkeit dieser Änderung.

[58] S.o. C. I. 3. c).

[59] So BSG, MedR 2020, 1034, 1037 f. im Kontext des § 26 IV Nr. 3 BedPlRL, wobei das Gericht ausdrücklich darauf hinweist, dass diese Maßstäbe auch i. R. d. § 103 IVc 1 SGB V gelten; auf dieses Urteil verweist im Kontext des § 103 IVb 4 SGB V zudem LSG Schleswig-Holstein, Urt. v. 1.6.2021 – L 4 KA 22/18, juris. Rn. 23.

Im Zusammenhang mit der personengebundenen Natur der Angestelltengenehmigung sowie dem Telos des Auswahlverfahrens war dies in der Literatur schon vor der entsprechenden BSG Entscheidung vertreten worden[60], wobei die Ansichten zur Frage, ob in Bezug auf die Wartelisteneintragung (§ 103 V 5 SGB V) auf den Arzt[61] oder das MVZ[62] abgestellt werden soll, auseinander gehen. In Ermangelung einer entsprechenden gesetzlichen Regelung können nur Ärzte und nicht MVZ in die Warteliste i. S. d. § 103 IVa 3, V SGB V eingetragen werden, sodass einiges dafürspricht, dass MVZ lediglich von der Wartelisteneintragung eines Arztes profitieren können[63]. Für die Wartelisteneintragung des MVZ spricht hingegen, dass nur das MVZ und nicht der anzustellende Arzt am Verfahren zur Vergabe des Vertragsarztsitzes teilnimmt, wobei es zu Folgeproblemen kommt, wenn sich der Arzt kurzfristig entscheidet, mit der gewonnenen Zulassung selbständig oder in einem anderen MVZ tätig zu werden[64]. Für die erste Ansicht spricht jedoch einerseits die freiberufliche Prägung der ambulanten Versorgung: Sie stärkt den Arzt, um den sich das MVZ vermehrt bemühen muss, wenn es seine Chancen verbessern will, Vertragsarztsitze zu akquirieren. Andererseits fällt es zunehmend schwieriger, die Angestelltengenehmigung als höchstpersönliches und daher nicht handelbares Recht zu sehen, wenn bei ihrer Vergabe auf Eigenschaften unterschiedlicher Personen in Form des MVZ sowie des Arztes abzustellen wäre. Sowohl die Freiberuflichkeit als auch die Höchstpersönlichkeit der Anstellungsgenehmigung sprechen daher dafür, i. R. d. Wartelisteneintragung auf den anzustellenden Arzt abzustellen. Mit dem Verweis auf § 103 IVc 2 SGB V hat so auch das LG Niedersachsen-Bremen beschlossen, dass MVZ von der Wartelisteneintragung anzustellender Ärzte profitieren können[65].

b) Konzeptbewerbungen

Mit dem GKV-VSG führte der Gesetzgeber die Regelung des § 103 IV 10 SGB V ins Vertragsarztrecht ein. Demnach konnte im Auswahlprozess anstelle der in § 103 IV 5 SGB V gelisteten Kriterien die Ergänzung des besonderen Versorgungsangebots des MVZ berücksichtigt werden. Mit der Normierung von § 103

---

[60] S. bspw. *Clemens*, in: Quaas/Zuck/Clemens (Hrsg.), Medizinrecht, ^{4}2018, § 17 Rn. 86.

[61] *Kaya*, MVZ auf Gründungs- und Zulassungsebene, 2011, S. 271 f. Fn. 1498; *Möller*, in: Dahm/Möller/Ratzel (Hrsg.), Rechtshandbuch MVZ, 2005, Kap. IX Rn. 56; *Kroel*, in: Isringhaus/Kroel/Wendland (Hrsg.), MVZ-Beratungshandbuch, 2004, S. 37.

[62] *Konerding*, Vertragsarztsitz im MVZ, 2009, S. 110.

[63] *Möller*, in: Dahm/Möller/Ratzel (Hrsg.), Rechtshandbuch MVZ, 2005, Kap. IX Rn. 56.

[64] *Konerding*, Vertragsarztsitz im MVZ, 2009, S. 110.

[65] LSG Niedersachsen-Bremen, Urt. v. 24.2.2021 – L 3 KA 16/19, BeckRS 2021, 4846 Rn. 79.

IV 10 SGB V i. d. F. d. GKV-VSG wollte der Gesetzgeber des GKV-VSG dem MVZ die Teilnahme am Nachbesetzungsverfahren ermöglichen, ohne dass dieses dem Zulassungsausschuss bereits einen anzustellenden Vertragsarzt benannte, weil er erkannt hat, dass MVZ häufig erst einen anzustellenden Arzt finden, sobald sie bereits über einen Vertragsarztsitz verfügen[66]. Eine solche Konzeptbewerbung war zuvor nicht möglich, da der konkrete Arzt fehlte, auf den der Zulassungsausschuss die Kriterien des § 103 IVa 5 SGB V hätte anwenden können[67].

§ 103 IV 10 SGB V i. d. F. d. GKV-VSG wurde kritisch aufgenommen[68]. Problematisch ist vor allem, dass im Rahmen einer Konzeptbewerbung kein konkreter Vergleich unter den sich für die Vertragsarztzulassung bewerbenden Ärzte und dem Konzept des MVZ möglich ist[69]. Darüber hinaus bevorzugte § 103 IV 10 SGB V i. d. F. d. GKV-VSG das MVZ der BAG gegenüber, die sich nicht mit einem Konzept bewerben konnte, was teils als ungerechtfertigt und daher vor dem Hintergrund von Art. 3 I GG als verfassungswidrig bewertet wurde[70]. Irritierend war zudem, dass der Gesetzgeber im Rahmen der Begründung zu § 103 IV 10 SGB V i. d. F. d. GKV-VSG darauf abstellte, dass in Bezug auf MVZ bedeutsam sei, dass sie eine „Versorgung unter einem Dach" böten[71], wobei das Erfordernis, dass das MVZ fachübergreifende Leistungen erbringen sollte, mit dem GKV-VSG abgeschafft wurde und auch im Wortlaut von § 103 IV 10 SGB V i. d. F. d. GKV-VSG keine Rolle spielte[72]. Vieles sprach daher dafür, dass § 103 IV 10 SGB V i. d. F. d. GKV-VSG für fachgleiche MVZ keine Anwendung finden sollte[73].

Mit dem TSVG wurde die Regelung des § 103 IV 10 SGB V i. d. F. d. GKV-VSG in § 103 IV 5 Nr. 9 SGB V überführt und abgewandelt. Fortan ist die Ergänzung des besonderen Versorgungsangebots ein weiteres Kriterium, auf das sich der Zulassungsausschuss im Rahmen der Neuvergabe eines Versorgungsauftrags

---

66 BT-Drs. 18/4095, S. 109.

67 S. noch *Zwingel/Preißler*, MVZ, ²2008, S. 133.

68 S. bspw. *Wenner*, in: FS Dahm, 2017, S. 517, 530.

69 *Engels*, GesR 2016, 197, 200 in Fn. 46; diese Kritik gilt auch für die Neuregelung in § 103 IV 5 Nr. 9 SGB V, s. *Ladurner*, MedR 2019, 519, 526; *Ladurner/Walter/Jochimsen*, Stand und Weiterentwicklung der gesetzlichen Regelungen zu medizinischen Versorgungszentren (MVZ), 2020 (https://www.bundesgesundheitsministerium.de/fileadmin/Dateien/5_Publikationen/Ministerium/Berichte/Stand_und_Weiterentwicklung_der_gesetzlichen_Regelungen_zu_MVZ.pdf), S. 49 (geprüft am 19.9.2023).

70 *Bäune/Dahm/Flasbarth*, MedR 2016, 4, 7; *Dorra*, ZMGR (Zeitschrift für das gesamte Medizinrecht) 2016, 89, 92; *Beyer*, PFB (Praxis Freiberufler-Beratung) 2015, 284, 286.

71 BT-Drs. 18/4095, S. 109.

72 *Ricken*, GesR 2016, 265, 270.

73 *Ladurner*, MedR 2019, 519, 526 im Bezug auf die Neuregelung in § 103 IV 5 Nr. 9 SGB V.

berufen kann. Hiermit reagierte der Gesetzgeber auf Teile der Kritik am § 103 IV 10 SGB V, da sich nun BAG und Vertragsärzte mit einem Konzept auf einen Vertragsarztsitz bewerben können[74]. Begründet wird die Verschiebung des § 103 IV 10 SGB V in § 103 IV 5 Nr. 9 SGB V mit dem Hinweis, dass die Zulassungsausschüsse Konzeptbewerbungen nach der alten Regelung lediglich berücksichtigen konnten und fortan berücksichtigen sollen[75] – vor dem Hintergrund der Gleichwertigkeit der Kriterien des § 103 IV 5 SGB V scheint es jedoch als fraglich, ob diese Gesetzesänderung zu einer verstärkten Berücksichtigung von Konzeptbewerbungen führen kann[76].

Im Hinblick auf diese neue Regelung hat das BSG zudem entschieden, dass eine Konzeptbewerbung nicht möglich sein soll: Die Konzeptbewerbung sei in der Ärzte-ZV (noch) nicht angelegt, da der Bewerbung um eine Zulassung diverse Dokumente beigelegt werden müssen, die sich auf die Person des anzustellenden Arztes beziehen (z. B. ein Führungszeugnis oder der Auszug aus dem Arztregister) – der Gesetzgeber habe die „strukturellen Folgen" seiner Gesetzgebung „nicht bedacht"[77]. Er solle noch regeln, wie lang der Zeitraum zwischen dem Erhalt einer auf einer Konzeptbewerbung basierenden Angestelltenstelle sowie ihrer Besetzung sein darf, wie sich „zwischenzeitliche Veränderungen des Versorgungskonzepts" auf die Stelle auswirken, was geschehen soll, wenn der konkret angestellte Arzt die Stelle nicht, nur teilweise oder nur für einen kurzen Zeitraum bekleidet oder wie Mitbewerber um die Stelle im Rahmen einer Anfechtung der Anstellungsgenehmigung zu beteiligen wären, wenn das MVZ das Konzept unzureichend realisiert[78].

Die Ausführungen des Gerichts weisen auf ein tiefergehendes Problem hin: Im Gesamtkonzept des BSG stellt die Anstellungsgenehmigung eine höchstpersönliche Rechtsposition dar, weil sie unmittelbar an Eigenschaften anknüpft, die in der Person des angestellten Arztes wurzeln[79]. Die Konzeptbewerbung kann nach diesem Erklärungsansatz naturgemäß nicht dazu führen, dass das MVZ eine höchstpersönliche Position erhält. Weil dies aber nicht in das Konzept des BSG passt, erklärt es die Konzeptbewerbung für unzulässig. Dabei hat das BSG bereits für den Fall vorgesorgt, dass der Gesetzgeber die geforderten Bestimmungen trifft: Diese Bestimmungen sollen sich nicht auf die Anstellungsgenehmigung beziehen, sondern lediglich auf „einen Status eigener Art des Inhalts [...], dass dem MVZ [...] ein Sitz abstrakt zugeteilt wird", den das BSG als „arztlose

---

74 *Ders.*, MedR 2019, 519, 526.

75 BT-Drs. 19/6337, S. 122.

76 *Ladurner*, MedR 2019, 519, 526.

77 BSGE 128, 125 ff. = MedR 2020, 957, 962, 964.

78 BSGE 128, 125 ff. = MedR 2020, 957, 964.

79 BSGE 124, 205 ff. = NZI 2018, 616, 620 f.; s.o. C. I. 3. b).

Anstellungsgenehmigung“ betitelt[80]. Eine solche (künstliche) Aufteilung könnte es dem BSG daher auch in Zukunft erlauben, am Konzept der Anstellungsgenehmigung als höchstpersönlicher Rechtsposition festzuhalten[81]. Wäre es konsequent, dürfte das Gericht diese arztlosen Anstellungsgenehmigungen, die zeitlich begrenzt bereits i. R. d. Nachbesetzung der Anstellungsgenehmigung eingeführt wurden[82], nicht als höchstpersönlich werten, sodass ihrer Handelbarkeit weniger entgegenstünde.

Ein vergleichbares Problem stellte sich bereits mit § 103 IV 10 SGB V i. d. F. d. GKV-VStG: Zwar ist der Gedanke hinter der Konzeptbewerbung als „konsequent“ zu bewerten, da dem MVZ die Nachbesetzung seiner Angestelltenstelle regelmäßig „leicht“ fallen wird, sodass auch die Prüfung des ersten angestellten Arztes durch den Zulassungsausschuss an Bedeutung einbüßt[83]. Der MVZ-Betreiber kann daher im Bewerbungsverfahren einen geeigneten Kandidaten präsentieren und diesen nach Erhalt der Angestelltengenehmigung durch einen anderen, weniger geeigneten Arzt ersetzen, der die Stelle im Vergabeverfahren womöglich nicht bekommen hätte[84]. Diese Schwierigkeit sah auch das BSG in einer früheren Entscheidung, wobei es diese auf die „Konkurrenz zwischen Zulassungsbewerbern und Anstellungsträgern“ zurückführte[85]. Tatsächlich handelt es sich hier nicht um ein Problem des Nachfolgeverfahrens, sondern um eine Unwucht in der Tektonik des Vertragsarztrechts. Infolge der Abkehr von freiberuflichen Prinzipien im Vertragsarztrecht ist die Konstruktion aus MVZ-Zulassung und Angestelltengenehmigung im Ausgangspunkt weniger höchstpersönlich als das Institut der einheitlichen Vertragsarztzulassung. Die Einführung der Konzeptbewerbung legt diese Risse offen.

Das BSG versuchte diese zu überdecken[86], indem es in einem obiter dictum andeutete, dass derartige Umgehungsversuche unter Hinzuziehung des Rechts-

---

[80] BSGE 128, 125 ff. = MedR 2020, 957, 963; s. hierzu auch LSG Schleswig-Holstein, Urt. v. 1.6.2021 – L 4 KA 22/18, juris. Rn. 29.

[81] Zustimmend im Hinblick auf diese Aufteilung äußert sich *Baasch*, MedR 2020, 965.

[82] BSG, MedR 2017, 267 ff.; BSGE 109, 182 ff. = MedR 2012, 830 ff.; s.u. D. II. 4. c).

[83] *Ladurner*, MedR 2019, 519, 526 im Bezug auf die Neuregelung in § 103 IV 5 Nr. 9 SGB V; vgl. auch *Baasch*, MedR 2020, 965, 966; zur Nachbesetzung s. sogleich unter D. II. 4.

[84] *Konerding*, Vertragsarztsitz im MVZ, 2009, S. 108; *Kaya*, MVZ auf Gründungs- und Zulassungsebene, 2011, S. 271.

[85] BSG, MedR 2020, 1034, 1039.

[86] Vgl. auch *Sodan*, Gefährdung der Freiberuflichkeit in der vertragsärztlichen Versorgung durch medizinische Versorgungszentren, 2021 (https://www.kvb.de/fileadmin/kvb/Ueber-uns/Gesundheitspolitik/Gutachten/KVB-Rechtsgutachten-MVZ-2021.pdf), S. 97 ff. (geprüft am 19.9.2023), der zwar keinen Verstoß gegen Art. 3 I GG feststellen kann, aber dafür plädiert, die Norm wieder abzuschaffen, um freiberuflich tätige Ärzte zu stärken.

gedankens von § 36 VII 1 BedPlRL unterbunden werden könnten[87] – die Geeignetheit des anzustellenden Nachfolgers des erstangestellten (ehemaligen Vertrags-)Arztes müsste also ebenso fortbestehen, wie i. R. d. Nachbesetzung einer Sonderbedarfszulassung die Sonderbedarfsfeststellungen fortzubestehen haben. Mit der Heranziehung des Rechtsgedankens von § 36 VII 1 BedPlRL will das Gericht die aufwändige Begründung einer Analogie vermeiden. Dabei kann die vergleichbare Interessenlage vor dem Hintergrund der Bedarfsplanung bezweifelt werden: Die Nachbesetzung einer Zulassung stellt zwar eine Ausnahme zur Bedarfsplanung dar[88], die Nachbesetzung einer Sonderbedarfszulassung kann aus dieser Perspektive aber als doppelte Ausnahme gesehen werden, weil schon die Schaffung der Sonderbedarfszulassung eine Ausnahme zu den Vorgaben der Bedarfsplanung darstellt. Dies würde die strenge Regelung des § 36 VII 1 BedPlRL erklären. Sauberer ist daher der Vorschlag, die Genehmigung des § 95 II 7 SGB V im Rahmen der Nachbesetzung davon abhängig zu machen, dass der Arzt, mit dem die Angestelltengenehmigung nachbesetzt werden soll, dieselben Anforderungen erfüllt, wie der Arzt, mit dem das MVZ den Vertragsarztsitz gewonnen hat[89]. Auch die neueren Ausführungen des BSG zu einer arztlosen Anstellungsgenehmigung gehen in diese Richtung.

Das zentrale Problem der Konzeptbewerbung vermag jedoch auch dieser Ansatz nicht zu lösen: Hier bewirbt sich – anders als sonst – nicht das MVZ auf der Betriebs-, sondern ausschließlich auf der Verwaltungsebene um den Vertragsarztsitz. Die Aufspaltung zwischen Behandlungs- und Verwaltungsebene führt zu den (bereits oben beschriebenen) Rissen im Konzept der Angestelltengenehmigung als höchstpersönlicher Rechtsposition. Diese Risse mag das BSG vorerst gekittet haben – die Spannungen, die diese verursacht haben, bestehen jedoch weiterhin. Sie wurzeln im veränderten Freiberuflichkeitsverständnis des Gesetzgebers, das die Aufspaltung zwischen Behandlungs- und Verwaltungsebene erst ermöglicht hat und das sich direkt auf die Regeln zur Praxisnachfolge auswirkt.

c) Fortführung

Im Gegensatz zu § 103 IVa 1 SGB V spricht § 103 IVc 1 SGB V davon, dass die vertragsärztliche Tätigkeit vom MVZ durch einen angestellten Arzt weitergeführt wird. Bei § 103 IVc 1 SGB V handelt es sich daher um einen Fall der Praxisfortführung, sodass im Wesentlichen nicht den vom BSG aufgestellten Krite-

[87] BSG, MedR 2020, 1034, 1039.

[88] Dementsprechend kann die im Sonderbedarf zugeteilte Angestelltenstelle nicht nachbesetzt werden, § 36 VII 1 BedPlRL, s. auch SG Dortmund, Urt. v. 4.3.2020 – S 16 KA 72/19, BeckRS 2020, 40308 Rn. 18 f.

[89] *Konerding*, Vertragsarztsitz im MVZ, 2009, S. 109.

rien bzgl. § 103 IVa SGB V[90], sondern bzgl. § 103 IV SGB V zu folgen ist[91]. Dies war für die ursprüngliche Fassung von § 103 IVc 1 SGB V (die in § 103 IVa 2 SGB V a. F. enthalten war), noch bezweifelt worden[92]. Mit dem GKV-VStG wurde die Vorschrift jedoch modifiziert: Seitdem dürfen Gründe der vertragsärztlichen Versorgung der Praxisnachfolge i. S. d. § 103 IVc 1 SGB V nicht entgegenstehen[93]. Mit der Übernahme dieser aus der Verlegung eines Sitzes stammenden Formulierung aus § 24 VII 2 Ärzte-ZV[94] soll der Gesetzgeber klargestellt haben, dass es sich bei § 103 IVc 1 SGB V um einen kombinierten Fall aus Praxisnachfolge und Sitzverlegung handelt, sodass damit die letzten Zweifel am Erfordernis einer Praxisfortführung i. R. d. § 103 IVc 1 SGB V ausgeräumt seien[95].

Hiermit wird zunächst suggeriert, der Konzessionshandel sei i. R. d. § 103 IVc 1 SGB V unterbunden. Erforderlich ist jedenfalls ein fortführungsfähiges Praxissubstrat[96]. Im Ausgangspunkt muss man davon ausgehen, dass ebenfalls ein Fortführungswille seitens des MVZ vorliegen muss[97]. Da es sich beim MVZ jedoch anders als beim Vertragsarzt um eine Institution handelt, werden Modifikationen des Fortführungswillens erforderlich.

In erster Linie ist i. R. d. § 103 IVc 1 SGB V keine Standortkontinuität zu fordern: Der Vertragsarztsitz kann direkt an den Sitz des MVZ verlegt werden[98]. Diese Abweichung vom sonstigen Verfahren der Praxisnachfolge ist durch die institutionelle Natur des MVZ bedingt, das kein Interesse daran haben wird, diverse Vertragsarztpraxen (als Nebenbetriebsstätten) an verschiedenen Orten zu

---

[90] *Pawlita* mahnt jedoch an, dass das BSG seine Drei-Jahres-Rechtsprechung auch auf Fälle ausdehnen könnte, in denen MVZ § 103 IVc 1 SGB V nutzen, um – mit der Absicht die Drei-Jahres-Rechtsprechung zu umgehen – eine Zulassung zu übernehmen, s. *Pawlita*, in: Schlegel/Voelzke (Hrsg.), jurisPK-SGB V, [4]6.12.2021, § 103 SGB V Rn. 93.

[91] Im Kontext des § 103 IVb 2 SGB V s. BSGE 126, 96 ff. = MedR 2019, 759, 763; SG Marburg, Urt. v. 11.1.2017 – S 12 KA 585/16, BeckRS 2017, 101070 Rn. 30.

[92] SG Marburg, MedR 2008, 395, 397: „§ 103 IVa 2 SGB V ermöglicht es vielmehr einem Medizinischen Versorgungszentrum, zur Erweiterung seines Tätigkeitsumfangs einen Praxissitz in einem gesperrten Planungsbereich zu kaufen"; *Kaya*, MVZ auf Gründungs- und Zulassungsebene, 2011, S. 267 Fn. 1473; s. auch *Steinbrück*, Praxisabgabe und Praxisübernahme, [2]2009, S. 45 Rn. 113 f., S. 86 Rn. 249; *Lindenau*, MVZ, 2008, S. 106 Rn. 263, die den Konzessionshandel i. R. d. § 103 IVa 2 SGB V a. F. als möglich ansehen.

[93] Zum Entgegenstehen von Gründen der vertragsärztlichen Versorgung s.o. D. II. 2. c).

[94] BT-Drs. 17/6906, S. 77.

[95] SG Marburg, Urt. v. 11.1.2017 – S 12 KA 585/16, BeckRS 2017, 101070 Rn. 30; *Pawlita*, in: Schlegel/Voelzke (Hrsg.), jurisPK-SGB V, [4]6.12.2021, § 103 SGB V Rn. 338.

[96] *Möller*, in: Dahm/Möller/Ratzel (Hrsg.), Rechtshandbuch MVZ, 2005, Kap. IX Rn. 60.

[97] BSG, MedR 2013, 814, 817 im Kontext des § 103 IVb 2 SGB; s. zudem SG Berlin, Urt. v. 28.7.2010 – S 79 KA 514/09, juris Rn. 21; *Pawlita*, in: Schlegel/Voelzke (Hrsg.), jurisPK-SGB V, [4]6.12.2021, § 103 SGB V Rn. 339 m. w. N.

[98] BSG, MedR 2013, 814, 817 f. im Kontext des § 103 IVb 2 SGB V.

bewirtschaften, was zudem entgegen § 24 III 1 Nr. 2 Ärzte-ZV eine Gefährdung der Versorgung am Ort des MVZ verursachen könnte[99]. Bevor die Norm durch das GKV-VStG modifiziert wurde, wurde teils versucht, den Eindruck abzuschwächen, § 103 IVc 1 SGB V habe den Konzessionshandel legalisiert, indem die Standortkontinuität mit Elementen der personellen Kontinuität vermischt wurde: Das MVZ habe demnach den Patientenstamm der ursprünglichen Praxis im MVZ fortzuführen, wozu es in „demselben örtlichen Wirkungskreis" wie der Arzt tätig werden sollte[100]. Diese Forderungen sind von den Gerichten zwar nicht eins zu eins übernommen worden, die Anpassung der Norm, nach der Gründe der vertragsärztlichen Versorgung der Sitzverlegung i. R. v. § 103 IVc 1 SGB V nicht entgegenstehen dürfen, zielt indes ebenso auf den Erhalt der Versorgungskontinuität ab[101]. Insoweit bedarf es keiner weitergehenden Standortkontinuität.

Auch das Erfordernis der personellen Kontinuität ergibt im Kontext der Übernahme eines Vertragsarztsitzes durch ein MVZ weniger Sinn als im Rahmen der gewöhnlichen Praxisnachfolge nach § 103 IIIa, IV SGB V: Zwar muss auch das MVZ dafür Sorge tragen, dass ein Arzt im Rahmen der Angestelltengenehmigung eine Tätigkeit entfaltet – ansonsten wird ihm die Genehmigung entzogen[102]. Der zweite und viel bedeutsamere Teil der personellen Kontinuität, nach dem der nachfolgende Arzt selbständig tätig werden muss, ergibt für das MVZ jedoch keinen Sinn: Schließlich wird das MVZ die Angestelltengenehmigung kaum als Angestellter eines Dritten führen. Bei genauerer Betrachtung fallen die Standortkontinuität sowie die personelle Kontinuität und damit maßgebliche Bestandteile des Fortführungswillens in sich zusammen. Relevanz entfaltet dieser nur noch für die Übereinstimmung des fachlichen Tätigkeitsspektrums: So ist der Versorgungsauftrag des Zulassungsnachfolgers ebenso zu beschränken wie der seines Vorgängers (bspw. auf die Behandlung von Kindern und Jugendlichen als Psychotherapeut)[103]. Erhalten bleibt i. R. d. § 103 IVc 1 SGB V zudem die For-

---

[99] *Konerding*, Vertragsarztsitz im MVZ, 2009, S. 116.

[100] Für eine Sitzverlegung nur innerhalb des Einzugsbereichs des MVZ, *Konerding*, Vertragsarztsitz im MVZ, 2009, S. 117; *Möller*, in: Dahm/Möller/Ratzel (Hrsg.), Rechtshandbuch MVZ, 2005, Kap. IX Rn. 64; a. A. hingegen *Kaya*, MVZ auf Gründungs- und Zulassungsebene, 2011, S. 267.

[101] Es scheint, dass der Gesetzgeber bedarfsplanerische Erwägungen mit dem Erfordernis des Fehlens entgegenstehender Gründe der vertragsärztlichen Versorgung in § 103 IVc 1 SGB V verankert hat und es darüber hinaus keines Konzessionshandelsverbots bedarf, sodass § 103 IVc 1 SGB V nun viel eher den Handel mit Zulassungen gestattet als zuvor.

[102] Hierzu sogleich unter D. II. 4. c).

[103] *Pawlita* fordert die Fortführungsabsicht daher weiterhin, s. *Pawlita*, in: Schlegel/Voelzke (Hrsg.), jurisPK-SGB V, 16.12.2021, § 103 SGB V Rn. 339 und verweist auf zwei Urteile, s. LSG Berlin-Brandenburg v. 27.4.2016 – L 7 KA 45/14, BeckRS 2016, 69450; das BSG wies

derung nach einem Praxissubstrat, sowie die Prüfung von § 103 IIIa SGB V und die Teilnahme am Auswahlverfahren. Dabei handelt es sich beim Praxissubstrat streng genommen nicht um eine der Praxisnachfolge exklusive Voraussetzung, weil die Forderung nach einem Praxissubstrat nur dem Grundsatz entspricht, dass Zulassungen, im Rahmen derer keine ärztliche Tätigkeit entfaltet wird, einzuziehen sind und ein ggf. rechtswidriger Zustand nur nicht durch die Praxisnachfolge perpetuiert werden soll[104]. Der Zulassungshandel mag in § 103 IVc 1 SGB V daher weniger ausgeprägt sein als i. R. d. § 103 IVa 1 SGB V. § 103 IVc 1 SGB V dient indes als Beweis dafür, dass sich das Konzessionshandelsverbot des BSG in MVZ aufgrund ihrer (freiberuflichen Grundsätzen widersprechenden) Struktur nur mit starken Abstrichen umsetzten lässt.

4. Nachbesetzung, § 95 II S. 8 i. V. m. S. 5 SGB V, ggf. i. V. m. § 103 IVa 5 SGB V

a) Herleitung

Verlässt ein angestellter Arzt das MVZ, kann es gem. § 95 II 8 i. V. m. S. 5 SGB V (und im gesperrten Bereich) i. V. m. § 103 IVa 5 SGB V die Angestelltenstelle mit einem anderen Arzt nachbesetzen. Der ausscheidende angestellte Arzt nimmt die Anstellungsgenehmigung nicht mit[105]. Das BSG wertet die Angestelltenstelle als Recht des MVZ und nicht als Recht des angestellten Arztes[106].

Der Gesetzgeber hat diese Regelung eingeführt, um zu verhindern, „dass das medizinische Zentrum durch einen Wechsel" seiner Angestellten „in die Freiberuflichkeit ausblutet"[107]. Pläne[108], die Nachbesetzung unter den Vorbehalt zu stellen, dass Gründe der vertragsärztlichen Versorgung nicht entgegenstehen dürfen[109], wären mit diesem ursprünglichen Ziel kollidiert und sind zwischenzeitlich aufgegeben worden[110]. § 103 IVa 5 SGB V und die daraus folgende Sicher-

---

die Beschwerde gegen dieses Urteil zurück, s. BSG, Beschl. v. 25.1.2017 – B 6 KA 54/16 B, BeckRS 2017, 102805.

104 S.o. D. I. 2. c) bb) (2).

105 *Steinbrück*, Praxisabgabe und Praxisübernahme, ²2009, S. 115 f. Rn. 335; *Möller*, in: Dahm/Möller/Ratzel (Hrsg.), Rechtshandbuch MVZ, 2005, Kap. IX Rn. 74.

106 BSG, MedR 2014, 767, 769.

107 BT-Drs. 15/1525, S. 112.

108 BT-Drs. 19/6337, S. 28.

109 Zum Entgegenstehen von Gründen der vertragsärztlichen Versorgung s.o. unter D. II. 2. c).

110 BT-Drs. 19/8351, S. 193; *Willaschek*, GuP 2020, 63, 64 ff.; *Ladurner*, MedR 2019, 519, 527; a.A. *Fickentscher*, Eigentumsschutz in der Bedarfsplanung, 2022, S. 183 ff., der einen

heit für den Betreiber des MVZ, auch in Zukunft Erträge mit der Angestelltengenehmigung erwirtschaften zu können, verstärken den Anreiz, Zulassungen aufzukaufen. § 103 IVa 5 SGB V ist damit ein treibender Faktor für den Konzessionshandel[111].

Das BSG grenzt die Praxisfortführung von der Nachbesetzung ab: Ein fortzuführendes Praxissubstrat sei i. R. v. § 103 IVa 5 SGB V nicht zu fordern[112]. Grenzen sind der Nachbesetzung daher nur durch den zeitlichen Umfang der Beschäftigung, der gem. § 52 S. 2 BedPlRL (bedarfsplanungsneutral[113]) auf den zeitlichen Umfang der Beschäftigung des ausgeschiedenen Arztes beschränkt ist, sowie im Hinblick auf den Inhalt der ärztlichen Betätigung gesetzt[114]. Der Arzt, mit dem die Angestelltenstelle nachbesetzt wird, muss in dieselbe Arztgruppe einzuordnen sein wie der ausscheidende Arzt: Das BSG leitet dieses Erfordernis aus einem Vergleich zum Fortführungswillen bei der klassischen Praxisnachfolge sowie § 16 S. 1 BedPlRL (in der seit dem 1.1.2013 geltenden Fassung vom 20.12.2012) ab[115]. Entscheidend für die Einordnung in eine Arztgruppe ist nicht das (ausbildungsrechtliche) Fachgebiet, sondern die (bedarfsplanungsrechtliche) Versorgungsrichtung des Arztes – dies spiegelt sich auch in § 103 IV 6 SGB V: Als Hausärzte sollen nach dieser Vorschrift in erster Linie Allgemeinmediziner herangezogen werden, e contrario können Internisten ohne Schwerpunkt, die gem. § 73 Ia 1 SGB V ebenfalls an der hausärztlichen Versorgung teilnehmen können, Sitze von Hausärzten nachbesetzen[116]. Der Sitz eines Facharztes für Chirurgie kann hingegen (auch durch eine analoge Anwendung von § 16 I BedPlRL) nicht durch einen Facharzt für Orthopädie und Unfallchirurgie nachbesetzt werden[117]. Psychologische Ärzte und ärztliche Psychologen gehören zwar derselben Arztgruppe an, § 101 IV 1 SGB V, § 12 II Nr. 8 1 BedPlRL. Im Hinblick auf den Umfang der Tätigkeit werden infolge § 101 IV 4 SGB V sowie §§ 12 II Nr. 8 S. 4, 20 S. 1 BedPlRL überwiegend psychotherapeutisch tätige Ärzte nur mit einem Versorgungsauftrag von 0,7 angerechnet, psychologische Psychotherapeuten hingegen voll, sodass letztere nur eine halbe Stelle von einem überwiegend psychotherapeutisch tätigen Arzt übernehmen können[118].

---

solchen Passus (inklusive einer Regelung zur Entschädigung) hingegen für verfassungsrechtlich geboten hält.

111 Vgl. *Lindenau*, MVZ, 2008, S. 149 Rn. 379.

112 BSGE 109, 182 ff. = MedR 2012, 830, 832.

113 *Konerding*, Vertragsarztsitz im MVZ, 2009, S. 198.

114 BSG, MedR 2017, 267, 268; BSGE 109, 182 ff. = MedR 2012, 830, 832.

115 BSGE 116, 173 ff. = MedR 2015, 538, 540 f.

116 BSGE 116, 173 ff. = MedR 2015, 538, 542.

117 BSGE 122, 55 ff. = NZS 2017, 219, 222 f.

118 BSGE 116, 173 ff. = MedR 2015, 538, 540.

b) Verfahren

Um das Verfahren zur Nachbesetzung einer Angestelltenstelle in Gang zu setzen, muss der Angestellte oder das MVZ gegenüber dem Zulassungsausschuss anzeigen, dass das Arbeitsverhältnis endet, woraufhin der Zulassungsausschuss diesen Vorgang ohne gesonderte arbeitsrechtliche Prüfung deklaratorisch feststellt und sodann prüft, inwieweit der vom MVZ benannte, anzustellende Nachfolger die Genehmigungsvoraussetzungen erfüllt[119]. Ein Auswahlverfahren führt der Zulassungsausschuss nicht durch, da der MVZ-Betreiber den (vom Zulassungsausschuss zu prüfenden) Nachfolger bestimmt. In Abgrenzung zum Dialyseversorgungsauftrag, der nicht neu beantragt werden muss, wenn der angestellte Arzt aus der Versorgung ausscheidet, und bei dessen Nachbesetzung daher keine Prüfung des angestellten Arztes durch den Zulassungsausschuss vorgesehen ist, vertritt das BSG zwar weiterhin die Ansicht, die Anstellungsgenehmigung sei ein höchstpersönliches Recht[120]. Bezweifelt werden darf in diesem Kontext aber, inwieweit diese „im Fließbandverfahren ‚durchgewunkenen' Entscheidungen"[121] zu einer Position führen, die im selben Maße höchstpersönlich ist wie die vertragsärztliche Zulassung. Wenn das BSG ausführt, dass es gerechtfertigt sei, dass im Rahmen der Nachbesetzung einer Angestelltenstelle im MVZ kein Auswahlverfahren durchzuführen sei, da sich „jeder neu in ein MVZ eintretende Arzt [...] in das MVZ einfügen und [...] in dieses eingliedern lassen muss"[122], beschreibt dies aber den Vorrang des Kollektivs vor dem Individuum, das freiberuflichen Strukturen im Wesenskern fremd ist. Gleichzeitig sind die Regeln der Praxisnachfolge hier größtenteils außer Kraft gesetzt.

c) Unbesetzte Angestelltengenehmigung

Die Angestelltenstelle kann für sechs Monate unbesetzt bleiben: Der Antrag auf die Nachbesetzung einer halben oder ganzen (nicht aber einer viertel) Angestelltenstelle muss der Behörde in Anlehnung an § 95 VI 3 SGB V erst sechs Monate, nachdem die Stelle frei geworden ist, zugehen[123]. Das BSG will hiermit die Berufsfreiheit der Bewerber schützen, die durch die Bedarfsplanung belastet ist,

---

119 *Möller*, in: Dahm/Möller/Ratzel (Hrsg.), Rechtshandbuch MVZ, 2005, Kap. IX Rn. 75.

120 BSG, Urt. v. 4.11.2021 – B 6 KA 13/20 R, juris Rn. 33.

121 *Willaschek*, GuP 2020, 63, 66.

122 BSGE 109, 182 ff. = MedR 2012, 830, 832.

123 BSGE 109, 182 ff. = MedR 2012, 830, 833; vgl. hierzu schon *Konerding*, Vertragsarztsitz im MVZ, 2009, S. 199 f., nach der die Nachbesetzung nach dem Telos des § 95 VI 1 SGB V, der Lücken in der Versorgung der Patienten verhindern soll, und in Anlehnung an § 16b Ärzte-ZV i.d.R. innerhalb von 6 Monaten erfolgen sollte; a.A. *Steinbrück*, Praxisabgabe und Praxisübernahme, ^{2}2009, S. 91 Rn. 263 f., der für eine längere Frist votierte.

sowie eine effektive Bedarfsplanung gewährleisten. Beide Belange wären indes durch „auf Vorrat“ gehaltene Anstellungsgenehmigungen verletzt[124]. Diese verlängerte Nachbesetzungsmöglichkeit der Angestelltenstelle kommt zwar einem praktikablen Umgang mit der Anstellungsgenehmigung zugute, sät aber erneut Zweifel an ihrer Höchstpersönlichkeit, da sie nun für sechs Monate existieren kann, ohne sich auf eine Person beziehen zu müssen. Zwar kennt die Vertragsarztzulassung einen vergleichbaren Zustand, wenn der Vertragsarzt verstirbt und seine Erben die Praxis veräußern, bevor das Praxissubstrat verfällt. Im Rahmen der Angestelltengenehmigung hat das BSG aber zunächst noch zwei weitere Ausnahmen vorgesehen: Einerseits führte das Gericht aus, die Frist könne ausnahmsweise auf zwölf Monate verlängert werden[125], andererseits sollte dem MVZ eine Viertel-Zulassung im unbesetzten Zustand zeitlich unbegrenzt erhalten bleiben[126].

Die letztgenannte Ausnahme hat das BSG indes wenig später revidiert: Seine vorherige Ansicht beruhte noch auf der (wohl falschen) Annahme, „dass es sich beim Offenhalten von 1/4-Stellen um ein seltenes und bedarfsplanungsrechtlich eher marginales Phänomen handelt, das über eine Missbrauchsprüfung im Falle der gezielten Kumulation von solchen Beschäftigungsanteilen hinreichend bewältigt werden kann“[127]. Nunmehr sieht das BSG die Effizienz der Bedarfsplanung in Gefahr: Vor allem, wenn MVZ unbesetzte Viertelstellen kumulieren, kann es dazu kommen, dass ein Planungsbereich zunächst geöffnet und in der Folge aufgefüllt und gesperrt wird – wenn die zunächst offen gehaltenen Angestelltengenehmigungen nun aber noch nachbesetzt werden, wird die Überversorgung vertieft[128]. In Bezug auf Viertelstellen ist das BSG zwar weniger streng als bei halben oder vollen Zulassungen, „wenn aber ein MVZ über einen Zeitraum von mehr als einem Jahr überhaupt keine ernsthaften und aussichtsreichen Bemühungen zur Nachbesetzung einer 1/4-Stelle unternimmt und nicht belegen kann, dass und weshalb trotz des Ablaufs eines Jahres zeitnah noch mit einer Nachbesetzung mit diesem Beschäftigungsumfang gerechnet werden kann, verliert es das Nachbesetzungsrecht“[129].

Infolge dieses Urteils ist der Grad, zu dem die Angestelltengenehmigung als höchstpersönlich bezeichnet werden kann, im Vergleich zum früheren Urteil des BSG, nach dem die Viertel-Angestelltengenehmigung zeitlich unbegrenzt unbe-

---

[124] BSGE 109, 182 ff. = MedR 2012, 830, 833

[125] Kritisch *Kuhlmann*, ZMGR 2018, 3, 5: „Unklar bleibt die Rechtsfolge bei einer weiteren begründeten Verzögerung“.

[126] BSGE 109, 182 ff. = MedR 2012, 830, 833.

[127] BSG, MedR 2017, 267, 269.

[128] BSG, MedR 2017, 267, 270.

[129] BSG, MedR 2017, 267, 270.

setzt bleiben konnte, zwar wieder gestiegen. Dennoch ist es schwer von der Hand zu weisen, dass (vor allem) die (Viertel-)Angestelltengenehmigung dem MVZ deutlich eher und länger ohne den Bezug auf einen konkreten Arzt erhalten bleibt als die vertragsärztliche Zulassung dem Vertragsarzt.

5. Nachfolgefähigkeit der MVZ-Zulassung

Mit Einführung des MVZ stellt sich naturgemäß die Frage, inwieweit die institutionelle Zulassung des MVZ selbst nachfolgefähig ist. Diese Frage ist zwar dann nicht von Belang, wenn alle Vertragsärzte eines reinen Vertragsarzt-MVZ ihre Zulassung aus dem MVZ herausverlegen und aus dem MVZ ausscheiden[130]. Arbeiten jedoch angestellte Ärzte in dem MVZ, könnte ein potenzieller MVZ-Träger im gesperrten Bereich versuchen, die MVZ-Zulassung samt der Anstellungsgenehmigungen zu übernehmen, um das MVZ weiterzubetreiben und von den vorhandenen Angestelltengenehmigungen zu profitieren. Eine Nachfolge in die MVZ-Zulassung ist gesetzlich jedoch nicht explizit vorgesehen. Vor Einführung des § 95 IXb SGB V galt dies teils als verfassungsrechtlich bedenklicher Zustand: Da die Anstellungsgenehmigungen mit dem Ende der MVZ-Zulassung wegfielen und zuvor nicht gerettet werden konnten, waren die Berufsfreiheit der angestellten Ärzte (vor allem wenn sie zuvor auf ihre Zulassung verzichtet hatten, um im MVZ tätig zu werden), der Art. 14 I GG des MVZ-Trägers, sowie das Gleichbehandlungsgebot aus Art. 3 I GG betroffen, da die Nachfolgeregelungen für MVZ gegenüber Vertragsärzten als defizitär bewertet wurden[131].

Vorgeschlagen wurde daher, die Regeln zur Praxisnachfolge über § 72 I 2 SGB V auf die MVZ-Zulassung anzuwenden[132]. Im Zusammenhang mit der höchstpersönlichen Natur der Vertragsarzt- und daher auch MVZ-Zulassung wurden derlei Erwägungen abgelehnt[133]. Da unklar sei, wer sich auf die MVZ-Zulassung bewerben kann, ob sich „die Bewerbung […] auf die aktuelle Ausrichtung des MVZ nach Arztzahl und Fachrichtung zum Zeitpunkt der Ausschreibung beziehen“ muss und ob sich diese Bewerbung „auf Teile des MVZ beschränken dürfte“, sprach sich das BSG gegen eine Anwendung von § 72 I 2 SGB V und

---

130 *Kaya*, MVZ auf Gründungs- und Zulassungsebene, 2011, S. 317 f., 333; *Konerding*, Vertragsarztsitz im MVZ, 2009, S. 215.

131 *Konerding*, Vertragsarztsitz im MVZ, 2009, S. 215 f.; *Zwingel/Preißler*, MVZ, ^{2}2008, S. 140.

132 *Meschke*, MedR 2009, 263, 266 ff.

133 *Kaya*, MVZ auf Gründungs- und Zulassungsebene, 2011, S. 328; *Kroel*, in: Isringhaus/Kroel/Wendland (Hrsg.), MVZ-Beratungshandbuch, 2004, S. 68.

damit gegen die Nachfolge in die MVZ-Zulassung aus[134]. Sie wird in den meisten Fällen auch nicht mehr vonnöten sein: Einerseits können die Anstellungsgenehmigungen, die die Nachbesetzung der MVZ-Zulassung erst interessant machen, mittlerweile gem. § 95 IXb SGB V in Zulassungen rückumgewandelt und auf natürliche Personen übertragen werden, andererseits können Anteile am MVZ veräußert werden, was zum selben Ergebnis führt wie die Nachfolge eines Rechtsträgers in die Zulassung des MVZ[135]. Diese Vorgänge und ihre Auswirkungen auf das Konzessionshandelsverbot sollen daher in den nächsten Kapiteln erläutert werden.

6. Umwandlung der Angestelltengenehmigung, § 95 IXb SGB V

a) Einleitung

Neben den Tatbeständen zum Erwerb einer Angestelltengenehmigung sowie den Möglichkeiten der Nachbesetzung der korrespondierenden Angestelltenstelle verfügt das MVZ seit dem GKV-VStG über die Fähigkeit, Angestelltengenehmigungen gem. § 95 IXb SGB V (§§ 95 II 8 Hs. 2, 103 IVa 4 SGB V) in Vertragsarztzulassungen rückumzuwandeln (s. auch § 32b V Ärzte-ZV). Vor Einführung des § 95 IXb SGB V wurde die Möglichkeit zu einer solchen Umwandlung teils gefordert[136], in Ermangelung einer entsprechenden gesetzlichen Regel kam sie jedoch nicht in Betracht[137]. Dies erkannte der Gesetzgeber, der die wirtschaftliche Verwertung von Angestelltenstellen zulässt, da er in § 95 IXb SGB V keine

[134] BSGE 124, 205 ff. = NZI 2018, 617, 618; a.A. *Fickentscher*, Eigentumsschutz in der Bedarfsplanung, 2022, S. 157 f., der jedoch auch den Wortlaut des § 103 IV SGB V modifizieren will – de lege lata ist jedenfalls die Ansicht des BSG überzeugender, weil sich die Kriterien des § 103 IV 5 SGB V teils nur bedingt auf Institutionen übertragen lassen.

[135] Hierauf verweist auch das Gericht, s. BSGE 124, 205 ff. = NZI 2018, 617, 618; endet die MVZ-Zulassung, ohne dass das MVZ übertragen wurde oder die Angestelltenstellen umgewandelt wurden, gehen die im MVZ gebundenen Versorgungsaufträge jedoch unwiederbringlich unter, sodass man vor dem Hintergrund des dem MVZ-Träger zustehenden Grundrechts auf Eigentum noch über eine Nachfolge in die MVZ-Zulassung nachdenken kann, s. *ders.*, Eigentumsschutz in der Bedarfsplanung, 2022, S. 149 ff.; praktisch scheint es jedoch unwahrscheinlich, dass das BSG die (ohnehin schon reichhaltigen) Möglichkeiten zur Umgehung des Konzessionshandelsverbots erweitern will.

[136] *Kaya*, MVZ auf Gründungs- und Zulassungsebene, 2011, S. 345 m. w. N. in Fn. 1879.

[137] *Konerding*, Vertragsarztsitz im MVZ, 2009, S. 137 ff.; *Dahm*, in: Dahm/Möller/Ratzel (Hrsg.), Rechtshandbuch MVZ, 2005, Kap. VI Rn. 107; *Kroel*, in: Isringhaus/Kroel/Wendland (Hrsg.), MVZ-Beratungshandbuch, 2004, S. 72 ff., der vorgeschlagen hat, dass der angestellte Arzt eines MVZ über § 103 IVa 1 SGB V als angestellter Arzt in ein anderes MVZ transferiert werden könnte.

der Bedarfsplanung entgegenstehende Vorschrift sieht: Angestelltenstellen könnten nicht nur umgewandelt, sondern auch nachbesetzt werden, sodass ein Abbau der Überversorgung ohnehin nicht zu erwarten sei[138]. Darüber hinaus ermöglicht § 95 IXb SGB V (zumindest theoretisch) die Umkehr des Trends, nach dem sich Versorgungsaufträge zunehmend in immer größeren MVZ akkumulieren[139]. Die Vorschrift sieht zwei Varianten im Hinblick auf die Modalitäten der Rückumwandlung vor.

Gem. § 95 IXb Hs. 1 SGB V kann die halbe oder ganze Angestelltengenehmigung[140] auf Antrag in eine Vertragsarztzulassung umgewandelt werden, woraufhin die Zulassung im gewöhnlichen Verfahren nach § 103 IIIa, IV SGB V ausgeschrieben wird, wenn zugleich die Durchführung eines Nachbesetzungsverfahrens beantragt wird. Wird die Durchführung des Nachbesetzungsverfahrens hingegen nicht beantragt, wird gem. § 95 IXb Hs. 2 SGB V der bisher angestellte Arzt Inhaber der Zulassung. Weil die Angestelltenstelle als Recht des anstellenden Arztes bzw. des MVZ ausgestaltet ist und weil Art. 12 I GG dem angestellten Arzt kein Recht auf den Erhalt seiner Stelle vermitteln kann, ist der Antrag auf Umwandlung nicht durch den angestellten Arzt, sondern den Arbeitgeber – also den Träger des MVZ – zu stellen, selbst wenn dieser MVZ-Träger im Rahmen einer Insolvenz aufgelöst wird und die Anstellungsgenehmigung damit verfällt[141]. Der Antrag kann bis zu dem Zeitpunkt zurückgenommen werden, in dem seine Genehmigung durch den Zulassungsausschuss in Bestandskraft erwächst[142]. Danach verliert das MVZ das Recht, die Stelle nachzubesetzen, selbst wenn der begünstigte Arzt nicht im Rahmen der Zulassung tätig wird[143].

Das BSG versteht § 95 IXb SGB V „als Gegenstück zu der Einbringung einer Zulassung in ein MVZ“[144]. Auch das SG Dresden stellte im Zusammenhang mit den Möglichkeiten, den Antrag auf Umwandlung der Angestelltengenehmigung zurückzunehmen, auf diese Parallele ab[145]. Die Umwandlung der Angestellten-

---

[138] BT-Drs. 17/6906, S. 71.

[139] *Gerlach*, in: Krauskopf (Begr.), Soziale Krankenversicherung – Pflegeversicherung, § 95 SGB V Rn. 191 (Stand: Oktober 2016, EL: 93).

[140] Denkbar ist es, mehrere Anstellungsgenehmigungen zu kombinieren, um die Schwelle im Bezug auf das erforderliche Volumen an Stunden zu überschreiten, LSG Bayern, Beschl. v. 14.11.2012 – L 12 KA 145/12 B ER, juris Rn. 32.

[141] BSGE 124, 205 ff. = NZS 2018, 611, 614 f.

[142] S. SG Dresden, Beschl. v. 14.7.2020 – S 11 KA 94/20 ER, BeckRS 2020, 28595 Rn. 34, wobei das Gericht offen lässt, ob die Rücknahme wie im Fall des § 103 IIIa SGB V (hierzu s.o. unter D. I. 2. b) ee)) auch möglich ist, nachdem ein Bewerber ausgesucht wurde; hierfür *Gerdts*, MedR 2021, 195, 196 f.

[143] BSG, Beschl. v. 12.12.2018 – B 6 KA 6/18 B, BeckRS 2018, 36495 Rn. 12.

[144] BSG, Beschl. v. 12.12.2018 – B 6 KA 6/18 B, BeckRS 2018, 36495 Rn. 11.

[145] SG Dresden, Beschl. v. 14.7.2020 – S 11 KA 94/20 ER, BeckRS 2020, 28595 Rn. 29.

genehmigung in eine Vertragsarztzulassung ähnelt in vielerlei Hinsicht einem Fall der Praxisnachfolge. Der Verweis auf die Regeln der Praxisnachfolge wäre dann als Rechtsgrundverweisung zu werten, wobei sich die Frage stellt, welche Regeln für die Variante gelten, im Rahmen derer der bisher angestellte Arzt die Zulassung direkt erhält. Das Risiko, dass die umzuwandelnde Anstellungsgenehmigung gem. § 103 IIIa 3 SGB V eingezogen wird, soll nur bestehen, wenn die Stelle ausgeschrieben wird (weil in diesem Rahmen auf § 103 IV 1 SGB V verwiesen wird, der wiederum auf § 103 IIIa SGB V verweist), nicht jedoch, wenn der einst angestellte Arzt sie direkt erhält (weil § 103 IIIa SGB V im Verfahren des § 103 IVa 1 SGB keine Anwendung findet)[146].

b) Fortführungswille

Eine andere höchstrichterlich ungeklärte Frage besteht darin, inwieweit das Erfordernis des Fortführungswillens i.R.v. § 95 IXb SGB V zu spiegeln ist. Das SG Hamburg verlangt einen solchen „Nutzungs-/Zulassungswillen", der zu verneinen ist, wenn der Arzt erklärt, er wolle eine logische Sekunde nach Erhalt der Zulassung gem. § 103 IVa 1 SGB V in die Anstellung in einem anderen MVZ wechseln: Der Gesetzgeber lasse die Direktübertragung des Versorgungsauftrags auf den bisher angestellten Arzt zu, um nach einer Bewährungsphase die Integration des Arztes in die Führungsriege des MVZ (bzw. der BAG) zu ermöglichen – nicht aber den vor dem Hintergrund der Bedarfsplanung ungewollten Transfer von Vertragsarztstellen[147]. Auch i.R.d. § 95 IXb (Hs. 2) SGB V besteht daher ein der Praxisnachfolge vergleichbares Regel-Ausnahmeverhältnis zwischen Abbau der Überversorgung und Erhalt der Zulassung[148]. Nach einem späteren Urteil des SG Dresden darf der Bewerber um eine nach § 95 IXb Hs. 1 SGB V umgewandelte und ausgeschriebene Zulassung hingegen nicht bevorzugt werden, nur weil er die Praxis des MVZ an der alten Stelle fortführen will: Auch das SG Dresden stellt auf die Möglichkeit ab, den angestellten Arzt zum Vertragsarzt zu befördern, weist jedoch darauf hin, dass dies nur in BAG, nicht aber im MVZ dem Regelfall entspricht, wo „eine Fortführung der Tätigkeit […] gerade nicht möglich oder gewollt" sein wird und dem MVZ-Träger die „Ausschreibung nach

---

146 *Bonvie/Gerdts*, ZMGR 2013, 67, 74; a.A. *Pawlita*, in: Schlegel/Voelzke (Hrsg.), jurisPK-SGB V, 46.12.2021, § 95 SGB V Rn. 1383, der davon ausgeht, dass i.R.d. § 95 IXb SGB V nie ein Verfahren nach § 103 IIIa 1 SGB V durchzuführen ist und den Verweis auf § 103 IV SGB V daher als Rechtsfolgenverweis sehen dürfte.

147 SG Hamburg, GesR 2014, 750, 751 f.

148 SG Hamburg, GesR 2014, 750, 752.

§ 103 IVa 3 SGB V offen stünde“[149]. § 95 IXb SGB V ziele darauf ab, die Zulassung aus dem MVZ herauszulösen, sodass ein Fortführungswille nicht zu fordern sei[150]. Praxisnah stellt das Gericht zudem auf das wirtschaftliche Interesse des MVZ ab, das die Angestelltengenehmigung nur „mit finanziellem Aufwand“ erhalten konnte, sodass der Umstand, dass das MVZ den Nachfolger aussuchen kann, obwohl die Stelle aus dem MVZ herausgelöst wird, als „Ausdruck des von Art. 14 GG geschützten Eigentumsrechts“ gelten kann[151].

Im Hinblick auf einen Zusammenhang zwischen § 95 IXb SGB V sowie § 103 IIIa, IV, IVa SGB V lassen sich zwei Schlüsse aus diesen Urteilen ableiten: Eine Korrelation zwischen § 95 IXb Hs. 1 SGB V und § 103 IIIa, IV SGB V sowie zwischen § 95 IXb Hs. 2 SGB V und § 103 IVa 1 SGB V sehen die Gerichte im Hinblick auf den Fortführungswillen einerseits nicht – im Gegenteil hält das SG Hamburg einen solchen i. R. d. § 95 IXb Hs. 1 SGB V für erforderlich und das SG Dresden i. R. v. § 95 IXb Hs. 2 SGB V nicht. Entscheidend für die Frage nach dem Erfordernis eines Fortführungswillens ist andererseits die Bedeutung, die dem Konzessionshandelsverbot vor dem Hintergrund des Bedarfsplanungsrechts eingeräumt wird.

Mit der Annahme, dass es aus Sicht der Bedarfsplanung keinen Unterschied mache, ob eine Stelle umgewandelt oder nachbesetzt werde[152], vergleicht der Gesetzgeber § 95 IXb SGB V mit der Nachbesetzung der Angestelltenstelle gem. § 95 II 8 i. V. m. S. 5 SGB V ggf. i. V. m. § 103 IVa 5 SGB V. Wirklich passend ist dieser Vergleich jedoch nicht: Das Subjekt, dem die Zulassung zugeordnet ist, ändert sich bei der Umwandlung, nicht aber bei der Nachbesetzung der Angestelltengenehmigung. Dementsprechend verweist § 95 IXb SGB auf § 103 IIIa SGB V und die allgemeinen Regeln der Praxisnachfolge. Diese Regeln versteht die Rechtsprechung als Ausnahmeregel zu dem Grundsatz, dass die Überversorgung abzubauen ist, sodass sie jede Gelegenheit wahrnimmt, die Möglichkeiten der Praxisnachfolge zu begrenzen. Mit der Umwandlung der Angestelltengenehmigung in eine Vertragsarztzulassung entfallen derartige Gelegenheiten. Während die Rechtsprechung den Abbau der Überversorgung aktiv vorantreibt, wenn es den Übergang eines Vertragsarztsitzes vor dem Hintergrund des Konzessionshandelsverbots verhindert, ist der Gesetzgeber lediglich daran interessiert, die Überversorgung nicht zu vertiefen. So setzt sich der Gesetzgeber aber zumindest

149 SG Dresden, MedR 2020, 326, 329 ff.; die Beschwerdeinstanz hat sich zu der Frage nicht weiter geäußert, s. LSG Sachsen, Beschl. v. 13.8.2019 – L 1 KA 5/19 B ER, juris Rn. 9.

150 SG Dresden, MedR 2020, 326, 329.

151 S. SG Dresden, MedR 2020, 326, 330, das sich im Folgenden mit dem aus rechtlicher Perspektive geringen Verkehrswert einer solchen isolierten bzw. herausgelösten Angestelltenstelle auseinandersetzt.

152 BT-Drs. 17/6906, S. 71.

teilweise in einen Widerspruch zu der Rechtsprechung, die zu § 103 IIIa, IV SGB V ergangen ist, und stellt die Bedeutung der Bedarfsplanung und damit die Rechtsprechung zum Konzessionshandelsverbot infrage.

c) Verwertbarkeit der Anstellungsgenehmigungen in der Insolvenz

Über § 95 IXb SGB V kann die Angestelltengenehmigung hypothetisch im Insolvenzverfahren des MVZ-Trägers verwertet werden[153]. Entscheidend ist, zu welchem Zeitpunkt das MVZ i. S. v. § 95 VII 2 Var. 2 SGB V aufgelöst wird, weil mit der Auflösung des MVZ die Angestelltengenehmigung entfallen[154]. Weil das BSG § 95 VII 2 Var. 2 SGB V (nicht gesellschafts-, sondern) vertragsarztrechtlich auslegt, hat das Gericht den Moment der Betriebseinstellung (und nicht die Auflösung oder Beendigung der Trägergesellschaft) als Zeitpunkt festgelegt, in dem sich das MVZ auflöst[155]. Dementsprechend findet sich in der Literatur bereits die Empfehlung, den Antrag auf Umwandlung der Angestelltengenehmigung zu stellen, bevor der Betrieb eingestellt wird[156]. Weil Art. 12 I GG nicht den Bestand des eigenen Arbeitsplatzes gewährleiste, besteht nach dem BSG zudem verfassungsrechtlich kein Anlass dazu, den angestellten Ärzten eines insolventen MVZ ein Recht darauf einzuräumen, die Umwandlung der Stelle, auf der sie angestellt arbeiten, zu verlangen – ein solches Recht ließe sich im Arbeitsvertrag festlegen[157].

Dieses Ergebnis wird vor dem Hintergrund des Art. 12 I GG der angestellten Ärzte sowie der Machtverteilung zwischen Arzt und MVZ kritisiert[158]. Würde man angestellte Ärzte jedoch dazu berechtigen, im Fall der Insolvenz des MVZ-Trägers einen Antrag auf Umwandlung der Anstellungsgenehmigung zu stellen, entstünde ein Interessenkonflikt: Die angestellten Ärzte wären fast dazu angehalten, den MVZ-Träger in die Insolvenz zu treiben, um (umsonst) eine Vertragsarztzulassung zu erhalten. Sinnvoller ist es daher, den angestellten Ärzten de lege ferenda ein Vorkaufsrecht auf den Vertragsarztsitz für den Fall der Insolvenz des MVZ-Trägers zuzugestehen. Hiermit ließe sich die ärztliche Freiberuflichkeit stärken: Die von der (zumindest vorübergehenden) Arbeitslosigkeit bedrohten Ärzte könnten in ihrer Entscheidungsfindung i. R. d. Behandlung beeinträchtigt sein, wenn sie im Zusammenhang mit der Insolvenz ihres Arbeitgebers um ihren Arbeitsplatz bangen und sich so von wirtschaftlichen Motiven leiten

---

153 *Makoski*, MedR 2013, 73.
154 BSGE 124, 205 ff. = NZI 2018, 617, 618 f.
155 BSGE 124, 205 ff. = NZI 2018, 617, 618.
156 *Kuhlmann*, ZMGR 2018, 3, 7.
157 BSGE 124, 205 ff. = NZI 2018, 617, 619 f.
158 *Rixen*, MedR 2018, 667, 672 f.

lassen. Dieser Angst ließe sich mit einem entsprechenden Vorkaufsrecht auf den Vertragsarztsitz beikommen.

Im Insolvenzverfahren hat der Insolvenzverwalter zuletzt keine Möglichkeit, die Ausschreibung der Angestelltengenehmigungen zu veranlassen: Ebenso wie die Vertragsarztzulassung sowie die MVZ-Zulassung, stelle die Angestelltengenehmigung ein höchstpersönliches, unübertragbares Recht des MVZ-Trägers dar, weil der Insolvenzverwalter über die Veräußerung von Anstellungsgenehmigungen auf den Versorgungsauftrag des MVZ und damit seine Zulassung einwirken könne[159]. Problematisch ist diese Sichtweise, weil sie das MVZ in der Insolvenz teilweise handlungsunfähig werden lässt: Der Geschäftsführer muss seine Tätigkeit im Rahmen der Insolvenz einstellen, der ärztliche Leiter ist in zulassungsrechtlichen Angelegenheiten nicht zuständig und nun ist auch der Insolvenzverwalter in seinen Handlungsoptionen beschränkt[160]. Ob dies der Qualität der Versorgung zuträglich ist, darf bezweifelt werden. Zudem entsteht ein Wertungswiderspruch im Vergleich zur BAG: Obwohl die Versorgungsaufträge im MVZ über das Sozialrecht und damit (vermeintlich) stärker an das Kollektiv gebunden sind als in der BAG, in der die Bindung an das Kollektiv nur zivilrechtlich erfolgt, kann der Insolvenzverwalter einer BAG den Verzicht des Arztes auf die Zulassung und den entsprechenden Ausschreibungsantrag forcieren und so die Versorgungsaufträge verwerten[161], im MVZ jedoch nicht. Will man die Bonität eines MVZ verbessern, könnte man daher andenken, schuldrechtliche Vereinbarungen mit den Gläubigern des MVZ zu treffen, in denen sich der MVZ-Träger dazu verpflichtet, seinen Angestellten im Fall der Insolvenz ein Vorkaufsrecht für die Vertragsarztsitze einzuräumen. In diesem Fall müsste der Insolvenzverwalter die Angestelltengenehmigungen noch verwerten können.

d) Konflikte mit dem Konzessionshandelsverbot

Die Regelung des § 95 IXb SGB V befördert den Konzessionshandel, denn „der Angestelltensitz […] erlangt dadurch erstmals Verkehrsfähigkeit“[162]. Rein faktisch sind damit mehr Versorgungsaufträge im Umlauf. Gleichzeitig eröffnet § 95 IXb SGB V neue Gestaltungsmöglichkeiten, um die Grenzen der bisherigen Übertragungstatbestände auszuhebeln: „Vertragsarztsitze werden beispielsweise

---

159 BSGE 124, 205 ff. = NZI 2018, 617, 620 f.; a.A *Ziegler*, ZInsO 2014, 1577, 1581; für weitergehende Befugnisse des Insolvenzverwalters wohl auch *Meschke*, MedR 2009, 263, 265 Fn. 25.

160 *Makoski*, MedR 2013, 664.

161 S.o. C. I. 4. c).

162 *Pawlita*, in: Schlegel/Voelzke (Hrsg.), jurisPK-SGB V, ⁴6.12.2021, § 95 SGB V Rn. 1359.

in eine Berufsausübungsgemeinschaft eingebracht und dann in eine Angestelltenarztstelle umgewandelt, um sie nach einer ‚Schonfrist' wieder in eine Zulassung zurückzuwandeln und dann aus der Berufsausübungsgemeinschaft herauszulösen"[163]. Das BSG hat die Attraktivität dieser Umgehungsmöglichkeit mit seiner Drei-Jahres-Rechtsprechung zu § 103 IVa 1 SGB V zwar verringert, über § 103 IVc 1 SGB V besteht jedoch eine weitere Möglichkeit den Sitz sofort zu übernehmen, wenn auch mit dem Risiko, dass die Auswahlentscheidung des Zulassungsausschusses zuungunsten des MVZ ausfällt oder dass diese Auswahlentscheidung im Nachhinein von Dritten gerichtlich angefochten wird[164]. Fordert man wie das SG Hamburg[165] einen Fortführungswillen bei der Übernahme eines Sitzes gem. § 95 IXb SGB V, ließen sich die entsprechenden Umgehungsversuche zwar weiter eindämmen. Auch dann könnte man versuchen, Ärzten Sitze über § 95 IXb SGB V zu übertragen, diese als Vertragsärzte in einem anderen MVZ arbeiten zu lassen, um die Sitze nach dem Ablauf einer Frist wieder über § 103 IVa 1 SGB V zu übernehmen. Geht man von einem Fortführungswillen aus, der sich auf fünf Jahre erstrecken muss und fordert i. R. d. § 103 IVa 1 SGB V eine dreijährige Anstellung, würden entsprechende Transaktionen acht Jahre in Anspruch nehmen. Von den wirtschaftlichen Risiken einer selbständigen Tätigkeit könnten die Ärzte zwar schuldrechtlich im Innenverhältnis zum MVZ-Träger freigestellt werden. Allerdings könnte man entsprechende Umgehungen des Konzessionshandelsverbots mithilfe der Grundsätze zu Nullbeteiligungsgesellschaften[166] unterbinden[167]. Da eine echte freiberufliche Betätigung im MVZ nach hier vertretener Ansicht jedoch unmöglich ist, scheint eine solche Lösung wenig angebracht. Dies gilt gerade in Anschauung der weitreichenden Möglichkeiten, Sitze beim Transfer des MVZ-Trägers zu übertragen sowie Angestelltenstellen gem. § 24 VII Ärzte-ZV zu verlegen[168].

e) Exkurs: Schicksal der Anstellungsgenehmigung beim Verzicht auf die Vertragsarztzulassung im Verfahren des § 103 IVa 1 SGB V

Kommt eine Umwandlung der Stellen gem. § 95 IXb SGB V nicht in Betracht[169], bleibt das Schicksal von Anstellungsgenehmigungen in Fällen unklar, in denen

---

163 *Steinhilper*, MedR 2012, 617.

164 *Ders.*, MedR 2012, 617.

165 SG Hamburg, GesR 2014, 750, 751 f.

166 S.o. B. III. 3. d).

167 Vgl. zur Nachbesetzung eines ins MVZ eingebundenen Vertragsarztsitzes auch D. III. 2. c).

168 Hierzu s.u. D. II. 7. und 8.

169 Hierzu *Schmidt*, ZMGR 2021, 10, 11.

ein einzeln niedergelassener Vertragsarzt, der weitere Ärzte i. R. v. Anstellungsgenehmigungen beschäftigt, gem. § 103 IVa 1 SGB auf seine Zulassung verzichtet, um in einem MVZ angestellt zu werden. Will man den Angestelltengenehmigungen ihre Wirksamkeit nicht gem. § 39 II SGB X (insbes. durch Erledigung) absprechen, stehen dem Untergang dieser Genehmigungen in derartigen Konstellationen neben der Berufsfreiheit der angestellten Ärzte und der Versorgungskontinuität europarechtliche Erwägungen entgegen: Ein Betriebsübergang (§ 613a BGB) kommt beim Wegfall der Angestelltengenehmigung nicht in Betracht, wobei die Regelung des § 613a BGB letztlich europarechtliche Vorgaben in nationales Recht umsetzt[170]. Hier entstehen ähnliche Probleme, die vor Einführung des § 95 IXb SGB V im Kontext der Nachfolgefähigkeit der MVZ-Zulassung bzw. im Kontext der damals unmöglichen Umwandlung einer Angestelltengenehmigung in eine Vertragsarztzulassung diskutiert wurden[171]. Die Rechtsprechung löst diese Probleme bisher uneinheitlich.

Weil die gesamte Praxis des Vertragsarztes seinem Grundrecht auf Eigentum unterfällt und daher von § 103 IV SGB V geschützt wird, wendete das SG Marburg die (zu § 103 IVa SGB V parallel ausgestaltete) Nachbesetzungsmöglichkeit gem. § 103 IVb S. 2 SGB V a. F. entsprechend an, um den Übergang einer Angestelltengenehmigung an einen Vertragsarzt zu ermöglichen, nachdem ein anderer Vertragsarzt im Verfahren des § 103 IVb 1 SGB V auf seine Zulassung verzichtet hat[172]. Auch das SG München ließ den Übergang einer Angestelltengenehmigung an ein MVZ zu, nachdem der Partner einer BAG, der über eine Anstellungsgenehmigung verfügte, zugunsten der Anstellung in dem MVZ auf seine Zulassung verzichtete[173]. Nur das SG Karlsruhe wandte sich gegen eine solche Übertragung der Anstellungsgenehmigung: Vor dem Hintergrund, dass die Überversorgung abzubauen sei, verneinte es die entsprechende Anwendbarkeit von § 103 IVa SGB V ebenso wie die Verlegung der Angestelltengenehmigung gem. § 24 VII 2 Ärzte-ZV, da das MVZ erst mithilfe der verlegten Angestelltengenehmigung gegründet werden sollte[174].

Vor dem Hintergrund der neueren Rechtsprechung des BSG, im Rahmen derer das Gericht die Anstellungsgenehmigung nicht mehr dem Vertragsarzt, sondern

---

170 *Ders.*, ZMGR 2021, 10, 12 f.

171 S.o. D. II. 5. und 6. a).

172 SG Marburg, MedR 2009, 304, 305 ff.; das Verfahren nach § 103 IVb 1 SGB V läuft parallel zum Verfahren des § 103 IVa 1 SGB V, weshalb der entsprechende Fall der bessere Übersichtlichkeit halber bereits hier im Rahmen der Praxisnachfolge im MVZ behandelt wird.

173 SG München, Urt. v. 20.2.2019 – S 49 KA 508/17, nicht veröffentlich, zit. bei *Schmidt*, ZMGR 2021, 10, 14.

174 SG Karlsruhe, Urt. v. 14.11.2018 – S 4 KA 866/17, nicht veröffentlich, zit. bei *ders.*, ZMGR 2021, 10, 14.

der BAG zuordnet[175], überrascht das Urteil des SG München: Hätte das Gericht die Rechtsprechung des BSG konsequent angewendet, hätte die Anstellungsgenehmigung bei der BAG verbleiben müssen, weil diese nicht mehr akzessorisch zur Vertragsarztzulassung ist. Auch das SG Marburg stellte in der Begründung seiner Entscheidung auf die Akzessorietät der Anstellungsgenehmigung zur Vertragsarztzulassung ab[176]. Insoweit steht dieses Urteil nicht (mehr) im Einklang mit der (späteren) Rechtsprechung des BSG. Ist der Vertragsarzt einzeln niedergelassen, wird man zwar weiterhin davon ausgehen müssen, dass die Anstellungsgenehmigung akzessorisch zu seiner Zulassung ist, weil sie sich nicht an eine BAG anknüpfen lässt. Das MVZ erhält aber nicht die Zulassung des Arztes, sondern nur den Anspruch darauf, dass die Anstellung eines Arztes (mit entsprechendem Abrechnungsvolumen) genehmigt wird – dabei geht das BSG (entgegen der Gesetzesbegründung zu § 103 IIIa SGB V) explizit davon aus, dass der Arzt seine Zulassung nicht ins MVZ mitnimmt[177]. Wenn die Anstellungsgenehmigung akzessorisch zur Vertragsarztzulassung ist, muss sie in solchen Fällen untergehen.

Im Ergebnis muss die Anstellungsgenehmigung dennoch erhalten bleiben[178]. Das Argument des SG Karlsruhe, nach dem einer entsprechenden Anwendung des § 103 IVa SGB V der vom Gesetzgeber beabsichtigte Abbau der Überversorgung entgegensteht, kann im Licht der Gesetzesbegründungen zu § 95 IXb SGB V nicht überzeugen: Schließlich stellte der Gesetzgeber hier nurmehr darauf ab, dass die Überversorgung durch die Nachbesetzung und Umwandlung einer Angestelltenstelle nicht vertieft werden kann[179]. Hiermit stabilisierte er die Angestelltengenehmigung auf Kosten des Abbaus der Überversorgung. Auch das BSG vollzog diesen Kompromiss, indem es die Anstellungsgenehmigung an die Struktur der BAG anknüpfte[180]. Dogmatisch bereitet die Stabilisierung der Anstellungsgenehmigung beim einzeln niedergelassenen Arzt aber Schwierigkeiten, weil er nicht in eine derartige im Vertragsarztrecht anerkannte Struktur eingebunden ist[181]. Will man ihn jedoch nicht schlechter stellen als die BAG oder

---

175 S.o. C.I. 5.

176 SG Marburg, MedR 2009, 304, 307.

177 S.o. D. II. 2. d).

178 So auch LSG Bayern, Urt. v. 30.3.2022 – L 12 KA 14/19 zit. bei *Pawlita*, in: Schlegel/Voelzke (Hrsg.), jurisPK-SGB V, 4 4.10.2022, § 95 SGB V Rn. 1285.1 welches das Urteil des SG München (s.o. Fn. 1794) bestätigte und die Angestelltengenehmigung (wohl im Widerspruch zur neueren BSG Rechtsprechung, s.o. C. I. 5.) nicht der BAG, sondern dem Arzt zuordnete, weil dieser und nicht die BAG im Wortlaut des Genehmigungsbescheids genannt wurde.

179 BT-Drs. 17/6906, S. 71.

180 S.o. C. I. 5.

181 Die hier beschriebenen Probleme stellen sich daher in analoger Form, wenn ein einzeln niedergelassener Vertragsarzt gem. § 103 IIIa, IV SGB V auf seine Zulassung verzichtet. Da die

das MVZ sowie sein Grundrecht auf Eigentum an der Praxis bzw. den Art. 12 I GG seines Angestellten wahren, wird man davon ausgehen müssen, dass die Bindung zwischen Vertragsarzt und Anstellungsgenehmigung dazu führt, dass das den (ehemaligen Vertragsarzt) anstellende MVZ oder die BAG neben dem Versorgungsauftrag des Vertragsarztes auch den mit der Angestelltengenehmigung verbundenen Versorgungsauftrag erhält. Stellt man i. R. d. Beurteilung der Anstellungsgenehmigung als höchstpersönlicher Position anders als das BSG nicht nur auf die Bindung zwischen angestelltem Arzt und Anstellungsgenehmigung, sondern auch auf den Konnex zwischen Vertragsarzt und Anstellungsgenehmigung ab, wird man dann aber zu dem Ergebnis kommen, dass die Höchstpersönlichkeit der Angestelltengenehmigung weiter abnimmt.

7. Transfer des MVZ-Trägers

Der MVZ-Träger kann entweder im Wege eines asset oder share-deals veräußert werden[182]. Im Rahmen eines asset deals werden die einzelnen Wirtschaftsgüter des MVZ an den Erwerber verkauft, i. R. d. share deals hingegen Unternehmensanteile (§ 453 BGB)[183]. Da die vertragsärztliche Zulassung sowie die Anstellungsgenehmigung nicht separat veräußerbar sind und eine Nachfolge in die MVZ-Zulassung ausgeschlossen ist[184], muss der Erwerber i. R. d. asset deals nicht nur selbst zugelassener Leistungserbringer sein, sondern Anstellungsgenehmigungen beantragen oder im gesperrten Bereich über § 103 IVa 1, IVc 1 SGB V erhalten, um das MVZ neu aufzubauen[185].

Aus dieser Perspektive wird der share deal für ihn regelmäßig die bessere Variante darstellen: Wird das MVZ von einer GmbH getragen[186], ist die Zulassung

---

bisherige Rechtsprechung Fälle des § 103 IVa, IVb SGB V behandelt, wurde das Problem i. R. d. Praxisnachfolge gem. § 103 IIIa, IV SGB V ausgeklammert. Hier hängt der Übergang der Angestelltengenehmigung ggf. an der Frage, ob der Zulassungsausschuss dieselbe Zulassung ausschreibt, auf die der Vertragsarzt verzichtet hat oder ob diese Zulassung mit dem Verzicht erlischt, wobei der Zulassungsausschuss i. R. d. Ausschreibung eine neue Zulassung kreiert.

[182] Statt vieler *Meschke*, MedR 2009, 263, 265.

[183] Statt vieler *Kaya*, MVZ auf Gründungs- und Zulassungsebene, 2011, S. 324.

[184] S.o. C. I. 2. b) cc), C. I. 4. b) und D. II. 5.

[185] Vgl. *Kaya*, MVZ auf Gründungs- und Zulassungsebene, 2011, S. 328.

[186] Wird das MVZ hingegen von einer Personengesellschaft getragen, richtet sich die Übertragung der Zulassung im Rahmen der Gesamtrechtsnachfolge bei einer Beendigung (und Liquidation) der Gesellschaft nach den Grundsätzen der Rechtsnachfolge im öffentlichen Recht, wobei hier die Frage nach der Nachfolgefähigkeit der Zulassung zentral ist, s. *dies.*, MVZ auf Gründungs- und Zulassungsebene, 2011, S. 326 f. sowie *Meschke*, MedR 2009, 263, 268 ff. der zunächst darstellt, dass die wohl h.M. die Nachfolgefähigkeit für höchstpersönliche Rechte wie

(und mit ihr die Angestelltengenehmigung über das MVZ) nicht mehr an eine natürliche, sondern eine juristische Person gebunden. Diese Bindung bleibt unverändert bestehen, auch wenn sich die Zusammensetzung der an der GmbH beteiligten Personen verändert – das MVZ muss der KV lediglich mitteilen, dass ein Gesellschafterwechsel stattgefunden hat sowie einen Nachweis erbringen, dass der neu eingetretene Gesellschafter, der der KV gegenüber eine Bürgschaftserklärung für die MVZ-GmbH abzugeben hat, ein Leistungserbringer i. S. d. § 95 Ia 1 SGB V ist[187]. Hiermit wird jedoch die Nichtübertragbarkeit der Zulassung als höchstpersönlicher Position „in Frage gestellt“[188] bzw. „durchbrochen“[189]. Da die Anstellungsgenehmigung nicht dem angestellten Arzt, sondern dem MVZ zugeordnet ist[190], lassen sich Versorgungsaufträge über die Anbindung an ein MVZ unter zugelassenen Leistungserbringern handelbar machen.

Konsequenzen für die Regeln zur Praxisnachfolge hat dieser Umstand jedoch nie entfaltet: Dies hängt im Wesentlichen damit zusammen, dass die Übertragung eines MVZ samt seiner Zulassung und Angestelltengenehmigungen nicht als Verstoß gegen das Verbot des Konzessionshandels begriffen wird: Vorliegend werde nur der Rechtsträger, nicht aber die Konzession übertragen – dieses Ergebnis sei seitens des Gesetzgebers sogar erwünscht[191]. Die Differenz, die sich

---

die vertragsärztliche Zulassung pauschal ablehnt. *Meschke* stellt dem jedoch eine andere Sichtweise entgegen: Vor dem Hintergrund des § 95 VI 3 SGB V, nach dem das MVZ die Zulassung erst nach 6 Monaten verliert, wenn ein Gesellschafter die Eigenschaft als Leistungserbringer nicht mehr vorweist, sowie im Kontext des § 2 I Ärzte-ZV, nach dem der MVZ-Träger die KV über alle „arztregisterrelavanten Aspekte“ wie Wechsel der Gesellschafter oder des Rechtsträgers in Kenntnis setzen muss, soll die Rechtsnachfolge auf den „letzten verbleibenden Gesellschafter“ im Gegensatz zu einem „bisherigen Nichtgesellschafter“ möglich sein, sofern aus behördlicher Perspektive keine Umgehung des § 103 IV SGB V gewollt ist. Nachdem der Gesetzgeber in § 95 Ia 3 SGB V klargestellt hat, dass MVZ nicht von natürlichen Personen getragen werden können, dürfte die praktische Relevanz dieser Ansicht zwar stark eingeschränkt sein. Interessant ist sie jedoch aus historischen Gründen, da sie Rückschlüsse darauf zulässt, dass die Höchstpersönlichkeit bzw. die Unübertragbarkeit der Zulassung als Folge der MVZ-Einführung zumindest teilweise abgeschliffen wurde.

187 BSG, MedR 2015, 617, 618: „Jedenfalls wenn die juristische Person ihrer rechtlichen Gestalt nach unverändert bleibt, haben Änderungen in der Zusammensetzung der Gesellschaft zunächst nur Folgen für die Frage, durch wen die Bürgschaftserklärung abzugeben ist“; s. auch *Fickentscher*, Eigentumsschutz in der Bedarfsplanung, 2022, S. 136; *Kaya*, MVZ auf Gründungs- und Zulassungsebene, 2011, S. 325 f.; *Meschke*, MedR 2009, 263, 268.

188 *Kaya*, MVZ auf Gründungs- und Zulassungsebene, 2011, S. 332; *Konerding*, Vertragsarztsitz im MVZ, 2009, S. 217.

189 *Prütting/Prütting*, Medizin- und Gesundheitsrecht, ^{2}2021, § 15 Rn. 5.

190 Zum Mono-MVZ s. o. B. III. 4. c) bb).

191 *Kroel*, in: Isringhaus/Kroel/Wendland (Hrsg.), MVZ-Beratungshandbuch, 2004, S. 70 f.

zu Vertragsärzten ergibt, soll (auch vor dem Hintergrund von Art. 3 I GG) „nur konsequente Folge bestehender struktureller Unterschiede“ sein[192].

Hierbei handelt es sich jedoch um eine ausgesprochen formelle Betrachtungsweise. Deutlich wird dies, wenn man von der Zulässigkeit des Mono-MVZ ausgeht: Ein Arzt kann seine Zulassung dann bspw. gem. § 103 IVa 1 SGB V in ein selbst gegründetes MVZ einbringen, um dieses MVZ nach drei Jahren an einen anderen zugelassenen Leistungserbringer zu veräußern, ohne den gesetzlichen oder von der Rechtsprechung installierten Beschränkungen der sonstigen Übertragungstatbestände zu unterliegen. Im Ergebnis ist die Zulassung damit verkehrsfähig, wobei auch in diesem Fall nur der Rechtsträger und nicht die Zulassung an sich übertragen wird. Diese Umgehungsmöglichkeit des Konzessionshandelsverbots lässt sich entweder als Argument gegen das Ein-Mann-MVZ verwerten oder mit dem Hinweis auf die Unzulässigkeit des Mono-MVZ abweisen[193]. Aber selbst, wenn man das Mono-MVZ für unzulässig hält, lassen sich die Vorschriften zur Praxisnachfolge weiterhin umgehen, wenn der Arzt bspw. eine halbe Angestelltengenehmigung erwirbt und in diesem Rahmen einen Arzt anstellt. Bedenklich ist zudem, dass der Käufer des MVZ bei derartigen Konstellationen bereits selbst zugelassen sein muss. Die Umgehung der Regelungen in § 103 IIIa, IV, IVa 1, IVc 1 SGB V begünstigt daher eine Konzentration von Arztstellen bei wenigen MVZ. Kritisch scheint dies vor dem Hintergrund des Rechts junger Ärzte aus Art. 12 I GG i. V. m. Art. 3 I GG.

Die formelle Betrachtungsweise ist mit den möglichen Teloi des Konzessionshandelsverbots[194] nicht zu vereinbaren: Werden MVZ bspw. im Fall mangelnder Profitabilität nicht geschlossen, sondern veräußert, werden Versorgungsaufträge seltener abgebaut. Zudem werden dem Zulassungsausschuss so Möglichkeiten genommen, die persönlichen Merkmale eines Kandidaten zu prüfen, bevor er in der GKV tätig werden darf: Werden die Sitze eingezogen und ggf. neu ausgeschrieben, kommt es zu einer entsprechenden Prüfung, nicht aber wenn der MVZ-Träger veräußert wird, da der anzustellende Arzt vom MVZ-Erwerber (ggf. neu) ausgesucht wird, während der Zulassungsausschuss lediglich über ei-

---

[192] *Dorra*, ZMGR 2016, 89, 90.

[193] S.o. B. III. 4. b) dd) (4).

[194] Die Teloi des Konzessionshandelsverbots sind eng mit der höchstpersönlichen Natur der Zulassung verknüpft. Zu ihnen zählen der Abbau der Überversorgung, der Erhalt der Prüfungskompetenz des Zulassungsausschusses im Hinblick auf die Überprüfung der Zulassungsvoraussetzungen (insbes. der Geeignetheit des Arztes) sowie die hiermit in Verbindung stehende persönliche Leistungserbringung, die der höchstpersönlichen Zulassung bedarf, s.o. C. I. 2. b) cc).

nen entsprechenden Wechsel in Kenntnis zu setzen ist[195]. Die persönliche Leistungserbringung spielt im MVZ zuletzt ohnehin keine Rolle mehr.

8. Verlegung der Angestelltengenehmigungen, § 24 VII 2 Ärzte-ZV

Eine weitere Methode, den Versorgungsauftrag auf einen anderen Rechtsträger zu verschieben, liegt in der Übertragung von Anstellungsgenehmigungen unter MVZ. Ein Bedürfnis für einen flexiblen Umgang mit Anstellungsgenehmigungen bestand seit Einführung des MVZ. Früh wurde befunden, dass die Abtretung einer Angestelltenstelle zwischen zwei MVZ, die im selben Planungsbereich liegen und über einen identischen Träger verfügen, möglich sein sollte[196]. Ebenso wie die Vertragsarztpraxis ohne Zulassung nicht betrieben werden kann und damit ihren Wert verliert[197], kann das MVZ ohne Anstellungsgenehmigungen nicht betrieben werden, sodass es unabhängig von Art. 14 I GG[198] vor dem Hintergrund von Art. 3 I GG geboten sei, die Übertragung von Anstellungsgenehmigungen zu ermöglichen[199].

Vorgeschlagen wurde Anstellungsgenehmigungen über (§ 72 I 2 SGB V i. V. m.) § 103 IVa 1 SGB V auf andere MVZ zu übertragen[200]. Dieser Anwendung des § 103 IVa 1 SGB V stellte sich das BSG jedoch entgegen: Der Wortlaut der Vorschrift erfordert den Verzicht eines Vertragsarztes auf seine Zulassung und damit seinen Status als Vertragsarzt, nicht aber den Verzicht eines MVZ auf eine Anstellungsgenehmigung, die den MVZ-Status nicht begründet, sondern lediglich modifiziert[201]. Neben einer Anwendung von § 24 VII Ärzte-ZV a. F.

---

195 S.o. D. II. 4. b).

196 *Möller*, in: Dahm/Möller/Ratzel (Hrsg.), Rechtshandbuch MVZ, 2005, Kap. IX Rn. 77.

197 S.o. unter C. II. 2.

198 Unter den Aspekten der Privatnützigkeit, Eigenleistung sowie der (nicht anzuwendenden) Existenzsicherung bejaht *Fickentscher*, Eigentumsschutz in der Bedarfsplanung, 2022, S. 144 ff., S. 175 ff. den Eigentumsschutz sowohl der MVZ-Zulassung als auch der Angestelltengenehmigung des MVZ.

199 *Rehborn*, MedR 2010, 290, 296; gegen dieses Argument ließe sich jedoch anführen, dass Anstellungsgenehmigungen sich auch im Rahmen der Übertragung einer MVZ-GmbH im Wege eines share-deals verwerten lassen, was die Ungleichbehandlung zwischen MVZ und Vertragsarzt schon vor Einführung des § 24 VII 2 Ärzte-ZV abdämpfte.

200 *Kroel*, in: Isringhaus/Kroel/Wendland (Hrsg.), MVZ-Beratungshandbuch, 2004, S. 72 f.; vgl. zudem *Rehborn*, MedR 2010, 290, 297 f., der vorschlug § 103 IV, IVa 1, IVc 1 SGB V analog anzuwenden, um den Konzessionshandel zu unterbinden (allerdings nur auf den Verkauf von Abteilungen des MVZ).

201 BSG, MedR 2012, 544, 546.

scheiterte eine analoge Anwendung des § 103 IVa 1 SGB V sowohl an einer planwidrigen Regelungslücke – die das Gericht im Zusammenhang mit den ausdifferenzierten Regeln zur Praxisnachfolge bzw. Zulassungsübertragung nicht erkennen konnte – als auch an der vergleichbaren Interessenlage – § 103 IVa SGB V diene dem Zweck, den Aufbau von MVZ sowie den Wechsel eines Vertragsarztes in die abhängige Beschäftigung, nicht aber dem Zweck, den Transfer von Anstellungsgenehmigungen zu ermöglichen[202].

Kritisiert[203] wurde das Urteil, weil die Übertragung einer Anstellungsgenehmigung schon damals über den Umweg der Umwandlung der Anstellungsgenehmigung in eine Vertragsarztzulassung gem. § 95 IXb SGB V und dem anschließenden Verzicht des begünstigten Arztes gem. § 103 IVa 1 SGB V in Betracht kam[204]. Dementsprechend konnte es nicht verwundern, dass der Gesetzgeber i. R. d. GKV-VStG mit § 24 VII 2 Ärzte-ZV als Reaktion[205] auf dieses Urteil eine Regelung einführte, welche entsprechend der Verlegung des Vertragsarztsitzes gem. § 24 VII 1 Ärzte-ZV die Verlegung von Angestelltengenehmigungen ermöglicht.

In seiner Gesetzesbegründung zu § 24 VII 2 Ärzte-ZV hob der Gesetzgeber hervor, dass MVZ mithilfe dieser Regelung Vertragsärzten gleichgestellt werden sollen: Hält ein Träger mehrere MVZ oder sind an unterschiedlichen MVZ-Trägergesellschaften dieselben Gesellschafter beteiligt, soll die Verlegung von Angestelltenstellen zwischen den entsprechenden MVZ möglich sein, wenn keine Versorgungsgründe[206] entgegenstehen[207]. Trotz dieser Gesetzesbegründung und im Zusammenhang mit dem knappen Wortlaut des § 24 VII 2 Ärzte-ZV er-

---

202 BSG, MedR 2012, 544, 546 f.

203 *Clemens/Meschke*, MedR 2012, 544, 544 f.; dabei schien es dem Gericht jedoch nie um die inhaltliche Ebene zu gehen, sondern nur um die formelle gesetzliche Ausgestaltung, da es selbst auf Gestaltungsmöglichkeiten hinwies, die die Verschiebung der Angestelltenstelle betrafen, BSG, MedR 2012, 544, 547.

204 Zu dieser Gestaltungsvariante auch *Klöck*, NZS 2013, 368, 372, der meint, die Berufsfreiheit des angestellten Arztes, dessen Stelle umgewandelt werde, um anschließend über § 103 IVa 1 SGB V in ein anderes MVZ eingebracht zu werden, gebiete eine direkte Übertragungsmöglichkeit, da der Arzt nicht dazu gezwungen werden könne, zwischenzeitlich freiberuflich tätig zu werden. Ob die Berufsfreiheit des angestellten Arztes derartige Flexibilisierungen der Angestelltengenehmigung rechtfertigt, die in erster Linie als Recht des MVZ ausgestaltet ist, darf jedoch bezweifelt werden. *Klöck* geht davon aus, dass die Interessen des MVZ und des angestellten Arztes übereinstimmen. Will das MVZ die Anstellungsgenehmigung aber gegen den Willen des Arztes verlegen, spricht die Berufsfreiheit des Angestellten eher für eine Begrenzung der Möglichkeiten, die Stelle zu verlegen.

205 BSGE 131, 73 ff. = MedR 2021, 572, 574 f.; BSG, MedR 2018, 353, 355; dies war bereits in der Literatur angemerkt worden, *Dorra*, ZMGR 2016, 89, 93 m. w. N. in Fn. 26.

206 Hierzu s. o. unter D. II. 2. c).

207 BT-Drs. 18/4095, S. 147.

achtete das SG Hamburg eine Sitzverlegung zwischen zwei MVZ mit unterschiedlichen Trägergesellschaften für unzulässig, obwohl derselbe Gesellschafter an ihnen beteiligt war: Auch ein Vertragsarzt, mit dem das MVZ laut Gesetzgeber gleichgestellt werden soll, könne seinen Sitz i. R. d. § 24 VII 1 Ärzte-ZV nur verlegen, nicht aber auf einen anderen Rechtsträger übertragen[208]. Würde man eine solche Verlegung der Angestelltengenehmigung zulassen, wären MVZ gegenüber Vertragsärzten bessergestellt, wobei dieser Vorteil – wie im vorliegenden Fall – vor allem außerfachlichen Kapitalinvestoren zugutekäme, deren Einflussnahme auf die Gesundheitsversorgung aber nach dem „gesetzgeberischen Willen, die Unabhängigkeit medizinischer Entscheidungen" zu bewahren, einzudämmen sei[209].

Dieses Urteil lief der Gesetzesbegründung des § 24 VII 2 Ärzte-ZV sowie der Rechtsprechung des BSG zu der Vorschrift diametral entgegen[210]. Das BSG hob es in der nächsten Instanz dementsprechend auf: Vor dem TSVG sei unklar gewesen, ob eine GmbH mehrere MVZ tragen könne[211], sodass in bestimmten Zulassungsbezirken mehrere GmbH gegründet werden mussten, die MVZ einzeln trugen – aus den Gesetzgebungsmaterialen zu § 24 VII 2 Ärzte-ZV ergebe sich aber, dass auch eine Verlegung der Anstellungsgenehmigungen zwischen diesen einzeln getragenen MVZ möglich sein soll[212]. Der Gesetzgeber habe den Einfluss von Kapitalinvestoren zudem nur im vertragszahnärztlichen, nicht aber im vertragsärztlichen Bereich begrenzen wollen[213].

Zuletzt registriert zwar auch das BSG den Unterschied zwischen der Sitzverlegung eines Arztes, die seinen Zulassungsstatus nicht betrifft, sowie der Verlegung einer Anstellungsgenehmigung zwischen MVZ, die den Zulassungsstatus eines MVZ einschränkt, den eines anderen erweitert und somit modifiziert: Es bespricht diese Differenz aber anders als das SG Hamburg nicht bei der Auslegung der Gesetzesbegründung und vor dem Hintergrund einer Besser- bzw. Gleichstellung des MVZ gegenüber dem Vertragsarzt, sondern der Frage, ob § 98 I SGB V eine ausreichende Ermächtigungsgrundlage für § 24 VII 2 Ärzte-ZV darstellt[214]. In diesem Rahmen fällt es dem Gericht leichter, den Unterschied zu relativeren, indem es darauf hinweist, dass § 24 VII 2 Ärzte-ZV nur bereits erteilte Anstellungsgenehmigungen unter bereits zugelassenen Leistungserbringern

---

208 SG Hamburg, MedR 2020, 68, 70.
209 SG Hamburg, MedR 2020, 68, 70.
210 *Fiekas*, MedR 2020, 70, 71 f.
211 Hierzu s.o. B. III. 4. b) bb).
212 BSGE 131, 73 ff. = MedR 2021, 572, 574 f.; zustimmend *Fiekas*, MedR 2021, 577, 577 ff.
213 BSGE 131, 73 ff. = MedR 2021, 572, 575.
214 BSGE 131, 73 ff. = MedR 2021, 572, 576 f.

und bereits in der GKV tätigen Ärzten betrifft, somit keinen neuen Status (ab-)schafft und daher von § 98 I SGB V gedeckt ist – auch weil er lediglich die Spielräume von MVZ erweitert, ohne andere Leistungserbringer einzuschränken[215].

Diese Argumentation liegt zwar auf derselben Linie eines vorangegangenen Urteils: Hier befand das BSG, dass die Gründung eines MVZ durch die Verlegung von Angestelltengenehmigung desselben Trägers auf ein neues MVZ über 24 VII 2 Ärzte-ZV nicht zulässig sei, da für die Schaffung eines neuen Zulassungsstatus allein eine Regelung in der Ärzte-ZV als Rechtsverordnung nicht ausreiche, sondern vielmehr eine Modifikation der Ermächtigungsnorm des § 95 I, Ia, II SGB V erforderlich sei[216]. Auch Vertragsärzte könnten kein neues Zulassungssubjekt erschaffen[217]. Die Sinnhaftigkeit dieses Urteil wird teils angezweifelt. Wie im Rahmen der Verlegung der Anstellungsgenehmigung vor Einführung des § 24 VII 2 Ärzte-ZV kann der MVZ-Träger es umgehen, indem er seine Anstellungsgenehmigung gem. § 95 IXb SGB V in eine Zulassung umwandelt sowie den zugelassenen Arzt ein MVZ gründen und zugunsten dieses MVZ gem. § 103 IVa 1 SGB V auf seine Zulassung verzichten lässt[218].

Die vom SG Hamburg angesprochene Besserstellung des MVZ gegenüber dem Vertragsarzt besteht aber weiterhin, wenn man in der Modifikation des Zulassungsstatus ein Mehr gegenüber der reinen Sitzverlegung sieht. Die Gesetzesbegründung, die wenig sinnvoll eine Gleichstellung des MVZ mit Vertragsärzten durchzusetzen sucht[219], überdeckt, dass der Gesetzgeber mit § 24 VII 2 Ärzte-ZV einen weiteren Übertragungstatbestand für Versorgungsaufträge (unter zugelassenen Leistungserbringern) eingeführt hat. Sinnvoll ist daher der Vorschlag, den Vertragsarzt mit dem MVZ gleichzusetzen, indem man ihm die Möglichkeit gibt, Anstellungsgenehmigungen auf eine MVZ-GmbH, an der er allein beteiligt ist[220], oder zwischen zwei seiner Praxen zu verlegen, die jeweils auf halben Zulassungen beruhen[221]. Bei diesen Beispielfällen, in denen der Vertrag-

---

215 BSGE 131, 73 ff. = MedR 2021, 572, 576 f.

216 S. BSG, MedR 2018, 353, 355 f., das zuvor ausführt, dass auch eine analoge Anwendung von § 103 IVa 1 SGB V nicht in Betracht kommt, da diese Vorschrift zu einem Statuswechsel, nicht aber der Schaffung eines neuen Status führe.

217 S. BSG, MedR 2018, 353, 356.

218 *Kuhlmann*, ZMGR 2018, 3, 8.

219 Krit. auch *Dorra*, ZMGR 2016, 89, 93, der unter dem Hinweis auf das erste BSG Urteil aus dem Jahr 2011 (BSG, MedR 2012, 544 ff.) darstellt, dass auch Vertragsärzte nur ihre Zulassung, nicht aber Anstellungsgenehmigungen verlegen konnten, sodass eine Gleichstellung zwischen MVZ und Vertragsärzten nie erforderlich gewesen wäre. Zudem konnten MVZ auch schon vor der Einführung des § 24 VII Ärzte-ZV ihren Sitz verlegen, s. BSG, MedR 2012, 544, 547.

220 *Preißler*, in: FS Dahm, 2017, S. 335, 342.

221 *Dorra*, ZMGR 2016, 89, 93.

sarzt § 24 VII 2 Ärzte-ZV nutzbar machen kann, wird es sich im Vergleich zur Verlegung von Angestelltengenehmigungen unter MVZ aber um Ausnahmefälle handeln. § 24 VII 2 Ärzte-ZV führt dazu, dass MVZ ihre Marktmacht Vertragsärzten (denen wiederum die MVZ-Gründung offensteht) gegenüber besser ausspielen können.

Insofern werden auch hier freiberufliche Grundsätze tangiert: Vor dem Hintergrund der Zunahme von Kapitalinvestoren im medizinischen Bereich führt das SG Hamburg aus, dass ein Verständnis, nach dem Anstellungsgenehmigungen gem. § 24 VII 2 Ärzte-ZV auch zwischen Gesellschaften mit identischen Gesellschaftern verlegt werden können, „dem Ziel der Unabhängigkeit medizinischer Entscheidungen zuwider" läuft[222]. Je größer der Betreiber eines MVZ ist, desto eher wird er über mehrere MVZ in unterschiedlicher Trägerschaft (ggf. an verschiedenen Standorten) verfügen und daher das Bedürfnis haben, Anstellungsgenehmigungen zwischen diesen MVZ zu verlegen. Das SG Hamburg versucht mit seiner Auslegung von § 24 VII 2 Ärzte-ZV, die ärztliche Behandlungsfreiheit zu stärken, indem es große Strukturen weniger attraktiv macht. Dem stellt sich das BSG entgegen, wenn es darauf hinweist, der Gesetzgeber des TSVG wolle den Einfluss von Investoren nur im zahnmedizinischen Bereich eindämmen. Dies kann angesichts der Einschränkungen von MVZ-Gründungen im Bereich der Nephrologie[223] durch das TSVG nicht vollends überzeugen und übergeht die vom SG Hamburg angesprochene Motivation des Gesetzgebers des GKV-VSG[224]. Die Gesetzesbegründung des § 24 VII 2 Ärzte-ZV und ihre Interpretation durch das BSG lässt sich jedoch auch mit einem geänderten Verständnis im Hinblick auf die ärztliche Freiberuflichkeit erklären: Waren früher freiberufliche Strukturen dafür verantwortlich, die Entscheidungsfreiheit des Arztes in der Behandlungssituation abzusichern (auch, indem sie die Möglichkeit, die Praxis zu skalieren und so große Einheiten aufzubauen begrenzte[225]), behilft sich der Gesetzgeber nun anderer Mittel: Die ärztliche Leitung im MVZ soll die Freiheit der ärztlichen Entscheidung sicherstellen[226], während Behandlungsrichtlinien die Qualität der Behandlung gewährleisten[227]. Die freiberuflichen Strukturen sind dann nicht mehr im selben Ausmaß erforderlich wie zuvor.

Die Schwächung freiberuflicher Prinzipien ermöglicht es, große Leistungserbringer im ambulanten Bereich aufzubauen, führt dazu, dass Vorschriften wie die des § 24 VII 2 Ärzte-ZV erforderlich werden und begünstigt so den Zulassungs-

---

222 SG Hamburg, MedR 2020, 68, 70.

223 Im Detail s. *Ladurner*, MedR 2019, 519, 520 f.

224 S. BT-Drs. 17/6906, S. 70 f.

225 Hierzu s.o. unter B. II. 2.

226 S.o. B. III. 4. b) cc).

227 S.o. B. III. 5.

handel. Diese Gefahr sieht auch das BSG, wobei es versucht, ihr beizukommen, indem es eine strikte Identität der Gesellschafter der Trägergesellschaften fordert[228]. Vollständig überzeugen kann diese Einschränkung jedoch nicht, da sich die an der Trägergesellschaft beteiligten Gesellschafter unproblematisch auswechseln lassen, solange sie in der GKV zugelassen sind[229]. Häufig wird unter den Parteien zwar kein Interesse daran bestehen, einen Konkurrenten an der eigenen Gesellschaft zu beteiligen sowie Anteile an seiner Gesellschaft zu erhalten. Zusammen mit den Möglichkeiten, den Träger eines MVZ zu veräußern, ergibt sich hier jedoch eine neue Möglichkeit, Anstellungsgenehmigungen unter zugelassenen Leistungserbringern handelbar zu machen: Hierfür muss der Betreiber eines MVZ eine zweite Trägergesellschaft in Form einer GmbH gründen und eine MVZ-Zulassung für diese GmbH beantragen. Daraufhin kann er gem. § 24 VII 2 Ärzte-ZV Anstellungsgenehmigungen vom ersten auf dieses zweite MVZ übertragen, um die Träger-GmbH des zweiten MVZ im nächsten Schritt an einen anderen Leistungserbringer zu veräußern. Der Käufer kann die Anstellungsgenehmigung nun gem. § 24 VII 2 Ärzte-ZV auf sein MVZ übertragen.

Diese Gestaltungsmöglichkeit legalisiert nicht nur den Konzessionshandel noch weiter, sie verringert auch den Grad, zu dem die Anstellungsgenehmigung als höchstpersönlich gelten kann: Die Höchstpersönlichkeit der Anstellungsgenehmigung geht auch auf die Möglichkeiten der Zulassungsausschüsse zurück, vor der Zulassung bzw. Anstellung eines Arztes zu kontrollieren, inwieweit dieser Arzt die persönlichen Voraussetzungen der Tätigkeit in der GKV erfüllt[230]. Lässt man die Verlegung von Anstellungsgenehmigungen unter MVZ zu, perpetuiert dies die verminderten Kontrollmöglichkeiten der Zulassungsausschüsse, die im Zusammenhang mit der Nachbesetzung der Anstellungsgenehmigung festgestellt worden sind[231]. Festzuhalten ist, dass sich auch an § 24 VII 2 Ärzte-ZV eine Verringerung des Grades abzeichnet, zu dem das Gesundheitssystem als freiberuflich sowie die Zulassung als höchstpersönlich und dementsprechend nicht handelbar erscheint.

9. Zwischenergebnis

Dennoch hält die Rechtsprechung am Konzessionshandelsverbot fest. Insofern bestätigt sich ein Muster, das sich im Rahmen der Praxisnachfolge gem. § 103 IIIa, IV SGB V angedeutet hat. Während der Gesetzgeber unter dem Topos der

[228] BSGE 131, 73 ff. = MedR 2021, 572, 575 f.
[229] Vgl. *Porten*, NZS 2015, 732, 735.
[230] S.o. C. I. 3. b).
[231] S.o. D. II. 4. b).

Liberalisierung des Vertragsarztrechts immer neue Wege schafft, die vertragsärztliche Zulassung isoliert übertragen zu können, schränkt die Rechtsprechung die Übertragungsmöglichkeiten mit dem Verweis auf das Konzessionshandelsverbot wieder ein.

§ 103 IVa 1 SGB wurde teils als Vorschrift charakterisiert, die den Konzessionshandel legalisierte. Man könnte daraus schließen, dass der Gesetzgeber es vorzieht, die Teilnahmeform des MVZ zu fördern, statt die strikten Vorgaben der Bedarfsplanung einzuhalten. Das BSG stellt sich mit seiner Drei-Jahres-Rechtsprechung gegen diese Wertung, um Gestaltungsmöglichkeiten der Zulassungsübertragung einzudämmen. Auch i. R. v. § 103 IVc 1 SGB V versucht die Rechtsprechung die Übertragungsmöglichkeiten der Zulassung zu beschränken, indem sie im Zusammenhang mit dem Wortlaut der Norm fordert, dass die allgemeinen Voraussetzungen der Praxisnachfolge vorliegen. Das Konzessionshandelsverbot lässt sich in seiner aktuellen Form aber nur in Teilen auf das MVZ übertragen, weil es (stillschweigend) auf Grundvoraussetzungen der freiberuflichen Betätigung abzielt, die im MVZ aufgrund seiner (freiberuflichen Grundsätzen widersprechenden) Struktur nicht gegeben sind. Diese Feststellung wird durch die Konzeptbewerbung bestätigt, wo sich das BSG weigert, den gesetzgeberischen Willen umzusetzen: Vielmehr wirft sie ihm vor, die strukturellen Folgen seines Handelns nicht bedacht zu haben.

Dabei will das BSG den strukturellen Wandel im Zulassungsrecht nicht anerkennen, der mit der Einführung des MVZ angestoßen wurde. Das Narrativ der vertragsärztlichen Zulassung als höchstpersönlicher Position wird in seinem Licht immer weniger haltbar, da die Anstellungsgenehmigung als Derivat der Zulassung nicht mehr im selben Maße höchstpersönlich zu sein vermag. Dies wird nicht nur durch die Konzeptbewerbung offengelegt, sondern auch durch die Möglichkeit, die Angestelltenstelle nachzubesetzen: Hier entscheidet nicht mehr der Zulassungsausschuss darüber, welcher Arzt Patienten behandeln soll und Mitglied in der KV wird, sondern das MVZ, das Angestellte als eigens zugelassener Leistungserbringer auswechseln kann. Die verringerte Höchstpersönlichkeit der Angestelltengenehmigung schlägt sich auch darin nieder, dass sie sechs Monate bzw. als Viertelstelle sogar ein Jahr (und ggf. noch darüber hinaus) lang unbesetzt bleiben und damit unabhängig von einem Arzt bestehen kann. Zudem fördert die Umwandlung der Angestelltengenehmigung in eine Vertragsarztzulassung gem. § 95 IXb SGB V den Konzessionshandel. Auch hier versuchen die Gerichte Gestaltungsmöglichkeiten einzuschränken, indem sie teils einen Fortführungswillen fordern, was sich jedoch insoweit als fragwürdig darstellt, als dass § 95 IXb SGB V darauf abzielt, den Vertragsarztsitz aus dem MVZ herauszulösen.

Während das BSG die Nachfolge in die MVZ-Zulassung im Zusammenhang mit ihrer höchstpersönlichen Natur sowie den Kriterien des § 103 IV 5 SGB V, die nicht zum MVZ passen, ablehnt, verweist das Gericht auf die Möglichkeit, den MVZ-Träger zu übertragen. Ein solcher Transfer steht aber dem Abbau von Versorgungsaufträgen und damit dem Hauptzweck des Konzessionshandelsverbots entgegen. Dieses wurde durch die Möglichkeit, MVZ zu übertragen, ohnehin „infrage gestellt“[232]. Zusammen mit den erweiterten Möglichkeiten Angestelltengenehmigungen unter MVZ zu verlegen, scheint das Konzessionshandelsverbot unter zugelassenen Leistungserbringern außer Kraft gesetzt worden zu sein.

In diesem Licht überzeugt das Konzessionshandelsverbot im Allgemeinen immer weniger. Mittelbar hängen diese Entwicklungen mit der abnehmenden ärztlichen Freiberuflichkeit zusammen. Die Personengebundenheit der Zulassung stärkt die Stellung des Arztes, der über eine eigene Rechtsposition verfügt. Im MVZ verfügt aber das Kollektiv über die Angestelltengenehmigung und nicht der individuelle Arzt. Seine Stellung ist hier den schließungstheoretischen Überlegungen entsprechend geschwächt. Mit dieser Schwächung wird nicht nur der Arzt zunehmend austauschbar. Auch sein Versorgungsauftrag verliert die Bindung an eine einzelne Person und wird damit handelbar.

[232] *Konerding*, Vertragsarztsitz im MVZ, 2009, S. 217.

III. Praxisnachfolge und Zulassungstransfer in BAG

1. Einleitung

Im Gegensatz zum MVZ stellt die BAG eine Betätigungsform dar, die bereits ins Vertragsarztrecht integriert war, bevor sich die Sichtweise auf die Freiberuflichkeit wandelte. Die Einführung des MVZ und der Angestelltengenehmigung hat die Praxisnachfolge in der BAG verändert: Mit § 103 IVb 1 SGB V (hierzu 3.) sowie § 103 IVb 2 SGB V (hierzu 4.) importierte der Gesetzgeber nicht nur zwei vor dem Hintergrund des Konzessionshandelsverbots nicht unproblematische Tatbestände, mithilfe der MVZ Versorgungsaufträge hinzugewinnen, in die BAG. Auch die Nachfolge gem. § 103 IIIa, IV SGB V in die Zulassung eines Praxispartners änderte sich: Ähnlich wie bei der Frage, ob die Angestelltengenehmigung dem anstellenden Vertragsarzt oder der BAG zugeordnet wird[1], stellt das BSG zur Bewertung der Tatbestandsmerkmale des § 103 IIIa, IV SGB V wiederholt auf das Kollektiv der BAG und nicht den individuellen Vertragsarzt ab (hierzu 2. a)). Im Gegensatz zum MVZ konnte das Gericht die Versuche eindämmen, mithilfe einer BAG das Konzessionshandelsverbot zu umgehen, weil sich die BAG noch eher als das MVZ an strukturfunktionale Überlegungen anbinden lässt (hierzu 2. b)). Zuletzt entsteht im Vertragsarzt-MVZ eine BAG zwischen MVZ und Vertragsarzt, innerhalb derer sich der Sitz des Vertragsarztes gem. § 103 IIIa, IV SGB V nachbesetzten lässt (hierzu 2. c)).

2. Praxisnachfolge gem. § 103 IIIa, IV, VI SGB V

a) Tatbestandliche Voraussetzungen

aa) Modifikation des Verfahrens nach § 103 IIIa, IV SGB V

Grundsätzlich müssen bei der Praxisnachfolge in der BAG dieselben Voraussetzungen erfüllt werden, wie i. R. d. Nachfolge in der Einzelpraxis. Einige Grundsätze sind hier jedoch zu modifizieren.

---

[1] S.o. C.I. 5.

Ist der Sitz in eine BAG eingebunden, steht seiner Einziehung über § 103 IIIa SGB V neben der grundrechtlichen Gemengelage (gegen eine Einziehung sprechen hier nicht nur Art. 12 I GG sowie Art. 14 I GG des aus der Versorgung ausscheidenden Arztes, sondern auch die Art. 9 I, III GG, Art. 12 I GG und Art. 14 I GG der in der Praxis verbleibenden Ärzte) entgegen, dass nicht der einzelne Arzt, sondern die BAG mit den jeweiligen Patienten kontrahiert, sodass der Sitz nur ausgeschrieben werden muss, solange alle anderen Praxispartner ausgelastet sind und die Patienten nicht übernehmen können[2]. Insoweit betont das BSG, dass es nicht auf die einzelnen Ärzte der BAG ankommt, sondern dass die BAG durchschnittliche oder überdurchschnittliche Fallzahlen aufweisen muss, um die Annahme zu rechtfertigen, dass sie hinreichend versorgungsrelevant ist[3]. Um das Grundrecht auf Berufsfreiheit der in der Praxis verbleibenden Partner zu achten sowie eine Gleichbehandlung mit dem MVZ zu erreichen, das seine Angestelltenstellen nachbesetzen kann, ist bei der Prüfung, ob ein Nachbesetzungsverfahren i. S. d. § 103 IIIa SGB V erforderlich ist, zudem zu fragen, ob der Einzug eines Vertragsarztsitzes das besondere Versorgungsangebot einer BAG beeinträchtigt[4]. Auch bei der Praxisnachfolge in eine Gemeinschaftspraxis muss der Nachfolger die Praxis bzw. den Praxisteil seines Vorgängers fortführen wollen[5].

Weitere Besonderheiten ergeben sich in Bezug auf das Praxissubstrat, wobei in der BAG eine „Anknüpfung an die gemeinsam ausgeübte Tätigkeit noch möglich sein“[6] muss. Fraglich ist jedoch, ob bei der Prüfung des Praxissubstrats auf den individuellen Arzt, dessen Zulassung ausgeschrieben wird, und den ihm zuzuordnenden Praxisteil oder aber auf die gesamte Praxis abzustellen ist. Auswirkungen hat dies auf die Frage, inwieweit in Nullbeteiligungsgesellschaften[7] ein fortführungsfähiges Praxissubstrat vorhanden ist. Entscheidet man sich bei der Betrachtung des Praxissubstrats für eine individuelle Perspektive, die jeden einzelnen Gesellschafter mitsamt seiner Zulassung in den Blick nimmt, kann man die Nachfolge in die Zulassung eines nullbeteiligten Gesellschafters mit guten Gründen ablehnen, da er auch Räumlichkeiten, Geräte und Goodwill mangels eigener Beteiligung nicht weitergeben kann (und daher isoliert die Zulas-

---

[2] *Reiter*, ZMGR 2016, 340, 342.

[3] BSGE 126, 96 ff. = MedR 2019, 759, 763.

[4] BSGE 126, 96 ff. = MedR 2019, 759, 762 f.

[5] LSG Nordrhein-Westfalen, MedR 2015, 371, 376; ursprünglich verortete das BSG diese Voraussetzung in der Ermessensentscheidung des Zulassungsausschusses (hierzu s.u. D. III. 2. b)), mittlerweile ist der Fortführungswille sowohl auf tatbestandlicher Ebene, als auch im Ermessen relevant, hierzu BSG, MedR 2015, 621, 622 f.

[6] St. Rspr. des BSG erstmals (mit diesem Wortlaut) bei BSGE 99, 218 ff. = MedR 2008, 305, 307; s. auch BSGE 115, 57 ff. = MedR 2014, 681, 684.

[7] Hierzu s.o. unter B. III. 3. d).

sung veräußern würde)[8]. Nimmt man hingegen eine weniger individuelle und stärker kollektivistische Sichtweise ein, ist das Praxissubstrat in der BAG nicht dem einzelnen Gesellschafter zugeordnet, sondern der Gesellschaft an sich[9]. Die Nachfolge in die Position des nullbeteiligten Gesellschafters würde dann zumindest nicht (zwingend) am fehlenden Praxissubstrat scheitern (vielleicht aber an einer vorherigen Zulassungsentziehung[10]). Für eine solche Betrachtungsweise sprechen (in der Praxis häufig verwendete) gesellschaftsvertragliche Klauseln, nach denen der Gesellschafter beim Eintritt eines Auflösungsgrundes gegen eine Abfindung aus der Gesellschaft austreten, auf seine Zulassung verzichten und diese ausschreiben lassen[11] muss – in derartigen Konstellationen hatte nie der ausscheidende Arzt, sondern stets die Gemeinschaft der Ärzte die Verfügungsgewalt über das Praxissubstrat, sodass die einzelnen Beteiligungsverhältnisse an Bedeutung verlieren[12]. Dennoch wurde empfohlen, den Arzt am immateriellen Vermögen der Gesellschaft zu beteiligen, um im Hinblick auf § 95 VII 1 Var. 1 SGB V (ursprünglich § 19 III Ärzte-ZV a. F.) zu gewährleisten, dass dem Arzt seine Zulassung nicht entzogen wurde, weil dieser seine Tätigkeit nicht im Sinne der Norm aufgenommen hat[13].

Das BSG hat entschieden, dass bei der Beurteilung des Praxissubstrats auf die gesamte BAG und nicht den einzelnen Arzt abzustellen ist[14]. Das Gericht begründet diese Entscheidung mit Parallelen zu anderen vertragsarztrechtlichen Regelungen, bei denen ebenfalls die BAG und nicht der einzelne Vertragsarzt im Vordergrund steht: Wird der Patient, der den Vertrag mit der BAG und nicht dem Arzt schließt, von verschiedenen Ärzten innerhalb eines Quartals behandelt, gelten diese Behandlungen lediglich als singulärer Behandlungsfall, zudem werden Anstellungsgenehmigungen der BAG, nicht aber dem Arzt erteilt[15] und auch

---

[8] *Ratzel*, in: Dahm/Möller/Ratzel (Hrsg.), Rechtshandbuch MVZ, 2005, Kap. I Rn. 19; *Engelmann*, in: FS BSG, 2004, S. 429 ff. stellt eine Beteiligung am materiellen Vermögen der Praxis – jedenfalls drei Jahre nach dem Eintritt in die Gesellschaft – in den Vordergrund; *Butzer*, MedR 2001, 604, 612; *Möller*, MedR 1999, 493, 495.

[9] S. *Gummert/Remplik*, in: Gummert/Weipert (Hrsg.), MHdB GesR I, ^{5}2019, § 25 Rn. 85, die sich zudem dezidiert gegen das Erfordernis der Beteiligung am materiellen Vermögen aussprechen, um das Praxissubstrat zu erhalten; vgl. zudem LSG Niedersachsen-Bremen, MedR 2002, 540, 547 f., das neben dem Umstand, dass die Nullbeteiligung den Zulassungsstatus des Arztes nicht berührt, auf die Interessen der verbleibenden Praxispartner abstellt; zustimmend *Fiedler*, NZS 2003, 574, 577.

[10] Zu den Rechtsfolgen, die dem Arzt drohen, wenn er nicht gem. § 32 I 1 Ärzte-ZV in freier Praxis tätig wird, s.o. B. III. 3. d).

[11] Zu den entsprechenden Verzichtsklauseln s.o. unter C. I. 4. b) aa) (2).

[12] S. *Gummert/Remplik*, in: Gummert/Weipert (Hrsg.), MHdB GesR I, ^{5}2019, § 25 Rn. 85.

[13] *Dies.*, in: Gummert/Weipert (Hrsg.), MHdB GesR I, ^{5}2019, § 25 Rn. 98.

[14] BSGE 126, 96 ff. = MedR 2019, 759 ff.

[15] S.o. C. I. 5.

„die Vertretungsregelungen beziehen sich auf die Praxis als Gesamtheit“[16]. Auch nach außen hin werde die BAG vom Patienten als Einheit wahrgenommen, in der er wechselseitig von verschiedenen Ärzten behandelt wird[17]. Den Missbrauchsmöglichkeiten, die entstehen, wenn Zulassungen in der BAG gehalten werden, ohne dass ein Arzt seiner Tätigkeit nachgeht, will das BSG mithilfe von § 95 VI 1 SGB V beikommen, wobei es ausschließlich auf die Tätigkeit des Arztes abstellt und seine materielle oder immaterielle Beteiligung an der Gesellschaft außen vor lässt[18]. Die Praxisnachfolge in die Stelle eines nullbeteiligten Gesellschafters scheitert daher nicht zwingend am Mangel eines Praxissubstrats. Die im Zuge der Verzichtsklauseln zurückgehende Höchstpersönlichkeit der vertragsärztlichen Zulassung[19] schlägt sich in Form dieser kollektiven Sichtweise auf die Praxis bzw. ihr Substrat direkt in der Praxisnachfolge nieder.

bb) Gemeinschaftspraxis

Darüber hinaus muss die Praxis mit einem anderen Arzt gemeinschaftlich, also als Gemeinschaftspraxis bzw. BAG geführt werden, § 103 VI 1 SGB V. Als Voraussetzung für eine Anwendung des § 103 VI SGB V entschied das BSG in seiner Grundsatzentscheidung zur Praxisfortführung, dass neben der Genehmigung der Gemeinschaftspraxis gem. § 33 II Ärzte-ZV a. F. (mittlerweile § 33 III Ärzte-ZV) erforderlich ist, dass die Ärzte die Praxis tatsächlich gemeinsam führen wollen, wobei das Gericht darauf abstellt, ob ein Gesellschaftsvertrag vorliegt und inwieweit die „faktische Wahrnehmung einer Gemeinschaftspraxis“ festgestellt werden kann[20]. Aus dem Wortlaut des § 103 VI 1 SGB V, nach dem der ausscheidende Arzt die Praxis „bisher“ mit einem anderen Arzt ausgeübt haben muss, schloss das BSG zudem, dass der Arzt, dessen Zulassung ausgeschrieben werden soll, noch in der Praxis tätig sein muss, wenn die Zulassung ausgeschrieben wird[21]. Andersherum muss die BAG zwar bereits gegründet und nicht nur in Planung sein, damit § 103 VI SGB V Anwendung findet – verzichtet ein Arzt mit vollem Versorgungsauftrag auf eine halbe Zulassung, um mit dem Nachfolger dieser halben Zulassung gemeinsam eine BAG zu gründen, sind die Interessen des halb verzichtenden Arztes aber dennoch zu beachten, weil er ebenso mit seinem (halben) Nachfolger zusammen arbeiten muss, wie die in der BAG ver-

---

[16] BSGE 126, 96 ff. = MedR 2019, 759, 761 f.
[17] BSGE 126, 96 ff. = MedR 2019, 759, 762.
[18] BSGE 126, 96 ff. = MedR 2019, 759, 762.
[19] S.o. C. I. 4. c).
[20] BSGE 85, 1, 8 f.
[21] BSGE 85, 1, 9 f.

bleibenden Partner mit dem Nachfolger eines aus der BAG ausscheidenden Arztes[22].

Ob die BAG gem. § 33 III Ärzte-ZV hätte zugelassen werden dürfen, wird im Praxisnachfolgeverfahren indes nicht nochmals geprüft – der entsprechende Verwaltungsakt entfaltet Drittbindungswirkung, um eine schnelle Praxisnachfolge zu gewährleisten[23]. Dieses schnelle Verfahren ist geboten im Hinblick auf das Interesse der Patienten an einer kontinuierlichen Versorgung, im Hinblick auf den Art. 12 I GG der Bewerber, dem Interesse des aus der Versorgung ausscheidenden Arztes, der seine Praxis alsbald verkaufen muss, damit der Goodwill nicht degeneriert, sowie im Hinblick auf eine effiziente Bedarfsplanung, die aber beeinträchtigt wird, wenn Zulassungen statistisch offengehalten werden, obwohl kein Praxisbetrieb erfolgt[24].

b) Ermessen, § 103 VI 2 SGB V

§ 103 VI SGB V modifiziert das Verfahren der Praxisnachfolge mit seinem zweiten Satz, nach dem i. R. d. Auswahlverfahrens die Interessen des oder der in der Praxis verbleibenden Vertragsärzte angemessen zu berücksichtigen sind. Der Zulassungsausschuss darf nur einen Bewerber zulassen, der die Tätigkeit des ausscheidenden Vertragsarztes in der BAG fortsetzen will, um „die Interessen der in einer Gemeinschaftspraxis verbleibenden Vertragsärzte auf Fortführung einer Gemeinschaftspraxis in einer bestimmten gewachsenen und im Hinblick auf die apparativ-technische und personelle Ausstattung der Praxis sowie unter Berücksichtigung der Zahl der zu versorgenden Patienten angemessenen Größe“ zu wahren[25]. Zudem können die Praxispartner nicht zu einer Zusammenarbeit mit

---

22 Das LSG Nordrhein-Westfalen, MedR 2015, 371, 375, beurteilte eine auf Basis des § 103 VI SGB V getroffene Auswahlentscheidung bei einer solchen noch zu gründenden, zweiteiligen BAG für rechtmäßig und ließ offen, ob § 103 VI 2 SGB V in derartigen Fällen analog anwendbar ist oder ob seine Wertung als Kriterium i. R. d. Auswahlentscheidung des insoweit offenen Katalogs des § 103 IV 5 SGB V zur Anwendung kommt; hierzu teils kritisch *Gerdts/Arnold*, GuP 2014, 176, 183; für eine analoge Anwendung *Frehse/Lauber*, GesR 2011, 278, 282 f.

23 BSG, MedR 2015, 621, 624; BSGE 110, 43 ff. = MedR 2012, 617, 618 f.; vgl. zudem BSG, MedR 2015, 543, 544, nach dem Bewerber, die die Genehmigung einer BAG im Bewerbungsverfahren angreifen, nicht klagebefugt sind, weil die Genehmigung der BAG sie nicht in ihren Rechten betrifft, selbst wenn die BAG nur gegründet wurde, um das Verfahren der Nachbesetzung eines Sitzes zu beeinflussen – die Genehmigung von BAG und MVZ entfalten Auswirkungen auf die Zulassungsmöglichkeiten von Ärzten, die „sich sämtlich auf der Ebene von tatsächlichen Chancen und nicht von rechtlich geschützten Positionen“ bewegen.

24 BSGE 110, 43 ff. = MedR 2012, 617, 619.

25 BSGE 85, 1, 7.

einem Arzt gezwungen werden, mit dem sie nicht zusammenarbeiten wollen[26]. Hinter dieser Vorschrift steht der Gedanke, dass die Partner einer Praxis regelmäßig gesamtschuldnerisch haften, sodass der Zulassungsausschuss ihnen keinen Bewerber aufdrängen darf, mit dem sie keinen Gesellschaftsvertrag abschließen wollen[27]. Diese Ratio gilt nicht nur in der üBAG, in welcher § 103 VI SGB V mangels Einschränkungen im Wortlaut ebenfalls Anwendung findet, sondern auch in einer aus zwei Personen bestehenden BAG, in der die Interessen des einzigen verbleibenden Praxispartners zu berücksichtigen sind[28] sowie in einer BAG, die erst entsteht, weil der Vertragsarzt nur auf eine halbe Zulassung verzichtet[29]. Das BSG hat darüber hinaus geurteilt, dass die Interessen der verbleibenden Partner selbst dann anerkannt werden müssen, wenn die BAG nur gegründet wurde, um das Nachfolgeverfahren zu beeinflussen[30].

Infolge dieser weitgehenden Geltung von § 103 VI 2 SGB V sowie des Gewichts, das dem Interesse der verbleibenden Vertragsärzte zukommt, denen (unabhängig von den anderen Kriterien des § 103 IV 5 SGB V) i.E. ein Vetorecht in Bezug auf einzelne Bewerber zuerkannt wird[31], wird das Verfahren der Praxisnachfolge stark beeinflussbar. Dies begünstigt indes den Konzessionshandel: Der Kriterienkatalog des § 103 IV 5, V SGB V konnte umgangen werden, indem der aus der Versorgung ausscheidende Arzt mit einem zugelassenen Kollegen eine BAG gründete, dieser Kollege den Wunschkandidaten des ausscheidenden Arztes dem Zulassungsausschuss gegenüber als einzigen Arzt benannte, mit dem er die Praxis betreiben wollte und nach der Zulassung dieses Wunschkandidaten die BAG wieder auflöste[32].

Dieser Gefahr versucht das BSG nunmehr beizukommen: Zwar besteht die Drittbindungswirkung der BAG-Zulassung weiterhin, um Missbräuchen entgegenzuwirken, wird jedoch die Bedeutung des § 103 VI 2 SGB V modifiziert: Je kürzer die Praxis besteht, bevor der Vertragsarztsitz ausgeschrieben wird, und je weniger intensiv die Zusammenarbeit zwischen den Ärzten ist, desto eher ist davon auszugehen, dass die BAG nur gegründet wurde, um Einfluss auf das Verfahren der Nachbesetzung zu nehmen und desto geringer ist daher das Gewicht, das den Interessen der Partner einer Praxis im Verfahren der Nachbesetzung zu-

[26] S. u. a. BSGE 110, 43 ff. = MedR 2012, 617, 619; BSGE 91, 253 ff. = MedR 2004, 697, 701; BSGE 85, 1, 7.

[27] *Wertenbruch*, NJW 2003, 1904, 1908 m. w. N. in Fn. 29.

[28] BSGE 115, 57 ff. = MedR 2014, 681, 686.

[29] LSG Nordrhein-Westfalen, MedR 2015, 371, 375; hierzu schon oben unter D. III. 2. a) bb).

[30] BSG, MedR 2015, 621, 624 ff.; BSGE 110, 43 ff. = MedR 2012, 617, 618.

[31] *Gerdts/Arnold*, GuP 2014, 176, 183.

[32] *Dies.*, GuP 2014, 176, 183 f.

kommt, was sogar dazu führen kann, dass die BAG einen unliebsamen Bewerber aufnehmen muss[33]. Dies darf jedoch nicht dazu führen, dass ein Bewerber ausgesucht wird, „mit dem aus objektiv nachvollziehbaren Gründen eine Zusammenarbeit keinesfalls erwartet werden kann“, sodass die Interessen der Praxispartner desto höher zu gewichten sind, je eher objektive Gründe einer Zusammenarbeit mit dem Bewerber entgegenstehen[34]. In dem Fall, dass dem Urteil des BSG zugrunde lag, war den Praxispartnern eine Zusammenarbeit mit der Bewerberin nicht zuzumuten, da es sich hierbei um eine Angestellte sowie die Ehefrau eines Arztes handelte, der ein konkurrierendes MVZ betrieb[35].

Das BSG bekämpft den durch § 103 VI 2 SGB V begünstigten Konzessionshandel auf Kosten der Rechtssicherheit, sodass nicht nur drohende Zufallsergebnisse angemahnt werden, sondern auch, dass das Verfahren der Praxisnachfolge in die Länge gezogen werde[36], obwohl das BSG die Bedeutung eines schnellen Nachfolgeverfahrens zuvor betonte. Offen lässt das Gericht zudem, wie lange die Praxis bestehen bzw. wie intensiv die Zusammenarbeit sein muss, wie diese Intensität bewertet werden soll und wie die objektiv nachvollziehbaren Gründe, aufgrund derer eine Zusammenarbeit nicht erwartet werden kann, zu definieren sind[37]. Diesbezüglich finden sich jedoch bereits Vorschläge in der Literatur: Hinsichtlich der Dauer der Zusammenarbeit wird eine Zeitspanne von „wenigen Monaten“ nicht reichen, die Intensität der Zusammenarbeit lässt sich zudem danach beurteilen, „ob die Vertragsärzte Gesellschaftsvermögen gebildet haben, wesentliche Praxisverträge durch die Berufsausübungsgemeinschaft oder im Namen aller Gesellschafter (z.B. Mietvertrag) abgeschlossen wurden, eine Gewinnverteilung nach Quoten und nicht nach Kostenstellen erfolgt und ob eine gemeinsame Behandlung von Patienten und ein gemeinsames Behandlungskonzept vorgelegen hat“[38]. Als objektiv nachvollziehbarer Grund, aufgrund dessen eine Zusammenarbeit nicht erwartet werden kann, wird vorgeschlagen „dass der jeweilige Bewerber finanziell nicht in der Lage ist, die Verpflichtungen der Gesellschaft mit zu erfüllen“[39].

Angesichts dieser ersten Leitplanken greift ein anderer Vorwurf tiefer. § 103 VI 2 SGB V werde in sein Gegenteil verkehrt: Unter der neuen Rechtsprechung

---

[33] BSGE 115, 57 ff. = MedR 2014, 681, 687.

[34] BSGE 115, 57 ff. = MedR 2014, 681, 687.

[35] BSGE 115, 57 ff. = MedR 2014, 681, 687 f.

[36] *Paßmann*, ZMGR 2014, 149, 153.

[37] Auch im Rahmen eines weiteren Urteils zu § 103 VI 2 SGB V (BSG, MedR 2015, 621 ff., hierzu sogleich) traf das Gericht keine weiteren Bestimmungen, kritisch diesbzgl. *Gerdts*, MedR 2015, 626.

[38] *Gerdts/Arnold*, GuP 2014, 176, 185 f.

[39] *Dies.*, GuP 2014, 176, 186.

müsse der Zulassungsausschuss seine Entscheidung nicht – wie es die Norm verlangt – am Interesse der Gesellschafter der Praxis ausrichten, stattdessen müssten die Gesellschafter vielmehr erklären, warum sie mit einem Arzt nicht kooperieren wollten, wobei ein unzulässiger Eingriff in die Privatautonomie (Art. 2 I GG) droht, wenn sie dies nicht schaffen[40]. Dennoch hat das BSG seine neue Rechtsprechung in einem späteren Urteil bekräftigt und das Fehlen eines Fortführungswillens als weiteren Grund dafür ausgemacht, weshalb die Zusammenarbeit mit einem Arzt unzumutbar sein kann (insbesondere, wenn der Erwerber den Sitz in eine konkurrierende BAG einbringen will)[41].

Diese Rechtsprechung lässt sich mit dem Hinweis auf den Goodwill unterfüttern, der ebenfalls Zeit braucht, um zu entstehen, und als wichtiger Bestandteil der Praxis hilfreich ist, um den Praxiskauf vom reinen Zulassungshandel abzugrenzen[42]. Gleichzeitig grenzt das Gericht seine erste, zeitliche Abwägung mit einer zweiten Abwägung zur Zumutbarkeit der künftigen Zusammenarbeit ein und kommt damit (sowie mit der Frage, wie intensiv die Zusammenarbeit war) der Forderung nach, gemäß der die zeitliche Betrachtung nicht der einzige Faktor zur Gewichtung der Interessen der Praxispartner sein soll[43]. Ähnlich wie bei der Beschränkung von § 103 IVa 1 SGB V greift das BSG auf eine zeitliche Betrachtung der Praxis zurück, um dem Konzessionshandel entgegenzuwirken, und ähnlich wie i. R. v. § 103 IVa 1 SGB V wird es sich hierbei um eine Einschränkung handeln, die Gestaltungen zum Zulassungshandel zumindest erschwert. Angesichts der Möglichkeiten, Versorgungsaufträge zwischen MVZ zu handeln und die Praxisnachfolge über § 95 IXb SGB V einzuleiten[44], stellt sich jedoch zunehmend die Frage, ob der Aufwand, den das BSG betreibt, um den Zulassungshandel unter Zuhilfenahme von BAG zu begrenzen, noch gerechtfertigt ist. Darüber hinaus können auch MVZ von § 103 VI 2 SGB V profitieren, wie im folgenden Kapitel zu sehen sein wird.

---

[40] *Paßmann*, ZMGR 2014, 149, 153.

[41] BSG, MedR 2015, 621, 623, 625.

[42] Hierzu s.o. D. I. 2. c) dd); in diesem Zusammenhang kritisiert *Gerdts*, MedR 2015, 626, 627 das neuere BSG Urteil, nach dem die Zusammenarbeit mit einem Kandidaten, der die Zulassung nicht in der Praxis fortführen will, unzumutbar sein kann – hier will das BSG die gewachsene Struktur schützen, wobei eine derartige Struktur bei einer neu gegründeten Praxis noch gar nicht vorhanden sein kann.

[43] *Paßmann*, ZMGR 2013, 155, 157.

[44] Hierzu s.o. unter D. II. 6., 7., 8.

c) Nachbesetzung des Vertragsarztsitzes im MVZ

Eine Sonderkonstellation der Praxisnachfolge besteht in der Nachbesetzung eines Vertragsarztsitzes, der in ein MVZ eingebunden ist. Fraglich ist, inwieweit hier eine selbständige und damit nachfolgefähige Praxis vorliegt, oder, ob lediglich die Zulassung verkauft werden kann: Die Praxiseinrichtung ist ebenso wie die Patientenkartei sowie der hiermit in Verbindung stehende Goodwill nicht dem Vertragsarzt, sondern in erster Linie dem MVZ zugeordnet – die Praxisnachfolge dient als Ausnahme zur Regel, nach der Vertragsarztsitze im überversorgten Bereich abzubauen sind, dem Grundrecht auf Eigentum des ausscheidenden Arztes, das jedoch nicht betroffen ist, wenn er ausscheidet, aber die Praxis nicht ihm, sondern dem MVZ-Träger gehört[45]. Da das MVZ und der Vertragsarzt im Kooperationsmodell unter Nutzung derselben Räumlichkeiten, Geräte, Angestellten, Abrechnungsnummer sowie desselben Patientenstamms[46] nach überwiegender Auffassung aber eine BAG bilden[47], ist die Position des MVZ vergleichbar mit der Position der in einer BAG verbleibenden Vertragsärzte, sodass es unangemessen wäre, den Parteien die Nachbesetzung des Vertragsarztsitzes zu verweigern[48].

Diese Vergleichbarkeit ist aber nur gegeben, wenn der Vertragsarzt auch am MVZ-Träger beteiligt ist, wohingegen Vertragsärzte, die über keine Beteiligung verfügen, nur am Goodwill partizipieren, der allein nicht ausreichen soll, um ein hinreichendes Praxissubstrat zu rechtfertigen[49]. In Anbetracht des neueren BSG Urteils zum Vertragsarzt-MVZ, in dem das Gericht seine Rechtsprechung zur Nullbeteiligungsgesellschaft auf das MVZ übertragen hat[50], wird eine derartige Beteiligung zwar i.d.R. gegeben sein. Ist sie dies jedoch nicht, wird die Praxisnachfolge nicht zwingend am fehlenden Praxissubstrat scheitern, da das BSG im Hinblick auf das Praxissubstrat auf die gesamte BAG und nicht auf den einzelnen Arzt abstellt[51]. Da hier eine doppelte Ausnahme bezüglich des zu fordernden Praxissubstrats gemacht werden müsste, zeigt sich auch an diesem Beispiel, dass „der Weg zum reinen Zulassungshandel […] nicht mehr weit“[52] ist, wenn

---

[45] *Konerding*, Vertragsarztsitz im MVZ, 2009, S. 189; *Zwingel/Preißler*, MVZ, ²2008, S. 117 f., die dem Arzt daher dazu raten, seine Zulassung über § 103 IVa 1 SGB V an den MVZ-Träger zu übertragen, wofür er sich „angemessen entlohnen lassen“ sollte.

[46] *Konerding*, Vertragsarztsitz im MVZ, 2009, S. 188 ff.

[47] S.o. C. I. 3. d) aa).

[48] *Kaya*, MVZ auf Gründungs- und Zulassungsebene, 2011, S. 317; *Möller*, in: Dahm/Möller/Ratzel (Hrsg.), Rechtshandbuch MVZ, 2005, Kap. IX Rn. 80.

[49] *Konerding*, Vertragsarztsitz im MVZ, 2009, S. 207 ff.

[50] S.o. C. I. 3. d) ff).

[51] S.o. D. III. 2. a) aa).

[52] *Zwingel/Preißler*, MVZ, ²2008, S. 117.

man die Zulassung bzw. ihre Derivate nicht mehr einzelnen Personen, sondern Kollektiven zuordnet.

Ist das MVZ als Personengesellschaft organisiert, steht ihm ggf. ein Ausschreibungsrecht qua Gesetz[53] zu[54]. Um die Praxisnachfolge rechtstechnisch zu ermöglichen und zu garantieren, dass die Zulassung weiterhin in der BAG mit dem MVZ verbleibt, wird vielfach eine (analoge) Anwendung von § 103 VI SGB V erwogen[55]. Dann könnte sich entweder ein Arzt im Verfahren des § 103 IV SGB V um die Zulassung bewerben (wobei die Interessen des MVZ über § 103 VI 2 SGB V bei der Auswahlentscheidung berücksichtigt werden müssten) oder das MVZ versuchen, die Zulassung über § 103 IVc 1 SGB V zu erhalten und mit einem angestellten Arzt zu besetzen[56].

3. Praxisnachfolge gem. § 103 IVb 1 SGB V

Mit § 103 IVb 1 SGB V wollte der Gesetzgeber BAG mit MVZ gleichstellen. Dementsprechend handelt es sich bei § 103 IVb 1 SGB V um die Parallelregelung zu § 103 IVa 1 SGB V, die im Hinblick auf die Legalisierung des Konzessionshandels ebenso kritisch zu betrachten ist[57], da dem Konzessionshandel zusammen mit § 95 IXb SGB V Vorschub geleistet wird[58].

Die Situation in der BAG stellt sich analog zu der Situation im MVZ dar: Dementsprechend sollte die in eine BAG eingebundene Angestelltenstelle innerhalb von sechs Monaten nachzubesetzen sein[59]. Für den Fall, dass das BSG i. R. d. § 103 IVb 1 SGB V in der BAG verlangen sollte, dass der angestellte Arzt drei Jahre nach Übertragung seiner Zulassung in der BAG (bzw. bei dem Vertragsarzt) tätig bleiben muss, damit die BAG (bzw. der Vertragsarzt) die Ange-

[53] Hierzu s.o. unter C. I. 4. b) aa) (1).

[54] *Konerding*, Vertragsarztsitz im MVZ, 2009, S. 192 die eine Einschränkung auf Personengesellschaften vornimmt, weil dem Gesellschafter einer GmbH oder AG der Anteil des ausscheidenden Mitgesellschafters nicht anwächst, sodass diesem Gesellschafter in Bezug auf diesen Anteil auch kein Schutz durch Art. 14 zukommt; s. auch schon unter C. I. 4. b) aa) (1).

[55] *Zwingel/Preißler*, MVZ, ²2008, S. 119; *Möller*, in: Dahm/Möller/Ratzel (Hrsg.), Rechtshandbuch MVZ, 2005, Kap. IX Rn. 57; a. A. hingegen *Kroel*, in: Isringhaus/Kroel/Wendland (Hrsg.), MVZ-Beratungshandbuch, 2004, S. 86, der § 103 VI SGB V direkt anwenden will; a. A. zudem *Fickentscher*, Eigentumsschutz in der Bedarfsplanung, 2022, S. 140 f., 180, der unter Hinweis auf die Vergleichbarkeit zwischen angestelltem Arzt und Vertragsarzt im MVZ die Vertragsarztstelle über § 103 IVa 5 SGB V nachbesetzen will.

[56] *Konerding*, Vertragsarztsitz im MVZ, 2009, S. 191.

[57] *Clemens/Ziegler*, MedR 2013, 814, 815.

[58] *Steinhilper*, MedR 2012, 617.

[59] *Pawlita*, in: Schlegel/Voelzke (Hrsg.), jurisPK-SGB V, ⁴6.12.2021, § 103 SGB V Rn. 401.

stelltenstelle behalten kann, wurde die Befürchtung geäußert, dass die Planung der Praxisnachfolge in der BAG erschwert würde, da ein ehemaliger Praxispartner sich nicht für drei Jahre anstellen ließe, um seinen Sitz qua Anstellungsgenehmigung an die Praxis zu binden, von dem aus sein Nachfolger wieder als Partner eingesetzt werden könnte[60]. In Folge der Privilegierung nach einer dreijährigen Anstellung in der BAG sowie dem § 103 VI 2 SGB V, dürfte jedoch auch die Praxisnachfolge gem. § 103 IIIa, IV SGB V ausreichend Rechtssicherheit bieten[61].

4. Praxisnachfolge gem. § 103 IVb 2 SGB V

Wie § 103 IVb 1 SGB V stellt § 103 IVb 2 SGB V eine Regelung dar, mit der der Gesetzgeber Vertragsärzte (im Hinblick auf § 103 IVc 1 SGB V) mit MVZ gleichstellen will, indem er ihnen die Möglichkeit eröffnet, Anstellungsgenehmigungen zu übernehmen[62]. Wie § 103 IVc 1 SGB V wurde daher § 103 IVb 2 SGB V dafür kritisiert, den Konzessionshandel zu befördern[63]. Auf diese Kritik reagierte die Rechtsprechung auch hier, indem sie darauf hinwies, dass ein Fortführungswille erforderlich sei, wobei § 103 IVb 2 SGB V wie § 103 IVc 1 SGB V lediglich das Erfordernis der Standortkontinuität aufweiche und vergleichbar zu § 24 VII Ärzte-ZV die Verlegung der Anstellungsgenehmigung gestatte, wenn Gründe der vertragsärztlichen Versorgung nicht entgegenstehen[64]. Überträgt man die Rechtsprechung des BSG, nach dem das Praxissubstrat vor dem Hintergrund der gesamten Vertragsarztpraxis und nicht pro Vertragsarzt zu beurteilen ist[65], muss auch i. R. d. Fortführungswillens gefragt werden, ob das Kollektiv der in der BAG organisierten Ärzte die Praxis des ausscheidenden Arztes fortführen will. Insofern ergeben sich im Hinblick auf die örtliche und personelle Kontinuität und damit für weite Teile des Fortführungswillens dieselben Schwierigkeiten wie im MVZ[66].

---

60 *Ziegler*, FD-SozVR 2016, 382288.

61 A.A. *ders.*, FD-SozVR 2016, 382288, der § 103 VI 2 SGB V jedoch unerwähnt lässt.

62 BT-Drs. 17/8005, S. 113.

63 *Dahm/Ratzel*, MedR 2006, 555, 565.

64 BSGE 126, 96 ff. = MedR 2019, 759, 763 f.; SG Marburg, Urt. v. 11.1.2017 – S 12 KA 585/16, BeckRS 2017, 101070 Rn. 28, 30, 32, 38.

65 S.o. D. III. 2. a) aa).

66 S.o. D. II. 3. c).

5. Zwischenergebnis

Betrachtet man, wie sich die Praxisnachfolge in der BAG über die Zeit geändert hat, fällt in erster Linie auf, wie stark die Einführung des MVZ die BAG prägte. Mit den Regelungen in § 103 IVb 1, 2 SGB V stellt der Gesetzgeber BAG im Hinblick auf die Übernahme von Versorgungsaufträgen in Form der Angestelltengenehmigung mit MVZ gleich. Analog zum MVZ stärkt die Rechtsprechung das kollektive Element einer BAG, wenn es i. R. v. § 103 IIIa SGB V sowie bei der Beurteilung des Praxissubstrats auf das Kollektiv abstellt. So nähert sich die BAG dem MVZ weiter an[67]. Während das MVZ über seine Anbindung an eine juristische Person eine Eigenständigkeit erlangt, die den Konzessionshandel begünstigt, führten in der BAG die zu berücksichtigenden Interessen der verbleibenden Praxispartner zu einem ähnlichen Ergebnis. Indem das BSG an dieser Stelle eine zeitliche Ebene einzieht, dämmt es die entsprechenden Missbrauchsmöglichkeiten zwar ein. An anderer Stelle leben diese jedoch wieder auf: Weil das BSG zunehmend auf die BAG und nicht den einzelnen Vertragsarzt abstellt, wird auch die Nachbesetzung im Vertragsarzt-MVZ und in der Nullbeteiligungsgesellschaft möglich, obwohl der einzelnen Zulassung kein Praxissubstrat gegenübersteht.

[67] Passend hierzu wird vertreten, „die durch die BAG erworbene Praxis“ sei als Eigentum i. S. d. Art. 14 GG nicht dem einzelnen Arzt, sondern der BAG (bzw. ihrem „Träger“) zugeordnet, *Fickentscher*, Eigentumsschutz in der Bedarfsplanung, 2022, S. 164 f.

IV. Zwischenfazit

Die vorangegangenen Untersuchungen haben gezeigt, dass die pauschale Behauptung, die vertragsärztliche Zulassung sei nicht handelbar, nur bei einer formellen Betrachtungsweise des Vertragsarztrechts aufrechterhalten werden kann. Wird diese gem. § 103 IIIa, IV SGB V unter einzeln niedergelassenen Ärzten übertragen, mag diese Bewertung noch zutreffen: Hier muss zwingend der Zulassungsausschuss eingeschaltet werden. Dem Arzt verbleiben zwar Möglichkeiten, die Ermessensentscheidung des Zulassungsausschusses zu beeinflussen. Dabei stellt das BSG aber zumindest sicher, dass Zulassungen nicht isoliert übertragen werden, da im Zusammenhang mit dem Verbot des Konzessionshandels tatsächlich eine Praxis vorhanden sein muss, die vom Vorgänger fortgeführt wird. Begründet wird das Konzessionshandelsverbot indes nicht mehr mit der Freiberuflichkeit des Arztes, sondern mit den Vorgaben der Bedarfsplanung.

Dieses Argument verliert jedoch zunehmend an Überzeugungskraft, da der Gesetzgeber die Potenz der Bedarfsplanung immer mehr infrage stellt – bspw. mit der Privilegierung des § 103 IV 5 Nrn. 4 SGB V oder den Versorgungsgründen, die einem Transfer des Vertragsarztsitzes gem. § 103 IVa 1, IVb 1, IVc 1 SGB V nicht entgegenstehen dürfen. Auf der anderen Seite schwächt er die Bedarfsplanung: Schon die Einführung des MVZ kann als problematisch gesehen werden, schließlich ist die Bindungsdauer eines Versorgungsauftrags an eine Institution potenziell länger als an eine natürliche Person, sodass Möglichkeiten abnehmen werden, überschüssige Versorgungsaufträge abzubauen. Entgegen der Annahme des Gesetzgebers, die Einführung der in § 95 IXb SGB V enthaltenen Umwandlungsmöglichkeit würde die Bedarfsplanung nicht unterminieren, weil Angestelltenstellen nachbesetzt werden könnten, wird die erhöhte Fungibilität der Anstellungsgenehmigung den Abbau überschüssiger Stellen weiter erschweren. Im Fall der drohenden Insolvenz eines MVZ-Trägers, werden die MVZ-Gründer (ggf. vertraglich) gehalten sein, die Versorgungsaufträge auf Ärzte zu übertragen, bevor sie verfallen. Aber auch außerhalb der in dieser Arbeit angesprochenen Gesichtspunkte untergräbt der Gesetzgeber seine Bedarfsplanung sukzessive immer weiter: So stellt er dem Arzt bspw. mit der Zweigpraxis ein Instrument an die Hand, mithilfe dessen er in anderen Planungsbereichen tätig werden kann. Er ermöglicht es den Krankenkassen, Selektivverträge mit Ärzten abzuschließen und entwertet damit die Zulassung in ihrer Bedeutung als Instrument des Zugangs zum System der GKV und hiermit ihre Steuerungsfunktion in Bezug auf die Anzahl der Ärzte sowie der erbrachten Leistungen sowie ihrer Qualität[1]. Im Hinblick auf die Zulassung als Instrument des Zugangs zum System der GKV gilt dies auch infolge der Einführung von §§ 115 und 116b SGB V[2].

Vor dem Hintergrund der besonderen Bedeutung der Bedarfsplanung hat das BSG jedoch ein Regel-Ausnahmeverhältnis etabliert, nach dem die Praxisnachfolge ausnahmsweise erfolgt, um das Eigentumsgrundrecht des Arztes zu wahren. Die Systematik des § 103 IIIa, IV SGB V ist hingegen darauf ausgelegt, dass jeder Arzt, der seine Praxis bis zu seinem Karriereende vollzeitig betreibt, diese Praxis (samt Zulassung) übertragen können wird. Das vom BSG aufgestellte Regel-Ausnahme Verhältnis, mit dem sich das Gericht einen weiten Gestaltungsspielraum vorbehält, verhält sich zur tatsächlichen Situation daher konträr: Hier stellt die Praxisnachfolge keinesfalls eine Ausnahme, sondern die Regel dar.

Im MVZ und in der BAG wird die Einziehung eines Kassenarztsitzes indes vom Ausnahmefall zum Kuriosum, weil die Versorgungsaufträge in eine feste Struktur eingebunden sind und hier nachbesetzt werden können bzw. weil die Interessen der in der Praxis verbleibenden Ärzte einer solchen Einziehung entgegenstehen. Darüber hinaus hat der Zulassungsausschuss in Fällen der Nachbesetzung gem. § 95 II 8 SGB V i.V.m. § 103 IVa 5, IVb 5 SGB V kein Mitspracherecht im Hinblick auf die Frage, welcher Arzt im Rahmen der GKV tätig wird. Die Einwirkungsmöglichkeiten des Zulassungsausschusses auf die Frage, welches MVZ über welche Versorgungsaufträge verfügt, sind zudem massiv beschränkt, wenn Angestelltengenehmigungen wie gezeigt auf ausgelagerte MVZ-GmbH übertragen und diese im Wege des share deals an andere zugelassene Leistungserbringer verkauft werden können. Mit den Nachfolgemöglichkeiten in der Nullbeteiligungsgesellschaft sowie im Vertragsarzt-MVZ wird zudem das Erfordernis eines Praxissubstrats aufgeweicht.

Die Untersuchungen in diesem Kapitel zeigen, dass das derzeitige Konzept des Konzessionshandelsverbots, das in erster Linie an Tatbestandsmerkmale der Übertragungstatbestände anknüpft und hier Haltefristen für die Zulassung einführt, desto weniger geeignet ist, den Konzessionshandel einzudämmen, je mehr Formen der ärztlichen Tätigkeit in der GKV (mit entsprechenden Umwandlungsmöglichkeiten) vom Gesetzgeber eingeführt werden. Unter diesem Aspekt eignet die Überprüfung des Kaufpreises einer Praxis eher dazu, das Konzessionshandelsverbot durchzusetzen, da diese Preiskontrolle unabhängig von den sich ständig ändernden Strukturen des Vertragsarztrechts wäre.

---

[1] *Kanter*, Zulassung im Wandel, 2013, S. 156f., 176f., 279f., 337, 393ff.
[2] *Dies.*, Zulassung im Wandel, 2013, S. 168ff.

E. Schlussbetrachtung

Das zentrale Problem, das in dieser Arbeit offengelegt wurde, besteht darin, dass der vertragsärztliche Versorgungsauftrag deutlich stärker handelbar ist, als es die Rechtsprechung des BSG zum Konzessionshandelsverbot vermuten lässt, weil die Ansätze zur Begründung der Höchstpersönlichkeit der Zulassung (bzw. Anstellungsgenehmigung) immer weniger zu greifen vermögen, je weiter die vertragsärztliche Freiberuflichkeit erodiert.

Das Konzessionshandelsverbot basiert nicht nur auf der rechtlichen Struktur des Vertragsarztrechts, nach der der Arzt die Zulassung nicht übertragen, sondern nur auf sie verzichten und ihre Neuausschreibung beantragen kann. Es geht auch auf drei weitere (sich immer weiter abschwächende) Faktoren zurück: Zum Ersten beziehen sich die Voraussetzungen, unter denen die Zulassung und Anstellungsgenehmigung vergeben wird, auf den praktizierenden Arzt – deswegen sind Zulassung und Anstellungsgenehmigung im Ausgangspunkt höchstpersönlich. Zum Zweiten basiert die persönliche Leistungserbringung auf dieser höchstpersönlichen Zulassung. Zum Dritten begründet das BSG das Konzessionshandelsverbot mit den Vorgaben der Bedarfsplanung, nach der überschüssige Versorgungsaufträge abzubauen sind.

Je stärker die Freiberuflichkeit der Ärzteschaft degeneriert und das Kollektiv an Ärzten statt dem einzelnen Arzt im Vordergrund steht, desto weniger effektiv kann die Rechtsprechung das Verbot des Konzessionshandels umsetzen und desto weniger höchstpersönlich muss und vermag die Bindung zwischen Arzt und Versorgungsauftrag zu sein. So geht die Höchstpersönlichkeit der Vertragsarztzulassung auf ein Bild zurück, in dem der Vertragsarzt seine Leistung als (freiberufliches) Individuum im System der GKV erbringt. Dem widerspricht nicht nur die Übertragung von MVZ-Trägern, mithilfe derer sich die gewöhnliche Struktur der Zulassungsübertragung mit Verzicht und Neuausschreibung vermeiden lässt. Auch Praxissubstrat und Fortführungswille stützen sich als zentrale Voraussetzungen des Konzessionshandelsverbots implizit auf die freiberufliche Grundstruktur des Vertragsarztrechts und kommen im MVZ (und in der BAG) kaum zur Geltung.

Im MVZ wurde der Grundsatz der persönlichen Leistungserbringung abgeschafft, weil ihm das personelle Element entzogen wurde.

Zuletzt wird auch die Begründung des Konzessionshandelsverbots mit den Vorgaben der Bedarfsplanung zunehmend unglaubwürdig, weil sich der Gesetzgeber immer weniger zur Bedarfsplanung als zentralem Mechanismus zur Lenkung der Ärzte bekennt. Zwar ist an diversen Stellen zu erkennen, dass der Gesetzgeber es der (immer kleinräumiger werdenden) Bedarfsplanung allein nicht zutraut, die Ärzte im Bundesgebiet gleichmäßig zu verteilen, sodass er diese mit weiteren Elementen augmentiert: Gesetzlich schlägt sich dies bspw. in einigen Ausnahmen zu § 103 IIIa SGB V sowie in § 103 IV 5 Nrn. 4, 7 SGB V nieder. Der Gesetzgeber konterkariert den Abbau der Überversorgung aber i. R. d. Nachbesetzung von Angestelltengenehmigungen nach § 95 II S. 8 i. V. m. S. 5 SGB V und § 103 IVa 5 SGB V, bei ihrer Umwandlung gem. § 95 IXb SGB V sowie der Zulassungsübertragung nach § 103 IVa 1 SGB V. Zudem unterminiert er die Bedarfsplanung mit den Möglichkeiten, eine Zweigpraxis zu gründen.

Zum Verhältnis zwischen Gesetzgeber und Rechtsprechung ist daher auch im Hinblick auf das Konzessionshandelsverbot die Analyse passend, nach der der Gesetzgeber das Vertragsarztrecht liberalisiert, um die „Wettbewerbsfähigkeit und damit Zukunftsfähigkeit der vertragsärztlichen Zulassung“ zu gewährleisten, wobei hier schon „vermeidbare Unklarheiten“ im Gesetz angelegt sind, die dann von den Zulassungsausschüssen und Gerichten regelmäßig so aufgelöst werden, dass der zuvor angestrebten Liberalisierung entgegengetreten wird[1].

Erklären lässt sich diese Dynamik anhand der unterschiedlichen soziologischen Ansätze zur Freiberuflichkeit: Während schließungstheoretische Erwägungen zunehmend Einfluss auf den Gesetzgeber genommen haben, legt das BSG noch ein strukturfunktionales Weltbild zugrunde.

Das Konzessionshandelsverbot bringt Nachteile mit sich: Es führt zu Rechtsunsicherheiten in Bezug auf die Dauer, in der das Praxissubstrat zerfällt und für welche der Fortführungswille vorliegen muss, im Hinblick auf den Umgang mit den Ausnahmen zur Drei-Jahres-Rechtsprechung im MVZ sowie der Gewichtung der Interessen der verbleibenden Praxispartner in § 103 VI 2 SGB V. Hinderlich ist das Konzessionshandelsverbot zudem, wenn ein MVZ-Träger im Rahmen einer Insolvenz abzuwickeln ist. Vor allem ist das Konzessionshandelsverbot aber nicht über das gesamte Vertragsarztrecht durchzuhalten: Im Rahmen der Praxisnachfolge zwischen zwei Vertragsärzten gem. § 103 IIIa, IV SGB V wirkt es viel stärker als in vielen Fällen, in denen BAG oder MVZ an der Transaktion beteiligt sind.

Im Hinblick auf seine mangelnde Effektivität und die schwindende Überzeugungskraft seiner Begründung ist es mithin problematisch, die Nachteile des Konzessionshandelsverbots länger in Kauf zu nehmen. Um die mit dem Konzes-

[1] *Dies.*, Zulassung im Wandel, 2013, S. 224, 236.

sionshandel verbundenen Probleme zu lösen, bieten sich mehrere Auswege an, die im Rahmen dieser Arbeit an verschiedenen Stellen angedeutet wurden.

Der Konzessionshandel wäre umgehend beendet, wenn sich der Gesetzgeber dazu entscheiden würde, die Bedarfsplanung abzuschaffen. Diese ging auf die Annahme zurück, Ärzte würden sich die Nachfrage nach ihrer Leistung selbst schaffen. Da diese Annahme auf ein verändertes Freiberuflichkeitsverständnis des Gesetzgebers zurückgeführt werden konnte, kann man die Abschaffung der Bedarfsplanung je nach Haltung zur ärztlichen Freiberuflichkeit zwar als wünschenswert empfinden. Es bestehen derzeit jedoch keine konkreten Anzeichen für entsprechende Pläne des Gesetzgebers[2].

Alternativ könnte das BSG die Bedarfsplanung weniger stark gewichten, und so seine Rechtsprechung zum Konzessionshandelsverbot aufgeben. Hierfür spricht, dass auch der Gesetzgeber den Abbau der Überversorgung immer weniger in den Vordergrund stellt. Der Kontrollverlust, der mit der Aufgabe des Konzessionshandelsverbots einhergehen würde, wäre überschaubar. Einerseits überschneidet sich das Erfordernis des Praxissubstrats vielfach mit Fallgestaltungen, in denen Versorgungsgründe die Praxisnachfolge nicht erforderlich machen, sodass sie an § 103 IIIa SGB V scheitert. Andererseits kommt das Erfordernis des Fortführungswillens in MVZ und BAG kaum zur Geltung. Sieht man die Handelbarkeit eines subjektiv-öffentlichen Rechts als maßgebliches Kriterium für seinen Schutz durch Art. 14 I GG, stünde der verfassungsrechtliche Unterbau für ein neues Verständnis der Zulassung bereit[3].

Will man das Konzessionshandelsverbot beibehalten, ließe es sich der früheren Rechtsprechung des BSG zufolge an eine Preiskontrolle anknüpfen, anstatt das Praxissubstrat sowie den Fortführungswillen des Nachfolgers heranzuziehen. Eine solche Preiskontrolle würde nicht nur strukturfunktionalen Überlegungen zur Freiberuflichkeit entsprechen, sondern wäre auch unbeeinflusst von den sich ständig ändernden Strukturen des Vertragsarztrechts. Im aktuellen System haben MVZ beim Erwerb von Vertragsarztsitzen einen Wettbewerbsvorteil, weil sie teils finanzkräftiger sind und die Übertragung von Sitzen an sie an vielen Stellen erleichtert wird. Da MVZ dieser Wettbewerbsvorteil beim Praxiskauf

---

[2] Mit entsprechenden Spekulationen s. schon *Steinbrück*, Praxisabgabe und Praxisübernahme, [2]2009, S. 83 f. Rn. 240 ff., S. 141 Rn. 412; derlei Pläne hat der Gesetzgeber zwischenzeitich verworfen *Kanter*, Zulassung im Wandel, 2013, S. 168 ff.

[3] Dieses Ergebnis ist indes wenig zufriedenstellend: Entweder wird die Zulassung so zur (ersten) handelbaren Personalkonzession oder zur Sachkonzession. Selbst ein Ergebnis, nach dem es sich bei der Vertragsarztzulassung noch um eine Personal-, bei der MVZ-Zulassung und Angestelltengenehmigung jedoch um Sachkonzessionen handelt, ist angesichts § 95 IXb SGB V wenig befriedigend, weil der Genehmigungsinhaber dann über die Natur seiner Konzession entscheidet.

durch eine Preiskontrolle genommen wäre, erhöhte sich die Wahrscheinlichkeit dafür, dass Vertragsärzte ihre Zulassung an andere Ärzte und nicht an MVZ veräußern. Dies stünde im Einklang mit dem Willen des Gesetzgebers, der zuletzt angedeutet hat, dass ein Teil der Sitze weiterhin bei freiberuflich tätigen Vertragsärzten verbleiben soll[4]. Um eine statistische Grundlage zur Berechnung angemessener Preise für Praxen zu schaffen, müsste das BSG aber seine Rechtsprechung[5] zur Offenlegung des Kaufpreises beim Praxiserwerb revidieren. De lege ferenda wäre eine Kaufpreissammlung für ärztliche Praxen sowie MVZ-Transaktionen wünschenswert.

Zuletzt bietet es sich an, die Position des angestellten Arztes dem strukturfunktionalen Bild entsprechend aufzuwerten, um die Bindung zwischen seiner Person sowie der Angestelltengenehmigung und so die Höchstpersönlichkeit dieser Genehmigung zu stärken. Ansetzen ließe sich an der Freiberuflichkeit des angestellten Arztes: So könnte man dem Patienten eines MVZ das Recht einräumen, von einem bestimmten angestellten Arzt seiner Wahl behandelt zu werden[6]. Hiermit wäre das personelle Element der persönlichen Leistungserbringung wiederhergestellt und der angestellte Arzt könnte eigenen Goodwill im MVZ aufbauen. De lege ferenda ließe sich an ein (Vorkaufs-)Recht auf Umwandlung der Angestelltengenehmigung in eine Vertragsarztzulassung gem. § 95 IXb SGB V für den Fall der Insolvenz des MVZ-Trägers denken, um dem angestellten Arzt ggf. den Weg in die wirtschaftliche Selbständigkeit zu ermöglichen. Zudem sollte der angestellte Arzt bei Rechtsstreitigkeiten, die die Angestelltengenehmigung betreffen, im Rahmen derer er angestellt ist, immer beizuladen sein[7].

---

4 BT-Drs. 17/6906, S. 77.

5 BSGE 110, 34 ff.; s.o. B. III. 2. h) und D. I. 2. c) dd).

6 *Konerding*, Vertragsarztsitz im MVZ, 2009, S. 175 f.

7 A.A. *Fickentscher*, Eigentumsschutz in der Bedarfsplanung, 2022, S. 202.

F. Abschließende Thesen

(1) Das rechtliche Verständnis des freiberuflichen Typus wird durch Annahmen aus der Soziologie geprägt. Die Freiberuflichkeit fungiert hier neben der Marktwirtschaft und der Administrative als dritte Logik, um die Arbeitsweise individueller Akteure zu strukturieren. Der Idealtypus der Freiberuflichkeit kann gesellschaftlich stärker oder schwächer ausgeprägt sein, was sich zugunsten oder zulasten der beiden anderen Bereichslogiken auswirkt. Weil das Konzessionshandelsverbot durch die Vorstellung geprägt wurde, beim Vertragsarzt handele es sich um einen Freiberufler, wird es durch Verschiebungen des freiberuflichen Typus und seiner Merkmale tangiert.

(2) Ursprünglich wies das Ideal der Freiberuflichkeit im Recht Überschneidungen mit dem Ideal der strukturfunktionalen Theorie von *Talcott Parsons* auf. Ausgehend von der Funktion der Ärzte für die Gesellschaft strukturiert er ein Rollenbild, das den Mediziner als emotional neutral, universalistisch, gemeinwohlorientiert und funktional spezifisch beschreibt, zudem werden die Meriten des Berufs leistungsabhängig verdient. Da die Freiberufler sich und die Qualität ihrer Leistung gegenseitig effektiv kontrollieren, kommt ihnen gesellschaftlich ein hoher Grad an Autonomie zu. Hieran knüpfen nicht nur die rechtlich anerkannten Typusmerkmale der Freiberuflichkeit an. Auch der Idee der Zulassung als höchstpersönlicher Position liegt zunächst die strukturfunktionale Perspektive zugrunde, weil sie die Qualität der ärztlichen Leistung absichert. Ökonomisch dient sie dann dazu, die ärztliche Leistung in einem „market for lemons“ nicht degenerieren zu lassen. Um diese qualitätssichernde Funktion zu erfüllen, muss die Zulassung höchstpersönlich sein. Wäre es möglich, frei mit ihr zu handeln, wäre die Qualität der Versorgung nicht mehr gewährleistet.

(3) Das soziologische Bild der Freiberuflichkeit änderte sich, wodurch sich das Regelungskorsett änderte, in welches die Vertragsärzte eingebunden sind. In der Soziologie gewann die Theorie der sozialen Schließung an Aufwind: Ihr zufolge handelt es sich bei dem strukturfunktionalen Narrativ nur um einen Vorwand, der dazu dient, den Absatzmarkt für freiberufliche Leistungen anderen Marktteilnehmern gegenüber zu verschließen. Der spezielle freiberufliche Kanon aus Rechten und Pflichten begünstigt den Freiberufler demnach in einer nicht zu rechtfertigenden Art und Weise. Im Gegensatz zu den Strukturfunktio-

nalisten sprechen sich Schließungstheoretiker nicht nur gegen den Zentralwertbezug der freiberuflichen Leistung aus, sondern erkennen freiberuflichen Dienstleistungen auch jegliche Art der Qualität ab (was dem Qualitätsschutz durch die Zulassung den Boden entzieht[1]). Sie beschreiben Freiberufler als emotional affektiv, partikularistisch, egoistisch und funktional diffus, zudem werden die Meriten des Berufs leistungsunabhängig zugeschrieben. Bezweifelt wird daher, dass sich die Freiberufler gegenseitig effektiv kontrollieren. Ihnen kommt damit ein niedriger Grad an Autonomie zu, sodass sie von Akteuren aus der Marktwirtschaft und der Administrative kontrolliert werden. Der im GSG scharf gestellten Bedarfsplanung (und der Budgetierung der Ärzteschaft) lag ein schließungstheoretisches Weltbild zugrunde, weil der Gesetzgeber i. R. d. Gesetzesbegründung die Theorie der anbieterinduzierten Nachfrage heranzog. Diese Theorie ist nur vor dem Hintergrund schließungstheoretischer Annahmen überzeugend. Auch die zunehmende Legalisierung der Anstellung von Ärzten hing eng mit der Einführung der Bedarfsplanung sowie der Logik der anbieterinduzierten Nachfrage zusammen, u. a. weil der angestellte Arzt weniger dazu motiviert ist, seine Leistungsmenge auszuweiten, als der selbständige Arzt. Zuletzt entspricht auch das Konstrukt des MVZ dem schließungstheoretischen Modell: So stellt es ein Mittel dar, um der Schließung des Marktes durch Ärzte entgegenzuwirken, indem eine Organisation zwischen den Arzt und den Markt geschaltet wird, welche den individuellen Arzt als Kollektiv entmachtet. Dies steht im krassen Kontrast zum strukturfunktionalen Ideal: Hier darf es zwischen Arbeitgeber und -nehmer keine weitere Instanz geben. Das MVZ schiebt sich aber als eben solche Instanz zwischen den angestellten Arzt und den Eigentümer des MVZ. Durch diese Reformen wurden die Typusmerkmale der Freiberuflichkeit stückchenweise und teils bis zur Unkenntlichkeit abgeschliffen.

(4) Im Rahmen dieser Entwicklungen ist der Grad, zu dem die vertragsärztliche Zulassung und ihre Derivate als höchstpersönlich bezeichnet werden können, immer weiter zurückgegangen.

a. Mit der Bedarfsplanung des GSG entstanden erste Risse im Bild der Vertragsarztzulassung als höchstpersönlicher Genehmigung, weil die Bedarfsplanung das Bedürfnis schafft, die Zulassung mithilfe von zivilrechtlichen Vereinbarungen an die BAG zu binden. Diese Bindung wurde im Zusammenhang mit

[1] Der Gesetzgeber verlässt sich daher bspw. zunehmend auf Qualitätsrichtlinien. Anders als im Konzept der Zulassung stellen diese nicht Kriterien für den Arzt auf, welche die Annahme begründen, der Arzt sei hinreichend qualifiziert, um eigenständige Entscheidungen zu treffen, sondern versuchen sein Handeln bis ins letzte Detail zu regulieren. Dies ist exemplarisch für den Vertrauensverlust Freiberuflern gegenüber und schwächt im Ergebnis die freiberufliche zugunsten der administrativen Logik.

der höchstpersönlichen Natur der Zulassung zunächst kritisch gesehen, im Ergebnis aber zugelassen, indem die gegenüber den anderen Gesellschaftern bestehende Verpflichtung, auf die Zulassung zu verzichten und ihre Neuausschreibung zu beantragen, von dem (dem Zulassungsausschuss erklärten) Verzicht der Zulassung abstrahiert wurde. Die zivilrechtliche Bindung des Sitzes an die BAG führt zu einer Situation, in der die BAG einer zulassungsfähigen Institution angenähert ist.

b. Mit dem MVZ schuf der Gesetzgeber eine solche Institution, überführte die Bindung des Sitzes an ein Kollektiv vom Zivil- ins Sozialrecht, verstärkte sie so und stellte die Höchstpersönlichkeit der (vertragsärztlichen[2]) Zulassung hiermit noch weiter in Frage. Das BSG bleibt zwar dabei, dass die Anstellungsgenehmigung höchstpersönlich ist und begründet dies mit dem Umstand, dass – vergleichbar zur Vertragsarztzulassung – bestimmte Voraussetzungen wie die Eintragung ins Arztregister oder die Zuverlässigkeit in der Person des anzustellenden Arztes vorliegen müssen, damit die Anstellungsgenehmigung vergeben wird. Mit der Aufteilung zwischen Behandlungs- und Verwaltungsebene im MVZ verteilen sich die (freiberuflich geprägten) Rechte und Pflichten, die ursprünglich mit der vertragsärztlichen Zulassung einhergingen, auf den MVZ-Träger und den angestellten Arzt und somit auf zwei Adressaten. Die Argumentation des BSG zur Höchstpersönlichkeit der Anstellungsgenehmigung verliert an Überzeugungskraft, weil die vom angestellten Arzt zu erfüllenden Voraussetzungen ihn in den Stand versetzten, die aus der Zulassung resultierenden (Rechte und) Pflichten zu erfüllen. Ist er aber nicht mehr der alleinige Bezugspunkt für diese Rechte und Pflichten, verlieren damit auch die Voraussetzungen, unter denen die Anstellungsgenehmigung vergeben wird, und ihre Anknüpfung an den angestellten Arzt an Bedeutung. Diese Entwicklung ist Folge der sich abschwächenden Freiberuflichkeit, der das Bild eines individuell verantwortlichen Arztes zugrunde liegt. Problematisch ist zudem der Aspekt, dass die Angestelltengenehmigung ein Recht des MVZ, nicht aber des anzustellenden Arztes darstellt, auf den sich die Voraussetzungen beziehen und welche die Anstellungsgenehmigung erst zu einer höchstpersönlichen Position machen. Die Person, die die Voraussetzungen der Anstellungsgenehmigung zu erfüllen hat und damit die Höchstpersönlichkeit dieser Genehmigung auslöst, ist mithin eine andere als diejenige, die von der Erteilung der Genehmigung profitiert. Dies führt zu Problemen, die in der Nachbesetzung der Anstellungsgenehmigung erneut relevant werden (s.u. These (6)

---

[2] Die Anstellungsgenehmigung ist infolge §§ 95 IXb, 103 IVa 1 SGB V als Derivat der vertragsärztlichen Zulassung zu sehen. Wäre sie nicht höchstpersönlich, wäre auch die Höchstpersönlichkeit der vertragsärztlichen Zulassung nicht mehr gewährleistet.

b.). Parallel hierzu lässt sich an der Höchstpersönlichkeit der MVZ-Zulassung zweifeln, weil der Verzicht auf die vertragsärztliche Zulassung die Gründungsberechtigung für das MVZ unberührt lässt (§ 95 VI 4, 5 SGB V).

c. Die BAG nähert sich dem MVZ an: Statt sein Konzept der Anstellungsgenehmigung zu überdenken, hat das BSG sie dazu genutzt, die Unterschiede zwischen BAG und MVZ aufzuweichen, indem es entschieden hat, dass diese nicht dem anzustellenden Vertragsarzt, sondern der BAG zuzuordnen sei, obwohl es sich bei der BAG noch viel weniger um eine verfestigte Institution im Vertragsarztrecht handelt, als es beim MVZ der Fall ist.

(5) Auch im verfassungsrechtlichen Diskurs schlagen sich die Änderungen der soziologischen Ansätze nieder. Zum strukturfunktionalen Ansatz passt ein Bild, das den Art. 12 I GG als Abwehrrecht des Arztes versteht: Theoretisch kann jeder ärztliche Dienstleistungen erbringen. Um die Qualität der Behandlung zu gewährleisten, errichtet der Gesetzgeber mit der Zulassung aber eine Schranke, die nur beseitigt werden kann, wenn der zuzulassende Arzt qualitätssichernde Kriterien erfüllt. Ein Handel mit der Zulassung stellt in diesem Bild einen Handel mit der Aufhebung einer Schranke dar und scheint schon aus dieser Perspektive wenig sinnvoll. Aus der schließungstheoretischen Perspektive stellt die Zulassung hingegen eine Planstelle dar, die dem Machterhalt der Ärzteschaft dient. So betrachtet sollte sie zwar am besten abgeschafft werden, der Handelbarkeit dieser Planstelle steht bei ihrem Fortbestehen jedoch nichts entgegen, da es eine zu bewahrende Qualität der ärztlichen Leistung nicht gibt. Da der Arzt aus dieser Perspektive in erster Linie vom System der GKV profitiert – schließlich versperrt dieses System anderen Leistungserbringer den medizinischen Markt – fungiert die Berufsfreiheit als Leistungsrecht. Dementsprechend deutet sich hier ein Wertungswiderspruch an: Einerseits entspricht die mittlerweile herrschende Ansicht, nach der Art. 12 I GG ein Leistungsrecht des Arztes verkörpert, schließungstheoretischen Erwägungen. Andererseits gilt die Zulassung dem strukturfunktionalen Narrativ entsprechend bis heute als höchstpersönlich und nicht übertragbar. Nach überwiegender Anschauung fällt sie nur über das Recht an der eingerichteten und ausgeübten Praxis in den Schutzbereich des Art. 14 I GG. Weil das für Art. 14 I GG entscheidende Kriterium der Eigenleistung des Arztes bezüglich der Zulassung Defizite aufweist und um den gerade beschriebenen Widerspruch aufzulösen, sollte (neben dem Eigenwert) die einfachrechtliche Übertragbarkeit der Zulassung herangezogen werden, um zu beurteilen, inwieweit sie Art. 14 I GG unterfällt.

(6) Je stärker der in der vertragsärztlichen Zulassung enthaltene Versorgungsauftrag dem schließungstheoretischen Ideal entsprechend an ein Kollektiv ange-

bunden ist, desto schwerer ist es, das Konzessionshandelsverbot zur Geltung zu bringen und desto eher sollte die Zulassung Art. 14 I GG unterfallen[3].

a. I. R. d. § 103 (IIIa,) IV SGB V, der für die Praxisnachfolge in freiberufliche Einzelpraxen zentral ist, etablierte das BSG früh ein effektives Konzessionshandelsverbot, das mit dem Erfordernis eines Praxissubstrats sowie eines Fortführungswillens seitens des Erwerbers in Bezug auf dieses Substrat zwei Kriterien schuf, die (ebenso wie Teile des Katalogs des § 103 IV 5 SGB V) die freiberuflichen Strukturvorgaben des Vertragsarztrechts voraussetzen: Beide zielen auf den Goodwill der Praxis ab, der eng mit freiberuflichen Erwägungen zum Vertrauen im Arzt-Patienten-Verhältnis zusammenhängt. Andere Umgehungsversuche wie die wiederholte Ausschreibung der Zulassung unterband das BSG im Laufe der Zeit, während es den Interessen der Ärzte teilweise entgegenkam, indem es den (durch die erfolgreiche Neuvergabe der Zulassung) bedingten Zulassungsverzicht zuließ.

b. Im MVZ wirkt das Konzessionshandelsverbot hingegen kaum: Um das MVZ zu fördern, wurde § 103 IVa 1 SGB V eingeführt, in dessen Begründung selbst der Gesetzgeber davon spricht, dass der Arzt die Zulassung ins MVZ „mitnimmt"[4]. Hiervor verschließt das BSG jedoch wissentlich seine Augen und versucht i. R. d. Drei-Jahres-Rechtsprechung dem Konzessionshandel mit einer Konstruktion beizukommen, die dem Fortführungswillen ähnelt, deren Effizienz aber zu bezweifeln ist. Das Konzept der Praxisfortführung ist im MVZ kaum umzusetzen, was sich an § 103 IVc 1 SGB V zeigt, im Rahmen dessen zwar eine Praxisfortführung und daher ein Fortführungswille erforderlich ist. Dieser wird aber um die örtliche und personelle Kontinuität und damit um wesentliche Bestandteile gekürzt. Auch das Konzept der Angestelltengenehmigung als höchstpersönlicher Rechtsposition geht i. R. d. Nachfolgeregelungen nicht auf: Zwar beziehen sich die Kriterien des § 103 IV 5 SGB V weiterhin auf den angestellten Arzt. I. R. d. Konzeptbewerbung soll eine Anstellungsgenehmigung aber vergeben werden, ohne dass ein konkreter, anzustellender Arzt vorhanden ist, auf den sich die Genehmigungsvoraussetzungen beziehen könnten. Um das Konzept der höchstpersönlichen Anstellungsgenehmigung aufrecht zu erhalten, ist das BSG

[3] Im Dreieck zwischen Staat, Gewerbe und der Freiberuflichkeit als dritter Logik wirkt die Schwächung der freiberuflichen Logik zu Lasten des individuellen Arztes. Der verstärkte Schutz der Zulassung durch Art. 14 GG im MVZ unter gleichzeitiger Schwächung der Freiberuflichkeit verstärkt die gewerbliche Prägung der Gesundheitsversorgung. Dieser Schluss steht auch im Einklang mit der schließungstheoretischen Perspektive, nach der große Unternehmensstrukturen dazu beitragen sollen, das ärztliche Monopol im Gesundheitsmarkt aufzubrechen und der viel eher ein Verständnis der Zulassung als Handelsgut zugrunde liegt. Denkt man diese Entwicklung konsequent zu Ende, wird die Genehmigung zur Teilnahme an der GKV so zur Sachkonzession.

[4] BT-Drs. 15/1525, S. 112.

hier auf die Behelfsfigur der arztlosen Anstellungsgenehmigung angewiesen. Auch die Nachbesetzung der Angestelltengenehmigung im MVZ verschärft die Probleme, die im Bezug auf ihre Höchstpersönlichkeit angelegt sind (s.o. These (4)): Anders als der Vertragsarzt – dessen Genehmigung stets den Weg über den Zulassungsausschuss nehmen muss, wenn ihm ein Arzt nachfolgen soll – kann der angestellte Arzt ohne weiteres durch das MVZ ausgetauscht werden. Die Auswahl des Arztes erfolgt durch das MVZ, der Zulassungsausschuss ist insoweit lediglich zu benachrichtigen. Darüber hinaus bleibt die Anstellungsgenehmigung sechs bzw. als halbe Anstellungsgenehmigung (u.U. mehr als) zwölf Monate im unbesetzten Zustand erhalten, also ohne sich auf einen konkreten Arzt zu beziehen. Den mithilfe des Konzessionshandelsverbots bezweckten Abbau von Zulassungen konterkariert der Gesetzgeber zudem mit § 95 IXb SGB V, der die Verkehrsfähigkeit von Angestelltengenehmigung erhöht. Ebenso wirkt die Übertragung des MVZ-Trägers, die die Angestelltengenehmigungen des MVZ nicht tangiert. Lässt man das Mono-MVZ zu, könnten Versorgungsaufträge einzeln übertragen werden. Problematisch ist zudem § 24 VII 2 Ärzte-ZV, weil diese Norm zur Übertragung von Versorgungsaufträgen genutzt werden kann. An diesen Beispielen verdeutlicht sich, wie die (dem strukturfunktionalen Freiberuflichkeitsideal widersprechende) Trennung zwischen Verwaltungs- und Behandlungsebene dem Konzessionshandelsverbot entgegensteht und wie der Wandel des Freiberuflichkeitsverständnisses den Konzessionshandel befeuert.

c. Zuletzt zeigt sich auch in der BAG wie das MVZ die ärztliche Freiberuflichkeit und mit ihr die Praxisnachfolge verändert hat: So stellt das BSG regelmäßig auf das Kollektiv und nicht den einzelnen Vertragsarzt ab, wenn es im Rahmen der Praxisnachfolge bspw. auf die Versorgungsgründe, die eine Praxisnachfolge als nicht erforderlich erscheinen lassen, oder das Praxissubstrat ankommt. Auch weil die Praxisnachfolge in die Nullbeteiligung nicht mehr daran scheitern kann, dass der einzelnen Zulassung kein individuelles Praxissubstrat gegenübersteht, wird der Konzessionshandel begünstigt. Dem versucht das BSG zwar beizukommen, indem es das Gewicht, das den Interessen der verbleibenden Praxispartner gem. § 103 VI 2 SGB V zukommt, davon abhängig macht, wie lange und intensiv die Zusammenarbeit in der BAG war. Auf der anderen Seite gleicht der Gesetzgeber BAG MVZ an und importiert so die Probleme, die bereits i. R. v. § 103 IVa 1, IVc 1 SGB V festgestellt worden sind, über § 103 IVb 1, 2 SGB V in die BAG.

(7) Die abnehmende Bedeutung der (strukturfunktionalen) Freiberuflichkeit im Vertragsarztrecht zeigt sich an weiteren Stellen im Kontext der Praxisnachfolge: Mithilfe von § 103 IIIa SGB V wollte der Gesetzgeber die Überversorgung abbauen, tatsächlich wird die Vorschrift aber nur die Nachfolge in kleine, freiberuflich geprägte Praxen im städtischen Bereich verhindern. § 103 IIIa SGB V

wird Ärzte über § 103 IVa 1, IVb 1 SGB V zunehmend aus der Freiberuflichkeit in die Anstellung drängen. Auch der Wandel der Bewertungsmethoden für die Praxis spiegelt den Rückgang freiberuflicher Grundsätze teilweise.

(8) Um das Problem des ineffizienten Konzessionshandelsverbots zu lösen, muss man sich für ein kohärentes Bild der Freiberuflichkeit entscheiden: Tendiert man zu schließungstheoretischen Erwägungen, wird man das Konzessionshandelsverbot aufheben. Soll es sich bei der Vertragsarztzulassung weiterhin um eine nicht-übertragbare Personalkonzession handeln, reicht es nicht aus, lediglich die einzelnen Umgehungsversuche hinsichtlich des Konzessionshandelsverbots zu unterbinden. Vielmehr müssen Gesetzgeber und Gerichte das strukturfunktionale Narrativ im Vertragsarztrecht stärken: Will man die Bedarfsplanung hierbei beibehalten, bietet sich dazu entweder eine Preiskontrolle beim Praxiskauf oder die Aufwertung der Position des angestellten Arztes an.

Literaturverzeichnis

Abel, Richard L., The legal profession in England and Wales, Oxford 1988.

–, What does and should influence the number of lawyers?, International Journal of the Legal Profession 2012, S. 131–146.

Achterfeld, Claudia, Aufgabenverteilung im Gesundheitswesen – Rechtliche Rahmenbedingungen der Delegation ärztlicher Leistungen, Berlin, Heidelberg 2014.

Adams, Tracey L., Self-regulating professions: past, present, future: Table 1, Journal of Professions and Organization 2016, 70.

Adrian, Axel, Grundprobleme einer juristischen (gemeinschaftsrechtlichen) Methodenlehre – Die begrifflichen und („fuzzy"-)logischen Grenzen der Befugnisnormen zur Rechtsprechung des Europäischen Gerichtshofes und die Maastricht-Entscheidung des Bundesverfassungsgerichtes, Berlin 2009.

Akerlof, George A., The Market for "Lemons": Quality Uncertainty and the Market Mechanism, The Quarterly Journal of Economics 1970, S. 488–500.

Arnold, Wiebke/Poetsch, Joachim, Neues zum Nachbesetzungsverfahren im Vertragsarztrecht (§ 103 Abs. 4 SGB V), MedR 2013, S. 773–779.

Baasch, Annika, Anmerkung zu BSG, Urt. v. 15.5.2019 – Az. B 6 KA 5/18 R (Bay. LSG), MedR 2020, S. 965–966.

Bartholomäus, Elke, Investitionsstau in Arztpraxen, DÄ 2017, A 1626.

Bäune, Stefan, Gesellschaftsvertragliche Verpflichtung zum Zulassungsverzicht bei Ausscheiden aus einer Berufsausübungsgemeinschaft – Anmerkung zu LG Dortmund, Urt. v. 27.9.2007 – 3 O 391/07, ZMGR 2008, S. 54–56.

–, Die Persönliche Leistungserbringung im Krankenhaus, MedR 2014, S. 76–84.

–, Die Arztstelle und Sonderbedarfsarztstelle in der vertragsärztlichen Versorgung, in: Katzenmeier, Christian/Ratzel, Rudolf (Hrsg.), Festschrift für Franz-Josef Dahm – Glück auf! Medizinrecht gestalten, Berlin, Heidelberg 2017, S. 17–28.

Bäune, Stefan/Dahm, Franz-Josef/Flasbarth, Roland, GKV-Versorgungsstärkungsgesetz (GKV-VSG), MedR 2016, S. 4–16.

Bäune, Stefan/Meschke, Andreas/Rothfuß, Sven (Hrsg.), Kommentar zur Zulassungsverordnung für Vertragsärzte und Vertragszahnärzte (Ärzte-ZV, Zahnärzte-ZV), Berlin, Heidelberg 2008 (zit. *Bearbeiter*, in: Bäune/Meschke/Rothfuß (Hrsg.), Kommentar Ärzte-ZV, 2008).

Becker, Ulrich/Kingreen, Thorsten (Hrsg.), SGB V – Gesetzliche Krankenversicherung: Kommentar, 6. Aufl., München 2018 (zit. *Bearbeiter,* in: Becker/Kingreen (Hrsg.), SGB V, 2018).

Beerheide, Rebecca, Jede Minute verschwindet Arztzeit, DÄ 2019, A 183.

Begun, James, Economic and Sociological Approaches to Professionalism, Work and Occupations 1986, S. 113–129.

Behnsen, Erika, Medizinische Versorgungszentren – die Konzeption des Gesetzgebers (I), KH 2004, S. 602–606.

Berchtold, Josef/Huster, Stefan/Rehborn, Martin (Hrsg.), Gesundheitsrecht – SGB V, SGB XI, 2. Aufl., Baden-Baden 2018 (zit. *Bearbeiter,* in: Berchtold/Huster/Rehborn (Hrsg.), Gesundheitsrecht, 2018).

Bergmann, Karl-Otto/Pauge, Burkhard/Steinmeyer, Heinz-Dietrich (Hrsg.), Gesamtes Medizinrecht, 3. Aufl., Baden-Baden 2018 (zit. *Bearbeiter,* in: Bergmann/Pauge/Steinmeyer (Hrsg.), Gesamtes Medizinrecht, 2018).

Berliner Sparkasse, Praxiswertermittlung mit Methode: Wie viel ist meine Praxis wert?, https://www.berliner-sparkasse.de/fi/home/ratgeber/ratgeber-heilberufe/alltag/praxiswerter mittlung-wie-viel-ist-ihre-praxis-wert.html (geprüft am 19.9.2023).

Beyer, Rain Katrin-C., Die Stärkung des MVZ im Wettbewerb mit Einzelpraxen und Berufsausübungsgemeinschaften, PFB 2015, S. 284–286.

Bickerdyke, I./Dolamore, R./Monday, I./Preston, R., Supplier Induced Demand for Medical Services. Productivity Commission Staff Working Paper, 2002, https://www.pc.gov.au/rese arch/supporting/supplier-induced-medical-demand/sidms.pdf (geprüft am 19.9.2023).

Böcken, Winfried, Mengensteuerung durch Budgetregelungen unter Einbeziehung des Globalbudgets, MedR 2000, S. 165–176.

–, Art. 14 GG und die Entziehung der vertragsärztlichen Zulassung wegen Erreichens der Altersgrenze, in: Eberle, Carl-Eugen (Hrsg.), Der Wandel des Staates vor den Herausforderungen der Gegenwart – Festschrift für Winfried Brohm zum 70. Geburtstag, München 2002, S. 231–243.

Bonvie, Horst, Bindung des Vertragsarztsitzes an das Unternehmen „Arztpraxis", GesR 2008, S. 505–510.

Bonvie, Horst/Gerdts, Christian, Rechtsprobleme bei der Anwendung des § 103 IIIa SGB V, ZMGR 2013, S. 67–74.

Bourmer, Horst, Das Selbstverständnis des Arztes zwischen sozialer Bindung und Freiberuflichkeit, in: Buchholz, Gerhard (Hrsg.), Der Arzt – Profil eines freien Berufes im Spannungsfeld von Gesundheitspolitik, Wissenschaft und Publizistik; Festschrift für J. F. Volrad Deneke, Köln 1985, S. 10–25.

Bradford, Martin/Martin, Robert, Supplier induced demand and quality competition: An empirical investigation, Eastern Economic Journal 1995, S. 491–503.

Brante, Thomas, Sociological Approaches to the Professions, Acta Sociologica 1988, S. 119–142.

Braun, Christian/Gründel, Mirko, Approbationsentzug wegen Unwürdigkeit und Anspruch auf Wiedererteilung der Approbation, MedR 2001, S. 396–401.

Brock, David M./Saks, Mike, Professions and organizations: A European perspective, European Management Journal 2016, S. 1–6.

Bucher, Rue/Strauss, Anselm, Wandlungsprozesse in Professionen, in: Luckmann, Thomas/Sprondel, Walter M. (Hrsg.), Berufssoziologie, Köln 1972, S. 182–197.

Bundesärztekammer, Gesundheitspolitische Leitsätze der deutschen Ärzteschaft. Ulmer Papier – Beschluss des 111. deutschen Ärztetags, https://www.bundesaerztekammer.de/fileadmin/user_upload/downloads/UlmerPapierDAET111.pdf (geprüft am 19.9.2023).

Bundesärztekammer und kassenärztliche Bundesvereinigung, Persönliche Leistungserbringung – Möglichkeiten und Grenzen der Delegation ärztlicher Leistungen, 29.8.2008, https://www.bundesaerztekammer.de/fileadmin/user_upload/downloads/Empfehlungen_Persoen liche_Leistungserbringung.pdf (geprüft am 19.9.2023).

Büschges, Günter, Spezialisierung medizinischen Wissens als Herausforderung der Eigenverantwortung und der Unabhängigkeit freipraktizierender Ärzte, in: Buchholz, Gerhard

(Hrsg.), Der Arzt – Profil eines freien Berufes im Spannungsfeld von Gesundheitspolitik, Wissenschaft und Publizistik; Festschrift für J. F. Volrad Deneke, Köln 1985, S. 172–185.

Butzer, Hermann, Nullbeteiligungsgesellschaften unter Ärzten, MedR 2001, S. 604–613.

–, Verfassungsrechtliche Anmerkungen zum GKV-Gesundheitsmodernisierungsgesetz 2004 (GMG), MedR 2004, S. 177–188.

Carlsen, Fredrik/Grytten, Jostein, Consumer satisfaction and supplier induced demand, Journal of Health Economics 2000, S. 731–753.

Cassel, Dieter/Wilke, Thomas, Das saysche Gesetz im Gesundheitswesen: Schafft sich das ärztliche Leistungsangebot seine eigene Nachfrage?, Journal of Public Health 2001, S. 331–348.

Christmann, Philip, Rechtliche Fragen rund um die Zwangsstilllegung von Arztpraxen, PFB 2015, S. 313–317.

Clemens, Thomas/Meschke, Andreas, Verlegung einer Arztstelle von einem MVZ in ein anderes, MedR 2012, S. 544–547.

Clemens, Thomas/Ziegler, Ole, Nachbesetzung eines Vertragsarztsitzes – Anforderungen an den Fortführungswillen eines Bewerbers; Auswahlkriterien, MedR 2013, S. 814–820.

Collins, Randall, Schließungsprozesse und die Konflikttheorie der Professionen, in: Mackert, Jürgen (Hrsg.), Die Theorie sozialer Schließung – Tradition, Analysen, Perspektiven, Wiesbaden 2004, S. 67–86.

Cramer, Udo H., Praxiswert und Praxisbewertung heute – Entwicklung, Bestandsaufnahme und Tendenzen der Rechtsprechung und Bewertungspraxis, MedR 1992, S. 313–320.

–, Bundesärztekammer: Neue „Hinweise“ zur Bewertung von Arztpraxen, MedR 2009, S. 716–719.

–, Praxisbewertung – Das BSG schließt sich der zivilrechtlichen Rechtsprechung an, GesR 2012, S. 675–678.

–, Die modifizierte Ertragswertmethode: Königsweg zur Bewertung von Arztpraxen und Freiberuflerunternehmen, MedR 2020, S. 669–672.

Cramer, Udo H./Goldbach, Peter/Schlegelmilch, Michael, Einziehung von Vertragsarztsitzen (§ 103 Abs. 3a SGB V) – rechtliche Grundlagen, wirtschaftliche Auswirkungen, ZMGR 2014, S. 241–252.

Cramer, Udo H./Maier, Bernd, Praxisübergabe und Praxiswert (I) – Erfahrungsbericht unter Zulassungssperre – Fortschreibung des Beitrags aus MedR 1992, 312 Teil 1: Praxisübergabe unter Bedarfsplanung, MedR 2002, S. 549–560.

–, Praxisübergabe und Praxiswert (II) – Teil 2: Neues zur Methodik der Praxisbewertung, MedR 2002, S. 616–625.

Creutzburg, Dietrich/Schäfers, Manfred, Rentenkasse bekommt so viel Steuergeld wie nie, 2019, https://www.faz.net/aktuell/wirtschaft/rentenkasse-bekommt-so-viel-steuergeld-wie-nie-16383125.html (geprüft am 19.9.2023).

Gummert, Hans/Weipert, Lutz (Hrsg.), BGB-Gesellschaft, Offene Handelsgesellschaft, Partnerschaftsgesellschaft, Partenreederei, EWIV, 5. Aufl., München 2019 (zit. *Bearbeiter*, in: Gummert/Weipert (Hrsg.), MHdB GesR I, 2019).

Dahm, Franz-Josef, Fortführung der Arztpraxis nach GSG – Praktische Umsetzung der Fortführungsregelung des § 103 SGB V aus der Sicht des Praxisübernehmers, MedR 1994, S. 223–226.

–, Anmerkung zu LG Essen, Urt. v. 13.1.1997 – 4 O 554/96, LG Essen, Beschl. v. 8.8.1997 – 3 O 136/97 und OLG Hamm, Beschl. v. 15.1.1998 – 8 W 71/97, MedR 1998, S. 567–569.

–, Problemstellung zu BGH, Urt. v. 7.5.2007 – II ZR 281/05 (OLG Frankfurt a. M.), MedR 2007, S. 595.

–, Die Bürgschaftserklärung nach § 95 Abs. 2 S. 6 SGB V als Gründungsvoraussetzung für die Zulassung eines Medizinischen Versorgungszentrums, MedR 2008, S. 257–267.
–, Anmerkung zu Schiedsgericht, Schiedsspruch v. 20.9.2012, MedR 2013, S. 194–198.
Dahm, Franz-Josef/Möller, Karl-Heinz/Ratzel, Rudolf (Hrsg.), Rechtshandbuch Medizinische Versorgungszentren – Gründung, Gestaltung, Arbeitsteilung und Kooperation, Berlin, Heidelberg 2005 (zit. *Bearbeiter*, in: Dahm/Möller/Ratzel (Hrsg.), Rechtshandbuch MVZ, 2005).
Dahm, Franz-Josef/Ratzel, Rudolf, Liberalisierung der Tätigkeitsvoraussetzungen des Vertragsarztes und Vertragsarztrechtsänderungsgesetz – VÄndG, MedR 2006, S. 555–568.
Deneke, Johann F. Volrad, Die freien Berufe, Stuttgart 1956.
–, Individuelle Freiheit in sozialer Sicherheit – Beiträge zur Gesundheits- und Sozialpolitik; 1953–1985, Bochum 1985.
–, Die Bedeutung der privaten Krankenversicherung: Eine Alternative für den Weg aus der Krise, DÄ 1993, A1.3142–3144.
Dietrich, Michael/Roberts, Jennifer, Beyond the economics of professionalism, in: Broadbent, Jane/Dietrich, Michael/Roberts, Jennifer (Hrsg.), The End of the Professions? – The restructuring of professional work, 2005, S. 14–33.
Dorra, Fabian, Die Privilegierung des MVZ und ihre Zulässigkeit, ZMGR 2016, S. 89–93.
Dranove, David/Wehner, Paul, Physician-induced demand for childbirths, Journal of Health Economics 1994, S. 61–73.
Drösler, Saskia/Neukirch, Benno/Ulrich, Volker/Wille, Eberhard, Weiterentwicklungsbedarf des Versichertenklassifikationsverfahrens im Anwendungskontext der vertragsärztlichen Versorgung, 2016, https://zi.de/fileadmin/Downloads/Service/Gutachten/KBV-Zi-Gutachten_Klassifikationsverfahren_2016-10-31.pdf (geprüft am 19.9.2023).
Dürig, Günter, Anmerkung zu BSG, Urteil v. 19.3.1957 – 6 RKa 5/55, JZ 1958, S. 22–24.
Ebsen, Ingwer, Rechtsfragen der vertragsärztlichen Stellenplanung in Deutschland, in: Jabornegg, Peter (Hrsg.), Der Vertragsarzt im Spannungsfeld zwischen gesundheitspolitischer Steuerung und Freiheit der Berufsausübung, Wien 1999, S. 1–30.
Ehlers, Alexander P. F. (Hrsg.), Fortführung von Arztpraxen, 3. Aufl., München 2009 (zit. *Bearbeiter*, in: Ehlers (Hrsg.), Fortführung von Arztpraxen, 2009).
–, (Hrsg.), Disziplinarrecht für Ärzte und Zahnärzte, 2. Aufl., München 2013 (zit. *Bearbeiter*, in: Ehlers (Hrsg.), Disziplinarrecht, 2013).
Engelmann, Klaus, Kooperative Berufsausübung von Ärzten und Vertragsarztrecht, in: Wulffen, Matthias von (Hrsg.), Festschrift 50 Jahre Bundessozialgericht, Köln 2004, S. 429–457.
Engels, Andreas, „Lenkung“ von Ärzten in unterversorgte Gebiete am Beispiel des Aufkaufens von Praxen, GesR 2016, S. 197–206.
Engisch, Karl, Einführung in das juristische Denken, 12. Aufl., Stuttgart 2018.
Engler, Hartmut, Hinauskündigung und Zulassungsverzicht bei der Vertragsarzt-GbR im Lichte des VÄndG, MedR 2010, S. 477–485.
Evans, Robert, Supplier-Induced Demand: Some Empirical Evidence and Implications, in: Perlman, Mark (Hrsg.), The Economics of Health and Medical Care – Proceedings of a Conference held by the International Economic Association at Tokyo, London 1974, S. 162–173.
Felix, Dagmar, Die Krankenhausbehandlung im Spannungsfeld von Therapiefreiheit und Wirtschaftlichkeitsgebot – Wie weit reicht die Prüfungskompetenz des MDK im Rahmen von § 275 Abs. 1 Nr. 1 SGB V, NZS 2012, S. 1–9.
Fickentscher, Toni, Der verfassungsrechtliche Schutz des Eigentums in der krankenversicherungsrechtlichen Bedarfsplanung – Das Nachbesetzungsverfahren nach § 103 Abs. 3a – 6 SGB V, Universität Regensburg 2022.

Fiedler, Andre, Zum Nachbesetzungsverfahren unter besonderer Berücksichtigung von Praxisgemeinschaften und anderen Kooperationen, NZS 2003, S. 574–579.

–, Das vertragsärztliche Zulassungsrecht nach Inkrafttreten des GKV-VSG, DStR 2016, S. 322–328.

Fiedler, Eckart, Die Freiberuflichkeit des Arztes im Umfeld der sozialen Krankenversicherung – Relikt oder Chance für die Zukunft, in: Buchholz, Gerhard (Hrsg.), Der Arzt – Profil eines freien Berufes im Spannungsfeld von Gesundheitspolitik, Wissenschaft und Publizistik; Festschrift für J. F. Volrad Deneke, Köln 1985, S. 62–73.

Fiekas, Frederik, Anmerkung zu SG Hamburg, Urt. v. 17.4.2019 – S 27 KA 82/18, MedR 2020, S. 70–72.

–, Anmerkung zu BSG, Urt. v. 30.9.2020 – B 6 KA 18/19 R, MedR 2021, S. 577–579.

Fleischmann, Eugen, Die freien Berufe im Rechtsstaat – Eine Untersuchung von Begriff und Wesen der freien Berufe und ihrer verfassungsrechtlichen Stellung nach dem Grundgesetz unter besonderer Berücksichtigung der freien Heil- und Beratungsberufe, Berlin 1970.

Franzius, Claudio, Bedarfsplanung als spezifisches Regulierungsrecht, VSSR 2012, S. 49–74.

Freebairn, John, Evaluation of the Supplier-Induced Demand for Medical Care Model, The Australian Economic Review 2001, S. 353–355.

Frehse, Michael/Lauber, Anna, Rechtsfragen der vertragsärztlichen Teilzulassung nach 19a Ärtze-ZV, GesR 2011, S. 278–283.

Freidson, Eliot, Dominanz der Experten – Zur sozialen Struktur medizinischer Versorgung, München 1975.

–, Professionalism – The third logic, Chicago 2001.

Ganster, Günther, Freier Beruf und Kapitalgesellschaft – Das Ende der freien Professionen? Eine umfassende juristische Analyse zum scheinbar unaufhaltsamen Siegeszug der Kapitalgesellschaften in den freien Professionen, Berlin/New York 2000.

Gassen, Andreas, Die ärztliche Selbstverwaltung nach dem GKV-VSG, GuP 2016, S. 22–24.

GBA, Tragende Gründe – zum Beschluss des Gemeinsamen Bundesausschusses über eine Neufassung der Bedarfsplanungs Richtlinie: Bedarfsplanung gemäß GKV-VStG, 18.6.2013, https://www.g-ba.de/downloads/40-268-2154/2012-12-20_Bedarfsplanung-Neufassung-VStG_TrG.pdf (geprüft am 19.9.2023).

Gebhardt, Dina, Aktuelle Rechtsfragen zum Auswahl- und Zulassungsverfahren im reaktivierten Planungsbereich, GesR 2021, S. 205–212.

Gerdts, Christian, Anmerkung zu BSG, Urt. v. 22.10.2014 – B 6 KA 44/13 R (SG Hannover), MedR 2015, S. 626–627.

–, Das Urteil des BSG vom 4.5.2016 – B 6 KA 21/15 R – Auswirkungen auf die Vertragsgestaltung bei Praxisübertragungen, ZMGR 2018, S. 9–15.

–, Anmerkung zu BSG, Urt. v. 12.2.2020 – B 6 KA 19/18 R (SG Gelsenkirchen), MedR 2021, S. 195–197.

Gerdts, Christian/Arnold, Wiebke, Das Nachbesetzungsverfahren im Lichte des GKV-VSG und der aktuellen BSG-Rechtsprechung, GuP 2014, S. 176–187.

Gerst, Thomas, Ärztliche Standesorganisation und Standespolitik in Deutschland 1945–1955, Stuttgart 2004.

Gesellensetter, Catrin, Die Annäherung des Freien Arztberufes an das Gewerbe – Eine verfassungs-, sozial- und berufsrechtliche Untersuchung, Berlin 2010.

Goette, Wulf, Mindestanforderungen an die Gesellschafterstellung in der BGB-Gesellschaft, MedR 2002, S. 1–5.

Greve, Peter, Die Auswahlkriterien im Nachbesetzungsverfahren nach den Änderungen durch das Versorgungsstrukturgesetz, ZMGR 2012, S. 95–99.

Grytten, Jostein/Carlsen, Fredrik/Sørensen, Rune, Supplier inducement in a public health care system, Journal of Health Economics 1995, S. 207–229.

Grytten, Jostein/Sørensen, Rune, Type of contract and supplier-induced demand for primary physicians in Norway, Journal of Health Economics 2001, S. 379–393.

Gummert, Hans/Klimke, Yvonne J., Neues zur Nullbeteiligungsgesellschaft? – Die Entscheidung des BSG vom 23.6.2010 – B 6 KA 7/09 R; Teil 1, MedR 2011, S. 615–623.

–, Neues zur Nullbeteiligungsgesellschaft? – Die Entscheidung des BSG vom 23.6.2010 – B 6 KA 7/09 R; Teil 2 (Anschluss an MedR 2011, 615–623 [Heft 10]), MedR 2011, S. 685–690.

Gummert, Hans/Meier, Mareike, Nullbeteiligungsgesellschaften, MedR 2007, S. 1–10.

–, Zulässigkeit von Vereinbarungen der Gesellschafter einer Gemeinschaftspraxis zur Nachbesetzung und zur Hinauskündigung, MedR 2007, S. 400–417.

Haack, Hansjörg, Die Beteiligung an einer Gemeinschaftspraxis, MedR 2005, S. 631–637.

Haage, Heinz, Bedarfsplanung in der GKV-Gesundheitsreform 2000, MedR 2000, S. 262–266.

Hartmannsgruber, Karl, Problemstellung zu BSG, Urt. v. 11.12.2013 – B 6 KA 6/13 R (LSG Rheinl.-Pf.), MedR 2015, 50.

Hefendehl, Roland/Hohmann, Olaf (Hrsg.), Münchener Kommentar zum Strafgesetzbuch, 3. Aufl., München 2019 (zit. *Bearbeiter*, in: Hefendehl/Hohmann (Hrsg.), MüKoStGB, 2019).

Hehli, Simon, Braucht es jetzt eine Männerquote für das Medizinstudium?, https://www.nzz.ch/schweiz/numerus-clausus-kritik-an-selektionskriterien-fuer-aerzte-waechst-ld.1638530 (geprüft am 19.9.2023).

Heinrich, Dirk, Über die Folgen der Budgetierung – Das Gift im Gesundheitswesen, 1.11.2018, https://www.bdc.de/ueber-die-folgen-der-budgetierung (geprüft am 19.9.2023).

Henderson, James W., Health economics and policy, 5. Aufl., Mason, Ohio 2012.

Henssler, Martin, Die Rechtsanwalts-GmbH, JZ 1992, S. 697–710.

Hess, Rainer/Thüsing, Gregor/Ulrich, Volker/Wille, Eberhard/Wollenschläger, Ferdinand, Einheitliche Vergütung im dualen Krankenversicherungssystem? – Memorandum zur Diskussion einer Einheitlichen Gebührenordnung für Ärzte (EGO), 2018, https://www.bundesaerztekammer.de/fileadmin/user_upload/downloads/pdf-Ordner/Politik/Memorandum_Krankenversicherungssystem.pdf (geprüft am 19.9.2023).

Heun, Werner, Die Neuordnung des Bedarfsplanungsrechts aus verfassungsrechtlicher Perspektive, VSSR 2015, S. 215–227.

Heuß, Theodor, Organisationsprobleme der „freien Berufe“, in: Festschrift für Lujo Brentano zum siebzigsten Geburtstag, München, Leipzig 1916, S. 237–249.

Hidien, Jürgen, Anmerkung zu BVerfG, Beschluss des Ersten Senats (2. Kammer) vom 27.4.2001 – 1 BvR 1282.99, DVBl 2002, S. 401–402.

Hildebrandt, Rolf, Anmerkung zu Thür. LSG, Urt. v. 26.2.2003 – L 4 KA 406/01 (SG Gotha) (nicht rechtskräftig), MedR 2003, S. 705–706.

Höhl, Rebekka/Badenberg, Christiane, Der heiße Wettbewerb um die Arztsitze, 2018, https://www.aerztezeitung.de/Politik/Der-heisse-Wettbewerb-um-die-Arztsitze-298304.html (geprüft am 19.9.2023).

Hoppe, Jörg-Dietrich, Die Patient-Arzt-Beziehung im 21. Jahrhundert, in: Katzenmeier, Christian/Bergdolt, Klaus (Hrsg.), Das Bild des Arztes im 21. Jahrhundert – 1. Kölner Symposion zum Medizinrecht im Oktober 2008, Berlin, Heidelberg 2009, S. 1–8.

Hoßbach, Marius G., Anmerkung zu LSG Hess., Urt. v. 30.11.2016 – L 4 KA 20/14 (SG Marburg), MedR 2017, S. 905–906.

–, Anmerkung zu BSG, Urt. v. 16.5.2018 – B 6 KA 1/17 (Hessisches LSG), MedR 2019, S. 329.

Hufen, Friedhelm, Inhalt und Einschränkbarkeit vertragsärztlicher Grundrechte, MedR 1996, S. 394–403.

Hungeling, Germanus, Die Jungen sind die Dummen – Neuregelung der Zulassung zur kassenärztlichen Versorgung, in: Abholz, Heinz-Harald/Arnold, Michael (Hrsg.), Die Regulierung der Gesundheit, Hamburg 1993, S. 63–79.

Igl, Gerhard, Mengensteuerung im Gesundheitswesen durch Begrenzungen des Zugangs für die Leistungserbringer am Beispiel der ambulanten und stationären „Bedarfsplanung", MedR 2000, S. 157–164.

Isensee, Josef/Kirchhof, Paul (Hrsg.), Handbuch des Staatsrechts der Bundesrepublik Deutschland – Freiheitsrechte, 2. Aufl., Heidelberg 2001 (zit. *Bearbeiter*, in: Isensee/Kirchhof (Hrsg.), Handbuch des Staatsrechts der Bundesrepublik Deutschland, 2001).

Isringhaus, Walter/Kroel, Mark/Wendland, Kirstin (Hrsg.), MVZ-Beratungshandbuch, Erftstadt 2004 (zit. *Bearbeiter*, in: Isringhaus/Kroel/Wendland (Hrsg.), MVZ-Beratungshandbuch, 2004).

Jacobs, Annette M., Die Entziehung der Zulassung als Vertragsarzt – Darstellung und verfassungsrechtliche Untersuchung, Frankfurt am Main/Berlin 1994.

Jensen, Stefan, Einleitung, in: Jensen, Stefan/Parsons, Talcott (Hrsg.), Zur Theorie sozialer Systeme, Wiesbaden 1976, S. 9–68.

Johnson, E. M., Physician-Induced Demand, in: Encyclopedia of Health Economics, 2014, S. 77–82.

Junge, Katja, Recht auf Teilnahme an der vertragsärztlichen Versorgung, Baden-Baden 2007.

Kalsbach, Werner, Standesrechtliche Erwägungen zum Praxisübernahmevertrag, AnwBl 1954, S. 37–40.

Kaltenborn, Markus/Völger, Jessica, Die Neuordnung des Bedarfsplanungsrechts durch das GKV-Versorgungsstrukturgesetz, GesR 2012, S. 129–135.

Kämmerer, Jörn Axel, Die Zukunft der Freien Berufe zwischen Deregulierung und Neuordnung, München 2010.

Kamps, Hans, Die Beschäftigung von Assistenten in der Arztpraxis, MedR 2003, S. 63–77.

Kanter, Anna-Maria, Das Steuerungsinstrument der vertragsärztlichen Zulassung im Wandel der Gesundheitsreformen – Insbesondere seit 2004, Hamburg 2013.

Kassenärztliche Bundesvereinigung, Entwicklungen der medizinischen Versorgungszentren – Statistische Informationen zum Stichtag 31.12.2020, http://www.kbv.de/media/sp/mvz_entwicklungen.pdf (geprüft am 19.9.2023).

–, (Hrsg.), Gesundheitsdaten, https://gesundheitsdaten.kbv.de/cms/html/17020.php#:~:text=Immer%20weniger%20Einzelpraxen.%20Die%20Anzahl%20der%20Praxen%20in-,zwar%20noch%20immer%20die%20am%20st%C3%A4rksten%20vertretene%20 (geprüft am 19.9.2023).

Katzenmeier, Christian, Die Rahmenbedingungen der Patientenautonomie, MedR 2012, S. 576–583.

Kaulen, Hildegard, Sind Algorithmen tatsächlich die besseren Ärzte?, 4.5.2020, https://www.faz-biblionet.de/faz-portal/document?uid=FAZN__20200504_6754548&token=651eda82-1331-4b08-b4b0-189cc59b99d7&p._scr=faz-archiv&p.q=deep+learning&p.source=&p.max=10&p.sort=&p.offset=0&p._ts=1600005310381&p.DT_from=01.11.1949&p.timeFilterType=0 (geprüft am 19.9.2023).

Kaya, Eylem, Rechtsfragen medizinischer Versorgungszentren auf Gründungs- und Zulassungsebene, Baden-Baden 2011.

Kern, Axel Olaf, Arztinduzierte Nachfrage in der ambulanten Versorgung – Bedeutung für eine Privatisierung von Leistungen der Gesetzlichen Krankenversicherung, https://vwl.wiwi.uni-augsburg.de/vwl/institut/paper/225.pdf (geprüft am 19.9.2023).

Klöck, Oliver, Das Medizinische Versorgungszentrum im GKV-Versorgungsstrukturgesetz, NZS 2013, S. 368–373.

Koch-Gromus, U./Kreß, H., Arzt-Patienten-Verhältnis, Bundesgesundheitsblatt, Gesundheitsforschung, Gesundheitsschutz 2012, S. 1081–1084.

Köhler, Susanne/Trittmacher, Susan/Kaiser, Roland, Der Arztberuf wird zum „Frauenberuf" – wohin führt das?, Hessisches Ärzteblatt 2007, S. 423–425.

Konerding, Susanne, Der Vertragsarztsitz im Medizinischen Versorgungszentrum, Baden-Baden 2009.

Körner, Anne/Leitherer, Stephan/Mutschler, Bernd/Rolfs, Christian (Hrsg.), Kasseler Kommentar Sozialversicherungsrecht, München 2021 (zit. *Bearbeiter*, in: Körner/Leitherer/Mutschler/Rolfs (Hrsg.), KassKomm, 2021).

Krause, Elliott A., Death of the guilds – Professions, states, and the advance of capitalism, 1930 to the present, New Haven, Connecticut 1996.

Krause, Peter, Eigentum an subjektiven öffentlichen Rechten – Die Tragweite d. Eigentumsschutzes von öffentlich-rechtlichen Leistungsansprüchen am Beispiel d. Rentenversicherung, Berlin 1982.

Krauskopf, Dieter (Hrsg.), Soziale Krankenversicherung – Pflegeversicherung – Kommentar, München (zit. *Bearbeiter*, in: Krauskopf (Hrsg.), Soziale Krankenversicherung – Pflegeversicherung,).

–, Medizinische Versorgungszentren – ein schwieriger Start, in: Kern, Bernd-Rüdiger (Hrsg.), Humaniora – Medizin – Recht – Geschichte; Festschrift für Adolf Laufs zum 70. Geburtstag, Berlin, Heidelberg 2006, S. 953–958.

Kremer, Arnold, Freie Berufe in der Rechtsform der GmbH, GmbHR 1983, S. 259–267.

Kremer, Ralf/Wittmann, Christian, Vertragsärztliche Zulassungsverfahren, 3. Aufl., Heidelberg 2018.

Krieger, Gerd, Fortführung der Arztpraxis nach GSG – Die Wettbewerbsabrede im Vertrag über eine Praxisgemeinschaft unter besonderer Berücksichtigung möglicher Zulassungsbeschränkungen, MedR 1994, S. 240–241.

Kuhlendahl, Hans, Das gespaltene Arzt-Bild der Öffentlichkeit, in: Buchholz, Gerhard (Hrsg.), Der Arzt – Profil eines freien Berufes im Spannungsfeld von Gesundheitspolitik, Wissenschaft und Publizistik; Festschrift für J. F. Volrad Deneke, Köln 1985, S. 388–395.

Kuhlmann, Jens, Neue Versorgungsmöglichkeiten für Krankenhäuser durch das GMG, KH 2004, S. 13–18.

–, Aktuelle Rechtsprechung zur Anstellung von Ärzten im MVZ, ZMGR 2018, S. 3–8.

KV Berlin (Hrsg.), Muster Verzichtserklärung, https://www.kvberlin.de/fileadmin/user_upload/bedarfsplanung_zulassung/bz_zulassungsverzicht.pdf (geprüft am 19.9.2023).

Labelle, Roberta/Stoddart, Greg/Rice, Thomas, A re-examination of the meaning and importance of supplier-induced demand, Journal of Health Economics 1994, S. 347–368.

Ladurner, Andreas, Das Terminservice- und Versorgungsgesetz – TSVG aus vertragsarztrechtlicher Persepktive (Teil 1), MedR 2019, S. 440–450.

–, Das Terminservice- und Versorgungsgesetz – TSVG aus vertragsarztrechtlicher Persepktive (Teil 2), MedR 2019, S. 519–529.

–, Anmerkung zu SG München, Urt. v. 9.7.2019 – S 38 KA 535/17, MedR 2020, S. 161–163.

–, Die Weiterentwicklung der Bedarfsplanungs-Richtlinie im Jahre 2019, in: Jacobs, Matthias/Plagemann, Florian u. a. (Hrsg.), Weiterdenken: Recht an der Schnittstelle zur Medizin – Festschrift für Hermann Plagemann zum 70. Geburtstag, München 2020, S. 467–480.

Ladurner, Andreas/Walter, Ute/Jochimsen, Beate, Stand und Weiterentwicklung der gesetzlichen Regelungen zu medizinischen Versorgungszentren (MVZ), 2020, https://www.bundesgesundheitsministerium.de/fileadmin/Dateien/5_Publikationen/Ministerium/Berichte/Stand_und_Weiterentwicklung_der_gesetzlichen_Regelungen_zu_MVZ.pdf (geprüft am 19.9.2023).

Larenz, Karl/Canaris, Claus-Wilhelm, Methodenlehre der Rechtswissenschaft, Berlin/Heidelberg 1995.

Laufs, Adolf, Die Ärzte-GmbH und das Berufsrecht, MedR 1995, S. 11–16.

–, Die jüngere Entwicklung des Arztberufs im Spiegel des Rechts, in: Katzenmeier, Christian/Bergdolt, Klaus (Hrsg.), Das Bild des Arztes im 21. Jahrhundert – 1. Kölner Symposion zum Medizinrecht im Oktober 2008, Berlin, Heidelberg 2009, S. 9–20.

Laufs, Adolf/Katzenmeier, Christian/Lipp, Volker (Hrsg.), Arztrecht, 8. Aufl., München 2020 (zit. *Bearbeiter,* in: Laufs/Katzenmeier/Lipp (Hrsg.), Arztrecht, 2020).

Laufs, Adolf/Kern, Bernd-Rüdiger/Rehborn, Martin (Hrsg.), Handbuch des Arztrechts – Zivilrecht, Öffentliches Recht, Vertragsarztrecht, Krankenhausrecht, Strafrecht, 5. Aufl., München 2019 (zit. *Bearbeiter*, in: Laufs/Kern/Rehborn (Hrsg.), ArztR-HdB, 2019).

Lauterbach, Karl/Vetter, Stefan, Interview mit Karl Lauterbach – „Deutschland steuert auf einen Ärztemangel zu", 4.5.2019, https://www.saarbruecker-zeitung.de/nachrichten/politik Zinland/interview-mit-karl-lauterbach-zum-thema-aerztemangel-in-deutschland_aid-38552507 (geprüft am 19.9.2023).

Leicht, Kevin T., Market fundamentalism, cultural fragmentation, post-modern skepticism, and the future of professional work: Table 1, Journal of Professions and Organization 2016, S. 103–117.

Leisner-Egensperger, Anna, Der eigentumsrechtliche Schutz der vertragsärztlichen Zulassung und Praxis unter Berücksichtigung des Nachbesetzungsverfahrens, NZS 2014, S. 61.

Liessmann, Konrad Paul, Woher dieser fanatische Hass auf jene, die für sich die Freiheit des Denkens noch in Anspruch nehmen wollen?, 2019, https://www.nzz.ch/meinung/kolumnen/woher-dieser-fanatische-hass-auf-jene-die-fuer-sich-die-freiheit-des-denkens-noch-in-anspruch-nehmen-wollen-ld.1478273 (geprüft am 19.9.2023).

Lindenau, Lars, Das medizinische Versorgungszentrum – Rechtliche Grundlagen und Ausblick in die GKV, Heidelberg 2008.

Luhmann, Niklas/Baecker, Dirk, Einführung in die Systemtheorie, 2. Aufl., Heidelberg 2004.

Lyotard, Jean-François/Bennington, Geoff, The postmodern condition – A report on knowledge, Manchester 1992.

Jensen, Stefan/Parsons, Talcott (Hrsg.), Zur Theorie sozialer Systeme, Wiesbaden 1976.

Mackert, Jürgen, Die Theorie sozialer Schließung – Das analytische Potenzial einer Theorie mittlerer Reichweite, in: ders. (Hrsg.), Die Theorie sozialer Schließung – Tradition, Analysen, Perspektiven, Wiesbaden 2004, S. 9–26.

Makoski, Kyrill, Anmerkung zu BSG, Urt. v. 21.3.2012 – B 6 KA 22/11 R (LSG Berl.-Brdbg.), MedR 2013, S. 73–74.

–, Problemstellung zu BVerfG, Beschl. v. 22.3.2013 – 1 BvR 791/12 (BSG), MedR 2013, S. 664.

Maunz, Theodor/Dürig, Günter/Herzog, Roman/Scholz, Rupert/Herdegen, Matthias/Klein, Hans (Hrsg.), Grundgesetz – Kommentar, Hrsg.: *Maunz*, Theodor/*Dürig*, Günter, München (zit. *Bearbeiter,* in: Maunz/Dürig/Herzog/Scholz/Herdegen/Klein (Hrsg.), Grundgesetz,).

Maurer, Hartmut/Waldhoff, Christian, Allgemeines Verwaltungsrecht, 20. Aufl., München 2020.

Maydell, Bernd von, Der Statuswandel der freien Heilberufe in der GKV – rechtliche Rahmenbedingungen und Reformoptionen, NZS 1996, S. 243–247.

Mayer, Thomas, Ein Aufruf zur Mündigkeit!, FAS 16.4.2017, S. 34.

Meschke, Andreas, MVZ-Trägergesellschaften – Veränderungen auf Gesellschafter- und Trägerebene, MedR 2009, S. 263–272.

–, Selbstständige freiberufliche Tätigkeit und Kooperationen in Berufsausübungsgemeinschaften, MedR 2018, S. 655–662.

Metzler, Arno, Informationen zu den Freien Berufen und Statements zu den aktuellen Herausforderungen, 19.7.2012, https://www.eesc.europa.eu/sites/default/files/resources/docs/tag-der-freien-berufe-2012_statement-ra-arno-metzler.pdf (geprüft am 19.9.2023).

Meuser, Michael, Ärztliche Gemeinwohlrhetorik und Akzeptanz. Zur Standespolitik der medizinischen Profession, in: Hitzler, Ronald/Hornbostel, Stefan/Mohr, Cornelia (Hrsg.), Elitenmacht, Wiesbaden 2004, 193.

Meyer-Abich, Jann, Der Schutzzweck der Eigentumsgarantie – Leistung, Freiheit, Gewaltenteilung; zur teleologischen Auslegung des Art. 14 Abs. 1 GG, Berlin 1980.

Michalski, Lutz, Das Gesellschafts- und Kartellrecht der berufsrechtlich gebundenen freien Berufe, Köln 1989.

Miranowicz, Elisa, Die Entwicklung des Arzt-Patienten-Verhältnisses und seine Bedeutung für die Patientenautonomie, MedR 2018, S. 131–136.

Moeck, Jan, Anmerkung zu SG Bremen, Urt. v. 20.8.2014 – S 1 KA 22/13, MedR 2015, S. 749–750.

Molinaro, Remo, Gesundheitswesen und Kostendämpfung in der Bundesrepublik – Beschreibung und Analyse aus schweizerischer Sicht, Berlin/Heidelberg 1986.

Möller, Karl-Heinz, Fortführung der Praxis nach GSG – Praktische Umsetzung der Fortführungsregel des § 103 SGB V aus der Sicht des Abgebers und des ihn beratenden Rechtsanwalts, MedR 1994, S. 218–222.

–, Rechtliche Probleme von „Nullbeteiligungsgesellschaften" – wieviel wirtschaftliches Risiko muss sein?, MedR 1999, S. 493–497.

–, Der im zugelassenen Medizinischen Versorgungszentrum (MVZ) angestellte Arzt, GesR 2004, S. 456–464.

–, Aktuelle Probleme bei Gründung und Betrieb von Gemeinschaftspraxen, MedR 2006, S. 621–630.

–, Auswirkungen des VÄndG auf Medizinische Versorgungszentren, MedR 2007, S. 263–270.

–, Das MVZ nach dem GKV-Versorgungsstärkungsgesetz, in: Katzenmeier, Christian/Ratzel, Rudolf (Hrsg.), Festschrift für Franz-Josef Dahm – Glück auf! Medizinrecht gestalten, Berlin, Heidelberg 2017, S. 307–325.

Mooney, Gavin/Ryan, Mandy, Agency in health care: Getting beyond first principles, Journal of Health Economics 1993, S. 125–135.

Muschallik, Jochen, Kassenärztliche Selbstverwaltung – Bollwerk oder Joch für den Freiberufler Kassenarzt, in: Buchholz, Gerhard (Hrsg.), Der Arzt – Profil eines freien Berufes im Spannungsfeld von Gesundheitspolitik, Wissenschaft und Publizistik; Festschrift für J.F. Volrad Deneke, Köln 1985, S. 52–61.

Narr, Helmut, Zur Beurteilung des ideellen Wertes beim Verkauf einer Arztpraxis, MedR 1984, S. 121–126.

Niendorf, Tim, Ländliche Regionen profitieren von Privatpatienten, 1.9.2019, https://www.faz.net/aktuell/rhein-main/aerztemangel-laendliche-regionen-profitieren-von-privatpatienten-16360752.html (geprüft am 19.9.2023).

Nimz, Ulrike, Die Generation der Selbstausbeuter geht in Rente, 2018, https://www.sueddeutsche.de/gesundheit/aerztemangel-die-generation-der-selbstausbeuter-geht-in-rente-1.3937178 (geprüft am 19.9.2023).

Nolin, Jan, In search of a new theory of professions, Borås 2008.

Pahlke, Armin, Typusbegriff und Typisierung, DStR-Beih 2011, S. 66–71.

Parkin, Frank, Duale Schließung, in: Mackert, Jürgen (Hrsg.), Die Theorie sozialer Schließung – Tradition, Analysen, Perspektiven, Wiesbaden 2004, S. 45–66.

Parsons, Talcott, Essays on sociological theory – Revised edition, Glencoe, Illinois 1954.

–, The social system, New York/London 1966.

Paßmann, Jörg, Die Bildung von Berufsausübungsgemeinschaften zum Zweck der Einflußnahme im Nachbesetzungsverfahren – Missbrauchskontrolle durch Zulassungsgremien?, ZMGR 2013, S. 155–158.

–, Privatautonomie und Eigentumsschutz im Spannungsverhältnis zu Versorgungskontinuität und Kommerzialisierungsverbot im Vertragsarztrecht – Zugleich Besprechung des Urteils des BSG vom 11.12.2013 – B 6 KA 49/12 R, ZMGR 2014, S. 149–155.

Pawlita, Cornelius, Zulassungsrechtliche Änderungen durch das GKV-VSG, NZS 2015, S. 727–731.

Pawlowski, Hans-Martin, Methodenlehre für Juristen – Theorie der Norm und des Gesetzes; ein Lehrbuch, 3. Aufl., Heidelberg 1999.

Penner, Andreas/Pittrof, Ute, Gutachten: Stand- und Weiterentwicklung der gesetzlichen Regelungen zu medizinischen Versorgungszentren (MVZ), https://ppp-rae.de/news/gutachten-stand-und-weiterentwicklung-der-gesetzlichen-regelungen-zu-medizinischen-versorgungszentren-mvz/ (geprüft am 19.9.2023).

Pitschas, Rainer, Innovative Versorgungsstrukturen im Lichte der Grundrechte und verfassungsrechtlichen Kompetenznormen, MedR 2015, S. 154–161.

Porten, Stephan, Die Verlegung von Arztstellen nach dem Versorgungssärkungsgesetz, NZS 2015, S. 732–736.

Posser, Herbert/Wolff, Heinrich Amadeus (Hrsg.), VwGO – Kommentar, München (zit. *Bearbeiter*, in: Posser/Wolff (Hrsg.), BeckOK VwGO,).

Preißler, Reinhold, Rechtsformprobleme beim Betrieb Medizinischer Versorgungszentren, in: Katzenmeier, Christian/Ratzel, Rudolf (Hrsg.), Festschrift für Franz-Josef Dahm – Glück auf! Medizinrecht gestalten, Berlin, Heidelberg 2017, S. 335–343.

Prütting, Dorothea/Prütting, Jens, Medizin- und Gesundheitsrecht – Ein am Fall orientiertes Lehrbuch für Studium und Einstieg in die Praxis, 2. Aufl., Berlin 2021.

Puppe, Ingeborg, Der Typusbegriff, eine Denkform?, in: Hefendehl, Roland/Hörnle, Tatjana/Greco, Luís (Hrsg.), Streitbare Strafrechtswissenschaft – Festschrift für Bernd Schünemann zum 70. Geburtstag am 1. November 2014, Berlin 2014, S. 221–234.

Quaas, Michael, Zur Berufsfreiheit des Freiberuflers, insbesondere der Ärzte, MedR 2001, S. 34–37.

Quaas, Michael/Zuck, Rüdiger/Clemens, Thomas (Hrsg.), Medizinrecht, 3. Aufl., München 2014 (zit. *Bearbeiter,* in: Quaas/Zuck/Clemens (Hrsg.), Medizinrecht, 2014).

–, (Hrsg.), Medizinrecht – Öffentliches Medizinrecht – Pflegeversicherungsrecht – Arzthaftpflichtrecht – Arztstrafrecht, 4. Aufl., München 2018 (zit. *Bearbeiter,* in: Quaas/Zuck/Clemens (Hrsg.), Medizinrecht, 2018).

Quante, Michael, Therapieren oder Optimieren? Herausforderungen des ärztlichen Selbstverständnisses im 21. Jahrhundert, in: Katzenmeier, Christian/Bergdolt, Klaus (Hrsg.), Das Bild des Arztes im 21. Jahrhundert – 1. Kölner Symposion zum Medizinrecht im Oktober 2008, Berlin, Heidelberg 2009, S. 171–179.

Ratzel, Rudolf/Lippert, Hans-Dieter/Prütting, Jens (Hrsg.), Kommentar zur (Muster-)Berufsordnung für die in Deutschland tätigen Ärztinnen und Ärzte – MBO-Ä 1997, 7. Aufl., Berlin, Heidelberg 2018 (zit. *Bearbeiter*, in: Ratzel/Lippert/Prütting (Hrsg.), Kommentar MBO-Ä, 2018).

Ratzel, Rudolf/Luxenburger, Bernd (Hrsg.), Handbuch Medizinrecht, 3. Aufl., Heidelberg 2015 (zit. *Bearbeiter*, in: Ratzel/Luxenburger (Hrsg.), Handbuch Medizinrecht, 2015).

–, (Hrsg.), Handbuch Medizinrecht, 4. Aufl., Heidelberg 2020 (zit. *Bearbeiter*, in: Ratzel/Luxenburger (Hrsg.), Handbuch Medizinrecht, 2020).

Rau, Stephan, Neue Organisationsformen ärztlicher Tätigkeit, DStR 2004, S. 640–643.

–, Offene Rechtsfragen bei der Gründung Medizinischer Versorgungszentren?, MedR 2004, S. 667–672.

Redeker, Konrad, Anmerkung zu OLG Köln, Urteil vom 4.11.1955 – 6 U 280/54, NJW 1956, S. 348.

Rehborn, Martin, Beendigung Medizinischer Versorgungszentren, MedR 2010, S. 290–298.

Reiter, Carsten, Die Aufhebung von Zulassungsbeschränkungen und ihre Rechtsfolgen, MedR 2001, S. 624–630.

–, Die Einziehung von Vertragsarztsitzen nach § 103 Abs. 3a SGB V und die Aufwertung der Praxisnachfolge durch die BSG-Rechtsprechung, ZMGR 2016, S. 340–346.

Reuter, Benjamin, Der eigentumsrechtliche Schutz der vertragsärztlichen Zulassung und Praxis unter Berücksichtigung des Nachbesetzungsverfahrens, Hamburg 2013.

Richardson, Jeff, Supply and Demand for Medical Care: Or, Is the Health Care Market Perverse, The Australian Economic Review 2001, S. 336–352.

Ricken, Oliver, Grundfragen des Versorgungsstärkungsgesetzes, GesR 2016, S. 265–271.

Riedel, Daniel, Das Teilhabegrundrecht auf Zulassung zur vertragsärztlichen Versorgung, NZS 2009, S. 260–264.

Rieger, Hans-Jürgen, Fortführung der Arztpraxis nach GSG – Verfassungsrechtliche Aspekte: Zulassungsverfahren, Verkehrswert der Praxis und Altersbegrenzung im Lichte der Berufsfreiheit und der Eigentumsgarantie, MedR 1994, S. 213–217.

–, Problemstellung zu LSG Rheinland-Pfalz, Urt. v. 21.8.1997 – L 5 Ka 27/96 (SG Mainz) (nicht rechtskräfig), MedR 1998, S. 148.

Rieger, Hans-Jürgen/Dahm, Franz-Josef/Steinhilper, Gernot (Hrsg.), Heidelberger Kommentar Arztrecht, Krankenhausrecht, Medizinrecht – HK-AKM, Heidelberg 2008 (zit. *Bearbeiter*, in: Rieger/Dahm/Steinhilper (Hrsg.), HK-AKM, 2008).

Rigizahn, Ernest, Der Rechtsbegriff „Vertragsarztsitz“ – zugleich Besprechung der Entscheidung des LSG Nordrhein-Westfalen vom 7.10.1998 – L 11 KA 62/98, NZS 1999, S. 427–431.

Rixen, Stephan, Art. 12 Abs. 1 GG als Grundrecht der Vertragsärzte: Effektive Gewährleistung oder „zahnloses“ Versprechen?, MedR 2018, S. 667–675.

Römermann, Volker, Praxisverkauf und Praxisbewertung bei Freiberuflern – ein (scheinbar) unlösbares Problem, NJW 2012, S. 1694–1698.

Rompf, Thomas/Schröder, Jürgen/Willaschek, Thomas (Hrsg.), Kommentar zum Bundesmantelvertrag Ärzte – Auslegungshilfen zu den Regelungen vertragsärztlicher Berufspraxis: Stand Januar 2014, Köln 2014 (zit. *Bearbeiter*, in: Rompf/Schröder/Willaschek (Hrsg.), Kommentar BMV-Ä, 2014).

Ruhberg, Manfred, Aktuelle Probleme der vertragsärztlichen Bedarfsplanung vor dem Hintergrund der demografischen Entwicklung – Eine Untersuchung am Beispiel norddeutscher Länder, Hamburg 2014.

Rüschemeyer, Dietrich, Professions. Historisch und kulturell vergleichende Überlegungen, in: Albrecht, Günter/Daheim, Hansjürgen/Sack, Fritz (Hrsg.), Soziologie – Sprache; Bezug zur Praxis; Verhältnis zu anderen Wissenschaften; René König zum 65. Geburtstag, Opladen 1973, S. 250–260.

Rüthers, Bernd/Fischer, Christian/Birk, Axel, Rechtstheorie mit juristischer Methodenlehre, 6. Aufl., München 2011.

Rybarczyk, Christoph, Ärzte streiken gegen Lauterbach, Hamburger Abendblatt 1.10.2022, S. 10.

Sachverständigenrat zur Begutachtung der Entwicklung im Gesundheitswesen, Bedarfsgerechte Versorgung – Perspektiven für ländliche Regionen und ausgewählte Leistungsbereiche, 2014, https://www.svr-gesundheit.de/fileadmin/Gutachten/Gutachten_2014/Langfassung2014.pdf (geprüft am 19.9.2023).

Säcker, Franz Jürgen/Rixecker, Roland/Oetker, Hartmut/Limperg, Bettina/Molkenthin, Claudia (Hrsg.), Münchener Kommentar zum Bürgerlichen Gesetzbuch, 8. Aufl., München 2018 (zit. *Bearbeiter*, in: Säcker/Rixecker/Oetker/Limperg/Molkenthin (Hrsg.), MüKoBGB, 2018).

Saks, Mike, A review of theories of professions, organizations and society: The case for neo-Weberianism, neo-institutionalism and eclecticism, Journal of Professions and Organization 2016, S. 170–187.

Schaks, Nils, Das Medizinische Versorgungszentrum nach dem GKV-Versorgungsstärkungsgesetz, NZS 2016, S. 761–767.

Schenke, Ralf P., Die Rechtsfindung im Steuerrecht – Konstitutionalisierung, Europäisierung und Methodengesetzgebung, Tübingen 2012.

Schiller, Herbert (Hrsg.), Bundesmantelvertrag Ärzte – Kommentar zum gemeinsamen BMV-Ä, 2. Aufl., Heidelberg 2021 (zit. *Bearbeiter*, in: Schiller (Hrsg.), BMV-Ä, 2021).

Schirmer, Horst D./Fuchs, Christoph, Rationierung, ihre kritischen Wirkungen für die ärztliche Berufsausübung und die Schutzfunktion der ärztlichen Selbstverwaltung – Einige rechtliche und medizinethische Anmerkungen, in: Katzenmeier, Christian/Bergdolt, Klaus (Hrsg.), Das Bild des Arztes im 21. Jahrhundert – 1. Kölner Symposion zum Medizinrecht im Oktober 2008, Berlin, Heidelberg 2009, S. 121–146.

Schlegel, Rainer/Voelzke, Thomas (Hrsg.), Juris Praxiskommentar SGB V – Sozialgesetzbuch Fünftes Buch, Gesetzliche Krankenversicherung, 3. Aufl., Saarbrücken 2016 (zit. *Bearbeiter*, in: Schlegel/Voelzke (Hrsg.), jurisPK-SGB V, 2016).

–, (Hrsg.), Juris Praxiskommentar SGB V – Sozialgesetzbuch Fünftes Buch, Gesetzliche Krankenversicherung, 4. Aufl., Saarbrücken 2020 (zit. *Bearbeiter*, in: Schlegel/Voelzke (Hrsg.), jurisPK-SGB V, 2020).

Schmidt, Tobias, Zur Zulässigkeit des „Huckepackverfahrens“ zur Übertragung von Arztstellen für angestellte Ärzte auf einen neuen Praxisinhaber bei Verzicht des anstellenden Arztes gemäß §§ 103 IVa und 4b SGB V, ZMGR 2021, S. 10–14.

Schmitz-Luhn, Björn, Explikation im Gesundheitswesen – Priorisierung, Rationierung, Kostendruck und Standard: Herausforderungen und Möglichkeiten solidarischer Gesundheitsversorgung, in: Katzenmeier, Christian/Ratzel, Rudolf (Hrsg.), Festschrift für Franz-Josef Dahm – Glück auf! Medizinrecht gestalten, Berlin, Heidelberg 2017, S. 437–449.

Schnapp, Friedrich E./Wigge, Peter (Hrsg.), Handbuch des Vertragsarztrechts – Das gesamte Kassenarztrecht, 3. Aufl. 2017 (zit. *Bearbeiter*, in: Schnapp/Wigge (Hrsg.), Vertragsarztrecht, 2017).

Schneider, Günther, Handbuch des Kassenarztrechts, Köln u. a. 1994.

–, Zulassungssperren und Verfassung – Überlegungen zur Verfassungsmäßigkeit der Bedarfszulassung nach § 102 SGB V, MedR 1994, S. 383–388.

Schröder, Meinhard, Verfassungsrechtlicher Eigentumsschutz von Genehmigungen, in: Durner, Wolfgang/Peine, Franz-Joseph/Shirvani, Foroud (Hrsg.), Freiheit und Sicherheit in Deutschland und Europa – Festschrift für Hans-Jürgen Papier zum 70. Geburtstag, Berlin 2013, S. 605–623.

–, Genehmigungsverwaltungsrecht, Tübingen 2016.

Schünemann, Bernd, Zum Verhältnis von Norm und Sachverhalt bei der Rechtsanwendung, von Ober- und Untersatz im Justizsyllogismus und von Rechts- und Tatfrage im Prozessrecht, in: Haft, Fritjof (Hrsg.), Strafgerechtigkeit – Festschrift für Arthur Kaufmann zum 70. Geburtstag, Heidelberg 1993, S. 299–320.

Schwarz, Gerhard, Der Liberale misstraut den grossen Erklärungen – und bleibt dabei ein heiterer Skeptiker, 2018, https://www.nzz.ch/feuilleton/der-liberale-misstraut-den-grossen-erklaerungen-und-bleibt-dabei-ein-heiterer-skeptiker-ld.1432399 (geprüft am 19.9.2023).

Sedlaczek, Dietmar/Pütz, Wolfgang, MVZ Neuregelungen erweitern Gestaltungsmöglichkeiten, PFB 2016, S. 100–110.

Seer, Roman, Die Berufszulassung für Vertragsärzte nach dem Gesundheitsstrukturgesetz 1993 im Spannungsverhältnis zwischen Berufsfreiheit und Eigentumsschutz, MedR 1995, S. 131–138.

Shirvani, Foroud, Vertragsärztliches Nachbesetzungsverfahren und Eigentumsschutz, NZS 2014, S. 641–647.

Siegrist, J., Die ärztliche Rolle im Wandel, Bundesgesundheitsblatt, Gesundheitsforschung, Gesundheitsschutz 2012, S. 1100–1105.

Sodan, Helge, Freie Berufe als Leistungserbringer im Recht der gesetzlichen Krankenversicherung – Ein verfassungs- und verwaltungsrechtlicher Beitrag zum Umbau des Sozialstaates, Tübingen 1997.

–, Verfassungsrechtsprechung im Wandel – am Beispiel der Berufsfreiheit, NJW 2003, S. 257–260.

–, (Hrsg.), Handbuch des Krankenversicherungsrechts, 3. Aufl., München 2018 (zit. *Bearbeiter*, in: Sodan (Hrsg.), Krankenversicherungsrecht, 2018).

–, Gefährdung der Freiberuflichkeit in der vertragsärztlichen Versorgung durch medizinische Versorgungszentren, 2021, https://www.kvb.de/fileadmin/kvb/Ueber-uns/Gesundheitspolitik/Gutachten/KVB-Rechtsgutachten-MVZ-2021.pdf (geprüft am 19.9.2023).

Stackelberg, Johann-Magnus v., Das GKV-Versorgungsstärkungsgesetz: Reform ohne Konsequenz, GuP 2016, S. 24–30.

Steinbrück, Ralph R., Praxisabgabe und Praxisübernahme – Unter Berücksichtigung des VÄndG und des GKV-WSG, 2. Aufl., Heidelberg 2009.

Steindorff, Ernst, Freie Berufe – Stiefkinder der Rechtsordnung?, Köln 1980.

Steiner, Udo, Verfassungsfragen des Nachbesetzungsverfahrens nach § 103 IV SGB V, NZS 2011, S. 681–684.

Steinhilper, Gernot, Problemstellung zu BSG, Urt. v. 14.12.2011 – B 6 KA 13/11 R (LSG Nieders.-Bremen), MedR 2012, S. 617.

–, Niederlassungsmöglichkeiten nach dem GKV-VSG, GuP 2016, S. 15–22.

–, Selbständige freiberufliche Tätigkeit und Kooperation: von Vertragsärzten und angestellten Ärzten, MedR 2018, S. 639–645.

Stern, Klaus/Sachs, Michael/Dietlein, Johannes, Das Staatsrecht der Bundesrepublik Deutschland – Die einzelnen Grundrechte: Der Schutz und die freiheitliche Entfaltung des Individuums, München 2006.

Ströttchen, Jonathan, Die wirtschaftliche Verwertung von Vertragsarztpraxen – rechtliche Grenzen einer weitergehenden Regulierung (Teil 1), KrV 2020, S. 98–103.

–, Die wirtschaftliche Verwertung von Vertragsarztpraxen – rechtliche Grenzen einer weitergehenden Regulierung (Teil 2), KrV 2020, S. 143–147.

Susskind, Richard/Susskind, Daniel, The Future of the Professions, Oxford 2015.

Taupitz, Jochen, Die Standesordnungen der freien Berufe – Geschichtliche Entwicklung, Funktionen, Stellung im Rechtssystem, Berlin 1991.

–, Die GmbH als Organisationsform ambulanter heilkundlicher Tätigkeit, NJW 1992, S. 2317–2325.

–, Zur Verfassungswidrigkeit des Verbots, ärztliche Praxen in Form einer juristischen Person des Privatrechts zu führen, NJW 1996, S. 3033–3042.

–, Haftung des Freiberuflers: Modelle der Risikodiskriminierung und ihre Auswirkungen auf die Freiberuflichkeit, in: Blaurock, Uwe (Hrsg.), Der Binnenmarkt und die Freiheit der freien Berufe in Deutschland und Schweden, Baden-Baden 1997, S. 19–40.

–, Die Zukunft der ärztlichen Selbstverwaltung, MedR 1998, S. 1–7.

–, Die Ärzte-GmbH und das ärztliche Werbeverbot, in: Brandner, Hans Erich (Hrsg.), Festschrift für Karlmann Geiß – Zum 65. Geburtstag, Köln 2000, S. 503–515.

Treptow, Oliver, Die Mitgliedschaft in der als Medizinisches Versorgungszentrum zugelassenen Ärzte-GmbH, Baden-Baden 2011.

–, Anmerkung zu BSG, Urt. v. 15.8.2012 – B 6 KA 47/11 R (LSG Rheinl.-Pf.), MedR 2014, S. 425–426.

Ulsenheimer, Klaus, Fehlentwicklungen in der Medizin: Verrechtlichung und Ökonomisierung, MedR 2015, S. 757–762.

van Dijk, Christel E./van den Berg, Bernard/Verheij, Robert A./Spreeuwenberg, Peter/Groenewegen, Peter P./Bakker, Dinny H. de, Moral hazard and supplier-induced demand – Empirical evidence in general practice, Health economics 2013, S. 340–352.

Vilmar, Karsten, Medizinisch-wissenschaftlicher Fortschritt und Freiberuflichkeit – Aufgabe und Chance für Arzt und Patient, in: Buchholz, Gerhard (Hrsg.), Der Arzt – Profil eines freien Berufes im Spannungsfeld von Gesundheitspolitik, Wissenschaft und Publizistik; Festschrift für J. F. Volrad Deneke, Köln 1985, S. 40–51.

Vogtmeier, Katharina, Anmerkung zu SG München, Urt. v. 11.2.2020 – S 38 KA 45/19, MedR 2020, S. 888–890.

Wahrendorf, Volker, Aktuelle Probleme der Bedarfsplanung – Beschlüsse der Landesausschüsse, VSSR 2015, S. 241–259.

Wasem, Jürgen/Vogel, Heiner, Zur Zukunft der Bedarfsplanung – über den Tag hinaus gedacht – Ein Interview mit Jürgen Wasem, https://www.dgvt-bv.de/news-details/?tx_ttnews%5Btt_news%5D=3296&cHash=a101ff01b0ebd0f2ee3a0e32e5569278 (geprüft am 19.9.2022).

Wasilewski, Rainer, Die Zukunft der freien Berufe – Freie Berufe ohne Zukunft?, in: Buchholz, Gerhard (Hrsg.), Der Arzt – Profil eines freien Berufes im Spannungsfeld von Gesundheitspolitik, Wissenschaft und Publizistik; Festschrift für J. F. Volrad Deneke, Köln 1985, S. 26–39.

Weber, Max/Winckelmann, Johannes, Wirtschaft und Gesellschaft – Grundriss der verstehenden Soziologie, 5. Aufl., Tübingen 2009.

Weber, Ralph/Vogt-Weber, Beate, Neue Organisationsformen – Arztpraxis als GmbH: kaum sinnvoll, DÄ 1998, A-1146-A-1149.

Weber, Werner, Öffentlich-rechtliche Rechtsstellung als Gegenstand der Eigentumsgarantie in der Rechtsprechung, AöR 1966, S. 382–401.

Weiß, Wolfgang, Der Vertragsarzt zwischen Freiheit und Bindung, NZG 2005, S. 67–74.

Weitbrecht, Cornelius/Treptow, Oliver, Die gesellschaftsvertragliche Bindung der Vertragsarztzulassung eines Gesellschafters, MedR 2009, S. 701–708.

Wennberg, John E./Barnes, Benjamin A./Zubkoff, Michael, Professional uncertainty and the problem of supplier-induced demand, Social Science & Medicine 1982, S. 811–824.

Wenner, Ulrich, Vertragsärztliche Bedarfsplanung im Konflikt zwischen Ärzten und Krankenkassen: von der Steuerung des Überflusses zur Organisation des Mangels?, in: Devetzi, Stamatia/Janda, Constanze/Eichenhofer, Eberhard (Hrsg.), Freiheit – Gerechtigkeit – sozial(es) Recht – Festschrift für Eberhard Eichenhofer, Baden-Baden 2015, S. 697–710.

–, Liberalisierung der vertragsärztlichen Tätigkeit – mehr Freiheit oder nur mehr Freiheit für den Missbrauch, in: Katzenmeier, Christian/Ratzel, Rudolf (Hrsg.), Festschrift für Franz-Josef Dahm – Glück auf! Medizinrecht gestalten, Berlin, Heidelberg 2017, S. 517–532.

Wernsmann, Rainer, Typisierung und Typusbegriff, DStR-Beih 2011, S. 72–76.

Wertenbruch, Johannes, Die vertragliche Bindung der Kassenarztzulassung eines Gesellschafters an die Ärzte-Personengesellschaft, NJW 2003, S. 1904–1908.

Wigge, Peter, Höchstpersönlichkeit des Ausschreibungsverfahrens?, NZS 1998, S. 53–58.

–, Medizinische Versorgungszentren nach dem GMG, MedR 2004, S. 123–134.

–, Honorarregress bei gesetzwidriger Gestaltung von Gemeinschaftspraxisverträgen, Radiologie und Recht 2011, S. 189–193.

Wigge, Peter/Remmert, Jens, Zur Zulässigkeit der Aufnahme unbeplanter Arztgruppen in die Bedarfsplanung und der Anordnung einer Entscheidungssperre durch den G-BA, MedR 2013, S. 228–237.

Willaschek, Thomas, Anmerkung zu BSG, Urt. v. 4.5.2016 – B 6 KA 21/15 R (Bay. LSG), MedR 2016, S. 1011–1013.

–, MVZ und Kooperationen nach dem TSVG – zwei Aspekte zu angestellten Ärztinnen und Ärzten, GuP 2020, S. 63–68.

Woopen, Christiane, Der Arzt als Heiler und Manager – Zur erforderlichen Integration des scheinbar Unvereinbaren, in: Katzenmeier, Christian/Bergdolt, Klaus (Hrsg.), Das Bild des Arztes im 21. Jahrhundert – 1. Kölner Symposion zum Medizinrecht im Oktober 2008, Berlin, Heidelberg 2009, S. 181–194.

Ziegler, Ole, Aktuelle Rechtsfragen der Insolvenz von Ärzten, Medizinischen Versorgungszentren, Krankenhäusern und Pflegeheimen, ZInsO 2014, S. 1577–1591.

–, Anmerkung zu BSG, Urteil vom 4.5.2016 – B 6 KA 21/15 R, FD-SozVR 2016, S. 382288.

–, Freiberufliche Tätigkeit im Lichte der Rechtsprechung der verschiedenen Gerichtszweige, MedR 2018, S. 645–654.

Ziermann, Karin, Sicherstellung der vertragszahnärztlichen Versorgung durch Medizinische Versorgungszentren – c, MedR 2004, S. 540–547.

Zimmermann, Markus, Zahnärztliche MVZ nach dem GKV-VSG – eine kritische Bestandsaufnahme, MedR 2018, S. 662–666.

Zuck, Rüdiger, Die Bedeutung des Berufsbilds bei der Beurteilung anwaltlicher Berufsausübung, in: Brandner, Hans Erich (Hrsg.), Festschrift für Karlmann Geiß – Zum 65. Geburtstag, Köln 2000, S. 323–341.

Zwingel, Bernd/Preißler, Reinhold, Ärzte-Kooperationen und Medizinische Versorgungszentren – Rechtliche Rahmenbedingungen für Gründung und Betrieb, 2. Aufl., Köln 2008.

Sachregister

Studien zum Medizin- und Gesundheitsrecht

Herausgegeben von
Steffen Augsberg, Karsten Gaede und Jens Prütting

Die Schriftenreihe *Studien zum Medizin- und Gesundheitsrecht* (MGR) wendet sich an alle, die in Wissenschaft und Praxis mit den komplexen Rechtsproblemen des Gesundheitssektors beschäftigt sind, und dient damit dem intra- und interdisziplinären Austausch.

Das Medizin- und Gesundheitsrecht ist in besonderem Maße durch das Nebeneinander von raschem technologischem Fortschritt und gesellschaftlichen Veränderungen herausgefordert. Die einschlägigen Fragen sind häufig nicht pauschal dem Zivil-, Straf- oder öffentlichen Recht zuzuordnen, sondern verlangen eine Perspektiverweiterung. Sie lassen sich zudem nur beantworten, wenn die Erkenntnisse anderer Wissenschaftsbereiche, namentlich der Medizin, angemessen berücksichtigt werden. Die Schriftenreihe steht gleichermaßen für Habilitationsschriften und herausragende Dissertationen sowie für Monographien offen.

ISSN: 2699-6855
Zitiervorschlag: MGR

Alle lieferbaren Bände finden Sie unter *www.mohrsiebeck.com/mgr*

Mohr Siebeck
www.mohrsiebeck.com